Josef Iglhaut (Hrsg.)
Wirtschaftsförderung Berlin GmbH

Wirtschaftsstandort Deutschland mit Zukunft

Josef Iglhaut (Hrsg.)
Wirtschaftsförderung Berlin GmbH

Wirtschaftsstandort Deutschland mit Zukunft

Erfordernisse einer aktiven und zielorientierten Wirtschaftsförderung

GABLER

Die Deutsche Bibliothek – CIP-Einheitsaufnahme

Wirtschaftsstandort Deutschland : Erfordernissse
einer aktiven und zielorientierten Wirtschaftsförderung /
Wirtschaftsförderung Berlin GmbH. Josef Iglhaut [Hrsg.] -
Wiesbaden : Gabler, 1994
(Gabler Wirtschaft)
ISBN 3-409-13555-3
NE: Iglhaut, Josef [Hrsg.]; Wirtschaftsförderung Berlin GmbH

Der Gabler Verlag ist ein Unternehmen der Bertelsmann Fachinformation.

Lektorat: Dr. Walter Nachtigall

Umschlaggestaltung: Schrimpf und Partner, Wiesbaden
Layout: Text, Grafik & Software, Dresden
Druck und Buchbinder: Wilhelm & Adam, Heusenstamm
Printed in Germany

ISBN 3-409-13555-3

Vorwort

Anregung für die Herausgabe dieses Buches war der 60. Geburtstag von Dr. Peter Weichhardt, von 1986 bis 1994 Geschäftsführer der Wirtschaftsförderung Berlin GmbH und Generalbeauftragter für Wirtschaftsförderung des Landes Berlin.

Bisher gibt es kein vergleichbares Werk, in dem Fragen der Wirtschaftsförderung in der vorliegenden Form behandelt werden. Das ist der sachliche Grund für die Veröffentlichung des Buches. Das Thema ist gegenwärtig aktuell wie nie zuvor. Grund genug, sich zu seinen vielfältigen Aspekten zu äußern. Dabei haben die Autoren des vorliegenden Buches auf ein Honorar verzichtet und sich damit einverstanden erklärt, eventuelle Überschüsse aus seinem Verkauf für eine Werbebroschüre über den Wirtschaftsstandort Deutschland zur Verfügung zu stellen. Dafür sei ihnen auf diesem Wege noch einmal herzlich Dank gesagt.

Die Zusammenstellung der verschiedenen Aufsätze macht das Buch zu einem aktuellen Kompendium der Wirtschaftsförderung, das nicht zuletzt auch angesichts seiner stilistischen Vielfalt für den Leser spannend bleibt. Ausgangspunkt ist die aktuelle Diskussion um den Wirtschaftsstandort Deutschland ganz allgemein. Das Buch kann einen Beitrag zur Versachlichung dieser Diskussion leisten, denn weder einseitige Larmoyanz noch Gesundbeterei als anderes Extrem helfen hier weiter. Es gilt vielmehr zu erkennen, wo Verbesserungen für die Standortqualitäten Deutschlands im internationalen Wettbewerb möglich sind. Das Wettbewerbsprinzip gilt somit nicht nur für unternehmerische Entscheidungen, sondern auch für alle Aktivitäten, die die Standortgegebenheiten beeinflussen.

Wichtigstes Instrument im Standortwettbewerb ist die Wirtschaftsförderung, wobei hierzu weit mehr zählt als finanzielle Unterstützung von Investitionen. Beispielsweise auch die Gestaltung der Standortgegebenheiten und Rahmenbedingungen durch Politik und Verwaltung sowie der umfassende Service für Investoren. Wirtschaftsförderung ist längst zu einer typischen Marketingaufgabe geworden! Die vielschichtigen Fragestellungen in diesem Bereich sind ein Hauptanliegen des Buches.

Sein erster Hauptteil enthält Beiträge, die sich allgemein mit Fragen des Wirtschaftsstandortes, verschiedenen Aspekten des Anlagekapitals sowie des Standortmarketings befassen. Im zweiten Hauptteil sind Einzelthemen der ansiedlungsbezogenen Wirtschaftsförderung zusammengefaßt, wobei die Besonderheiten von unternehmerischen Standortanforderungen und die Bedeutung einzelner Standortfaktoren im Vordergrund stehen.

Daß im Rahmen der Diskussion um den Unternehmensstandort Deutschland gerade die Hauptstadt Berlin eine wichtige Rolle spielt und spielen muß, liegt auf der Hand. Das gesamte Land profitiert von seiner Hauptstadt, um so mehr, wenn diese auch im Konzert der europäischen Metropolen tonangebend beteiligt ist. Vielen Dank dem Regierenden Bürgermeister von Berlin, Herrn Eberhard Diepgen, der in seinem Beitrag auf dieses Thema eingegangen ist.

Außer den Autoren möchte ich aber auch noch einigen Mitarbeitern der Wirtschaftsförderung Berlin herzlich danken, die zur Entstehung dieses Buches maßgeblich beigetragen haben. Das gilt zu allererst für meine Sekretärin Brigitte Wassilowski, die sich um die gesamte Organisation und Abwicklung gekümmert hat. Ganz besonders dankbar bin ich für die unterschiedlichsten Hilfestellungen von Klaus-Peter Kendzia, Uta Kroll und Klaus Rüdiger.

Berlin, im Sommer 1994 — Dr. Josef Iglhaut

Inhalt

Die Hauptstadt Berlin im Wirtschaftsstandort Deutschland

Eberhard Diepgen

Der Standort Deutschland muß sich bewähren. Wir sind in wirtschaftlicher, technologischer und wissenschaftlicher Hinsicht gut auf die Zukunft vorbereitet. Die günstige Lage im zusammenwachsenden Europa, die besonders gut qualifizierten Arbeitskräfte, das Potential an Forschung und Entwicklung, aber auch der Freizeitwert und das vielfältige kulturelle Angebot – das sind die Pfunde, mit denen wir wuchern können und müssen.

Aber wir haben keinen Anlaß zu Selbstzufriedenheit. Wir sollten zur Kenntnis nehmen, daß andere besser geworden sind, als sie es früher waren. Wenn wir auch künftig auf den Weltmärkten bestehen wollen, müssen wir die Stärken des Standortes Deutschland konsequenter nutzen.

In Berlin sind wir dabei – so meine ich – auf einem guten Weg. Wir haben die Weichen in den vergangenen Jahren richtig gestellt. Vieles davon kommt ganz Deutschland zugute, das zeigt ein Blick auf Berlin als Wissenschaftsstadt, Werkstatt der deutschen Einheit und als wirtschaftliches Zentrum.

Berlin hat eine lange Tradition als Stadt des kulturellen, wirtschaftlichen und wissenschaftlichen Austausches. Die Industrie ist die Basis der Stadt und wird es auch künftig bleiben. Unternehmer wie Borsig, Siemens, Halske und Rathenau haben Berlin zur größten Industriestadt Europas gemacht. Heute sind die wichtigsten Forschungsfelder in Berlin Medizintechnik, Laserforschung, Informations- und Kommunikationstechnologie, Verkehrstechnik, Luft- und Raumfahrttechnik sowie Umwelttechnik.

Berlin ist in der glücklichen Lage, in Deutschland die höchste Dichte an wissenschaftlichen Einrichtungen zu haben: 3 Universitäten, 9 Fachhochschulen, 17 universitätsnahe Forschungseinrichtungen sowie über 200 weitere geben Deutschlands Hauptstadt ein einzigartiges Forschungs- und Entwicklungspotential. Im Jahre 1993 gab allein die öffentliche Hand dafür 2,5 Milliarden DM aus.

Berlins Technologiepolitik wird heute bundesweit kopiert. Als in den 80er Jahren in Berlin das erste Innovations- und Gründerzentrum entstand, haben viele mitleidig gelächelt. Kaum jemand glaubte, daß im Berliner Innovations- und Gründerzentrum – BIG in nennenswertem Umfang Arbeitsplätze entstehen würden. Es wurde belächelt, daß wir auf das Potential der kleinen und mittleren Unternehmen setzten und den Transfer von der Forschung in die Praxis förderten.

Heute schießen die Innovations- und Gründerzentren fast wie Pilze aus dem Boden. Gerade das bietet neue Chancen. Von Berlin aus wird die Arbeit der europäischen Technologiezentren koordiniert. Ein Kooperationsnetzwerk entsteht, das auch die Länder Mittel- und Osteuropas einbezieht.

Um unseren Standort für eine innovationsfreudige Industrie zu sichern und um auch neue High-Tech-Betriebe anzusiedeln, suchen wir neue Wege, die Kooperation zwischen Wissenschaft, Forschung und Wirtschaft auszubauen. Dazu hat Berlin ein einzigartiges Projekt aufgelegt: den Forschungs- und Technologiepark Adlershof. Hier werden neben den Forschungs- und Entwicklungs-Gesellschaften Großforschungsanlagen, wie der Protonenbeschleunigungsring BESSY II, angesiedelt. Unmittelbaren Nutzen werden daraus innovative High-Tech-Unternehmen ziehen, die sich auf dem gleichen Gelände niederlassen. Adlershof wird schon in wenigen Jahren einer der modernsten Forschungs- und Produktionsstandorte Deutschlands sein. Technologisch könnte Adlershof zur Quelle innovativer Produkte für zukunftssichere Arbeitsplätze weit über Berlin hinaus werden.

Die Aufwendungen Berlins für diese reichhaltige Wissenschaftslandschaft gehen weit über den Berliner Eigenbedarf hinaus. Das gehört auch zu dem Selbstverständnis einer Hauptstadt, die nur dann zukunftsweisende Entscheidungen ihrer politischen Gremien gewährleisten kann, wenn die politische Entscheidungsebene in engem räumlichem Kontakt zu den wissenschaftlichen Strömungen der Gegenwart steht. Berlins Forschungs- und Wissenschaftseinrichtungen sind daher Investitionen für Deutschland. Wir ziehen die besten Kräfte aus den Regionen an, nicht ab, um die Synergieeffekte zu nutzen und an die Regionen zurückzugeben.

Auch in anderer Hinsicht bietet Berlin Chancen für den Standort Deutschland insgesamt. Die ehemaligen DDR-Industriekombinate verfügten über personell reichlich ausgestattete Forschungsabteilungen, und auch in den anwendungsorientierten Instituten der DDR-Wissenschaftsakademie saßen hochqualifizierte Mitarbeiter. Wenn wir von Berlin als "Werkstatt der deutschen Einheit" sprechen, dann schließt das die Forschung ein. Wir brauchen heute auch die Forscher und Wissenschaftler der ehemaligen DDR. Ich habe kein Verständnis dafür, wenn Wissenschaftler aus dem Westen Deutschlands heute die Menschen in Forscher erster und Forscher zweiter Klasse einteilen. Dafür besteht kein Anlaß. Die Einheit Deutschlands wird nur gelingen, wenn wir keinen zurücklassen. Die Menschen wollen eine Chance, und wo immer möglich sollten sie diese auch haben. Dafür steht Berlin.

Eine wirtschaftlich starke Hauptstadt bindet schließlich auch Unternehmen an den Standort Deutschland, die sich sonst im Ausland niederlassen würden. Internationale Dienstleistungskonzerne bevorzugen häufig Standorte mit einem attraktiven kulturellen Umfeld. Die deutsche Hauptstadt nimmt auch in dieser Hinsicht Aufgaben für ganz Deutschland wahr. Städtepartnerschaften zu anderen europäischen Hauptstädten bilden ein Netzwerk der Kooperation, das mittelfristig auch Impulse für das neue Europa geben kann.

Berlin ist dabei für viele Menschen in Osteuropa, aber auch im asiatisch-pazifischen Raum die natürliche Anlaufstelle für Wirtschaftsbeziehungen mit Mitteleuropa. Unternehmen aus Rußland oder China haben vielfach auch schon Kontakte in der Stadt. Mehr als 100 Institutionen sind in Berlin auf dem Gebiet der Ost-West-Wirtschaftskooperation tätig. Damit dürfte Berlin der mit Abstand wichtigste Standort für Ost-West-Kooperation in Deutschland und Europa sein. Nirgendwo sonst gibt es eine solche Infrastruktur in den Bereichen Beratung, Consulting, Information sowie Aus- und Weiterbildung.

Berlin – Hauptstadt für Deutschland, das ist unsere Perspektive. Als deutsche Hauptstadt repräsentiert Berlin den Standort Deutschland. Ob technologisch oder kulturell, als Werkstatt der Einheit oder europäisches Zentrum – Berlin stellt sich dieser Verantwortung.

Teil I

Wirtschaftsstandort und Gesichtspunkte des Standortmarketings

Die Rolle des Berliner Modells für die Herausbildung des Immobilienmarktes in den neuen Bundesländern 1991 – 1993

Wulff O. Aengevelt

Die Ausgangssituation

Die mit Beschluß des Ministerrates der DDR vom 1. März 1990 gegründete *Treuhandanstalt* und die in diesem Zusammenhang stehende *Verordnung über die Umwandlung volkseigener Betriebe in Kapitalgesellschaften* hielten noch an der Wahrung des Volkseigentums und somit an der Negierung des Privateigentums an Grund und Boden fest. Erst das von der freigewählten Volkskammer der DDR am 17. Juni mit Wirkung zum 1. Juli 1990 beschlossene *Gesetz zur Privatisierung und Reorganisation des volkseigenen Vermögens* (Treuhandgesetz) stellt der Treuhandanstalt (THA) die Aufgabe, im Rahmen der Privatisierung und Verwertung volkseigenen Vermögens nach den Prinzipien der sozialen Marktwirtschaft "Grund und Boden für die wirtschaftlichen Zwecke bereitzustellen". Hierbei war die durchgängige Anpassung der Wirtschaft an die Erfordernisse des Marktes insbesondere dadurch zu fördern, daß durch zweckmäßige Entflechtung von DDR-typischen Unternehmensballungen marktfähige Unternehmen und eine effiziente Wirtschaftsstruktur herausgebildet wurden.

Mit Stichtag des Treuhandgesetzes – zugleich Inkrafttreten der Wirtschafts-, Währungs- und Sozialunion zwischen beiden deutschen Staaten – mußte die bis dahin in 430 zentral- und bezirksgeleiteten Kombinaten zusammengefaßte DDR-Wirtschaft sozialverträglich und möglichst zügig privatisiert werden. Entsprechendes galt für die nach den starren Prinzipien der Kommandowirtschaft effizienzgelöste Nutzung von Grund und Boden und Bestandsliegenschaften.

Über 4 080 000 Mitarbeiter in mehr als 13 000 Unternehmen bzw. Betriebsteilen machten die Treuhand zwischen 1990 und 1992 zur größten Holding der Welt. Zum Zeitpunkt ihrer Neuausrichtung war sie zudem verfügungsberechtigt über mehr als 24 Milliarden m^2 Grund und Boden, aufgeteilt in mehr als 5,5 Mill. Flurstücke und 30 000 Liegenschaften.

Die mit ihrer Aufgabenstellung einhergehende Faktorenkombination verliehen der Treuhandanstalt eine Schlüsselposition in der Herausbildung der neuen Immobilienmärkte.

Heute, Anfang 1994, kann auf eine sehenswerte Zwischenbilanz der 3 1/2-jährigen Privatisierung verwiesen werden: So wurden auf dem Unternehmenssektor bislang über 11 300 Einheiten in die Verantwortung neuer Eigentümer übergeben. Im Immobilienbereich tätigte die erst 1 Jahr nach dem Treuhandstatut am 18.3.1991 gegründete *Liegenschaftsgesellschaft der Treuhandanstalt* (TLG) in nahezu 3 Jahren über 25 400 Verkäufe, Restitutionen und Kommunalisierungen. Allein mit diesen Immobilientransaktionen sind Investitionen von rd. 40 Milliarden DM und die Schaffung von 240 000 Arbeitsplätzen verbunden.

Der Start der neuen Immobilienmärkte

Das ideologiebedingte Leugnen der *Produktionsfaktorqualität von Grund und Boden* bewirkte in der zentralgelenkten Wirtschaft der DDR eine rein quantitative und damit nahezu ausschließlich bedarfsdeckende Handhabung von Immobilien. Die Vernachlässigung ihrer qualitativ gesellschaftspolitischen Aspekte führte in der DDR zur:

- Begünstigung der Bodenhortung durch gesellschaftlich, wirtschaftlich oder politisch privilegierte Gruppen;
- überwiegend ineffizienten Flächennutzung, verdeutlicht in den Übergrößen der Betriebsgrundstücke;
- Bildung meist umstrukturierter Arealzusammenballungen mit der Folge undifferenzierten Städtebaus – "Plattenghettos" und ineffizienter Flächenmix;
- suboptimalen Grundstücks- und Gebäudenutzung infolge der Außerachtlassung knappheitsbedingter Effizienzkriterien (Verletzung des Sparsamkeitsprinzips);
- immer extensiveren Immobiliennutzung und fortschreitenden Auszehrung des volkswirtschaftlichen Liegenschafts- und Infrastrukturstocks;
- zunehmenden Abkoppelung des Liegenschaftssektors von den Kriterien der Umwelt- und Sozialverträglichkeit (Altlastenproblematik);
- signifikanten Überalterung und Vernachlässigung der Gebäudesubstanz (Erneuerungs-, Instandhaltungs- und Modernisierungsrückstau) durch Abkoppelung von qualitätssichernden Ertrags- und sonstigen Marktwirtschaftskriterien (hierdurch Wegfall der Kontrollfunktion des Vermieterwettbewerbs).

Dieser Zustand des Liegenschaftssektors im Osten Deutschlands ist zudem auch eine Folge der bekannten massiven Enteignungspolitik des DDR-Regimes. Auf dem Hintergrund des im Einigungsvertrag festgeschriebenen Postulates *Rückgabe vor Entschädigung* und komplexer Eigentums- und Restitutionsfragen drohte der ostdeutsche Immobiliensektor zu einem entscheidenden Hemmnis des mit der Wiedervereinigung formell in Gang gesetzten wirtschaftlichen Konversionsprozesses zu werden.

Die mit dem 3. Oktober 1990 über das Beitrittsgebiet hereinbrechende Regelungsdichte und Normenflut sollte indessen von einer hierauf noch völlig ungeübten und zudem aufbaubedingt nicht konsolidierten Verwaltung – so die Erwartungshaltung – im Immobilienbereich in Mietverträge, Verkäufe, Sanierungsvorhaben, Dekontaminierungen, Projektentwicklungen, Landesentwicklungs-, Bebauungsplan- und Bauantragsverfahren umgesetzt werden, und zwar möglichst zügig, umweltschonend, sozialverträglich, arbeitsmarkt- und investitionsfördernd. Welch ein unrealistisches Anspruchsdenken!

Schon die Öffnung der Berliner Mauer und der innerdeutschen Grenzen am 9. November 1989 hatte die Phantasie der Immobilienmarktteilnehmer nachhaltig beflügelt. Es kam zu einer sprunghaften Belebung der Immobiliennachfrage, die im Zuge der ursprünglich zunächst so nicht für möglich gehaltenen Dynamik des Einigungsprozesses noch kräftig stieg. So verdoppelte sich bereits im Jahre 1990 der im Gegensatz zu den westdeutschen Metropolen über 2 – 3 Jahrzehnte teilungsbedingt unterproportionale Gewerbeflächenabsatz in Berlin-West.

Die spektakuläre Entscheidung von Daimler Benz zugunsten der milliardenschweren Immobilienprojektentwicklung Potsdamer Platz und die trotz massiver Kritik vertragsloyale Haltung des Berliner Senates markierten im Frühjahr 1990 den Start des bis dahin abseits des Interesses der bundesweit und international tätigen Immobilienentwickler und institutionellen Investoren stehenden gewerblichen Immobilienmarktes von West-Berlin.

Zugleich bedeutete das spektakuläre Immobilienengagement des in aller Welt angesehenen Konzernmultis ein unübersehbares Signal, der Immobilienwirtschaft auch im Ostteil der Stadt einen auf die speziellen Verhältnisse abstellenden pragmatisch-leistungsfähigen Handlungsrahmen zu geben, der die gerade hier massierten vielfältigen Nachhol-, Aufhol- und Umstrukturierungsprozesse des Berliner Immobilienmarktes aktivieren konnte.

In dieser schwierigen Ausgangssituation zur Jahreswende 1990/1991 erarbeiteten Vertreter der Berliner Senatsverwaltung für Wirtschaft und Technologie (federführend zugleich auch für die drei Senatsverwaltungen Bauen und Wohnen, Stadtentwicklung und Umweltschutz sowie Finanzen), der Berliner Niederlassung der Treuhandanstalt und DIP Deutsche Immobilien-Partner nach sorgfältiger Analyse der rechtlichen und organisatorischen Rahmenbedingungen die Voraussetzungen für die vom Immobilienmarkt gewünschte zügige Liegenschaftsprivatisierung innerhalb des Treuhandverfügungsbereiches.

Der nur wenige Personen umfassende Initiatorenkern aus Senatsverwaltung, Treuhand und Immobilienmaklern sah sich nicht nur mit einer einmaligen Ausgangslage konfrontiert, sondern stand bei seiner Arbeit vom ersten Augenblick an auch unter hohem Zeit- und Erwartungsdruck.

So mußte Berlin die Schrittmacherfunktion für die Herausbildung der neuen deutschen Immobilienmärkte übernehmen. Hier – an der Nahtstelle des Aufeinanderprallens von West und Ost – *mußte* das Startprocedere für die Zündung der neuen Immobilienmärkte glücken.

Angeregt durch den erst seit einem Jahr im Westteil Berlins florierenden gewerblichen Immobilienmarkt war die vom Hauptstadtbonus getragene Immobiliennachfrage trotz inverser Präferenzen der Marktteilnehmer auch auf den Ostteil der Stadt zu lenken. Erst nach dortiger Bewährung – mit dem Hauptstadterfolg im Rücken – ließ sich das Startmanöver auch auf dem wichtigsten Immobilienmarkt der fünf neuen Bundesländer, in Leipzig, wiederholen.

Dem Initiatorenkreis war also klar, daß ein gescheiterter Startversuch des Ost-Berliner Immobilienmarktes weit über die Hauptstadt hinaus negative Folgen haben würde für die Liegenschaftsprivatisierungen in den neuen Ländern und die bundesweit mit Vehemenz geführte Restitutions-Entschädigungs-Debatte (mehr als 1 Million Eigentumsvorbehalte!).

Dieser unausweichliche Erfolgszwang zeitigte eine gedankliche Entwicklung und praktische Durchführung einer einzigartigen Dienstleistungsinnovation. Hierbei handelt es sich um ein bis dato noch nicht praktiziertes, d. h. also völlig neues, auf die speziellen Verhältnisse im Ostteil Berlins und in den neuen Ländern abgestimmtes Verfahren zur Analyse, Entwicklung, Bewertung und Vermarktung ehemals im Volkseigentum stehender Liegenschaften aus dem Verfügungsbereich der Treuhandanstalt.

Nachdem der Initiatorenkreis die theoretische Grundlegung und das praktische Instrumentarium des neuen Verfahrens zur Jahreswende 1990/1991 festgelegt hatte, wurden vom beauftragten Maklerteam im Januar 1991 im Konsens mit den zuständigen Bezirken und Senatsverwaltungen sowie den Vertretern der Industrie- und Handelskammer und der Handwerkskammer 19 Objekte verkaufsfähig aufbereitet und als erste Liegenschaftsausschreibung in der Geschichte der Treuhandanstalt in der Zeit vom 1.2. – 28.2.1991 zum Kauf angeboten. Exakt dies war die Geburtsstunde des *professionellen Immobilienmarktes von Ost-Berlin* und zugleich die Grundlegung für den Beginn der Vorbereitungen zum Start der Immobilienmärkte in den neuen Bundesländern.

Charakteristika des Berliner Modells

Das nach seinem Entstehungs- und ersten Bewährungsort *Berliner Modell* (BM) genannte Privatisierungsverfahren stellt – mit identischem Inhalt ab Herbst 1991 flächendeckend in den neuen Bundesländern unter der Bezeichnung *TLG-Modell* – die einzig gültige Vermarktungsmethode der Treuhandliegenschaftsgesellschaft für nicht betriebsnotwendige Immobilien dar. Dem Charakter nach ein Analyse-, Entwicklungs-, Bewertungs- und Vermarktungsverfahren praktiziert es ein enges Zusammenwirken von Treuhand, kommunaler Verwaltung, IHK/Handwerkskammer und Immobilienmaklerfirmen.

In dieser synergetischen Arbeitsteilung liegt der grundlegende charakteristische Unterschied zum simplen konventionellen Objektverkauf, der keinen Bezug nimmt auf Arbeitsplatzsicherung, Arbeitsplatzaufbau, Volumen und Konzeptstärke des Investments und die Kompatibilität zu städtebaulichen und wirtschaftsfördernden Zielsetzungen völlig außer acht läßt.

An die Stelle des einfachen Höchstpreisprinzips tritt eine vom Verkäufer (*TLG*) im Konsens mit relevanten Gruppen gesetzte Vielzahl von Entscheidungskriterien. Dieses Leistungsspektrum wird den Kaufinteressenten transparent gemacht, es ermöglicht die Erarbeitung gewünschter Konzepte und mobilisiert Wertschöpfungspotentiale.

Die wichtigsten Charakteristika des Berliner Modells lassen sich nach dem Ablauf seiner fünf aufeinanderfolgenden hochverdichteten Arbeitsphasen wie folgt definieren:

Analyse- und Aufbereitungsphase

In dieser Phase geht es um die Identifizierung der Liegenschaften – insbesondere aus dem Bereich des nicht betriebsnotwendigen Vermögens –, Vorselektierung auf Vermarktungseignung (z. B. hinsichtlich Objektart, Standort, Räumung bzw. Weiternutzung durch derzeitige Nutzer, marktbezogene lageadäquate zukünftige Nutzung etc.) und ihre professionelle Aufbereitung zur Angebotsreife.

In der für den späteren Vermarktungserfolg ausschlaggebenden an den Markterfordernissen orientierten arbeitsintensiven Aufbereitung werden die Liegenschaften unbeschadet ihrer gegenwärtigen Konfiguration hinsichtlich ihrer zukünftigen bedarfsgerechten Nutzung und der planungsrechtlichen Voraussetzungen vom Makler aufgenommen und vordefiniert. Die hierüber erarbeiteten Unterlagen werden den Beteiligten zur ämter- bzw. hausinternen Abstimmung zugestellt.

Alsdann werden die Objekte und vorgeschlagenen Nutzungen vorgestellt und mit den Beteiligten intensiv besprochen. In diesem *Steuerungsrunde* genannten Gremium werden die Immobilien insbesondere auf ihre Nutzungs- und Entwicklungsfähigkeiten untersucht und im *Konsens* mit den zuständigen Behörden definiert. Anstelle zeitaufwendiger Antragsverfahren auf Bauvorbescheid wird über die im Konsens für ausschreibungsfähig gehaltenen Liegenschaften als Finalhandlung der Analyse- und Aufbereitungsphase ein *Protokoll über Art und Maß der baulichen Nutzung* gefertigt. Dieses Protokoll wird der zeitnah folgenden Ausschreibung zugrunde gelegt und entspricht nach dem juristisch freilich unverbindlichen Selbstverständnis der Steuerungsrunde der Qualität eines Bauvorbescheides.

Diese nach dem *Berliner Modell* einzigartige Vorgehensweise zwischen Kommune, Verfügungsberechtigtem, Kammern und Immobilienberater beruht auf dem Freiwilligkeitsprinzip. Dementsprechend einübungsnotwendig war das neue Verfahren. Seine Vorzüge traten indes sehr schnell zutage.

Das Berliner Modell ist – entgegen einem gegenteiligen Ersteindruck – für die beteiligten Ämter und Verwaltungen zeitsparend und arbeitsentlastend. Gerade dieser Vorteil war für den Start der neuen Immobilienmärkte besonders bedeutungsvoll, da die angespannte Personaldecke der Bau- und Liegenschaftsverwaltungen in den Anfangsjahren 1991 und 1992 ohne externe Zuarbeit einen Investitionsengpaß darstellte.

Dank rechtzeitig bekannter standardisierter Verfahrensabläufe und der fachlichen Zuarbeit kann im Berliner Modell der komplexe Abstimmungsprozeß der Fachämter gestrafft werden. Statt je Einzelliegenschaft zahlreiche individuelle, zeitintensive Vorsprachen potentieller Investoren durchzuführen und eine detailreiche abändernde bis ablehnende Prüfung ihrer Vorschläge und Konzepte zu verhandeln, befassen sich die Fachämter gezielt mit dem Objekt. So profitieren die Kommunen im Berliner Modell zudem auch von dem Vorteil, die Entwicklung relevanter Liegenschaften rechtzeitig vor ihrer Vermarktung mit ihren parlamentarischen Gremien und mit den Ressorts abzustimmen. Hierdurch kommt es zielführend zur Erhöhung der Arbeitseffizienz und zur Beschleunigung der *Immobilieninvestitionen.*

Im Berliner Modell steuern die Kommunen konsensprogrammiert die mit den Liegenschaftsverkäufen verbundenen Bauvorhaben, Sanierungen, Ansiedlungen. Durch seinen charakteristischen Verfahrensablauf schafft das Berliner Modell im Hinblick auf die allseits angestrebte Herstellung der Ausschreibungsreife der zur Disposition stehenden Liegenschaften die fachliche Arbeitsplattform, von der aus unter Einbeziehung externem *Markt-Know-how* auch zunächst konträre Liegenschaftsdefinitionen einer investitionsbegünstigenden Lösung zugeführt werden können. Dieser modellcharakteristische Informations- und Gestaltungsbonus ist zugleich der Ausgangspunkt für das Freisetzen des Entwicklungs- und Wertschöpfungspotentials der Liegenschaften.

Durch die fachliche Liegenschaftsaufbereitung im *BM* erhalten potentielle Investoren, ihre Fachberater (Architekten, Anwälte, Makler, Wirtschaftsprüfer) und die finanzierenden Banken eine in Anbetracht der komplexen Ausgangssituation des ostdeutschen Liegenschaftssektors außergewöhnlich hohe Informationsqualität. Dies führt auch bei Kaufbewerbern zur Schonung von Zeit, Geld und Personalkapazitäten.

Die Erarbeitung definitionsgerechter Nutzungskonzepte und ihre Kalkulation werden wesentlich erleichtert. Der nun 3 Jahre währende Zuspruch breiter Entwickler- und Investorenkreise auf die rege Ausschreibungstätigkeit ist der objektive Beleg für den Qualitätsvorsprung, den Liegenschaftsangebote nach dem Berliner Modell im Marktbewerb genießen.

Eine der wesentlichen Stärken des Berliner Modells ist darin zu sehen, daß gerade in der *Analyse- und Aufbereitungsphase* die z. T. konkurrierenden Ideen hinsichtlich der zukünftigen Standortnutzungen offen besprochen werden. Statt kontroversen Betrachtungen auszuweichen, werden sie gezielt zum tragfähigen Konsens geführt, da ansonsten dem Kodex des BM folgend die Ausschreibung der Liegenschaft zurückgestellt wird. Die sich aus dieser Vorgehensweise herausbildende Gesprächskultur hat in der sensiblen Startphase der neuen Immobilienmärkte die Dialogfähigkeit von Verwaltung und Investoren und das gezielte Erarbeiten marktgerechter Nutzungsdefinitionen gefördert.

Bewertungsphase

Die in der ersten Phase nutzungs- und baurechtlich vorgeklärten Liegenschaften werden unter Einbeziehung der langjährigen Kenntnisse vergleichbarer Konkurrenzangebote auf den etablierten Märkten und des Nachfrageverhaltens potentieller Investoren auf den neuen Märkten – soweit möglich – im Sinne eines Mindestgebotes bewertet. Hierbei werden im Hinblick auf das vorgegebene Verkehrswerterzielungsgebot insbesondere die Standort- und Nutzungsspezifik sowie das Entwicklungspotential individuell gewichtet und in die Bewertung miteinbezogen.

Insbesondere die Bewertungsphase des Berliner Modells wurde anfänglich stark kritisiert. Bezeichnenderweise erhob man gleichzeitig die Vorwürfe der Preistreiberei und des Lockvogelangebotes. Richtig ist indes, daß das BM weder ein klassisches Subventionsmedium zur gezielten Verbilligung von Liegenschaften darstellt noch der liegenschafts- oder standorttypischer Nachfrageschwäche des Marktes und damit gegebenenfalls dem Erfordernis der Ausschreibungswiederholung oder der Einzelvergabe vorbeugt. In jedem Falle ermöglicht es aber durch die gezielt *marktorientierte* Nutzungsdefinition und die sich hieraus ableitende Bewertungsgrundlage eine *optimale Marktausschöpfung*.

Ausschreibungsphase

Anstelle des zeitaufwendigen, nicht transparenten freihändigen Einzelverkaufes werden die Liegenschaften nach dem Berliner Modell in der Regel zugleich regional, bundesweit und international öffentlich zum Verkauf ausgeschrieben und von der TLG bzw. ihren Immobilienberatern für den Investor provisionsfrei angeboten. Mit Ausnahme von großen Einzelliegenschaften oder Entwicklungsarealen werden hierbei mehrere Liegenschaften (etwa 3 – 20) zu einer *Tranche* zusammengefaßt. Die Laufzeit der einzelnen Ausschreibung beträgt in der Regel 4 – 6 Wochen, in Einzelfällen auch 2 Monate.

In den normalen Tranchen wird eine breite Objektstreuung sowohl hinsichtlich der räumlichen Verteilung als auch der angestrebten Nutzung vorgenommen. Dies ermöglicht die gezielte Ansprache eines breiten Entwickler- bzw. Investorenkreises und den konsequenten Aufbau des Preisgefüges der neuen Immobilienmärkte.

Das Berliner Modell hat sich in seiner nunmehr über dreijährigen Ausschreibungspraxis als *Idealfall* für alle Standortlagen, Preisstufen und Nutzungsarten erwiesen.

Die Bandbreite der Ausschreibungsliegenschaften umfaßt die privat genutzte Immobilie im 5-stelligen Wertbereich, die Immobilie für Existenzgründer, hochkarätige Citykernbestandsobjekte im 9-stelligen Wertrahmen bis zum mehrere Hektar großen städtebaulich relevanten Entwicklungsschwerpunkt, Konversionsflächen, Projektaufbereitungen, Rekonstruktionen und Bestandsverkäufe – mithin alle Liegenschaftsarten sind modellgeeignet.

Die vom 1. Februar bis Juli 1991 zunächst ausschließlich in Berlin, alsdann auch in Leipzig und ab Ende 1991 flächendeckend in den neuen Bundesländern überaus rege praktizierte Ausschreibungstätigkeit führte infolge der vierdimensionalen Angebotstätigkeit (lokal, regional, bundesweit, international) zu einer schnellen Einübung und damit zur Standardisierung des Angebots- und Nachfrageverkehrs der Teilnehmer in den neuen Immobilienmärkten.

Erst hierdurch wurden die Ausschreibungstranchen hinsichtlich *performance* und *handling* untereinander zunehmend vergleichbar und bis zu einem gewissen Grad aus Sicht der Investoren substituierbar. Dies wiederum bewirkt, daß zunächst nachrangig plazierte Investoren bei zunehmend professioneller Handhabung der Ausschreibungen motiviert bleiben, sich auch an Folgeausschreibungen und parallel an mehreren Bieterverfahren in unterschiedlichen Regionen zu beteiligen (Schneeballeffekt).

Gerade dieser von Berlin und ab Juli 1991 auch von Leipzig ausgehende Duplizierungseffekt begünstigte ein Jahr nach Startbeginn in Berlin Anfang 1992 den Aufbau der neuen Immobilienmärkte in Dresden, Halle, Magdeburg, Potsdam, Chemnitz etc.

Auch hier wurden die nach BM bewährten Ausschreibungen auf Anhieb positiv am Immobilienmarkt aufgenommen.

Dabei zeigt sich nach dem geglückten Start der neuen Immobilienmärkte auch im "Jahr 4" des BM, daß

- die standardisierte Schaltung professioneller Ausschreibungsinserate in den jeweils maßgeblichen regionalen, bundesweiten und internationalen Printmedien,
- die nach einheitlichen Kriterien fachbezogen erarbeiteten mehrsprachigen Exposés über die Ausschreibungsliegenschaften,
- die erfolgsorientierte gezielte Ansprache von Eigennutzern, Entwicklern und Investoren,
- Investorenkonferenzen und Immobilienmessen im In- und Ausland,
- der flankierende Einsatz weiterer Marketinginstrumente (Videofilme, Direktansprache von Multiplikatoren in Politik, Verwaltung, institutionellen Anlegerkreisen, Assekuranz, Bankenwirtschaft, Wirtschaftsförderung) und
- nicht zuletzt die individuelle Beratung langjährig bundesweit und international tätiger Kunden nicht nur in Fragen des Erwerbs, sondern auch der Vermietung/Nutzung der Liegenschaften,

die unerläßlichen Voraussetzungen für den nachhaltigen Ausschreibungserfolg auch schwieriger Objekte in Nebenlagen im rezessionsgeränderten Umfeld bilden.

Daß der freiwillig über Ausschreibung gewählte Privatisierungsweg besonders in der Anfangsphase des Berliner Modells im Immobilienmarkt nicht nur Zustimmung fand, liegt auf der Hand. Die das BM tragende Transparenz und Objektivität setzt unter Beachtung des Gemeinwohlinteresses die professionell angesprochenen Kaufbewerber und ihre Investitionsvorhaben und Konzepte in betonte Erwerbskonkurrenz. Hieraus erwächst eine erkennbare Qualitätssicherung der Angebote.

Daß angesichts der hohen Anstrengungen, unter Zeit- und Kostendruck schlüssige Investitionskonzepte einzureichen, der eine oder andere nachrangig Plazierte den Eindruck gewinnen kann, ungerecht bewertet worden zu sein, ist kein Fehler des BM, es ist vielmehr normal. Schließlich bietet auch der freie Markt dem Immobilieninvestor im Vorfeld der Objektrecherche keine Garantie auf Abschluß des notariellen Kaufvertrages.

Auswahlphase

Die von Investoren auf der Basis der Ausschreibungsunterlagen eingereichten *Erwerbsanträge* und *Vorhabenpläne* werden nach Bieteschluß hinsichtlich Plausibilität und Übereinstimmung mit den vorgegebenen Rahmendaten geprüft und ausgewertet. Unter Beachtung der Seriösität des Antragstellers (einwandfreie Reputation, Solvenz etc.) sind Hauptkriterien der Zuschlagsentscheidung:

- Nutzungs- und Entwicklungskonzept,
- Kaufpreisgebot,
- vorgesehenes Investitionsvolumen,

- geplante Arbeitsplätze und Wohnungen,
- Infrastrukturverbesserungen.

Nach diesen Kriterien wird durch die Treuhand eine Vorauswahl getroffen, die gewährleistet, daß Erwerbsanträge, deren Konzept nicht mit den vorgeklärten Rahmenbedingungen kompatibel sind, z. B. auch bei hohem Kaufpreisgebot infolge mangelnder Konsensfähigkeit, unberücksichtigt bleiben.

Zur Vorbereitung der Zuschlagsentscheidung werden die aufbereiteten Erwerbsunterlagen den am BM Beteiligten rechtzeitig zugänglich gemacht. In einer abschließenden *Auswahlrunde*, deren Mitglieder identisch mit denen der *Steuerungsrunde* sind, nimmt die Treuhand - beraten durch die anderen Beteiligten - für jede Ausschreibungsliegenschaft die Reihung der Interessenten vor, mit denen nach *Zuschlagbeschluß* Verhandlungen über den Grundstückskaufvertrag aufgenommen werden. Sollte der Erstplazierte (*Zuschlagsberechtigte*) - gleichgültig aus welchem Grunde - wegfallen, wird zügig in der Reihenfolge der Nachplazierungen verhandelt.

Die Identität der in allen fünf Arbeitsphasen des BM Beteiligten steigert die Effizienz der Steuerungsrunde und der Auswahlrunde. Es ergibt sich ein hoher Motivationsschub. Die zumeist unter starkem Zeitdruck und häufig zunächst zielkonfliktträchtig geleistete Analyse-, Definitions-, Bewertungs- und Konsensarbeit kann durch zeitnahen Markterfolg (Kaufvertragsabschluß) in der Regel schon nach 3 – 6 Monaten objektiv gemessen werden. Hierdurch erfahren die betreffenden Entscheidungsträger Erfolgserlebnisse.

Die Praxis des Berliner Modells bestätigt, daß es dort, wo es *richtig* gehandhabt wird, zu einem konstruktiven und vertrauensbildenden Zusammenwirken der Modellbeteiligten und Investoren kommt. Gerade dies hat entscheidend zur pragmatischen Überwindung der hohen situationsbedingten Anfangsschwierigkeiten des Liegenschaftssektors in Ost-Berlin und der neuen Länder geführt.

Das Erarbeiten des *menschlichen Faktors* – der "Chemie" – hat Vertrauen geschaffen und den Boden bereitet für den treuhandinduzierten Start der neuen Immobilienmärkte. Hierdurch ergaben sich erstmals höherwertigere Boden- und Gebäudenutzungen und die Initiierung der für die Stadt- und Wirtschaftsentwicklung relevanten Umstrukturierungs- und Wertschöpfungsprozesse.

Realisierungsphase

Die von der TLG nach Ausschreibung festgestellten Investoren verhandeln mit der Treuhand und dem eingeschalteten Immobilienmakler den abzuschließenden Grundstückskaufvertrag. Sie verfeinern mit den zuständigen Behörden das der Zuschlagsentscheidung zugrundeliegende Konzept und den Vorhabenplan. Den Erfordernissen des Investitionsvorranggesetzes entsprechend werden im Falle der Restitutionsbehaftung des Ausschreibungsobjektes alle Investitionsvorrang verschaffenden Parameter bindende Kaufvertragsbestandteile.

Das *Ausschreibungsverfahren* verpflichtet die TLG nicht, dem höchsten oder irgendeinem Gebot den Zuschlag zu erteilen. Anmelder von *Rückübertragungsansprüchen* nach dem Vermögensgesetz werden im Zuge der öffentlichen Ausschreibung aufgefordert, an dem Bieterverfahren mit eigenen Investitionsangeboten teilzunehmen.

Soweit Rückübertragungsansprüche zu berücksichtigen sind, bedarf der Liegenschaftsverkauf der Zustimmung des Anmelders oder einer Investitionsvorrangentscheidung nach *§ 4 Investitionsvorranggesetz* (InVorG). Der hierfür nachzuweisende *besondere Investitionszweck* liegt bei Grundstücken und Gebäuden vor, wenn sie verwendet werden zur

- Sicherung oder Schaffung von Arbeitsplätzen, insbesondere durch Errichtung oder Erhaltung einer gewerblichen Betriebsstätte oder eines Dienstleistungsunternehmens;
- Schaffung neuen Wohnraumes oder Wiederherstellung nicht bewohnten sowie nicht bewohnbaren oder bedrohten Wohnraums (die Errichtung oder Wiederherstellung einzelner Ein- und Zweifamilienhäuser jedoch nur im Rahmen einer städtebaulichen Maßnahme);
- Schaffung der für Investitionen erforderlichen und hiervon veranlaßten Infrastrukturmaßnahmen.

Das Grundstück oder Gebäude darf nur insoweit für den besonderen Investitionszweck verwendet werden, als das für die Verwirklichung des Vorhabens erforderlich ist.

Die Herausbildung der neuen Immobilienmärkte

Ausschlaggebend für den erfolgreichen Start des Ost-Berliner Immobilienmarktes war zweifelsfrei die uneingeschränkt positive Resonanz, die die erste *Liegenschaftsausschreibung* in der Treuhandgeschichte im Februar 1991 bei Entwicklern, Investoren, Eigennutzern, Behörden, Politikern und Medien fand. Von den insgesamt 19 Liegenschaften der ersten Tranche wurden 13 veräußert, 1 restituiert, 2 nicht zugeschlagen und 3 erneut ausgeschrieben. Das realisierte Kaufpreisvolumen betrug rd. 58,1 Mill. DM. Hiermit waren weitere Investitionen von 369,25 Mill. DM verbunden. Die Gesamtinvestitionen der ersten Ausschreibung beliefen sich mithin auf 427,38 Mill. DM.

Die ersten 13 Investoren – 10 aus den alten Bundesländern, je einer aus den neuen Bundesländern und aus dem Ausland – sagten 7 123 Arbeitsplätze zu.

Der hohe Zuspruch auf die genannte Ausschreibung läßt sich auch aus folgenden Relationen ablesen:

- 3 150 Kaufinteressenten forderten die Ausschreibungsunterlagen an.
- Die Treuhandanstalt erhielt auf 19 angebotene Liegenschaften 373 Erwerbsanträge.

Auch diese Zahlen belegen die hohe Spannung, mit der die Immobilienwirtschaft auf den Marktstart im Ostteil gewartet hatte. Zugleich verdeutlichen sie die außergewöhnliche Arbeitsintensität in der Startphase.

Der erste notarielle Grundstückskaufvertrag aus dieser Ausschreibung konnte bereits 2 1/2 Monate nach Ausschreibungsende – am 13.5.1991 – geschlossen werden. Am gleichen Tag wurde der erste Bescheid erteilt über die *Bescheinigung für investive Zwecke*.

Bei dieser ersten nach dem Berliner Modell privatisierten Liegenschaft handelt es sich um ein ca. 3,1 ha großes Areal in Berlin-Altglienicke, das zum Verkaufszeitpunkt lediglich mit einem kleinen Bürogebäude und einigen Baracken bebaut war und in DDR-Zeiten der Fahrausbildung diente.

Der Erwerber – ein international tätiger renommierter Entwickler von Büro- und Gewerbeparks – legte bereits 14 Monate nach Kaufvertrag den Grundstein zum Falkenberg-Park. Mit einem Investitionsvolumen von über 200 Mill. DM werden als Folge der neuen hochwertigen lageadäquaten Nutzung des Areals über 1 500 moderne Arbeitsplätze geschaffen.

Ermutigt durch den verheißungsvollen Auftakt der ersten Ausschreibung brachten die Initiatoren des Berliner Modells schon in der Woche, die dem ersten Bieteschluß folgte, die zweite Ausschreibung auf den Markt. Sie umfaßte 7 Liegenschaften. Hiervon wurden 4 an Investoren verkauft. Das hierbei realisierte Grundstücksvolumen belief sich auf 12,2 Mill. DM, das weitere Investitionsvolumen auf 106,8 Mill. DM. Die Gesamtinvestitionen betrugen mithin 119 Mill. DM. Die Investoren sagten 395 Arbeitsplätze zu.

Nachdem in Berlin bis zum 10./12. Mai 1991 – also knapp dreieinhalb Monate nach der "Geburt" am 1. Februar – fünf Ausschreibungen mit insgesamt 82 Liegenschaften erfolgreich auf den Immobilienmarkt gelangt waren, erweiterte die Treuhandanstalt am 14. Mai 1991 den Maklervertrag auf den wichtigsten Immobilienmarkt der neuen Bundesländer: *Leipzig*. Jetzt mußte der in der Hauptstadt geglückte Marktstart in der ältesten Messestadt der Welt wiederholt werden.

Die erste Ausschreibung in Leipzig wurde nach 2-monatiger intensiver Vorbereitung am 7. Juli 1991 – ca. 1/2 Jahr zeitversetzt zu Berlin – an den Markt gebracht. Von den insgesamt 18 Liegenschaften wurden 7 an Investoren veräußert, 1 restituiert, 6 an die Stadt Leipzig bzw. an das Land vergeben und 4 neu ausgeschrieben.

In Leipzig wurde der Erfolg des Berliner Modells auf Anhieb wiederholt. Die erste notarielle Kaufvertragsbeurkundung konnte Mitte Dezember 1991 vorgenommen werden. Insgesamt umfaßten die Verkäufe aus der ersten Leipziger Ausschreibung ein Grundstückskaufpreisvolumen von rd. 28 Mill. DM, weitere Investitionen von rd. 469 Mill. DM, mithin Gesamtinvestitionen von rd. 517 Mill. DM. Die Investoren sicherten hierbei die Schaffung von 2 378 Arbeitsplätzen zu.

1991 wurden nach dem BM in Berlin insgesamt 8 Ausschreibungstranchen mit 128 Liegenschaften realisiert. Hieraus wurden 104 Liegenschaften durch den beauftragten Makler und 5 durch die THA verkauft, 6 Immobilien wurden restituiert, 5 nicht zugeschlagen, ein Objekt ging an das Land, und 5 Liegenschaften wurden neu ausgeschrieben.

In der Zeit von der ersten notariellen Grundstückstransaktion Mitte Mai 1991 bis Jahresultimo konnten nach dem Berliner Modell Liegenschaften im Wert von 379,8 Mill. DM veräußert werden. Hiermit verbunden war ein Gesamtinvestment von mehr als 2,88 Milliarden DM. Die Relation zwischen Grundstücks- und Bauinvestition betrug demnach 1 : 6,6.

Aus dieser Betrachtungsweise lassen sich die vielfältigen volkswirtschaftlichen Anschub-, Akzelerations- und Multiplikatoreffekte ablesen, die das Berliner Modell zum erfolgreichen Start des Immobilienmarktes nutzte.

Die mit den Liegenschaftsverkäufen im Startjahr 1991 bewegte Arealfläche im Ostteil der Stadt umfaßte 546 939 m^2. Die 1991 vertraglich gebundenen Investoren sagten auf den 57 beurkundeten Liegenschaften die Sicherung/Schaffung von über 30 000 Arbeitsplätzen zu.

Zu dem Bilderbuchstart des Immobilienmarktes in Ost-Berlin durch die 8 Ausschreibungen des Jahres 1991 gesellte sich der erfolgreiche Marktstart im Rahmen der ersten 6 Ausschreibungen in Leipzig. Das hieraus notariell verbriefte Kaufpreisvolumen erreichte 155 Mill. DM. Die weiteren Investitionen belaufen sich auf 696 Mill. DM, die Gesamtinvestition mithin auf rd. 851 Mill. Der Leipziger Arbeitsmarkt profitiert von der Sicherung bzw. Schaffung von mehr als 4 600 Arbeitsplätzen.

Damit legte das Berliner Modell den Grundstein für den Privatisierungserfolg der Treuhandliegenschaftsgesellschaft und den Start der beiden wichtigsten neuen Immobilienmärkte.

Nicht nur im Ostteil Berlins – z. B. die Entwicklungsachse "Landsberger Allee", das "ELPRO-Gelände", 34 "Dienstleistungswürfel", in Leipzig – z. B. "Georgi Ring", sondern auch in herausragenden Projektentwicklungen, wie z. B. die Ausschreibung des 47,5 ha umfassenden nicht betriebsnotwendigen SKET-Areals in Magdeburg zum zukünftigen "GRUSON-PARK", das "HASA-TRONIC-KARREE" im Stadtkern von Halle oder die Ausschreibung des 9 ha großen Entwicklungsareals der "Fettchemie" in Chemnitz etc., wird der Weg zur Herausbildung der neuen Immobilienmärkte markiert.

Vom Senkrechtstarter in Ost-Berlin avancierte das Berliner Modell zum Investitionshit in Leipzig und alsdann flächendeckend in den neuen Bundesländern schon im Jahre 2 seiner Geschichte zum bedeutenden Schrittmacher und Investitionsklassiker. Seine Privatisierungsleistung in den Jahren 1991 bis 1993 – erarbeitet in konstruktiver Partnerschaft von TLG, Kommunen, Kammern, Landesentwicklungs- und Wirtschaftsförderungsgesellschaften und leistungsfähigen Immobilienmaklern, Entwicklern und Investoren – stellt einen gewichtigen Beitrag in der Aufbauphase der neuen Immobilienmärkte dar.

Mit einer Zwischenbilanz von über 22 500 verkauften Objekten allein aus dem Verfügungsbereich der Treuhandliegenschaft im Gewerbe- und Wohnsegment und fast ebenso vielen Werkswohnungen, durch deren Kauf tausende Mieter einen soliden Vermögensgrundstock gelegt haben, wurde ein entscheidender Schritt zur Herausbildung der ostdeutschen Märkte für Gewerbeimmobilien und Wohnungsbau erzielt.

In diesem Entwicklungsprozeß nimmt das Berliner Modell/TLG-Modell zunächst als Marktstarter und heute als "Privatisierungsklassiker" einen unverrückbaren Platz ein.

Noch sind über 70 000 Liegenschaften – hiervon über die Hälfte Wohnimmobilien – zu privatisieren. Dies bedarf weiterer großer Anstrengungen. Die Immobilienmärkte Berlins und der neuen Länder sind auch in den kommenden Jahren mit dem *Berliner Modell/TLG-Modell* zukunftsfähig.

Die Entwicklung des Marktes für Kapitalbeteiligungen in der Bundesrepublik Deutschland seit 1970

Klaus F. Bauer

Anfangs mühsame Geschäfte

Einen organisierten *Markt für Kapitalbeteiligungen* an deutschen Unternehmen, wie wir ihn heute kennen – mit meist zweistelligen Wachstumsraten, mit vielen Anbietern, die untereinander in lebhaftem Wettbewerb stehen, mit Unterstützung durch benachbarte Märkte, wie etwa das M&A-Geschäft und mit einem Milliarden-Anlagevolumen – gab es vor 25 Jahren in Deutschland noch nicht.

Gewiß, es gab auch damals – wie übrigens seit Beginn der Industrialisierung – Privatanleger und Privatbanken, die den Unternehmen auch eigenkapitalähnliche Mittel zur Verfügung stellten. Auch floß ein Teil der Mittel, die große Kapitalsammelstellen, z. B. Versicherungsgesellschaften, rentierlich anzulegen haben, in die Unternehmenswirtschaft.

Aber die Anlage solcher Mittel erfolgte damals wie heute überwiegend in Aktien der großen börsennotierten Gesellschaften, weil nur diese einen ausreichend breiten, fungiblen Markt boten. Zudem war wohl damals wie heute ein nicht geringer Teil dieser Finanzanlagen der Kapitalsammelstellen bloßer *Handelsbestand*, also rein kurzfristigen Charakters. Einzelne private Kapitalbeteiligungsgesellschaften bestanden zwar seit Mitte der 60er Jahre, deren Geschäftszweck die Beteiligung an mittelständischen Unternehmen mit Eigenkapital war. Zu nennen wären hier Tochtergesellschaften der beiden größten deutschen Banken und Initiativen ohne mächtigen institutionellen Hintergrund, wie beispielsweise die GeBeKa Gesellschaft für Beteiligungen, Hamburg, oder die Konsortium Verwaltungsgesellschaft in Stuttgart, die beide heute noch bestehen.

In Äußerungen von Pionieren dieses entwicklungsgeschichtlichen Abschnitts ist aber häufig die Rede von mühsamem Geschäft, von langen Durststrecken und "durchlittenen Marktperioden". Die Idee, wonach ein externer institutioneller Anleger auf der Grundlage eines von dem Unternehmen vorgelegten Geschäftsentwicklungsplans und nach sorgfältigem Abwägen und Abgleichen der beiderseitigen Interessenlage sich mit haftendem Kapital an einem mittelständischen (Familien-)Unternehmen beteiligen und sich daraus eine Partnerschaft entwickeln könnte, war für einen Durchbruch noch nicht reif, und die Marktteilnehmer taten zu wenig, um sie populär zu machen.

Der Autor erinnert sich noch gut an das große Unverständnis, auf das er noch etwa 1975 bei einem inhabergeführten bayerischen Unternehmen stieß, als er nach einem Blick auf die Passivseite der Bilanz – zusätzlich zu einem staatlichen Investitionskredit für die geplante Betriebsverlagerung – eine Verbreiterung der *Eigenkapitalbasis* durch eine unabhängige Kapitalbeteiligungsgesellschaft in die Debatte warf und die Kontaktaufnahme mit einer der bestehenden Gesellschaften vorschlug.

Daß sich der Markt für Beteiligungskapital zu seiner heutigen Größe und Bedeutung entwickeln konnte, ist im wesentlichen zwei Anstößen zu verdanken. Es gereicht der öffentlichen Hand zur Ehre, daß der erste und breiteste Anstoß zur Marktentwicklung Anfang der 70er Jahre von der *staatlichen Wirtschaftsförderung* ausging. Die zweite wesentliche Quelle des Wachstums des deutschen Markts war der Erfolg der *Venture Capital (VC)-Finanzierung* im anglo-amerikanischen Markt und das Übergreifen dieser Idee auf den Kontinent Anfang der 80er Jahre.

Staatliche Hilfe bei der Marktdurchsetzung

Für die *staatliche Initiative* lag der tiefere Grund zweifelsohne in der während der Jahre nach der ersten bundesdeutschen Rezession 1966/67 sinkenden Eigenkapital (EK)-Quote der deutschen Mittelständler, die Mitte der 60er Jahre noch rd. 35 Prozent betragen hatte, Anfang der 70er Jahre aber weit unter diese Marke abgesunken war. Die Mittelstandspolitiker rief vor allem die Tatsache auf den Plan, daß der durchschnittliche Anteil des EK an der Bilanzsumme um so niedriger ausfiel, je kleiner das Unternehmen war – ein Phänomen, das leider auch heute noch Gültigkeit hat.

So fügte die Bundesregierung 1970 der Vielzahl ihrer Programme im Rahmen des ERP-Wirtschaftsplans das *ERP-Beteiligungsprogramm* hinzu. Ziel dieses Programms war es, privaten Kapitalbeteiligungsgesellschaften für Beteiligungen an kleinen und mittleren Unternehmen *Refinanzierungsmöglichkeiten* zu geben und teilweise auch *Risikoentlastungen* zu gewähren.

Das neue Instrument der Mittelstandspolitik paßte sich gut in den damaligen wirtschaftspolitischen Rahmen ein: Es war – im Gefolge des heute fast vergessenen *Stabilitäts- und Wachstumsgesetzes von 1968* – die Zeit des Ausbaus des staatlichen "Instrumentenkastens". Die staatliche Investitionsförderung, die es vornehmlich in Form der Mittelstandsförderung seit den 50er Jahren gegeben hatte, wurde ausgebaut und systematisiert. Im Jahre 1969 wurde die Bund-Länder-Gemeinschaftsaufgabe *Verbesserung der regionalen Wirtschaftsstruktur* geschaffen und damit der Rahmen für eine zwischen Bund und Ländern abgestimmte Regionalpolitik gelegt.

In die gleiche Zeit fiel der Erlaß des Investitionszulagengesetzes, das erstmals – bei Erfüllung bestimmter Voraussetzungen – einen Rechtsanspruch auf einen steuerfreien Zuschuß brachte, den man zum Unterschied zu den (im Ermessen der Verwaltung stehenden) Investitionszuschüssen Investitionszulage nannte. Während diese regionalpolitische Förderung zum Ausgleich von standortbedingten Nachteilen gewährt wurde, waren die ERP-Programme ein Teil der Mittelstandspolitik, die betriebs- bzw. unternehmensgrößenbedingte Nachteile mildern sollte.

Die Bundesländer mit einer aktiven Mittelstandsförderung, allen voran Baden-Württemberg und Bayern, nutzten das neue Instrument Beteiligungsfinanzierung sehr rasch. Es kam so in den Jahren 1971/72, meist auf staatliche Initiative, zur Gründung von Kapitalbeteiligungsgesellschaften der Länder mit sehr breitem Gesellschafterkreis. In Bayern beteiligten sich neben dem Freistaat und seiner Entwicklungsbank, der Landesanstalt für Aufbaufinanzierung (LfA), fast alle in Bayern ansässigen Banken sowie – in kleinen Beträgen – auch die Kammern, Industrie- und Handelsverbände.

Heute entfallen vom gezeichneten Kapital von 12 Mill. DM der Kapitalbeteiligungs-Gesellschaft für die mittelständische Wirtschaft Bayerns mbH (KBG) 44 Prozent auf Kreditinstitute, 15 Prozent auf Kammern und Verbände, 38,5 Prozent auf die LfA und 2,5 Prozent auf den Freistaat Bayern. Diese privatrechtlich organisierten, aber aus öffentlichen Mitteln geförderten Beteiligungsgesellschaften entwickelten sich rasch. Die KBG Bayern beispielsweise, die in ihrem ersten Rumpfgeschäftsjahr 1972 aus über tausend schriftlichen Anfragen 7 Beteiligungen mit einem Anlagevolumen von 1,66 Mill. DM herausfilterte, hatte 10 Jahre nach Gründung (1981) bereits Bewilligungen von über 90 Mill. DM für 246 Beteiligungen ausgesprochen. Heute liegt ihr Beteiligungsbestand bei knapp 300 Mill. DM, verteilt auf rd. 430 Unternehmen.

Insgesamt ist das Marktsegment dieser öffentlich geförderten Selbsthilfeeinrichtungen der Wirtschaft, die es inzwischen auch in allen neuen Bundesländern gibt, derzeit – gemessen an der Zahl der Beteiligungen – das größte des deutschen Beteiligungsmarkts. Per 31.12.1993 waren die meist als mittelständische Beteiligungsgesellschaften firmierenden öffentlich geförderten Kapitalbeteiligungsgesellschaften mit 659 Mill. DM an fast 1 500 deutschen Unternehmen beteiligt. (Alle Zahlen über den Beteiligungsmarkt sind der Statistik des Bundesverbandes deutscher Kapitalbeteiligungsgesellschaften (BVK) entnommen und beruhen auf Meldungen der Verbandsmitglieder.) Das ist gemessen an der Zahl der Beteiligungspartner ein Anteil von 57 Prozent; bezogen auf das investierte Kapital ist der Anteil des öffentlich geförderten Sektors natürlich weit geringer, weil die durchschnittliche Höhe der Beteiligung kleiner ist.

Die Gründe für diesen durchschlagenden *Markterfolg* sind rasch erfaßt. Aus der Sicht der mittelständischen Unternehmen (und nur auf diese kommt es bei der Marktentwicklung an) sind es im wesentlichen folgende:

- *Günstige Konditionen.* Infolge der Rückgarantien von Bund und Land, die über die Zwischenschaltung von Garantiegesellschaften bzw. Bürgschaftsbanken zusammen einen Haftungsanteil von 70 v.H. übernahmen, wegen der zinsgünstigen ERP-Finanzierungsmöglichkeiten sowie des Verzichts der Gesellschafter auf Ausschüttungen konnten die Gesellschaften ihr Beteiligungsentgelt stets günstig gestalten. Es liegt heute bei etwa bei 8 Prozent des Beteiligungsbetrags und damit annähernd bei der Hälfte des freifinanzierten und mit dem vollen Risiko einer EK-Anlage belasteten Marktniveaus.
- *Relative Ferne des Investors zu seinem Beteiligungspartner.* Die Beteiligungen erfolgen durch stille Gesellschaften, die langfristig (in der Regel auf 10 Jahre) angelegt sind. Die Rückzahlung erfolgt zum Nennwert und schließt damit die Teilnahme an stillen

Reserven, dem Allerheiligsten jedes mittelständischen Unternehmers, aus. Die Mitspracherechte des stillen Gesellschafters beschränken sich auf Grundsatzfragen. Herr im Hause bleibt der Unternehmer.

- *Klare Ausrichtung auf kleine und mittlere Unternehmen.* Von Anfang an war das Programm durch die Festschreibung von Umsatzhöchstgrenzen und durch die von der Bundesregierung für die ERP-Finanzierung vorgegebene Beteiligungshöchstgrenze auf diejenige Unternehmensgruppe ausgerichet, die die größten Nachteile bei der Finanzierung hat. Diese Ausrichtung führte zu einer Flut von Anträgen und begünstigte damit die
- *Standardisierung des Geschäfts.* Standard-Beteiligungsverträge waren wiederum Voraussetzung für ein Massengeschäft und die Verbreitung der Beteiligungsidee in Unternehmerkreisen. Zur Popularisierung der Idee trug die "Staatsnähe" und damit Seriosität der Gesellschaften und der handelnden Personen bei.

Diese Pionierarbeit, die – gestützt auf staatliche Initiative und staatliche Unterstützung – von diesen Gesellschaften für den Beteiligungsmarkt in Deutschland geleistet wurde, ist nicht hoch genug einzuschätzen.

Der Einfluß der anglo-amerikanischen VC-Idee

Auf diesen verbreiterten und vor allem psychologisch besser vorbereiteten Markt traf Anfang der 80er Jahre der aus den USA kommende Impuls der *Venture Capital-Idee.* Daß jungen, vielversprechenden Unternehmensgründern (*bright young men*) für die Durststrecke bis zum Markterfolg ihrer Idee Kapital zur Verfügung gestellt wurde mit einer Verzinsung, die dem eingegangenen Risiko und dem frühen Stadium der finanziellen Unterstützung entsprach, war in den USA schon lange gang und gäbe gewesen. Privatpersonen und Privatbankiers, die sich die Bewertung einer unternehmerischen Idee zutrauten, hatten solche Finanzierungen übernommen.

Die Institutionalisierung dieser Grundidee traf in den USA in den 60er Jahren auf ein sehr innovationsfreundliches, technologieorientiertes Klima: *High tech was in.* In der Nähe der universitären Forschungszentren mit den Schwerpunkten Kalifornien und Massachusetts schossen junge innovative Unternehmen der Mikroelektronik, der Computer- und Softwarebranche oder der Biotechnologie aus dem Boden und boten Anlagemöglichkeiten für VC-Kapital. Jeder kennt die wahren Geschichten von Großfirmen, die in einer Garage anfingen, und von den sagenhaften Renditen, die VC-Fonds aus einzelnen ihrer Gründungsengagements erzielten. (So soll beispielsweise ARD American Research and Development Corp., Boston, bei Veräußerung ihrer Beteiligung an Digital Equipment, für die sie ursprünglich 70 000 \$ aufgewendet hatte, einen Erlös von rd. 500 Mill. \$ erzielt haben.)

Anfang der 80er Jahre setzte sich die VC-Idee auch in Deutschland durch, bezeichnenderweise schon damals mit Hilfe von Fonds, wie *Techno Venture München (TVM)*, an denen sich Großunternehmen der deutschen Industrie beteiligten. Auch die Gründung der *Wagnisfinanzierungsgesellschaft* im Jahre 1975 als gemeinsame Initiative der deutschen Bankenwelt hatte schon eine gegenüber der amerikanischen unterschiedliche Risikobereitschaft deutscher Investoren gezeigt. Venture Capital sei so amerikanisch wie die Industrien, die es geschaffen hat, sagte einer der US-Pioniere des VC-Markts. Und so nahm der VC-Markt in der Bundesrepublik auch eine andere Entwicklung als in den USA, wofür die kaufmännische Erfolglosigkeit der WFG nur ein Symptom war.

Heute haben die meisten der unter dieser Flagge gestarteten Gesellschaften und Fonds ihr Geschäft längst auf eine viel breitere Basis gestellt. Waren sie früher fast ausschließlich in der Finanzierung der Keim- und Entwicklungsphase junger innovativer Unternehmen bis zur Marktreife des Produkts tätig, so finanzieren sie heute – wie die Universalbeteiligungsgesellschaften – auch das Wachstum eingeführter Unternehmen mit ganz normaler *Low-Tech-Produktpalette*.

Zwei differenzierende Charakteristika weisen *VC-Engagements* im Regelfall noch auf: Die Rendite dieser Engagements wird nicht vornehmlich aus laufenden Erträgen, sondern hauptsächlich aus der Veräußerung der Beteiligung (Exit) nach 5 – 6 Jahren gezogen. Außerdem ist nach eigenen Angaben im Beteiligungsportefeuille einer VC-Gesellschaft die Betreuungsintensität bis hin zu Technologie- und Marktfragen höher als im übrigen Beteiligungsmarkt. Bei beiden Faktoren läßt sich aber eindeutig eine Tendenz zur Vereinheitlichung feststellen.

Das Teilsegment VC-Kapital wird heute in der Bundesrepublik von etwa 16 Gesellschaften repräsentiert. Diese "frühphasenorientierten" Gesellschaften wiesen nach der Verbandsstatistik zum 31.12.1992 ein investiertes Kapital von rd. 390 Mill. DM auf, das in 220 Beteiligungen angelegt war.

Neuer Typ einer Kapitalbeteiligungsgesellschaft: Die Unternehmensbeteiligungsgesellschaft

Einen weiteren Anstoß erhielt der Beteiligungsmarkt in Deutschland durch das Gesetz über *Unternehmensbeteiligungsgesellschaften* (UBGG) von 1986. Dieses Spezialgesetz war Teil einer umfassenden gesetzgeberischen Initiative, durch die gleichzeitig das Segment des geregelten Marktes an der Börse geschaffen wurde und Kapitalanlagegesellschaften Erleichterungen bei Investitionen in der Unternehmenswirtschaft gewährt wurden. Damit entstand, ausschließlich zugelassen in der Rechtsform einer Aktiengesellschaft, ein besonderer, gesetzlich geregelter Typ von Kapitalbeteiligungsgesellschaft, die Unternehmensbeteiligungsgesellschaft. Ziel des UBGG war es einerseits, nicht börsennotierten mittelständischen Unternehmen, die deutliche Nachteile bei der Kapitalbeschaffung haben, den indirekten Zugang zu den organisierten Märkten für Eigenkapital, vor allem zur Börse zu öffnen. Andererseits sollte es einem breiten Anlegerpublikum attraktiv gemacht werden, sich indirekt über Unternehmensbeteiligungsgesellschaften an mittelständischen Unternehmen zu beteiligen.

Um diese Ziele zu erreichen, sind diese Gesellschaften gesetzlich verpflichtet, innerhalb von 10 Jahren nach ihrer Anerkennung mindestens 70 Prozent ihrer Aktien öffentlich zum Erwerb anzubieten.

Es läßt sich heute noch nicht feststellen, ob diese Ziele des Gesetzgebers erreicht werden. Die 16 nach dem UBGG arbeitenden Aktiengesellschaften haben zum 31.12.1993 etwa 390 Mill. DM in 154 nicht börsennotierte deutsche Unternehmen investiert. Dies entspricht einem Anteil am gesamten Beteiligungsmarkt von etwa 8 Prozent, der weit unter der seinerzeit anvisierten Quote liegt. Die Frage der Zielerreichung kann vor allem deshalb noch nicht beantwortet werden, weil erst eine Unternehmensbeteiligungsgesellschaft an der Börse notiert ist. Diese kann nicht als Testfall gelten, weil sie in anderer Rechtsform bereits seit 1965 auf dem Markt agierte und ihr Portefeuille nach ihrer Gründung wohl in erster Linie aus bereits vorhandenen Beteiligungen der älteren Schwester rekrutiert wurde.

Das Kapitalangebot der Unternehmensbeteiligungsgesellschaften wendet sich fast ausschließlich an reife Unternehmen. Diese übernehmen überwiegend Expansionsfinanzierungen; einen beachtlichen Teil ihres Geschäfts stellen ferner *Management-Buyouts bzw. -Buyins* dar, also Fälle, wo in eingeführten Unternehmen der Unternehmer dadurch wechselt, daß sie vom bisherigen Management oder durch einen von außen kommenden Gesellschafter-Geschäftsführer übernommen werden.

Wegen dieser Konzentration auf Wachstumsfinanzierungen war es kein Wunder, wenn in Zeiten konjunkturellen Aufschwungs, vor allem in den Jahren 1988 – 1991, das Geschäft dieses neuen Typs von Kapitalbeteiligungsgesellschaften florierte und es schneller wuchs als der Gesamtmarkt. Dementsprechend hatte dieser Teilmarkt während der Rezession des Jahres 1993 so gut wie kein Wachstum, da die Hauptfinanzierungsanlässe relativ selten waren. Außerdem werden Gesellschaften, die nach gesetzlicher Vorschrift stets als Minderheitsgesellschafter tätig sind und Rücksicht auf ihre Börseneinführung zu einem bestimmten Zeitpunkt nehmen müssen, stärker auf die Nachhaltigkeit der Erträge ihrer Partnerunternehmen achten müssen als Mehrheits-Holdings oder VC-Fonds.

In letzter Zeit wird verstärkt Kritik an den Regelungen geübt, die das UBGG in verständlichem Bemühen um ausreichenden Anlegerschutz den Gesellschaften auch für die Zeit vor ihrer Börseneinführung auferlegt hat. Tatsächlich gibt es eine Reihe von Hemmnissen, welche die Flexibilität und damit das Wachstum der Unternehmensbeteiligungsgesellschaften einschränken und sie im Wettbewerb behindern.

Folgende Hauptkritikpunkte der Praxis werden wahrscheinlich noch in der laufenden Legislaturperiode zu einer Novellierung des UBGG führen:

- *Beteiligung nur an inländischen Unternehmen.* Die Beschränkung des Aktionsradius der Unternehmensbeteiligungsgesellschaften auf das Inland war nach der Zielsetzung, die EK-Ausstattung deutscher mittelständischer Unternehmen zu verbessern, verständlich. Im Zeichen des EG-Binnenmarkts und der Internationalisierung des deutschen Beteiligungsmarkts – ein erheblicher Teil der anlagebereiten Gelder kommt aus dem Ausland – ist sie aber einigermaßen anachronistisch. So hindert sie beispielsweise die Gesellschaften, ihren mittelständischen Partner, der in Europa durch Gründung von Tochtergesellschaften expandieren will, ins Ausland zu begleiten.

- *Verbot des (auch nur vorübergehenden) Mehrheitserwerbs.* Das ist eine an sich verständliche Regelung: Dem mittelständischen Unternehmer sollte signalisiert werden,

daß es dem neuen Partner nicht möglich ist, sein Unternehmen kapitalmäßig und gesellschaftsrechtlich zu dominieren. In der Praxis hat sich diese Regelung, vor allem bei den Finanzierungssituationen MBO/MBI bzw. Sanierung/Turn-around, als hinderlich erwiesen. In beiden Fällen müssen jedenfalls vorübergehend Mehrheiten übernommen werden können.
Im Sanierungsfall, in dem schnelles Handeln durch einen einzigen Entscheidungsträger notwendig ist, leuchtet dies unmittelbar ein. Bei MBO/MBI-Fällen erwartet der Unternehmensverkäufer regelmäßig ein Angebot eines einzigen kapitalkräftigen Übernahmepartners in Form eines Gesamtpakets. Er will, wie die tägliche Arbeit zeigt, weder warten, bis das erwerbende Management den richtigen Finanzpartner gefunden hat und sich mit diesem in den Eckpunkten der künftigen Partnerschaft geeinigt hat, noch bringt er (rühmliche Ausnahmen bestätigen die Regel!) die Geduld auf abzuwarten, bis die Management-Crew die Eigenmittel für den Anteilskauf sichergestellt hat. Da das Ersparte für den Anteilskauf nur in wenigen Fällen ausreicht, handelt es sich hier meist um eine Mosaikfinanzierung, bei der öffentliche Mittel wie ERP-Existenzgründungsdarlehen, Eigenkapitalhilfe etc. eingesetzt werden. Dies alles braucht Zeit. Eine kurzzeitige Mehrheitsübernahme durch die Beteiligungsgesellschaft ist in solchen Fällen hilfreich.

- *Beschränkung der Kreditaufnahme auf 30 Prozent des Eigenkapitals.* Diese Beschränkung ist als Schutzvorschrift für (künftige) Kleinaktionäre börsennotierter Gesellschaften gedacht. Sie macht die Unternehmensbeteiligungsgesellschaft aber unflexibler als ihre Wettbewerber, weil sie häufiger zu Kapitalerhöhungen gezwungen wird – ein Vorgang, der schon im Hinblick auf das Börsenklima ein präzises Timing erfordert. Außerdem mindert es die Gesamtkapitalrentabilität der Gesellschaft, wenn niedrigverzinsliche und ergiebige Kapitalmarktphasen nicht zur Kreditaufnahme genutzt werden können.
  Was spricht dagegen, die Relation von Eigen- zu Fremdkapital wie bei anderen Aktiengesellschaften der Bonitätsanalyse durch die kreditgebenden Banken zu überlassen?

- *Publizitätspflichten.* Für die Aktionäre einer Unternehmensbeteiligungsgesellschaft ist es sicher eine wünschenswerte Information, für den publizitätsscheuen deutschen Unternehmer jedoch oft ein Stein des Anstoßes, wenn beispielsweise die Gewinnanteile aus einzelnen Beteiligungen offengelegt werden müssen. Das Problem besteht darin, daß hiervon, ohne Rücksicht auf Größenkriterien, auf die unser Handelsrecht für die Rechnungslegung und Veröffentlichung von Jahresabschlüssen normalerweise abstellt, auch kleinere Beteiligungsunternehmen betroffen sind, die selbst nicht in dieser Weise publizitätspflichtig wären. Den schutzwürdigen Belangen der Kapitalanleger wäre genügend Rechnung getragen, wenn lediglich Angaben über die Ertragskraft sämtlicher Beteiligungspartner zusammengefaßt publiziert werden müßten.

- *10-Jahresfrist zur Einführung der Aktien an der Börse.* Diese Frist, die mit dem Zeitpunkt der Anerkennung der Gesellschaft durch die Aufsichtsbehörde, d. h. schon vor ihrem Tätigwerden auf dem Markt, zu laufen beginnt, ist offensichtlich zu kurz. Dazu muß man sich die Entwicklung einer Neugründung plastisch vorstellen. Einem Newcomer, der noch dazu in der strengen Formvorschriften unterliegenden Rechtsform der Aktiengesellschaft agiert, wird man für den Aufbau eines ertragreichen Portefeuilles einige Jahre einräumen müssen. Für die anschließende Zeit der Börsenvorbereitung, während derer die Nachhaltigkeit der Erträge für die Finanzanalysten nachgewiesen werden muß, wird man – wie üblich – mit drei Jahresabschlüssen rechnen müssen. Ausfälle, die im Beteiligungsgeschäft zum normalen Risiko gehören, oder andere Rückschläge können die Gesellschaft hinter diesen Zeitplan zurückfallen lassen. Dies bedeutet aber: Jede andere deutsche Aktiengesellschaft kann in Abhängigkeit von vielen internen und externen Faktoren den Zeitpunkt ihres Börsengangs nach eigenem Ermessen bestimmen. Die Börseneinführungsliste früherer Jahre ist voll von Kandidaten, die den Zeitpunkt ihres *Going-public* hinausgeschoben haben und heute, mehrere Jahre nach der ursprünglich anvisierten Zielmarke, noch nicht an der Börse sind. Den Unternehmensbeteiligungsgesellschaften hat der Gesetzgeber diesen zeitlichen Spielraum bisher nicht zugebilligt.

Immer weniger psychologische Barrieren gegen die Aufnahme externen Eigenkapitals

Einer der wesentlichen Gründe für die explosionsartige Entwicklung des Beteiligungsmarkts in den letzten Jahren dürfte im *psychologischen Bereich* liegen, in einer sich ändernden Einstellung deutscher Unternehmer zu ihrem Unternehmen und seinen Financiers. Früher galt es fast als ein Zeichen der Hilfsbedürftigkeit und Schwäche, einen institutionellen Anleger mit im Boot zu haben. Auch heute begehen leider manche Unternehmer noch immer den Fehler, erst dann nach externer Eigenkapitalverstärkung Ausschau zu halten, wenn es Matthäi am letzten ist.

Aber es gibt heute genauso eine jüngere, aufgeschlossenere Unternehmer- und Manager-Generation, die die Vorteile eines weiteren Finanzpartners wohl zu schätzen weiß. Neben der Verbreiterung der EK-Basis und damit der Erweiterung des Kreditfinanzierungsspielraums bedeutet der Hinzutritt eines Dritten ja auch häufig eine steigende Anerkennung bei Lieferanten, Kunden und Beschäftigten. Eine Partnerschaft mit einer seriösen Beteiligungsgesellschaft wirkt bei einem kleinen Mittelstandsunternehmen oft als eine Art Gütesiegel.

Nach den Erfahrungen der letzten Jahre ist schließlich auch die Bereitschaft deutscher Unternehmer, ihr Unternehmen einem MBO-Team anzuvertrauen, stark gewachsen. Wenn der geeignete Nachfolger in der nächsten Generation fehlt, entscheiden sie sich oft dafür, ihr Lebenswerk mit Hilfe tüchtiger Mitarbeiter weiterleben zu lassen, anstatt es durch erbrechtliche Konstruktionen, bei denen die zentrale Antriebskraft einer unternehmerischen Persönlichkeit fehlt, in der Familie zu halten.

Dies alles spricht für ein viel unverkrampfteres Verhältnis des deutschen Mittelstands zu externen EK-Gebern als dieses noch vor 10 Jahren der Fall war. Hinzu kamen als objektiv begünstigende Faktoren der Anstieg der Finanzierungsvolumina durch schnellere Produktzyklen, die höhere Kapitalintensität der Investitionen und die steigenden Kosten für die Europäisierung des Geschäfts. So brauchte der Beteiligungsmarkt etwa 15 – 20 Jahre, um die erste Milliarde an Beteiligungskapital zu investieren. Die folgenden drei Milliarden Anlagevolumen übersprang er aber in weniger als fünf Jahren. Im Jahre 1975 hielten die damals auf dem Markt befindlichen EK-Anbieter Beteiligungen an 367 mittelständischen Unternehmen mit einem Gesamtvolumen von 418 Mill. DM. Acht Jahre später hatte sich das von den Verbandsmitgliedern des BVK investierte Kapital auf 785 Mill. DM erhöht – kontinuierlich, aber nicht mit aufsehenerregenden Zuwachsraten.

Ende 1993 waren dagegen insgesamt, d. h. in allen Marktsegmenten zusammen, bereits rd. 4,9 Mrd. DM in über 2 600 Unternehmen investiert, der Löwenanteil (über 3 Mrd. DM) von Universalbeteiligungsgesellschaften, die keinem der oben beschriebenen speziellen Marktsegmente zuzurechnen sind. Der Beteiligungsmarkt war einer der wenigen Märkte in der deutschen Volkswirtschaft, der auch während des Rezessionsjahres 1993 noch ein solides Wachstum von über 8 Prozent aufwies.

Günstige Zukunftsperspektiven

Wie wird die weitere Entwicklung dieses Markts aussehen? Alle Fachleute stimmen darin überein: Seine Wachstumsphase sei noch keineswegs zu Ende, denn die nachfragebestimmenden Faktoren wirkten fort. Die EK-Ausstattung des deutschen Mittelstands ist nach wie vor schwach, sie hat nach den Zahlen der Deutschen Bundesbank auch während der vergangenen Phase relativ guter Erträge nicht nennenswert zugenommen. Auch der *Wachstumsfaktor Generationswechsel* an der Spitze mittelständischer Unternehmen wird in den nächsten Jahren eher noch an Bedeutung gewinnen. Der skizzierte Mentalitätswandel bei den Unternehmen wird das Seine zum Wachstum beitragen.

Das Produkt *Beteiligungskapital* mit seinen verschiedenen Varianten wird also weiterhin gefragt sein. Die Nachfrage trifft auf eine vollfunktionierende Anbieterseite, die sich weiter professionalisieren und spezialisieren wird. Rund 100 Gesellschaften und Fonds stehen mit einem verfügbaren Fondsvolumen von fast 8 Mrd. DM bereit. Dies läßt Rückschlüsse auf die bestehende Wettbewerbsintensität des Marktes zu.

Mehrfach war die Entwicklung des Marktes durch staatliche Initiativen gefördert worden. Man kann sogar sagen, ohne die staatlichen Rückgarantien und günstigen Refinanzierungen der frühen 70er Jahre hätte der Gedanke externer Eigenkapitalfinanzierung nicht so rasch Verbreitung im Mittelstand gefunden. Jetzt, nachdem sich der Markt entwickelt hat, wird sich zeigen, ob die hehren Grundsätze von der notwendigen Degressivität staatlicher Subventionen und von der bloßen *Hilfe zur Selbsthilfe*, wie sie ständig in wirtschaftspolitischen Grundsatzpapieren oder in Sachverständigengutachten verkündet werden, in der Praxis Bestand haben.

Staatliche Förderung sollte in diesem Stadium der Marktentwicklung nur noch dort stützend und helfend eingreifen, wo der Markt nicht funktioniert oder volks- bzw. regionalwirtschaftlich unbefriedigende Ergebnisse erwarten läßt. Dies scheint derzeit bei nicht wenigen Konsolidierungs- und Turn-around-Fällen kleiner mittelständischer Unternehmen der Fall zu sein, die in den Strudel der Rezession geraten sind. Um zu vermeiden, daß unsere mittelständisch geprägte Industriestruktur Schaden nimmt, sollte man in solchen Fällen zwar die Prüfung und Entscheidung der Sanierungsfähigkeit und Sanierungswürdigkeit der Unternehmen den Banken- und Beteiligungsmanagern überlassen, aber den Beteiligungsgesellschaften das damit verbundene Risiko teilweise staatlicherseits abstützen.

Gegenwärtig schließen die *ERP-Richtlinien* Beteiligungen zum Zweck der Konsolidierung aus. Angewandt auf den Beteiligungsmarkt der Zukunft würde eine Beachtung marktwirtschaftlicher Grundsätze beispielsweise aber auch bedeuten, die Beteiligungshöchstgrenze für öffentlich geförderte Gesellschaften, die derzeit bei 1,5 Mill. DM – mit flexiblen Ausnahmeregelungen – liegt, nicht weiter auszudehnen.

Standortfaktor Logistik

Helmut Baumgarten

Globalisierung der Märkte

Nationale Volkswirtschaften bringen ihre Wirtschafts- und Handelsbeziehungen bei gleichzeitiger Liberalisierung zunehmend in einen internationalen Verbund ein. Den Auswirkungen dieser Internationalisierungstendenzen muß eine besondere Bedeutung angemessen werden.

Neben dem sich entwickelnden EG-Binnenmarkt und dem Integrationsgedanken der EFTA-Staaten ist durch die Bestrebungen zum Zusammenschluß eines Nordamerikanischen Binnenmarktes NAFTA (North American Free Trade Agreement) ein weiterer bedeutender Wirtschaftsraum in der Entstehung. Hinzu kommen mittel- und langfristig neue Perspektiven in Osteuropa.

Aufgrund dieser Trends zur Marktrestrukturierung besteht ein akuter Handlungsbedarf zur Betrachtung unternehmerischer Standortentscheidungen und zur Ableitung von neuen *Logistik-Konzepten*, die maßgeblichen Einfluß sowohl auf die Standortwahl innerhalb der Binnenmärkte als auch für die Verbindung der einzelnen Märkte untereinander haben.

Um trotz der stärker werdenden Konkurrenz die Marktanteile und Wettbewerbsvorteile zu sichern und auszubauen, müssen die im Brennpunkt des Wettbewerbs stehenden Anforderungen an Service, Qualität und Kosten durch die *Logistik* intensiv unterstützt werden. Industriestudien belegen, daß der Servicegrad neben den Produkteigenschaften wichtigster Kaufentscheidungsfaktor ist. Die Logistik sollte daher als *strategischer Wettbewerbsfaktor* für den internationalen Markt definiert werden. Die gesamte Wertschöpfungskette eines Unternehmens muß auf noch ungenutzte Rationalisierungs- und Kosteneinsparungsmöglichkeiten untersucht werden. Dazu sind im organisatorischen, physischen und informatorischen Bereich neue Strukturen auf strategischer, dispositiver und operativer und Ebene zu schaffen (vgl. Baumgarten, H.: Logistik in den 90er Jahren – Binnenmarkt, Dienstleister, Strategien und Technologien bestimmen den Trend, in: Logistik im Unternehmen, Heft 11/12, S. 8–10, 3. Jahrg., 1989).

Es bestehen zwar heute noch teilweise erhebliche Widerstände einzelner Staaten gegen die Liberalisierung des Weltmarktes, z. B. durch Kontingentierungen, Steuerschranken, Zölle, etc., doch die zunehmende Freizügigkeit durch den Abbau von Handelshemmnissen ermöglicht allen am Markt operierenden Organisationen den Zutritt zu bisher verschlossen geglaubten Marktpotentialen. Neben den Chancen für Industrie-, Dienstleistungs- und Handelsunternehmen durch das größer werdende Marktpotential birgt die beschriebene Entwicklung aber auch Risiken in sich. So können und werden auch heimische Märkte verstärkt durch ausländische Mitbewerber bedient werden, was zu einer Verschärfung der Konkurrenzsituation führt (vgl. Baumgarten, H. / Foerster, H.: Globalisierung der Märkte, Aktionsinstrumente der Logistik, in: Hossner, R. (Hrsg.): Jahrbuch der Logistik 1993, Verlagsgruppe Handelsblatt, S. 10–14, Düsseldorf 1993).

Asien

Hongkong, Malaysia, Singapur, Südkorea und Taiwan sind das klassische Beispiel für die Fortentwicklung von Entwicklungsländern, die als reine Beschaffungsmärkte hauptsächlich für Rohstoffe und Produkte niedrigen Niveaus erschlossen wurden und zu Schwellenländern mit eigenständiger Produktionsstruktur geworden sind. Dies führt zunehmend zu einer Steigerung der Wirtschaftskraft in dieser Region, was gleichzeitig die Schaffung zukünftiger Absatzmärkte für die übrigen Industrienationen bedeutet. Am Beispiel von Südkorea wird diese Entwicklung deutlich. Wo Anfang der 70er Jahre hauptsächlich einfache Elektronikteile und Baugruppen für den Beschaffungsmarkt produziert wurden, ist 20 Jahre später ein ernstzunehmender Weltmarktproduzent sowohl für komplexe und anspruchsvolle Produkte des Beschaffungsmarktes als auch für Endprodukte, wie z. B. Pkw und Computer, entstanden. Zur ursächlichen Ausnutzung der günstigen Lohnkostenstruktur entwickelte sich ein reger Know-how-Transfer aus den hochentwickelten Industrieländern in diese Zuliefermärkte. Neben diesen Staaten wird Südchina zu einem neuen Beschaffungsmarkt, der sich durch noch deutlichere Lohnkostenunterschiede auszeichnet (s. Abbildung 1). Südchina kann schon heute als verlängerte Werkbank von Hongkong bezeichnet werden.

	1992 ($/h)	1993 ($/h)	1994 ($/h)	1995 ($/h)	1996 ($/h)
Deutschland	20,12	21,14	21,76	22,60	23,53
Japan	16,03	16,09	17,70	18,60	19,50
USA	12,94	13,32	13,86	14,55	15,13
Taiwan	3,65	3,97	4,33	4,72	5,15
Hongkong	3,25	3,55	3,87	4,21	4,59
Singapur	3,35	3,60	3,85	4,14	4,45
China	0,62	0,71	0,81	0,93	1,70
Thailand	1,19	1,30	1,42	1,55	1,70

Abbildung 1: Stundenlöhne im Trendvergleich

Quelle: Bank of America, IW Köln u. a.

Osteuropa

Zusätzliche Möglichkeiten ergeben sich aus der Öffnung der osteuropäischen Länder, die in allen ökonomischen Bereichen nur geringfügig erschlossene Märkte haben. Osteuropa ist momentan charakterisiert durch die politische Umstrukturierung langjähriger kommunistischer Planwirtschaften und weist allerdings eine sehr unsichere Situation bezüglich Produktion und Infrastruktur auf. Es bestehen Ansätze im produktionstechnischen Bereich sowie im technischen Know-how, woran anzuknüpfen ist. Zusätzliches Potential ist in den zum Teil reichhaltigen Rohstoffvorkommen zu sehen. Erwartet wird zudem eine zukünftig stark steigende Konsumentennachfrage, zumindest sofern sich stabile politische Verhältnisse entwickeln.

Die zunehmend *internationale Ausrichtung* eröffnet die Möglichkeit einer verstärkten Ausweitung der Arbeitsteilung und führt so zu einer Verbesserung und Effektivitätssteigerung der bisher nicht optimalen Faktorallokation. Bisher ist die Bildung der Binnenmärkte beschränkt auf den Zusammenschluß von hochentwickelten Industriestaaten in Verbindung mit leistungsstarken Schwellenländern (Mexiko) bzw. entwicklungsfähigen Industriestaaten (Griechenland, Portugal).

Der Entwicklungstrend der *ehemaligen Schwellenländer* wird auf gewisse Zeit den Industrieländern beim Kauf komplexer *Buy-Baugruppen* Vorteile im Lohnstückkostenbereich verschaffen. Werden exemplarisch Portugal und Mexiko betrachtet, so sind hier Produktionsstrukturen für hochwertigere Güter vorhanden, obwohl diese Länder vom Pro-Kopf-Einkommen her noch weit hinter den hochindustrialisierten Ländern stehen.

Durch den Ausbau der *Infrastruktur* werden die Voraussetzungen für den Einsatz leistungsfähiger Logistiksysteme, insbesondere im Bereich der Transportketten, geschaffen. Damit ergibt sich zukünftig auch für die hochindustrialisierten Teilnehmer am Binnenmarkt die Chance, Logistikkanäle zur Versorgung dieser potentiellen Absatzmärkte mit ihren höherwertigen Produkten zu nutzen und sich damit Marktpotentiale zu sichern.

Make or Buy: Reduzierung der Wertschöpfungstiefe

Mit der Verbreitung des Lean-Production-Konzeptes und infolge des Kostendrucks, der für deutsche Unternehmen insbesondere durch den verschärften internationalen Wettbewerb entstanden ist, hat die strategische Bedeutung der Entscheidungen über das *Make or Buy* von Leistungen – also über die Frage der Eigen- oder Fremderstellung – deutlich zugenommen (vgl. Baumgarten, H.: Make or Buy als strategische Aufgabe für das Management, in: Logistik im Unternehmen, Heft 3, S. 8–11, 6. Jahrg., 1992). Die Strategie für führende Unternehmen ist somit eine *Konzentration auf das Kerngeschäft durch deutliche Reduzierung der Wertschöpfungstiefe und Systempartnerschaften mit Lieferanten*. Die Konsequenz ist in Deutschland eine kontinuierlich über alle Branchen hinweg verringerte Fertigungstiefe bei branchenspezifischer Höhe (s. Abbildung 2). Durchschnittlich wird vom heutigen Ausgangswert in der deutschen

Industrie eine Fertigungstiefenreduzierung um relativ 16 Prozent angestrebt. Diese massive Fremdvergabe hat zur Folge, daß Teile von Betrieben, ganze Unternehmen bis hin zu kompletten Branchen nicht nur innerhalb Deutschlands, sondern auch in großem Umfang in andere Länder verlagert werden. Dadurch sind nicht nur die Unternehmen von dieser Entwicklung betroffen. Zugleich ergeben sich erhebliche sozialpolitische und volkswirtschaftliche Konsequenzen.

Die Komplexität der hierbei auftretenden *Make or Buy-Entscheidungen* erfordert die Einbeziehung mehrerer Unternehmensbereiche und eine Ansiedlung auf der Ebene der strategischen Unternehmensplanung. Denn nur dadurch kann die Berücksichtigung aller wesentlichen Einflußkriterien – also nicht nur des Kostenaspekts – sichergestellt werden. Selbst wenn eine übergreifende, an Prozessen orientierte Betrachtung gewährleistet ist, so stellt die Ermittlung der entscheidungsrelevanten Kosten die klassischen Kostenrechnungssysteme der Unternehmen vor größere Schwierigkeiten. Es gilt daher, die Kostendifferenz zu ermitteln, die bei einer Umstellung von Eigen- auf Fremdfertigung entstehen würde. Dabei müssen nun z. B. abbaubare und nicht abbaubare Gemeinkosten etwa der Disposition ermittelt, Transaktionskosten und Zusatzkosten für erweiterte logistische Prozesse bestimmt und sprungfixe Kapazitätskosten bei Teilverlagerungen analysiert werden. Die traditionelle Ist-Kostenrechnung auf *Vollkostenbasis* – heute noch das am häufigsten eingesetzte Verfahren – kann dabei lediglich erste Hinweise auf Potentiale geben. Ein genaues Ausweisen der relevanten Kostendifferenzen ist eigentlich nur durch eine Prozeßkostenrechnung auf *Teilkostenbasis* möglich, was die Entscheidungsträger erkannt haben.

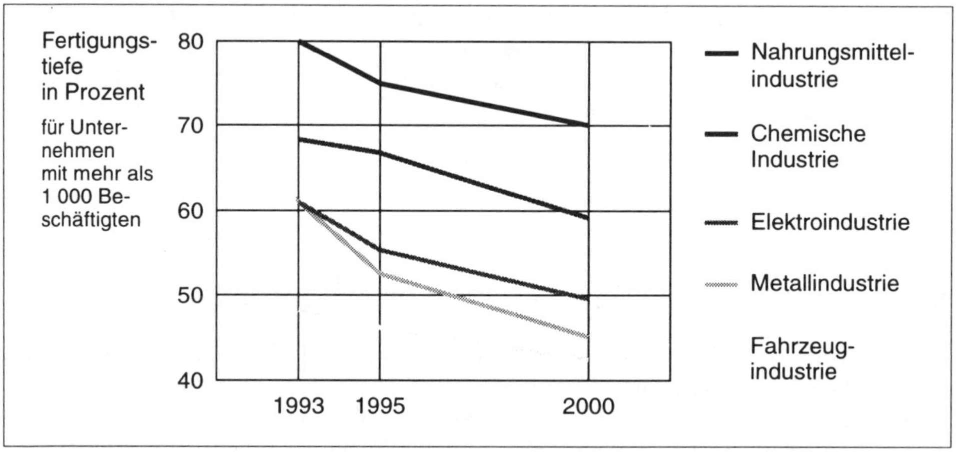

Abbildung 2: Entwicklung der Fertigungstiefe

Quelle: Baumgarten, H. / Wolff, St.: Perspektiven der Logistik – Trend-Analysen und Unternehmensstrategien; Ergebnisse einer Untersuchung des Bereiches Materialflußtechnik und Logistik der Technischen Universität Berlin, S. 23, Berlin 1993

Fremdvergabe: Unterstützung durch die Logistik

Der verstärkte Zukauf von Einzelteilen, Baugruppen und sonstigen Leistungen führt zu Veränderungen im gesamten Unternehmen, hier jedoch insbesondere zu vermehrten und veränderten Aufgabenstellungen in der Logistik (s. Abbildung 3).

Konsequenzen für das Unternehmen

- Anpassung der Fertigungs- und Montageabläufe
- Anforderungen an die Konstruktion (Baugruppenfertigung)
- Personalumsetzungen und -freisetzungen (neue Anforderungen, Sozialpläne)
- Versorgungsrisiko / Abhängigkeit
- Standortentscheidungen
- Know-how-Transfer
- Erhöhter Informationsfluß
- Vermehrte administrative Tätigkeiten

Konsequenzen für die Logistik

- Erhöhte Anforderungen an die Beschaffungslogistik
- Integration von Produktionsplanungs- und -steuerungssystemen sowie Logistikplanungs- und -steuerungssystemen
- Informatorische Anbindung Dritter
- Anpassung der innerbetrieblichen Logistikstrukturen
- Veränderungen im Materialfluß
- Neugestaltung der Qualitätssicherung

Abbildung 3: Auswirkungen einer Verringerung der Wertschöpfungstiefe

In der *Beschaffungslogistik* ist die Entwicklung und Implementierung neuer Strategien notwendig, um den wachsenden Anforderungen gerecht werden zu können. An erster Stelle steht die Auswahl einer geeigneten *Sourcing-Strategie*, wie beispielsweise das Single-Sourcing, das Global-Sourcing oder das Modular-Sourcing. Parallel dazu müssen angepaßte Anlieferungskonzepte wie etwa eine zeitnahe Anlieferung nach dem Just-in-time-Prinzip entwickelt werden. Sowohl die Sourcing-Strategie als auch das Anlieferungskonzept sind von der räumlichen Entfernung und Verteilung sowie der Art des partnerschaftlichen Verhältnisses zu möglichen Zulieferern abhängig. Neben der physischen und organisatorischen Anbindung der Lieferanten ist die unternehmensübergreifende Kommunikation über Standardschnittstellen, wie EDIFACT, VDA-Normen u. a., die wesentliche Voraussetzung für eine enge Zusammenarbeit.

Auch unternehmensinterne Informationsflüsse müssen neu strukturiert werden, da durch einen umfangreicheren Teile- und Baugruppenzukauf die innerbetrieblichen Abläufe beeinflußt werden. Um die fremdbezogenen Module effektiv, d. h. ohne überflüssige Zwischenlagerung, in den Produktionsprozeß einzusteuern, ist eine verbesserte Koordination und Steuerung des Materialflusses erforderlich.

Dazu kommen die erhöhten Ansprüche an die Qualität der fremdbezogenen Baugruppen, für die durch Kooperationskonzepte zusammen mit den Lieferanten eine Neudefinition von Verantwortlichkeiten erfolgen muß. Eine Möglichkeit, die Qualitätssicherung in Zusammenarbeit mit den Zulieferanten zu gestalten, besteht darin, unternehmenseigene qualifizierte Mitarbeiter beim Zulieferer vor Ort an der Qualitätssicherung zu beteiligen oder aber durch entsprechende Schulungsmaßnahmen im Hause des Zulieferers den Qualitätsstandard sicherzustellen.

Der verstärkte Zukauf von Baugruppen und Teilen führt somit zwangsweise zu vermehrten und veränderten Aufgabenstellungen in verschiedenen Bereichen des Unternehmens, wobei schwerpunktmäßig Aufgaben der Logistik betroffen sind. Die heute bereits hohe Bedeutung, insbesondere der Beschaffungslogistik, für die Wirtschaftlichkeit des gesamten Unternehmens wird durch die verstärkten Buy-Umfänge noch steigen.

Wirtschaftsstandort Deutschland gefährdet

Die Logistik unterstützt die intelligente Verknüpfung von Zulieferern und Abnehmern, bei einer gleichzeitig starken Konzentration der Zulieferer. Durch kostengünstige weltweite *Lieferantenanbindung* kann die Logistik einen wichtigen Beitrag zum längerfristigen Erhalt des Industriestandortes Deutschland/Europa leisten – trotz des Fertigungstiefenabbaus in allen Industriezweigen. Dennoch ist Deutschland als Industriestandort mittel- und langfristig als massiv gefährdet anzusehen. Das wird auch durch die Einschätzung der deutschen Manager aus produzierenden Unternehmen bestätigt. Nahezu die Hälfte sieht den Standort Deutschland als zukünftig gefährdet an (s. Abbildung 4). So kann die gesamte Produktpalette auf Dauer nicht weiter in Deutschland gefertigt werden. Insbesondere die Fertigung von Produkten mit hohen direkten Arbeitskosten wird zunehmend verlagert.

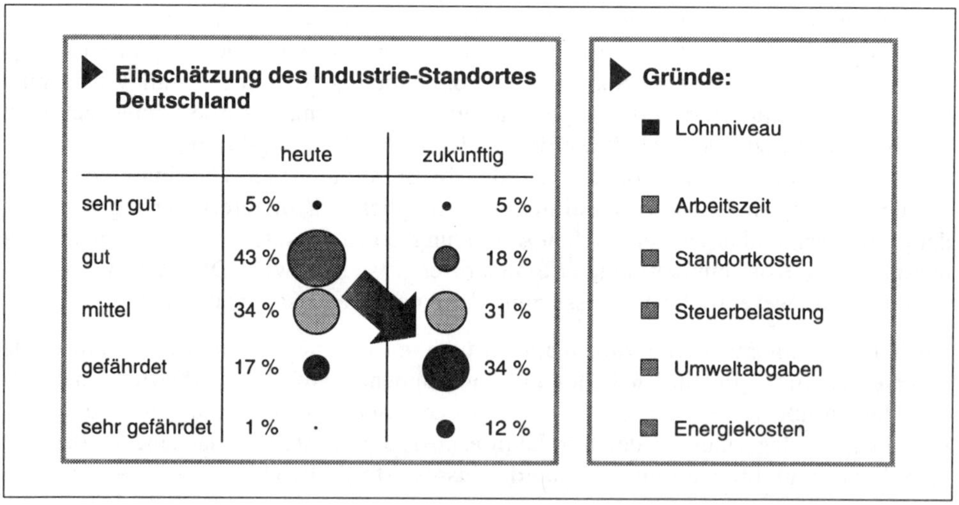

Abbildung 4: Gefährdung des Industriestandortes Deutschland

Quelle: Baumgarten, H. / Wolff, St.: a.a.O., S. 31

Die *Wettbewerbsnachteile* des Standortes Deutschland im Vergleich zu konkurrierenden Industrieländern sind höhere direkte Arbeitskosten und Lohnnebenkosten, höhere Steuerlasten, höhere Energiepreise und Kosten zur Erfüllung von Umweltauflagen sowie die weltweit kürzeste Soll-Arbeitszeit und hohe Fehlzeiten mit dem Resultat von bis zu 1/3 kürzeren Maschinenlaufzeiten. Dem steht lediglich eine um etwa 15 Prozent höhere Produktivität entgegen. Deswegen werden bereits heute massiv Teilefertigungen, Montagen und ganze Fabriken ausgelagert. Dieser Abbau wird sich mittel- und langfristig noch verstärken, weil sich auch bei steigenden Kosten in den Niedriglohnländern das Verhältnis der Lohnkosten zueinander kaum verändert.

Diese Verlagerung geht nicht nur nach Hongkong oder Taiwan und verstärkt nach Thailand oder China vonstatten. *Osteuropa* wird bei einer Stabilisierung der dortigen Verhältnisse das Ziel für umfangreiche Verlagerungen von Fertigungsstätten deutscher Unternehmen sein (s. Abbildung 5). Zusätzlich wird die Qualität der Produkte und Prozesse in diesen Ländern aufgrund immer reicherer Erfahrung steigen, so daß zukünftig auch die Fertigung technologisch komplexer Produkte potentiell dorthin verlagert werden könnte.

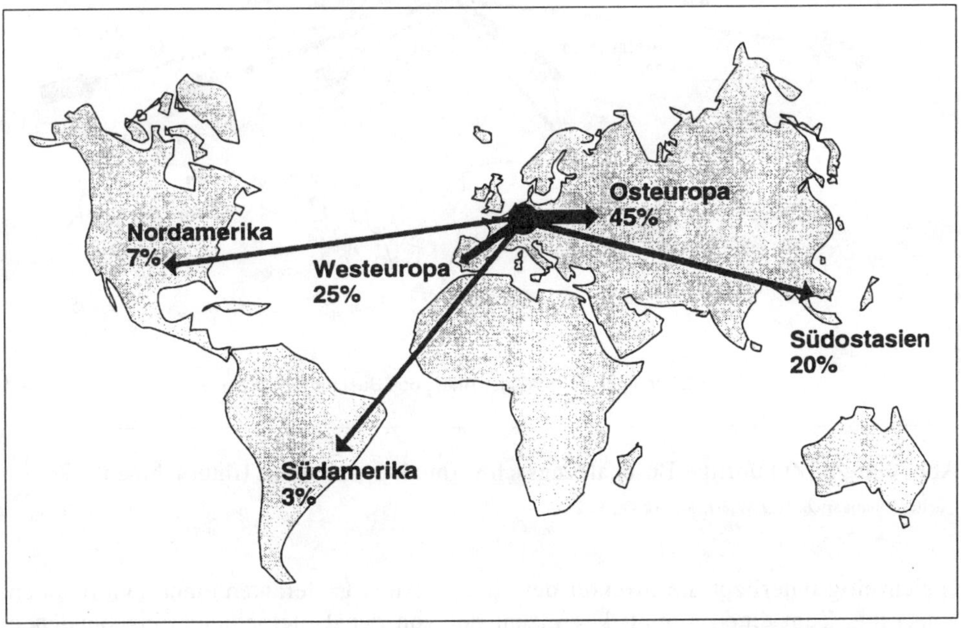

Abbildung 5: Standortwechsel: Richtung der Verlagerung deutscher Industriebetriebe

Quelle: Baumgarten, H. / Wolff, St.: a.a.O., S. 32

Globalisierung der Beschaffung

In der *Beschaffung* sind heute weitere Ansätze zur Globalisierung zu erkennen. Der Beschaffungsschwerpunkt der weltweit beziehenden deutschen Unternehmen liegt mit 76 Prozent des wertmäßigen Volumens in Westeuropa, also noch immer im geographisch näheren Umfeld. Südostasien (7 Prozent), Nordamerika (6 Prozent) und Japan (4 Prozent) folgen vor Südamerika und dem Mittleren Osten (jeweils 1 Prozent). Zukünftig werden sich die Zahlen insbesondere zugunsten Osteuropas (heute 4 Prozent) und zu Lasten Westeuropas (verlagertes Beschaffungsvolumen etwa 10 Prozent) verändern (s. Abbildung 6).

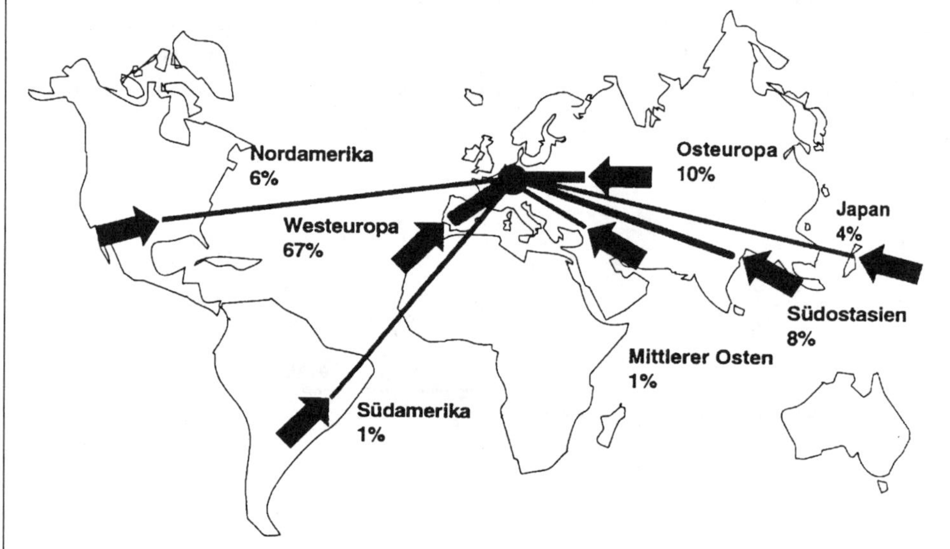

Abbildung 6: Zukünftige Beschaffungsschwerpunkte deutscher Unternehmen
Quelle: Baumgarten, H. / Wolff, St.: a.a.O., S. 27

Gleichzeitig unterliegt die Struktur der einbezogenen Lieferanten einer signifikanten Änderung. Zum einen nimmt die Anzahl der von den Unternehmen eingebundenen Lieferanten ab. Derzeit werden durchschnittlich 1 500 Lieferanten einbezogen, im Jahre 1995 werden es 1 000 und im Jahre 2000 durchschnittlich 800 Lieferanten sein. Andererseits gewinnen bei den verbleibenden Lieferanten die Systempartner erheblich an Bedeutung.

So ist von vielen Unternehmen die Notwendigkeit der Zusammenarbeit mit qualifizierten Systempartnern erkannt worden. In diesem Zusammenhang muß sich jedoch eine neue Philosophie der Kooperation bei beiden Partnern herausbilden. Die eher *klassi-*

sche Anbindung von Lieferanten an ihre Abnehmer, in der diese versuchen, ihre Produkte durch Größeneffekte (*Economies of scale*) kostengünstig im Markt zu positionieren und so potentielle Konkurrenten abzuwehren, muß zugunsten der Systempartnerschaft aufgegeben werden. In einem solchen *partnerschaftlichen Verbund* wird die Lieferantenauswahl vornehmlich nicht auf Basis kurzfristiger Kostenaspekte, sondern eher auf Basis strategischer Überlegungen seitens der Abnehmer getroffen.

Die Zusammenarbeit mit einem Systempartner bis hin zum *Simultaneous Engineering* erfordert daher eine intensive Kooperation. Es müssen unternehmensinterne Daten sowohl von der Lieferanten- als auch von der Abnehmerseite dem jeweils anderen Partner zur optimalen Ausgestaltung des Planungs- und Entwicklungsverbundes bereitgestellt werden.

Reaktionen der Unternehmen

Die dargestellten und sich weiterentwickelnden Märkte sind ein vom Unternehmen einzubeziehender Einflußparameter in Form einer Vorgabe auf die Gestaltungsanforderungen der logistischen Strategien und Instrumente eines Unternehmens.

Wettbewerbsvorteile erreichen nur die Unternehmen, die agieren und nicht erst auf sich verändernde Rahmenbedingungen reagieren. Dazu ist es notwendig, daß die Initiative vom Management ausgeht, d. h. es müssen strategische Vorgaben gegeben und Ziele formuliert sowie Umsetzungsstrategien erarbeitet werden.

In Abhängigkeit von den *strategischen Vorgaben*, denen sich ein Unternehmen in bezug auf eine

- Ausweitung des Beschaffungsmarktes,
- Verlagerung der Produktion und
- Erschließung neuer Absatzmärkte

gegenüber sieht, müssen eine Vielzahl von Kriterien bei der Formulierung von Umsetzungsstrategien mit jeweils unterschiedlicher Gewichtung beachtet werden. Dabei können die Kriterien nach Problembereichen systematisiert und in Form einer Checkliste abgearbeitet werden. Insbesondere sind dabei die Kriterien zur Charakterisierung des Absatz- bzw. Beschaffungsmarktes sowie der physischen und informatorischen Infrastruktur zu berücksichtigen.

Gerade bei dem Aufbau internationaler Produktionsnetzwerke sollte der Schwerpunkt nicht nur bei den Produktionskostenvorteilen – Lohnniveau, Unternehmensbesteuerung, Umweltschutzauflagen etc. – gesehen werden. Insbesondere sollte auf die logistische Anbindung, d. h. die Ver- und Entsorgung der Produktion bzw. ihrer Produkte, geachtet werden. Bei Vernachlässigung dieser Einbindung könnten Kosteneinsparungen aufgrund von Größendegression durch zusätzlichen Aufwand für logistische Aktivitäten überkompensiert werden.

Unterstützung durch die Logistik

Den Schnittpunkt für die Ankopplung bestehender und neu zu konzipierender Systeme an den Markt bildet dabei die Logistik, insbesondere die *Beschaffungs- und Distributionslogistik*. Je nach Ausprägung der Problemcharakterisierung lassen sich unterschiedliche Problemprofile beschreiben.

Das Problemfeld der Entsorgungslogistik ist zusätzlich parallel zur Beschaffung und Distribution zu betrachten. Die zunehmende Sensibilisierung der Bevölkerung und der Behörden – heute noch vornehmlich in den hochindustrialisierten Ländern – auf dem Gebiet der Umweltproblematik läßt auch hier veränderte Problemstellungen erkennen. Es sind weitere dramatische Kostensteigerungen, mit gewisser Zeitverzögerung auch in den Schwellenländern, für die Entsorgung von Abfallstoffen zu erwarten, die die Bemühungen zu effektiven Recyclingtechnologien verstärken werden. Durch diese Recyclingprodukte könnten die Industriestaaten im begrenzten Umfang zu Rohstofflieferanten werden, wodurch es zu neuen Kreislaufsystemen kommt.

Die Logistik als *Querschnittsfunktion* muß ganzheitliche Antworten auf die durch die globalen Strukturen veränderten Unternehmensproblemstellungen und -anforderungen geben. Es gilt, von der Beschaffung bis zur Entsorgung Lösungen zu finden, die auf geeigneten Informations- und Controllingsystemen basieren. Die physische Abwicklung muß vor dem Hintergrund der durchgängigen Transportkettengestaltung sowie der Einbindung der Dienstleister konzipiert werden.

Der Zusammenschluß wirtschaftlich heterogener Länder zu den entsprechenden Binnenmärkten ergibt neue Möglichkeiten in der *Make or Buy-Fragestellung*. In dieser Phase sind einerseits Entscheidungen für die Produktion nach schlanken Strukturen zu treffen, andererseits die Problematik des Make or Buy und damit einhergehend die notwendige Definition des Kerngeschäftes (vgl. Baumgarten, H.: Make or Buy als strategische Aufgabe ...) zu überdenken. Dabei stellt sich für die Beschaffung die Frage der Durchsetzung und des Ausbaues der geeigneten Sourcing-Strategie. Hinsichtlich der räumlichen Ausdehnung kann zwischen dem Global-Sourcing, dem Binnen-Sourcing, d. h. Beschaffung innerhalb des jeweiligen Binnenmarktes, und dem Local-Sourcing unterschieden werden. Prinzipiell ist aufgrund der Angleichung der technischen Normen und dem Wegfall der ineffizienten Grenzbarrieren die Auswahl unter potentiellen Zulieferern mit ihren spezifischen Standortvorteilen breiter.

Im Bereich der *Distributionslogistik* kommt neben der Segmentierung vor allem den Binnenmarkt-Distributionsstrategien große Bedeutung zu. Dabei lassen sich folgende Abstufungen vornehmen:

- Direktbelieferung (Zentralisierung)
- Bildung von Eurologistikzentren
- Regionenbildung
- Landesspezifische Systeme (Marktnähe, Dezentralisierung)

Aufgrund der Liberalisierung des Transportgewerbes und der Erhöhung der Transportgeschwindigkeit, z. B. durch fehlende Grenzformalitäten, wird die Frage nach der Abstufung bestehender Distributionssysteme und den Standorten neu zu stellen sein.

Voraussetzung für ein Funktionieren des Distributionssystems ist eine ganzheitlich ausgerichtete Informationsstruktur, die für den Planungs- und Steuerungsbereich den Ausbau von durchgängigen bzw. abgestimmten Systemen fordert und die Bereitstellung von Daten mit hoher Informationsdichte für den Controllingbereich ermöglicht. Dies wird z. B. durch die Ergänzung der PPS-Systeme um Distributionsplanungs- und -steuerungssysteme (vgl. Severin, H.: Grundlagen für die Entwicklung eines Distributionsplanungs- und Steuerungssystems für speditionelle Dienstleistungsunternehmen, Huss-Verlag, München 1992) aufgezeigt, die ebenfalls die Problemstellung der Termin- und Kapazitätsabstimmung bearbeiten.

Für eine globale Realisierung der erforderlichen Materialbewegung und der dazugehörigen Lagervorgänge von der Entstehung bis zur Entsorgung bedarf es einer Neuorientierung der Transportketten. Dadurch kann es zu Verschiebungen des Modalsplits kommen. Das bedeutet ein verändertes Schnittstellenmanagement, insbesondere an den Umschlag- bzw. Lagerpunkten, sowie eine Neugestaltung von Transportbehältern, wobei als Zielsetzung eine möglichst ungebrochene Transportkette anzustreben ist. Zur reibungslosen Übergabe der begleitenden und vorauseilenden Information muß es zu einer Forcierung in der Standardisierung von Kommunikationssystemen entlang der Kette kommen. Bis eine weltweite Standardisierung des Datenaustausches in den Kommunikations- und Informationssystemen weit genug fortgeschritten ist, müssen die anzustrebenden offenen Systeme mit Hilfe von Mailboxen und Clearingcentern unterstützt werden.

Für eine effiziente Gestaltung dieser Transportketten werden zunehmend die *speditionellen Dienstleister* in den Vordergrund treten. Neben der bereits erwähnten Unternehmenskonzentration sind vor allem die Kooperationen und die unternehmensinternen Ausrichtungen für eine Sicherstellung der komplexeren Transportketten von Bedeutung. Die Dienstleister werden dabei einen Industrialisierungsprozeß durchlaufen, der einen gezielten Aufbau und abgestimmten Einsatz von Hard- und Softwareinstrumenten einleitet. Die Entwicklung muß dahin gehen, zusätzlich neben einer Spezialisierung auf bestimmte Dienstleistungen die Bereitstellung von ganzheitlichen Systemen anzubieten. Dabei werden am Beispiel des EG-Binnenmarktes folgende Trends sichtbar:

- Spezialisierung nach Servicedienstleistungen und Branchen sowie dem Versorgungsgebiet und der Transporttechnik
- Erweiterung des Dienstleistungsangebots in Form von Aufnahme neuer Aufgaben und Produktgruppen
- Aufbau neuer Infrastrukturen in Form von kundenneutralen Logistik-, externen Beschaffungs- und Dienstleistungs- sowie von Transshipmentzentren

Potentiale der Logistik für den Wirtschaftsstandort Deutschland

Die Eröffnung neuer Marktpotentiale und die sich gleichzeitig verschärfende Konkurrenz erfordern von den Unternehmen ein Überdenken ihrer momentanen Situation und eine strategische Neudefinition ihrer Unternehmenszielsetzung. Erst die bewußte Definition der Logistik als ein strategischer Wettbewerbsfaktor wird die Potentiale im Rahmen von Internationalisierungsstrategien aufdecken und erschließbar machen.

Es zeigt sich, daß bei einer Globalisierung der Märkte die bisher verstärkt im nationalen Einzugsbereich angewendeten Logistikstrategien und Instrumentarien nicht einfach übertragen und *globalisiert* werden können. Vielmehr liegt das Hauptaugenmerk auf der unternehmensübergreifenden Koordination und auch Kooperation, allerdings nicht nur beschränkt auf den Bereich der internationalen Transportketten, sondern vor allem auf dem Gebiet der Informations- und Kommunikationssysteme. Das bedeutet die Ausweitung und Intensivierung der Informationsnetze und -strukturen, z. B. für die Nutzung von externen Datenbanken oder zur Realisierung von Make or Buy-Entscheidungen für Sach- und Dienstleistungen. Vor allem anpassungsfähigen und flexibel agierenden Dienstleistern zwischen den weltweiten Märkten werden damit als verbindende Glieder in der Logistikkette besondere Bedeutung und auch Entwicklungspotentiale zukommen.

Mittel- und Westeuropa ist der größte harmonisierte Absatzmarkt der Welt und bietet aufgrund des vergleichsweise hohen Lebensstandards die günstigsten Bedingungen für die Vermarktung von Produkten (vgl. Reuter, E.: Standort Europa als Erfolgsfaktor im globalen Wettbewerb, in: IMT, Institut für Management und Technologie (Hrsg.): Unterlagen zum IMT-Kongreß "Management und Technologie im globalen Wettbewerb", Berlin 1993). Dennoch wird die Industrie aufgrund der schwierigen Rahmenbedingungen verstärkt aus Deutschland abwandern. *Neue Produktionsstandorte* deutscher Unternehmen entstehen fast ausschließlich in Ländern mit günstigeren Kostenstrukturen, aber vielfach noch innerhalb Europas. Parallel dazu wird von den in Deutschland verbliebenen Firmen eine europa- oder gar weltweite Beschaffung angestrebt, um auch hier Kosten zu senken. Der enorme Kostendruck führt letztlich zum Verlust von Arbeitsplätzen im Inland. Andererseits wird durch die notwendige Erhöhung des Liefervolumens aus dem Ausland die Verkehrssituation drastisch verschärft. Hier sind besonders *Logistiker* gefragt, um neue Strategien und Konzepte für eine reibungslose Abwicklung wachsender Güterströme zu erarbeiten.

Es liegt im Interesse aller Beteiligten aus Wirtschaft, Politik und Gesellschaft, die Attraktivität des Standortes Deutschland zu verbessern. Die Unternehmen müssen, um wirtschaftlich überleben zu können, die Produktionskosten senken und ihre Wertschöpfung erhöhen. Internationale Wettbewerbsfähigkeit ist nur bei einer Fokussierung auf das Kerngeschäft und auf die strategischen Wettbewerbsvorteile (vgl. Linde, C.v.d.: Deutsche Wettbewerbsvorteile, Econ Verlag, Düsseldorf, Wien, New York, Moskau 1992) erreichbar. Um dies realisieren zu können, muß parallel die Politik die richtigen Rahmenbedingungen schaffen. Insbesondere die Abgabenstruktur und -höhe ist an das internationale Niveau anzupassen (vgl. Bundesregierung, Presse- und Informationsamt

(Hrsg.): Bericht der Bundesregierung zur Zukunftssicherung des Standortes Deutschland, Bonn 1993). Dennoch darf nicht mit aller Macht nur an deutschen Produktionsstätten festgehalten werden: Insider-Positionen in allen Märkten der Triade sind die beste Ausgangsposition im langfristigen globalen Wettbewerb.

Ebenso darf einer der wesentlichen Wettbewerbsvorteile Deutschlands – das hervorragende Ausbildungsniveau der Akademiker und Facharbeiter – gegenüber konkurrierenden Ländern nicht durch die akuten Sparzwänge aufgegeben werden. International konkurrenzfähige Hochtechnologien und echte Innovationen entstehen nur durch konsequente Forschung und Entwicklung. Zwar müssen Studienzeiten verkürzt und vorhandene Mittel bei weitem effizienter genutzt, aber dabei muß das Niveau der universitären Ausbildung eher noch verbessert werden, um den steigenden nationalen und internationalen Herausforderungen gewachsen zu sein. Wie für die Unternehmen ist der Zwang zu schlanken Abläufen auch für die Hochschulen eine Chance, von innen heraus neue Stärken zu entwickeln.

Der Standort Deutschland aus US-amerikanischer Sicht

Joachim R. Bechtle

Pragmatismus steht im Vordergrund

Eine Befragung amerikanischer Firmen aus dem Maschinen- und Anlagenbau im Jahre 1992 zur Bestimmung der strategischen Bedeutung von *Europa 93* ergab eine durchweg positive Einstellung: Nicht die "Festung Europa", sondern die Chancen des Einheitsmarkts, insbesondere der freie Güterfluß, und damit das Ausnutzen regionaler Standortvorteile für die Produktion in Europa, die im "alten" Europa häufig fragmentiert erfolgte, wurden als wichtigster Vorteil hervorgehoben.

Zusammenlegung europäischer Produktionsstätten, Verbesserung der Produktionsstrukturen, Reduzierung und bessere Verteilung und Auslastung der Gemeinkosten wurden als unmittelbare Konsequenz angesehen. Welche Auswirkungen erwarteten die befragten Unternehmer hieraus für die Aktivitäten in Deutschland?

Als stärkste Wirtschaftsmacht der europäischen Gemeinschaft und traditioneller Investitionsstandort amerikanischer Firmen sprachen sie Deutschland auch in Zukunft eine zentrale Rolle bei europäischen Standortentscheidungen zu – solange die Produktivität und die Infrastruktur bestimmte Produktionskostennachteile aufwiegen.

Tatsächlich orientierten sich die Amerikaner bei Standortentscheidungen im Jahre 1993 nicht an der Vergangenheit, sondern an den neuen Möglichkeiten. Sentimentalismus hat bei amerikanischen Unternehmensentscheidungen nie eine große Rolle gespielt: Pragmatismus steht im Vordergrund.

Diesen Pragmatismus haben die Amerikaner in den siebziger und achtziger Jahren im eigenen Land vorexerziert. Während man auf der einen Seite "buy American" propagierte, verlagerte die produzierende Industrie im großen Umfang Arbeitsplätze in das kostengünstige Ausland, vornehmlich in Asien und im zunehmenden Maße in Mexico. Hierin sahen die Amerikaner häufig die einzige Möglichkeit, insbesondere während der Hochdollarphase dem ausländischen Wettbewerbsdruck zu begegnen.

Während deutsche Firmen dem Begehren ihrer amerikanischen Tochtergesellschaften nach höherer Verlagerung der Wertschöpfung in die USA immer wieder abweisend mit der Notwendigkeit der Aufrechterhaltung der Beschäftigung in dem deutschen Stammwerk begegnen, verhalten sich die Amerikaner anders. Sie opfern einige US-Arbeitsplätze, um damit den Rest der Firma zu sichern, während die deutsche Einstellung mitunter die gesamte Firma gefährdet.

Produktionsverlagerungen nach Asien und Mexico waren für die US-Firmen immer kostenmotiviert mit dem Ziel des Reimports in die USA oder den weltweiten Vertrieb. Das amerikanische Außenhandelsdefizit mit Asien wurde zu einem nicht unerheblichen Teil von amerikanischer Produktion in Asien verursacht. Produktionsentscheidungen der Amerikaner für Europa waren demgegenüber immer marktgetragen.

Unterschiedliches strategisches Verhalten

Hier zeigt sich ein weiterer Unterschied in der strategischen Verhaltensweise zwischen deutschen und US-Firmen. Deutsche Firmen gehen vornehmlich exportorientiert vor, das heißt sie decken den ausländischen Markt, unabhängig ob dieser durch eine eigene Tochtergesellschaft besetzt ist, wenn möglich über heimische Produktion ab.

Amerikanische Firmen benutzen demgegenüber die Verlagerung der Wertschöpfung in einen erfolgreich etablierten Auslandsmarkt unmittelbar als strategisches Mittel zur Absicherung dieses Marktes. Daher bauten amerikanische Firmen auch während der Niedrigdollarphase Ende der achtziger Jahre die Produktion in Deutschland und anderen europäischen Ländern auf, um die im Exportweg erschlossenen Marktpositionen zu sichern.

Deutschland ist traditionell der bevorzugte *kontinentaleuropäische Produktionsstandort* für amerikanische Firmen. Als wichtigster Einzelmarkt in Europa werden dort regelmäßig die ersten europäischen Vertriebsniederlassungen gegründet, mit entsprechender Verlagerung der Wertschöpfung bei einem ausreichenden Markterfolg. Im Gegensatz zu etwa Frankreich und auch Italien war Deutschland für die amerikanischen Firmen immer ein offener und verständlicher Markt, mit dem sie sich schneller vertraut fühlten. Neben der Marktposition war diese Kompatibilität der zweite wichtige Grund für die traditionell hohe Einstufung von Deutschland in der Standortwahl.

Die Qualität deutscher Produktion, die gute Produktivität und der hohe Ausbildungsstand trugen ein Weiteres zur Beliebtheit des Standorts Deutschland für die US-Industrie bei. Der *Produktivitätsvorsprung* glich immer wieder Kostenvorteile anderer europäischer Länder aus oder ließ diese nicht als so gravierend erscheinen, daß sie eine separate Produktion mit entsprechendem Kostenapparat in einem anderen Land zusätzlich zu der deutschen Vertriebsstätte rechtfertigten.

Der Prozeß der Standortentscheidung enthält bei amerikanischen Firmen ein hohes emotionelles Element. Dies gilt auch bei Mittel- und Großfirmen, die ihre Standortentscheidung mit hochentwickelten analytischen Modellen fundieren. Regelmäßig dienen diese Modelle dazu, den Kreis der Kandidaten einzuengen.

Die Entscheidung des Aufsichtsrats, des Managementteams oder des Firmeninhabers fällt häufig auf der Basis von *Intangibles*, nicht finanziellen Kriterien. Die Reputation der deutschen Produkte und des deutschen Produktions-Know-how sowie der globale Erfolg der deutschen Industrien, die auch auf die erfolgsgewohnten amerikanischen Manager eine Faszination ausübten, beeinflußten viele Standortentscheidungen gegen die Standortmodelle zugunsten eines deutschen Produktionsortes.

Was hat sich an dieser für Deutschland günstigen Ausgangssituation mit der Einigung Europas, dem Aufbrechen Osteuropas und der wirtschaftlichen Entwicklung im Jahre 1993 verändert?

Während die Amerikaner davon ausgehen, daß eine echte Vereinigung Europas Jahre dauern wird, so sehen sie doch den jeweiligen Markt weiter im Vergleich zu den Nationalmärkten der Vergangenheit. Das heißt, wenn man eine erfolgreiche Vertriebsstätte in Deutschland um eine Produktionsstätte ergänzen möchte, dann definiert man den Markt umfassender, berücksichtigt also automatisch auch nicht-deutsche Standorte. *Europa 93* führt damit zu erhöhtem Wettbewerb für deutsche Standorte bei einer durch den Erfolg der deutschen Vertriebsniederlassung veranlaßten Produktionsverlagerung außerhalb von Deutschland, nach Europa.

Annähernde Kostenvergleichbarkeit ist gefragt

Die Standortanalysen gehen auf der Kostenseite zunehmend weiter zuungunsten Deutschlands aus, insbesondere dann, wenn Länder des ehemaligen Ostblocks eingeschlossen werden. Wo in der Vergangenheit Produktivitätsvorteile oder ein hoher Qualitätsstandard zugunsten Deutschlands wirkten, verringern sich diese Vorteile bei einer Verbesserung der Produktivitätsbedingungen sowie eines sich zunehmend nivellierenden Qualitätsniveaus. Eine Entscheidung zugunsten eines deutschen Standorts verlangt daher zunehmend eine Anpassung der Kostenstruktur.

Auch das emotionelle Moment ist unter Druck geraten. Während der Präsident einer amerikanischen Großfirma die Aufnahme von Deutschland in den Kandidatenkreis europäischer Länder für eine Produktionsstätte damit begründete, daß die Profitabilität der deutschen Industrie nicht von ungefähr käme, hat die Abkühlung der Konjunktur, haben die plötzlichen Schwierigkeiten auch renommierter deutscher Firmen sowie auch die in der amerikanischen Presse geführte Kostendiskussion um den Standort Deutschland den freien Entscheidungsraum reduziert. Die Reputation des Standorts Deutschland, wenn auch weiterhin gut, ist nicht mehr über alle Zweifel erhaben.

Der amerikanische Unternehmer ist, wie bereits gesagt, pragmatisch, und das bestimmt in erster Linie seine Standortentscheidung, die sich im Europa 93 nicht nur auf die neuen Produktionsstätten, sondern auch auf die bestehenden Produktionsstätten in europäischen Ländern bezieht. Mit der Automatik der Vergangenheit, daß bei einem Vertriebserfolg in Deutschland dort auch produziert wird, ist nicht mehr zu rechnen. Zwar bedeutet dies auch in der Zukunft einen günstigen Ausgangspunkt, den man sich aber durch eine auf die Bedürfnisse des Investors eingehende Standortargumentation sichern muß.

Der Druck auf die *Kostenargumentation*, der Blick auf die *bottom line*, nimmt zu, und damit eine Einengung des emotionellen Entscheidungsraumes. Mehr als zuvor muß sich die Standortentscheidung rechnen lassen. Genauso wie der amerikanische Unternehmer in den 80er Jahren die Produktion aus *Kostengründen* nach Asien verlagerte, wird er eine entsprechenden Entscheidung unter den europäischen Alternativen treffen.

Der Sympathiewert gegenüber der deutschen Produktion bleibt weiterhin hoch. Um letztlich zum Zuge zu kommen, erfordert dies aber eine *annähernde Kostenvergleichbarkeit.*

Der Standort Deutschland wird positiv in den USA betrachtet. Man würde dort auch gerne produzieren. Aber zuallererst möchte und muß man profitabel sein. Und das fordert, gerade heute, um erfolgreich zu sein, eine erhebliche Flexibilität von deutschen Standorten bei den wichtigsten Standortkriterien.

Wirtschaftsförderung als Marketingaufgabe

Josef Iglhaut

Aufgaben der Wirtschaftsförderung

Die Aktionsparameter der Wirtschaftsförderung leiten sich von den Hauptaufgaben der Wirtschaft ab, die zur optimalen Bedarfsdeckung die Errichtung und Strukturierung von gewerblichen/industriellen Kapazitäten (Investitionen), den Einsatz und die Auslastung dieser Kapazitäten (Leistungserstellung) sowie die Verteilung der durch diesen Kapazitätseinsatz erstellten Güter und Dienstleistungen (Distribution) umfassen.

Wirtschaftsförderung setzt bei dieser Struktur wirtschaftlichen Handelns an und hat ihrerseits die Aufgabe, die Bedingungen für die Prozeßschritte am Standort zu optimieren. In einer Volkswirtschaft bzw. volkswirtschaftlichen Einheit, gleichgültig welcher Größe und Abgrenzung, geht es somit den für Wirtschaftsförderung Verantwortlichen darum, günstige Voraussetzungen zu schaffen, daß sich Betriebe ansiedeln, Leistungen erstellen und diese auch absetzen können. Um die hierfür nötigen Maßnahmen zu bündeln und zielorientiert einzusetzen, bedienen sich in Deutschland die einzelnen Bundesländer, Regionen, Kreise und Kommunen in der Regel einer eigenen Einrichtung oder Gesellschaft. Die Wirtschaftsförderung versteht sich somit nicht nur als Funktion, sondern auch als Institution, die diese Funktion bzw. Teile davon ausführt (siehe hierzu Abbildung 1).

Eine Wirtschaftsförderungsgesellschaft sieht zumeist ihren *Aufgabenschwerpunkt* in der Anwerbung/Akquisition von neuen Investoren und, als zweite Säule, in der Unterstützung der ansässigen Wirtschaft bei Erweiterungsinvestitionen. Diese sogenannte Bestandspflege ist auch wichtig für das allgemeine Image eines Wirtschaftsstandortes: Ein Unternehmer muß Gewißheit haben, in der für Wirtschaftsförderung zuständigen Einrichtung auch dann noch offene Türen zu finden, wenn er sich in einem Standort bereits angesiedelt hat.

Die anderen Aufgaben der Wirtschaftsförderung, wie zum Beispiel Innovations- und Technologieförderung sowie Absatzförderung, müssen gesondert betrachtet werden. Für sie ist zu entscheiden, wie sie institutionell gestaltet werden sollen, um die Gesamtaufgabe so effizient wie möglich zu erfüllen.

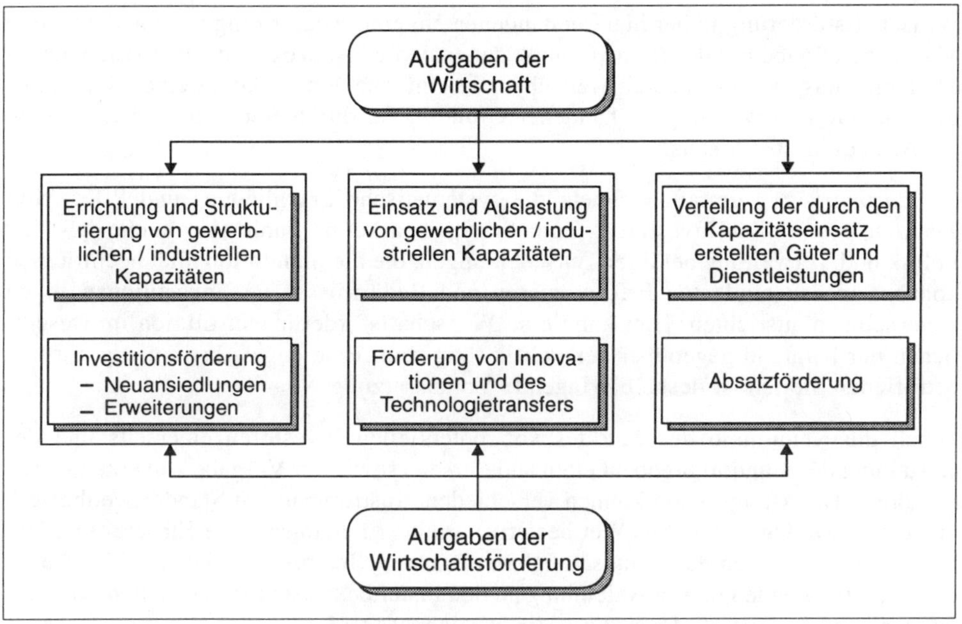

Abbildung 1: Ableitung der Aufgaben der Wirtschaftsförderung

Beispielhaft soll hier nur die *Absatzförderung* herausgegriffen werden. Ansässige Unternehmen, vor allem aus dem klein- und mittelständischen Bereich, benötigen oft Hilfe, um ihre Produkte auch außerhalb der Wirtschaftsregion, vor allem im Ausland, verkaufen zu können. Zielgruppe und Aktionsfeld einer institutionalisierten Unterstützung ist hier der auswärtige Absatzmarkt. Die Akquisition zielt in eine andere Richtung: Durch sie wird versucht, Investoren von außerhalb in die Wirtschaftsregion zu ziehen. Diese im Grunde in zwei verschiedene Richtungen laufenden wirtschaftlichen Intentionen sind wegen der notwendigen unterschiedlichen Ansätze von ein und derselben wirtschaftsfördernden Einrichtung gar nicht so ohne weiteres zu verfolgen. Sicherlich mag es hier Synergien geben, fraglich ist jedoch, ob sich die Bemühungen auf die gleichen Zielgruppen orientieren.

Die Wirtschaftsförderung ist auch keine Einrichtung der "allgemeinen Daseinsvorsorge", die für alle wie auch immer gearteten kleinen Wehwehchen aufgesucht und aufgrund ihrer Beratungspflicht kostenlos in Anspruch genommen werden soll. Auch der Umfang und die Dauer der Inanspruchnahme können nicht allein vom Klienten bestimmt werden. Hier eine für beide Seiten akzeptable Grenze zu ziehen, ist sicherlich in der Praxis nicht einfach, andererseits aber notwendig. Da die Anwerbung von Investoren zu den schwierigsten Aufgaben der Wirtschaft überhaupt gehört, müssen hierfür in der für Wirtschaftsförderung zuständigen Institution so viele Kapazitäten wie möglich freigesetzt werden. Sonstige Beratungstätigkeiten, die von anderen, zum Beispiel privatwirtschaftlichen Beratern übernommen werden können, sind konsequent auszugliedern.

Wirtschaftsförderung in der hier verstandenen engeren Abgrenzung ist eine eindeutige Marketingaufgabe mit dem Schwerpunkt der ansiedlungsbezogenen Akquisition. Diese Marketingaufgabe geht jedoch weit über die einfache Vermarktung eines Standortes im Sinne von Verwertung vorhandener Grundstücke durch Beratung und Betreuung am Ansiedlungsort hinaus.

Standortmarketing umfaßt vielmehr die systematische Erschließung und Pflege von Märkten potentieller Investoren. Zum Standortmarketing zählt aber auch, daß sich Politik und Verwaltung bei ihren Entscheidungen, die die Standortqualität beeinflussen können, an den evidenten Erfordernissen und Bedürfnissen der investitionswilligen Unternehmen ausrichten. Hier kann eine Wirtschaftsförderungsinstitution im wesentlichen nur beratend gegenüber der Politik tätig sein. Eine enge Abstimmung mit den betroffenen Stellen ist deshalb dringende Voraussetzung.

Durch die Kenntnisse des Marktes von potentiellen Investoren einerseits und der Gestaltung der Standortgegebenheiten andererseits sowie der Vorgabe von erkennbaren Standortentwicklungszielen können verschiedene Instrumente im Standortwettbewerb eingesetzt werden, um damit Wettbewerbsvorteile zu erringen. Die Einsatz- und Variationsmöglichkeiten des grundsätzlich verfügbaren "Instrumentenkastens" im Standortmarketing können hier in Anlehnung an den in der betriebswirtschaftlichen Literatur verwendeten Begriff als *Marketing-Mix* bezeichnet werden.

Wirtschaftsförderung als Marketingaufgabe erfordert ein hohes Maß an Einfühlungsvermögen in die Denk- und Handlungsweise der unterschiedlichen Kunden und potentiellen Investoren. Es reicht nicht nur, Daten zu erfassen und weiterzugeben, vielmehr ist es erforderlich im Rahmen der Möglichkeiten neue Daten in den Zielmärkten und am eigenen Standort zu setzen. Letztlich sind die Bedürfnisse des Investors mit den örtlichen Zielsetzungen in Einklang zu bringen.

Ansatzpunkt der ansiedlungsorientierten Wirtschaftsförderung: Der potentielle Investor mit seinen Standortanforderungen

Zur Anwerbung von Unternehmen zwecks Ansiedlung müssen zwangsläufig die Methoden des Marketings angewendet werden. Dies ist nur dann erfolgversprechend möglich, wenn ausreichende Informationen über die Zielgruppen vorliegen. Der potentielle Investor mit seinen Standortanforderungen ist Ansatzpunkt für die zu ergreifenden Marketingmaßnahmen. Seine zielgerichtete Vorgehensweise schlägt sich in der Ausgestaltung des Marketing-Instrumentariums nieder.

Für ein standortsuchendes Unternehmen kann von einem Markt für Betriebsansiedlungen gesprochen werden. Eine Wirtschaftsförderung versucht, den eigenen Standort zu verkaufen, und erwartet als Gegenwert eine Betriebsansiedlung mit einer damit verbundenen Verbesserung der Arbeitsmarktlage.

Der vollständige und wahre Hintergrund für eine aufkommende Standortfrage bei bestimmten Unternehmen ist für die Wirtschaftsförderung in den wenigsten Fällen schon im Vorfeld zu erschließen oder vollkommen vorherzusehen. In günstigen Fällen gelingt es, vereinzelt Insiderinformationen zu erhalten oder durch die vielseitigen Kontakte sonstige Informationen zu bekommen, die Rückschlüsse auf strategische Unternehmensplanungen zulassen. Die Regel ist jedoch, daß Wirtschaftsförderer in Märkte mit ungewissem Entscheiderverhalten und Entscheidungssachstand vorstoßen.

Die Standortfrage wird bei einem Unternehmen häufig dann aktuell, wenn angesichts erhöhter Nachfrage die vorhandenen Kapazitäten nicht mehr ausreichen. Dies ist allerdings nur ein Grund, auf den hier beispielhaft abgestellt wird, in der Realität sind jedoch unternehmerische Standortstrategien und -überlegungen wesentlich komplexer. Die weitere Vorgehensweise von Unternehmen bei der Standortsuche ist unabhängig von den dahinterstehenden Motiven durchaus vergleichbar. Jedenfalls werden von Unternehmen in der Regel verschiedene Expansionsstrategien geprüft. Wenn die Errichtung einer neuen Betriebsstätte als Alternative betrachtet wird, beginnt für ein Unternehmen erst die konkrete Standortsuche. Diese läuft dann in den meisten Fällen in drei Phasen ab:

- Vorauswahlphase,
- Überprüfungsphase,
- Entscheidungsphase.

Es handelt sich um logisch und chronologisch differenzierbare Phasen eines unternehmerischen Planungs- und Willensbildungsprozesses. Standortmarketing bedeutet, auch hier frühzeitig eingebunden zu werden, um bei den weiteren Schritten des Unternehmens den notwendigen Beitrag leisten zu können.

Bei diesem Prozeß zeigt sich, daß mit zunehmendem Entscheidungsdruck emotionale Kriterien die rationale Entscheidungsfindung schrittweise verdrängen. Für eine Wirtschaftsförderung besteht hier die Möglichkeit, aktiv Einfluß zu nehmen. Dieser Zusammenhang ist in Abbildung 2 verdeutlicht.

In der *Vorauswahl* werden anhand unternehmensspezifisch festgelegter Kriterien verschiedene grundsätzlich geeignete Standorte erfaßt. Bei diesen Kriterien handelt es sich vor allem um kostenrelevante Anforderungen, wie Anbindung an erweiterte Absatzmärkte, Lohnkosten, Grundstückspreise, steuerliche Belastungen, Förderung, Infrastruktur usw.

Als Ergebnis der Vorauswahlphase werden mehrere Standorte in die engere Wahl gezogen. Um als potentieller Standort jedoch überhaupt erst in das Set der Alternativen aufgenommen zu werden, müssen die gewünschten Standortgegebenheiten vorliegen. Aber nicht nur die wichtigsten Voraussetzungen müssen stimmen, der Standort muß auch bekannt sein durch Empfehlungen von Geschäftsleuten, Kunden, Lieferanten, durch eigene Beobachtungen, Berichte in Zeitschriften sowie durch gute Standortwerbung. Die zunächst vordergründig rational gestaltete Standortsuche der Unternehmen ist also bereits in dieser Phase von emotionalen, nicht klar evaluierbaren Kriterien durchsetzt bzw. überlagert.

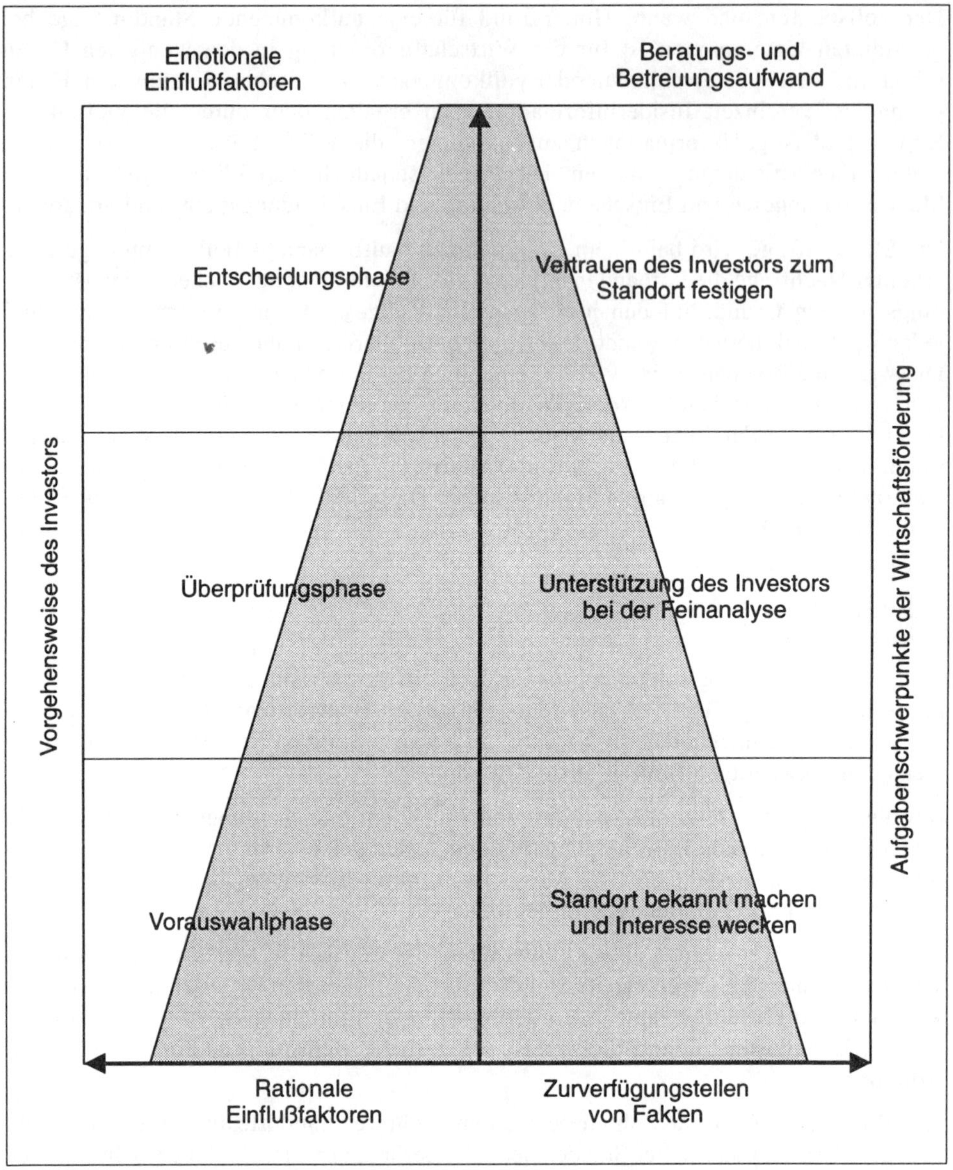

Abbildung 2: Zusammenhang von emotionalen Aspekten und rationaler Entscheidung

An den Standorten der engeren Wahl werden dann vom ansiedlungsinteressierten Unternehmen Verhandlungen mit verantwortlichen Personen, unter anderem auch mit der zuständigen Wirtschaftsförderung aufgenommen. Damit beginnt für den potentiellen Investor die *Überprüfungsphase*.

Die konkurrierenden Standorte liefern sich in dieser Phase bereits ein enges Kopf-an-Kopf-Rennen. Nicht, daß alle Standorte hier vollkommen gleich wären, aber in dieser "Güteklasse" halten die zu vergleichenden Standorte meist auch einer Feinauswahl gut stand. Die gewichteten harten Standortfaktoren – die sich also in der Investitionsrechnung oder in den laufenden Betriebskosten des Unternehmens in Mark und Pfennig niederschlagen – differieren bei den in der engsten Wahl befindlichen Standorten nur mehr geringfügig. Alle anderen Standorte sind demgegenüber bereits in der Vorauswahl ausgeschieden.

Damit stößt die Wirtschaftsförderung in dieser Phase auf ein entscheidungstypisches Problem: Mit zunehmender Informationsfülle wird für die Unternehmen die Standortqualität nicht gerade transparenter, und der Entscheider läßt sich in der fortschreitenden Verhandlungs- und Suchphase unbewußt auch immer mehr von emotionalen Einflüssen lenken. Die Wirtschaftsförderung ist jetzt gefordert, ihren Standort neben anzubietenden Incentives und sachlichen Argumenten auch auf emotionaler Ebene in bestem Licht zu präsentieren. Die Bedeutung der Service- und Betreuungsleistungen einer Wirtschaftsförderung nehmen mit wachsendem Entscheidungsdruck der Unternehmen zu. Mit der Bedeutung der emotionalen und psychologischen Kriterien steigen in gleichem Maße der Einsatz und Aufwand der Wirtschaftsförderer für den Investor.

Die *Entscheidungsphase* wird mit Detailverhandlungen des Investors eingeleitet. Dabei geht es um konkrete Zusagen der Verwaltung hinsichtlich der Grundstücke, Baugenehmigungen, Erschließungsmaßnahmen, Fördermittel und ähnlichem mehr. Eine wichtige Rolle spielt dabei auch die Kooperationsbereitschaft der politischen Entscheidungsträger an dem betreffenden Standort.

Der Eindruck, daß das neue Unternehmen am Standort willkommen ist und auch künftig unterstützt wird, ist von erheblicher Bedeutung. Ein Investor wird sich deshalb in dieser Phase auch mit anderen Unternehmen am Standort in Verbindung setzen, um sich einen zusätzlichen Eindruck von der Wirtschaftsfreundlichkeit des Raumes zu verschaffen. Eine gute Bestandspflege ist daher imagebildend für den Standort. Die Wirtschaftsförderung muß sich gerade deshalb auch um ortsansässige Unternehmen kümmern. Der psychologische Faktor des Willkommenseins kann nicht hoch genug eingeschätzt werden. Dies gilt nicht nur für asiatische Unternehmen, die ohnehin hier höhere Erwartungen haben, sondern auch ganz allgemein.

Eine Konzentration allein auf die harten Standortfaktoren ist also bei weitem nicht ausreichend. Die weichen Standortfaktoren, vor allem emotionale und psychologische Aspekte, erlangen in diesem gesamten unternehmerischen Willensbildungs-Prozeß mindestens die gleiche Bedeutung.

Marketing-Mix der Wirtschaftsförderung

Hinter dem Begriff *Wirtschaftsförderung* verbirgt sich die Aufgabe, einen Standort im harten Wettbewerb zu plazieren und zu verkaufen. Auch wenn sich inzwischen die Erkenntnis durchgesetzt hat, daß ein Standort nicht wie ein Schokoriegel verkauft werden kann, sind doch viele Wirkungsmechanismen aus dem klassischen Produkt-Marketing übertragbar.

Das Marketing-Instrumentarium der ansiedlungsbezogenen Wirtschaftsförderung muß in der Methodenwahl und in der Intensität des Instrumenteneinsatzes eng an den skizzierten unternehmerischen Entscheidungsprozeß gekoppelt sein. Die Wirtschaftsförderung ist damit für einen Standort eine reine Marketinggesellschaft, bei der als Ansatzpunkt die Bedürfnisse der potentiellen Investoren im Vordergrund stehen.

Grundlage für den Einsatz des Marketing-Instrumentariums sind die im Vorfeld aller Ansiedlungsbemühungen notwendigen Marktforschungsmaßnahmen, die in zwei Richtungen gehen müssen:

- Marktforschung in bezug auf den eigenen Standort und seine Bedingungen,
- Marktforschung zur Erkundung und Eingrenzung von Zielmärkten bzw. Zielgruppen.

Neben der Zusammenstellung aller vor Ort erhältlichen Daten, wie Wirtschaftsstruktur, geographische Bedingungen, Infrastruktur etc. müssen Aussagen zu Marktpotentialen für einzelne Branchen getroffen werden. Dies ist gerade bei branchenbezogenen Ansätzen des Standortmarketings besonders notwendig. Nicht nur die derzeitige Beschaffenheit des Standortes ist von Relevanz, sondern auch die Marktpotentiale der in Abstimmung mit den wirtschaftspolitischen Zielen der Region anvisierten Entwicklungsrichtung des Standortes müssen untersucht werden. Marktforschung des Heimmarktes dient als Argumentationsvorbereitung! Die Standortgegebenheiten, im Sinne von Produktqualität, sind aufzuzeigen und mit Konkurrenzstandorten zu vergleichen.

Anknüpfend daran erfolgt die Zielgruppenanalyse durch Eingrenzung relevanter, dynamischer Märkte und die Selektion von Wachstumsbranchen. Im Ergebnisse muß man zu fundierten Informationen über Unternehmen gelangen, wie Angaben über deren Geschäftsfeld, Marktausdehnung und -bearbeitung, Unternehmensgröße und Umsatzentwicklung sowie Beteiligungsverhältnisse. Die Marktforschung des Zielmarktes dient der Vorbereitung der Akquisition und der Zielgruppenansprache. Diese wird sich nicht nur auf ausgewählte High-Tech-Branchen konzentrieren, sondern auch Hersteller von einfachen Produkten und Anbieter von Dienstleistungen einbeziehen.

Das entscheidende Problem besteht in der Auswahl der einzusetzenden Instrumente und deren Zusammenfügung zum sogenannten *Marketing-Mix*. Um die damit zusammenhängenden Fragen beantworten zu können, müssen die einzelnen Elemente des Marketing-Mix näher betrachtet werden. Im einzelnen soll hier, wie in der Marketing-Literatur üblich, zwischen folgenden Bereichen unterschieden werden (siehe auch Abbildung 3):

- Produkt-/Standortpolitik,
- Preispolitik,
- Distributionspolitik,
- Kommunikationspolitik.

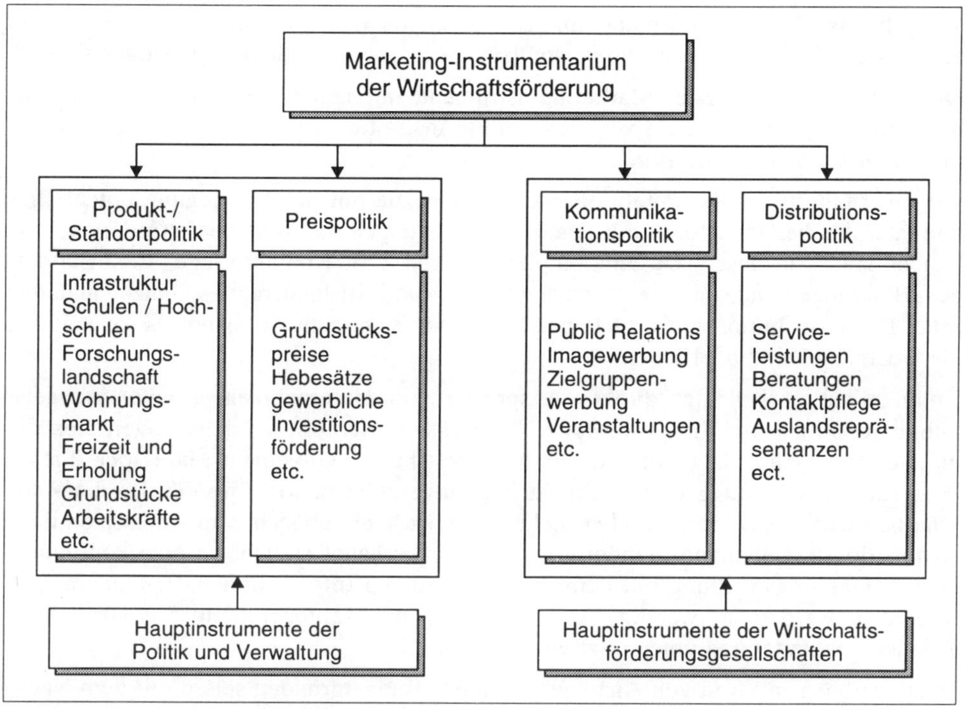

Abbildung 3: Marketing-Instrumentarium der Wirtschaftsförderung

Die Wirtschaftsförderung in dem hier verstandenen Sinne kann den Standort selbst, als das zu vermarktende Produkt, nur indirekt in seinen Gegebenheiten bzw. Standortfaktoren beeinflussen. Entscheidend sind hier Politik und Verwaltung, die von der Wirtschaftsförderung jedoch beraten werden müssen, um kundenbezogene Standortverbesserungen durchführen zu können. Zahlreiche Beiträge dieses Buches befassen sich mit einzelnen Standortfaktoren bzw. mit der Bedeutung von Standortgegebenheiten für Investoren, so daß es an dieser Stelle nicht notwendig ist, darauf nochmals weiter einzugehen.

Akzeptieren muß die Wirtschaftsförderung weitestgehend auch das gegebene Preisniveau bzw. die Preispolitik am Standort. Grundstückspreise, Mieten oder Gewerbesteuerhebesätze sind Größen, die von der Wirtschaftsförderung kaum zu beeinflussen sind. Dabei ist gerade eine vorausschauende *Grundstückspolitik* eine unabdingbare Voraussetzung für erfolgreiche Unternehmensansiedlungen. Finanzierungshilfen für Investoren werden ebenfalls von politischen Entscheidungsebenen festgelegt und sind, wie beispielsweise das Steuersystem, gegebene Rahmenbedingungen für die Wirtschaftsförderung als Institution. Instrumentellen Charakter haben diese Einflußgrößen jedoch für die Verantwortlichen des Landes, des Bundes oder der EU. Damit zeigt sich gerade hier sehr deutlich, daß Standortgegebenheiten auf Mikroebene von der nächsthöheren Ebene maßgeblich beeinflußt werden. Aus diesem Grunde wird auch der

Wirtschaftsstandort Deutschland immer wieder als Ganzes diskutiert, wenn es um Standortgegebenheiten geht, die beispielsweise in anderen Ländern günstiger sind.

Die durchsetzungsfähigsten Marketinginstrumente mit dem höchsten Aktionsradius für die Wirtschaftsförderung als verselbständigte Institution sind die *Distributionspolitik* und die *Kommunikationspolitik*.

Die Distributionspolitik umfaßt alle Aktivitäten, die mit der Versorgung potentieller und tatsächlicher Investoren mit den Serviceleistungen der Wirtschaftsförderung verbunden sind. Zu diesem Gesamtkomplex gehören z. B. Kontaktpflege, Veranstaltungen, Beratungen und sonstiger Service einerseits und Auslandsrepräsentanzen andererseits. Die Distributionspolitik hängt eng mit der Kommunikationspolitik zusammen; die Übergänge sind oft fließend.

Kommunikation bedeutet direkte Ansprache von Unternehmen, standortbezogene Public Relations und Imagewerbung. Wichtigstes Medium ist dabei zweifellos die direkte Ansprache, da in diesem High-interest-high-involvement-Markt der direkte Weg zum Entscheidungsträger gesucht und eingeschlagen werden muß. Da die Wirtschaftsförderung andererseits aber nicht ermessen kann, ob sich dem Adressaten ihrer Akquisitionsbemühungen Standorterwägungen überhaupt stellen, ist eine kontinuierliche Erinnerungswerbung mit dem Ziel, zu weiteren Informationslieferungen aufgefordert zu werden, notwendig. Alle Werbeaktionen sollten regelmäßig von Public Relations begleitet und unterstützt werden.

Imagewerbung in Form von Anzeigen kann aus Budgetgründen selten mit dem Nachdruck eingesetzt werden, der nötig wäre, um eine stabile Einstellung bezüglich des Standortes zu erreichen. Daher sollte Imagewerbung vielmehr vor Ort zur Wirkung gelangen: Nimmt ein Unternehmen in einer späteren Phase eine Standortbesichtigung vor, so muß es das gewollte Image der Region live erleben können. Zu transportierende Einstellungswerte/Imagefaktoren bewirken in der Messung an der Realität bei Besuchern weit mehr als ein Penetrieren von Standortvorteilen in aller Welt mit hohen Streuverlusten.

Kommunikative Maßnahmen müssen in enger Abstimmung mit dem Akquisiteur/Standortberater erfolgen. Er ist es, der beim Kunden, vor allem im Ausland, als Repräsentant den Kontakt vertiefen und das Interesse am Standort stärken muß. Er hat damit zwei wichtige Funktionen zu erfüllen: Kontaktanbahnung und -vertiefung sowie Überzeugung durch Standortpräsentation. Der potentielle Investor muß in der Argumentation des Beraters seine Nutzenerwartungen an den neuen Standort bestätigt finden und in der schwierigen Phase der abschließenden Entscheidung sowohl rational als auch emotional bestärkt werden.

Wie überall im Wettbewerb müssen auch im Standortmarketing einmal erreichte Positionen ständig verteidigt werden. Das durchaus rauhe Klima im Standortwettbewerb hat sich in jüngster Zeit weiter verstärkt: Bildlich gesprochen hat sich einerseits der Investitionskuchen verkleinert, andererseits ist die Zahl der Anbieter von Standorten gerade in Europa durch die Wiedervereinigung Deutschlands und die Öffnung des Ostens erheblich größer geworden. Wer hier zu wenig oder das Falsche tut, fällt unweigerlich zurück. Auch ein guter und erfolgreicher Standort kann sich nicht auf seinen einmal erreichten Lorbeeren ausruhen.

Die Standortqualität profitiert zwar von den Erfolgen in der Vergangenheit, wird aber aus unternehmerischer Sicht eindeutig von den Erwartungen an die Zukunft geprägt. Für einen erfolgreichen Standort bedeutet dies, daß er wie ein Unternehmen für seine Produkte permanent nach Verbesserungen streben muß, um im Wettbewerb mit den Konkurrenzstandorten Schritt zu halten. Die "schöpferische Zerstörung", wie Joseph A. Schumpeter diesen Prozeß bezeichnet – gemeint ist die Alltagsweisheit: "Das Bessere ist selbst des Guten Feind" –, erfordert ständige Innovation, neue Ideen und verbesserte Organisation, um im Wettbewerb Vorteile und Vorsprünge zu erzielen.

Ob das Standortmarketing und die Standortqualität gut sind, läßt sich am besten an den aktuellen Investitionen messen. Sie stellen eine durchaus brauchbare Meßlatte für eine erfolgreiche Wirtschaftsförderung dar.

Geschlossene Immobilienfonds als führende Immobilieninvestoren

Hanswerner Jehl

Die Grundkonzeption dieses Fonds

Geschlossene Immobilienfonds bieten einer breiten Bevölkerungsschicht die Möglichkeit, sich an Immobilieninvestitionen zu beteiligen. Sie haben sich in jüngster Zeit als führende Kapitalsammelstellen etabliert, und über die geschlossenen Immobilienfonds wurden in den letzten Jahren ca. 100 Milliarden DM investiert, davon mindestens 20 Milliarden DM im Jahre 1993 in den neuen Bundesländern. 1994 dürfte diese Zahl nochmals überschritten werden.

Die *Grundkonzeption* eines geschlossenen Immobilienfonds ist einfach. Geschlossene Immobilienfonds investieren üblicherweise in Bürogebäude, Geschäftshäuser, Einzelhandelsimmobilien, Hotels, Seniorenheime usw. Derartige Investitionen können in der Regel nicht von Einzelinvestoren getätigt werden, da die Gesamtinvestition wegen ihrer Größenordnung nicht darstellbar ist.

Um Investitionen dieser Größenordnung vornehmen zu können, schließen sich bei einem geschlossenen Immobilienfonds die Anleger entweder zu einer *Gesellschaft bürgerlichen Rechts* oder zu einer *Kommanditgesellschaft* zusammen. Diese beiden gesellschaftsrechtlichen Möglichkeiten sind die Haupterscheinungsformen auf dem Markt der geschlossenen Immobilienfonds. Da es kein spezielles Recht für geschlossene Immobilienfonds gibt, sind die allgemeinen Grundsätze des BGB, des HGB und des Steuerrechts heranzuziehen, so daß die Gestaltung weitgehend frei den Fondskonzeptionären überlassen bleibt.

Im Hinblick auf die enorme Bedeutung, die das Steuerrecht bei geschlossenen Immobilienfonds besitzt, empfiehlt es sich jedoch bereits bei der Konzeption des Gesellschaftsvertrages einer BGB-Gesellschaft oder einer KG, erfahrene Konzeptionäre (Rechtsanwälte, Steuerberater, Wirtschaftsprüfer usw.) beizuziehen, um nicht bereits im Vorfeld der rein rechtlichen Konzeption das steuerlich gewünschte Ergebnis zu gefährden.

Vorteile gegenüber offenen Immobilienfonds

Im Gegensatz zum offenen Immobilienfonds, bei dem die Kapitalanleger Einkünfte aus Kapitalvermögen haben, erzielen die Anleger beim geschlossenen Immobilienfonds in der Regel Einkünfte aus Vermietung und Verpachtung, je nach Konzeption auch Einkünfte aus Gewerbebetrieb.

Offene Immobilienfonds werden von einer Kapitalanlagegesellschaft aufgelegt; die Kapitalanlagegesellschaft selbst muß zwingend eine Kapitalgesellschaft sein. Wie bereits erwähnt, werden geschlossene Immobilienfonds in aller Regel als Personengesellschaften aufgelegt. Beim offenen Immobilienfonds steht die Investition von vornherein nicht fest, vielmehr werden fortwährend Anteilscheine ausgegeben, d. h. verkauft und auch wieder zurückgenommen. Es besteht eine Rücknahmeverpflichtung des offenen Fonds. Das Investitionsvolumen ist von vornherein nicht festgelegt (offener Immobilienfonds). Im Gegensatz hierzu ist beim geschlossenen Immobilienfonds das von den Anlegern zu akquirierende Kapital auf eine ganz konkrete Immobilieninvestition begrenzt. Wenn die Zeichnungssumme für die Durchführung der von vornherein kapitalmäßig begrenzten Investition erreicht ist, werden keine neuen Zeichner mehr aufgenommen (geschlossener Immobilienfonds). Es besteht keine Rücknahmepflicht für die Fondsanteile.

Der entscheidende Vorteil des geschlossenen Immobilienfonds gegenüber dem offenen Immobilienfonds liegt im *Steuerrecht.*

Wie bereits dargelegt, haben die offenen Immobilienfonds Einkünfte aus Kapitalvermögen und können aufgrund ihrer Rechtskonstruktion Steuervorteile z. B. aus der 50prozentigen Sonder-AfA nicht an ihre Anteilszeichner weitergeben.

Im Gegensatz hierzu kann der geschlossene Immobilienfonds aufgrund seiner Konzeption als Gesellschaft bürgerlichen Rechts oder Kommanditgesellschaft die Verlustzuweisungen voll an seine Gesellschafter weiterleiten. So ist es möglich, daß z. B. bei einer Investition in ein Büro- und Geschäftshaus in Berlin mit einem Bauvolumen von z. B. 80 Mill. DM aufgrund der 50prozentigen Sonder-AfA nach § 4 FördergebietsG 50 Prozent aus 80 Mill. DM = 40 Mill. DM steuerliche Verlustzuweisungen geltend gemacht werden können und die Fondsgesellschaft beim geschlossenen Immobilienfonds diese 40 Mill. DM steuerliche Verlustzuweisung sofort und unmittelbar an ihre Anteilszeichner weiterleiten kann. Die Anteilszeichner können diese steuerlichen Verluste aus Vermietung und Verpachtung mit anderen positiven Einkünften (z. B. aus selbständiger Arbeit, Gewerbebetrieb usw.) verrechnen und somit eine Senkung ihrer Steuerschuld erreichen.

Hier liegt meines Erachtens der Hauptgrund für den Siegeszug der geschlossenen Immobilienfonds bei Immobilieninvestitionen in den neuen Bundesländern.

Zu den *Einkommensteuervorteilen* kommen noch Vorteile bei der Vermögensteuer (wird bis einschließlich 1995 in den neuen Bundesländern nicht erhoben), der Erbschaftsteuer, der Schenkungsteuer und der Umsatzsteuer.

Die Haupterscheinungsformen der geschlossenen Fonds

Die beiden Haupterscheinungsformen der geschlossenen Immobilienfonds, nämlich die Gesellschaft bürgerlichen Rechts und die Kommanditgesellschaft, gliedern sich aufgrund der freien Gestaltbarkeit und von der Praxis entwickelter Rechtsformen wie folgt:

Gesellschaft bürgerlichen Rechts (GbR)

Gesellschaft bürgerlichen Rechts mit Direkteintragung der Gesellschafter im Grundbuch	Gesellschaft bürgerlichen Rechts mit Beteiligungstreuhänder

Die Gesellschaft bürgerlichen Rechts mit Direkteintragung jedes einzelnen Gesellschafters im Grundbuch ist die klassische Erscheinungsform des geschlossenen Immobilienfonds. Diese Konzeptionsvariante eignet sich jedoch meines Erachtens nur für kleinere bis mittlere Investitionsvolumina, da bei der Eintragung einer Vielzahl von Fondsgesellschaftern im Grundbuch eine eventuelle spätere Veräußerung des Grundstückes kaum noch möglich ist.

Aus dieser Erkenntnis heraus hat die Praxis vor allem für Investitionen in größere Büro- und Geschäftsgebäude die *Gesellschaft bürgerlichen Rechts mit Beteiligungstreuhänder* entwickelt.

Bei dieser Konzeptionsvariante werden die einzelnen Gesellschafter nicht mehr direkt im Grundbuch eingetragen, sondern der Beteiligungstreuhänder (in der Regel eine Steuerberatungs- oder Wirtschaftsprüfungsgesellschaft, Bank usw.) steht für die Anleger im Grundbuch. Die Gesellschaft bürgerlichen Rechts besteht dann zivilrechtlich lediglich aus zwei bis drei Gesellschaftern (z. B. Initiator, einige Gründungsgesellschafter und der Beteiligungstreuhänder).

Die einzelnen Gesellschafter treten der GbR nicht mehr zivilrechtlich bei, sondern lediglich steuerrechtlich aufgrund eines schuldrechtlich abgeschlossenen Treuhandvertrages mit dem sogenannten Beteiligungstreuhänder. Dieser hält den Gesellschaftsanteil für den Treugeber (Fondszeichner) treuhänderisch. Um eine steuerliche Anerkennung zu erreichen, muß allerdings das Treuhandverhältnis so ausgestaltet sein, daß das Treugut vom Treuhänder jederzeit herausverlangt werden kann und daß den Treugebern (Fondszeichnern) im Innenverhältnis die gleichen Rechte wie einem Direktgesellschafter eingeräumt werden und den Fondszeichnern die Richtlinienkompetenz über die Mietverträge und Mietverhältnisse der Gesellschaft zusteht.

Nach dem Einstieg von Banken und Versicherungen in den Markt der geschlossenen Immobilienfonds haben diese vor allem die Konzeption der Kommanditgesellschaft favorisiert.

Hier wird ebenfalls zwischen zwei Konzeptionsvarianten unterschieden:

Kommanditgesellschaft (KG)

Kommanditgesellschaft mit Direkteintragung der Zeichner im Handelsregister

Kommanditgesellschaft mit Treuhandkommanditist

Wie bei der Gesellschaft bürgerlichen Rechts mit Direkteintragung der Gesellschafter im Grundbuch ist auch die Kommanditgesellschaft mit Direkteintragung jedes einzelnen Kommanditisten im Handelsregister die klassische Form des KG-Fonds.

Auch hier hat sich in der Praxis erwiesen, daß bei größeren Investitionen eine Vielzahl von Kommanditisten im Handelsregister eingetragen wird, wobei jedes Mal eine notariell beglaubigte Handelsregistervollmacht erteilt werden muß und somit Notarkosten und zusätzlich Registergebühren beim Registergericht anfallen.

Aus diesem Grunde hat die Praxis auch hier die neuere Konzeptionsvariante der *Kommanditgesellschaft mit Treuhandkommanditist* entwickelt.

Ähnlich wie beim Beteiligungstreuhänder tritt lediglich der Treuhandkommanditist (in der Regel eine Steuerberatungsgesellschaft, Wirtschaftsprüfungsgesellschaft, Bank usw.) der KG bei. Wie beim Beteiligungstreuhänder treten die Fondszeichner der KG lediglich über einen schuldrechtlichen Treuhandvertrag mit dem Treuhandkommanditisten bei.

Dies bedeutet eine erhebliche Verwaltungsvereinfachung, vor allem beim Vertrieb der KG-Anteile, da hierfür keine notariell beglaubigte Handelsregistervollmacht erforderlich ist, sondern es genügt die privatschriftliche Unterschrift unter den sogenannten Zeichnungsschein (Beitrittserklärung).

Im Hinblick auf die jüngsten Tendenzen in der Rechtsprechung des BFH ist für die steuerliche Anerkennung des Treuhandverhältnisses – ebenso wie beim Beteiligungstreuhänder – zu fordern, daß das Treuhandverhältnis jederzeit und ohne Nachteile für den Treugeber gekündigt werden kann, daß der Treugeber (Fondszeichner) jederzeit das Treugut (den Kommanditanteil) herausverlangen und eine Direkteintragung ins Handelsregister verlangen kann.

Darüber hinaus ist den Treugeberkommanditisten (Fondszeichnern) im Gesellschaftsvertrag die gleiche handelsrechtliche Stellung einzuräumen wie Direktgesellschaftern. Ferner müssen sie ebenfalls die Richtlinienkompetenz über die Mietverhältnisse der Fonds-KG haben. Desgleichen sollte eine Dispositionsmöglichkeit über den Inhalt der Treuhandverträge geschaffen werden.

Besonderheiten im Zusammenhang mit dem Fördergebietsgesetz

Wie bereits dargelegt, können geschlossene Immobilienfonds das *Generationengeschenk* der Bundesrepublik Deutschland an ihre Steuerbürger – nämlich die 50prozentige Sonder-AfA auf Bauinvestitionen in den neuen Bundesländern – voll an ihre Fondszeichner weitergeben. Hierbei sind jedoch folgende wesentliche Besonderheiten zu beachten:

Das *Fördergebietsgesetz* ist die Rechtsgrundlage für die hohen Steuervorteile in den neuen Bundesländern und in Berlin. Es trat zum 01.07.1991 in Kraft und war zunächst nur bis zum 31.12.1994 befristet. Das Fördergebiet umfaßt gemäß § 1 Abs. 2 FördergebietsG die neuen Bundesländer Brandenburg, Mecklenburg-Vorpommern, Sachsen, Sachsen-Anhalt und Thüringen. Selbstverständlich ist auch Berlin und zwar Ost- und Westberlin in das Fördergebiet einbezogen, wobei für Westberlin Besonderheiten gelten. Durch das Standortsicherungsgesetz wurde das Fördergebietsgesetz – mit einigen Änderungen – zunächst bis 31.12.1996 verlängert.

Die zentralen Vorschriften des Fördergebietsgesetzes sind § 3 und § 4. Danach sind begünstigt die Anschaffung und die Herstellung von abnutzbaren unbeweglichen Wirtschaftsgütern (Gebäuden) sowie Modernisierungsmaßnahmen und andere nachträgliche Herstellungsarbeiten an abnutzbaren unbeweglichen Wirtschaftsgütern.

Gemäß § 4 FördergebietsG betragen die Sonderabschreibungen bis zu 50 Prozent der Anschaffungs- oder Herstellungskosten der angeschafften oder hergestellten Wirtschaftsgüter oder der Herstellungskosten, die für die nachträglichen Herstellungsarbeiten aufgewendet worden sind. Sie können im Jahr der Anschaffung oder Herstellung oder Beendigung der nachträglichen Herstellungsarbeiten und in den folgenden vier Jahren in Anspruch genommen werden.

Der geschlossene Immobilienfonds kann die Sonder-AfA wahlweise auf fünf Jahre verteilen, wobei er z. B. die volle 50prozentige Abschreibung bereits im ersten Jahr geltend machen kann, er kann jedoch auch eine Verteilung auf z. B. zwei oder drei Jahre vornehmen.

Ein weiterer Steuervorteil liegt darin, daß gemäß § 4 Abs. 2 FördergebietsG der geschlossene Immobilienfonds – und natürlich auch jeder Einzelanleger – bereits die 50prozentige Sonder-AfA für *Anzahlungen auf Anschaffungskosten* in Anspruch nehmen kann.

Dies bedeutet, daß *ohne Fertigstellung des Gebäudes* – bei entsprechenden Vorauszahlungen bis zu einem Jahr – bereits 50 Prozent Sonder-AfA von den auf das Gebäude entfallenden Anzahlungen sofort geltend gemacht werden können.

Gleiches gilt für die sogenannten Modernisierungsfonds, die sich zum Ziel gesetzt haben, den zum Teil stark heruntergekommenen Wohnungsbestand in den neuen Bundesländern zu renovieren und zu modernisieren. Hier können ebenfalls auf die geleisteten Modernisierungskosten sofort 50 Prozent Sonder-AfA geltend gemacht werden.

Da die 50prozentige Sonder-AfA für Modernisierungskosten nicht auf Wohnungen beschränkt ist, sondern auch für Gewerbeimmobilien gilt, können z. B. über einen Modernisierungsfonds *ganze Stadtkerne* saniert werden.

Ein weiterer Grund für den großen Erfolg der geschlossenen Immobilienfonds liegt in folgendem:

Aufgrund einer Änderung des *Einkommensteuergesetzes* (§§ 37 Abs. 3, 39 a Abs. 1 Nr. 5 EStG) ist bei Vorliegen der 50prozentigen Sonder-AfA die *sofortige Herabsetzung* der Einkommensteuer-Vorauszahlungen möglich. Da der Fondszeichner über den investierenden geschlossenen Immobilienfonds Investitionen im Sinne des Fördergebietsgesetzes vornimmt und danach auch Sonderabschreibungen nach § 4 FördergebietsG in Anspruch nimmt, kann der Fondszeichner diese negativen Einkünfte aus Vermietung und Verpachtung unmittelbar bei der Herabsetzung seiner Einkommensteuer-Vorauszahlungen berücksichtigen lassen. § 37 Abs. 3 EStG, der bisher vorsah, daß negative Einkünfte aus Vermietung und Verpachtung erst ab dem auf das Jahr der Anschaffung oder Fertigstellung des Gebäudes *folgenden* Jahr berücksichtigt werden dürfen, ist durch das Steueränderungsgesetz 1991 (BGBl. 1991, S. 1322) entsprechend geändert worden.

Das Pendant zur Herabsetzung von Einkommensteuer-Vorauszahlungen ist für den Lohnsteuerzahler die *Eintragung eines Freibetrages auf der Lohnsteuerkarte.*

Bei Inanspruchnahme von Sonderabschreibungen nach § 4 FördergebietsG durch den Immobilienfonds können negative Einkünfte aus Vermietung und Verpachtung durch Eintragung eines entsprechenden Freibetrages auf der Lohnsteuerkarte des Fondszeichners berücksichtigt werden. Diese Verluste können durch die vorerwähnte Änderung des Einkommensteuergesetzes ebenfalls sofort auf der Lohnsteuerkarte eingetragen werden. Der Arbeitnehmer muß allerdings – im Gegensatz zum formlosen Herabsetzungsantrag für die Einkommensteuer-Vorauszahlungen – einen auf amtlichem Formular vorgeschriebenen Antrag beim Finanzamt auf Lohnsteuer-Ermäßigung stellen, wenn er die Eintragung eines Freibetrages wünscht.

Abschließend und zusammenfassend kann gesagt werden: Geschlossene Immobilienfonds haben sich als Anschubfinanziers für Immobilieninvestitionen in den neuen Bundesländern hervorragend bewährt.

Es bleibt zu wünschen, daß sie auch in Zukunft ihren Beitrag zum Aufbau der neuen Bundesländer leisten können und daß seitens der Finanzverwaltung keine weiteren Einschränkungen hinsichtlich der steuerlichen Geltendmachung von Verlusten verfügt werden.

Wechselwirkung von Metropole und Umland bei der Gestaltung einer Wirtschaftsregion für Investoren

am Beispiel von Berlin und Brandenburg

Hartmann Kleiner

Äußerst verschiedene wirtschaftliche Ausgangssituationen

Vierzig Jahre lang existierten auf deutschem Boden zwei staatliche Einheiten nebeneinander. Diese politische Trennung fand ihre Entsprechung in der verschiedenen wirtschaftlichen Zuordnung beider Teile. Die Zugehörigkeit zur jeweils unterschiedlichen ökonomischen Denkschule und Praxis war von der einen Seite gewollt, der anderen aber aufgezwungen.

Als am 9. November 1989 die Mauer fiel – oder richtiger gesagt, als Symbol der Undurchlässigkeit bedeutungslos wurde – war klar, daß sich sehr schnell gravierende Auswirkungen auch für die Wirtschaft ergeben mußten. Nirgendwo würde sich das deutlicher zeigen als in der *Wirtschaftsregion Berlin/Brandenburg*, die auf engem Raum, ja in derselben Stadt die beiden Modelle vereinte.

Die *wirtschaftliche Ausgangssituation* war dabei jeweils im Westen Berlins, im Osten der Stadt und in Brandenburg ganz unterschiedlich voneinander. Diese an sich nicht sonderlich überraschende Feststellung ist deshalb erwähnenswert, weil sie die Schwierigkeiten beleuchtet, die beim Aufbau neuer Strukturen in dieser Region und der Einrichtung einer arbeitsteiligen Wirtschaft, wie sie zwischen Stadt und Umland vernünftigerweise stattfinden sollte, auftreten. Hinzu kommt, daß sich die Wirtschaftsstruktur im ehemaligen Westberlin in 40 Jahren Teilung immer mehr von der Entwicklung anderer Großstädte in der Bundesrepublik entfernt hatte. Der eingeschlossene Westteil hatte ökonomisch zu einer eigentümlich einseitigen Struktur gefunden, die mit dem vielzitierten Schlagwort von der verlängerten Werkbank durchaus richtig wiedergegeben ist.

Durch die *Berlin-Förderung* konnte nach dem Krieg ein industrieller Neuanfang gemacht worden, der Betriebe mit kapitalintensiver Produktion anzog. Viele Arbeitsplätze im mittleren und unteren Qualifikationsbereich waren neu geschaffen worden, denen aber unverhältnismäßig wenige Stellen im höheren Verwaltungs- und Managementbereich gegenüberstanden. Die Konzernzentralen waren, soweit sie überhaupt in Berlin ansässig gewesen sind, weggezogen oder hatten ihren Sitz gar nicht erst an die Spree verlegt. Auch das Defizit an Unternehmen im Dienstleistungsbereich, die sich vielfach im Umfeld industrieller Fertigung ansiedeln, ist darin maßgeblich begründet.

Berlin hatte weder die Chance, sich industriell zu profilieren noch – wie andere Großstädte – zu einem großen Dienstleistungszentrum zu entwickeln. Diese Tendenz wurde durch den fehlenden Austausch mit dem Umland noch verstärkt. Hier liegt sicherlich eine der Zukunftsaufgaben für die Metropole Berlin: So wie etwa Düsseldorf für die angrenzende Ruhrregion Dienstleistungsfunktionen ausübt, so muß Berlin diese Aufgabe für das Land Brandenburg wahrnehmen.

Typisch für den *Westteil der Stadt* war auch die Vielzahl an öffentlichen Einrichtungen, die bewußt als Beitrag zur Entlastung des Arbeitsmarktes an die Spree gegeben wurden. Sie haben – gemeinsam mit den vielen monostrukturell auf hohe Produktionszahlen angelegten Industriebetrieben – jahrzehntelang das Bild im Westen Berlin geprägt. Im Nachhinein muß man sagen: Die sicher anomale Wirtschaftsstruktur hat diesem Teil Berlins jahrzehntelang das Überleben ermöglicht. Jetzt aber beginnt eine neue Zeit.

Die Unternehmen im Westen Berlins produzierten in erster Linie für den Bedarf in Westdeutschland. Das, was aber für jede große Industriestadt selbstverständlich ist, nämlich ein alltäglicher Austausch mit dem Umland, konnte über vier Jahrzehnte nicht stattfinden. Von dort konnte kein neues Personal rekrutiert werden (immer eines der drängendsten Probleme der Westberliner Wirtschaft!), mit Brandenburg ließen sich keine Zuliefer-Beziehungen aufbauen und einspielen, und schließlich war es einfacher, in Westberlin hergestellte Waren in Südostasien zu verkaufen als in Potsdam.

Diese unnatürliche Abkapselung und die sich daraus ergebenden Folgen galten mutatis mutandis auch für die andere Seite, den *Ostteil Berlins*. Natürlich traten hier zusätzlich noch die generellen Übel einer zentralen Verwaltungswirtschaft auf. Freilich war Ost-Berlin ein wichtiges industrielles Zentrum der früheren DDR. Für den Rest Ost-Deutschlands war es der Ort, von dem aus eine alles überwuchernde Bürokratie, in unzählige Ministerien für Leicht- und Schwerindustrie und viele andere Branchen gegliedert, ihre Vorgaben übermittelte.

Das Gebiet des *Landes Brandenburg* dagegen wies zwar ebenfalls einen industriellen Besatz auf, war aber in seinem Kern landwirtschaftlich geprägt. Der gigantische DDR-Verwaltungsapparat strahlte auch in die Region aus, viele Dienst- und Nebenstellen hatten ihren Sitz im heutigen Land Brandenburg. Dazu kam ein relativ hoher Anteil an Truppenteilen der DDR-Armee und der Roten Armee, deren Garnisonen um Berlin angeordnet waren und dadurch die Infrastruktur der Gemeinden stark belasteten.

Durch den politischen Neuanfang, den das Jahr 1989 erlaubte, werden jetzt wieder vernünftigere wirtschaftliche Strukturen eingerichtet, die im Falle der Region Berlin/Brandenburg in erheblichem Maße auf das zurückgreifen können, was war. Denn anders als etwa die selbständigen Hansestädte Norddeutschlands gehörten Berlin und sein Umland nicht nur politisch, sondern auch wirtschaftlich immer zusammen. Seit jeher gibt es eine strahlenförmig von der Stadt in ihr Umland reichende Infrastruktur, wie sie z. B. im Umland-Verbund der Eisen- und Schnellbahnen ihren Ausdruck findet. Viele der Straßen und Schienenwege müssen saniert werden, aber sie sind immerhin vorhanden.

Während in Hamburg und Bremen ein gewachsenes Selbstbewußtsein sich auf die Häfen, auf den freien Zugang zum freien Meer, stützen konnte, waren Brandenburg und Berlin schon früh fest miteinander verknüpft. Was politisch unbestritten war, fand seine wirtschaftliche Entsprechung in dem Austausch, den Stadt und Land in jeder möglichen Hinsicht pflegten. Schon in der ausgehenden Gründerzeit am Vorabend des Ersten Weltkrieges hatten zahlreiche Unternehmen, darunter auch ausländische, neue Areale in den Vorstädten der Reichshauptstadt bezogen, griffen also ins Land hinaus.

Nun stehen die Zeichen auf Neubeginn und wie es in einer solchen Situation häufig der Fall zu sein pflegt, verstärken sich zunächst einmal die negativen Tendenzen, bevor das Pendel wieder zur positiven Seite ausschlagen kann.

Im *Ostteil Berlins* sind seit der Wende rund 80 Prozent der Industriearbeitsplätze verlorengegangen, zusätzlich muß man freilich den ebenso dramatischen Abbau der Stellen im Verwaltungsbereich durch den Wegfall der Regierungsfunktionen in der einstigen DDR rechnen. Das ganze Ausmaß der wirtschaftlichen Schwierigkeiten, die die jungen Länder zu bewältigen haben, kann wie in einem Brennglas in Ostberlin studiert werden. Noch für eine nicht absehbare Zeit wird die Lage im östlichen Teil der Stadt nicht zufriedenstellend sein. Immerhin läßt sich wohl mittlerweile eine Stabilisierung auf niedrigem Niveau im Osten Berlins feststellen: Die Talsohle ist erreicht und eine Besserung möglich.

Für die *Industrie Westberlins* bleibt festzuhalten, daß die Vereinigung der Unternehmensverbände in Berlin und Brandenburg (UVB) 1990 einen Beschäftigtenabbau von 30 Prozent in der Industrie vorausgesagt hat. Bis zum Frühjahr 1993 sind tatsächlich gut 20 Prozent der Arbeitsplätze verlorengegangen. Die negative Entwicklung hält aber noch an, so daß die eben zitierte Annahme realistisch erscheint.

Während aber für Ostberlin der Wegbruch des Ostmarktes neben dem Ende der DDR (gleiches gilt auch für die Industrie im Lande Brandenburg) die Hauptgründe für die Freistellungsmaßnahmen darstellte, gilt im Westteil der Stadt eine andere Ursache: Der Abbau der meisten Arbeitsplätze hier hat mit dem überstürzten Ende der Berlinförderung zu tun, die ab 1994 ganz entfällt. Ein Teil der Industrie hatte nur wegen einer solchen Förderung wettbewerbsfähig produzieren können und hat jetzt Schwierigkeiten, der rauhen Luft des freien Welthandels standzuhalten.

Zu diesem *Umstrukturierungsprozeß* tritt noch die einsetzende Kern-Rand-Wanderung von Unternehmen nach Brandenburg. Diese Randwanderung von Unternehmen, die an sich ein natürlicher Prozeß ist, der sich auch in anderen Ballungsräumen Deutschlands vollzogen hat, stellt sich in Berlin wegen der Kürze der Zeit, in der sie sich vollzieht, als besonders dramatisch dar.

Dazu kommt noch erschwerend, daß der westberliner wie der deutschen Industrie insgesamt die Arbeitskosten davonlaufen. So wird die Tarifpolitik im Westteil Berlins zukünftig den gleichen Stellenwert wie in Westdeutschland haben. Früher war das nicht unbedingt der Fall. Man konnte den Stellenwert der Lohnpolitik im eingeschnürten Westberlin vernachlässigen. Denn es galt der Grundsatz, wonach die Einkommensentwicklung in Westdeutschland – schon aus allgemein politischen Gründen – auf Westberlin zu übertragen war. Das war eine Geschäftsgrundlage, die nicht auf der Wettbewerbsfähigkeit der Arbeitsplätze fußte. Bei den künftigen Tarifverhandlungen im Westteil der Stadt muß darauf geachtet werden, daß kein zusätzlicher Anpassungsdruck für den Ostteil und das Umland erzeugt wird, der die Existenz weiterer Betriebe bedrohen würde.

Positive Standortfaktoren überwiegen

Auftrieb für die Zukunft gibt aber die Tatsache, daß die positiven Standortfaktoren für die Wirtschaftsregion Berlin/Brandenburg überwiegen. *Berlin* ist und bleibt das wichtigste Wirtschaftszentrum im Nordosten Deutschlands; die Hauptstadtfunktion und die damit verbundene wirtschaftliche Anziehungskraft auf in- und ausländische Investoren werden diese Magnetkraft noch steigern.

Zu den Stärken des renommierten Forschungs- und Entwicklungsstandortes Berlin zählen die Medizintechnik, die Zukunftstechnologien Umweltforschung und -technik mitsamt den regenerativen Energien. Zukünftig wichtig werden auch die Laserforschung (zum Beispiel die Photonik) sowie die Informations- und Kommunikationstechnologie sein. Für Verkehrsleittechnik ist Berlin seit langem eine gute Adresse. Luft- und Raumfahrttechnik, Softwareentwicklung und Produktionstechnik gehören zu den weiteren Pluspunkten der FuE-Landschaft.

Positiv zu Buche schlagen ferner das innovative Handwerk, das Berlin auszeichnet, sowie das große Fachkräftepotential, das auf die Ausstattung der Hauptstadt mit drei Universitäten und über 200 wissenschaftlichen Einrichtungen zurückzuführen ist. Hinzu kommen die bewährte Kongreß-Infrastruktur und die vorhandene Verkehrsinfrastruktur mit dem gut ausgebauten ÖPNV-Netz und den innerstädtischen Flughäfen. Als *weiche Standortfaktoren*, die in ihrer Bedeutung aber nicht zu unterschätzen sind, ist der Werkstatt-Charakter der Hauptstadt anzuführen, also ihre Atmosphäre von Kreativität, Modernität und Toleranz.

Vieles von dem, was gerade auf der Haben-Seite Berlins verbucht werden konnte, spricht – das liegt auf der Hand – ebenso für das brandenburgische Umland der Bundeshauptstadt. Gleichzeitig verfügt das *Flächenland Brandenburg* über Standortvorteile, die der Stadt (natürlicherweise) fehlen und die die Attraktivität der Region als Ganzes ausmachen. Dazu zählen insbesondere das Flächenangebot für großräumige Ansiedlungen und die landschaftlich reizvollen Naherholungsräume der Mark, die schon einen Fontane entzückt haben.

Das generelle Fazit dieser kleinen Bestandsaufnahme lautet daher: Die nach diesem furchtbaren Aderlaß erhaltenen Arbeitsplätze haben eine Chance, auf dem Weltmarkt bestehen zu können. Vieles spricht dafür: Der Wirtschaftsregion Berlin/Brandenburg wird eine gute Zukunft beschieden sein. Voraussetzung dafür ist aber, daß es der Region gelingt, gewissermaßen im Zeitraffertempo den Anpassungsprozeß zu vollziehen, den die westlichen Regionen Deutschlands und Europas im Rahmen des Strukturwandels weitgehend schon hinter sich gebracht haben. Diese nicht geringe Aufgabe, vor der Berlin und Brandenburg jetzt stehen, macht zugleich auch die einzigartige

Gemengelage deutlich, die in der Wirtschaftsregion Berlin/Brandenburg das Ergebnis einer vier Jahrzehnte währenden absurden politischen Realität war.

Zentrale Bedeutung für diesen Aufholprozeß kommt der Wirtschaftsförderung und damit sicherlich vorrangig den Institutionen zu, die diese Aufgabe hauptberuflich wahrnehmen. Im Falle Berlins und der Region sind die Herausforderungen und damit auch die Gestaltungsmöglichkeiten, die sich aus der veränderten Lage ergeben, außerordentlich groß:

- Neuansiedlung innovativer Produktionsstrukturen,
- Behebung des Defizits an attraktiven Dienstleistungseinrichtungen,
- Hilfestellung für die nunmehr dem internationalen Wettbewerb ausgesetzten Betriebe am Standort,
- Entwicklung eines Standort- und Marketingkonzeptes, das sich an den künftigen Aufgaben des Wirtschaftsraumes orientiert.

Angesichts der Größe der Aufgabenstellung spricht vieles dafür, diese Aufgaben künftig auf mehr Schultern zu verteilen und insbesondere die Unternehmen der privaten Wirtschaft stärker als bisher in diesen Prozeß organisatorisch und institutionell einzubinden.

Formen dieser als *public-private-partnership* bekanntgewordenen Zusammenarbeit werden in einigen Industriestädten des Ruhrgebiets bereits seit Jahren mit großem Erfolg praktiziert. Insbesondere geht es darum, das Management-Know-how sowie die nationalen und internationalen Kontakte regional bedeutsamer Unternehmen für zusätzliche Wirtschaftsansiedlungen und die Standortwerbung zu nutzen. Die direkte Ansprache von Unternehmer zu Unternehmer bleibt die erfolgversprechendste, da glaubwürdigste Form der Investorenwerbung.

Zugleich würde eine auch institutionell verankerte Einbindung von privaten Unternehmen, z. B. als Gesellschafter der Wirtschaftsförderungsgesellschaft, zwangsläufig das Image der Stadt bzw. der Region als wirtschaftsfreundlichen Standort befördern.

Die starken *wechselseitigen Verflechtungen* zwischen Stadt und ihrem Umland machen eine abgestimmte Wirtschaftsförderung zwangsläufig notwendig. Was ohnehin für alle Ballungsräume gilt, trifft im besonderen Maße wegen der historisch gewachsenen Verflechtung auf das Verhältnis von Berlin und Brandenburg zu. Dabei wird eine effektive den gesamten Wirtschaftsraum beachtende Wirtschaftsförderung durch politische Vorgaben, d. h. in diesem Falle die administrative Teilung eines Wirtschaftsraumes in verschiedene politische Zuständigkeiten, erheblich beeinflußt.

Die traditionellen Ballungsgebiete haben versucht, die notwendig gewordenen Abstimmungsprozesse durch die Einrichtung von *Regional- oder Umlandverbänden* zu erleichtern. Die Erfahrungen zeigen allerdings, daß hierdurch zwar die Zusammenarbeit, z. B. in verkehrlichen Fragen, verbessert werden kann, ein Gesamtkonzept und damit eine Gesamtstrategie für die jeweilige Wirtschaftsregion insbesondere wegen der verschiedenen politischen Zuständigkeiten und der daraus erwachsenen komplizierten Abstimmungsmechanismen jedoch fehlen.

Gemeinsames Bundesland verbessert Wachstumsperspektiven

Mit den gleichen Schwierigkeiten hat auch die Wirtschaftsregion Berlin/Brandenburg zu kämpfen. Bei der Neugliederung der ehemaligen DDR im Jahre 1990 wurde zunächst die große Chance vertan, durch die Bildung eines gemeinsamen Bundeslandes von vornherein den dann zwangsläufig einsetzenden zusätzlichen Regelungsbedarf durch einheitliche politische Willensbildung weitgehend zu vermeiden. Diese aus vielen Gründen vernünftige Neugestaltung ist damals wegen der vermeintlich stärkeren regionalen Identität mit den allerdings nur zwischen 1948 und 1952 existierenden Bundesländern unterblieben.

Der Berliner Finanzwissenschaftler *Professor Werner Steden* hat in einer *gutachterlichen Stellungnahme* für die Vereinigung der Unternehmensverbände im Jahre 1992 deutlich die Gefahren aufgezeichnet, die bei einer Fortexistenz zweier getrennter Bundesländer für die Entwicklung der Wirtschaftsregion bestehen würden. Durch räumliche spill-over-Effekte, doppelte Legislative und Exekutive und suboptimale Wirtschaftsförderung seien wirtschaftliche Effizienzverluste in der Ressourcennutzung zu befürchten, die zu Lasten der aggregierten Wirtschaftskraft der Gesamtregion gehen und die Position der Region im wirtschaftlichen Wettbewerb mit den anderen Bundesländern schwächen.

Zudem besteht nach Auffassung des Gutachters die Gefahr, daß durch die künstlich administrative Aufteilung der Wirtschaftsregion öffentliche Leistungsangebote nur auf Berlin und das Umland konzentriert werden und somit die peripheren Regionen vernachlässigt werden. Der sich schon heute abzeichnende regionalpolitisch begründete Subventionswettlauf, so Prof. Steden, führe zu einer Verzerrung privater Standortentscheidungen innerhalb der Gesamtregion und damit zu einer Vergeudung wirtschaftlicher Ressourcen. Anstatt das regionalpolitische Instrumentarium in einem Förderwettbewerb auf Berlin und das unmittelbare brandenburgische Umland zu konzentrieren, könnten die in einem einheitlichen Bundesland eingesparten Ressourcen zur Förderung der wirklich schwachen Regionen verwendet werden.

Es geht letztlich darum: Was kostet die Infrastruktur in einem dünnbesiedelten Land, und welchen Preis hat sie in einer Großstadt mit hoher Bevölkerungsdichte?

Nur mit der gemeinsamen Finanzkraft beider Länder kann die Zukunft gestaltet werden, nur durch ein gemeinsames Bundesland kann wirkungsvoll verhindert werden, daß sich ein Partner bei der Bereitstellung von Einkommen schaffender Infrastruktur übernehmen würde. So gesehen ist es erforderlich, ein Ausbluten der Stadt zu verhindern und ihre Wirtschaftskraft damit zu erhalten.

Um es ganz klar zu sagen: Niemand dürfte ein größeres Interesse an einem starken Partner Berlin haben als das Land Brandenburg. Die Stadt ist nämlich nicht der gefräßige Moloch, der seine Umgebung zu verschlingen droht, wie manche sagen, sondern vielmehr der Motor, der die ganze wirtschaftliche Maschinerie der Region beschleunigt.

Erhebliche politische Bemühungen sind vonnöten

Wie die Erfahrungen der letzten drei Jahre zeigen, bedarf es im nachhinein erheblicher politischer Bemühungen und geistiger Beweglichkeit, um die Entscheidung aus dem Jahre 1990 zu korrigieren und zu langfristig erfolgreichen Strukturen für die Wirtschaftsregion Berlin/Brandenburg zu kommen.

Der im Dezember 1992 von den Landesregierungen unterzeichneten *Grundsatzvereinbarung*, im Jahr 1999 ein gemeinsames Land zu bilden, sind im Jahr 1993 die Verabredung eines gemeinsamen Aktionsprogramms mit über 150 Vorhaben, eine gemeinsame Planungskonferenz und der bereits sehr weitgehende Entwurf eines Neugliederungsstaatsvertrages gefolgt. In diesem Jahr soll ein gemeinsames Landesentwicklungsprogramm für den Wirtschaftsraum folgen.

Gleichzeitig wird deutlich, daß es trotz dieser Verabredungen sehr viel guten Willens auf beiden Seiten bedarf, um in der Übergangszeit, die noch von unterschiedlichen Interessenlagen geprägt ist, zu vernünftigen Regelungen zu kommen.

Zu den Feldern, die besondere Sorgfalt im Umgang miteinander erfordern, gehört unbestritten auch die *Wirtschaftsförderungspolitik*. So sieht die Stadt Berlin natürlich mit gewisser Sorge, daß die industrielle Substanz durch den Wegzug von Unternehmen ins günstigere brandenburgische Umland erheblich bröckelt.

Andererseits wäre es volks- und betriebswirtschaftlich falsch, diese Betriebe z. B. mit Subventionen in der Stadt halten zu wollen. Für die Unternehmen eröffnet sich nach dem Fall der Mauer die Möglichkeit, an neuen Standorten im Umland moderne Produktionsanlagen zu errichten und damit ihre Wettbewerbsfähigkeit zu erhöhen. Dies kann durch eine Erweiterung der Produktionsanlagen oder auch durch eine komplette Standortverlagerung geschehen.

Die Wirtschaftsverwaltungen beider Länder haben sich darauf verständigt, daß Verlagerungen von Berlin ins unmittelbare Umland grundsätzlich von der Förderung ausgenommen sind. Ausnahmen sind nur für die Fälle vorgesehen, bei denen anderenfalls die Produktion der Region insgesamt verlorenginge.

Unabhängig davon gilt: Nur durch eine umfassende Vernetzung Brandenburgs mit Berlin in Form von gegenseitigen Lieferbeziehungen wird es gelingen können, die neu entstandenen mittelständisch orientierten Unternehmen in Brandenburg auch längerfristig zu halten.

Für Berlin, insbesondere für Ostberlin, ist richtig, daß ein Aufhalten der fortschreitenden Deindustrialisierung ausschließlich durch die Schaffung neuer hochproduktiver Arbeitsplätze innerhalb einer sich neu strukturierenden regionalen Arbeitsteilung möglich ist. Dies wird am besten, wie es schon einmal vor dem Krieg der Fall war, durch den Aufbau einer qualifizierten Zulieferindustrie erreicht. Die Verbände unterstützen diesen Prozeß ebenso wie die Wirtschaftsförderungsgesellschaften durch die Veranstaltung von Zulieferbörsen, Zulieferforen und Lieferverzeichnissen.

Erhebliche Probleme ergeben sich im Zusammenhang mit der *richtigen Höhe der Fördersätze* im Verhältnis Stadt und Region. Für Investoren ist natürlich ein Standort in unmittelbarer Nachbarschaft zur Metropole besonders attraktiv. Man profitiert von den direkten Ausstrahlungseffekten, ohne aber mit den hohen Kosten belastet zu sein, die insbesondere aufgrund der deutlich höheren Grundstückspreise in der Metropole anfallen.

Die beiden zuständigen Wirtschaftsverwaltungen in Berlin und Brandenburg haben sich deshalb darauf verständigt, diesen ohnehin stattfindenden Prozeß nicht durch eine – grundsätzlich mögliche – hohe Förderung zu beschleunigen. Damit soll nicht nur das *Vollaufen des sogenannten Speckgürtels* abgebremst werden, sondern auch die Wettbewerbsfähigkeit der Stadt im Vergleich zum direkten Umland aufrecht erhalten bleiben. Auf der anderen Seite sieht das abgestimmte Fördersystem vor, die Attraktivität der peripheren Regionen durch Höchstfördersätze für Investitionen zu verbessern.

Die Praxis der letzten drei Jahre zeigt aber doch sehr deutlich, wie begrenzt die Steuerungsmechanismen der Wirtschaftspolitik durch die Förderpolitik ist. Die Nachteile der entlegeneren Standorte an der Grenze zu Mecklenburg-Vorpommern, Polen, Sachsen und Sachsen-Anhalt werden nur in den seltensten Fällen durch hohe Fördersätze kompensiert, so daß die Zahl der Ansiedlungen hinter den Erwartungen zurückbleibt. Hierbei wird sehr deutlich, daß es zumindest auch des Aufbaus leistungsfähiger Infrastrukturen bedarf, um die Standortattraktivität nachhaltig zu erhöhen.

In den neuen Bundesländern wirkt sich besonders das Defizit im Bereich Wohnen, im Schulangebot, bei wissenschaftlichen Einrichtungen und an *weichen Standortfaktoren* negativ auf Investitionsentscheidungen aus.

Wegen der anhaltenden Konjunkturschwäche geht aber auch die Rechnung für das Berliner Umland nur bedingt auf. Die recht geringe Förderung im Berliner Umland veranlaßt teilweise Investoren, wegen höherer Fördersätze in der Umgebung anderer Zentren in Ostdeutschland Investitionen dort vorzunehmen. Hier bedarf es einer engen Kommunikation und flexibler Lösungen, um nicht für die Gesamtregion nachteilige Ergebnisse zu erzielen.

Auch institutionell äußern sich die Schwächen einer Wirtschaftsförderung, die von unterschiedlichen politischen Interessen beeinflußt wird. Während die Wirtschaftsförderung Berlin für die Metropole zuständig ist, hat die Wirtschaftsförderung Brandenburg die Ansiedlung von Unternehmen im rundherum gelegenen Land Brandenburg zur Aufgabe.

Der anfängliche Abgrenzungskurs, der aufgrund der unmittelbar benachbarten Konkurrenz wahrlich verständlich war, ist zunehmend der Einsicht gewichen, wonach es einer engen Abstimmung zwischen beiden Gesellschaften im Interesse der Wirtschaftsregionen bedarf. Diese Zusammenarbeit in der Praxis kann allerdings nicht darüber hinwegtäuschen, daß die Außendarstellung für Investoren diffus bleiben muß, solange nominell zwei verschiedene Gesellschaften letztendlich für ein und denselben Wirtschaftsraum zuständig sind.

Die Wirtschaft in Berlin und Brandenburg hat sich deshalb schon früh für die *Fusion der Wirtschaftsförderungsgesellschaften* ausgesprochen, um die Wettbewerbsfähigkeit einer Wirtschaftsregion im internationalen Maßstab zu dokumentieren. Denkbar wäre auch eine Dachgesellschaft, unter der kommunale Wirtschaftsförderungsgesellschaften – davon eine größere für Berlin – tätig wären. Damit könnte gleichfalls von politischer Seite her der Bereich Wirtschaft eine Schrittmacherfunktion für die Entwicklung der gesamten Region übernehmen und damit vielen Organisationen der Wirtschaft nacheifern, die wie die Vereinigung der Unternehmensverbände als Spitzenorganisation der Wirtschaft in Berlin und Brandenburg bereits von Anfang an länderübergreifend organisiert waren und damit der Tatsache des gemeinsamen Wirtschaftsraums Rechnung trugen.

Gleichzeitig würde aber auch ein entscheidender Impuls für das gemeinsame Bundesland Berlin/Brandenburg ausgelöst. Nicht nur in Fragen der Wirtschaftspolitik, sondern auch im Bereich der Arbeitsmarkt-, Verkehrs- und Umweltpolitik zeigt sich: Auch noch so gutgemeinte Willenserklärungen und Kooperationsabkommen sind kein Ersatz für die Politik einer für den Gesamtraum verantwortlichen Landesregierung. Die Wirtschaftsregion Berlin/Brandenburg muß beweisen, daß sie durch eine zukunftsweisende Gestaltung nach innen im Wettbewerb nach außen bestehen kann.

Für die Wirtschaftsregion Berlin/Brandenburg gewinnt die *Nähe der osteuropäischen Reformstaaten*, insbesondere Polens, an Bedeutung. Berliner und Brandenburger unterstützen grundsätzlich die Forderung nach der Ost-Erweiterung der Europäischen Union, sind sie doch bei der Frage der Angleichung der wirtschaftlichen Verhältnisse in diesem Teil Europas besonders engagiert. An einer neuen Wirtschafts-Grenze durch unseren Kontinent kann besonders Deutschland, dabei vor allem die Wirtschaftsregion Berlin/Brandenburg, kein Interesse haben.

Die Bundesrepublik ist gut beraten, ihren östlichen Nachbarn den Weg in die Gemeinschaft zu ebnen. Wer damit zu lange zögert, fördert Entwicklungen, die Europa schaden. Auch sind einige der potentiellen Beitrittskandidaten – so insbesondere der östliche Nachbar Polen – gerade mit Erfolg dabei, das Ihre dafür zu tun, um den Anforderungen für die Aufnahme in die Europäische Union zu genügen.

Hier liegen auch neue Aufgaben für die Wirtschaftsförderung; sie muß im Europa von heute grenzüberschreitend sein. Dazu gehört auch, die Rahmenbedingungen, unter denen bei den östlichen Nachbarn Deutschlands produziert wird, als Chance zu begreifen. Es kann durchaus Sinn machen, wenn lohnintensive Fertigung in die ehemaligen Ostblockländer gegeben wird, wenn damit gleichzeitig die Stammbelegschaft in Berlin/Brandenburg gesichert wird. Die Partnerschaft mit den östlichen Ländern kann insofern zu einem positiven Standortvorteil für die Region Berlin/Brandenburg geraten, sofern man ohne Scheu und mit nüchterner Sorgfalt analysiert, was auf beiden Seiten der Grenze besonders vorteilhaft geleistet werden kann.

Gefragt ist die *intelligente Misch-Kalkulation*, wie dies der Präsident des Bundesverbandes der Deutschen Industrie, *Tyll Necker*, ausgedrückt hat.

Trotz aller vorhandenen oder denkbaren Kooperationsmöglichkeiten bleibt aber klar: Die Region Berlin/Brandenburg wird künftig in einem sich immer weiter verschärfenden Standortwettbewerb bestehen müssen. Wenn die nationalen Grenzen und die rechts- und wirtschaftspolitische Rahmensetzung auf staatlicher Ebene in ihrer Bedeutung nachlassen (genau das ist ja schon seit Inkrafttreten der Römischen Verträge und der daraus folgenden Setzung von Gemeinschaftsrecht für fast alle Bereiche zu erleben), werden das wirtschaftliche Überleben und der wirtschaftliche Erfolg nur noch in großräumigen Einheiten möglich sein. Die Wirtschaftsregion Berlin/Brandenburg wird sich damit national im Wettbewerb etwa mit der Rhein-Main-Schiene oder der Neckarregion behaupten müssen.

Entscheidender dürfte aber der *Standortvergleich im europäischen Maßstab* sein: Dies sind die anderen europäischen Wirtschaftsregionen wie Lyon, Manchester, Barcelona oder Mailand. Dort wird zum Teil schon seit Jahren und Jahrzehnten und mit professionellen Konzepten daran gearbeitet, das Erscheinungsbild der eigenen Region zu verbessern, um im Kampf um neue Investoren bestehen zu können. All diese Standorte haben gemeinsam, daß sie unter günstigeren Ausgangsbedingungen antreten konnten, d. h. insbesondere ohne das Hindernis bisher unterschiedlicher Wirtschaftssysteme. Zudem ist früher die Erkenntnis gereift: Stadt und Umland können nur gemeinsam bestehende Unternehmen halten und neue Investoren anziehen.

Die deutsche Hauptstadtregion wird folglich auf nationaler wie internationaler Ebene nur bestehen können, wenn heute schon der Wille ausgeprägt ist, zur *europäischen Modellregion* zu werden. Das muß allen Verantwortlichen in Politik, Verwaltung und Wirtschaft in Berlin und Brandenburg klar sein.

Berlin und Brandenburg werden eine wirkliche Chance haben, mitzuhalten und zum Spitzenfeld aufzuschließen, wenn jetzt Fehler möglichst vermieden, die Reibungsverluste so gering wie möglich gehalten werden. Aufgaben für die Region gibt es ausreichend: Der Aufbau der Hauptstadt muß geleistet, die Infrastruktur weiter verbessert, die Frage des neuen Großflughafens endlich angepackt werden.

Es wird damit deutlich, wie berechtigt die Forderung der Vereinigung der Unternehmensverbände und der durch sie vertretenen Unternehmen der gewerblichen Wirtschaft nach der möglichst zügigen Schaffung eines Bundeslands für die Region ist. Ohne das Ende der Zweistaatlichkeit und der Abschaffung dualer und einander behindernder Strukturen kann die Wirtschaft von Berlin und Brandenburg den europäischen Wettlauf kaum bestehen. Wirtschaftlich ist nur Staat zu machen durch die vereinte Anspannung aller Kräfte, durch die Bildung der neuen *Beispiel-Region* Berlin-Brandenburg.

Der Standort Europa im Wettbewerb der Systeme

Eberhard v. Koerber

Der Standort Deutschland als Knotenpunkt im Netzwerk des neuen Europa

In seinem Buch *Die Grenzen der Macht* stellt Michael Stürmer fest, daß Deutschland nach dem Fall des eisernen Vorhangs zu einer neuen Positionierung im Kräftespiel der Nationen gelangen muß: *"Die alte Rolle im Schatten der Roten Armee, der Mauer und der Pax Americana ist nicht länger spielbar. Das Skript ist zu Ende. Was folgt, ist die schmerzliche Aufgabe, zum Management der Welt beizutragen."*

Der Zusammenbruch des Kommunismus, die marktwirtschaftliche Öffnung der Länder Mittel-, Ost- und Südosteuropas und die mehr oder minder schwierig verlaufenden Reformprozesse in den Nachfolgestaaten der Sowjetunion haben Europa ein neues Gesicht verliehen. Der tiefe Graben, der sich durch den Kontinent zog und zwei gegensätzliche Wirtschafts- und Gesellschaftssysteme voneinander trennte, ist verschwunden. Mit ihm verschwanden aber auch die Werte und Strukturen, die seit dem Zweiten Weltkrieg das politische, wirtschaftliche und gesellschaftliche Selbstverständnis der westlichen Welt und besonders Westeuropas bestimmten. Wo früher Planwirtschaft war, befinden sich attraktive Produktionsstandorte und entstehen neue Märkte. Wo in der Vergangenheit Stacheldraht die Menschen trennte, erleichtern nun offene Grenzen die Migrationsbewegungen in Europa. Und wo einst Kollektivismus die Eigeninitiative erstickte, werden die Menschen zu Unternehmern.

Das politische Westeuropa scheint sich schnell in diese Umwälzungen eingefunden zu haben. Die Bereitschaft zur Öffnung der Europäischen Union nach Osten ist groß. Selbst die Mitgliedschaft in der NATO ist mittelfristig gesehen für Länder wie Polen, Ungarn und die Tschechische Republik nicht mehr ausgeschlossen. Doch im gleichen Maße, wie Europa politisch zusammenwächst, verbinden sich auch die Volkswirtschaften des Kontinents. Das *ökonomische Netzwerk* wird dichter, und kein Staat vermag sich dieser Entwicklung zu entziehen. Die zunehmende Deregulierung führt zur Internationalisierung des Wettbewerbs. Richtlinien der Europäischen Union zwingen die Mitgliedsländer, öffentliche Aufträge international auszuschreiben. Transkontinentale Infrastrukturnetze auf den Gebieten Energie, Verkehr und Kommunikation sind im Entstehen begriffen. Unternehmen entwickeln Modelle der Arbeitsteilung mit den Staaten Osteuropas. Abgesehen von der Schweiz haben sich alle EFTA-Länder über den EWR an die Europäische Union assoziiert. Europa ist heute mit einem Bruttosozialprodukt von 8 000 Milliarden Dollar und mit 800 Millionen Menschen der größte Wirtschaftsraum der Erde.

Deutschland als größter Markt und größter Exporteur des neuen Europa steht im Zentrum all dieser Entwicklungen. Die geographische Lage und die traditionell guten wirtschaftlichen und politischen Beziehungen der Bundesrepublik zu den Staaten Osteuropas machen das Land zu einem wichtigen Bindeglied zwischen West und Ost, zu einem Motor des Zusammenwachsens. Für die Bundesrepublik gilt ganz besonders, daß die Diskussion um den Wirtschaftsstandort nicht mehr national, sondern gesamteuropäisch geführt werden muß. Nationale Standorte verlieren an Bedeutung, vom *Standort Europa* geht die Mehrzahl der Chancen für die Volkswirtschaften des Kontinents aus. Es liegt auf der Hand, daß sich deshalb auch die Strukturen dieser Volkswirtschaften – und damit gleichfalls die Strukturen in Deutschland – wandeln müssen.

Die Krise der Strukturen – Fanal zum Aufbruch

Zu den Veränderungen auf dem europäischen Kontinent kommen globale Herausforderungen hinzu. Die Gründung der NAFTA, der Abschluß der Uruguay-Runde des GATT, das – unabhängig von der Rezession – gebremste Wachstum in den Industrienationen und die zunehmende Bedeutung der asiatisch-pazifischen Region als Wirtschaftsmacht führen zu einer Verschiebung des Kräftegleichgewichts zwischen den Volkswirtschaften und verschärfen den Wettbewerb.

Amerikanische Unternehmen drängen verstärkt auf die europäischen Märkte, europäische Unternehmen engagieren sich immer mehr in den Wachstumsregionen Südostasiens, und asiatische Unternehmen expandieren rund um den Globus. Gleichzeitig ermöglichen Faktoren wie moderne Kommunikationsmittel, Politikvernetzung und Vernetzung der Bankensysteme sowie der fortschreitende Ausbau der Verkehrsinfrastruktur neue Formen der internationalen Arbeitsteilung. So können zum Beispiel zum Bau eines Kraftwerkes in Amerika Engineeringbeiträge in Westeuropa und Asien geleistet und Fertigungskapazitäten in den Ländern Osteuropas genutzt werden. Preissenkungen von bis zu 30 Prozent sind die Folge dieser Globalisierung und Neudimensionierung des Wettbewerbs. Kann nunmehr der Standort Europa vor diesem Hintergrund bestehen?

Lang anhaltendes Wachstum, zunehmender Wohlstand, rückläufige Arbeitszeit, soziale Absicherung und Festschreibung von Besitzständen, fehlende Risikobereitschaft, berufliche Immobilität und vieles mehr haben bei gleichzeitiger Sättigung des Bedarfs an Konsumgütern schon vor Vollendung des Europäischen Marktes und der Öffnung Osteuropas die Ursachen dafür geschaffen, daß sich die *Wettbewerbsfähigkeit Europas* gegenüber Asien und Amerika nachhaltig verschlechtert hat.

Europäische Unternehmen leiden unter einem Innovations- und Kreativitätsdefizit, besonders in den Technologien der dritten industriellen Revolution, sowie unter ineffizienten Entscheidungsprozessen, einem zu geringen Umsetzungstempo neuer Produktideen in den Märkten und unter einem Mangel an Eile bei der Umsetzung wichtiger organisatorischer und sonstiger betrieblicher Konzepte. Ihr Bewußtsein für Kosten und Prozesse entlang der Wertschöpfungskette ist noch ungenügend ausgeprägt.

Zu den Strukturproblemen der Unternehmen kommen strukturelle Defizite wirtschafts- und gesellschaftspolitischen Ursprungs. Die riesigen Forschungs- und Entwicklungsaufwendungen in der Europäischen Union zum Beispiel führen nicht zu angemessenen volkswirtschaftlichen Ergebnissen.

In der EU erfolgen 28 Prozent des Forschungs- und Entwicklungsaufwands der OECD-Länder, aber es werden nur 18 Prozent der Patentanmeldungen erzielt. In Japan führt ein Anteil von 18 Prozent an den OECD-Forschungs- und Entwicklungsaufwendungen zu einer Patentanmeldungsquote von 21 Prozent der OECD-Länder. Zudem liegen die Forschungs- und Entwicklungsschwerpunkte in Europa auf alten Technologien. In der Mikroelektronik ließ sich beispielsweise die deutsche Industrie zwischen 1987 und 1992 im jährlichen Durchschnitt 216 Erfindungen patentieren. Die amerikanische Industrie brachte es auf 1230, die japanische gar auf 12 688 Patente.

Ein ähnliches Mißverhältnis zeigt sich in der Biotechnologie: 197 deutsche Patentanmeldungen, 679 amerikanische und 1 951 japanische. Die Dominanz Japans bei den Patentanmeldungen ist sicherlich nur zum Teil darauf zurückzuführen, daß japanische Unternehmen sich in der Regel auch Zwischenschritte in der Produktentwicklung patentieren lassen. Wesentlich liegt die europäische *Technologielücke* wohl in einem Mangel an Risikobereitschaft, in zähem Festhalten an überkommenen Industrien und in einer allgemeinen Technologiemüdigkeit begründet.

Zur Technologielücke kommt die westeuropäische *Produktivitätslücke*. Sie beträgt im Vergleich zu Asien 25 Prozent bei den Konsumgütern und 35 Prozent in der Computer- und Kommunikationsindustrie, um nur zwei Beispiele herauszugreifen. Zur Produktivitätslücke tragen die hohen Lohn- und Lohnnebenkosten bei, vor allem aber die regulierten Arbeitsmärkte und die verhärteten Fronten zwischen Arbeitgebern und Arbeitnehmern. In den Hochlohnländern Westeuropas sollten flexible Arbeitszeiten – auch am Wochenende – oder die Öffnung der Tarifverträge nach unten längst selbstverständlich sein, damit die Ressourcen an Kapital, Maschinen und Menschen optimal genutzt werden können. Angesichts des Leidensdrucks durch immer höhere Arbeitslosenquoten zeigen die gesellschaftlichen Kräfte in den Ländern Westeuropas in diesem Punkt endlich Bewegung.

Systeme und Kulturen – unterschätzte Standortfaktoren

In den Debatten um die Qualität von Standorten stehen in der Regel die Argumente einer mechanistischen volks- oder betriebswirtschaftlichen Rationalität im Vordergrund. Dabei sind Faktoren wie Produktivitätskennziffern, Währungsvorteile oder -nachteile, Kapitalkosten und Genehmigungszeiten nur vordergründig die Ursachen für gute oder schlechte Standortqualitäten. Entscheidend ist das *Handeln von Menschen* im Rahmen ihres kulturellen und gesellschaftlichen Umfelds. Hier sind die Weichen in Westeuropa falsch gestellt.

Europa droht in eine Spätzeitkultur abzugleiten, die sich vor allem mit der Frage der sozialen, ökologischen und gesellschaftlichen Verträglichkeit ihrer Leistungen befaßt, statt neue Leistungen hervorzubringen. Innovationen und Investitionen werden mit den Mitteln überzogener Rechtswegestaaten so lange verzögert, bis Wettbewerber aus anderen Kulturkreisen einen schwer einzuholenden Vorsprung haben. So betrug beispielsweise der Zeitraum vom Beschluß über einen deutschen Hochgeschwindigkeitszug bis zur ersten Fahrt des ICE 20 Jahre. In der Energie- und Gentechnik droht Europa den Anschluß zu verlieren, weil Rechenspiele mit Risikoabwägungen ohne Zahlenbasis nahezu jede Entwicklung blockieren.

Hedonismus und schrankenlose Freiheit haben sich für viele Bürger der europäischen Wohlstandsgesellschaften als Lebensziele verselbständigt. Der individuelle Nutzen genießt eine höhere Wertigkeit als der Nutzen des Gemeinwesens. Bildung, Kommunikation, Arbeit, Politik und Recht werden in den Dienst des einzelnen und seiner Selbstverwirklichung gestellt. Entsprechend hartnäckig verteidigen Interessenvertreter die Partikularinteressen ihrer Klientel, teilweise mit kaum nachvollziehbaren Argumenten. In Deutschland stehen die Streitigkeiten um die Pflegeversicherung, das Rabattgesetz, die Ladenschlußzeiten oder das alljährliche Tarifritual für diesen verhängnisvollen Zustand.

Die individualistischen Gesellschaften Europas können im Wettbewerb der Systeme ohne eine Kurskorrektur nicht bestehen. Die Gemeinschaftsorientierung etwa der Gesellschaften Asiens verhilft auch ihren Industriestandorten zu nachhaltigen Wettbewerbsvorteilen.

Die Krise als Chance zur Erneuerung der Wettbewerbsfähigkeit Europas

Die Krise der wirtschaftlichen, politischen und gesellschaftlichen Strukturen in Europa sollte nicht dazu verleiten, den Standort abzuschreiben. Europa bietet eine ganze Reihe von Chancen, und die Volkswirtschaften des Kontinents verfügen über zahlreiche Möglichkeiten, diese Chancen auch zu nutzen.

Ein tiefgreifender *Strukturwandel* bis zur Veränderung des Denkens und Handelns der Menschen ist notwendig; und dieser Strukturwandel ist keine unlösbare Aufgabe. Es fehlt in Europa nicht an Kompetenzen oder Ideen, sondern an Mut und Entschlossenheit, sich dem Wandel der Strukturen zu stellen und ihn zu gestalten. Vielleicht ist die derzeitige Krise – verstärkt durch die Rezession – ein Glücksfall für Europa, weil sie dazu zwingt, die Gangbarkeit neuer Wege zu prüfen.

Zu diesen neuen Wegen gehört die *internationale Arbeitsteilung* mit Mittel-, Ost- und Südosteuropa. Die niedrigen Löhne und Gehälter, die zum Beispiel in der Tschechischen Republik bei fünf bis sieben Prozent des westdeutschen Niveaus liegen, der relativ hohe Ausbildungsstand der Menschen und die Nähe zu den westeuropäischen Abnehmern machen diese Länder zu gefragten Produktionsstandorten. ABB z. B. verfügt heute in Osteuropa einschließlich der Nachfolgestaaten der Sowjetunion über nahezu 25 000 Mitarbeiterinnen und Mitarbeiter.

Die europäischen Kunden stellen sich zunehmend auf die Möglichkeiten der Arbeitsteilung ein und verlangen immer mehr Produkte, Systeme und Dienstleistungen, die mit westeuropäischer Technologie und in westeuropäischer Qualität zu osteuropäischen Preisen angeboten werden.

Die Nutzung der Staaten Osteuropas als Engineering- und Produktionsstandorte verbessert auf der einen Seite die Wettbewerbsfähigkeit der westeuropäischen Industrien, trägt auf der anderen Seite aber auch zur wirtschaftlichen Entwicklung Mittel-, Ost- und Südosteuropas bei. Daraus ergeben sich neue Marktmöglichkeiten für Gesamteuropa. Bereits jetzt beginnen Polen, die Tschechische Republik und Ungarn mit der Erneuerung und dem Ausbau ihrer Infrastruktur. Dies fördert wiederum den wirtschaftlichen Gesundungsprozeß dieser Länder. Die Volkswirtschaften Westeuropas können so von den neuen Märkten im Osten profitieren. Allerdings nur dann, wenn sie ihre Beiträge an der Wertschöpfung in Europa neu definieren.

Westeuropa muß sich verstärkt auf Zukunftstechnologien konzentrieren, die erhebliche Ressourcen an Kapital und Kompetenzen erfordern. Die Politik muß Rahmenbedingungen schaffen, die das Entwickeln neuer Technologien und die rasche Umsetzung in marktfähige Produkte ermöglichen. Das Festhalten an alten Industrien, deren Produkte in Osteuropa in gleicher Qualität aber zu einem Bruchteil der Kosten hergestellt werden, führt in die Sackgasse, weil dadurch Kräfte und Kapital gebunden werden, die an anderer Stelle dringend benötigt werden. Die intelligente internationale Arbeitsteilung kann zur Erneuerung der Wettbewerbsfähigkeit des Standorts Europa beitragen und damit in allen Volkswirtschaften des Kontinents Beschäftigung sichern und neue Arbeitsplätze schaffen.

Zur internationalen Arbeitsteilung gehört auch die *Öffnung* der westeuropäischen Märkte für Waren aus Osteuropa. Denn das Wachstum der Volkswirtschaften dort hängt wesentlich von ihren Exportmöglichkeiten ab. Handelssanktionen müssen mit Augenmaß gehandhabt und dürfen nur im äußersten Notfall verhängt werden. Rigider Protektionismus ist eine Wachstumsbremse und schadet letztlich der Wettbewerbsfähigkeit auch der Volkswirtschaften, die ihn als Instrument der Wirtschaftssteuerung mißbrauchen.

Der erfolgreiche Abschluß der *Uruguay-Runde des GATT* setzt – zunächst psychologisch wichtig – für die Entwicklung des Welthandels die richtigen Zeichen. Sowohl die Vereinbarung über den Streitschlichtungsmechanismus als auch das Abkommen zur Errichtung der multilateralen Welthandelsorganisation (WTO) gewährleisten eine institutionelle Stärkung des multilateralen Handelssystems. Das wird die Verwirklichung des gesteckten Ziels – eine weltweite, weitgehend liberale Handelspolitik – erleichtern.

Natürlich wird sich der Wettbewerb in den Märkten im Gleichschritt mit der Liberalisierung des Handels verschärfen. Doch dies ist nur gut für Europa, denn erst der Wettbewerb schafft das Klima, in dem neue Wege beschritten werden können und zwingt die Volkswirtschaften, gerade Westeuropas, traditionelle Strukturen zu überprüfen, zu erneuern und – wenn es sein muß – auch einzureißen. Weitere Privatisierung und Deregulierung auch der Arbeitsmärkte werden die Folgen dieses Prozesses sein.

Welche Erfolge sich damit erzielen lassen, zeigt die Entwicklung, die sich während der 80er Jahre in Großbritannien vollzogen hat. Der geradlinige Privatisierungskurs der Regierungen Thatcher und Major und die Neudefinition gesellschaftlicher Machtpositionen haben das Land, dem viele in den 70er Jahren schon die wirtschaftliche Überlebensfähigkeit abgesprochen hatten – Stichwort *Englische Krankheit* –, zu einem der attraktiveren Standorte Europas für Neuinvestitionen gemacht. Fast 40 Prozent aller Investitionen, die von Nicht-EU-Mitgliedern in den letzten zehn Jahren in Europa getätigt wurden, kamen Großbritannien zugute. 30 Prozent aller Fabriken, die japanische Unternehmen in Europa errichtet haben, stehen auf britischem Boden.

Der *Standort Europa* steht und fällt mit den Fähigkeiten und Fertigkeiten seiner Menschen. Dies gilt besonders für die Volkswirtschaften Westeuropas. Der hohe Ausbildungsstand der Menschen ist der wohl wichtigste europäische Standortvorteil. Aber auch er ist gefährdet. Wenn zum Beispiel in Deutschland bald 40 Prozent der Jugendlichen eines Jahrgangs das Abitur machen, ist dies eine gefährliche Fehlsteuerung. Außerdem mehren sich die Anzeichen dafür, daß die europäischen Bildungseinrichtungen am Bedarf der Wirtschaft vorbei ausbilden. Gerade die Hochschulen haben sich während Jahrzehnten daran gewöhnt, sich abseits der Realität vor allem um ihre eigene Achse zu drehen und sich aus der Verantwortung für die Volkswirtschaften zu stehlen. Auch hier können Wettbewerb, Privatisierung und Deregulierung abhelfen. Nicht zuletzt die Wirtschaft kann vom Staat Bildungs- und Fortbildungsaufgaben übernehmen und sie privatwirtschaftlich billiger und effizienter erledigen.

Für die Wettbewerbsfähigkeit des Standorts Europas sind neue, offene Rahmenbedingungen erforderlich, die den freien Austausch von Ideen, Waren und Arbeitskräften ermöglichen. Wenn in diese Rahmenbedingungen auch die Länder Mittel- und Osteuropas zunehmend miteinbezogen werden und sich Europa nicht einem neuen Europrotektionismus, sondern einem fairen Freihandel verschreibt, dann stehen die Chancen für den Kontinent gut, sich im Wettbewerb der Systeme zu behaupten.

Standortmarketing und Ansiedlungsakquisition für europäische Metropolen

Nikolai Lutzky

Integration versus Regionalisierung – ein europäisches Szenario

Welche Geographie europäischer Standortstrukturen entsteht aus den politischen und sozialen Umbrüchen, die sich seit Ende der 80er Jahre in Europa vollziehen? Antworten auf diese Frage sind zwangsläufig spekulativ, denn Trends aus der Vergangenheit haben für die Zukunft Europas keinen Prognosewert, und die gegenwärtige Realität ist eher durch Gegenläufigkeiten als durch Eindeutigkeit, Konsistenz und Homogenität gekennzeichnet:

- Anzeichen wirtschaftlicher Erholung in Großbritannien und weiterer Zerfall industrieller Strukturen in weiten Teilen Osteuropas.
- Marktwirtschaftlicher Eifer in der Tschechischen Republik und wachsende Zweifel an der Arbeitsplatzergiebigkeit der sozialen Marktwirtschaft der Bundesrepublik.
- Politisches Großreinemachen in Italien und verunsichernde Mafia-Indikationen nicht nur in den GUS-Staaten.
- Krieg auf dem Balkan und Konversion ehemaliger Militärstandorte und Rüstungsindustrien in Ost- und Westeuropa.

Die Serie von Schlaglichtern auf Widersprüchlichkeiten, Spannungen und Kontroversen im aktuellen Europa ließe sich nahezu beliebig fortsetzen. Für die Herausbildung *großräumiger Standortstrukturen* sind solche Tatbestände von nicht zu unterschätzender Bedeutung. Die wesentlichen, langfristig sich durchsetzenden Trends zu erkennen, verlangt jedoch, das Puzzle von Einzeltatbeständen zu plausiblen Gesamtbildern zusammenzufügen. Der Nutzen einer solchen Übung liegt weniger in der Erweiterung unserer empirischen Wissensbasis als vielmehr in der Stimulierung strategischer Orientierungen für städtische und regionale Standortentwicklungskonzepte und unternehmerische Standortentscheidungen.

Zwei zentrale Trends der europäischen Entwicklung bieten sich als Orientierungsrahmen für standortbezogene Konzepte und Entscheidungen von Administrationen und Unternehmen an:

- die europäische *Integration*, die sich heute als weit über das EU-Binnenmarktprojekt hinausgehende Perspektive darstellt, und

- der parallel verlaufende Prozeß der *Regionalisierung* Europas, der immer weniger an Staatsgrenzen endet und zunehmend aus Lagegemeinsamkeiten, ethnischer Zusammengehörigkeit und faktischen Verflechtungen resultiert.

Beide Trends seien kurz in ihren wesentlichen Grundelementen charakterisiert.

Integration

Auf dem europäischen Kontinent zwischen Ural und Atlantik und von Skandinavien bis Griechenland leben knapp 700 Mill. Menschen. Viel Phantasie, politische Energien und wirtschaftliches Potential werden heute dafür eingesetzt, die jahrzehntelange Teilung Europas zu überwinden und die Ressourcen- und Absatzpotentiale des gesamten Kontinents zu nutzen. International agierende Unternehmen reorganisieren ihre Standortstrukturen und Distributionsnetze, bauen neue Stützpunkte auf, erschließen sich neue Beschaffungs- und Absatzmärkte, beteiligen sich an der wirtschaftlichen Rekonstruktion Osteuropas.

Bedingt durch die Rezession und mancherlei Investitionshemmnisse verläuft dieser *wirtschaftliche Integrationsprozeß* zwar noch gebremst, aber er hat begonnen.

Ebenfalls auf der Tagesordnung steht die *politische Integration* Europas. Die von den neuen Demokratien geforderte Ost-Erweiterung der Europäischen Union stellt für diese eine gewaltige Herausforderung dar. Protektionistische Tendenzen werden in diesem Zusammenhang ebenso bremsend wirksam wie stabilitäts- und arbeitsmarktpolitische Bedenken. Dennoch ist klar: Die europäische Integration kann sich nicht mehr auf Westeuropa beschränken. Für den zunehmend integrierten Wirtschaftsraum Europa sind auch zunehmend vereinheitlichte politische Rahmenbedingungen erforderlich.

Regionalisierung

Wird aber dieser Integrationsprozeß durch die unübersehbaren Regionalisierungstendenzen nicht konterkariert? Unbestreitbar ist, daß der Krieg auf dem Balkan, ein aggressiver Regionalismus wie im Baskenland oder Nordirland und Kleinstaatereien wie im Baltikum gravierende Behinderungen für auswärtige Investoren und beim Aufbau überregionaler Handelsbeziehungen darstellen. Aber derartige, potentiell oder tatsächlich konfliktträchtige regionale Konstellationen dürfen nicht den Blick dafür verstellen, daß andere Erscheinungsformen des Regionalismus im Sinne des Integrationsziels und unter dem Aspekt einer produktiven innereuropäischen Arbeitsteilung durchaus positiv zu bewerten sind. Da ist zum einen die wachsende Zahl der *Euregios*, in denen sich durch Staatsgrenzen bislang getrennte Räume zusammenschließen, um die bisherigen Nachteile ihrer Grenzlage in künftige Vorteile einer Zentrallage umzuwandeln. Hier findet europäische Integration auf regionaler Ebene in grenzüberschreitenden Infrastrukturprojekten, Technologiezentren und in gemeinsamen Wirtschaftsförderungsaktivitäten statt.

Dieser Prozeß hat in deutsch-niederländischen Regionen und im Dreiländereck Schweiz-Frankreich-Deutschland begonnen und wird derzeit auf Regionen wie das sogenannte Schwarze Dreieck Böhmen/Sachsen/Schlesien übertragen. Auf höherer räumlicher Ebene werden die Konturen *neuer europäischer Großregionen* erkennbar, die sich ebenso an naturräumlichen Zusammenhängen wie an früheren oder heutigen wirtschaftlichen Verflechtungen orientieren. Anhand der jeweils dominierenden urbanen Zentren lassen sich die folgenden sieben europäischen Großregionen identifizieren:

- der südeuropäische *mediterrane Raum*, der durch die Städte Istanbul, Athen, Rom, Marseille, Barcelona, Madrid und Lissabon markiert wird;
- der wirtschaftliche *Zentralraum Westeuropas*, der sich von Mailand/Turin über Lyon, Zürich, München, Rhein/Neckar/Main/Ruhr, Brüssel, Paris bis nach London und Glasgow erstreckt;
- die *Nordsee-Anrainer*, deren Geographie durch die Industriestädte an der Ostküste Großbritanniens, durch die niederländische Agglomeration Rotterdam/Den Haag/Amsterdam, die Stadtstaaten Bremen und Hamburg, die Westküste Dänemarks und Norwegens abgesteckt wird;
- der früher durch die *Hanse* verbundene *Ostseeraum* mit den Zentren Kopenhagen, Rostock, Danzig, Kaliningrad, Riga, Tallin, St. Petersburg, Helsinki und Stockholm;
- die *mitteleuropäische Hauptstadtregion* mit den Capitalen Berlin, Warschau, Budapest, Wien, Bratislawa und Prag;
- der *osteuropäische Großraum* zwischen dem Fünfeck Moskau, Gorki, Donezk, Kiew und Minsk;
- die *balkanische Randregion* mit den wesentlichen Zentren Bukarest, Saloniki, Sofia, Belgrad und Zagreb.

Offensichtlich ist, daß heute die Verflechtungen innerhalb dieser Großräume noch sehr unterschiedlich entwickelt sind. Durch ihre Lage zueinander, durch ihre wechselseitigen Verkehrsverbindungen, durch traditionelle Verbindungen und aufgrund ihres jeweiligen wirtschaftlichen Entwicklungsniveaus dürften sich jedoch *innerhalb dieser Räume* intensive wirtschaftliche Beziehungen entwickeln, mit denen sie in die Lage versetzt werden, eine produktive Rolle im Rahmen einer künftigen gesamteuropäischen räumlichen Funktionsteilung zu spielen.

Im Ergebnis dessen stellt sich das für den künftigen europäischen Standortwettbewerb maßgebliche *Szenario Europas* als zwar nicht eindeutig, aber auch nicht zwangsläufig als widersprüchlich dar. Integration *und* Regionalisierung sind lediglich zwei Seiten der weiteren Entwicklung Europas, die sich wechselseitig durchaus unterstützen können.

Standortwettbewerb auf zwei räumlichen Ebenen

Key Players

Im Hinblick auf den Standortwettbewerb unter den europäischen Metropolen ist diese Gleichzeitigkeit und Kompatibilität von Integration und Regionalisierung insofern von

Bedeutung, als sich hieraus die These ableiten läßt, daß der Standortwettbewerb prinzipiell auf zwei räumlichen Ebenen stattfindet: auf der gesamteuropäischen Ebene und auf der Ebene der sieben Großregionen. Die Standortkonkurrenz um die wirtschaftlich bedeutsamsten Zentralfunktionen mit gesamteuropäischer Ausstrahlung wird dominiert von wenigen Großagglomerationen, deren wirtschaftliche Bedeutung trotz unübersehbarer Überlastungen in der Vergangenheit ständig gestiegen ist.

Eine Eingrenzung dieser Metropolen von gesamteuropäischer Bedeutung aus den im vorangegangenen Abschnitt genannten Zentren kann von den folgenden 10 Kriterien ausgehen.

Europäische Metropolen:

Einwohner > 3 Mill.
Regierungssitz / Verwaltungszentrum
Konzentration internationaler Dispositionsfunktionen, v. a. Finanzierung
Internationale Repräsentanzen
Organisierte Lobbyfunktionen
Fazilitäten für Großkongresse
Internationale Forschungseinrichtungen
Großflughafen (> 10 Mill. Passagiere) / internationaler Verkehrsknotenpunkt
Renommierte Kulturangebote
Medienzentrum

Danach können als *gesamteuropäische Metropolen* derzeit gelten (7 der 10 Kriterien müssen erfüllt sein):

Rom	Paris
Madrid	London
Mailand	Rotterdam/Den Haag/Amsterdam
Rhein-Main	Wien
Rhein-Ruhr	Moskau
Brüssel	

Diese 11 Agglomerationen können als die *Key Players* im Wettbewerb der Standorte um wirtschaftliche, wissenschaftlich/technische, kulturelle und politisch/administrative Funktionen mit gesamteuropäischer Ausstrahlung gelten. Auf diese Metropolen konzentrieren sich in erster Linie die Standortplanungen für künftige öffentliche und private Entscheidungszentralen mit gesamteuropäischer Steuerungskompetenz.

Mit dieser Selektion ist durchaus kein geschlossener *Club von Erstligisten* im europäischen Standortwettbewerb definiert. Beispiele wie Straßburg (Europaparlament) und Luxemburg (Finanzplatz), München (Europäisches Patentamt) und Basel (Bank für internationalen Zahlungsausgleich) zeigen vielmehr, daß auch Städte mit deutlich geringerer Zentralität internationale Institutionen und europäische Unternehmenszentralen für sich gewinnen können.

Die Standortattraktivität von Städten wie Prag, Budapest, Warschau, Kopenhagen und Stockholm wird in den kommenden Jahren voraussichtlich erheblich zunehmen, und die Europäische Union wird künftige Unterorganisationen gezielt in europäischen

Randregionen plazieren. Insofern geben die genannten Key Players anderen Metropolen vor allem Hinweise auf das erforderliche Standortangebot für europäische Zentralfunktionen, verweist diese jedoch keineswegs von vornherein auf die Plätze.

Dies gilt insbesondere für *Berlin*, das in den nächsten Jahren in eine erstrangige Rolle unter den europäischen Metropolen hineinwachsen wird. Eine Initialwirkung in diese Richtung wird von der Verlagerung des Regierungssitzes und des Deutschen Bundestages ausgehen, die weitere hochrangige Funktionen, vor allem aber internationale Repräsentanzen und Vertretungen, Verbandsspitzen und sonstige Lobbyfunktionen nach sich ziehen wird. Damit ergeben sich zwar nicht zwangsläufig die erhofften und notwendigen massiven Erweiterungen des Berliner Arbeitsplatzangebotes, wohl aber die ebenso notwendigen Impulse für ein innovatives und internationales Wirtschaftsklima in der Stadt. Dabei ist jedoch davon auszugehen, daß Berlin in der Nachkriegszeit die Position einer europäischen (Wirtschafts-)Metropole nicht mehr erreichen konnte und erst als Sitz der Bundesregierung eine überregionale politische und wirtschaftliche Zentralität wiedergewinnen wird.

Darauf aufbauend kann die Stadt ihre bestehenden Stärken als FuE- und Ausbildungszentrum sowie ihre kulturelle Attraktivität wirksam in den europäischen Standortwettbewerb einbringen.

Mobile Potentiale

Welche Funktionen stehen aber überhaupt zukünftig zur großräumigen Verteilung an? Wirtschaftliche Schwächephasen leisten regelmäßig der These Vorschub, wonach die mobilen Potentiale so gering seien, daß die Entwicklung und Förderung des örtlichen Unternehmensbestandes im Vordergrund von regionaler Wirtschaftspolitik und Wirtschaftsförderung stehen müsse. Gute Argumente werden etwa dafür angeführt: Der "Kuchen" der privaten Entscheidungszentralen sei unter den Metropolen Europas weitgehend verteilt und aktive Ansiedlungsbemühungen um diese Zielgruppe dürften kaum zum Erfolg führen:

- Bedeutende Unternehmenszentralen sind an ihre bestehenden Standorte gebunden und dort zumeist auch voll funktionsfähig.
- Verlagerungsgründe könnten sich allenfalls aus umbruchartigen Veränderungen politischer Rahmenbedingungen oder von Marktbedingungen ergeben, in deren Folge die Verlagerung von Unternehmenszentralen zur wirtschaftlichen Überlebensfrage wird.
- Soweit Standortentscheidungen über privatwirtschaftliche Initialfunktionen doch anstehen, werden sie aufgrund betrieblicher Zwänge und Absatzüberlegungen, nicht aber im Wege der Abwägung konkurrierender Standortangebote getroffen.
- Die wenigen, meist überseeischen Unternehmen, die ihrer Standortsuche für ihre europäischen Zentralen tatsächlich das gesamte Europa zugrunde legen, werden sich ohnehin als Ansiedlungsinteressenten bei den wichtigen Wirtschaftsförderungsgesellschaften melden.

Solche Argumente gilt es zu bedenken, ohne jedoch daraus die Konsequenz zu ziehen, daß die Ansiedlungsakquisition der europäischen Metropolen eine vernachlässigbare wirtschaftspolitische Aufgabe sei. Dieser Schluß mag für großflächige Regionen ohne besondere Standortattraktivität, die bestenfalls die Chance eines Zufallstreffers im Akquisitionswettbewerb haben, ihre Berechtigung haben. Für Metropolen mit vielfältiger Wirtschaftsstruktur und vielseitigem Standortangebot sind dagegen mit einer Vernachlässigung der Akquisition von Unternehmensansiedlungen langfristige *Strukturrisiken* verbunden:

- Innovative Investoren suchen vor allem in Metropolen mit ihrem vielfältigen lokalen Kontaktpotential, mit ergiebigen regionalen Beschaffungs- und aufnahmefähigen Absatzmärkten nach Standorten, Kooperationspartnern und Finanzierungsberatung.
- Vor allem in rezessiven Phasen gehen von Neugründungen in den Metropolen die notwendigen Innovationsimpulse für den Aufschwung aus.
- Insbesondere in der Rezession suchen Investoren sehr selektiv nach langfristig rentablen Investitionsmöglichkeiten mit einer deutlichen Präferenz für metropolitane Standorte.

Wird also unter eingeschränkten öffentlichen Haushaltsspielräumen und unter dem Eindruck einer insgesamt schwachen Investitionstätigkeit die *Ansiedlungsakquisition* zurückgefahren, so riskieren die Metropolen ihre Funktion als Innovationsmotor und als Zugpferd des wirtschaftlichen Aufschwungs. Andere Zentren werden diese Rollen wahrnehmen und langfristig wirksame Strukturvorteile aufbauen.

Initial- und Folgefunktionen

Welches aber sind die international bedeutsamen Funktionen, die mobil genug sind, daß der Wettbewerb um deren Gewinnung mit begründeter Aussicht auf greifbare Ansiedlungserfolge zu führen ist?

Erste Hinweise ergeben sich aus langfristigen Strukturprognosen. Nach den Projektionen des *Prognos Deutschland Reports Nr. 1 bis zum Jahr 2010* wird das Arbeitsplatzangebot im verarbeitenden Gewerbe Deutschlands weiterhin rückläufig sein, während die Dienstleistungssektoren mit ihren deutlich urbanen Standortpräferenzen in den nächsten 15 Jahren das Wachstumstempo bestimmen werden (vgl. Abb. 1, 2). Dieser langfristige Tertiärisierungstrend gilt für alle entwickelten Volkswirtschaften und verweist auf den überregional orientierten Dienstleistungssektor als prioritärer Zielmarkt der Ansiedlungsakquisition.

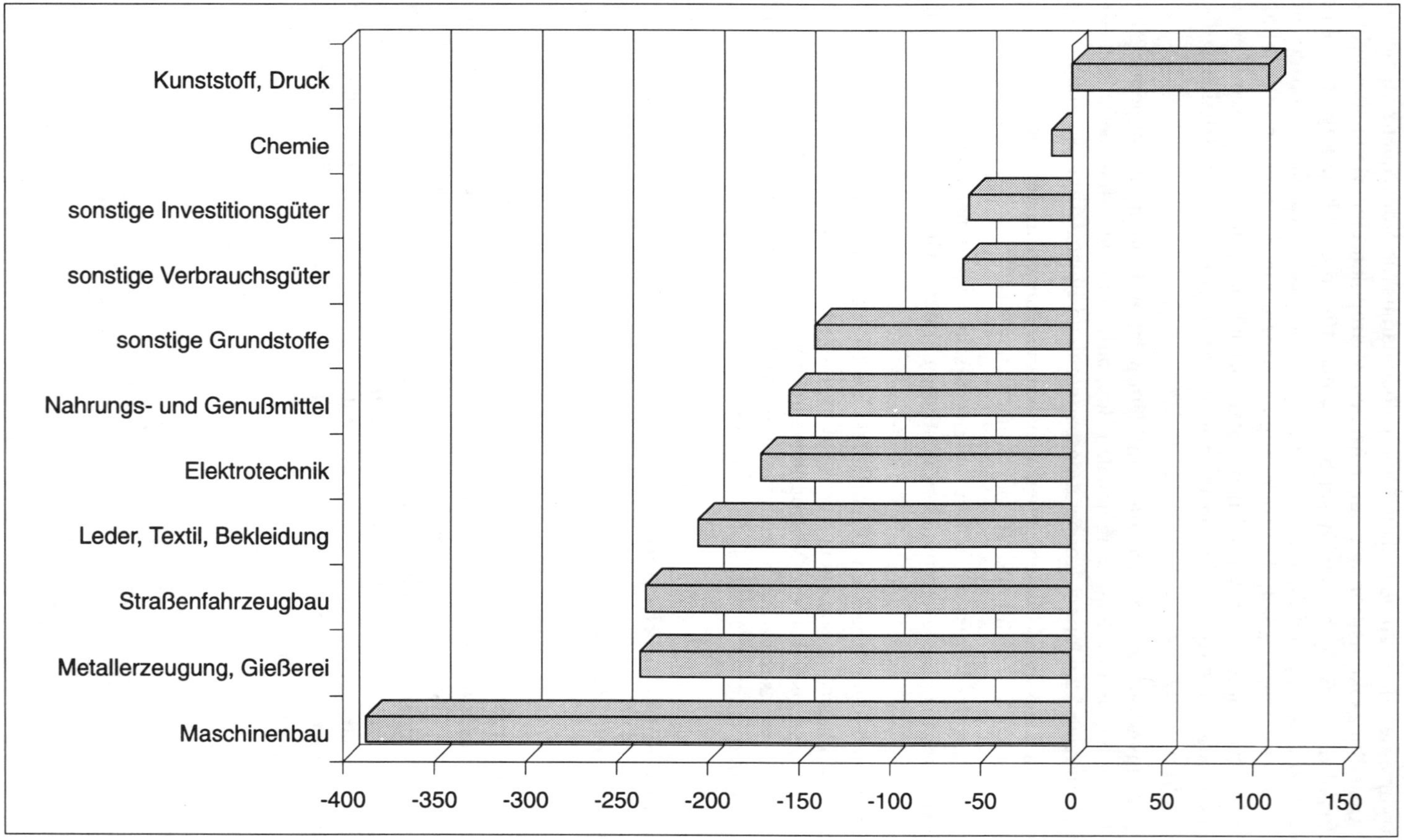

Abbildung 1: Arbeitsplätze im Verarbeitenden Gewerbe Deutschlands (Beschäftigte in Tsd.; Veränderung 1991 bis 2010)
Quelle: Prognos AG, 1993

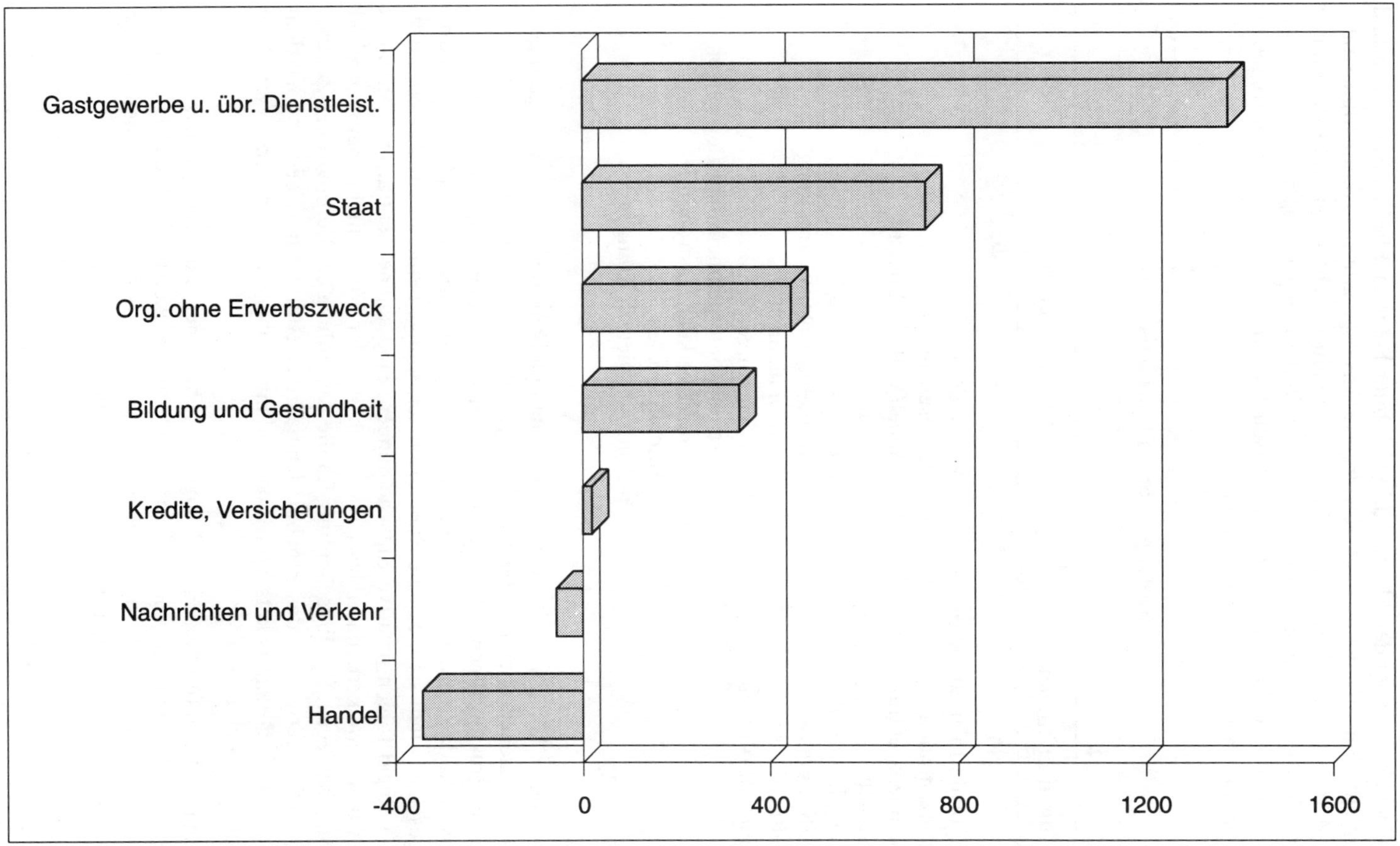

Abbildung 2: Dienstleistungsarbeitsplätze in Westdeutschland (in Tsd.; Veränderung 1991 bis 2010)

Quelle: Prognos AG, 1993

Aber sehr viel weiter bei der Identifikation mobiler Potentiale helfen Statistiken und Prognosen auf Branchenebene nicht. Konkretere Ansatzpunkte für Akquisitionsstrategien der Metropolen sind eher aus qualitativen Trendbeobachtungen und Erfahrungen der praktischen Unternehmens- und Wirtschaftsförderungsberatung abzuleiten. Vorgeschlagen wird eine Orientierung von Wirtschaftsförderungsstrategien an folgender Kategorisierung metropolitaner Funktionen:

Metropolitane Funktionen

Initialfunktionen →	**Folgefunktionen**
Internationale Institutionen	Verbände, Lobby
Behördenzentralen	Repräsentanzen
Unternehmenszentralen	Handel/Verkehr/Logistik/ Distribution
Finanzierung	Medien
Forschung/Entwicklung	Informatik, Datenverarbeitung
Messen/Kongresse	Telekommunikation
Kulturattraktionen	Versicherungen
Internationale Verkehrsinfrastruktur	Beratung/Unternehmensdienstleistungen
	Fremdenverkehr/Gastronomie
	Bildungswesen
	Sonstige Dienstleistungen

Initialfunktionen können in ihrer primären quantitativen Bedeutung von geringem Gewicht sein, ziehen aber in aller Regel Folgefunktionen nach sich und wirken auf diese Weise strukturprägend. Die Akquisition metropolitaner Initialfunktionen kann zweifellos nicht das Normalgeschäft der Ansiedlungsinstitutionen und Wirtschaftsförderungsgesellschaften sein. Solche Standortentscheidungen sind singuläre Ereignisse, und in der Regel folgen positive Entscheidungen. Sind solche Zentralfunktionen erst einmal örtlich verankert, dann lassen sie sich in aller Regel nicht mehr zu einer Verlagerung bewegen. Die Entscheidung für die Ansiedlung der Europäischen Zentralbank in Frankfurt etwa war das Ergebnis langjähriger Hintergrundarbeit und letztlich Bestandteil eines Gesamtpakets von Entscheidungen über die räumliche Verteilung europäischer Einrichtungen.

Die genannten Folgefunktionen sind dagegen zahlreicher, räumlich dispers verteilt, unterliegen den Konjunktur- und Strukturveränderungen und sind in ihren Standortentscheidungen in erster Linie kosten- und absatzorientiert. Als Zielgruppe stellen sie eine Art *Dauerkundschaft* der metropolitanen Wirtschaftsförderung dar.

Öffentliche Institutionen und Dienstleistungen

Dennoch dürfte gerade in der gegenwärtigen Phase der Vorbereitung der Erweiterung der Europäischen Union und der Wirtschafts- und Währungsunion die sorgfältige Auswertung der hiermit verbundenen institutionellen Konsequenzen Hinweise auf zukünftige mobile Initialfunktionen im Bereich der EU ergeben.

Mit dem Eintritt neuer Mitgliedsländer wächst auch die Zahl von Interessenten für die Aufnahme von EU-Institutionen. Daraus erwächst Druck zur Dezentralisierung der EU-Bürokratie, die in Brüssel zweifellos bereits ihr Größenoptimum überschritten hat. Diese *Neugründung und Dezentralisierung* von EU-Institutionen schafft neue Spielräume im Standort-Bargaining zwischen den Mitgliedsländern und eröffnet damit ein wichtiges Aktionsfeld für das Standortmarketing der Metropolen.

Ähnliches gilt im Hinblick auf nationale Behördenzentralen. Wesentliche Verlagerungsentscheidungen fallen in Deutschland im Zuge des Regierungsumzugs von Bonn nach Berlin. Sie betreffen nicht nur den bisherigen und den zukünftigen Regierungssitz. Die föderalistische Verfassung der Bundesrepublik spricht vielmehr für eine dezentrale Verteilung der den Ministerien nachgelagerten Bundesbehörden, die Länder machen ihre diesbezüglichen Ansprüche ja auch vernehmbar deutlich.

Lohnende Ansatzpunkte für gezielte Einflußnahmen auf den laufenden Prozeß der Neuordnung der Standortstruktur im Bereich der Bundesregierung könnten die Wirtschaftsförderer der deutschen Metropolen aus einer systematischen Auswertung der Umzugspläne der Bundesregierung und der Vor- und Nachteile der bestehenden Standortverteilung gewinnen. Die Zeit bis zur Jahrtausendwende ist eine Phase außerordentlicher Behördenmobilität, die nicht nur für Bonn und Berlin von Interesse ist.

Gestattet man sich den Blick über den aktuellen Tellerrand leerer Kassen, dann rückt auch das langfristige Wachstum des Bedarfs in verschiedenen öffentlichen Infrastrukturbereichen als Handlungsfeld im metropolitanen Standortwettbewerb ins Blickfeld.

Mit dem zunehmenden Bevölkerungsanteil der älteren Generation wächst der Bedarf an Gesundheitsdienstleistungen, der Innovationswettbewerb stellt erhöhte Anforderungen an die berufliche Aus- und Weiterbildung, und die Funktionsfähigkeit urbaner Systeme ist mittels massiver Investitionen in die technische Infrastruktur des Verkehrs, der Ver- und Entsorgung sowie der Telekommunikation aufrecht zu erhalten. Private Investoren haben bereits diese Bereiche öffentlicher Daseinsvorsorge als Investitionsfelder erkannt und werden durch die Privatisierungsbestrebungen auf allen öffentlichen Ebenen zu weiteren Engagements ermuntert.

Neugründungen auch überregional tätiger Dienstleistungsunternehmen in Infrastrukturbereichen, die bisher zur Domäne der Verwaltung zählten, sind in den vor uns liegenden Jahren zu erwarten. Auch solche Unternehmen werden in ihrer Standortwahl urbane Zentren bevorzugen.

Privatwirtschaftliche Mobilität

Die Mobilität der eher privatwirtschaftlichen Initialfunktionen – Unternehmenszentralen, Finanzierung, Forschung/Entwicklung, Messen/Kongresse – ist weitaus schwieriger zu analysieren. Private Investoren legen ihre Investitionspläne nicht offen und sind politischer Einflußnahme wenig zugänglich. Für die These, in Zukunft sei diese Zielgruppe mit einiger Aussicht auf Ansiedlungserfolge zu analysieren und zu bewerben, sprechen jedoch die folgenden Überlegungen:

- *Globaler Wettbewerb verlangt Vor-Ort-Präsenz:* In ihren globalen Marktstrategien müssen sich die internationalen Konzerne zunehmend an nationalen Verbrauchsgewohnheiten, rechtlichen Bedingungen und wirtschaftspolitischen Spezialitäten orientieren. Eine einzige Unternehmenszentrale ist überfordert, wenn es gilt, Produkte für Märkte in Südostasien, Latein- und Nordamerika, Europa und Australien zu entwerfen, zu produzieren und zu vermarkten.
  Mit einer deutlichen Präsenz in den örtlichen Märkten können sich internationale Konzerne als nationale Unternehmen darstellen. Sie können als nationale Arbeitgeber auftreten, sie sind unabhängig von Außenhandelsbeschränkungen und gewinnen fundiertere Kenntnisse der nationalen Marktbedingungen. Die hierfür als Beleg anzuführende Präsenz amerikanischer Konzerne in Europa und japanischer Konglomerate in den USA und in Europa wird derzeit ergänzt um neue Europazentralen taiwanesischer, koreanischer und anderer südostasiatischer Unternehmen. Es kann davon ausgegangen werden, daß dieser Prozeß der weltwirtschaftlichen Verflechtung noch lange nicht beendet ist. Wie die Erfahrung zeigt, werden politische und wirtschaftliche Zentren mit europaweiter Bedeutung als Standorte von Europazentralen präferiert.

- *Wachstumsfeld Ost-West-Wandel:* Für den Handel zwischen Ost- und Westeuropa hat die *Prognos AG* im Rahmen einer umfangreichen Untersuchung zu den Ost-West-Güterverkehrsmärkten für den Zeitraum 1988 – 2000 das Potential einer Erhöhung der wertmäßigen Ost-West-Exporte auf das 11fache und der West-Ost-Exporte auf das 14fache der Ausgangssituation errechnet. Dieses Potential zu realisieren erfordert in großem Umfang neue planende, analysierende, disponierende, verteilende, finanzierende und telekommunikative Funktionen. Ein Teil dieser zusätzlichen Aufgaben wird von den bereits bestehenden Unternehmen übernommen werden. Es werden jedoch auch neue Handels-, Logistik- und Finanzierungseinheiten entstehen, nicht wenige als Neugründungen, andere als Spin-Offs bestehender Unternehmen.
  Beide Arten neuer Unternehmenszentralen können als hochgradig mobil und durch spezielle Standortofferten in ihrer Standortwahl beeinflußbar betrachtet werden. Das Feld der Konkurrenten greift hier allerdings deutlich über die westeuropäischen Metropolen hinaus. Unternehmen mit Interesse an den osteuropäischen Märkten stehen günstigen Standortofferten aus diesen Zielländern aufgeschlossen gegenüber. Auch in Deutschland treten neben Berlin ebenfalls Bremen, Hamburg, Hannover, Leipzig und andere mittelgroße Städte in den Standortwettbewerb ein.

- *Investoren suchen Anlagemöglichkeiten:* Die vermutlich noch geraume Zeit anhaltende Niedrigzinsphase erhöht das Interesse von Investoren an renditeträchtigen Bau- und Ausrüstungsinvestitionen. Metropolen verfügen gegenüber Flächenländern und kleine-

ren Städten über umfangreichere Handlungsmöglichkeiten zur Schaffung vorteilhafter Voraussetzungen für arbeitsplatzwirksame Anlagemöglichkeiten, beispielsweise in Form öffentlicher Infrastrukturprogramme, von Technologie- und Gründerzentren, urbanen Innovationsprogrammen, Revitalisierungsprogrammen für Stadtquartiere und strukturschwache Industrien etc.
Mit Hilfe bereits ansässiger Banken können internationale Investoren in der Regel relativ leicht erreicht und attraktive Investitionsbedingungen formuliert werden. Die *Initialfunktion* geht hier zunächst von bereits ansässigen Institutionen aus, hat aber häufig auch die Gründung weiterer Planungs- und Entscheidungseinheiten zur Folge.

- *Reengineering – Standorte stehen zur Disposition:* Als Reaktion auf den intensivierten Wettbewerbsdruck haben zahlreiche Unternehmen die grundsätzliche Überprüfung bestehender Unternehmensstrukturen und Abläufe an die Hand genommen. Solche Projekte, soweit sie unter dem Leitgedanken des *Business Reengineering* stehen, gehen weit über herkömmliche Reorganisationen, Ablaufverbesserungen und Kostenreduktionen hinaus und stellen sich der sogenannten *Als-ob-Frage*: Wie wäre das Unternehmen unter heutigen Bedingungen neu zu gründen? In solchen Projekten sind auch bestehende Standortstrukturen internationaler Konzerne kein Tabu. Alternative, kosten- und marktvorteilhafte Standortangebote können in solche prinzipiellen Restrukturierungsprozesse gezielt eingebracht werden.
Gegenstand von Reengineering-Projekten ist darüber hinaus auch die Revision von Zuliefer- und Kooperationsbeziehungen, woran sich weitere Ansatzpunkte für die Gewinnung hochwertiger wirtschaftlicher Aktivitäten zugunsten der metropolitanen Wirtschaft ergeben.

Konsequenzen für Standortmarketing und Ansiedlungsakquisition

Diese Eingrenzung der heute und für die nähere Zukunft erkennbaren mobilen Potentiale stellt die europäischen Metropolen hinsichtlich Standortmarketing und Ansiedlungsakquisition vor ungewohnte Herausforderungen. Überkommene Marketingrezepte und eingefahrene Wege der Kontaktpflege und Investorenansprache werden obsolet, wenn die Zielgruppen der Ansiedlungsakquisition zunehmend quer zu den geläufigen Branchenstrukturen und unternehmerischen Funktionsbereichen liegen. Allgemein gültige Aussagen hierzu lassen sich nur auf eher allgemeiner Ebene und in Thesenform formulieren. Die konkrete Ausformulierung und Umsetzung von Akquisitionsstrategien muß dagegen von den Spezifika der einzelnen Metropole und einer systematischen Eingrenzung der aussichtsreichsten Zielgruppen ausgehen. Folgende *Grundsätze* ergeben sich aus den vorstehenden Überlegungen:

Wirtschaftsförderung als Product Manager

Ansiedlungsakquisition basiert zunächst auf der Sicherung und Entwicklung eines attraktiven Standortangebotes. Dicht besiedelte Metropolen verfügen in der Regel über vielseitige Standortbedingungen, allerdings bei ausgeprägter Knappheit an Gewerbeflächen. Standortentwicklung in solchen Zentren besteht in erster Linie in der Entwicklung zukunftsorientierter Standortqualitäten aufgrund laufender Evaluationen von technologischen, marktseitigen und organisatorischen Veränderungen und der hieraus sich ergebenden Standortanforderungen ihrer Zielgruppen. Ansiedlungsinstitutionen haben hier eine beratende und stimulierende Funktion gegenüber ihrer jeweiligen Gebietskörperschaft. Als *Product Manager* beschränkt sich ihre Aufgabe nicht auf die Vermarktung des gegebenen *Standortproduktes*, sondern schließt auch Initiativen zur weiteren *Produktentwicklung* und zur Positionierung ihres Standortes im Wettbewerbsumfeld ein.

Internationale Akquisiteure als wirtschaftliche Botschafter

Kundenorientierte Ansiedlungsakquisition verlangt Präsenz der Akquisiteure in den zu bearbeitenden Märkten. Präsentationsreisen und gezielte Kontaktpflege vom heimatlichen Standort aus werden diesem Anspruch nicht mehr gerecht. Frühzeitige Informationen über Verlagerungsabsichten internationaler Zentralen lassen sich in der Regel nicht durch Lektüre der internationalen Wirtschaftspresse gewinnen, und die persönliche Kontaktpflege zu Entscheidungsträgern ist am ergiebigsten, wenn sie sich im Zuge häufiger Begegnungen sozusagen nebenbei ergibt. Diese Überlegungen sprechen für den Aufbau eines Netzwerks internationaler Vertretungen durch die Ansiedlungsgesellschaften der Metropolen. Als *wirtschaftliche Botschafter* der jeweils vertretenen Metropolen haben diese Vertretungen klar definierte Zielvorgaben bezüglich der zu erschließenden Kontakte und der zu realisierenden Marketingmaßnahmen. Mit der Ernennung möglichst distinguierter Repräsentanten in den Zielländern der Ansiedlungsakquisition wird alleine die angestrebte Kontakt- und Informationsqualität zweifellos nicht erreicht. Eine zielorientierte Führung von Auslandsrepräsentanten durch die Zentrale wird vielmehr mit Vorgaben, Anreizinstrumenten und Berichtspflichten operieren und auch auf diese Weise ihre Ergebnisorientierung dokumentieren.

Zielgruppensystematik

Systematische Ansiedlungsakquisition durch die metropolitane Wirtschaftsförderung verlangt eine klare Zielgruppenausrichtung. Diese unterscheiden sich – bei aller Konkurrenz – zwischen den Metropolen in Abhängigkeit vom jeweiligen Standortprofil und der jeweiligen Wettbewerbsfähigkeit gegenüber den mobilen Potentialen. Grundlage ist in jedem Fall eine permanente *Marktbeobachtung*, zu der vor allem auch die ausländischen Repräsentanzen ihren Beitrag zu leisten haben. Auf dieser Basis kann z. B. die Lage einer Metropole bezüglich wichtiger Konsummärkte zu einer konsumgüterbezogenen Zielgruppenbestimmung (Marketing, Handel, Verteilung) führen, während sich aus vorhandenen industriellen Stärken Zielgruppen in vor- und nachgelagerten Industrien und produktionsorientierten Dienstleistungen bestimmen lassen.

Eine ausgeprägte FuE-Infrastruktur lenkt die Ansiedlungsakquisition konsequenterweise auf technologieorientierte Aktivitäten, auch im Dienstleistungssektor. Generelles Kriterium jeder Zielgruppe sollte das ihr zuzurechnende Wachstumspotential und die von ihr ausgehenden Struktureffekte in der Region sein. Hierzu kann heute auf ein reichhaltiges und fundiertes Angebot an Branchenprognosen und regionalwirtschaftlichen Bewertungsmethoden zurückgegriffen werden.

Servicebasierte Kontaktanbahnung

Auch die originellsten Standortbroschüren sind bei der Profilierung einer einzelnen Metropole im Standortwettbewerb nur begrenzt hilfreich. Als wirksames Kontaktmedium haben sich dagegen *kundenspezifische Serviceleistungen* erwiesen, beispielsweise die Bereitstellung von Marktexpertisen für Produkte des Akquisitionskandidaten, die Kontaktvermittlung zu FuE-Partnern, potentiellen Abnehmern oder die Vermittlung von Büroräumen für die Aufbauphase. Die notwendige Solidität der Dienstleistung vorausgesetzt, werden solche Leistungen mit Aufmerksamkeit zur Kenntnis genommen und sind eine geeignete Grundlage für die Vertiefung der Kontakte bis hin zum Ansiedlungserfolg.

One-Stop-Agency

Alle europäischen Metropolen weisen schließlich als gemeinsamen Standortnachteil eine ausufernde Bürokratie mit einer Vielfalt von Zuständigkeiten im Bereich der Wirtschaftsförderung auf. Umgekehrt ist die bürokratische Effizienz eines potentiellen Standorts von zunehmendem Gewicht im unternehmerischen Kalkül. Dementsprechend sollten die Wirtschaftsförderungsgesellschaften der Metropolen mit allen Kompetenzen der administrativen Begleitung von Ansiedlungsvorhaben ausgestattet werden. Als *One-Stop-Agency* sind die Wirtschaftsförderungsinstitutionen zentrale Anlaufstellen für alle Standortinteressenten. Sie selbst müssen in der Lage sein, diese Aufgabe im Wege eines umfassenden Projektmanagements von Ansiedlungsvorhaben wahrzunehmen. Dies bedingt entsprechende Qualifizierungen der Mitarbeiter der Wirtschaftsförderungsgesellschaften, eine allseitige Anerkennung ihrer umfassenden Kompetenzen sowie ein attraktives Dienstleistungsangebot der Gesellschaften für Ansiedlungsinteressenten.

Die Leistungsfähigkeit der Wirtschaftsförderung einer Metropole im europäischen Standortwettbewerb dokumentiert sich vor allem in der Effektivität, der Zielorientierung der von ihr eingesetzten Instrumente des Standortmarketing und der Ansiedlungsakquisition. Wirtschaftlichkeitsnachweise in Form von zurechenbaren Arbeitsplatzerfolgen und Steuerwirkungen sind dagegen methodisch fragwürdig und orientieren das Verhalten der Ansiedlungsakquisiteure an vordergründigen Erfolgsindikatoren. *Management by Objectives* für die metropolitane Wirtschaftsförderung besteht dagegen in der Formulierung tatsächlich nachprüfbarer Vorgaben für Marketingmaßnahmen, Ansiedlungskontakte und Serviceleistungen verbunden mit einem Projekt-Controlling, das eine Konzentration der Akquisitionskräfte auf die aussichtsreichsten Ansiedlungskandidaten gewährleistet. Eine ergebnisorientierte interne Organisation der metropolitanen Wirtschaftsförderung ist somit ebenso Erfolgsfaktor im europäischen Standortwettbewerb wie der externe Marktauftritt gegenüber den internationalen Investoren.

Standorte im regionalen und überregionalen Wettbewerb

Tyll Necker

Grundlegend veränderte wirtschaftliche und gesellschaftliche Koordinaten

Die Welt und mit ihr die internationale Arbeitsteilung befinden sich in einem tiefgreifenden Umbruch. In den letzten Jahren haben sich die wirtschaftlichen und gesellschaftlichen Koordinaten für Deutschland grundlegend verändert. Unser Land ist mit einem Bündel von *neuen Herausforderungen* konfrontiert:

- Die Vollendung des Europäischen Binnenmarktes hat zu einem Abbau administrativer Barrieren in Europa und damit zu einer umfassenden *Deregulierung* der Wirtschaft geführt. Der Wettbewerb innerhalb der Europäischen Gemeinschaft hat sich dadurch wesentlich intensiviert. Dies ist nachdrücklich zu begrüßen, erfordert aber auch erhöhte Anstrengungen aller, um in diesem schärferen Wettbewerb bestehen zu können.
- Die Wiedervereinigung Deutschlands macht eine neue *Standortbestimmung* unumgänglich. Die Herstellung der wirtschaftlichen und sozialen Einheit Deutschlands ist mit größeren Schwierigkeiten und deutlich höherem finanziellem Aufwand verbunden, als vielfach erwartet wurde. Der kreditfinanzierte Einigungsbonus für Westdeutschland ist in eine höhere Steuer- und Abgabenquote für Gesamtdeutschland umgeschlagen.

  Zwar sind Fortschritte beim Aufbau Ostdeutschlands in der Bauwirtschaft, dem Handwerk und den Dienstleistungen, der staatlichen Infrastruktur sowie in den Wirtschaftsbereichen, die für lokale Märkte produzieren oder unmittelbar von den Transferzahlungen profitieren, unverkennbar. Bei Industrieunternehmen der Wirtschaftszweige, die dem internationalen Wettbewerb ausgesetzt sind, hat sich die Lage aber noch keineswegs stabilisiert.

  Insbesondere im ohnehin viel zu schwachen industriellen Mittelstand kämpfen ungezählte Unternehmen um die nackte Existenz. Ostdeutschland benötigt auch künftig hohe Transferzahlungen. Das schränkt die finanziellen Möglichkeiten des Staates in den nächsten Jahren außerordentlich ein.

  Das durchschnittliche Bruttoinlandsprodukt pro Kopf liegt im vereinigten Deutschland um rd. 15 Prozent niedriger als in Westdeutschland. In der EU ist die Bundesrepublik vom zweiten auf den sechsten oder siebten Platz – je nach Wechselkurs – im Wohlstand pro Einwohner zurückgefallen. Solange sie nicht bereit ist, Konsequenzen aus diesen Fakten zu ziehen, gibt sie mehr aus als sie erwirtschaftet. Es ist eine vordringliche

Aufgabe aller Verantwortlichen in Politik, Wirtschaft und Gesellschaft, der Bevölkerung die völlig veränderten ökonomischen Voraussetzungen für unsere gesamtdeutsche Existenz zu verdeutlichen und entsprechend zu handeln. Deutschland darf nicht länger über seine Verhältnisse leben. Es muß aufhören, die neuen wirtschaftlichen Realitäten zu verdrängen, wenn es die großen Chancen der Einheit wahrnehmen will.

- Die internationale Wirtschaftsverflechtung ist enger und der Wettbewerb härter geworden. Gerade auf den Feldern der *Hoch- und Spitzentechnologie* stehen Deutschland und Westeuropa in einem zunehmend schärfer werdenden Wettbewerb mit Japan und den USA. Nach der Auflösung der Konkurrenz der Wirtschaftssysteme zwischen Ost und West liegen heute die Gravitationszentren der Weltwirtschaft in den USA, in Ostasien und Europa.

  Nachdem Europa und Japan in den letzten 20 Jahren technologisch zu den USA aufgeschlossen haben, treten die Länder dieser Triade in eine Phase der *Kopf-an-Kopf-Konkurrenz*. Das heißt: Diese Industrienationen konkurrieren heute alle um dieselben wertschöpfungsintensiven neuen Technologie- und Produktionsfelder. Es zeichnet sich dabei ab, daß dieser Innovationswettlauf eine neue Dimension erhalten wird. Zunehmend wichtiger wird, in welcher Region für forschungs- und wertschöpfungsintensive Produktionen die besten Standortvoraussetzungen für Wissenschaft und Industrie geboten werden. Der Technologiewettbewerb wird damit zum Standortwettbewerb. Die technologiebezogene Qualität der Standorte wird zur entscheidenden Grundlage für Stärken oder Schwächen der einzelnen Industrienationen.

  Die Unternehmen werden noch von einer weiteren Seite in die Zange genommen. In den letzten Jahren sind vor allem Unternehmen aus den südostasiatischen Schwellenländern mit einer hochentwickelten Produktionstechnik, hoher Arbeitsdisziplin und langfristigen Strategien in die Kernmärkte der deutschen Industrie eingedrungen. Durch niedrige Löhne, ausgezeichnete Qualität sowie einen Technologieverbund mit Japan haben sie rasch die angestammten Märkte, insbesondere für Standardprodukte der deutschen Industrie, erobert. Hierunter haben vor allem der Maschinenbau, der Fahrzeugbau, die Elektroindustrie und die chemische Industrie zu leiden. Diese Branchen, in denen 47 Prozent aller Beschäftigten der Industrie arbeiten und die fast 58 Prozent der deutschen Exporte erwirtschaften, geraten durch diese Entwicklung immer stärker unter Druck.

- Nach dem Fall des Eisernen Vorhangs stößt Deutschland jetzt als *Hochkostenland* direkt an Mittel- und Osteuropa mit extrem niedrigen Arbeitskosten, aber mit relativ gut ausgebildeten und motivierten Arbeitnehmern sowie weitgehend freiem Zugang zum europäischen Markt. Setzt man die deutschen Arbeitskosten mit 100 Prozent an, liegen sie in Osteuropa bei qualifizierten Arbeitskräften zwischen 2 Prozent und 10 Prozent. Dieser geschichtlich einmalige Vorgang muß dazu führen, daß Menschen von Ost nach West und Unternehmen von West nach Ost wandern.

  Die Bundesrepublik muß den Wettbewerb um Arbeitsplätze an zwei Fronten gleichzeitig bestehen: gegen die High-Tech-Konkurrenten Japan und USA, aber auch gegen die *billigeren Wettbewerber* aus Asien und Mittel- und Osteuropa.

– Vor neue Herausforderungen wird uns in Zukunft auch die *demographische Entwicklung* stellen. Die Bevölkerungspyramide wird zum Pilz. Immer weniger junge Menschen, die in Arbeit stehen, werden für immer mehr Menschen im Ruhestand sorgen und die Finanzlasten tragen müssen. Zudem stellt sich die Frage der Innovationsfähigkeit einer alternden Gesellschaft.

Diese gewaltigen *Strukturveränderungen* treffen Industrieunternehmen, die im direkten internationalen Wettbewerb stehen, existenziell. Natürlich werden auch der Dienstleistungssektor und das Handwerk von der schwachen Konjunktur und dem rückläufigen Sozialprodukt sowie überhöhten Arbeitskosten, Steuern und Abgaben hart getroffen. Der gemeinsame Europäische Binnenmarkt hat gleichfalls zu einer enormen Verschärfung des Wettbewerbs beispielsweise im Dienstleistungssektor geführt. In vielen Fällen tritt der Wettbewerb dort aber unter in etwa gleichen Startbedingungen an. Viele Leistungen müssen zudem vor Ort erbracht werden. Hier stehen die Unternehmen mehr im regionalen Wettbewerb und nicht in der direkten Weltkonkurrenz. Völlig unstrittig ist, daß die Mitwirkung in der Weltliga eine andere Qualifikation erfordert als etwa in der Regionalliga.

Die von der deutschen Industrie angestoßene Standortdebatte ist daher kein rezessionsbedingtes Jammern. Unsere seit 1987 vorgetragenen Warnungen und konkreten Vorschläge wurden lange Zeit in den Wind geschlagen. Inzwischen beginnen auch die Politik und die Gesellschaft endlich, die Probleme des weltweiten Strukturwandels und des Standortes Deutschland zur Kenntnis zu nehmen.

Internationale Wettbewerbsfähigkeit nachhaltig beeinträchtigt

Insbesondere die Kostenstrukturen des Standortes Deutschland, die sich ohne Übertreibung zu einer *Kostenkrise* ausgewachsen haben, belasten die internationale Wettbewerbsfähigkeit der Unternehmen nachhaltig. Einige Beispiele mögen dies belegen:

Die Einkommens- und Freizeitansprüche sind gemessen an der Produktivitätsentwicklung zu hoch. Deutschland leistet es sich seit vier Jahren hintereinander *Weltmeister* bei den Arbeitskosten zu sein. Gleichzeitig weist das Land auch die kürzesten Arbeits- und Betriebsnutzungszeiten sowie die längste Urlaubsdauer auf. Die vergleichsweise hohe Arbeitsproduktivität reicht nicht mehr aus, um den Arbeitskostennachteil auszugleichen. Die Lohnstückkosten in der Industrie sind in den letzten vier Jahren geradezu explodiert. Die hohen Arbeitskosten, die zum Gutteil auch auf die Personalzusatzkosten zurückzuführen sind, wirken als Rationalisierungspeitsche in den Unternehmen und vernichten Arbeitsplätze.

Deutsche Unternehmen sind auch nach der Verabschiedung des Standortsicherungsgesetzes mit erheblich *höheren Steuern und Abgaben* belastet als ihre weltweite Konkurrenz. Im Verlauf der letzten Jahre ist der Abstand durch Steuersenkungen im Ausland größer geworden. Neben der Kumulation von Ertragsteuern werden gewerbliche Einkünfte zusätzlich mit ertragsunabhängigen Steuern belegt. Diese sind auch in Verlustperioden zu zahlen und wirken somit krisenverschärfend. Dies hat dazu geführt, daß die Bundesrepublik als Anlagestandort nicht angemessen an der dynamisch expandierenden internationalen Arbeitsteilung partizipiert.

Wer würde in Berlin investieren, wenn hier der Steuersatz 50 Prozent, in Hamburg dagegen 37 Prozent und in Frankfurt 26 Prozent wäre? Genau dies ist aber die Situation Deutschlands im Vergleich z. B. mit Frankreich und Großbritannien.

Vor allem aufgrund der Finanzierungsprobleme im Zusammenhang mit der deutschen Einheit sind die Staatsverschuldung und die Staatsquote sowie die Steuer- und Abgabenbelastung dramatisch angestiegen. In nur vier Jahren ist unsere Staatsquote von gut 45 Prozent auf rd. 52 Prozent hochgeschnellt. Eine Staatsquote von über 50 Prozent ist ein Anzeichen für die Überforderung der Volkswirtschaft. Deutschland muß sich die Frage stellen, wie lange es sich mit einer so hohen Staatsquote gegen Länder wie Japan mit 32 Prozent Staatsquote oder die USA mit 36 Prozent im Wettbewerb der Standorte behaupten kann.

Auch aus dem *Bildungssystem* sowie dem *sozialen Sicherungsnetz* resultieren Standortnachteile. Wer in Deutschland das Abitur macht und studiert, ist bei Eintritt ins Berufsleben im Durchschnitt 30 Jahre alt. Das durchschnittliche Renteneintrittsalter liegt bei 59 Jahren. Bei einer durchschnittlichen Lebenserwartung von 76 Jahren in der Bundesrepublik Deutschland bedeutet dies, daß 30 Jahren aktiver Erwerbstätigkeit 50 Jahre Ausbildung und Ruhestand gegenüberstehen. Damit läßt sich angesichts der demographischen Entwicklung in Deutschland die Wettbewerbsfähigkeit auf Dauer nicht erhalten. Dies gilt um so mehr, als trotz steigenden Wohlstands der Gesellschaft und der Bürger in den letzten 20 Jahren das soziale Netz immer engmaschiger geworden ist. Das Sozialbudget war 1970 mit ca. 170 Mrd. DM etwa gleich hoch wie die Anlageinvestition der deutschen Wirtschaft. Im Jahr 1992 lag das gesamtdeutsche Sozialbudget mit über einer Billion DM bereits um mehr als 40 Prozent höher als die Anlageinvestitionen.

Gravierende Wettbewerbsnachteile für die deutschen Unternehmen erzeugen auch die zu hohen *Energiepreise* in Deutschland sowie nationale Alleingänge im *Umweltschutz*. Gewiß ist Umweltschutz ein wichtiger Aspekt für die Zukunftsfähigkeit des Industriestandortes Deutschland. In der früheren DDR wurde uns drastisch demonstriert, wie Umweltzerstörung die Qualität von Wirtschafts- und Wohnstandorten bedroht. Umweltschutz ist aber auch ein Kostenfaktor, der sich in keinem anderen Land so aufaddiert wie in Deutschland. Daher braucht die Bundesrepublik jetzt Augenmaß für das technisch und zeitlich Machbare und sollte zunächst sicherstellen, daß die Konkurrenten nachziehen.

Diese kurze Auflistung der *Kosten-Vorreiterrolle* Deutschlands mag genügen, um die Problematik zu verdeutlichen. Der internationale Vergleich einzelner Indikatoren ist sicherlich kein direkter Beweis für die Verschlechterung der Standortbedingungen. Er zeigt aber, daß die Wettbewerbsbedingungen sich in anderen Ländern relativ zu denen in Deutschland verbessert haben. Die Auswirkungen solcher Wettbewerbsverschlechterungen sind lange Zeit nicht offenkundig sichtbar. Graduelle Terrainverluste eines Wirtschaftsstandortes vollziehen sich in den Anfangsphasen oft langsam, verdeckt und deshalb schwer erkennbar.

Die *Erosionsprozesse* eines Wirtschaftsstandortes zeigen sich in ihren Frühphasen zunächst nicht im Produktions- und Exportvolumen, sondern in den Kapitalbewegungen, dem sensibelsten und international mobilsten Produktionsfaktor. Die Tatsache, daß ausländische Investoren Deutschland als Investitionsstandort gemieden haben und stattdessen ihre Produktionsanlagen vorzugsweise in Großbritannien, den Niederlanden oder Frankreich errichteten, spricht daher für sich. Rund 23 Mrd. DM deutschen Direktinvestitionen im Ausland standen 1992 lediglich Investitionen in Höhe von ca. 4 Mrd. DM von ausländischen Unternehmen in der Bundesrepublik gegenüber.

Es ist eine ökonomische Binsenweisheit, wonach die Investitionen von heute die Wettbewerbsfähigkeit von morgen bestimmen. Bildlich gesprochen: Standortqualität ist wie Rudern auf dem Fluß. Hört man auf oder erhöhen die Konkurrenten die Schlagzahl, fällt man zurück.

Die *Wettbewerbsfähigkeit* Deutschlands wird nicht allein durch die Kostenkrise der Unternehmen gravierend beeinträchtigt. Das zweite Problemfeld sind die Schwächen im Innovationswettbewerb auf technologieintensiven Märkten. Deutschland besitzt zwar nach wie vor in den klassischen Industrien eine starke Position auf den Weltmärkten. In den neuen *Schlüsseltechnologien* sind jedoch Einbrüche unübersehbar. Gemessen am Weltmarktanteil für Industriewaren ist Deutschland mit 17 Prozent vor den USA und Japan führend. Beim Handel mit forschungs- und entwicklungsintensiven Gütern mußte die Bundesrepublik in den vergangenen Jahren Marktanteilsverluste hinnehmen und liegt jetzt hinter Japan und den USA nur noch an dritter Stelle.

In der Informationstechnik, der Gentechnik, der Luft- und Raumfahrt sowie der Umwelttechnik finden derzeit weltweit große Innovationsschübe statt. Diese Schlüsseltechnologien und die mit ihnen eng verbundenen forschungs- und entwicklungsintensiven Produktionsbereiche waren auch in der Bundesrepublik in den zurückliegenden 10 Jahren wichtige Träger des wirtschaftlichen Wachstums. Es sind jene Bereiche, in denen vorrangig neue Arbeitsplätze in der Industrie entstehen. Dies sind Arbeitsplätze mit hoher Produktivität, die notwendig ist, damit die hohen Löhne in Deutschland auch in Zukunft gezahlt werden können. Diese neuen Technologien besitzen auch eine enorme Bedeutung für die Wettbewerbsfähigkeit der klassischen Industrien. Dies wird spätestens in dem Moment klar, wenn man sich vor Augen führt, daß bereits heute zwei Drittel der Mikrochips direkt in Werkzeugmaschinen, Autos und Fernseher eingebaut werden.

Deutsche Industrieunternehmen sind in vielen Umwelttechniken führend, und sie haben eine starke Stellung in der Industrieautomatisierung, in den Übertragungs- und Vermittlungssystemen der Telekommunikation, in der Auto- und der Medizin-Elektronik und nicht zuletzt in der Luft- und Raumfahrt. In den drei Schlüsselbereichen der Informationstechnik, bei Halbleitern, Computern und der zur Hochtechnologie gewordenen Unterhaltungselektronik ist die deutsche Position jedoch überaus schwach geworden. Der Weltmarkt für Mikroprozessoren und Computer wird von amerikanischen, der Weltmarkt für Speicherschaltkreise und Unterhaltungselektronik von japanischen Unternehmen beherrscht. In einer der wichtigsten Querschnittsindustrien des 21. Jahrhunderts, der Gentechnik, fällt Deutschland als Produktionsstandort bislang aufgrund der *Verhinderungswirkung des Gentechnikgesetzes* fast völlig aus.

Nicht vorrangig die Defizite in der Forschung an deutschen Universitäten und deutschen Forschungslabors haben zu diesem unbefriedigenden Ergebnis geführt. Die zu beobachtende *Innovationslücke* ist in erster Linie dadurch zu erklären, daß in Deutschland Forschungsergebnisse wesentlich langsamer in neue Produkte umgesetzt werden als in den USA und Japan.

Mit Doppelstrategie von Kostenreduzierung und Innovation entschlossen reagieren

Die nüchterne Bestandsaufnahme zeigt, daß die Bundesrepublik Deutschland den eingangs genannten Herausforderungen alles andere als gelassen entgegensehen kann. Angesichts des wachsenden Problemdrucks ist es jetzt dringlicher denn je, von der Phase des Analysierens und des Diskutierens zum entschlossenen Handeln überzugehen. Deutschland muß, wenn es sein Wohlstandsniveau sichern und seinen Rang als eine der führenden Industrienationen halten will, mit einer *Doppelstrategie* von Kostenreduzierung und Innovation reagieren.

Im Mittelpunkt der Bemühungen um eine Kostensenkung müssen die hohen Arbeitskosten der deutschen Wirtschaft stehen. Ein Kurswechsel in der Lohnpolitik ist unverzichtbar. Dies verlangt vor allem von den Gewerkschaften Realitätssinn und Mut. In den letzten Jahren ist die Entwicklung der Löhne dem Produktivitätswachstum weit vorausgeeilt. Die moderative Entwicklung der Tarifabschlüsse in den alten Bundesländern in diesem Jahr reicht keineswegs aus, die Fehlentwicklungen der Vorjahre zu korrigieren. Bei einem realen Rückgang des Sozialproduktes in diesem Jahr und einer zu erwartenden Stagnation im nächsten Jahr gibt es *weniger als nichts* zu verteilen.

Die Verringerung der *Arbeitskosten* ist mit niedrigeren Lohnabschlüssen allein nicht zu erreichen. Gleichzeitig muß für eine stärkere Differenzierung der Lohnstruktur nach Regionen, Branchen und Betrieben gesorgt werden. Dringend notwendig ist ebenso, durch Beseitigung von Verkrustungen im Arbeitsrecht mehr Dynamik auf dem Arbeitsmarkt zu schaffen sowie die Arbeitszeiten zu flexibilisieren. Generelle Rezepte für Verkürzung oder Verlängerung der Arbeitszeit führen nicht weiter. Es muß vielmehr das Ziel sein, auf Betriebsebene die Arbeitszeiten stärker als bisher den jeweiligen Erfordernissen anzupassen und insgesamt längere Maschinenlaufzeiten zu erreichen.

Auch der Staat muß die *Überforderung* der Volkswirtschaft beenden, denn er hat sich mittlerweile zur Wachstumsbremse ersten Ranges entwickelt. Überzogene Ansprüche an die volkswirtschaftliche Wertschöpfung zerstören Leistungsanreize und dämpfen die Wachstumsdynamik. Statt zur Kostenentlastung beizutragen und damit Investitionen und die Schaffung neuer Arbeitsplätze wieder rentabel zu machen, zieht der Staat die Kostenschraube weiter an. So ist Anfang 1994 ein neuer Kostenschub auf die deutsche Wirtschaft zugekommen: durch höhere Rentenversicherungsbeiträge, die geplante Neueinführung einer Pflegeversicherung und die Erhöhung der Mineralölsteuer. Mehr Innovation und Investitionen der Unternehmen setzen aber höhere Gewinne voraus. Wer sie wegsteuert, verkleinert die Zukunftschancen Deutschlands.

Überspitzt formuliert bedeuten diese Entwicklungen: Deutschland ist auf dem Weg in die Staatswirtschaft. Dieser Trend muß umgekehrt werden. Der Staat hat durch Privatisierung, Deregulierung und Neubestimmung seiner Aufgaben schlanker und bescheidener zu werden. Von der Politik wird deshalb die klare Selbstverpflichtung erwartet, die Steuer-, Abgaben- und Staatsquote bis zum Jahr 2000 auf das Niveau der Jahre 1989/90 zurückzuführen, um so dem Markt und der privatwirtschaftlichen Aktivität wieder mehr Chancen einzuräumen. Eine solche Perspektive – durch konkrete Einzelziele und Maßnahmen glaubwürdig untermauert – würde das Vertrauen in den Standort Deutschland in hohem Maße positiv beeinflussen.

Korrekturbedarf besteht vor allem in der Sozialpolitik. Unser Sozialstaat droht, in einen Wohlfahrtsstaat umzukippen. Das soziale Netz muß dringend an die geringer gewordenen Finanzspielräume angepaßt werden. Auch die Wirtschaft will sozialen Ausgleich und Solidarität mit den wirklich Bedürftigen und Benachteiligten. Doch sie will keinen Wohlfahrtsstaat, der mit immer mehr Umverteilung und Umlagen immer mehr Arbeitsplätze vernichtet. Die Wettbewerbsnachteile bei den Arbeitskosten sind zu einem guten Teil den unaufhaltsam steigenden Personalzusatzkosten, die in der Industrie 1992 bereits 84 Prozent des Direktlohns betrugen, anzulasten. Sie drohen damit zu Lohnhauptkosten zu werden.

Hauptkostentreiber in den letzten Jahren waren dabei die Beitragserhöhungen der Sozialversicherungen. Die steigende Zahl älterer Menschen und die längere Lebenserwartung werden weitere drastische Kostensteigerungen in den sozialen Sicherungssystemen verursachen. Damit das soziale Netz die Leistungsfähigkeit der Volkswirtschaft nicht weiter übersteigt, ist daher ein Umbau in Richtung einer größeren Eigenverantwortung und Eigenvorsorge der Bürger sowie einer Bekämpfung von Mißbräuchen einschließlich der Beseitigung von falschen Anreizsystemen dringend erforderlich.

Ob die Politiker allerdings die Notwendigkeit zum *Umbau des Sozialsystems* eingesehen haben, muß bezweifelt werden. So stellt die geplante Einführung einer umlagefinanzierten Pflegeversicherung einen totalen Irrweg dar. Ebenso wie die Reform des Schwerbehindertengesetzes 1974 die Zahl der Schwerbehinderten vervielfacht hat, wird die Pflegeversicherung zu einem Pflegeboom mit unkalkulierbaren Kostenexplosionen führen. Sie ist ein Test für die Glaubwürdigkeit aller Bekenntnisse zur Sicherung des Wirtschaftsstandortes Deutschland und seiner Zukunftsfähigkeit.

Eine Senkung des Kostenniveaus in Deutschland erfordert auch, die *Intensivierung der internationalen Arbeitsteilung* zu unserem Vorteil zu nutzen. Gewiß gehen durch die Verlagerung von Produktion in die Niedrigkostenländer in Osteuropa in Deutschland Arbeitsplätze verloren. Andererseits können aber durch die Nutzung eines engen Produktionsverbundes mit diesen Ländern neue Arbeitsplätze an anderer Stelle in Deutschland entstehen. Es gilt also, die Kostenvorteile in Osteuropa zur Senkung der Produktionskosten in Deutschland zu nutzen.

Die beiden Hauptkonkurrenten Westeuropas auf den Weltmärkten – Japan und die USA – leben seit langem in unmittelbarer Nachbarschaft mit Niedriglohnstandorten. Durch eine Intensivierung des Handels und verstärkte Direktinvestitionen nutzen sie die Kostenvorteile der angrenzenden Regionen, um damit ihre eigene Konkurrenzfähigkeit im weltweiten Wettbewerb zu steigern.

Die Öffnung Mittel- und Osteuropas bietet nun auch uns eine unverhoffte Chance, in dieser Hinsicht mit unseren wichtigsten Konkurrenten gleichzuziehen und die Wettbewerbsdefizite auf diese Weise möglicherweise auszugleichen. Dies haben deutsche Unternehmen bereits erkannt. Während 1990 lediglich 250 Mill. DM in Osteuropa investiert wurden, waren es 1992 bereits 1,6 Mrd. Der Anteil an den gesamten Direktinvestitionen deutscher Unternehmen stieg im ersten Halbjahr 1993 weiter auf gut 10 Prozent an.

Die *zweite Strategie* zur Wiederherstellung der internationalen Wettbewerbsfähigkeit der deutschen Wirtschaft lautet: Mehr Innovationen, eine stärkere Kundenorientierung, eine Verbesserung der Qualität unserer Produkte und der Organisationsstrukturen in den Unternehmen, eine verbesserte Partnerschaft mit den Lieferanten sowie die Erschließung neuer Märkte vor allem in Asien. Für die Wiedererlangung der Wettbewerbsfähigkeit in diesen Bereichen sind die Unternehmen selbst verantwortlich. Die Unternehmen haben diese Herausforderung bereits offensiv angenommen. Da sie wissen, was ihnen droht, wenn sie ihre Wettbewerbsfähigkeit nicht verbessern, sind die Bemühungen außerordentlich intensiv und zielstrebig.

Neuorientierung der gesamten Gesellschaft ist unabdingbar

Die Unternehmen können die *Wende zu einer stärkeren Innovationskraft* jedoch nicht allein vollziehen. Dazu ist eine Neuorientierung unserer gesamten Gesellschaft unabdingbar. Sie setzt eine Bejahung von Unternehmertum und technischem Fortschritt ebenso voraus wie eine positive Einstellung zu Arbeit und Leistung. Ein entscheidendes Hemmnis für Veränderungen ist bislang die weit verbreitete Innovationsskepsis in Bevölkerung und Politik. Die Innovationsfähigkeit wird in Deutschland insbesondere durch eine begrenzte Technikakzeptanz nachhaltig behindert. Deren Bürger leben in einem gesellschaftlichen Klima, in dem technologische Entwicklungen und die damit verbundenen Entwicklungspotentiale häufig von vornherein negativ besetzt sind.

Die meisten Zukunftstechnologien wie Gentechnik, Kernenergie, neue Verkehrs- und Kommunikationssysteme erzeugen oft ein zwar nur diffus begründetes, aber um so lauteres *Nein*! Im Gegensatz dazu sind die neuen Umwelttechnologien in der Öffentlichkeit vielfach positiv besetzt. Allein von diesen kann aber der Antrieb zur ökonomischen Entwicklung nicht kommen.

Die notwendige *Aufholstrategie* gegenüber Japan und den USA verlangt eine engere Zusammenarbeit zwischen Staat und Wirtschaft. Damit wird keinesfalls einer neuen Industriepolitik das Wort geredet. Der Staat muß jedoch seine Aufgabe als *Moderator* eines Zukunftsdialoges in unserer Gesellschaft offensiv annehmen. Das Ziel muß sein, die Attraktivität des Standortes Deutschland für Forschung, Entwicklung und Produktion inländischer und ausländischer Unternehmen zu verbessern. Es liegt auch in deutschem Interesse, daß ausländische Unternehmen ermutigt werden, in Deutschland Forschung und Entwicklung zu betreiben und somit aktiv den Innovationsprozeß in der Bundesrepublik mit vorantreiben. Es darf nicht länger so sein, daß in Deutschland nur die Ideen geboren und Basiserfindungen gemacht werden, die Umsetzung dagegen anderen Industrieländern überlassen wird.

Die Bundesrepublik steht vor der *Herausforderung*, unter veränderten Voraussetzungen die in der Vergangenheit auf vielen Sektoren erarbeitete technologische Spitzenposition zu erhalten, zu sichern und womöglich auszubauen sowie in anderen Bereichen aufzuholen. Dies wird erhebliche Anstrengungen verlangen. Deutschland ist das einzige große hochindustralisierte Land, in dem die Ausgaben des Staates für Forschung und Technologie seit Ende der 80er Jahre real sinken. Dieser Trend muß schleunigst umgekehrt werden.

Deutschland muß gerade auch angesichts dramatischer Finanzprobleme die Kraft aufbringen, Prioritäten für Zukunftsinvestitionen in Bildung, Wissenschaft sowie Forschung und Entwicklung zu setzen. Unabdingbar ist es gleichfalls, die Hochschulen grundlegend zu reformieren. Die deutschen Hochschulen leisten zugegebenermaßen viel. Aber die Studienzeiten sind zu lang, und oft ist nach der langen Studienzeit das Wissen schon wieder veraltet. Es werden daher dringend eine Verkürzung der Studienzeit und eine stärkere Praxisorientierung der Ausbildung gebraucht. Schließlich ist es auch ein Standortvorteil, wenn man – wie in Frankreich, England oder Spanien – mit 25 Jahren statt mit 30 Jahren ins Berufsleben eintritt.

Notwendig ist ferner, junge Menschen für eine selbständige Tätigkeit und Gründung technologieorientierter Unternehmen zu motivieren. Eine Förderung der Markteinführung innovativer Produkte, beispielsweise durch die Bereitstellung von Risikokapital in größerem Umfang als bisher, wäre durchaus eine geeignete Maßnahme, um Unternehmensneugründungen im Bereich der Schlüsseltechnologien zu erleichtern.

Eine Verbesserung des Innovationsklimas verlangt auch einen raschen Abbau der zu hohen Regelungsdichte, überzogener Auflagen sowie überlanger Behördenwege. So hat beispielsweise das deutsche Gentechnikgesetz zur Folge, daß von den jährlich von deutschen Unternehmen in diesem Bereich investierten 1 Mrd. DM weniger als 50 Prozent in Deutschland verbleiben. Die Novellierung des *Gentechnikgesetzes* muß endlich gleiche Investitionsbedingungen wie in den USA und Japan schaffen.

Die Förderung von Innovationen hängt auch davon ab, daß die Infrastruktur zielorientiert ausgebaut und modernisiert wird. Infrastrukturleistungen müssen zu wettbewerbsfähigen Preisen angeboten werden und alle sinnvollen Möglichkeiten zur Deregulierung und insbesondere Privatisierung in der Bereitstellung von Infrastruktur genutzt werden.

Die Vielzahl der vor der Bundesrepublik Deutschland liegenden Herausforderungen läßt sich nur bewältigen, wenn in der Wirtschafts-, Finanz- und Sozialpolitik klare Schwerpunkte gesetzt werden und darüber hinaus eine Zielsetzung besteht, was Deutschland in den nächsten Jahren erreichen kann, was es erreichen will und um welchen Preis dies geschehen kann.

Dies gilt gerade auch für die *Transformationsschwierigkeiten*, mit denen die neuen Bundesländer zu kämpfen haben. Dort muß es zu einem selbsttragenden Aufschwung kommen. Wird dieses Ziel verfehlt, würden nicht nur die neuen Bundesländer, sondern auch die gesamte Bundesrepublik an Wirtschaftskraft verlieren und im internationalen Standortwettbewerb zurückfallen.

Zwingend notwendig sind daher in den neuen Bundesländern die Bekämpfung der Kostenkrise, die Fortsetzung investitionsfördernder Maßnahmen, eine stärker an der Produktivität orientierte Lohnpolitik sowie eine intensive Unterstützung des Absatzes ostdeutscher Produkte. Hierauf zielt die von der Treuhand und dem BDI initiierte *Einkaufsoffensive neue Bundesländer* mit dem Ziel, bis 1995 eine Verdoppelung des Einkaufsvolumens in den neuen Bundesländern zu erreichen. Für die Umorientierung der ostdeutschen Unternehmen auf westliche Märkte bzw. Weltmärkte muß insbesondere die preisliche Wettbewerbsfähigkeit der ostdeutschen Produkte möglichst schnell weiter verbessert werden. Unterstützung für die Industrieunternehmen in den neuen Bundesländern sollte an der am Markt erzielten eigenen Leistung – also an der Wertschöpfung – anknüpfen. Unabdingbar ist ferner, daß die Treuhandanstalt ihre *Privatisierungspolitik* mit Nachdruck fortsetzt und die Wettbewerbsverzerrungen zwischen staatlichen und privaten Unternehmen im Osten verschwinden.

Werden die Herausforderungen angenommen, müssen die Bürger unseres Landes keine Sorge um die Zukunft der deutschen Industrie haben, die dann auch künftig zu den maßgeblichen Trägern wirtschaftlichen und gesellschaftlichen Wohlstandes gehören wird. Ich bin zuversichtlich: Die Zukunft des Standortes Deutschland ist zu meistern. Allerdings sind dazu *erstens* die Einsicht in die Notwendigkeit auch von unpopulären Entscheidungen und *zweitens* der Mut zur Umsetzung erforderlich. Der Wohlstand in Deutschland hängt davon ab, daß das Land seine internationale Wettbewerbsfähigkeit nicht verliert. Dies gilt für die Industrie, aber auch für die ganze Gesellschaft.

Wirtschaftsförderung durch die Kommunen

Aufgaben und Zusammenwirken mit staatlichen Stellen

Georg Orlitsch † * / Manfred Pfeifer

Was ist kommunale Wirtschaftsförderung?

Häufig wird kommunalen Behörden von Unternehmern der Vorwurf gemacht, daß sie *mehr verwalten als gestalten* und sich wenig *kundenfreundlich* verhielten. Im Zusammenhang mit der Betreuung von Investoren, aber auch im Zusammenhang mit der Darstellung und der Verbesserung kommunaler Attraktivität tauchen Schlagworte wie *City-Marketing*, *County-Marketing* oder *Regional-Marketing* auf. Die richtige und effiziente kommunale Wirtschaftsförderung ist also nicht nur für Kommunalpolitiker ein wichtiges Thema, sondern auch für die in einer Gemeinde ansässigen Unternehmen und für jene, die einen Standort suchen.

Es gibt keine amtliche, verbindliche *Definition* kommunaler Wirtschaftsförderung. Ganz allgemein lassen sich darunter alle Maßnahmen verstehen, mit denen Kommunen auf die örtliche Wirtschaftsstruktur Einfluß nehmen (vgl. Lange, K.: Möglichkeiten und Grenzen gemeinsamer Wirtschaftsförderung, S. 5, Köln 1981). Jedenfalls fällt darunter ein sehr breit angelegter Aufgabenbereich, der widerspiegelt, wie komplex der Wirtschaftsprozeß ist und an wie vielen Stellen eine Gemeinde auf diesen Prozeß Einfluß nehmen kann.

Zielgruppen kommunaler Wirtschaftsförderung sind ebenso die ortsansässigen Betriebe wie diejenigen, die neu von auswärts kommen sollen. Im Hinblick auf das geringe nationale und internationale Potential an Unternehmen, die einen neuen Standort suchen, ist die wesentliche Zielsetzung kommunaler Wirtschaftsförderung in jedem Fall die *Bestandspflege* bei den örtlichen Betrieben.

Im Vordergrund steht dabei der *kommunale Arbeitsmarkt*, hinzu treten weitere Ziele wie die Versorgung der Bevölkerung und Steuereinnahmen. Ohne attraktives und differenziertes Angebot an Arbeitsplätzen besteht die Gefahr, daß Einwohner in Ge-

---

* Der Abhandlung liegt das Manuskript eines Vortrags zugrunde, den Herr Dr. Georg Orlitsch, der langjährige Leiter des Referats "Standort-Marketing – Ansiedlungsberatung" im Bayerischen Staatsministerium für Wirtschaft und Verkehr, auf einer kommunalpolitischen Tagung gehalten hat. Herr Dr. Orlitsch ist am 19. Oktober 1993 verstorben. Sein Manuskript wurde von Herrn Dr. Manfred Pfeifer, dem derzeitigen Leiter des Referats, lediglich etwas gekürzt und in eine lesbare Form gebracht. Die Veröffentlichung dient auch dem Andenken des allseits geschätzten Kollegen.

biete mit besseren Möglichkeiten abwandern. Zur Erhaltung einer tragfähigen Bevölkerungsdecke im ländlichen Raum müssen darüber hinaus neue, nicht landwirtschaftliche Einnahmequellen erschlossen werden.

Art. 28 Abs. 2 GG gewährleistet den Gemeinden das *Recht*, alle Angelegenheiten der örtlichen Gemeinschaft im Rahmen der Gesetze in eigener Verantwortung zu regeln. Das Recht der kommunalen Selbstverwaltung ist damit in der Verfassung verankert und – zumindest in einem Kernbestand – auch geschützt (vgl. Maunz in Maunz-Düring: Kommentar zum Grundgesetz, RNrn. 52, 57 zu Art. 28, München 1993). Näher ausgestaltet ist dieser Grundsatz in den *Gemeindeordnungen* der Länder. Beispielhaft darf für die Frage kommunaler Wirtschaftsförderung hier Art. 57 Abs. 1 der Bayerischen Gemeindeordnung (Gemeindeordnung für den Freistaat Bayern in der Fassung der Bekanntmachung vom 6. Januar 1993, GVBl. S. 65) zitiert werden: "*Im eigenen Wirkungskreis sollen die Gemeinden in den Grenzen ihrer Leistungsfähigkeit die öffentlichen Einrichtungen schaffen und erhalten, die nach den örtlichen Verhältnissen für das wirtschaftliche, soziale und kulturelle Wohl ihrer Einwohner erforderlich sind...*"

Zur Selbstverwaltung gehört also in jedem Fall die *Sicherung und Weiterentwicklung* der ökonomischen Lebensgrundlagen als Teil der kommunalen Daseinsvorsorge. Kommunale Wirtschaftsförderung ist damit nicht nur zulässig, sondern sogar geboten.

Freilich darf dies nur im *Rahmen der Gesetze* geschehen. Bestimmte Beschränkungen ergeben sich etwa

- aus den Gemeindeordnungen und anderen kommunalrechtlichen Regelungen, in denen Grundsätze für eine geordnete gemeindliche Haushaltswirtschaft (z. B. Beachtung der Grundsätze der Wirtschaftlichkeit und Sparsamkeit, Grundsatz der Erhaltung des Gemeindevermögens) festgelegt sind;
- aus allgemeinen Rechtsgrundsätzen (z. B. Unzulässigkeit eines Steuererlasses über die Grenzen des Steuerrechts hinaus);
- aus dem Grundgesetz und aus dem Gesetz für Stabilität und Wachstum (*Stabilitätsgesetz*), wo die Notwendigkeit niedergelegt ist, daß auch Kommunen in der gesamtstaatlichen Verantwortung für Stabilität, Wachstum und Arbeitsplätze die stabilitätspolitische Zielsetzung von Bund und Ländern beachten müssen;
- aus sonstigen gesetzlichen Regelungen.

Kommunale Maßnahmen dürfen somit nicht die regionalpolitische Zielsetzung, bestehende Entwicklungsunterschiede innerhalb eines Landes abzubauen und gleichwertige Lebens- und Arbeitsbedingungen im ganzen Land zu schaffen, unterlaufen. So sind auch die Gemeinden z. B. bei der Erfüllung ihrer Aufgaben an die Ziele der Raumordnung und Landesplanung gebunden. Insoweit müssen landespolitische Zielsetzungen auch in die Zielvorstellungen der Kommunen einfließen.

Im Sinne des *Subsidiaritätsprinzips* sind die Gemeinden immer dann im Rahmen ihrer Selbstverwaltung zuständig, wenn sie aufgrund der räumlichen und sachlichen Nähe die Entscheidung ebensogut treffen können wie die nächsthöhere Ebene (Land oder Bund). Hier steht den Gemeinden im Bereich der Wirtschaftsförderung ein breites Feld offen (vgl. auch Mayntz, R.: Kommunale Wirtschaftsförderung, S. 9, Stuttgart 1981).

Was erwartet die Wirtschaft von der kommunalen Wirtschaftsförderung?

Wirtschaft ist ein dynamischer Prozeß, der von allen Beteiligten ein ständiges Beobachten und Reagieren auf neue Marktsituationen erfordert. Aufgabe der Wirtschaftspolitik auf allen Ebenen (Europäische Union, Bund, Land, Kommunen) ist es, für die *Rahmenbedingungen* zu sorgen, die eine erfolgreiche unternehmerische Betätigung erlauben.

Im kommunalen Bereich geht es darum, das ökonomische Umfeld für die Unternehmer und für die Bürger durch Beseitigung von Entwicklungshemmnissen und die Förderung von Entwicklungschancen möglichst optimal zu gestalten. Dabei müssen alle öffentlichen Stellen zusammenwirken. Eine Gemeinde kann z. B. Neuansiedlungen durch eine bestimmte Bauleitplanung gezielt fördern, aber auch verhindern, oder ansässige Betriebe zur Abwanderung veranlassen. Hingegen läßt sich keine Betriebsansiedlung oder Betriebserweiterung politisch erzwingen. Entscheidend sind hier immer unternehmensbezogene Gesichtspunkte.

Bei relevanten Standortfaktoren, an denen sich ein Unternehmen bei seiner Standortwahl ausrichtet, wird heute im allgemeinen nach harten und nach weichen Faktoren differenziert:

- Die *harten* Faktoren knüpfen an betriebliche Leistungs- und Produktionsprozesse an und betreffen die Kosten des Unternehmens; letztlich entscheidet der Kostenvergleich, ob ein Unternehmen einen Standort neu wählt oder am alten Standort bleibt.
- Die *weichen* Faktoren betreffen das atmosphärische Umfeld, die Lebens- und Arbeitsbedingungen der unternehmerischen Tätigkeit. Dabei können diese Faktoren in ihrer Vielzahl ebenfalls durchaus kostenrelevant sein.

Welche Standortfaktoren im einzelnen relevant sind, muß insbesondere nach verschiedenen Branchen (Industrie, Dienstleistung) oder nach der Art des Betriebs selbst (Fertigung, Entwicklung, Verwaltung) sehr differenziert beantwortet werden. Es handelt sich jedenfalls um eine Vielzahl von Parametern, deren Zusammenspiel letztlich zu einer bestimmten Standortentscheidung führt.

Grob lassen sich diese Faktoren wie folgt gliedern:

- Kosten der Investition selbst (Grundstücke, Bau, staatliche Finanzierungshilfen);
- Kosten des laufenden Betriebs (Steuern, Gebühren, Mieten, Transportkosten, Arbeitskosten);
- Indirekt kostenwirksame Faktoren, wie
  - Erschließungsgrad der Gewerbeflächen,
  - innerörtliche und überregionale Verkehrsanbindung (Straße, Schiene, Luft, Wasser),
  - Qualität und Quantität des Arbeitskräfteangebots,
  - Vorhandensein von Wissenschafts- und Forschungseinrichtungen,
  - Agglomerationsvorteile (Kommunikation, Freizeitangebot, kulturelles Angebot, öffentlicher Personennahverkehr, Messen und Ausstellungen, Tourismus),

- Marktnähe (Wirtschaftspotential im Umfeld im Hinblick auf Arbeitskräfte, Zulieferer, Kooperationspartner, Kunden).

Die *Entscheidung*, am Ort zu bleiben oder mit einer neuen Betriebsstätte an einen anderen Ort zu gehen, stellt immer eine Abwägung der verschiedenen Standortgegebenheiten dar, je nach den betrieblichen Anforderungen. Dabei sind auch – nicht nachprüfbare – weiche Faktoren, wie der persönliche Eindruck, von großer Bedeutung.

Was kann und darf eine Kommune tun?

Eine Gemeinde muß sich bei Ausübung ihrer *Planungshoheit* zunächst darüber klar werden, was sie überhaupt will. Dabei müssen Zielkonflikte entschieden und unterschiedliche Meinungen innerhalb der Gemeinde auf einen Nenner gebracht werden. So kann es um die Frage gehen, ob die bisherige Identität bewahrt und dabei die Gefahr von Stagnation in Kauf genommen wird oder ob zusätzliche Arbeitsplätze mit den Folgen der Belastungen für Verkehr, Umwelt und Wohnungsmarkt geschaffen werden. Der Spannungsbogen reicht hier von der *Schlafstadt* bis zur *Industrialisierung um jeden Preis*. Werden Konflikte hier nicht gelöst, so kann durchaus eine Lähmung in der wirtschaftlichen Entwicklung eintreten.

Falls die Gemeinde sich dafür entscheidet, durch eigene Maßnahmen die bestehenden Arbeitsplätze zu sichern und zusätzliche Arbeitsplätze zu schaffen, kann sie vor allem *weiche Standortfaktoren* beeinflussen (vgl. von der Heide, H. J. / Cholewa, W.: Stellung und Aufgaben der kommunalen Gebietskörperschaften in Eberstein / (Hrsg.), Handbuch der regionalen Wirtschaftsförderung, Abschnitt A IV 2, S. 5, Köln ab 1971). Diese sind, wie erwähnt, durchaus auch kostenwirksam und von erheblicher Bedeutung für ein Unternehmen.

Eine Gemeinde muß rechtzeitig, unter Einbeziehung der verschiedenen Nutzungsbereiche, ihre künftige bauliche Entwicklung und damit letztlich auch ihre Standortqualität für den Unternehmer planen. Hierzu gehören:

- Angebotsorientierte, langfristig angelegte Gewerbeflächenplanung;
- verläßliche Entscheidungsgrundlagen für den Unternehmer durch gesichertes Baurecht;
- Vermeidung von Konflikten zwischen betrieblicher Bebauung und Wohnbebauung einschließlich der Möglichkeit einer marktgerechten Erweiterung der betreffenden Produktionsstätten;
- ausreichende Flächen für den Dienstleistungsbereich und für die Wohnbebauung.

In der Regel werden *Investitionsentscheidungen* in einem Unternehmen schneller realisiert als die Gemeinde planen kann. Deshalb ist der rechtzeitige Beginn kommunaler Planung notwendig. Unternehmen sind heute besonders an bestandskräftigen Bebauungsplänen interessiert. Die in der Regel benötigte Fläche für den Betrieb ist größer als noch vor einigen Jahrzehnten. Angesichts der besonderen arbeitsrechtlichen und umweltschutzrechtlichen Regelungen ist die Nachfrage in der Regel ausdrücklich auf Industriegebiete (GI) bezogen (z. B. wegen der Notwendigkeit des 3-Schichten-Betriebs und der Wochenendarbeit).

Zur Standortvorsorge gehört eine vorausschauende *Liegenschafts- und Erschließungspolitik*. So müssen

- genügend Flächen im Eigenbesitz der Gemeinde sein. Diese Flächen müssen rechtzeitig und preisgünstig erworben werden; so kann die Gemeinde preisberuhigend wirken und Spekulationen auf privater Seite dämpfen. Auf jeden Fall muß das Gelände schnell verfügbar sein;
- sich Erschließungsmaßnahmen (z. B. Verkehrsanschluß, Ver- und Entsorgung) an der Nachfrage ausrichten. Eine reine Vorratsentschließung birgt die Gefahr von Fehlinvestitionen in sich, da sie maßgeschneiderte Lösungen für einen Investor ausschließt. Andererseits muß eine schnelle Erschließung möglich sein; die Erschließung des Geländes muß daher bestmöglich vorbereitet sein, indem leistungsfähige Anschlüsse an das Verkehrsnetz und das Gemeindezentrum sowie die Ausbaufähigkeit bei Erweiterung des Unternehmens sichergestellt werden.

Zu den konkret von einer Kommune beeinflußbaren Standortfaktoren gehört der Umfang öffentlicher Leistungen, den sie im Rahmen der *Daseinsvorsorge* anbietet.

Hierzu zählen insbesondere Einrichtungen der wirtschaftsnahen Infrastruktur (Wasser, Abwasser, Abfall, Verkehrsverhältnisse, öffentlicher Personennahverkehr, Einrichtungen der Aus- und Fortbildung, Kommunikationsmöglichkeiten, Messeeinrichtungen).

Darüber hinaus gehören zu diesen öffentlichen Leistungen alle Bereiche des *menschlichen Wohlbefindens* wie Wohnqualität, Kultur- und Freizeitangebote, gute allgemeinbildende Schulen, Einkaufsmöglichkeiten, touristische Attraktivität.

Im Interesse der Standortattraktivität sind hier erhebliche Vorleistungen einer Gemeinde notwendig. Diese zunächst nach innen, gegenüber den Bürgern relevante Attraktivität hat auch besondere Auswirkungen für ansiedlungsinteressierte Unternehmen.

Gerade einer maßvollen *Steuer- und Gebührenpolitik* kommt in Anbetracht der Diskussion um die internationale Wettbewerbsfähigkeit und die Kostensituation in der deutschen Wirtschaft eine besondere Bedeutung zu. Weniger denn je kann es Unternehmen gleichgültig sein, welche Ausgaben sie für Gewerbe- und Grundsteuer, für die Gebühren von Wasser, Abwasser, Gas, Strom und Abfallbeseitigung zu zahlen haben. Hinter die Debatte um den *Standort Deutschland* ist inzwischen die offene Frage zurückgetreten, ob und inwieweit das gemeindliche Steuersystem reformiert werden soll. Dabei muß – gleichgültig ob die Gewerbesteuer beibehalten, umgestaltet oder abgeschafft werden soll – eines klar bleiben: Das Interesse einer Kommune an der örtlichen Wirtschaft muß auch durch die Möglichkeit eigener Steuereinnahmen erhalten bleiben.

Nicht nur die Infrastrukturerschließung eines Geländes, sondern auch die *geistige Aufgeschlossenheit* der Bürger für das Unternehmertum und seine unternehmerischen Entscheidungen beeinflussen die Standortattraktivität einer Gemeinde. Dieses *wirtschaftspolitische Mikroklima* signalisiert dem Unternehmer, ob er willkommen ist, sei er neu in der Gemeinde, sei er dort bereits ansässig. Im Idealfall sind Bürger und Gemeinde stolz auf ihre Betriebe und die Unternehmen stolz auf ihre Stadt. Hierfür sind gegenseitiges Vertrauen, Partnerschaft zwischen Kommunalverwaltung und Unternehmen notwendige Voraussetzung. Die Gemeinde muß hierzu ein positives Image pflegen, ihre Politik muß glaubwürdig und ohne persönliche Animositäten gegenüber den Unternehmern sein.

Neben der ständigen Verbesserung des Informationsstandes und der Aufgeschlossenheit für wirtschaftliche Belange bei den Bürgern und in der Gemeinde gibt es für eine *wirtschaftsfreundliche* Kommune folgende konkreten Aufgabenfelder:

- Schaffung eines innovations- und investitionsfreundlichen Klimas in der Gemeindeverwaltung, mit Aufgeschlossenheit für wirtschaftliche Fragen, für neue Techniken und Innovationen. Die Gemeinde selbst kann durch eine kontinuierliche Investitionsrate im Kommunalhaushalt Nachfrageeffekte und Entwicklungspotentiale mobilisieren.

- Beratung und Betreuung der Unternehmen in allen Fragen öffentlich-rechtlicher Entscheidungen, konkreter Standortbedingungen und Verfahrensfragen. Hierfür sind genaue Kenntnisse der relevanten Situation in einer Gemeinde und der Situation der ansässigen Unternehmen notwendig. Jenseits von kommunalen Informationssystemen und Betriebsdateien bedeutet dies den ständigen Kontakt (jedenfalls mit den bedeutenderen) Unternehmen am Ort, den Kammern der gewerblichen Wirtschaft und ihren Gremien, mit den Energieversorgungsunternehmen, mit Messegesellschaften, Verkehrsämtern, Hochschulen und Vertretern der freien Berufe. Der Neujahrsempfang reicht hierfür nicht aus, regelmäßige Treffen sind geboten.

- Hilfestellung bei der *Konfliktbewältigung*. Das augenfälligste Beispiel für die Rolle einer Kommune auf diesem Feld liefern die Fälle, in denen Bürger von ihrem demokratischen Recht der Meinungsfreiheit Gebrauch machen und sich gegen Lärm oder andere Immissionen eines Betriebes wehren, die dieser nur schlecht oder mit hohen Kosten vermeiden kann. Hier kann die Gemeindeverwaltung vieles zur Verringerung der Reibungsverluste zwischen Bürgern und Betrieben beitragen. Sie kann sich als Forum für die verschiedenen Interessen der Beteiligten anbieten, den Informationsablauf organisieren, administrative und unternehmerische Entscheidungen koordinieren. All dies setzt die Kenntnis möglicher Problemfelder voraus.

- Schnelle und effiziente Arbeit der kommunalen Behörden. Die Diskussion um lange Genehmigungszeiten und Überbürokratisierung administrativer Verfahrensabläufe zeigt, wie wichtig diese Aufgabe ist. Durch Begleitung der Anträge, durch interne Beschleunigung der Verwaltungsabläufe, durch ihre Transparenz und durch eine berechenbare Entscheidungspraxis kann eine Kommune sichere und klare Rahmenbedingungen für unternehmerisches Wirtschaften setzen. Verlangt sind von der Gemeinde nicht Gefälligkeitsgenehmigungen unter Vernachlässigung öffentlicher Belange, sondern rasche Entscheidungen mit klaren Auflagen und ein koordinierter Ablauf der Behördenarbeit in der Gemeinde. Nicht nur die Kommission der Europäischen Union und Bund- und Länderverwaltungen, auch viele Kommunalverwaltungen haben es notwendig, die Regelungsdichte ihrer Vorschriften zu überprüfen!

- Schließlich können die Kommunen in der *Öffentlichkeitsarbeit* die imageprägende Kraft der ansässigen Unternehmen nutzen. So können sie etwa bei Städtepartnerschaften die Möglichkeiten wirtschaftlicher Kontakte ausloten oder ein gemeinsames örtliches Marketing von Unternehmen und Kommunen organisieren.

Was darf eine Kommune nicht tun?

Gewöhnlich werden indirekte (mittelbare) und direkte (unmittelbare) Wirtschaftsförderungsmaßnahmen unterschieden. Zu den *direkten* Maßnahmen zählen alle leistungsgewährenden oder leistungsverschonenden Maßnahmen der öffentlichen Hand, die sich sofort günstig auf die Vermögenslage eines Unternehmens auswirken (Subventionen, verbilligte Grundstückspreise, Erlaß, Stundung von Steuern usw.).

Indirekte Maßnahmen sind alle sonstigen Maßnahmen, die günstige Rahmenbedingungen setzen und die sich auf das Verhalten der privaten Wirtschaft auswirken sollen.

Der Planungsausschuß für regionale Wirtschaftsstruktur, das Entscheidungsgremium der Gemeinschaftsaufgabe *Verbesserung der regionalen Wirtschaftsstruktur*, hat für die kommunale Wirtschaftsförderung folgende *Empfehlungen* abgegeben (in Übereinstimmung mit den Empfehlungen der Innenministerkonferenz vom 12. März 1981, vgl. Teil I, Nr. 8 des 22. Rahmenplanes der Gemeinschaftsaufgabe *Verbesserung der regionalen Wirtschaftsstruktur* für den Zeitraum 1993 bis 1996 (1997), BT-Drs. 12/4850 vom 19.5.1883):

"1. Die Kommunen haben bei der Wirtschaftsförderung ihre Stellung in der gesamtstaatlichen Ordnung und ihre – auch die Einhaltung der EG-Regelung umfassende – Verpflichtung zu bundes- und landestreuem Verhalten zu berücksichtigen. Sie müssen die Planungen und wirtschaftspolitischen Entscheidungen des Bundes und der Länder beachten.

2. Die Kommunen sollen sich bei der Wirtschaftsförderung auf die unbedenklichen Maßnahmen der indirekten Förderung im Rahmen der allgemeinen kommunalen Aufgabenerfüllung konzentrieren.

3. Bei direkten Wirtschaftsförderungsmaßnahmen ist aus rechtlichen und wirtschaftspolitischen Gründen Zurückhaltung geboten. Direkte Wirtschaftsförderung ist nur ausnahmsweise zulässig; sie darf der staatlichen Wirtschaftspolitik nicht widersprechen.

4. Fördermaßnahmen sollen nur nach Abwägung aller Vor- und Nachteile und unter Berücksichtigung sämtlicher Folgewirkungen ergriffen werden. Insbesondere soll bei direkten Fördermaßnahmen eine genaue Wirtschaftlichkeitsprüfung angestellt werden.

5. Für von Kommunen getragene Wirtschaftsförderungsgesellschaften gelten die vorstehenden Grundsätze gleichermaßen."

Die Gründe für die starke *Zurückhaltung* des Planungsausschusses gegenüber der direkten kommunalen Wirtschaftsförderung liegen in folgenden Überlegungen (vgl. Lange, K.: Rechtsprobleme kommunaler Wirtschaftsförderung, DVBl. 1977, 873 (874 f.) und von der Heide / Cholewa, a.a.O., S. 9 ff.):

Ordnungspolitische Bedenken: Bei der direkten kommunalen Wirtschaftsförderung drohen hohe Mitnahmeeffekte, da es in der Regel keine so strikte Bindung an formelle und materielle Zuwendungsvoraussetzungen wie bei staatlichen Finanzierungshilfen gibt. Es drohen Wettbewerbsverzerrungen, weil kommunale Interessen und nicht der überörtliche Ausgleich von Standortnachteilen oder der Abbau von Entwicklungsunterschieden im Vordergrund stehen. Das unternehmerische Risiko droht auf die Allgemeinheit verlagert zu werden.

Regionalpolitische Bedenken: Die bei den direkten Finanzierungshilfen des Landes gewährleistete übergeordnete Koordination fehlt. Die Folge ist eine Einebnung des gewollten Präferenzgefälles zwischen regionalen Fördergebieten und Nicht-Fördergebieten. Die staatliche Regionalpolitik wird auf diese Weise konterkariert, und kleine, finanzschwache Gemeinden vor allem in Fördergebieten können Opfer eines allgemeinen Subventionswettlaufs werden.

Rechtliche Beurteilung: Direkte Finanzierungshilfen der Kommunen sind Beihilfen im Sinn des EWG-Vertrags, die zur Prüfung und vorherigen Genehmigung bei der Kommission der Europäischen Union notifiziert werden müssen. Unterbleibt dies, so ist die Subvention widerrechtlich und kann zurückgefordert werden (vgl. Art. 93 Abs. 3 EWG-Vertrag und im einzelnen Teil I, Nr. 10.3 des 22. Rahmenplanes der Gemeinschaftsaufgabe *Verbesserung der regionalen Wirtschaftsstruktur*).

Häufig sind die Kommunen in Versuchung, *öffentliche Aufträge* unter Privilegierung ortsansässiger Unternehmen zu vergeben. Auch diese Entscheidungen müssen sich aber an marktwirtschaftlichen Prinzipien orientieren. Im Zweifel muß für den Zuschlag der Preis und nicht der Sitz des Unternehmens sprechen. Deshalb ist die Beachtung der Vorschriften über die Vergabe öffentlicher Aufträge den Kommunen zwingend vorgeschrieben. Die Bevorzugung eines ortsansässigen Unternehmens führt letztlich auch nicht zu einer dauerhaften Förderung der ansässigen Unternehmen, sondern nur zu einer Verteuerung des gesamten Projekts. Es ist wie im Kino: Zunächst hat man bessere Sicht, wenn man aufsteht. Dann aber stehen alle auf, und der Vorteil schwindet. Dafür haben alle den Nachteil, daß sie jetzt stehen und nicht bequem sitzen.

Marketing der positiven Standortbedingungen

Das positive Image einer Gemeinde muß vermarktet und im Wege der *Standortwerbung* deutlich gemacht werden. Dabei handelt es sich um die Vermarktung eines komplexen Gutes, das durch eine Reihe von Faktoren in seiner Qualität bestimmt wird. Außerdem wird diese Qualität von den verschiedenen Unternehmen je nach den eigenen Anforderungen durchaus unterschiedlich bewertet. Notwendig ist hier eine zielgerichtete PR-Arbeit mit objektiv richtigen und belegbaren Informationen über die tatsächlich vorhandenen Standortgegebenheiten.

In jedem Fall muß aber der kommunale Standort in den gesamten Wirtschaftsraum eingebunden werden, in dem die Tätigkeit des Unternehmens, das man ansprechen will, stattfinden soll. Gerade ausländische Unternehmen suchen einen Standort zunächst in der größten ihnen bekannten Gebietseinheit (Europa, Deutschland) und tasten sich dann anhand der konkreten Anforderungen für ihr Projekt innerhalb der einzelnen Regionen und der einzelnen in Betracht kommenden Standortgemeinden vor.

Das konkrete *Marketing* der Gemeinden besteht im wesentlichen in einer qualifizierten Selbstdarstellung.

Hierzu gehören einmal inhaltlich zutreffende aktuelle und informative sowie in der Form gefällige Broschüren über den Wirtschaftsstandort mit den statistischen Daten der Gemeinde und Angaben über ihre geographische Lage, die verfügbaren Gewerbeflächen, über ihren Erschließungsgrad, mit Auskünften über den Arbeitsmarkt in der Region und im jeweiligen Arbeitsamtsbezirk, mit Angaben der Aus- und Fortbildungsmöglichkeiten, der Freizeiteinrichtungen und kulturellen Besonderheiten.

Bei Besuchen ansiedlungsinteressierter Unternehmen muß der Standort ansprechend präsentiert werden; dies sollte auch in Englisch möglich sein, anhand von gutem Informationsmaterial und in einer positiven Atmosphäre.

Für die Organisationsform, in der die gemeindliche Wirtschaftsförderung abläuft, gibt es kein Patentrezept. Die *Organisation* ist letztlich zweitrangig gegenüber der sachlichen Arbeit. Entscheidend sind Aufgeschlossenheit der Mitarbeiter und moderne Managementmethoden. Die Wahrnehmung der Aufgaben selbst kann im Rahmen der Verwaltung ebenso wie im Rahmen eigener, privatrechtlich organisierter Stellen (z. B. in Form einer GmbH) erfolgen. Wichtig ist, daß eine zentrale Anlaufstelle in der Gemeinde mit ausreichender Koordinierungskompetenz (Stabsstelle) und mit Einfluß und Kooperationsmöglichkeiten in die verschiedenen Ämter hinein besteht. Dabei hat sich bewährt, einen Ansprechpartner namentlich zu benennen.

Zusammenwirken von Staat und Kommunen

Die große Bedeutung der Wirtschaftsförderung für die Kommunen und die Notwendigkeit, daß sie diese Aufgabe kompetent wahrnehmen, ändern nichts an der Tatsache, daß die Wirtschaftsförderung auch Teil der Politik eines Landes ist, insbesondere Teil der *Strukturpolitik*, die nach dem Grundgesetz Aufgabe der Länder ist (vgl. Art. 91 a Abs. 1 GG: Der Bund wirkt bei der *Erfüllung von Aufgaben der Länder* mit).

Die Länder betreiben daher in ihren Wirtschaftsministerien und/oder über Wirtschaftsförderungsgesellschaften jeweils Standort-Marketing und Ansiedlungsberatung, sie gewähren öffentliche Finanzierungshilfen und sonstige Förderungen wie Information und Beratung. Die konkreten Aufgaben des Staates sind hier – ebenso wie bei den Kommunen – die Verbesserung der Rahmenbedingungen, die Beratung und Betreuung ansiedlungsinteressierter Unternehmen, eine wirtschaftsfreundliche Politik und Verwaltung, das Verdeutlichen der marktgegebenen Vorteile des Landes durch Informationen nach außen.

Die Nahtstelle zwischen der kommunalen und der staatlichen Wirtschaftsförderung zeigt sich jeweils in der praktischen Beratung und bei der Anwerbung.

Informationen über die Gegebenheiten einer Kommune, im Landkreis oder in der jeweiligen Region muß die kommunale Gebietskörperschaft vorhalten und in Form der ständigen Aktualisierung auch pflegen. Sie muß sie direkt oder über mit der Kommune vorgeordneten Stellen dem interessierten Investor zur Verfügung stellen. Das Ministerium oder die Wirtschaftsförderungsgesellschaft sollte sich nicht erst im Einzelfall die Informationen über die kleineren Gebietseinheiten beschaffen müssen.

Die *Beratung* ansiedlungsinteressierter Unternehmen, die sich bei einer Wirtschaftsförderungsgesellschaft oder einem Landesministerium melden, muß – spätestens nach der Auswahl der in Betracht kommenden Gelände anhand der Anforderung der Investoren – im engen Zusammenwirken mit den Kommunen erfolgen. Dann kommt es darauf an, sich als Standort gut zu präsentieren und sich in den Verhandlungen glaubwürdig und flexibel zu zeigen.

Die *Werbung* für das jeweilige Land als Industriestandort (und für Deutschland im Zusammenwirken aller Länder) erfolgt vernünftigerweise über das Ministerium oder die Wirtschaftsförderungsgesellschaft. Dies gilt für Anzeigen ebenso wie für Imagebroschüren. Diese können natürlich auch durchaus auf Besonderheiten einzelner Räume hinweisen. Dagegen erscheint eine direkte Werbung der Kommunen im Ausland wenig zielführend, da regelmäßig die Einbindung in den nächstgrößeren, der Zielgruppe erst bekannten Wirtschaftsraum nur schwer möglich ist.

Etwas anderes gilt für die bereits genannte Standortbroschüre der Gemeinde, des Landkreises oder einer größeren Region. Diese Veröffentlichung muß informativ, gut gegliedert und ansprechend gestaltet sein. Sie sollte in Abstimmung mit den regionalen und überregionalen Marketingbemühungen entstehen, unter Einbindung der dort vorhandenen Informationen, nach Möglichkeit auch unter Verwendung des dort entwickelten einheitlichen Erscheinungsbildes (Corporate Design). Auf diese Weise wird ein *Effekt der Wiedererkennung* erzeugt, der das Image der kleineren Einheit in das Image der größeren Einheit inkorporiert.

Kooperation statt Konfrontation

Kommunale und staatliche Wirtschaftsförderung haben also gemeinsame Aufgaben, daher auch gemeinsame Berührungspunkte, im Einzelfall sogar Überschneidungen. In einem härter gewordenen Markt, auf dem sich immer mehr Akteure um den zunehmend kleiner werdenden Kuchen von ansiedlungswilligen Investoren bemühen, kann es weder um eine Wirtschaftsförderung *von oben* gehen nach dem Motto "*Der Staat wird es schon richten*", noch um eine Wirtschaftsförderung *von unten*, die auf dic gesamtstaatlichen Belange keine Rücksicht nimmt.

Es kann nur darum gehen, die Kräfte zu bündeln und miteinander zu kooperieren. Jede Handlungsebene muß auf ihrem Feld tätig werden und ihre Rolle spielen und zwar im *Miteinander*, nicht im Gegeneinander. Kommunale und staatliche Wirtschaftsförderung stimmen, wenn sie sich abstimmen.

Neue Flächenpolitik für Junge Länder

Über die Verteilung von Verfügungsrechten öffentlicher Hände

Jörg Rommerskirchen / Peter Westphal

Modernisierung schreitet voran

Die Integration der Jungen Länder und Ost-Berlins in die Bundesrepublik Deutschland wird mit Mitteln einer radikalen Modernisierungsstrategie betrieben. In der kürzest möglichen Zeit soll ein der Position der Bundesrepublik im Weltmarkt entsprechender Wachstumspfad erreicht werden. Eine langsamere Anpassung risse die Republik in jedem Fall auseinander oder doch zumindest Ostdeutschland in den Abgrund.

Die *Modernisierungsstrategie* macht vor Westdeutschland nicht halt. Sie ist auch für diesen – wirtschaftlich gesehen – dominierenden Teil notwendig, weil anders die Chancen eines erweiterten Europas und eines neu verhandelten Weltmarkts nicht wahrgenommen werden können. Nur ein modernisiertes Westdeutschland ist in der Lage, die auf heute diskontierten 1,5 Billionen DM für den Aufbau Ost aufzubringen. Nur ein Wachstum von 4 – 5 Prozent im gesamten Deutschland sichert ein Wachstum von 15 Prozent in Ostdeutschland. Nur solche Wachstumsraten lassen eine Angleichung der Lebensverhältnisse in 15 bis 20 Jahren erwarten und lösen damit das Versprechen der Einigung in menschlich nachvollziehbaren Zeiträumen ein.

Die Modernisierung Ostdeutschlands geht mit riesigen Schritten voran. Nicht nur hochdimensionierte Einkaufsparks signalisieren diesen Trend. Die Bevölkerung preiswert zu versorgen und den Individualverkehr für diese Zwecke zu instrumentalisieren, ist eine Sache, die Produktion auf den allerneuesten Stand zu bringen eine andere. Dennoch steht außer Frage, daß in vielen Industrien inzwischen die modernste Technologie installiert ist oder doch in Aussicht steht. Darüber hinaus ist inzwischen das Management, die Organisation der Unternehmen, in Teilen schlanker und schlagkräftiger als in Westdeutschland. Auch dank der großzügigen Unterstützung durch die Treuhandanstalt stellt sich die Situation heute so dar, als wären die Firma Traub von Heckert und die Fritz Werner AG von Niles Werkzeugmaschinen GmbH gekauft worden. Der Umbau Ostdeutschlands gibt z. B. dem Werkzeugmaschinenbau die Impulse, die ein Überleben des deutschen Werkzeugmaschinenbaus insgesamt wahrscheinlicher machen.

Diesem Modernisierungsdruck hat bislang der Bereich der *Liegenschaften* am besten zu widerstehen vermocht. Weder ist die Privatisierung des Grund und Bodens weit fortgeschritten, noch zeigt die Vermarktung bislang jene Delikatesse, die in Anbetracht der neuen Umstände zu wünschen wäre, noch ist die Verfügungsberechtigung innerhalb der öffentlichen Hand so verteilt, wie es verfassungsmäßig zu erwarten wäre. So dynamisch, zukunftsweisend und doch weise beschränkend sich die Treuhandanstalt bei der Neuordnung der ostdeutschen Industrie verhalten hat, so unzeitgemäß und hemmend wird sie sich rsp. die *Liegenschaftsgesellschaft der Treuhandanstalt* (TLG) sicherlich bei der Aufgabe erweisen, in Zukunft die Liegenschaften einer besten Nutzung zuzuführen.

Dieses Defizit ist – so eine These dieses Beitrags – nicht weiter verwunderlich. Die Liegenschaften der THA gehören und gehörten nach dem Ende der schnellen Privatisierung (also spätestens Ende 1993) in die Verfügungsberechtigung der Länder rsp. Kommunen. Nur sie haben den Atem und das (verfassungsgemäße) Ziel einer Flächenversorgung und Flächenbevorratung, die es ihnen erlauben, jene Eigentumsformen zu praktizieren, die zwischen einer reinen Eigentümerstellung und einer Nutzung qua Miete liegen. Die Mischformen von Eigentum werden heute, wo die Grenzen zwischen Industrie, Gewerbe, Dienstleistung und Handel immer mehr verschwimmen und sich am selben Standort bei Fortexistenz der Unternehmen ständig schneller wandeln, zunehmend bedeutsamer.

Wenn schon nicht die Flächennutzungspläne bzw. das Baurecht eine angemessene Einordnung erlauben, dann bietet zumindest die staatliche, im Interesse der Allgemeinheit wahrgenommene Eigentümerstellung die Möglichkeit, modernen Anforderungen an eine Flächenpolitik gerecht zu werden. Es sind die *Landesentwicklungsgesellschaften*, denen die Aufgabe zufällt, jenseits der Grobheiten des Baurechts die Interessen der privaten Nutzer und der Allgemeinheit so abzustimmen, daß demokratisch legitimierte Entwicklungen möglich bleiben.

In bezug auf die Nachfolgegesellschaften der Treuhand bzw. die TLG als Bundesbehörde oder bundesunmittelbare Kapitalgesellschaft kann die Forderung deshalb nur lauten, die Liegenschaften der Treuhand an die Länder zu übertragen oder sie zumindest weitgehend verfügungsberechtigt zu machen. Als verfassungsgemäß ist das Fortbestehen der Verfügungsgewalt des Bundes (durch von ihm beaufsichtigte Organisationen) ohnehin nur schwer zu behaupten. Auch die finanzielle Seite einer derartigen Übertragung dürfte eher nebensächlich sein, da die meisten Erlöse an restitutionsberechtigte Dritte (einschließlich der Kommunen und Länder) auszukehren sein werden. Weder der Bund noch die Länder können sich deshalb aus der Verfügung langfristig Netto-Erlöse errechnen. Falls heute noch welche errechnet werden sollten, kann dies nur auf übertrieben hoch angesetzte Gutachterwerte zurückzuführen sein, eine Verfahrensweise, für die die TLG und ihr Gutachterausschuß inzwischen leider hinlänglich bekannt sind.

Im nachfolgenden wird beschrieben, welchen Problemen eine Flächenpolitik in den Jungen Ländern gegenübersteht, welche besonderen Anforderungen aus der sich abzeichnenden industriellen Fertigung resultieren und wie spezielle Eigentumsformen helfen können, diesen Besonderheiten Rechnung zu tragen. Anschließend wird die Forderung begründet, die Verfügungsberechtigung für die Liegenschaften des Bundes in Ostdeutschland an die Länder zu übertragen.

Von hierarchischen zu vernetzten Organisationsstrukturen

Die Veränderungen im verarbeitenden Gewerbe – wie sie im Augenblick für jedermann an dem sprunghaft steigenden Verlust von Arbeitsplätzen sichtbar wird – hatten und haben unmittelbar auch einen Einfluß auf die Standortentscheidungen und die Immobiliennutzung überhaupt. Wo früher ganze Stadtteile am ehemaligen Stadtrand der gewerblichen Nutzung eines Arbeitgebers gewidmet waren (siehe das Beispiel von Siemens und Siemensstadt), reicht heute im Falle Debis ein guter Teil eines – zweifellos großzügig bemessenen – Blocks im Stadtmittelpunkt. Nun handelt es sich zwar bei der Debis um die Dienstleistungstochter der Daimler Benz AG, die keine Spur eigener Fertigung mehr umfaßt und folglich wesentlich weniger Platz pro Arbeitskraft benötigt als eine maschinenintensive Fertigung elektrotechnischer Geräte bei Siemens. Dennoch macht dieses die Stadt Berlin betreffende Beispiel jene Trends deutlich, auf die die öffentliche Hand im Rahmen ihrer Flächenpolitik zu reagieren hat.

Die *Umstrukturierung*, die bei Daimler Benz abgeschlossen ist und zu einer Rückkehr des Unternehmens in die Stadt führt, ist bei Siemens angelaufen und hat z. B. schon dazu geführt, daß weite Teile des Areals von Siemens in Siemensstadt darauf warten, für nicht gewerbliche Zwecke umgewidmet zu werden. Was in einem Fall als gelungene Ansiedlungspolitik gefeiert wird, hat dieselbe Ursache wie die erst einmal als schmerzlich empfundene Freigabe von Flächen für nicht industrielle Nutzungen: Der lang andauernde Umbau der maschinenbestimmten Industriegesellschaft zu einer Dienstleistungsgesellschaft, die über ihre Kommunikationsstrukturen determiniert wird, vollzieht sich mit schmerzhaften Brüchen. Das bedeutet unter anderem, daß auch dann, wenn physische Güter hergestellt und verkauft werden, auf die damit verfügbar gemachten Dienste abgehoben wird (um das berühmteste Beispiel zu nehmen: Nicht eine Lampe wird verkauft, sondern Helligkeit).

Um diesen Wechsel in den fundamentalen Restriktionen wirtschaftlichen Handelns zu verstehen und den Einfluß auf die Raumnutzung zu bestimmen, ist es hilfreich, den Wandel als einen Übergang von hierarchischen zu vernetzten Organisationsstrukturen zu beschreiben. Mit der *hierarchischen Struktur* wird versucht, die gewünschten Ergebnisse der Organisation durch eine Kontrolle des Verhaltens der Mitarbeiter und eine Kontrolle des erstellten Outputs zu erreichen. Eine *vernetzte Organisation* setzt dagegen weit stärker auf Anreize selbständig agierender Einheiten, die sich letztlich nur selbst kontrollieren, aber dank der richtigen Anreize das tun, was die Organisation unter den gegebenen Umständen billigerweise von ihnen erwarten kann. Daher sind die Hierarchien vernetzter Organisationen flacher, viele Teile der Organisation als selbständige Teile ausgelagert und viele andere Organisationseinheiten vertraglich gebunden und daher – wie der Name sagt – über andere Einheiten vernetzt.

Diese unterschiedlichen Organisationseinheiten suchen bzw. gestalten ihre räumliche Umwelt entsprechend diesen Merkmalen. Die folgenden Merkmale hierarchischer Organisationseinheiten lassen sich von den vernetzten abheben:

Hierarchie	Netz
Gut erschlossene Lage am Stadtrand, eher eingeschossig	Innenstadtlage, generell Geschoßbau
Konzentration auf eine fest umrissene, abgeschlossene Fläche	hoch verdichtete, aber durchmischte Raumnutzung
erhebliche Verkehrs- und Vorratsflächen in der Breite	Vorratsflächen auf weiteren Geschoßebenen vermietet
Mobilität auf der privaten Fläche, stoßweiser Austausch mit der Umgebung	Mobilität auf der umgebenden öffentlichen Fläche, da ständiger Austausch

Die Konzentration und flächenhafte Ausdehnung hierarchischer Organisationen verlangte die Anlagerung von Funktionen, die in hohem Maße an die Konsumnotwendigkeiten der in diesen Unternehmen Beschäftigten gebunden waren. Daher hatte die Kommune entweder für eine entsprechend dimensionierte Verkehrsanbindung zu sorgen oder für Flächen und einen Wohnungsbau, der den Mitarbeitern oder doch möglichst vielen von ihnen weite Wege ersparte. Die Durchmischung der Städte blieb insoweit bescheiden. Arbeitsplatz, Wohnort und Konsumstätte waren weitgehend vereint und eindeutig an bestimmte Stadtteile gebunden.

In dieser Situation war *Planung* vergleichsweise einfach. Um industrielle Zentren, die im wesentlichen durch die Existenz der großen Unternehmen vorgegeben waren, zogen sich einerseits Mischgebiete und zum anderen reine Wohngebiete, um auf einem nicht allzuweit gespannten Raum die Funktionen zugleich zusammenzubringen und auseinanderzuhalten, die Ansprüche an den Raum also für alle verträglich zu machen. Mit dem Wachstum der industriellen Produktion verließ die Industrie ihre Standorte und zog an den Stadtrand oder mit ihm weiter. Die verlassenen Gebiete wurden für höherwertige Nutzungen frei. Dort, wo die Kosten der Umwidmung und die erwarteten Erträge aus neuen Nutzungen nicht ausreichten, die Flächen tatsächlich neuen Nutzungen zuzuführen, trat der Staat als vorübergehender Eigentümer auf, um die nicht gedeckten Kosten zu übernehmen. Zur Abwicklung dieser Aufgabe gründete und bediente er sich häufig *landeseigener Gesellschaften* (Sanierungsgesellschaften, Landesentwicklungsgesellschaften etc.).

Der *Staat* trat jedoch insbesondere in Ballungsgebieten nicht nur als Träger hoheitlicher Planung auf. Zur Sicherung seiner Infrastrukturmaßnahmen einerseits und einer flexiblen Ansiedlungspolitik andererseits wurde er Eigentümer vieler Flächen, die er – wie in Berlin in großem Umfang praktiziert – nur vorübergehend zur Nutzung an andere übertrug. Die vorübergehende Nutzung beispielsweise im Rahmen von Erbpachtverträgen sicherte den Rückfall der Flächen in eine – hier hoheitliche – Hand, falls die Fläche für einen bestimmten Betrieb/ein bestimmtes Unternehmen nicht mehr benötigt oder die Fläche insgesamt anderen Zwecken zugeführt werden sollte.

Der Staat erfüllte hier die Funktionen, die bei Großunternehmen von diesen implizit miterledigt werden – nämlich die Transaktionskosten einer verteilten und häufig wechselnden Eigentümerstruktur einzusparen. Außerdem sollte damit jene Ansiedlung gesteuert werden, von der man hoffte, die größten regionalwirtschaftlichen Gesamterträge zu erzielen. Es sollte jene Mixtur der Flächennutzung gefördert werden (etwa durch entsprechende Pachtzinsgestaltung), die jene externen Erträge sichert, welche ein rein privatwirtschaftliches Handeln nicht zu Wege bringt.

Seit dem Übergang zu vernetzter industrieller Produktion sind diese beiden letztgenannten Funktionen durch rein staatliches Handeln schwerer zu erledigen. Es wird notwendig, in dem Prozeß der Durchdringung selbständiger wirtschaftlicher Einheiten, die auf räumliche Nähe angewiesen sind, in jedem Fall aber von ihr profitieren, weil sie in eine größere Einheit technisch, wirtschaftlich und rechtlich eingebunden sind, staatlicherseits flexibel und feinabgestimmt reagieren zu können. Hoheitliche Ziele werden insoweit privatrechtlich umgesetzt (direktes oder indirektes staatliches Eigentum) und in privatwirtschaftlichen Formen realisiert.

Die privatwirtschaftliche Form dient dazu, mehr Formen der Bewirtschaftung der Flächen auf engem Raum miteinander verträglich zu machen – auf engerem Raum, als *Flächennutzungspläne* und *B-Pläne* dies eigentlich gestatten und mit stärkerer Variation, auch zeitlicher Natur, als dies sonst möglich ist. Alles wird dem Ziel untergeordnet, auf alle Anforderungen der Privatwirtschaft zur Nutzung des Raumes flexibel reagieren zu können und doch die langfristigen Ordnungsmöglichkeiten nicht aus der Hand zu geben, die garantieren, auch morgen noch flexibel reagieren zu können.

Vernetzte Organisationen benötigen ein Umfeld, in dem die mit dieser Organisationsform angestrebte Variationsfähigkeit begünstigt und mitgetragen wird. Große Unternehmen (z. B. Siemens) schaffen sich das dafür geeignete Umfeld weitgehend selbst. Für kleinere Unternehmen muß die Allgemeinheit, vertreten durch den Staat, für die geeignete Ordnung sorgen. Eine Möglichkeit hierfür sind Landesentwicklungsgesellschaften.

Situation in den Jungen Ländern

Wesentliches Merkmal gewerblich genutzter Flächen der Jungen Länder ist sicherlich, daß entsprechend der Dominanz und der Vorrangstellung industrieller Produktion in der DDR die *Flächen* nach heutigen Maßstäben völlig *überdimensioniert* waren und sind (die nicht betriebsnotwendige Fläche bei EKO-Stahl beträgt 500 ha!). Zudem haben viele industrielle Nutzungen die Wanderung aus den innerstädtischen Lagen nicht vollzogen. Die Verteilung der Industrie im Raum entsprach und entspricht noch im großen und ganzen der von 1930.

Soweit es sich – gemessen am erwarteten sicheren hohen Bodenwert der Immobilie – um überschaubare Flächen handelte, sind jedoch viele dieser Flächen längst verkauft und werden heute als Dienstleistungs- und Wohnungsstandorte bebaut oder beplant (siehe in Berlin Gelände von Narva oder EAW Treptow oder generell die ebenso großzügig bemessenen Immobilien der Handelsorganisationen der DDR, wie z. B. bei Kohlehandel, Sero oder Waren des täglichen Bedarfs).

Umgekehrt ist aus der Umwidmung landwirtschaftlich nicht mehr genutzten Bodens zu Gewerbe- und Industrieflächen ein riesiges Angebot entstanden, das – je nach Erschließungsstand – eine mehr oder weniger dringlich Nachfrage sucht. Die so gewonnenen Standorte sind meist hervorragend erschlossen. Damit ist sehr schnell jene Verlagerung von Gewerbe und Industrie an die Ränder der Besiedlung vollzogen worden oder steht vor dem Abschluß, für die Westdeutschland 40 Jahre benötigte.

Ebenso klare Verhältnisse sind im *Geschoßwohnungsbau* zu finden. Die Nachfolgegesellschaften der kommunalen Wohnungswirtschaft haben von diesen erhebliche noch bebaubare Flächen geerbt; wo nötig, wurden von den Kommunen Flächen hinzu erworben. Nicht gesichert aber sind, insbesondere in Ballungsräumen, Flächen für den Eigenheimbau.

Im Ergebnis läßt sich festhalten: All die Flächen, die (an groben Rastern gemessen) für die Anpassung an westdeutsche Verhältnisse geeignet sind, haben bereits neue Nutzer rsp. Eigentümer gefunden. Anders verhält es sich mit jenen Flächen, die als *problematisch* einzustufen sind, weil

- sie mit Kosten der Beräumung und Demontage einerseits und der Beseitigung von Altlasten andererseits belastet sind;
- sie ihrer Nutzung nach völlig neu geordnet werden müssen und dabei zu berücksichtigen ist, daß die verbliebene industrielle Nutzung nicht behindert werden darf (siehe das *Spreeknie* in Berlin-Köpenick u. v. a.);
- sie völlig neu durchwegt sowie ver- und entsorgt werden müssen, um modernen Anforderungen gerecht werden zu können;
- sie eine völlig neue Anbindung an die Umgebung erhalten müssen, um eine wie oben beschriebene gemischte Nutzung möglich zu machen, und schließlich
- völlig verschiedene Eigentums- und Besitzrechte räumlich und wirtschaftlich zulässig gemacht werden müssen, um den variablen Nutzungen der modernen Produktion gerecht werden zu können.

Mit anderen Worten: Diese Flächen sind deshalb problematisch, weil die Verwahrung und Sicherung sowie ihre Aufbereitung sehr kostspielig, die Erträge kurzfristig zweifelhaft und die Nettoerträge lange negativ sind. Ihre gesamtwirtschaftlich sinnvolle Nutzung setzt somit einen Eigentümer voraus, der die *Eigentümerfunktion* beliebig lange durchhalten kann, weil ihm die zu erwartenden positiven externen Erträge (also Erträge auf fremdem Eigentum) bei einer langfristigen Nutzungskonzeption letztlich zufallen. Für diese problematischen Flächen kommt deshalb nur die öffentliche Hand selbst in Frage. Das aber bedeutet, daß gerade die radikale, mit der Vereinigung erzwungene Modernisierungsstrategie nach einem grundsätzlich langfristigen Verbleib dieser Flächen im Eigentum der öffentlichen Hand verlangt.

Damit stellt sich zum einen die Frage, wie die THA mit dem ihr verbliebenen direkt oder indirekt gehörenden Immobilienbesitz verfahren soll und ob der Bund als Eigentümer der THA und vieler anderer Liegenschaften geeignet ist (oder ob nicht andere öffentliche Hände geeigneter wären), die Eigentümerfunktion wahrzunehmen.

Liegenschaften in der Verfügung der Treuhandanstalt

Die einzigartige Stellung der Treuhandanstalt im Prozeß des wirtschaftlichen Aufbaus der Jungen Länder rechtfertigte sich allein und solange, wie die volkseigenen Ressourcen schnell in diejenigen privaten Hände übertragen wurden, die sie am besten zu nutzen versprachen. Ressourcen, die nach vierjähriger Tätigkeit noch nicht in private Hände überführt worden sind, können nicht mehr schnell privatisiert werden; sie sind überhaupt nur noch zu privatisieren. Dazu bedarf die THA neuer Ziele, Organisationsstrukturen und Verfahrensweisen. Die THA hat diese Notwendigkeit für sich grundsätzlich akzeptiert, wie etwa die Politik der Management KG oder ihre Strukturpläne für 1993/94 und für die Zeit nach 1994 zeigen. Die THA folgt damit wiederum dem Willen des Gesetzgebers, der das Ende der THA von vornherein auf den 31.12.1994 festgelegt hat.

Für alle Ressourcen, die sich heute noch in der Verfügungsgewalt der THA befinden, darf erst einmal vermutet werden, daß es sich hierbei um Ressourcen handelt, deren Verwertung nach einzelwirtschaftlichem Kalkül nicht zugleich und ohne weiteres Zutun ihre volkswirtschaftlich beste Nutzung einschließt. Mit Sicherheit gilt dies, wie das oben bereits ausgeführt wurde, für wesentliche Teile der bisher noch nicht veräußerten Liegenschaften.

Geeignete *Liegenschaften* für die Ansiedlung von Unternehmen zur Verfügung zu stellen, ist neben finanziellen Fördermitteln das wichtigste unmittelbar wirksame Instrument einer regionalen Wirtschaftspolitik (sonstige Standortfaktoren sind z. T. nur sehr indirekt für wirtschaftliche Zwecke zu instrumentalisieren). In den Jungen Ländern kommt der Ansiedlungspolitik, vor allem aber einer Politik der Verlagerung und Konzentration bestehender Unternehmen im Zuge der räumlichen Neuordnung, insbesondere in Ballungsräumen, eine überragende Bedeutung zu. Mit dem absehbaren Ende der THA werden die Jungen Länder zum Hauptverantwortlichen der regionalen Entwicklung. Folglich müssen sie auch im Rahmen der Raumordnungs- und Ansiedlungspolitik und zur Sicherung bestehender Unternehmen über ausreichende Flächen verfügen oder doch deren Verfügung ausreichend beeinflussen können.

Diesem Zuwachs an Verantwortung der Länder und Kommunen für den Aufschwung Ost, der sich aus dem Stand der Abwicklung der THA, den regionalwirtschaftlichen Aufgaben und der verfassungsgemäßen Arbeitsteilung der öffentlichen Hand ergibt, stehen im Augenblick nicht die entsprechenden Verfügungsmöglichkeiten über Immobilien gegenüber. Die den Ländern und Kommunen qua Kommunalisierung oder qua Restitution zugeeigneten Flächen sind weder ausreichend noch der Art nach für Zwecke einer regionalen Wirtschaftspolitik geeignet.

Ausreichende und geeignete Flächen befinden sich entweder im Eigentum des Bundes, der Treuhandanstalt oder von THA-Unternehmen (einschließlich solcher in Liquidation). Die Frage lautet daher: Wie bekommen die Länder und Kommunen das Verfügungsrecht über oder doch den Einfluß auf die für die Erfüllung ihrer Aufgaben erforderlichen Liegenschaften?

Die nach *Einigungsvertrag* und *Kommunalvermögensgesetz* den Ländern/Landkreisen/Kommunen zustehenden Immobilien werden diesen auf Antrag durch das Direktorat

Kommunalvermögen der THA bzw. die OFD übertragen. Bislang sind ca. 185 000 Anträge eingegangen (wöchentliche Zunahme ca. 500, so daß bis zum Ende der Antragsfrist mit ca. 200 000 Anträgen zu rechnen ist). Von den in die Zuständigkeit der THA fallenden Anträge von März 1994 knapp 75 000 sind ca. 20 000 erledigt, davon 8 000 positiv, 7 000 negativ, der Rest bescheidlos. Der größte Teil der positiven Bescheide betrifft Immobilien, die Kommunalaufgaben dienen (Kindergärten, Sportplätze etc.) oder die land- und forstwirtschaftlich genutzt werden. Nur etwa 300 positiv beschiedene Anträge beziehen sich auf Flächen, die unmittelbar für eine gewerbliche Nutzung vorgesehen sind.

Auch wenn man berücksichtigt, daß ein Teil der (rück-)übertragenen landwirtschaftlich genutzten Flächen zukünftig einer gewerblichen Nutzung oder dem Wohnungsbau gewidmet werden kann und ein Teil der ohne Bescheid erledigten Fälle Gewerbeflächen betrifft, die im Einverständnis mit den Antragstellern durch die THA verkauft wurden, werden den öffentlichen Händen der Jungen Länder bis zur voraussichtlichen Erledigung aller Anträge 1997 nur Teile der ihnen kraft des Gesetzes zustehenden Flächen zugeordnet worden sein. Außerdem ist ein erheblicher (schwer einschätzbarer) Teil kraft des Verkaufes der THA-Unternehmen, denen diese Liegenschaften gehörten, nicht mehr übertragbar. Der Versuch eines Durchgriffs auf privatisierte Unternehmen ist inzwischen rechtsanhängig.

Jedenfalls ist mit dem nach Erledigung aller Anträge verfügbaren Bestand eine angemessene Liegenschaftspolitik nicht gewährleistet, da es sich einerseits um weniger Flächen handelt als sie 1945 Eigentum der öffentlichen Hand waren, und die Art der Flächen andererseits auf die Bedürfnisse eben der Jahre vor 1945 zugeschnitten ist.

Bei der für den Verkauf von Liegenschaften zuständigen TLG befanden sich zum Jahreswechsel 1993/1994 noch etwa 62 000 Grundstücke, 29 000 davon im direkten Verkaufsangebot. Da diese Zahlen nach Belegenheit ermittelt worden sind, der unkontrollierte Datenfluß Irrtümer provoziert und die noch in treuhänderischer Verwaltung stehenden Unternehmen (ca. 2 000, davon ca. 1 750 in Liquidation) nach wie vor nicht über die TLG verkaufen, sind Aussagen über Art und Umfang der noch zu verwertenden Liegenschaften aus dem THA-Bereich nur mit großem Vorbehalt möglich. Wesentliche Quellen für Flächen, die gegebenenfalls für Zwecke der öffentlichen Hand zur Verfügung stehen könnten, sind (Zahl der Objekte grob geschätzt):

- THA-Unternehmen 15 000 Objekte
- Eigentum der THA (durch Rauskauf) 5 000 Objekte
- MfS-Vermögen 4 000 Objekte
- Sondervermögen (Parteien und Massenorganisationen) 5 000 Objekte

THA-Unternehmen

Die Mehrzahl der Liegenschaften befindet sich auch heute noch in deren Eigentum. Verfügungsberechtigt ist damit das Unternehmen, das nach den internen Verfahren der THA gehalten ist, Liegenschaften über die TLG zu vermarkten. Nach den Grundsätzen des Gesellschaftsrechts muß das Unternehmen in der Regel an einer Verwertung zum

Höchstpreis interessiert sein. Von den etwa 2 000 noch im THA-Eigentum stehenden Unternehmen sind ca. 250 auf Dauer angelegt. Die übrigen sind Rest- und Mantelgesellschaften, die sich in der Regel in der Liquidation oder der Gesamtvollstreckung befinden. Bei den sich in der Liquidation befindlichen Restunternehmen sind noch erhebliche Mengen von für gewerbliche Zwecke bedeutsamen Flächen zu finden, da in ihnen sehr häufig die nicht betriebsnotwendigen Immobilien abgelegt wurden. Oft handelt es sich um wirkliche Restflächen, deren Verwaltung mehr verschlingt als jemals zu erlösen sein wird.

Die *Liquidatoren* sind ihrem Auftrag entsprechend gehalten, möglichst hohe Masseerlöse durch hohe Verkaufspreise zu erzielen. Ein hoher Nettoertrag kann im Sinne der übertragenen Sanierung jedoch auch in Form von hohen Arbeitsplatzzusagen und Fortführung von Teilgeschäften anfallen. Von daher versuchen die Liquidatoren, mit den Flächen Ansiedlungswillige zu gewinnen. Allerdings ermöglichte der § 25 Abs. 5 des *D-Markbilanzgesetzes* (DMBilG) bei Unternehmen in Liquidation grundsätzlich die Herauslösung der Immobilien für andere dem Aufschwung Ost verpflichtete Nutzungen. Die Masseschmälerung muß jedoch bis maximal zum Verkehrswert der Immobilien kompensiert werden, um Neugläubigern nicht zu schaden.

Eigentum der THA

Diese Immobilien sind im Zuge der Privatisierung oder zur Zuführung von Liquidität aus THA-Unternehmen herausgekauft worden. Sie sind zu einem guten Teil restitutionsbehaftet. Insoweit müssen sie nach den Regeln des *Vermögensgesetzes* (VermG) rsp. des *Investitionsvorranggesetzes* (InVorG) verkauft werden. Sie stehen daher für einen Verkauf nach Förderregeln der öffentlichen Hand nicht zur Verfügung. Soweit die Immobilien im Zuge der Privatisierung verkauft wurden, befinden sie sich mit sehr zweifelhaften Werten in der THA-Bilanz (Buchwerte von 1990, Verkehrswerte ohne Berücksichtigung von Altlasten oder Restitutionsansprüchen). Ein Verkauf dieser Flächen ist daher im Zweifelsfall mit einem Buchverlust der THA verbunden. Zudem ist häufig der Zuschnitt der herausgekauften Flächen von dem Wunsch des Käufers des Unternehmens diktiert worden, lästige und unbrauchbare Teile des Betriebsgeländes loszuwerden. Bei grober Schätzung sind damit aus diesem Topf etwa 1 000 gewerblich nutzbare Immobilien vorhanden, die dank der THA-Eigentümerschaft grundsätzlich nach den Verbilligungsregeln des Bundes oder der THA veräußert werden könnten.

MfS-Vermögen

Die Flächen des MfS (Ministerium für Staatssicherheit) sind häufig für gewerbliche und wohnwirtschaftliche Nutzungen sehr geeignet. Sie stehen in unmittelbarem Eigentum der THA und können daher nach den Förderregeln der öffentlichen Hand verwertet werden.

Sondervermögen

Für die Immobilien des Sondervermögens ist die Verfügungsgewalt – unbeschadet der Entscheidungen der Unabhängigen Kommission – kürzlich an die Länder übertragen worden. Auf Grund der besonderen Zweckbestimmung der Erlöse des Sondervermögens sind die allgemeinen Förderrichtlinien der öffentlichen Hand allerdings nur beschränkt anwendbar.

Summa summarum gibt es also noch erhebliche Flächen im Verfügungsbereich der THA, die für die Zwecke der öffentlichen Hand nützlich und brauchbar sind. Das durch die *Bodenverwertungs- und Verwaltungsgesellschaft* (BVVG) zu verwertende Bodenreformland, die bergrechtlich gebundenen Flächen und die landwirtschaftlichen Flächen sind dabei noch nicht berücksichtigt.

Neben den zum Umfeld der THA/TLG gehörenden Immobilien müssen auch jene Immobilien berücksichtigt werden, die unmittelbar Bundeseigentum geworden sind und bis heute von der *Bundesvermögensverwaltung* betreut werden. Zu diesem Verwaltungsvermögen des Bundes gehören insbesondere die früher von der Russischen Armee und der NVA (Nationale Volksarmee) genutzten Flächen, die nun nicht mehr oder in erheblich geringerem Umfang für militärische Zwecke benötigt werden. Es ist geplant, das von der Bundesvermögensverwaltung gehaltene Vermögen über die TLG vermarkten zu lassen. Zu diesem Zweck wird die TLG nach 1994 eine bundesunmittelbare Einrichtung, die im Auftrag des Bundes alle dann dem Bund mittelbar und unmittelbar gehörenden Liegenschaften vermarkten soll (Ausnahme: die 800 000 ha landwirtschaftlicher und 600 000 ha forstwirtschaftlicher Flächen sowie eventuell die noch nicht privatisierten Flächen der volkseigenen Güter, die durch die dann vollständig privatisierte Bodenverwertungs- und Verwaltungsgesellschaft zu vermarkten sind).

Verfahrensregeln der TLG

Soweit Liegenschaften aus dem Umfeld der THA über die TLG verkauft werden, stimmt sich der Verkäufer mit den zuständigen öffentlichen Händen (hinsichtlich Nutzung der Immobilien, Ausnutzung der Flächen und in einem gewissen Umfang auch bezüglich der zukünftigen Eigner und der Preise) ab. Diese Abstimmung ermöglicht der öffentlichen Hand, auf die Angebotspolitik der TLG Einfluß zu nehmen. Insbesondere die Erstellung und Realisierung eines *Vorhaben- und Erschließungsplans* als Bedingung eines Verkaufs zu vereinbaren, hat sich als Element einer Kooperation von THA und öffentlicher Hand sehr bewährt.

Für die Instrumente des Sanierungsrechts – und hier besonders des erneut eingeführten Rechts der Kommunen, Entwicklungsgebiete auszuweisen – läßt sich noch nicht sagen, wie nützlich sie sind. Von Seiten der THA/TLG wird die Ausweisung von Entwicklungsgebieten als eher hinderlich angesehen, da damit ein kurzfristiger Verkauf an andere Interessenten als die Kommunen faktisch ausgeschlossen ist. Es ist wohl kaum sinnvoll, daß eine öffentliche Hand (hier der Bund) an Private verkauft, die dann umgehend wieder an eine Kommune verkaufen müssen (rsp. Entwicklungsgewinne abzuführen haben). Dem Sinn dieser Maßnahme entsprechend wird die Kommune zum eigentlichen Träger der Entwicklung.

Die *Preisfindung* der TLG bei Verkäufen an Private geschieht im Rahmen eines öffentlichen Bieterverfahrens (Ausschreibung). Von dieser Regel wird bei Arrondierungen, bei Verkäufen in strukturell besonders benachteiligten Regionen etc. und beim Verkauf an öffentliche Hände oder ihr nahestehende Institutionen abgewichen und zum gutachterlich festgestellten Verkehrswert verkauft. Beide Verfahren leiden darunter, daß sie für schwierige und umfangreiche Immobilien nicht die gewünschten Resultate erbringen. (Eine generelle Kritik an der Art der Feststellung des Verkehrswertes, des Gutachterwesens und seiner Instrumentalisierung ist in diesem Rahmen überflüssig, da im Normalfall genügend Spielraum vorhanden sein dürfte, um doch noch zu von allen Seiten akzeptablen Gutachterwerten zu kommen.)

Bei hochwertigen Standorten (Innenstadtbereichen z. B.) läßt eine Ausschreibung nicht genug Verhandlungsspielraum, um trotz komplizierter Sachverhalte den höchstmöglichen Ertrag zu erbringen. Ausschreibungen und Auktionen sind mit hohen Informationsverlusten verbunden, auch bezüglich der besten Nutzung. In Anbetracht der Verfahren der THA, bei denen Ausschreibungen die Ausnahme und der freihändige Verkauf die Regel sind, ist das ausschließliche Vertrauen der TLG in Ausschreibungen erstaunlich. Es dient wohl eher der Rechtfertigung als einer wirklichen Maximierung des Nettoerlöses.

Bei umfangreichen, aber in hohem Maße nur in langen Zeiträumen umzugestaltenden Flächen (Entwicklungsflächen) ist das Risiko der Beteiligung an einer Ausschreibung für den Käufer so hoch, daß ein Gebot eines ernsthaften und vertrauenswürdigen Interessenten erst gar nicht zustande kommt. Gutachterlich festgestellte Verkehrswerte sind in diesen Fällen a priori im Streit, da Kosten und Erträge einen so weiten Spielraum lassen, daß die Bildung eines Punkt-Wertes einem Hasardspiel gleicht, das durch noch so langes Nachdenken nicht zu beenden ist. An die Stelle eines einmal festgestellten Verkaufspreises wird deshalb ein Verfahren der stückweisen Preisfindung und der Erlösauskehr treten müssen.

Bund und/oder Länder als Verfügungsberechtigte?

Die nächsten zwölf Monate werden von den folgenden Umständen geprägt sein:

- Bund und Länder werden gedrängt, die unmittelbare Verantwortung für wichtige, nicht privatisierte Unternehmen zu übernehmen.
- Die durch Betrug oder wegen widriger wirtschaftlicher Umstände zahlungsunfähig gewordenen oder überschuldeten Unternehmen werden erneut am Markt angeboten werden und dort, wo beim besten Willen eine Sanierung unmöglich erscheint, liquidiert werden oder in Gesamtvollstreckung gehen.

In beiden Fällen dürften die Länder und Kommunen gedrängt werden oder sich drängen, ihrer Verantwortung dadurch nachzukommen, daß sie mit den überschießenden Flächen *Ansiedlungspolitik* zu betreiben versuchen (Märkische Faser, EKO-Stahl, Bischofferode etc.). Gleichzeitig gilt aber auch:

- Die mit der Privatisierung verkauften überflüssigen Flächen werden auf den Markt drängen, da die Spekulations- und Mehrerlösfristen ablaufen.
- Die Nachfrage nach gewerblichen Immobilien wird rapide abnehmen und auch bei erstarkender Konjunktur nur langsam wieder zunehmen. Das Angebot aus neuerschlossenen Gewerbeflächen und schon existierenden Gewerbegebieten drückt mächtig auf den Markt. Damit wird sich die Aufgabe der TLG in Richtung auf die Entwicklung und das Vorhalten von Liegenschaften (Fristentransformation) verschieben.

Die TLG tendiert gelegentlich dazu, sich für schlauer als der Markt zu halten oder zu meinen, als größter Anbieter (zusammen mit der BVVG) den Markt vor einem Preisverfall schützen zu müssen. Diese Ansicht führte folgerichtig zu der Idee der TLG, sich noch 1994 in eine Besitzgesellschaft zu wandeln. Eine Besitzgesellschaft hat jenen Freiraum, der es ihr gestattet, die Immobilien nicht heute zu verkaufen, sondern sie erst zu entwickeln und dann später zu veräußern. Ginge es hingegen um den Verkauf im Sinne einer möglichst raschen Privatisierung, so wäre im übrigen die Zahl der Mitarbeiter mit ca. 1 000 reichlich hoch gegriffen.

Damit ist bei der Umsetzung dieser Idee für die Zukunft ein Konflikt mit den Ländern und Kommunen zu erwarten. Denn die Jungen Länder werden kaum einsehen, warum hier eine ostdeutschlandweite, jedoch bundeseigene Organisation ohne Länderbeteiligung etabliert werden soll, die genuine Landesaufgaben wahrnimmt.

Folgt man der klassischen Aufgabenteilung zwischen Bund und Ländern, steht völlig außer Frage, daß der Bund sein Eigentum bzw. seine Verfügungsberechtigung an die Länder zu übertragen hat. Der Einigungsprozeß ist soweit vollzogen. Die Jungen Länder sind in den Stand zu setzen, die ihnen vom Grundgesetz nach ökonomisch sinnvollen Regeln übertragenen Aufgaben eigenständig und eigenverantwortlich wahrzunehmen. Zu klären bliebe allenfalls, wieviel, auch wann und unter welchen Vermarktungsregeln (zur Sicherung angemessener Erlöse), die den Ländern übertragenen Immobilien zu bezahlen sind.

Sollte sich der Bund auf eine solche generelle Übertragung der Immobilien nicht einlassen, weil er fürchtet, weniger zu erhalten als wenn er selbst vermarkten ließe, dann sollte wenigstens die TLG nach Ländergrenzen in *Regionalgesellschaften* gegliedert und diese als Besitzgesellschaften gebildet werden. Jede Gesellschaft sollte das jeweilige Land als Mehrheitsgesellschafter erhalten. Ob der Bund zugleich auch als Stiller Gesellschafter auftritt, um seinen Erlös zu sichern, muß geprüft werden. In jedem Fall diente eine solche Lösung dazu, den Bund als Träger der Finanzlast der Vereinigung, so gut es geht, zu entlasten. Die genuin regionalpolitischen Aufgaben aber werden den dafür besser geeigneten und daher verantwortlichen Ländern überlassen.

Jenseits dieser generellen Regelung sollte jedoch geprüft werden, Immobilien, die nur unter dem Blickwinkel des Sanierungsrechts zu vermarkten sind, unmittelbar an die Kommunen und Landkreise zu übertragen. Es ist absehbar und entspricht der Erfahrung, wonach hier die regionalen politischen Interessen so stark sind, daß nur die Einheit von Eigentum und Planungshoheit volkswirtschaftlich sinnvolle Lösungen erbringt (die Beauftragung privater oder halbstaatlicher Dritter im Dienste dieser Einheit ist damit nicht ausgeschlossen!). In jedem Fall werden unsinnig komplizierte Abstimmungen und taktische Einsätze des Planungsrechts vermieden.

Der *Kaufvertrag* über derartige Immobilien wird diesen Besonderheiten Rechnung tragen müssen. Ein Verkauf zu einem am Verkaufstag festgestellten Verkehrswert wird den Risiken einer Entwicklerimmobilie nicht gerecht. Die Zahlungen des Kaufpreises werden sich an den Zahlungseingängen aus dem Weiterverkauf rsp. der Möglichkeit realisierter Nutzungen orientieren müssen. Insoweit werden diese Verträge bei bescheidener Anzahlung eine Mehrerlösauskehr und eventuell auch Erlösabführungen vorsehen müssen, die dem Käufer dennoch genügend Anreize lassen, sich für die Entwicklung dieser Immobilie einzusetzen.

Welche der Immobilien an die öffentliche Hand übertragen werden, weil sie die Besonderheiten aufweisen, die die Einheit von Eigentum und Planungshoheit fordern, kann dank der gesellschaftsrechtlich gesicherten Mitsprache der Länder pragmatisch gelöst werden. Eine technisch gar nicht zu bewältigende Ad-hoc-Bestimmung solcher Immobilien erübrigt sich. Es wäre im übrigen erwägenswert, im Kaufvertrag vorzusehen, daß der Verkauf an Private nach erfolgreicher Entwicklung über die Regional-GmbH zu erfolgen hat. Dies gäbe dem Bund rsp. seinem von ihm beauftragten Vermarkter die Chance, die Anstrengungen der Kommune bei der Entwicklung des übertragenen Vermögens zu unterstützen und zugleich seine Leistungsfähigkeit unter Beweis zu stellen.

Darüber hinaus sollten alle Möglichkeiten ausgenutzt werden, das Know-how und die Interessenlage der Kommunen, Landkreise und Länder einzusetzen, um den Besonderheiten einzelner Immobilien Rechnung zu tragen. Wie zum Teil schon bisher gehandhabt, sollten beispielsweise die Landesentwicklungsgesellschaften bei der Entwicklung, aber auch dem Verkauf als Geschäftsbesorger oder Treuhänder von Bundesliegenschaften eingesetzt werden.

Insgesamt bleibt festzuhalten, daß der *Bund* seinen zentralstaatlichen Verpflichtungen nur nachkommen kann, wenn er sich bezüglich der Verwertung der verbliebenen ostdeutschen Liegenschaften Zurückhaltung auferlegt und diese schwierige aber lobenswerte Aufgabe jetzt in die Aufsicht der Länder gibt. Der Bund hat zugleich die Länder organisatorisch in die Lage zu versetzen, sich eigenständig zu entwickeln. Dazu gehört zwingend die Verfügungsmöglichkeit über den der öffentlichen Hand gehörenden Grund und Boden – insbesondere dann, wenn der Anteil des Bundes am Grund und Boden jenes Ausmaß hat, das in den Jungen Ländern trotz des bevorstehenden Endes der THA immer noch vorzufinden ist.

Der Standort – von außen gesehen

Hans J. Spiller

Standortsuche im Wandel der Zeit

Früher, da war das mit dem *Firmenstandort* noch einfach. Die Firma befand sich dort, wo der Großvater sie gegründet hatte und blieb auch dort. Mit einem neuen Geschäft zog man dorthin, wo die Konkurrenz schon war, sei es mit dem Juwelierladen in die Kaiserstraße in Frankfurt oder mit der Textilfabrik nach Schlesien. Die Schuhe kamen aus Offenbach, die Kugellager aus Schweinfurt und das Bier aus Bayern.

Heute ist der Geschäftsmann auf der Suche nach dem idealen Platz für die neue Fabrik oder das neue Dienstleistungszentrum infolge der unzähligen Alternativen geradezu überfordert. Er kann nach Polen gehen wegen der niedrigen Löhne, nach Singapur wegen der fleißigen Asiaten, nach Puerto Rico wegen der niedrigen Steuern – globales Denken ist gefordert, und die Welt liegt einem zu Füßen. Dies tut sie wirklich: Während früher die Vermarktung eines Landes oder gar einer Stadt als Standort für gewerbliche Aktivitäten weder üblich noch fein war, geben sich heute bei dem expansionslustigen Unternehmer die Vertreter aller möglichen größeren oder kleineren, bekannten oder unbekannten potentiellen Standorte die Klinke in die Hand.

Der Standort ist zu einer *Ware* geworden, er ist ein Konvolut von zahllosen Einzelfaktoren, ein nur schwer griffig zu gestaltendes und zu beschreibendes Produkt. Und wie man weiß, beruht der Erfolg eines Produktes auf dem Weltmarkt heutzutage weniger auf den eigentlichen Produkteigenschaften, sondern auf der Qualität der Marketingstrategien und Vertriebsaktivitäten, mit denen das Produkt angeboten und verkauft wird.

Es muß somit deutlich gesagt werden: Die Qualität eines Standortes mißt sich weniger daran, wie sie von den Standortbewohnern eingeschätzt oder selbst erlebt wird, sondern vielmehr daran, wie er dem Außenstehenden, das heißt dem potentiellen Standortbenutzer, vorgestellt und präsentiert wird. Demnach ist Wirtschaftsförderung, soweit sie das Suchen nach und das Gewinnen von neuen Investoren angeht, zu einer reinen *Marketing-Angelegenheit* geworden auf der Basis eines sehr harten und ausschließlich internationalen Wettbewerbs.

Die wahren Standortfaktoren und ihr Stellenwert

Vor 10 Jahren ging es bei der Bewertung eines möglichen neuen Standortes fast ausschließlich um *Kostenfaktoren*: niedrige Löhne, geringe Energiekosten, wenig Frachtbelastung und möglichst keine Steuern. Dazu kamen noch günstige Grundstückskosten, attraktive Finanzierungsmodelle, Zuschüsse und Subventionen aller Art. Mit diesen Daten wurde ein Investitions- und Finanzierungsplan erstellt, eine Planbilanz entwickelt, der Return on Investment errechnet – all das mit dem sicheren Gefühl, unter Einhaltung aller dieser Zahlen und Prämissen letztendlich auch ein ordentliches Ergebnis zu erwirtschaften.

Leider hat sich in der Zwischenzeit die Bedeutung dieser objektiven Fakten, die so gut darstellbar und auch eindeutig beweisbar sind, stark verringert, und es gelten heute zunehmend ganz andere, zum Teil unwägbare, nicht recht greifbare, emotional und subjektiv belastete *Standortgrößen* wie Lebensqualität, politische Stabilität, allgemeines Geschäftsklima oder Unternehmerfreundlichkeit.

Damit noch nicht genug, kommt zunehmend ein vager Begriff in die Diskussion: das *Image*. Keiner weiß so recht, was das ist, oder wie es entsteht, aber jeder trägt sein eigenes Image, das eines Landes, einer Gegend oder einer Stadt mit sich herum. Das Image existiert auf verschiedenen Ebenen, vom Macro-Image eines Staates bis hin zum Micro-Image einer Kleinstadt. Das Staatsimage ist über Generationen hinweg stabil und definiert das eine Volk und sein Staatsgefüge als fleißig und zuverlässig, das andere als bequem und liederlich, während das Image einer Stadt ein sehr labiler Begriff sein kann, welcher durch alle möglichen kurzfristigen Einflüsse in die positive oder negative Richtung gelenkt wird.

Ein Image wirkt vor allem nach außen – der Stadt- oder Landbewohner kennt es meistens gar nicht, oder er will es nicht hören. Am Image stricken viele, von Lieschen Müller auf der Straße, die den freundlichen Touristen bei dessen Mißachtung der Fußgängerampel anfaucht, bis hin zum hilfsbereiten Polizisten beim Verkehrsunfall. Der verbrecherische Anschlag auf eine Gastarbeiterwohnung, die Entlassungswelle bei der führenden Firma am Platz, die Anti-Demonstration am Einkaufs-Samstag oder ein mehrfach verregneter Sommer, alles trägt zum Image bei.

Der *wesentliche Standortfaktor* ist und bleibt die geographische Lage, die Nähe zum Markt oder, noch genauer, die Nähe zum Kunden. Der attraktivste Standort mit den günstigsten Konditionen ist sinnlos, wenn von ihm aus der Kunde nicht kurzfristig erreicht und versorgt werden kann. Das Gesetz des *just in time*, von den Japanern erfunden, von den Amerikanern sehr schnell umgesetzt und von den Deutschen erst langsam akzeptiert, definiert schon heute und zunehmend in der Zukunft das Handeln vieler produzierender Firmen und auch das von Dienstleistungsunternehmen. Nicht nur die Automobilindustrie, wo das Ganze begann, wird durch das *just in time*-Prinzip regiert. Ganz allgemein wird in Zukunft das Verhältnis zwischen Lieferant und Kunden durch den Oberbegriff *Service* bestimmt, vom ersten Kundenkontakt bis zur letzten Garantieleistung. Der Kunde wird ganz allgemein anspruchsvoller, er will schnell und zuverlässig bedient werden, egal ob in der Stahlindustrie oder im Dienstleistungsgewerbe. Dadurch wird der traditionelle *geographische Standortfaktor* zu einem ganz neuen Prinzip.

Die Frage ist nun nicht, wie diese vielfältigen Standortfaktoren zu definieren sind. Vielmehr besteht sie darin, wie diese für einen auswärtigen Investor attraktiv dargestellt und, beim Vergleich mit anderen Standorten, relativiert werden. Realistisch ist davon auszugehen, daß kurzfristig Standortfaktoren, wie immer sie auch lauten, nicht grundlegend veränderbar sind. Jeder einzelne Faktor, vom Lohnniveau über die politische Stabilität bis hin zum Standortimage ist primär als gegeben hinzunehmen. Es fragt sich aber, wie man ihn darstellt und welchen Stellenwert er dadurch bekommt.

Zum Beispiel erscheinen die hohen Kosten einer Arbeitsstunde in Deutschland, gerechnet auf Dollar-Basis, als abschreckend hoch, vergleicht man sie mit die Kosten in Tschechien oder gar in China. Gekoppelt mit anderen, die endgültigen Produktkosten bestimmenden Fakten, wie Produktivität, Ausbildungsniveau, Arbeitsdisziplin oder Verfügbarkeit an Zulieferanten für Produkte und Service, sieht diese Zahl schon ganz anders aus.

Wenn man nun weiß, wie die zugegebenermaßen sehr hohen Lohnnebenkosten in Deutschland von kaum einem Wirtschaftsjournalisten korrekt definiert und zutreffend mit anderen Standorten verglichen werden, wobei als Vergleichsbasis einmal das Monatsgehalt, das nächste Mal die produktive Stunde herangezogen wird, dann wird deutlich, wie Mißverständnisse durch korrekte Vergleiche ausgeräumt werden könnten.

Die hohe Steuerlast auf deutschen Unternehmensgewinnen, die einen Investor im ersten Moment abschrecken mögen, sehen auf einmal auch ganz anders aus, sobald die durchschnittlich an den Fiskus abgeführte Steuerquote der deutschen Unternehmen zum Beispiel mit der gleichen Ziffer des angeblich so steuerfreundlichen Amerika verglichen wird. Das konservative *Wall Street Journal* hat dies in einer seiner jüngeren Ausgaben getan, mit dem für Deutschland sehr standortfreundlichen Ergebnis, daß vergleichbare amerikanische mittelständische Unternehmen aufgrund der viel restriktiveren Bilanzierungs- und Abschreibungsvorschriften im Schnitt sogar netto mehr Steuern zahlen als ihre deutschen Wettbewerber.

Das differenzierte Vermarkten

Es wäre falsch, aufgrund der relativen Bedeutung des Standortimages zu meinen, diesen Standort allein über eine Image-Broschüre verkaufen zu können. In einem bunten Prospekt sieht jeder noch so harmlose Standort immer so aus wie der eigentliche Nabel der Welt, besonders mit der graphischen Darstellung der Entfernung zu anderen wichtigen Orten auf der Landkarte, die beweisen soll, daß der Standort natürlich genau in der Mitte liege.

Vergleicht man die gängigen Broschüren der unterschiedlichen Standorte, dann sehen diese meistens gleich aus, mit all den bunten Bilder, die fröhliche Bewohner, fleißige Arbeiter und wissensdurstige Studenten zeigen. Das Rathaus, das Museum, das Segelboot auf dem blauen Wasser, die fröhliche Familie beim Picknick – ein ernsthafter

Investor läßt sich alleine dadurch bestimmt nicht beeindrucken. Die Image-Broschüre ist sicherlich wichtig als Erinnerung, als Beilage zum Brief, als Hinterlassenschaft nach einem Besuch; die eigentlichen Fakten, die wirklich interessieren, müssen jedoch anders dargestellt werden.

Standort-Marketing ist ein Beruf. Wie bei einem Waschmittel wird das Standort-Produkt nur durch eine ausgefeilte und sachgerechte Kampagne im Markt bekannt gemacht und etabliert. Dazu gehört mehr als nur ein Prospekt. Die oberste Regel ist, als erstes die anzusprechende Zielgruppe genau zu identifizieren: Geht es um Produktionsbetriebe oder um Dienstleister, um Vertriebszentralen oder um regionale Büros, um die High-Tech-Industrie oder um Konsumgüter? Jede dieser Gruppen muß anders angepackt werden, benötigt andere Informationen, hat andere Bedürfnisse und ist deshalb nur individuell ansprechbar. Erst nach der Festlegung auf die primäre(n) Zielgruppe(n) kann entschieden werden, wie und wo und womit der potentielle Investor interessiert und gewonnen werden kann.

Ein Investor auf der Suche nach einem neuen Standort interessiert sich eigentlich nur für die Fakten, die ihn direkt berühren. Er will nicht wissen, wie viele Studenten es dort gibt, sondern nur, wie viele zu seinem Fachbereich gehören. Er will nicht wissen, welche Firmen und Betriebe es im Umkreis gibt, sondern nur, welche für seine Produktpalette als Lieferanten oder Dienstleister in Frage kommen. Investitionszulagen reizen ihn lediglich, wenn sie auch für seine Investitionen gelten. Steuergünstige Abschreibungen sind für ihn nur relevant, sofern er einen entsprechenden Gewinn erwarten kann, und Löhne und Gehälter interessieren ihn nur innerhalb seines eigenen geplanten Mitarbeiterstammes. Klare, deutliche, industriebezogene und möglichst auf den Investor zugeschnittene Fakten – das ist es, was er haben will.

Die wichtigsten Standortfaktoren lassen sich einfach nicht auf dem Papier darstellen. Geschäftsklima, Lebensqualität, politische Stabilität – das muß selbst erlebt werden. Und so ist es das höchste Ziel im Standort-Marketing, einen potentiellen Investor zu einem Besuch an den Standort zu verführen. Nur durch einen oder mehrere Besuche läßt sich ein positives Image eines Standortes beweisen oder, im Zweifel, ein negatives abschwächen oder sogar umdrehen. Die Organisation und die Durchführung eines solchen Besuches sind, vor allem bei einem Besuch aus dem Ausland, die wohl wichtigste Aktivität des Standort-Marketings.

Wenn man beobachtet, wie manche Regionen einen solchen Besuch organisieren, dann muß man schon den Hut ziehen. Nicht ausschließlich beim international bekannten Konzern, der auf Standortsuche ist, sondern auch bei kleineren Ansiedlungsvorhaben wird, besonders in dem wettbewerbsfreudigen Amerika, ein Aufwand betrieben, der für manchen deutschen Wirtschaftsförderer schier unglaublich ist. Die Abholung des ehrenwerten Besuches durch ein Privatflugzeug, der Empfang beim "Landesfürsten", der Hubschrauberrundflug von einem möglichen Standort zum anderen, das Engagement der örtlichen Verwaltung – all das ist bewundernswert. Die unausgesprochene Zielsetzung hierbei ist, dem potentiellen Investor das Gefühl zu vermitteln, er sei tatsächlich gern gesehen und wirklich erwünscht.

Bei den vielen subjektiven Kriterien, die die Auswahl eines neuen Standortes trotz aller objektiven Fakten mitbestimmen, zahlt sich ein solcher Einsatz mit Sicherheit aus.

Viele Standortentscheidungen wurden einfach gefällt, weil sich der Verantwortliche schon beim ersten Besuch wohl fühlte.

Zum richtigen Standort-Marketing gehört natürlich auch eine passende Begleitmusik. Diese spielt sich ab in Form von mehr publikumsträchtigen Aktivitäten wie Veranstaltungen, Seminaren, Vorträgen und anderen Festivitäten. Es ist notwendig, daß ein Standort *Flagge zeigt*, daß man ihn als aktiv und um neue Investoren bemüht erkennt, daß man vom ihm in der Zeitung liest und daß man sieht, wie er sich auf dem internationalen Parkett bewegt.

Das umfangreichere Standort-Marketing richtet sich deshalb nicht nur an die eigentlichen Entscheidungsträger, sondern schließt auch die anderen Meinungsmacher ein, die unter dem Oberbegriff *Multiplikatoren* bekannt sind. Rechtsanwälte, Wirtschaftsprüfer, Banken, Handelskammern, Verbände, Universitäten, Fachzeitschriften – all dies sind Kontakte, die den Bekanntheitsgrad und besonders das Image des Standortes indirekt durch den Kontakt zum Investor erheblich prägen. Es darf dieser Einfluß nur nicht überschätzt und vor lauter Begeisterung über das gefüllte Auditorium bei einer Standort-Veranstaltung vergessen werden: Die eigentliche Überzeugungsarbeit ist woanders, und zwar direkt beim Investor, zu leisten.

Deutschland und der internationale Wettbewerb

Vor 10 Jahren haben sich nach einer aktuellen Untersuchung der auf Standortsuche und -bewertung spezialisierten *US-Firma PHH Fantus* nur 20 Prozent aller Standortsuchenden für mehr als ein Land interessiert; 80 Prozent waren von vornherein auf eine Region festgelegt. Heute sucht die Mehrheit (über 60 Prozent) von vornherein in mehreren Ländern nach dem richtigen Ort. Der internationale Wettbewerb hat dramatisch zugenommen.

Die *Wettbewerber* sind heute Länder oder Regionen, die sich, wie in den USA zu beobachten, auch überzeugend darstellen. Da erscheint Frankreich mit einer imponierenden Delegation, da stellt sich Holland als High-Tech-Standort vor, da zeigt Spanien, was es zu bieten hat – alles sehr professionell organisiert, realisiert und angeführt von den Ministerpräsidenten oder doch zumindest den Wirtschaftsministern. Dagegen erscheint *Deutschland* mit seinen 16 Bundesländern, die sichtlich miteinander im Wettbewerb stehen, doch etwas kleinkariert. Ein kleines deutsches Bundesland mit einem für Ausländer unaussprechlichen Doppelnamen, das sich brav und zum Teil sehr bieder diesem internationalen Wettbewerb stellt, hat es dann natürlich nicht leicht. Der ausländische Investor sucht nämlich beim ersten Anlauf einen Ansprechpartner, der ihm alle primären Fakten über den Standort in Deutschland besorgen kann, ihn über die Grundregeln der geschäftlichen Landschaft aufklärt und ihm objektive Alternativen nennt, ohne Berücksichtigung der Landesgrenzen. Erst dann, wenn er sich grundsätzlich für Deutschland als Standort entschieden hat, braucht er eine regionale Betreuung.

Deutschland ist nicht einfach zu verkaufen. Es gilt als erfolgreich, aber teuer, als wohl organisiert, aber bürokratisch, als diszipliniert, aber stark reguliert, als stabil, aber auch als verkrustet. Der Standort Deutschland ist ein sehr *erklärungsbedürftiges Produkt*, und Marketing ist nicht unbedingt unsere Stärke.

Konkurrenz belebt das Geschäft, das wußten schon die Vorväter. Sofern man den internationalen Wettbewerb kennt und respektiert, läßt sich auch eine aggressive Strategie entwickeln. Es ist daher ermutigend, festzustellen, wie die gegenwärtige Standortdebatte die Geister belebt.

Von außen betrachtet, gewinnt der Standort Deutschland merkbar an Attraktivität, und er ist sichtbar dabei, sein durch viele Jahre geprägtes und nicht immer positives Image zu verbessern. Denn Flexibilität bei der Arbeitszeit, Begrenzung und sogar Reduzierung der Arbeitskosten, kreative Vorschläge von Gewerkschaften, von Arbeitgebern, von den Parteien, letztlich von allen Seiten – dies nimmt der aufmerksame ausländische Investor interessiert zur Kenntnis. Europa ist als Markt wichtiger denn je, und innerhalb Europas gewinnt Deutschland an Gewicht. Das Standortprodukt beginnt im Wettbewerbsvergleich durchaus als *attraktive Alternative* zu erscheinen; es muß nun nur mit dem Marketing kräftig nachgeholfen werden. Und dafür gibt es schließlich auch in Deutschland etliche Fachleute, die auf Länderebene schon gezeigt haben, wie das wirksam zu bewerkstelligen ist.

Public Relations – erfolgsentscheidend für die Wirtschaftsförderung

Klaus J. Stöhlker

Geschichte Europas – zugleich Geschichte der Wirtschaftsstandorte

Die erfolgreichen Unternehmen sind grundsätzlich der Auffassung, die *Wirtschaft* müsse überhaupt nicht gefördert werden. Sie selber seien dafür der beste Beweis. Nur die *sehr* erfolgreichen Unternehmen befürworten die Wirtschaftsförderung. Sie wissen bestens, welche entscheidenden Vorteile sie daraus ziehen können, den richtigen Standort zur richtigen Zeit gewählt zu haben. Diese Auffassung teilen sie mit der Vielzahl noch nicht erfolgreicher Unternehmen, die aber meinen, mangels finanzieller Masse könne ein kleiner Anschub nicht schaden.

Die *Wirtschaftsförderungen*, Instrumente der Steuerzahler zur Sicherung oder Verbesserung ihrer Arbeitsplätze, können mit allen drei Auffassungen leben. Ihre Aufgabe ist es, die Vorteile des Standortes optimal an den Mann zu bringen. Gemessen werden sie an der Summe der erfolgten Investitionen und der Zahl der Arbeitsplätze, die neu geschaffen wurden. Auf Wunsch der örtlichen Wirtschaftsverbände wird zunehmend die Bestandspflege, die Erhaltung der bestehenden Unternehmen und Arbeitsplätze, als Dienstleistung entwickelt.

Die Geschichte Europas ist auch eine Geschichte der wirtschaftlichen Standorte:

- Der 150 Jahre währende Erfolg der Hansestädte endete in deren Zerstrittenheit und Niedergang.
- Das *Venezianische Zeitalter* war zu Ende durch die Entdeckung des Kaps der Guten Hoffnung.
- Der Aufschwung des Ruhrgebiets als Ergebnis dreier Kriege nahm sein Ende in der friedvollen Zeit des *Kalten Krieges.*
- Der Aufschwung Westeuropas als Folge kollektiven Willens fand seine Grenzen in der erstarkenden Leistungskraft der USA, Japans und – neuerdings – der Länder Ostasiens.

In dieser Situation haben die föderalistisch bestimmten Staaten, die USA ebenso wie Deutschland und die Schweiz, Wirtschaftsförderungen ins Leben gerufen, die einen zusätzlichen Stabilitätsfaktor im wirtschaftlichen Gang der Dinge bilden sollen. Die Wirtschaftsförderungen der föderalistisch regierten Länder bildeten einen Ausgleich zu den wirtschaftsfördernden Maßnahmen mehr zentralistischer Staaten, seien dies Japan, Frankreich, Großbritannien oder die Länder Afrikas oder Lateinamerikas.

Wirtschaftsförderung, wie sie in Deutschland verstanden wird, aber auch in der Schweiz, ist ein dezentral angelegtes Programm, in welchem die Regionen um die Erhaltung oder Neuansiedlung von Arbeitsplätzen kämpfen.

Public Relations (Öffentlichkeitsarbeit) sind für diese Länder ein unersetzliches Instrument, damit

- die Ziele der Wirtschaftsförderung verstanden werden,
- die politischen Grundlagen der Wirtschaftsförderung erhalten bleiben und gefördert werden,
- das Umfeld für Neuansiedlungen vor- und aufbereitet und
- die Standort-Botschaft optimal an die Empfänger übermittelt wird.

Wie die Praxis in ganz Europa zeigt, scheitert Wirtschaftsförderung dort, wo diese Forderungen langfristig nicht erfüllt sind. Sie scheitert an politischem Unverständnis, dem Widerstand ansässiger Wirtschaftsbereiche, der mangelnden Einsicht in die Notwendigkeit und an ihrer eigenen Positionierung, die mangelhaft sein kann. Der Mangel ist erkennbar an fehlenden Finanzmitteln, ungeeigneten Mitarbeitern und an Diskontinuitäten aller Art.

Auf einer solchen Basis können Wirtschaftsförderungen nicht erfolgreich sein. Sie sind abhängig von den wechselnden politischen Winden, abhängig von budgetpolitischen Überraschungen, abhängig von personellen Glücksfällen, die institutionelle Schwächen verwischen.

Erst auf dieser Grundlage, die solide sein muß, können Wirtschaftsförderungen jene Aufgabe übernehmen, die ihnen gestellt ist: die Gewinnung neuer Unternehmen für den jeweiligen Standort und die Erhaltung bestehender Unternehmen. Was oberflächlich als wesentliche Kommunikationsaufgabe der Wirtschaftsförderer verstanden wird – die Kontakte zu entsprechenden Unternehmern – ist meist nur der kleinere Teil der Arbeit. Zuerst muß eine *politische* Grundlage geschaffen werden, um dauerhaft nach außen wirken zu können. Dann kann auch die Aufbauarbeit nach außen erfolgen. Stimmen die Kommunikationsgewichte nicht, sind Mißerfolge provoziert.

Schon aus dieser Sicht wird klar, warum Public Relations heute für Wirtschaftsförderer *erfolgsentscheidend* sind. Es ist dazu zweckmäßig, die Gesamtkommunikation der entsprechenden Körperschaften in ihre Teile zu zerlegen, bevor man das Ganze erneut in Augenschein nimmt.

1. Schritt: Das politische Umfeld

Jede Wirtschaftsförderung ist ein politisches Instrument, das aber suprapolitisch handeln muß. Sie ist unabhängig von ihrem politischen Stiftungskreis, verantwortlich aber allein dem Wohlergehen ihrer Stadt oder ihrer Region. Die Pflege der politischen

Beziehungen ist daher von höchster Bedeutung; sie muß auch politische Wechselfälle, wie sie heute an der Tagesordnung sind, überstehen können.

Die Pflege der politischen Beziehungen darf sich nicht nur auf die politisch Verantwortlichen beziehen, sondern muß auch deren Zuarbeiter im Auge haben. In Zeiten allgemeiner politischer Destabilisierung ist selbst ein Minister kein Garant mehr für Budgetkontinuität. Deshalb muß sich die *politische Beziehungspflege* auf alle Meinungsbildner in den Parteien erstrecken, die heute oder morgen eine Funktion ausüben (können). Der damit verbundene Aufwand ist notwendig, ist er doch eine entscheidende Grundlage der Tätigkeit einer jeden Wirtschaftsförderung.

Parallel zur wachsenden Komplexität der Politik nimmt auch die Komplexität der kommunikativen Vernetzung zu. Die amtierenden politischen Parteien gilt es zu betreuen, aber auch die kleineren Parteien, die am Rande stehen, und die Parteien, die als Herausforderer gelten. Von jeder Seite kann Störfeuer gegen eine professionelle und kontinuierliche Wirtschaftsförderung erfolgen. Sie früh zu orientieren und einzubinden, ist eine wichtige Aufgabe, die dauerhaft wahrzunehmen ist.

2. Schritt: Das wirtschaftliche Umfeld

Es sollte davon ausgegangen werden, daß jede aktive Wirtschaftsförderung von der Mehrzahl der Standort-Unternehmen mißtrauisch bis offen ablehnend betrachtet wird. Die Hauptargumente gegen eine Wirtschaftsförderung sind von dieser Seite:

- die Kosten, die aus Steuermitteln, mindestens teilweise, erbracht werden;
- der vermutete Anstieg der Vergleichslöhne, woraus Druck auf ansässige Unternehmen entsteht;
- der verschärfte Wettbewerb um Aufmerksamkeit, Grundstücke, Vorzugsbehandlungen aller Art, der die Folge von Neuansiedlungen ist.

Diese Argumente und Befürchtungen, so verständlich sie sein mögen, müssen berücksichtigt, dürfen aber nicht überbewertet werden. In Deutschland wären noch heute die Zünfte am Ruder, hätten der internationale Wettbewerb und die Manufakturen sie nicht weggeblasen.

Daraus ergibt sich: Wirtschaftsförderungen dürfen nicht gegen die Unternehmen tätig werden, aus deren Einkommen sie finanziert werden. Sie müssen vielmehr einen meßbaren Beitrag dazu leisten, daß das allgemeine wirtschaftliche Umfeld, in welchem die Standort-Unternehmen sich befinden, eine Verbesserung erfährt.

Diese Botschaft sollten die Wirtschaftsförderer den ansässigen Unternehmen klar und eindeutig übermitteln. Starke und erfolgreiche Standort-Unternehmen haben damit im allgemeinen keine Schwierigkeiten, wohl aber solche, die sich in einer schwierigen Marktposition befinden. Die Wirtschaftsförderer müssen mit ihnen kommunizieren und deutlich machen, daß sie einen wichtigen Beitrag zur Verbesserung ihrer Position leisten.

Gerade solche Unternehmen haben es oft schwer, sich an die Wirtschaftsförderer zu wenden. Ihnen sollte es leicht gemacht werden, den richtigen Zugang zu finden. Dazu bieten sich strukturelle Kontakte ebenso an wie individuelle. Es ist klug, dies als Bring-Schuld seitens der Wirtschaftsförderer und nicht als Hol-Schuld zu betrachten.

3. Schritt: Das Medien-Umfeld

Gerade in Deutschland und der Schweiz widmen die Medien den Wirtschaftsförderungen große Aufmerksamkeit, bieten diese doch Anhaltspunkte dafür, wie eine regionale Wirtschaftslage aktiv – oder nicht – verbessert werden soll. Daher müssen die Wirtschaftsförderer darauf achten, daß ihre Tätigkeit vom Medien-Umfeld richtig verstanden und möglichst positiv begleitet wird.

Dies hat erhebliche Rückwirkungen auf die heimischen politischen und wirtschaftlichen Umfelder wie auch Trägerschaften. Eine gute Presse macht es Politikern wie Unternehmern leichter, das Instrument Wirtschaftsförderung zu unterstützen und zu entwickeln. Hat die Wirtschaftsförderung eine schlechte Presse, wird es nicht lange dauern, bis die Zahl der Anfragen und Angriffe sich vermehrt und an Bedeutung gewinnt.

Die *Medien* können heute ein Störfaktor oder ein entscheidender Unterstützungsfaktor sein. Oft sind es gerade diese Nebenfelder, die darüber entscheiden, ob eine Wirtschaftsförderung als erfolgreich oder nicht erfolgreich betrachtet wird.

Gerade bei Verhandlungen mit Unternehmen, die einen neuen oder zusätzlichen Standort suchen, kann das Medienecho eine nicht geringe Rolle spielen. Erfahren die heute sehr sensiblen Konzerne, denen alle Optionen offenstehen, daß die Wirtschaftsförderung an ihrem eigenen Standort umstritten ist, stellen sie rasch das Verhandlungsmandat in Frage. Besteht jedoch der Fall, wie zum Beispiel in Berlin, wo die Medien die Wirtschaftsförderung angemessen unterstützen, so daß potentielle Investoren diese innenpolitische Harmonie begreifen, kann ihnen dies zusätzliche Sicherheit für ihren Standort-Entscheid geben.

Daraus ergibt sich: Die Wirtschaftsförderungen sollten ihre Beziehungen zu den Medien einer kontinuierlichen Überprüfung und Optimierung unterwerfen. Gute Medienbeziehungen sind eine Grundlage für die erfolgreiche politische Umweltpflege, für Akzeptanz im Wirtschaftsbereich und Anerkennung im ganzen sozio-kulturellen Umfeld. Wirtschaftsförderer, welche die Medienarbeit unterschätzen, erschweren sich nur ihre Arbeit. Sie müssen lernen, diesen goldenen Kommunikationsschlüssel richtig zu führen.

4. Schritt: Die Gewinnung neuer Unternehmen

Üblicherweise beginnt die Kommunikation der Wirtschaftsförderer erst bei diesem Schritt, woraus aber deutlich wird, daß sie unter Umständen ihr Umfeld, die Grundlage ihrer Tätigkeit, zu wenig pflegen.

Die Gewinnung neuer Unternehmen ist vergleichbar einem Gesamtkunstwerk oder einem Zehnkampf auf höchstem Niveau, müssen doch derart viele Elemente glücklich zusammenfinden, daß nur eine sehr professionelle Struktur dauerhaft in der Lage ist, überdurchschnittliche Ergebnisse zu erzielen.

Hier soll nur auf die Funktion der Public Relations oder Öffentlichkeitsarbeit im Rahmen dieser Gesamtaufgabe eingegangen werden.

Größter Irrtum unerfahrener Wirtschaftsförderer ist es, man könne mit klassischer Werbung oder einfachen Marketing Communications neue Unternehmen für einen Standort gewinnen. Erfahrene Wirtschaftsförderer haben erkannt, diese Instrumente müssen zwar vorhanden sein aber bei weitem nicht die entscheidende Rolle bei der Entschlußfindung spielen, wie dies weithin angenommen wird. Der positive Entscheid für einen Standort braucht:

- die richtigen Zahlen
- das richtige Umfeld
- die richtigen Hilfeleistungen

Mindestens aber von der gleichen Bedeutung für einen positiven Entscheid sind:

- die Kontinuität des guten Eindrucks
- individuelle Aspekte allgemeinen Wohlbefindens auf der Stufe der obersten Geschäftsführung
- optimistische Zukunftsprojektionen

Erfolgreiche Public Relations für Standorte im Rahmen der Wirtschaftsförderung dürfen sich daher nicht darauf beschränken, *facts and figures* zu kommunizieren. Auf dieser relativ einfachen Marketing-Ebene ist die Konkurrenz hart und zu allen Schandtaten bereit, solange nicht eine politische Revolte extreme Zugeständnisse behindert. Vielmehr ist es wichtig, qualitative Merkmale dauerhaft zu vermitteln und zu prägen. Wer an den Standort glaubt, wem der Standort gefällt, wer dem Standort Zukunft zutraut, wird sich auch dann für diesen Standort entscheiden, wenn die finanziellen Zugeständnisse dort geringer als andernorts sind. Hier müssen gute Public Relations ansetzen.

Wie ist das zu erreichen?

Erstens zählt die dauerhafte Beziehung zu den Unternehmen und ihren Geschäftsleitungen. Dies ist keine einfache Aufgabe in einer Zeit, wo auch die obersten Managements häufiger und heftiger Fluktuation ausgesetzt sind. In der Praxis heißt dies: Besuche und gute laufende Dokumentation, offene Information, begleiten das Unternehmen in seinen Standort-Entscheidungsprozessen.

Zweitens zählt die Gewinnung der entscheidenden Unternehmer und ihrer Führungskräfte. Betrachten sie den Standort als ein Produktionsmittel unter anderen oder sind sie dem Standort persönlich verbunden? Hierin liegt ein bedeutender Unterschied, der über den dauerhaften Wert einer Investition entscheiden kann. In der Praxis heißt dies: gute persönliche Beziehungen der Wirtschaftsförderer zu den Entscheidungsträgern.

Drittens zählt die Formulierung der politischen Vision eines Standorts. Standorte, die sich nichts vorgenommen haben, die am Rande der Geschichte entlang gleiten, die sich selber für nebensächlich halten, werden auch nur zweit- oder drittklassige Investments erhalten. Standorte aber, die sich als aktiver, bewegender Teil der Geschichte sehen, die Zugang zu neuen Wirtschaftsräumen öffnen, gewinnen erstklassige Investoren, weil auch diese mit Chancen etwas anzufangen wissen. In der Praxis heißt dies: Die Formulierungen und Aktionen, die gewählt werden, dürfen nicht zu werblich sein, sie brauchen auch eine gesellschaftliche Perspektive.

Aus dieser politisch weitsichtigen Perspektive zeigt sich, daß viele sogenannte *PR-Programme* für Standorte, entwickelt und implementiert von Behörden oder Wirtschaftsförderungen, nicht den Notwendigkeiten entsprechen. Sie erschöpfen sich mehrheitlich in Standort-Präsentationen, die oft zu allgemein sind, um individuell wesentlich zu Ansiedlungserfolgen beitragen zu können. Diese *Werbe-Schiene* löst bei kritischen Beobachtern von Wirtschaftsförderungsprogrammen nicht selten Mißtrauen aus, ein Mißtrauen, das mangels professioneller Kommunikationskenntnisse oft nicht belegt werden kann, dessen Wurzeln aber an dieser Stelle freizulegen sind.

Die großen und sehr großen Unternehmen der Welt haben heute de facto auf dem ganzen Globus freie Standortwahl. Sie können sich aussuchen, wo sie einen neuen Hauptsitz oder eine neue Fabrik aufbauen wollen. In der Folge können sie die Preise der Standorte fast beliebig nach unten drücken. Dies ist auch immer konsequenter der Fall.

Die Wirtschaftsförderungen haben sich darauf beschränkt, möglichst qualifizierte Datenbänke anzulegen, um ein breitgefächertes Angebot liefern zu können, stets in der Hoffnung, auf jede noch so ungewöhnliche Forderung eines potentiellen Ansiedlers möglichst rasch eingehen zu können. Diese Angebotsspirale mußte sich – zum Nachteil der Standorte – nach unten drehen, war bisher doch jede Stadt in der Lage, die Offerte eines Mitbewerbers nochmals zu übertrumpfen. Die Wirtschaftsförderer, tendenziell in einer immer ungemütlicheren Situation, waren zu mehr und häufigeren Besuchsreisen gezwungen, um dem Glaubwürdigkeit, beruhend auf guten persönlichen Kontakten, entgegenzusetzen. So sind heute jene Wirtschaftsförderungen im Vorteil, deren Spitzenmannschaft sich durch Kontinuität auszeichnet. Sie haben jenen oft entscheidenden Goodwill beim umworbenen Unternehmen, den rasch wechselnde Teams erst aufbauen müssen.

Diese *Marketing-Aktivitäten* auf dem Niveau möglichst guter klassischer Werbung, zu welcher die meisten Wirtschaftsförderungen auch heute noch gezwungen sind, ist die Folge ihrer administrativen Zuordnung. Weil in vielen Städten und Regionen in den letzten Jahren auch die Politiker entdeckt haben, daß sie als erfolgreiche Spitzen-Wirtschaftsförderer für sich selber und ihre Parteien Punkte beim Wähler machen können, haben sie sich immer stärker in die Realisierung großer Projekte eingeschaltet. Abgesehen von dieser wahltaktischen Priorität gibt es auch reale Gründe, warum Spitzenpolitiker sich einschalten mußten:

- Letzte Vereinbarungen, meist Zugeständnisse, die Kosten verursachen oder in die Steuersubstanz eingreifen, können nur von ihnen gemacht werden.
- Die Unternehmer, dies wohl wissend, bestehen sehr häufig darauf, mit den politischen Spitzen der Behörden direkt zu verhandeln. Sie versprechen sich davon nicht nur Ehre, sondern auch bessere Leistungen.

Je besser die *Koordination* zwischen den Wirtschaftsförderungen, den Ministern, den Oberbürgermeistern und ihren Stadtkämmerern verläuft, desto größer sind die Aussichten, wichtige Ansiedlungsprojekte rasch verwirklichen zu können. Diese Koordination ist jedoch noch keine Selbstverständlichkeit, weil hinter jedem Behördenvorstand, der sich auch mit seinen Kollegen absprechen muß, wieder ganze Verwaltungsbataillone stehen, die untereinander und gegeneinander um Einfluß kämpfen. Die professionellen Wirtschaftsförderer haben deshalb neben dem Kampf an der äußeren Front auch einen Kampf an der inneren Front zu führen, um rasch vorzeigbare Ergebnisse aufweisen zu können. Dieser Zustand ist heute vorherrschend. Er zeigt aber gleichzeitig auch die Möglichkeiten auf, wie er verbessert werden kann.

Dynamische Stadtmarketing-Modelle sind erforderlich

Städte und Regionen, die sich um die dauerhafte Erhaltung und Neuansiedlung wirtschaftsstarker Unternehmen ernsthaft bemühen wollen, brauchen heute ein systematisches Stadtmarketing-Modell, das integrativ Leistungen, Abläufe und Optionen in die Zukunft aufzeigt. Ein solches Modell, einmal entworfen, formuliert und beschlossen, ist jedoch dann schon veraltet, wenn es als statisch betrachtet wird. Es muß sich vielmehr um dynamische Modelle handeln, die dem heute meist raschen Gang der Dinge laufend angepaßt werden können.

Weil solche Modelle in verschiedenen deutschen Städten, mindestens im Ansatz, vorhanden sind, ist die Frage berechtigt, warum sie noch so wenig erfolgreich sind. Die Ursache dieser Systemschwäche sind die verfassenden und sanktionierenden Stellen dieser Modelle. Sie haben ihre Aufgabe, bewußt oder unbewußt, stets in den Rahmen der aktuellen politischen Möglichkeiten gestellt und damit den ersten Schritt zum Untergang ihrer Modelle getan.

Stadtmarketing ist eine politische Aufgabe, aber es darf keine parteipolitische sein. Jede politische Veränderung, erst recht dann, wenn sie auf Wahlen beruht, hat heute eine Veränderung des Stadtmarketings zur Folge. Da damit zu rechnen ist, daß diese politischen Veränderungen wohl eher zu- als abnehmen werden, müssen die Stadtmarketing-Modelle mit einem *Interface* zur wechselnden politischen Landschaft angelegt werden. Ist dies nicht der Fall, sind sie zum Scheitern verurteilt. Sind die Interfaces realistisch angelegt, können Stadtmarketing-Modelle auch den politischen Wandel überleben und sich durchsetzen. Dann erst erwerben sie die notwendige Glaubwürdigkeit im Angebotsmarkt gegenüber den umworbenen Unternehmen.

Weil heute auch die Unternehmen nicht mehr ganz einig darüber sind, was Marketing eigentlich ist, darf es nicht verwundern, wenn auch unter Stadtmarketing ganz verschiedene Dinge verstanden werden. Nicht jedes Modell, das als solches vorgestellt wurde, verdient seinen Namen wirklich. Es handelt sich meist um Marketing-*Teilmodelle*, die auf dem beschränkten Wissensstand von Theoretikern, Beamten und Consumer Goods-Fachleuten beruhen. Aus diesem Grund ist so häufig von politischer Seite zu hören: Diesen Modellen fehle der politische Sachverstand.

Welches sind die notwendigen Voraussetzungen, um ein solches Modell, das immer auch ein *Kommunikationsmodell* sein soll, richtig zu verankern?

- Faktoren der politischen Stabilität, auf denen jede Ansiedlung beruht, spielen eine wichtige Rolle.
- Das wirtschaftliche Umfeld, der Markt für den Neuansiedler, wird meist ungenügend dargestellt.
- Die Kostenfaktoren für eine Neuansiedlung sind überwiegend gut erarbeitet, verlieren aber über die Laufzeit mehrerer Jahre an notwendiger Präzision.
- Die Wachstumsfaktoren sind heute oft ungenügend ermittelt. Treffen sie einmal ein, ist dies meist Zufall. Sie werden ebenso oft unterschritten wie überschritten.
- Die nicht direkt produktionsrelevanten kulturellen Faktoren, wozu auch die weiteren Umwelt- und Sozialfaktoren zu zählen sind, werden zu allgemein und zu wenig schichtenspezifisch dargestellt. Sie werden von den Entscheidern bei Neuansiedlern nicht in den Vordergrund gestellt, obwohl sie von erheblicher individueller Bedeutung sind.

Ein Stadtmarketing-Modell ist nur dann brauchbar, wenn es erkennbar aufzeigt, in welcher entwicklungspolitischen Situation sich eine bestimmte Wirtschaftsregion befindet – ob sie auf- oder absteigt –, und welche besonderen Leistungen und Erwartungen über einen mittleren Zeitraum erfüllt werden können. Benötigt wird die Koordination der Aktivitäten der verschiedenen wirtschaftsrelevanten Organisationen. Diese sollen nicht individuelle, sondern unter einer Oberleitung systematisierte Kommunikationsmaßnahmen in Angriff nehmen. Eine Voraussetzung dafür ist eine größere Geschlossenheit beim Auftritt des Standorts nach außen. Weil diese Fragen in praktisch keinem Fall ehrlich beantwortet werden, sind heute die meisten Modelle *Schrott*, auf keinen Fall aber ernsthafte Instrumente zur Gewinnung von Unternehmen.

PR-Programme mit ganzheitlicher Perspektive

Stimmt die Informationsbasis nicht, kann auch nicht erfolgreich kommuniziert werden. Daher sind alle PR-Programme, die nicht eine ganzheitliche Perspektive verfolgen, auf Dauer zum Scheitern verurteilt. Nun wäre die Annahme unrealistisch, man könne erst dann kommunizieren, wenn alle Voraussetzungen perfekt sind.

Besser ist es, ein ganzheitliches PR-Programm aufzustellen, dabei aber nicht nur zu definieren, was mit welchen Mitteln zu erreichen ist, sondern auch welche Abweichungen oder Unregelmäßigkeiten zu kalkulieren sind, um dennoch ans Ziel zu kommen. Diese Budgetehrlichkeit, wie sie heute auch von den Controllern in den Unternehmen verfolgt, aber nicht immer erreicht wird, muß auch in die Öffentlichkeitsarbeit Einzug halten. Ist dieser Grundsatz verankert, kann über Maßnahmen gesprochen werden.

Die Öffentlichkeitsarbeit der Wirtschaftsförderung muß auf drei Säulen aufbauen:

Marketing Communications

Darunter wird der Einsatz von Drucksachen und Inseraten verstanden, die an den potentiellen Investor gerichtet sind. Es werden Angaben und Daten vermittelt, die er für die Vorbereitung seiner Entscheidungen benötigt.

Interne Voraussetzung guter Marketing Communications sind eine perfektionierte Markterfassung (Marktforschung, Marktanalyse), Angaben über potentielle Investoren ebenso wie über eigene Leistungen. Zu den Marketing Communications gehören auch die Besuche bei potentiellen Investoren sowie die rasche und korrekte Abwicklung der sie betreffenden Vorgänge. Auf einen einfachen Nenner gebracht: Darin sind alle Maßnahmen enthalten, die ein Produkt (das Angebot) in perfekter Art und Weise zum Kunden bringen.

Corporate Communications

Die wichtige Kommunikationsschiene der Corporate Communications wird von den Wirtschaftsförderungen derzeit noch zu wenig verstanden und benutzt. Eine Wirtschaftsförderung braucht auch als Institution nach innen und außen Glaubwürdigkeit, um ihre Ideen, Vorschläge und Maßnahmen rasch erfolgreich durchsetzen zu können.

Die *Corporate-Glaubwürdigkeit* der Wirtschaftsförderungen wird in erster Linie aufgebaut durch Kontinuität und hohe bewiesene Leistungsbereitschaft. Diesem Zweck dienen gute politische Kontakte, gemeinsame Auftritte mit Politikern, koordinierte Äußerungen und Maßnahmen. Politiker, die ihre eigenen Wirtschaftsförderungen abwerten, vernichten Steuergeld. Wirtschaftsförderer, welche nicht die Kraft aufbringen, den letzten Erfolg einem Politiker zu überlassen, sind schlechte Teamspieler.

Die Kunst, glaubwürdige Corporate Communications aufzubauen und zu entwickeln, ist heute noch wenig verbreitet. Jene Stadt oder Region, welche dies heute konsequent in Angriff nimmt, wird in wenigen Jahren überdurchschnittliche Ansiedlungserfolge verzeichnen können.

Die Wirtschaftsförderungen werden nicht selten darin behindert, weil andere wirtschaftsrelevante Organisationen einen zu starken Corporate-Auftritt der professionellen Wirtschaftsförderer als wenig nützlich und sogar störend betrachten. Dies sind die Konsequenzen eines ganz natürlichen Konkurrenzkampfes.

Public Affairs

Noch weniger bewußt bearbeitet wird die Kommunikationsschiene der Public Affairs von den Wirtschaftsförderungen. Dieser vielen noch unbekannte oder verwirrende Begriff sagt aus, daß die gesellschaftlichen (sozialen) Beziehungen positiv entwickelt werden müssen, um Glaubwürdigkeit auf höchster Stufe und Durchsetzungskraft auf den anderen Kommunikationsschienen zu erreichen.

Schlechte Public Affairs sind es, wenn eine Wirtschaftsförderung von der lokalen Unternehmerschaft als überflüssig bezeichnet wird. Gute Public Affairs sind dann gegeben, sofern die Wirtschaftsförderung als Speerspitze des Fortschritts ihrer Stadt oder Region anerkannt ist. Die wichtigsten Instrumente zum Aufbau guter Public Affairs sind konkrete Maßnahmen, die Jahresberichte, programmatische Reden, die kluge Einbeziehung relevanter tagespolitischer Entscheide in die Auftritte der Wirtschaftsförderer.

Die *Medienarbeit* leitet sich aus diesen Maßnahmen ab. Eine vertrauensvolle Zusammenarbeit mit den Standort-Medien sollte eine Selbstverständlichkeit sein. Information darf nicht als Hol-Schuld betrachtet werden, sondern muß eine Bring-Schuld sein. Darüber hinaus ist die Präsenz der anbietenden Stadt oder Region in den wichtigsten Wirtschaftszeitungen der Zielstaaten noch wichtiger. Dabei ist zu unterscheiden zwischen der Darstellung der Leistungen der Wirtschaftsförderung einerseits und der Leistungen des Anbieters anderseits. Die Medienarbeit ist ein eigenständiges Thema, das im Rahmen eines solchen Artikels nicht abgehandelt werden kann. Sie ist aber ein Schlüssel zur Vertrauensbildung bei potentiellen Investoren.

Ein letzter Teilaspekt sei anschließend erläutert, der im allgemeinen wenig Aufmerksamkeit findet, aber gerade deswegen mehr Beachtung verdient. Die Auftritte und Reden der leitenden Wirtschaftsförderer sollten ihrer *Zahlen-Monotonie* entkleidet werden und im Rahmen der Wirtschaftsförderung und des Stadtmarketings zu Faktoren wirtschaftlicher und politischer Relevanz werden. Sie müssen von der Marketing-Ebene, wo sie heute meist angesiedelt sind, auf die Corporate- und Public Affairs-Ebene angehoben werden. Erst dann können sie die von ihren Autoren erhoffte Wirkung voll entfalten. Dieser Vorsatz verlangt Disziplin von allen Beteiligten, aber das zu betonen, sollte eigentlich nicht notwendig sein.

Alles in allem: Gute *Public Relations* sind für die Wirtschaftsförderungen erfolgsentscheidend, stärken sie doch die Rolle des Anbieters in einem Markt, der heute von den Unternehmen (als Käufer) dominiert wird.

Die *Öffentlichkeitsarbeit* der Wirtschaftsförderungen muß professionellen Maßstäben entsprechen, d. h. zwischen Marketing Communications, Corporate Communications und Public Affairs unterscheiden und die Gewichte richtig setzen. Sie sollte zudem eingebunden sein in ein echtes Stadtmarketing-Modell, das nicht von einseitigen politischen Prämissen ausgehen darf.

Städte und *Regionen*, welche die Chance einer solchen Kommunikation zum Vorteil ihres Standorts rasch erkennen und umsetzen, können in den nächsten Jahren einen bedeutenden Marktvorteil herausarbeiten, der sich in einer größeren Zahl von Neuansiedlungen niederschlägt.

Politiker sollten von der Wirtschaft lernen

Frank Stronach

Gleichartiges Problem in vielen Demokratien

Als Vorsitzender der Magna International Inc., einem führenden kanadischen Hersteller von Fahrzeugkomponenten, reise ich sehr viel, besuche unsere verschiedenen Unternehmungen und erkunde weltweit neue Geschäftsmöglichkeiten. Man lobt überall Kanadas moderne und hocheffiziente Infrastruktur, seine sauberen und sicheren Städte und Gemeinden, die Tugenden der Anständigkeit, Ordnung und Toleranz für die Vielfalt von Menschen und Meinungen. Den Bürgern Kanadas stehen hervorragende Gesundheits- und Ausbildungssysteme zur Verfügung, und ihre politischen wie religiösen Freiheiten und Rechte sind gesetzlich garantiert. Dies gilt sicherlich auch für die Bundesrepublik Deutschland und andere Staaten.

Ich wäre aber kein allzu guter Staatsbürger, wenn ich nicht aufgrund meiner Erfahrungen Vorschläge machen würde, wie die Wirtschaft zumindest meines Landes und die Lebensbedingungen seiner Bürger verbessert werden könnten.

Kanadier neigen oft dazu, gegenüber sich selbst die härtesten Kritiker zu sein. So wurden unsere Infrastruktur und auch viele der Sozialprogramme, derer sich unsere Menschen erfreuen, weitgehend durch Regierungsdefizite finanziert. Mehr als jemals zuvor erkennt nun das Land, daß etwas gegen die sich akkumulierenden Schulden getan werden muß. Aber Kanada steht in dieser Hinsicht nicht allein da, denn sein Problem unterscheidet sich eigentlich nicht von dem anderer Demokratien.

Während der letzten Jahre erwuchs aus der starken Zunahme der *Staatsverschuldung* eine der großen Schwierigkeiten, denen sich die demokratischen Industriestaaten gegenübergestellt sehen. Das Problem hat weitgehend in vor allem politisch begründeten Regierungsausgaben seinen Ursprung. Denn die politischen Parteien, die am meisten versprechen, gewinnen normalerweise die Wahl. Aber solche Versprechungen bringen in der Regel noch mehr Regierungsprogramme mit sich, die wiederum zu mehr Bürokratie und Verwaltungsdschungel für private Unternehmungen führen.

Schließlich werden die versprochenen Programme maßgeblich durch Regierungsanleihen finanziert, und hier liegt der Kern des Problems. Durch ihre Kreditaufnahme befinden sich Regierungen in einer Wettbewerbssituation mit privaten Unternehmungen um Kapital. Dies treibt nicht nur die Staatsschulden nach oben, durch die Umlenkung der Quellen für dringend benötigtes Kapital behindert es sogar die Fähigkeit der privaten Unternehmen, Wohlstand zu schaffen. Das Endresultat ist ein Steuersystem, bei dem diejenigen, die in Regierungsanleihen investieren, höher belohnt werden als jene, die das Risiko von Investitionen in der privaten Wirtschaft eingehen.

Die zerstörerische Folge von Schulden läßt sich vielleicht am besten mit der Analogie der Familienausgaben veranschaulichen. Bekanntlich steht eine Familie, die mehr ausgibt, als sie verdient, vor der Alternative: Entweder muß sie ein höheres Einkommen erzielen oder ihre Ausgaben reduzieren. Falls sie bei gleichbleibendem Einkommen nicht ihre Ausgaben senkt, wird ihr Haushalt unvermeidlich auseinanderbrechen.

Diese Kausalität gilt auch für Unternehmungen und Regierungen. Wenn z. B. eine Regierung kontinuierlich mehr Geld ausgibt als sie imstande ist, durch Steuern oder andere Möglichkeiten einzunehmen, wird das Land in eine gewisse Art von Konkurssituation geraten. Es könnte zwar die Abwärtsentwicklung infolge von Zahlungsunfähigkeit vorübergehend hinauszögern, indem der Staat mehr Geld drucken läßt. Falls er aber auf Dauer mehr Geld ausgibt als er an Einnahmen aufzuweisen hat, wird er letztendlich zu Bruch gehen. Die Geschichte ist reich an entsprechenden Beispielen, viele davon liegen noch gar nicht so lange zurück.

Wirtschaftsverfassungen sind erforderlich

Die verschiedenen Gesellschaften haben im letzten Jahrzehnt einen langen Weg zurückgelegt, er reicht vom Zusammenbruch des Kommunismus im Osten bis zur Entstehung pulsierender demokratischer Industrieländer in Asien und Südamerika. Als Bürger dieser Welt sollten wir uns deshalb ständig dafür einsetzen, daß die Existenz von demokratischen Regierungen und von demokratischen Rechten gesichert bleibt. Schließlich hatte es großer Anstrengungen bedurft, den Samen der Demokratie weltweit zu säen.

Meines Erachtens wird die nächste große Herausforderung darin bestehen, Demokratie in der Wirtschaft zu verwirklichen. Denn angesichts der wachsenden globalen Verflechtung der Wirtschaftssysteme wird es für eine private Unternehmung immer schwieriger, Wohlstand zu schaffen, ohne daß zunächst Wirtschaftspartizipationen existieren, die in höherem Maße als heute gerecht und zudem auf breiter Basis angelegt sind. Auf den Punkt gebracht heißt das: Demokratische Verfassungen reichen nicht mehr aus, sie müssen durch ergänzt werden, die für demokratisch orientierte Wirtschaftssysteme die Grundlage bilden sollen. Ich möchte sie Wirtschaftsdemokratien nennen, denn schließlich sind sie die Basis für die Demokratie selbst.

Eine Wirtschaftsverfassung in diesem Sinne beruht darauf, daß das soziale, politische und wirtschaftliche Wohl einer Nation letztlich von der Stärke des wirtschaftlichen Gewebes abhängt. Das Unternehmertum ist der Weber dieses Stoffes, und das Unternehmertum kann am besten funktionieren, wenn ein Gleichgewicht zwischen den drei Faktoren besteht, die ein Unternehmen voranbringen: Führung, Arbeit und Kapital. Alle drei Faktoren müssen teilhaben an dem, was erwirtschaftet wird.

Ebenfalls sollte damit begonnen werden, die Aufmerksamkeit noch auf ein weiteres wichtiges Thema zu konzentrieren, und zwar die Art und Weise, wie in den Ländern das Management auf politischer Ebene realisiert wird. Die Schwierigkeit, vor der jedes Land steht, ist folgende: Die Regierung stellt sein Management-Team dar, aber ihre Entscheidungen werden vor allem durch Beurteilungen in politischen Dimensionen herbeigeführt. Das möchte ich als die Achillesferse der Demokratie bezeichnen.

Die demokratischen Gesellschaften sind daher herausgefordert, Wege zu finden, damit die "Management"-Entscheidungen der Regierung durch wirtschaftliche Dimensionen bestimmt werden. Im Klartext: Demokratien müssen Möglichkeiten schaffen, um die Steuerung dessen, was das Wohlergehen eines Landes ausmacht, zu entpolitisieren, ohne hierbei die grundsätzlichen demokratischen Rechte zu beeinträchtigen. Wenn sie sich diesem Problem nicht zuwenden, wenn weiterhin hauptsächlich politische Anliegen die Tagesordnungen der Nationen dieser Welt prägen, dann werden viele Demokratien ins Schwanken geraten.

Da der Trend in Richtung einer Globalwirtschaft verläuft, muß mit dem Prozeß begonnen werden, die Demokratien der Welt neu auszurichten – das heißt: weg von den Prioritäten der Politik und der Bedrohung durch Zahlungsunfähigkeit, hin zu den Realitäten von wirtschaftlichem Verhalten, um damit auf Prosperität hoffen zu können. Denn weder die Persönlichkeitsrechte noch die finanzielle Sicherheit der Bürger lassen sich in einer stagnierenden Wirtschaft dauerhaft gewährleisten. Daher müßten sich Politiker mehr und mehr wie Unternehmer verhalten. Kurzum: Sie sollten von der Wirtschaft lernen!

Stadtmarketing: Unterschiede in Kommunen der alten und der neuen Bundesländer

Armin Töpfer

Grundlagen des modernen Stadtmarketing

Stadtmarketing ist heute – zumindest verbal – ein gängiger Bestandteil der kommunalen Praxis. Der Begriff ist so gut wie jedem Entscheider der Kommunen bekannt und kann von vielen mit konkreten Inhalten, Anforderungen und Ergebnissen gefüllt werden (vgl. Töpfer, A.: Marketing in der kommunalen Praxis: Eine Bestandsaufnahme in 151 Städten, in: Stadtmarketing, S. 83 ff., Baden-Baden 1992). Dabei ist allerdings zu berücksichtigen, daß die Vorstellungen darüber, was genau Stadtmarketing ist, nicht einheitlich gesehen werden. Stadtmarketing bedeutet nicht, die Stadt müsse wie das Produkt eines Unternehmens vermarktet werden (vgl. Müller, E.: Thesenpapier des Deutschen Städtetages: Stadtmarketing – mehr als Mode?, in: Töpfer, A.: Stadtmarketing, S. 141, Baden-Baden 1992), sondern vielmehr die Erkenntnisse des Marketing unter Berücksichtigung der Besonderheiten der kommunalen Rahmenbedingungen auf die Stadt zu übertragen.

Dabei ist Stadtmarketing weit mehr als Kommunikation; Werbung allein reicht keineswegs aus, um sich im verschärfenden Wettbewerb behaupten zu können. Maßgeblich für positive Ergebnisse sind der konzeptionelle Ansatz und die konsequente Durchsetzung des zielgruppenorientierten Denkens und Handelns.

Marketing als Unternehmensphilosophie und Führungskonzept in der modernen Unternehmensführung heißt,

- Bedürfnisse der Kunden erkennen,
- Kundennutzen schaffen und
- Kundenvorteile kommunizieren,

um dadurch Wettbewerbsvorteile dauerhaft zu sichern (vgl. Töpfer, A.: Marketing als ganzheitlicher Ansatz für langfristige Wettbewerbsvorteile, in: Thexis, 6. Jahrgang (1989), S. 10). Da Städte als Lebens- und Wirtschaftsraum immer stärker konkurrieren, wird Stadtmarketing notwendiger, um so die Bürger als Kunden anzusprechen, einzubeziehen und vor allem auch zufriedenzustellen. Hier wird ein umfassendes, ganzheitliches Marketingkonzept deshalb wichtig, weil ein isolierter Aktionismus vieler Städte nicht ausreicht, um sich im Wettbewerb zu behaupten. Die kommunale Verwaltung wird so zum zielgruppenorientierten *Dienstleistungszentrum*.

Dabei ist zu beachten, daß Stadtmarketing genauso professionell geplant und realisiert werden muß wie unternehmensbezogenes Marketing. Die Inhalte und Entscheidungsprozesse sind zwar z. T. andere, die einsetzbaren Methoden und Instrumente bleiben jedoch gleich (vgl. Töpfer, A. / Müller, R.: Marketing im kommunalen Bereich – Sinn oder Unsinn?, in: Der Städtetag, 41. Jahrgang (1988), S. 744 ff.). Die Abbildung 1 zeigt den Managementprozeß des Stadtmarketing.

Zunächst kommt es darauf an, das Selbstverständnis der Stadt umfassend und verständlich zu formulieren, also eine Corporate-Identity-Philosophie zu erarbeiten. Dies ist jedoch nur der erste Schritt als *Denkrahmen* für die festzulegenden Ziele und Inhalte. Zum einen sind dies die Zielvorgaben aus der Politik und Verwaltung, zum anderen Leistungsziele der Kommune.

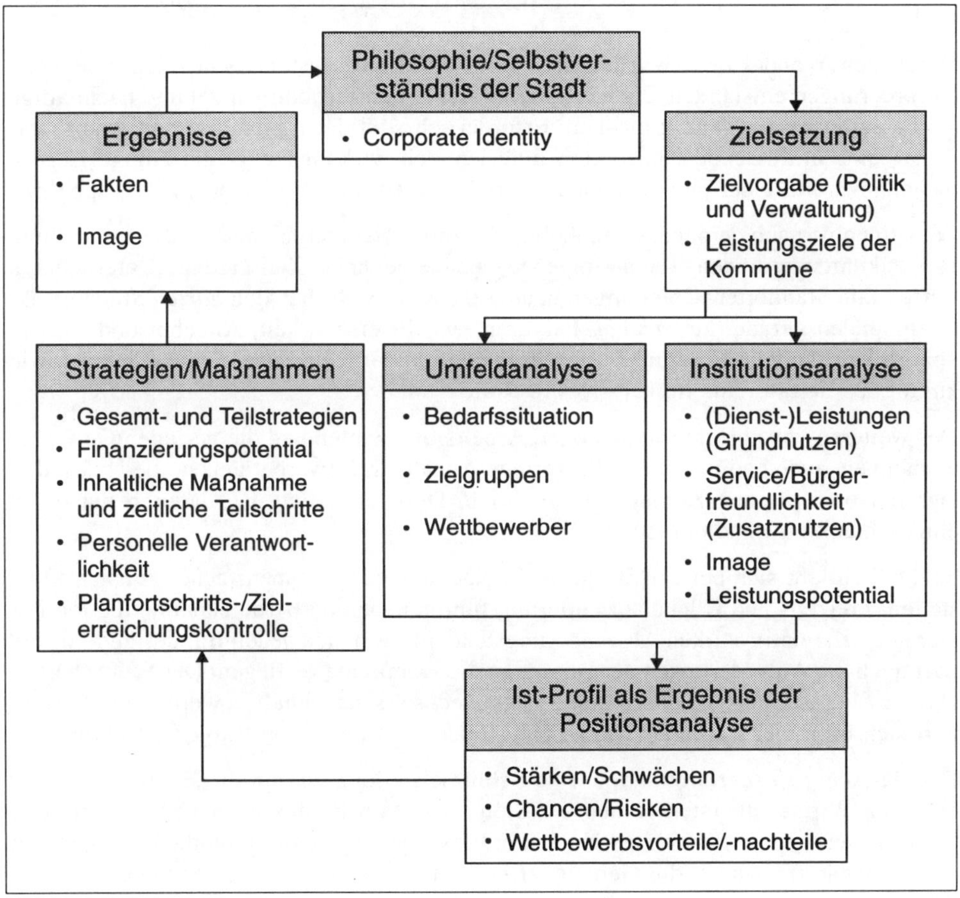

Abbildung 1: Der Managementprozeß des Stadtmarketing

Philosophie und Ziele werden an der *Umfeld- und Stadtanalyse* gespiegelt. Sie wird zu einem Ist-Profil der Kommune im Vergleich zu anderen Städten verdichtet, wobei auch hier ein *Benchmarking*, also die Orientierung an erfolgreichen anderen Kommunen erfolgen sollte (vgl. Töpfer, A. / Mehdorn, H.: Total Quality Management: Anforderungen und Umsetzung im Unternehmen, 3. Aufl., S. 76 ff., Neuwied/Kriftel/Berlin 1994).

Liegt dieser Informationsrahmen in ausreichender Quantität und Qualität vor, dann ist die Basis für die Erarbeitung und Ableitung von Strategien sowie Maßnahmen geschaffen. Nach der Realisierung ist sicherzustellen, daß eine Fortschritts- und Ergebniskontrolle aussagefähig durchgeführt wird.

Dieser *Managementprozeß* des Stadtmarketing ist für jede Kommune von großer Bedeutung. Gerade für die Kommunen in den neuen Bundesländern ist er aber besonders wichtig.

Durch den Wandel des Gesellschafts- und Wirtschaftssystems sind neue und hohe Anforderungen entstanden, die häufig einen schnellen Strukturwandel und nachhaltige Verbesserungen notwendig machen. Erforderlich sind dabei eine ganzheitliche Sichtweise, eine umfassende Konzeption und dennoch wirkungsvolle und zügige Einzelmaßnahmen mit einer punktgenauen Ausrichtung auf die jeweilige(n) Zielgruppe(n).

Zum einen ist nach dem massiven Abbau der Industrieunternehmen die Neuansiedlung von zukunftsweisenden Technologiebetrieben eine hohe Zielsetzung. Unternehmen treffen ihre Standortentscheidungen heute sehr bewußt. Neben den *harten* Standortfaktoren spielen gerade die *weichen* Faktoren, wie Erreichbarkeit, Angebot und Niveau von Einkaufsstätten, Erholungs- und Wohnqualität der Kommune, Schulangebot sowie kulturelle Vielfalt, eine immer größere Rolle.

Des weiteren verschlechtern die hohen Arbeitslosenzahlen und die geringen Gewerbeeinnahmen, auch bedingt durch die geringe Anzahl an Gewerbeflächen, die Haushaltslage der ostdeutschen Kommunen erheblich. Die Verwaltung hat dadurch nur einen eingeschränkten Handlungsspielraum.

Schließlich läßt sich bei den Bürgern ein Nachholbedarf in mehrfacher Hinsicht feststellen: Freizeit- und Erlebnisorientierung führen neben der Arbeitsmarktsituation immer noch zu relativ starken Abwanderungstendenzen. In den neuen Bundesländern sind aber auch die Anforderungen der Bürger an die Kommune gestiegen: Der Wunsch nach aktiver Mitgestaltung ist durch den Systemwechsel sehr lebhaft geworden und artikuliert sich in immer stärkerem Maße, zum Beispiel in Form von Bürgerinitiativen.

Der *Wirtschaftsförderung* kommt eine Schlüsselstellung zu, um die Bedingungen der örtlichen Wirtschaftsunternehmen zur Steigerung von Produktion und Beschäftigung zu verbessern, denn dadurch lassen sich indirekt die privaten Einkommen erhöhen und als Sekundäreffekt auch die Gemeindefinanzen zur Verbesserung der Lebensverhältnisse aller Bürger sichern.

Umfassendes Stadtmarketing geht jedoch deutlich über diesen verstärkt auf die Zielgruppe *Industrie* setzenden Ansatz hinaus und stellt auf eine Vernetzung aller Gestaltungsfelder ab, wie sie in Abbildung 2 dargestellt sind.

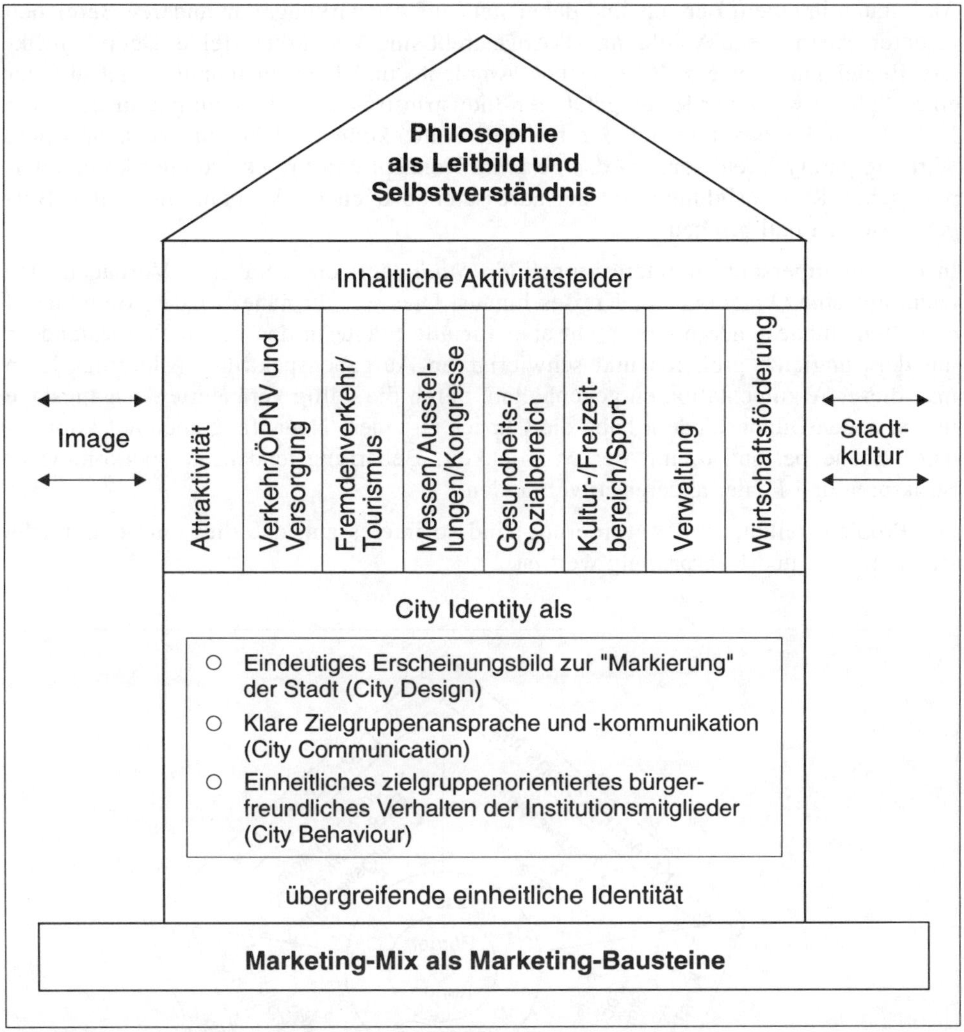

Abbildung 2: Bestandteile der City Identity

Ziel des Stadtmarketing ist eine strategische Positionierung mit Alleinstellungsmerkmalen. Diese klar erkennbare Stadtidentität und nachhaltig gelebte Stadtkultur sind ein herausforderndes Vorhaben, das "Vision und Biß" nötig macht.

Dabei ist jedoch bei allen innovativen Ideen dem tatsächlich Machbaren und Veränderbaren Rechnung zu tragen. Mancher "konzeptionelle Höhenflug" endet sonst relativ schnell in einer "operativen Bruchlandung". Richtig verstandenes und praktiziertes Stadtmarketing soll dies vermeiden helfen durch die konsequenten Fragen nach der Umsetzbarkeit in konkrete Marketing-Mix-Maßnahmen.

Aktivitäten in einem Bereich sind dabei stets auf Auswirkungen in anderen Bereichen zu untersuchen (siehe Abbildung 3). Angestrebt sind Verstärkereffekte. Denn konfliktäre Beziehungen, wie z. B. zwischen Ambiente und Umweltfreundlichkeit auf der einen Seite sowie einer leistungsfähigen Industriestruktur und einem gut ausgebauten Individualverkehrssystem auf der anderen Seite, können nicht nur die angestrebte Wirkung paralysieren, sondern das gesamte Konzept und Projekt von der kommunalpolitischen Konsensbildung und der adressatenbezogenen Akzeptanz in breiten Bürgerkreisen zu Fall bringen.

In dem multipersonalen Interessengebilde *Stadt* läuft ein derartiges Vorhaben also leicht auf eine Quadratur des Kreises hinaus. Dies gilt für nahezu jede Kommune in den alten Bundesländern, erst recht aber für alle Städte in den neuen Bundesländern mit dem ungleich größeren und schwierigeren Aufgabenspektrum. Allerdings kann man dieser Argumentation entgegenhalten, durch die völlig veränderte Ausgangslage in den neuen Bundesländern habe die Chance zu einem Neuanfang auch auf kommunaler Ebene bestanden, mit der Möglichkeit, Beharrungstendenzen überkommener Strukturen und Fehler anderer zu vermeiden.

Die Problemstellung und Anforderung sind so interessant, daß dies eine empirische Untersuchung und Überprüfung wert ist.

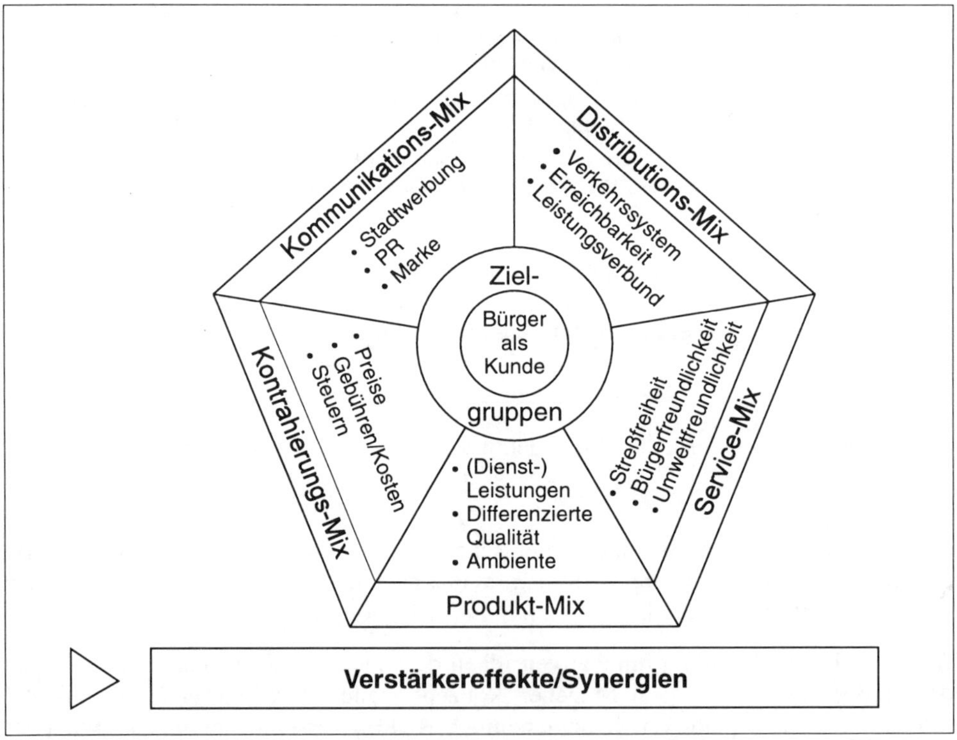

Abbildung 3: Marketing-Mix-Bausteine einer Stadt

Bestandsaufnahme: Zum Stand des Stadtmarketings in Kommunen der alten und der neuen Bundesländer

Die Untersuchung

In einer *Studie* zum Verständnis und zum Stand des Marketing in der kommunalen Praxis (vgl. Töpfer, A.: Marketing in der kommunalen Praxis: Eine Bestandsaufnahme in 151 Städten, in: Stadtmarketing, S. 81 ff., Baden-Baden 1992) ist diese Analyse vorgenommen worden.

Die im folgenden dargestellten Ergebnisse wurden durch eine schriftliche Befragung in 151 Kommunen ermittelt, wobei aus der Gesamtheit aller Städte mit mehr als 20 000 Einwohnern 281 Städte ausgewählt wurden. Der achtseitige Fragebogen wurde einem Pretest in der kommunalen Praxis unterzogen und enthält Fragen zu vier Themenkomplexen des Stadtmarketing. In Abbildung 4 sind sie wiedergegeben.

Schon die Rücklaufquote von 54 Prozent spiegelt das große Interesse der Städte wider. Im Vordergrund stehen in der folgenden Betrachtung die Unterschiede zwischen den Kommunen in den alten und neuen Bundesländern.

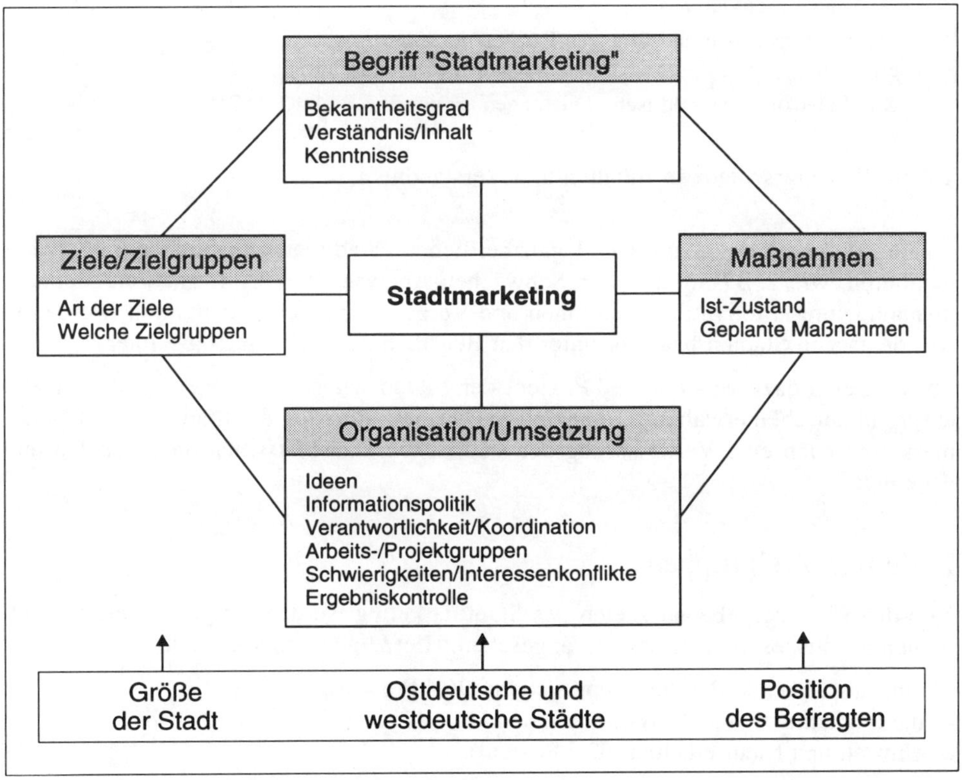

Abbildung 4: Das Untersuchungsdesign

Inhalte und Verständnis des Begriffs Stadtmarketing

Hinsichtlich der Bekanntheit des Begriffs Stadtmarketing läßt sich kein Unterschied feststellen: Sowohl im Osten als auch im Westen ist der Begriff immerhin 97 Prozent der Ausfüllenden bekannt. Das Stadtmarketingverständnis ist allerdings unterschiedlich (siehe Tabelle 1). Von den vorgegebenen 32 möglichen Kriterien werden 6 mit statistisch signifikantem Ergebnis unterschiedlich dem Begriff Stadtmarketing zugeordnet ($p \leq 0{,}05$).

Der Begriff "Stadtmarketing"	West (n = 96) in Prozent	Ost (n = 55) in Prozent
– Die ökologischen Umweltbedingungen einer Stadt verbessern	85	45
– Die Bürger besser über die Stadt informieren	69	29
– Alle Maßnahmen auf gemeinsame Ziele hin bündeln	50	23
– Städtische Behörden und Betriebe für Stadtmarketingaktivitäten motivieren	80	58
– Stärken/Schwächen und Chancen/Risiken der Stadt ermitteln	88	65
– Kostendeckung für städtische Leistungen erreichen	87	98

Tabelle 1: Unterschiede in Inhalten und Verständnis

Inhalte, die ein umfassendes und ganzheitliches "Stadtmarketingverständnis" dokumentieren, wie z. B. eine Stärken-Schwächen-Analyse, Bürgerinformation, Maßnahmenbündelung, Motivation nach innen und Verbesserung der Ökosituation, werden in westdeutschen Städten häufiger unter den Begriff Stadtmarketing subsumiert.

Im Vergleich dazu verstehen 98 Prozent der ostdeutschen Kommunen – nicht zuletzt aufgrund der oben erwähnten finanziellen Haushaltssituation der Städte – unter Stadtmarketing auch eine Verbesserung der städtischen Haushaltssituation durch Kostendeckung.

Ziele und Zielgruppen

Von den 22 vorgegebenen Zielen des Stadtmarketing werden einige von allen Kommunen als ausgesprochen wichtig angesehen. Hierzu gehören vor allem

- eine ausreichende Beschäftigung sichern (96,4 Prozent),
- die Stadtattraktivität als Wirtschaftsstandort erhöhen (93,4 Prozent) sowie
- Umwelt und Natur erhalten (92,2 Prozent).

Die drei in Tabelle 2 aufgeführten Ziele sind für Städte in den neuen Bundesländern signifikant wichtiger.

Ziele des Stadtmarketing	West (n = 88) in Prozent	Ost (n = 45) in Prozent
– Die Sachkompetenz von kommunalen Institutionen erhöhen	82,2	90,2
– Ein einheitliches Erscheinungsbild der Stadt schaffen	78,2	87,3
– Die Infrastruktur (z. B. Verkehrsanbindung/Parkplätze) verbessern	84,8	95,1

Tabelle 2: Unterschiede in Zielen

In allen drei Bereichen, also in der Sachkompetenz, dem einheitlichen Erscheinungsbild und der Infrastruktur spiegelt sich der Nachholbedarf ostdeutscher Städte wider.

Bei der Ausrichtung auf bestimmte Zielgruppen – mit 15 vorgegebenen Möglichkeiten – steht die Industrie bei allen Kommunen an erster Stelle (80,4 Prozent), aber auch die Bürger (77,6 Prozent) sowie Touristen und Gäste der Stadt (60,7 Prozent) werden von allen als zentrale Zielgruppen angesehen.

Zwischen ost- und westdeutschen Städten bestehen hinsichtlich der angesprochenen Zielgruppen folgende signifikante Unterschiede (siehe Tabelle 3).

Zielgruppen des Stadtmarketing	West (n = 88) in Prozent	Ost (n = 45) in Prozent
Vereine	29,9	58,7
Pendler	15,6	–
Einzelhandel	76,6	56,5
Kommunale Institutionen	32,5	50
Ausländervereinigungen	22,1	2,2

Tabelle 3: Unterschiede in Zielgruppen-Ausrichtung

Gegenüber der eindeutig fokussierten Ausrichtung von Stadtmarketingmaßnahmen auf den Einzelhandel in westdeutschen Städten werden in ostdeutschen Städten – neben den oben bereits genannten – mehrere, gleich wichtige Zielgruppen angesprochen.

Maßnahmen

Bei den Maßnahmen wurden 32 Nennungen vorgegeben. Von allen Städten, die bisher bereits Maßnahmen verwirklicht haben, werden vorwiegend die klassischen Kommunikationsaktivitäten, nämlich

- für eine Stadt werben (61,5 Prozent) und
- Öffentlichkeitsarbeit für eine Stadt betreiben (57,1 Prozent),

umfassend durchgeführt.

Maßnahmen, die nach innen gerichtet sind, wie beispielsweise

- die städtischen Behörden und Betriebe für Stadtmarketingaktivitäten motivieren (Innenmarketing) (11 Prozent) und
- alle Maßnahmen auf gemeinsame Ziele hin bündeln (12,1 Prozent),

werden bisher nur in relativ wenig Städten umfassend realisiert. Auch Maßnahmen, die dazu dienen, detaillierte Informationen über die Ist-Situation zu erlangen, wie

- Imageanalysen durchführen (24,2 Prozent),
- Konkurrenzstädte analysieren (11 Prozent) und
- den Bedarf von Dienstleistungen bei den Bürgern ermitteln (9,9 Prozent),

gehören bisher noch nicht zum Standard-Repertoire des Stadtmarketing. Dies läßt den Schluß zu, daß in vielen Städten die konkreten Umsetzungsmaßnahmen bisher noch nicht auf der Grundlage fundierter Informationen über die Ist-Situation entwickelt werden, sondern eher auf mehr oder weniger fundierten Erfahrungswerten basieren.

Differenziert nach westdeutschen und ostdeutschen Städten werden bei der Maßnahmendurchführung die in Tabelle 4 aufgelisteten wesentlichen Unterschiede erkennbar.

Umfassend durchgeführte Maßnahmen	West (n = 60) in Prozent	Ost (n = 31) in Prozent
– Eine einheitliche Stadtidentität schaffen	19,5	3,6
– Das kulturelle Angebot der Stadt fördern	58,2	23,6
– Die Abwanderung ansässiger Betriebe verhindern	34,4	12,7
– Die ökologischen Umweltbedingungen einer Stadt verbessern	25,1	15,5
– Das visuelle Erscheinungsbild der Stadt optimieren	28	14,5
– Wirtschaftsförderung zur Ansiedlung neuer Betriebe durchführen	47,6	25,5
– Das Verkehrsangebot der Stadt verbessern	26,1	7,2
– Ein ausreichendes Angebot im Freizeitbereich schaffen	43,6	3,6
– In der Stadt attraktive Wohnbereiche schaffen	26	3,6
– Erlebnisorientierte Einkaufsbereiche gestalten	19,9	3,6
– Die Stadt als Urlaubsort fördern	19	3,6
– Touristen und Gäste über die Stadt informieren	34	15,5
– Stärken/Schwächen und Chancen/Risiken der Stadt ermitteln	36	10,9
– Veranstaltungen/Aktionen in einer Stadt durchführen	55,8	29,3

Tabelle 4: Unterschiede in umfassender Maßnahmenrealisierung

Der Maßnahmenbereich *Wirtschaftsförderung* wird in ostdeutschen Städten nach Veranstaltungen/Aktionen in der Stadt (29,3 Prozent) am häufigsten bereits umfassend durchgeführt (25,5 Prozent), aber dennoch deutlich geringer als in westdeutschen Städten (47,6 Prozent).

Nicht unerwartet tritt nach der geographischen Lage der Stadt eine größere Zahl weiterer Unterschiede bei den bisher umfassend durchgeführten Maßnahmen auf. Gerade in den Bereichen, die den Aufbau einer erheblichen Struktur bzw. Infrastruktur erfordern und deren Realisierung eine längere Zeit in Anspruch nimmt, haben die ostdeutschen Kommunen erst zu einem geringen Prozentsatz Verbesserungen erreicht.

Welche Maßnahmen bisher erst begonnen bzw. ansatzweise in die Tat umgesetzt werden, hängt von der bisherigen umfassenden Realisierung der Marketingmaßnahmen ab. Entsprechendes gilt für Maßnahmen, die erst in Planung sind.

Die Frage ist nun, wo ostdeutsche Städte die Schwerpunkte bei den begonnenen bzw. ansatzweise durchgeführten Maßnahmen setzen, da sie in vielen Bereichen erst seit kurzem aktiv sein können. Die Marketingmaßnahmen, die neu eingeleitet werden, beziehen sich sowohl auf die klassische Stadtwerbung, die Wirtschaftspolitik und Industrieansiedlung bzw. -erhaltung wie auf die Verbesserung der Angebote für die Bürger. Tabelle 5 zeigt dies im Überblick.

Ansatzweise durchgeführte Maßnahmen	West (n = 60) in Prozent	Ost (n = 31) in Prozent
– Für eine Stadt werben	31,8	55,6
– Für eine Stadt Öffentlichkeitsarbeit betreiben	31,8	55,6
– Touristen und Gäste über die Stadt informieren	28,4	60
– Die Abwanderung ansässiger Betriebe verhindern	13,6	44,4
– Wirtschaftsförderung zur Ansiedlung neuer Betriebe durchführen	30,7	64,4
– Einkaufszentren am Stadtrand fördern	5,7	15,6
– Das kommunale Handeln an den Bedürfnissen der Bürger ausrichten	29,5	55,6
– Das kulturelle Angebot der Stadt fördern	23,9	53,5
– Eine umfassende Stadtentwicklung planen und durchführen	28,4	62,2
– Ein ausreichendes Angebot im Gesundheitsbereich schaffen	14,8	28,4
– Imageanalysen durchführen	33,4	20
– Den Bedarf an Dienstleistungen bei den Bürgern ermitteln	19,3	6,7

Tabelle 5: Unterschiede in angefangenen Maßnahmen

Wirtschaftsförderung (64,4 Prozent), Stadtentwicklung (62,2 Prozent) und Touristeninformation (60 Prozent) stehen an der Spitze. Ostdeutsche Städte haben demzufolge wesentlichen Handlungsbedarf erkannt und eingeleitet. Die Bürgerorientierung steht ebenfalls im Vordergrund (55,6 Prozent).

Einige wesentliche, statistisch signifikante Unterschiede zwischen ost- und westdeutschen Städten sind bei den geplanten Maßnahmen ebenfalls erkennbar. Verglichen mit bereits durchgeführten bzw. begonnenen Maßnahmen werden teilweise gleiche, aber auch andere Schwerpunkte für die Zukunft gesetzt (siehe Tabelle 6).

Geplante Maßnahmen	West (n = 88) in Prozent	Ost (n = 45) in Prozent
– Das Verkehrsangebot der Stadt verbessern (z. B. Verkehrswege, Parkraum, ÖPNV)	11	38
– Ein ausreichendes Angebot im Freizeitbereich schaffen (z. B. Parks, Sportanlagen)	8,3	47,3
– Imageanalysen durchführen	16,7	32,7
– Einkaufszentren am Stadtrand fördern	4,2	14,5
– Erlebnisorientierte Einkaufsbereiche gestalten	12	43

Tabelle 6: Unterschiede in für die Zukunft vorgesehenen Maßnahmen

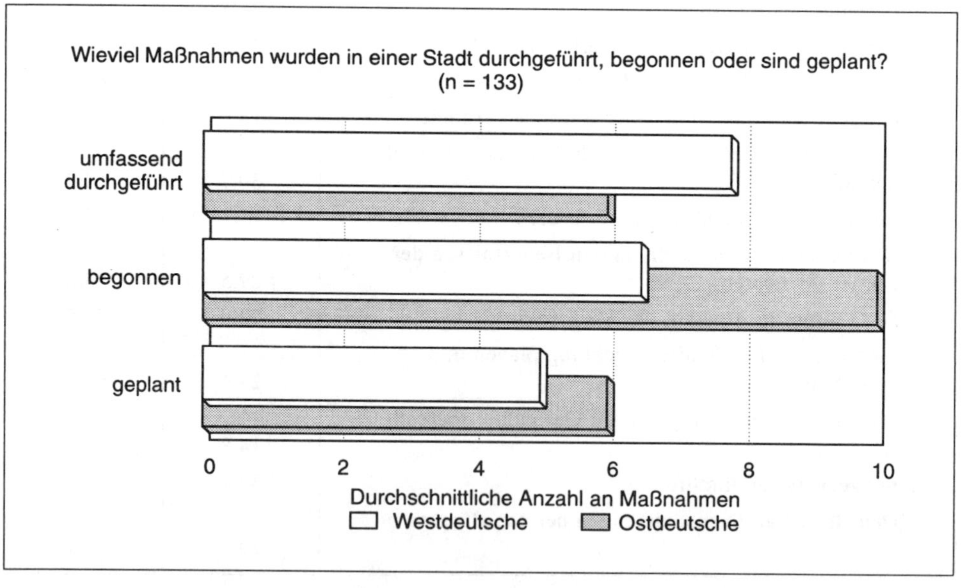

Abbildung 5: Anzahl der Marketingaktivitäten in einer ost-/westdeutschen Stadt

Durchschnittlich werden bzw. wurden in einer Stadt sieben Stadtmarketingmaßnahmen umfassend verwirklicht. Acht Maßnahmen wurden begonnen bzw. ansatzweise durchgeführt und fünf Maßnahmen geplant.

Wie Abbildung 5 (s. vorhergehende Seite) verdeutlicht, realisieren ostdeutsche Städte im Durchschnitt bisher weniger Stadtmarketingmaßnahmen umfassend, nämlich sechs, haben aber mehr begonnen, nämlich zehn, und haben auch geringfügig mehr Marketingaktivitäten geplant, nämlich sechs, als westdeutsche Städte. Die konkrete Umsetzung von Stadtmarketingaktivitäten hat in Kommunen der neuen Bundesländer also begonnen.

Organisation und Umsetzung der Maßnahmen

Hier ist zunächst die Frage von Interesse, wer Marketingmaßnahmen initiiert hat. Dies ist überwiegend, nämlich in 89,2 Prozent der befragten Städte, die Stadtmarketingmaßnahmen bereits durchgeführt haben oder planen, die Stadtverwaltung oder der Rat der Stadt. Von externen Stellen kam der Anstoß für Marketingmaßnahmen seltener. Interessant ist, daß mehr als die Hälfte der Städte Aktivitäten anderer Kommunen als Anstoß für eigene Marketinginitiativen nutzt. Hier gilt also offensichtlich der Satz: *Konkurrenz belebt das Geschäft*.

Wie ergänzende Auswertungen zeigen, kommt bei ostdeutschen und westdeutschen Städten der Anstoß etwa gleich häufig von den entsprechenden Stellen bzw. Quellen. In westdeutschen Kommunen werden Werbe-/Marktforschungsinstitute mit 31,8 Prozent allerdings gegenüber ostdeutschen Städten mit 11,8 Prozent wesentlich häufiger in Anspruch genommen.

Im Anschluß hieran ist von Bedeutung, wie die betroffenen Bürger und Zielgruppen über die Aktivitäten ihrer Stadt informiert werden. Nahezu alle der 91 Städte (99 Prozent), die Stadtmarketingmaßnahmen bereits durchgeführt haben, informieren die Zielgruppen über kommunale Aktivitäten. Allerdings informieren 62 Prozent der Städte – nach eigenen Angaben – die Zielgruppen nur teilweise und 37 Prozent umfassend. Nach der Lage der Stadt in Ost- oder Westdeutschland bestehen keine signifikanten Unterschiede.

Nun stellt sich die Frage, wie die Zielgruppen im Detail informiert werden. Als häufigstes Informationsmedium werden Pressemitteilungen (96,1 Prozent) vor Informationsbroschüren (72,1 Prozent) eingesetzt. Dialogorientierte Informationsmedien, bei denen der Bürger die Möglichkeit zu Fragen und zur Diskussion hat, werden etwas seltener angewendet, aber immer noch in 62,8 Prozent der befragten Städte. Die direkte Einbeziehung von Bürgern in die Planung und Durchführung von Vorhaben ist in 56,6 Prozent der Städte gegeben. Eine konkrete Mitwirkung der Bürger findet allerdings nur in sehr viel geringerem Maße, nämlich bei 16,3 Prozent der Städte statt.

Ostdeutsche Städte informieren ihre Bürger und Zielgruppen wesentlich häufiger durch Anzeigen/Insertionen sowie Informations- und Diskussionsveranstaltungen. Westdeutsche Kommunen setzen signifikant häufiger Informationsbroschüren ein.

Bei dem *Organisations- und Umsetzungsprozeß* ist ein entscheidendes Faktum, ob eine spezielle Stelle für die Koordination der Maßnahmen eingerichtet worden ist. Hier lassen sich keine signifikanten Unterschiede zwischen Ost und West feststellen. In 47 Prozent der befragten Städte wird ein spezielles Amt bzw. eine Stelle damit beauftragt, die gesamten Marketing-Aktivitäten der Stadt zu koordinieren. Am häufigsten ist dies das Amt für Wirtschaftsförderung (45 Prozent). Andere Stellen, wie z. B. ein Referat für Presse und Stadtmarketing (18 Prozent) oder das Amt für Öffentlichkeitsarbeit (11 Prozent), sind sehr viel seltener zuständig.

Mit einem derartigen Amt besteht zugleich auch die Chance, Marketingdenken in der Stadt zu prägen und bestimmte Analysen anzustellen. Inhaltlich wichtige und interpretierbare Ergebnisse sind beispielsweise, daß die Philosophie, die Bürger als Kunden der Kommune anzusehen, bei den Städten mit einem zentralen Amt eher vorherrscht und eine Stärken/Schwächen-Analyse häufiger vorgenommen wird, das reine Verkaufen von Dienstleistungen an Bürger dafür seltener gegeben ist.

Nach der Grundsatzentscheidung über die Einbeziehung der Bürger und über die organisatorische Verankerung ist von tragender Bedeutung, ob Arbeits- bzw. Projektgruppen für die Umsetzung von Stadtmarketingmaßnahmen gebildet werden und vor allem wer daran mitwirkt. In 64,1 Prozent aller marketingaktiven 91 Städte werden derartige Arbeits- bzw. Projektgruppen gebildet. Dieser Sachverhalt ist bei ost- und westdeutschen Städten gleich, so daß kein signifikanter Unterschied besteht.

Am häufigsten werden kommunale Verwaltungsgremien in diese Arbeits- bzw. Projektgruppen eingebunden (76,6 Prozent). Weitere häufige Mitwirkende sind externe Berater (52,7 Prozent), Industrieverbände (48,9 Prozent), der Verkehrsverein (47,8 Prozent) und Handelsverbände (45,7 Prozent). Andere Gruppen werden deutlich weniger in den Marketingprozeß aktiv eingebunden.

Von Interesse ist jetzt zusätzlich, wie häufig ein spezielles Amt bzw. eine spezielle Stelle für die Koordination der Marketingmaßnahmen gemeinsam mit der Installation von Arbeits- bzw. Projektgruppen besteht. Wie eine Zusatzauswertung zeigt, ist dies in 38,5 Prozent der marketingaktiven Städte der Fall. Nach der Lage der Städte im östlichen oder westlichen Teil Deutschlands existieren hinsichtlich dieser organisatorischen Maßnahmen keine signifikanten Unterschiede.

Ein professionelles Management steht und fällt nicht nur mit der Durchführung von Maßnahmen, sondern vor allem mit einer gezielten Ergebniskontrolle. Dadurch wird erst die Grundlage geschaffen, um frühzeitig und umfassend Korrekturen vornehmen zu können. Wird dieses in Unternehmen gängige Prinzip auch beim Stadtmarketing bereits praktiziert?

Das Ergebnis ist einigermaßen ernüchternd: Lediglich 4 Prozent der befragten Städte führen bisher eine umfassende und systematische Ergebniskontrolle durch.

Wie die restlichen Werte zeigen, nimmt ein Drittel der befragten Städte eine Ergebniskontrolle zumindest ansatzweise vor. 55 Prozent der Städte messen aber in keiner Weise die erreichten Ergebnisse, 30 Prozent haben diese Kontrolle für die Zukunft zumindest geplant.

Die Auswertungen in Tabelle 7 belegen, daß westdeutsche Städte signifikant häufiger eine Ergebniskontrolle durchführen als ostdeutsche Städte. Dementsprechend wird von ostdeutschen Städten in Zukunft eher geplant, realisierte Maßnahmen im Ergebnis zu kontrollieren.

Ergebniskontrollen	West (n = 60) in Prozent	Ost (n = 31) in Prozent
Führen eine umfassende und systematische Ergebniskontrolle durch	6,9	–
Führen ansatzweise eine Ergebniskontrolle durch	39,5	29,5
Planen, eine Ergebniskontrolle durchzuführen	23,3	43,2
Führen keine Ergebniskontrolle durch	29,1	15,9

Tabelle 7: Unterschiede im Grad und Stand von Ergebniskontrollen

Schwierigkeiten bei der Realisierung

Entscheidend für das Urteil über und das Ergebnis von Stadtmarketing in der kommunalen Praxis sind die *Schwierigkeiten*, die bei der Umsetzung der Maßnahmen aufgetreten sind. Dies war ebenfalls Gegenstand der Befragung, wobei neben organisatorischen, inhaltlichen und personenbezogenen Problemen auch Schwierigkeiten rechtlicher, finanzieller und politischer Natur untersucht wurden.

Interessant ist unter diesem Blickwinkel die Differenzierung nach der geografischen Lage der Kommunen: In ostdeutschen Städten treten signifikant häufiger finanzielle und rechtliche Probleme bei der Umsetzung der Marketingmaßnahmen auf als bei westdeutschen Städten. Letztere haben häufiger mit politischen Schwierigkeiten bei der Durchführung der Marketingaktivitäten zu kämpfen (siehe Tabelle 8).

Schwierigkeiten	West (n = 60) in Prozent	Ost (n = 31) in Prozent
Politische	58	43
Finanzielle	70	85
Rechtliche	35	53

Tabelle 8: Unterschiede in Umsetzungsproblemen

Da in der kommunalen Praxis die aufgetretenen Umsetzungsprobleme bzw. Interessenkonflikte mit entscheidend für den Erfolg des Stadtmarketing sind, soll anhand dieser Kriterien eine Gruppierung der untersuchten 91 Städte, die Maßnahmen realisierten, vorgenommen werden. Die hierfür durchgeführte *Clusteranalyse* läßt zwischen drei Gruppen von Städten unterscheiden, die in sich jeweils relativ homogen sind und sich von den anderen beiden Gruppen jeweils eindeutig abgrenzen lassen:

Cluster 1: Städte mit den insgesamt geringsten Problemen (53,8 Prozent)

Cluster 2: Städte mit den größten finanziellen Schwierigkeiten, Problemen der personenbezogenen Zusammenarbeit und inhaltlichen Koordinationsproblemen (25,5 Prozent)

Cluster 3: Städte mit den größten rechtlichen Problemen und sehr großen finanziellen Problemen (20,7 Prozent).

In Cluster 3 sind im Vergleich zu den beiden anderen vorwiegend Kleinstädte und vor allem ostdeutsche Städte vertreten. Abbildung 6 zeigt die Intensität der auftretenden Probleme als clusterdefinierende Variablen.

Weitere Detailanalysen belegen: Eine Reihe von Marketingmaßnahmen wird bisher seltener von diesen Städten umfassend durchgeführt. Dabei hat die Aktivität, "die Abwanderung von Betrieben verhindern", im Vergleich zu den anderen beiden Clustern einen höheren Stellenwert im Rahmen des Stadtmarketing. Entsprechendes gilt für andere Inhalte. Bei den Zielen sind im Vergleich zu Cluster 1 eine Erhöhung der eigenen Sachkompetenz und ein einheitliches Erscheinungsbild wesentlich wichtiger. Entsprechend wird im Vergleich zu den anderen beiden Clustern eine Reihe der angesprochenen Maßnahmen häufiger für die Zukunft geplant.

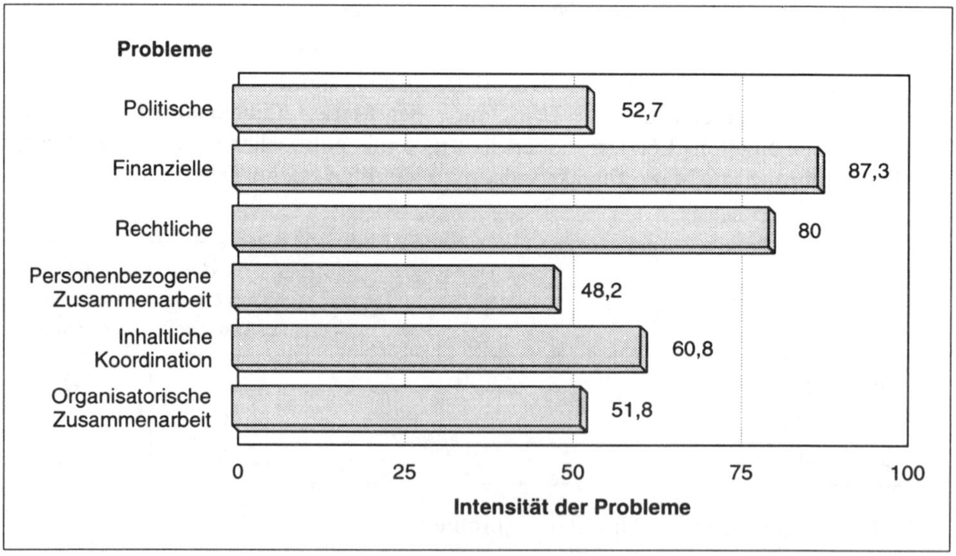

Abbildung 6: Schwierigkeiten der Städte in Cluster 3

Die Treuhandanstalt im Umstrukturierungsprozeß der ostdeutschen Wirtschaft – Katalysator für den Aufschwung Ost

Klaus-Peter Wild

Die Treuhandanstalt im Spannungsfeld

Die Treuhandanstalt hat in den vergangenen vier Jahren seit Verwirklichung der Einheit Deutschlands mit langsam abnehmender Bedeutung – neben der von ihr unabhängigen Verbesserung der Infrastruktur – die wichtigste Rolle bei der *Umstrukturierung* der Wirtschaft in den neuen Bundesländern gespielt. Dies nicht zuletzt deshalb, weil Neuansiedlungen auf der grünen Wiese nicht in dem erwarteten Umfang realisiert wurden und konkrete Planungen für solche Investitionen aufgrund der eingetretenen wirtschaftlichen Rezession verändert, verkleinert oder ganz aufgegeben wurden. Die Aufgabe des Projektes Ahrensdorf der Mercedes Benz AG Ende 1992 war ein erstes Signal für eine differenziertere Standortbeurteilung der neuen Bundesländer durch potente Investoren. Mit der Verbesserung der konjunkturellen Situation im Laufe des Jahres 1994 beginnt sich dieses Bild zusehends wieder zu verändern.

Es kann nicht verwundern, wenn sich keine andere Institution so sehr im Spannungsfeld des wirtschaftlichen Transformationsprozesses befindet, durch den sich die wirtschaftliche Landschaft zwischen Rostock und Radebeul, von Eisenach bis Eisenhüttenstadt in dieser Zeit nahezu vollständig verändert hat, wie dies bei der Treuhandanstalt der Fall ist. Ihr wurde vom Gesetzgeber die Aufgabe einer Betreuung fast der gesamten wirtschaftlichen Ausstattung der ehemaligen DDR und deren Überführung in privatwirtschaftliche, unternehmerische Hände übertragen. Sie hatte die schwere Aufgabe, die versteckte Arbeitslosigkeit in fast allen Betrieben der damaligen DDR offenzulegen.

Von den einen positiv als Katalysator für den *Aufschwung* Ost gesehen, als Prozeßbeschleuniger für den Umbau der ehemals sozialistischen DDR-Wirtschaft in marktwirtschaftliche, wettbewerbsfähige Strukturen begrüßt, lasten andere die mit dem tiefgreifenden Wandel unbestreitbar verbundenen, schwerwiegenden ökonomischen und sozialen Probleme in den neuen Bundesländern der Treuhandanstalt an. Die notwendige Sachlichkeit der Beurteilung wird dabei nicht selten verlassen.

Die Tatsache, daß die Treuhandanstalt im Rahmen politischer Vorgaben bleiben und handeln muß, wie sie etwa durch die Währungsumstellung, das Treuhandgesetz und den Einigungsvertrag gegeben sind, wird oftmals ebenso vergessen wie die Tatsache, daß die wirtschaftliche Situation am Ende der DDR durch einen fast totalen Substanzverzehr in den wesentlichen Industriezweigen gekennzeichnet war. Es ist ein mühsamer

Weg, von dieser Ausgangslage aus unter marktwirtschaftlichen Bedingungen auf neuen Märkten wettbewerbsfähig zu werden.

Der Treuhandanstalt, einer Einrichtung des Übergangs, einer *Organisation auf Zeit*, ging es von Anfang an darum, möglichst viele Neuanfänge anzustoßen. Privatinitiative und unternehmerisches Engagement erschienen hier als die geeignetsten Multiplikatoren. Daß diese Impulse zwangsläufig auch mit tiefen Einschnitten und schmerzlichen Entscheidungen verbunden sein mußten, war unvermeidbar. Es mußte schließlich dort ein Schlußstrich gezogen werden, wo nach behutsamer und sorgfältiger Prüfung für Unternehmen keine Chance gesehen werden konnte, auf Dauer ohne staatliche Hilfe existenzfähig zu sein. So konnten die Existenz von Unternehmen wie Pentacon in Dresden oder der DDR-Airline Interflug, aber auch die Produktion der Pkw Wartburg und Trabant auf Dauer nicht aufrechterhalten werden.

Die Treuhandanstalt hatte und hat bei der täglichen Bewältigung ihrer vom Gesetzgeber übertragenen Aufgaben stets vor Augen, wie schwer die Einsicht in die wirtschaftlichen Notwendigkeiten vielen davon betroffenen Menschen im östlichen Teil Deutschlands fallen muß. Auch wenn eine deutliche Verbesserung der Lebensverhältnisse in den neuen Bundesländern insgesamt festgestellt werden kann, so ist das Ausmaß der Umstellung für den in den Denkschemata der sozialen Marktwirtschaft Unerfahrenen, besonders für ältere Menschen, nur schwer und im Rahmen eines oft mühsamen Anpassungsprozesses zu bewältigen.

Ein Blick auf die Ursachen

Die Ursache für die schwerwiegenden Anpassungsprobleme, für die oft die Treuhandanstalt allein als Verursacher gesehen wird, ist primär das totale Versagen der staatlichen Planwirtschaft der DDR. Daß daneben die Art der Währungsumstellung und die Unterschätzung der notwendigen finanziellen und oft auch mentalen Anpassungen zu Problemen geführt haben, kann nicht bestritten werden. Schließlich hat naturgemäß auch die Treuhandanstalt bei der Bewältigung einer Aufgabe ohne Vorbild Fehler gemacht, um deren zunehmende Vermeidung in einem Prozeß des *learning by doing* die Mitarbeiter der Treuhandanstalt stets bemüht waren und sind, – zumeist erfolgreich.

Ein Blick auf die reale Situation der ehemaligen DDR macht schnell deutlich, auf welcher Grundlage die Treuhandanstalt mit ihrer Arbeit beginnen mußte. Sie hatte die Erblast einer Volkswirtschaft zu übernehmen, die – wie Gregor Gysi von der PDS es einmal selbst formulierte, "*nicht zufällig, sondern zu Recht gescheitert ist*". Die DDR, so Gysi, "*ist daran zugrunde gegangen, daß es zu wenig Demokratie, zu wenig Ökologie und zu wenig Effizienz gab*".

Wie aus den letzten inzwischen bekannt gewordenen Papieren des SED-Politbüros hervorgeht, stand die DDR praktisch vor dem Staatsbankrott, als sie durch das Volk einem dramatischen, schnellen Ende zugeführt wurde. Letztlich wurde in den achtziger Jahren eine Konkursverschleierung betrieben.

Unmittelbar vor der Währungs-, Wirtschafts- und Sozialunion im Juli 1990 gingen bereits einige Analysen davon aus, daß ca. 50 – 70 Prozent der Betriebe der ehemaligen zentralgeleiteten Industrie unter marktwirtschaftlichen Bedingungen in die Verlustzone geraten würden und die Rentabilitätsschwelle nur nach einer intensiven Sanierungsphase erreicht werden könnte. Über 30 Prozent der in die Verlustzone befindlichen Betriebe wurden bereits damals als akut konkursgefährdet angesehen. Die Realität erwies sich als womöglich noch ungünstiger. Nur enorme Finanztransfers über eine Reihe von Jahren konnten und können den weitgehenden Zusammenbruch verhindern. An ihnen sind Wirtschaft und öffentliche Hand gleichermaßen beteiligt.

Die *Währungsunion* führte zwar einerseits zu einem deutlichen Anstieg der verfügbaren Einkommen, andererseits aber kam es auch zu einer sprunghaften Erhöhung der Lohnstückkosten. Den durch die Währungsumstellung nach oben katapultierten Lohnstückkosten standen *unverrückbare* Weltmarktpreise gegenüber. Durch die Währungsumstellung 2 : 1 wurden die Guthaben der ostdeutschen Bürger geschont, die Wirtschaft aber produzierte zu Kosten, die in aller Regel weit von der Wettbewerbsfähigkeit entfernt lagen.

Vor diesem Hintergrund kam eine *Berkeley-Studie*, bezogen auf Oktober 1990, zu einem niederschmetternden Ergebnis. Darin wurde geschätzt: Auf der Grundlage der DDR-Technologie und der überkommenen Beschäftigungsstrukturen seien nur 8 Prozent der Arbeitsplätze in den Treuhandunternehmen rentabel, und nur in diesen Unternehmen überstiegen die Absatzerlöse die variablen Produktionskosten.

Vielfach hinkte die technologische Entwicklung – etwa im Halbleiterbereich – trotz hoher Aufwendungen und Anstrengungen um mehrere Generationen hinter immer schnelleren Entwicklungen in den Industriestaaten her, mit denen man nun plötzlich ohne planwirtschaftliche Schutzmauer konkurrieren mußte.

Acht Prozent – das bedeutete auch, die Menschen in den neuen Bundesländern waren weitgehend um die Früchte von 40 Jahren Arbeit gebracht worden. Und: Diese Zahl ist ein Hinweis dafür, daß alte Berechnungen über das Volksvermögen der früheren DDR und deren Position innerhalb der Industriestaaten völlig überzogen waren. Hier wurde von offizieller DDR-Seite auch vor groben statistischen Verfälschungen bewußt nicht zurückgeschreckt.

Privatisierung – Antwort auf den Staatsbankrott

Man mag die Exaktheit solcher Vergleichszahlen im einzelnen anzweifeln, das Verhältnis von etwa 1 : 10 der rentablen zu den unrentablen Arbeitsplätzen, von gesunden Betrieben zu dringend sanierungsbedürftigen Produktionsstätten wird wohl nach den Erfahrungen der letzten Jahre im Kampf um Marktpositionen unter den Bedingungen eines freien Wettbewerbs kaum als unrealistisch angesetzt angesehen werden müssen.

Für die in den Treuhandbetrieben damals beschäftigten weit über 3 Mill. Arbeitnehmer bedeutete dies: Unter einer halben Million Arbeitsplätze erfüllten die betriebswirtschaftlich notwendigen Kriterien. Rund 3 Mill. Arbeitsplätze aber lagen unter dieser

Existenzschwelle. Dabei lag das Schwergewicht der Probleme im produzierenden Bereich. Existenzgründungen haben zu einem raschen Aufbau eines starken Wandlungen unterworfenen Dienstleistungssektors geführt. Das Handwerk konnte das Angebot an Arbeitsplätzen zügig vergrößern und so eine gewisse Auffangposition bilden.

Im Juli 1990 wurde den rd. 8 000 in akute Zahlungsnot geratenen Treuhandunternehmen eine massive *Liquiditätsüberbrückung* in Höhe von rd. 24 Mrd. DM von der Treuhandanstalt gewährt. Nur so konnte die erste Lohnzahlung in harter Mark und nur so konnten die ersten Monate nach der Währungsumstellung gesichert werden. Andernfalls wäre für sehr viele Betriebe die sofortige Zahlungsunfähigkeit unvermeidlich geworden, trotz teilweise beachtlicher planwirtschaftlich bedingter Warenvorräte.

Mit dem Herbst 1990 begann die Treuhandanstalt als organisierte Institution ihre *Privatisierungstätigkeit* aufzunehmen. Dabei hat sie von Anfang an unter ihren Hauptaktivitäten der Privatisierung oberste Priorität eingeräumt. Denn der private Unternehmer hat die größten Chancen, aufgrund seines Engagements und seiner auf das spezielle Unternehmen bezogenen Eigeninitiative die für fast alle Unternehmen in den neuen Bundesländern notwendige Sanierungs- und Konsolidierungsphase so effektiv und kurz wie nur irgend möglich zu gestalten. Privatisierung erweist sich als die beste Form der Sanierung.

Nach allen Untersuchungen haben sich privatisierte Betriebe besser entwickelt als die bei der Treuhand verbliebenen Unternehmen, und das nicht etwa deshalb, weil es sich bei den verbleibenden Unternehmen um eine negative Auswahl gehandelt hätte. Die Privatisierungsstrategie bringt Vorteile für die Unternehmen und für die darin beschäftigten Arbeitnehmer.

Privatisieren heißt veräußern. Gleichzeitig aber hat die Treuhandanstalt für die privatisierten Unternehmen Wichtiges *eingekauft*, nämlich:

- Management-Know-how einschließlich des in der DDR weitgehend unbekannten Controlling
- Technologie auf marktwirtschaftlichem Standard
- Markteinführung, also im Wettbewerb erfahrenes unternehmerisches Wissen in Vertrieb und Absatz
- Investitionen in Milliardenhöhe
- Arbeitsplatzsicherung

All das hätte die Treuhandanstalt aufgrund eines Mengengerüstes von anfangs rd. 8 000 Betrieben selbst gar nicht entwickeln und vermitteln können. Mit einer *Strategie* hinzugefügter unternehmerischer Erfahrungen im Controlling, im Rechnungswesen und im Marketing verbesserte die Treuhandanstalt die Zukunftsaussichten vieler Unternehmen der ehemaligen DDR. Privatisierung führte und führt – zusammen mit qualitativ gut ausgebildeten und motivierten Arbeitnehmern – schrittweise zur Stabilisierung vieler Betriebsstätten auf einem vielfach notwendigerweise stark reduzierten Niveau.

Privatisierung gibt somit den Firmen über diese Kombination von *Einkauf* und vorhandenen Ressourcen eine Perspektive für die Zukunft. Der neue Eigentümer geht in aller

Regel mit vollem Engagement in sein Unternehmen; er kann es weit besser führen als es eine Treuhandanstalt je tun könnte, mit Tausenden von Unternehmen, mit zu vielen Verantwortlichkeiten, mit einer vom jeweiligen Unternehmen zu weit entfernten Organisation. Deshalb ist – bei all der Kritik an der Treuhandanstalt – kaum ein Ansatzpunkt für eine echte, realisierbare Alternative erkennbar, jedenfalls wenn man die von der Treuhandanstalt geleistete Arbeit objektiv betrachtet. *Staatsbetriebe* in der Hand der Treuhandanstalt sind jedenfalls keine Alternative mit erstrebenswerter Aussicht auf eine wirtschaftlich vermittelbare und finanzierbare Zukunft.

Den Strukturwandel voranbringen

Wer schnell hilft, hilft doppelt. Wo *schnell* privatisiert wird, kommt die Umstrukturierung schneller voran, werden Investitionen vermieden, die sich später als Fehlinvestitionen entpuppen und von einem künftigen privaten Unternehmer nicht übernommen werden. Ohne den Druck einer zügigen Privatisierung, den sich die Treuhandanstalt selbst auferlegte, hätte sie noch immer Tausende von Betrieben in ihrem Portfolio, die bis heute und noch auf absehbare Zeit von der öffentlichen Hand mit Geldern der Steuerzahler über Wasser gehalten werden müßten.

Langsamere Privatisierung hätte bedeutend mehr Aufwendungen erfordert als dies durch die tatsächliche Strategie der Treuhandanstalt notwendig wurde. Eine verzögerte Privatisierung wäre nicht nur die risikoreichere, sondern auch die teurere Alternative zu dem von der Treuhandanstalt gewählten Konzept.

Dabei galt nie die Devise: *Privatisierung um jeden Preis.* Vielmehr war für jeden Betrieb eine verantwortbare Lösung zu suchen und zu finden. Nicht Kaufpreismaximierung, sondern Realisierung einer sachkundig geprüften Unternehmenskonzeption durch einen belastbaren Übernehmer war die Leitschnur für die Verwirklichung des notwendigen Strukturwandels.

Es galt von Anfang an zügig zu privatisieren, obwohl die Treuhandanstalt selbst noch im Aufbau begriffen war. Das bedeutete, den Strukturwandel rasch voranzubringen, marktkonforme Strukturen zu schaffen und im Einklang mit dem Ziel zu handeln, die Unternehmen möglichst schnell marktfähig zu machen und ihnen damit eine Zukunftsperspektive zu geben, obwohl die Organisation der Treuhandanstalt erst noch aufgebaut werden mußte und einem dynamischen Anpassungsprozeß befangen war. In kaum vier Jahren konnte die Privatisierung inzwischen weitgehend abgeschlossen werden.

Mit dem Privatisierungsprozeß war notwendigerweise ein schmerzhafter *Schrumpfungsprozeß* vor allem bei den Arbeitsplätzen verbunden. Nur rund ein Drittel der ursprünglichen Arbeitsplätze blieb bestehen. Vergreiste planwirtschaftliche Strukturen mußten aufgebrochen werden.

Die Frage ist erlaubt: Hätte eine, wie immer geartete staatliche Strukturpolitik Ähnliches leisten können, vor allem in so kurzer Zeit? Ohne ungute Gefühle kann und muß diese Frage verneint werden. Man muß sich vorstellen, was es für die öffentlichen Haushalte bedeuten würde, wenn sich heute die Mehrzahl der ostdeutschen Unternehmen noch im Staatsbesitz befände. Wer sollte allein die 180 Mrd. DM aufbringen, die die neuen Eigentümer in die Erneuerung und Modernisierung des Kapitalstocks in Ostdeutschland investieren und noch investieren werden? Würde die Treuhandanstalt diese Investitionen durchführen, wären Fehlinvestitionen die unvermeidliche Folge, von der budgetmäßigen Belastung ganz abgesehen.

Im übrigen versprechen privatgeführte Unternehmen auch eine bessere Reaktion auf neue Herausforderungen für die deutsche Wirtschaft: In der tschechischen Republik, in Ungarn, Polen oder den baltischen Republiken gibt es Arbeitskräfte guter Qualifikation, die zum Teil für einen Bruchteil der deutschen Löhne Aufträge ausführen. Der Trend zum "Ausflaggen" von Produktionen ist unverkennbar.

Einerseits darf das Problem der Verlagerung von Arbeit in Richtung Osten nicht unterbewertet werden, andererseits verändert sich Europa durch den Zusammenbruch des sowjetischen Reiches mit seinen Satelliten und durch die Annäherung der ehemals zum RGW gehörenden Staaten an das westliche Europa in rasantem Tempo. Gleichzeitig mit den damit entstehenden Problemen einer zusätzlichen Standortkonkurrenz entsteht in den neuen Bundesländern ein wichtiges Hinterland mit erheblicher wirtschaftlicher Dynamik. Die Antwort auf diese Herausforderung kann nur der Versuch eines Miteinander zum beiderseitigen Vorteil sein. Viele Ansatzpunkte dazu sind im Entstehen begriffen.

Auf der Suche nach dem richtigen Unternehmer

Aus den rund 8 000 Unternehmen zur Zeit des Sommers 1990 entstand durch Ausgründung, Entflechtung und Abspaltung das Portfolio der Treuhandanstalt mit insgesamt fast 14 000 Unternehmen. Bis Mitte 1994 konnten daraus mehr als 17 000 Unternehmen und Unternehmensteile in private Hände überführt werden. In den Privatisierungsverträgen wurde die Unterhaltung und Schaffung von mehr als 1,5 Mill. Arbeitsplätzen gesichert; die über 180 Mrd. DM Investitionszusagen konnten festgeschrieben werden. Die Privatisierungsaufgabe wird voraussichtlich im Laufe des Jahres 1994 fast vollständig zu Ende geführt sein.

Die Treuhandanstalt hat viele *Verbündete* zur Erfüllung ihres Auftrages gesucht. Dabei den richtigen Unternehmer zu finden, der die optimalen Voraussetzungen für die gute wirtschaftliche Zukunft eines Unternehmens bietet, ist eine der schwierigsten Aufgaben der Rekonstruktionsphase, in die die Wirtschaft der DDR seit 1990 einmündete. Nicht immer ist dieses Problem zur vollen Zufriedenheit gelöst worden. Eine erhebliche Zahl nicht ausreichend seriöser Partner wurde von der nachrevolutionären Situation Ostdeutschlands angezogen. Die dubiosen Motive mancher Übernehmer konnten nicht immer ausreichend und rechtzeitig klar erkannt werden oder erwiesen sich im nachhinein als problembehaftet. Auch ergab sich das Phänomen, wonach Menschen aus den neuen Bundesländern nur selten eine ausreichende Chance hatten, selbst durch Übernahme eines Betriebes unternehmerisch tätig zu werden. Schließlich führte und führt die Konkurrenz von Dritterwerbern und Alteigentümern mit Reprivatisierungsansprüchen oder von Alteigentümern untereinander nicht selten zu Verzögerungen und damit zu einer Erschwerung des dringend notwendigen wirtschaftlichen Neubeginns.

Die Treuhandanstalt hat versucht, trotz dieser oftmals bestehenden Gemengelage von Problemen eine optimale Lösung für die Zukunft zu finden und die unternehmerischen Aufgaben in die richtigen Hände zu legen. Ungeachtet einzelner Fehlentwicklungen und vergleichsweise weniger Fehlentscheidungen, die naturgemäß vielfach erhebliche Publizität erlangten, ist dies in der ganz überwiegenden Zahl der Fälle gelungen. Dies zeigen viele positive Entwicklungen im Einzelfall ebenso wie die am Ende des Jahres 1993 erkennbare Stabilisierung der Wirtschaft in Ostdeutschland insgesamt, die freilich von einem sehr niedrigen Niveau ausgeht. Nur rund ein Prozent der privatisierten Unternehmen und Betriebe mit knapp zwei Prozent der übernommenen Arbeitnehmer mußten bis zum Jahresende 1993 Gesamtvollstreckung anmelden.

Um die Einbindung auch der neuen Bundesländer in die internationale Wirtschaft zu sichern und damit die positiven Erfahrungen der Integration der alten Bundesländer in den europäischen und weltwirtschaftlichen Verbund zu nutzen und aufzunehmen, hat sich die Treuhandanstalt besonders stark engagiert, um möglichst viele ausländische Investoren für Ostdeutschland zu gewinnen. Einer Wirtschaft, die 40 Jahre außerhalb internationaler, marktwirtschaftlich bestimmter Erfahrungen gearbeitet und gehandelt hat, sollte der ausländische Wettbewerber sozusagen in *das eigene Haus* geholt werden. Die ostdeutsche Wirtschaft sollte mit Nachdruck in das gesamteuropäische Wirtschaftssystem integriert sein.

Unter dieser Zielsetzung ist es gelungen, daß von Interessenten aus den westeuropäischen Nachbarländern bisher über 700 ostdeutsche Betriebe und Betriebsteile übernommen wurden. In diesen werden Investitionen in der Größenordnung von 14 Mrd. DM vorgenommen. Die Unternehmen werden damit saniert und modernisiert. Hinzu kommen Investoren aus Übersee, insbesondere den USA, aber auch – wenn auch sehr zurückhaltend – Übernehmer aus Fernost.

Neue Chancen für einheimische Unternehmer

Um das Problem einer Zurücksetzung ostdeutscher Interessenten zu entschärfen, hat die Treuhandanstalt große Anstrengungen unternommen, Betriebe über ein *Management-Buyout* (MBO) an Unternehmer aus den neuen Bundesländern zu privatisieren. Im Rahmen der gegebenen Möglichkeiten wurden auf diese Weise unternehmerisch engagierten Menschen aus Ostdeutschland Chancen eröffnet, damit auch mit ihrer Hilfe die soziale Marktwirtschaft der neuen Länder gestaltet und durch ihr Engagement zur besseren wirtschaftlichen Zukunft in Ostdeutschland beigetragen wird.

Bisher konnten fast 2 800 dieser MBO-Projekte realisiert werden. Die meisten von ihnen, so ergeben – mancher Kritik zum Trotz – neutrale Untersuchungen, entwickeln sich gut. In der Mehrzahl der Fälle liegen Arbeitsplätze und Investitionen deutlich über den vertraglichen Vereinbarungen. Die genaue Kenntnis des jeweiligen Betriebes in Verbindung mit einer ungebrochenen Eigeninitiative bietet gegenüber der Privatisierung an bis dahin unbeteiligte Dritte wesentliche Vorteile. MBO stellt damit einen wichtigen Beitrag zum Aufbau des eigenständigen gewerblichen Mittelstandes in den neuen Bundesländern dar.

Neben der Privatisierung der Unternehmen und Unternehmensteile steht die sogenannte *kleine* Privatisierung, die Privatisierung von Einzelhandelsgeschäften, Gaststätten und Apotheken. In mehr als 11 000 Fällen konnte die Verantwortung für diese Gewerbebetriebe fast ausschließlich an Interessenten aus Ostdeutschland übertragen werden. Das übernommene unternehmerische Risiko wird überwiegend mit Erfolg gemeistert. Auch hier ergeben sich wichtige Bausteine für einen gesunden Mittelstand in den neuen Bundesländern.

Eigentümer-Verantwortung bis zum Schluß

Für die Treuhandanstalt kommt die Ziellinie für die operative Aufgabe der Privatisierung in Sicht: Zu Beginn des Jahres 1994 suchte sie nur noch für rund 260 Unternehmen einen Übernehmer. Für die meisten noch zur Treuhandanstalt gehörenden Unternehmen finden konkrete Verhandlungen statt, bzw. ist eine Liquidation als unvermeidliche Lösung eingeleitet. Mehr als zwei Drittel dieser Unternehmen, für die eine verantwortliche unternehmerische Lösung noch zu finden ist, haben weniger als 100 Beschäftigte. Die bevorstehende Privatisierung dieser kleinen und mittleren Unternehmen wird den Mittelstand in den neuen Bundesländern weiter stärken und Arbeitsplätze sichern bzw. schaffen.

Rund 80 verbliebene, meist größere Unternehmen sind auf *Management-Kommanditgesellschaften* übertragen worden. Für diese Unternehmen lautet der Auftrag, der von den seitens der Treuhandanstalt eingesetzten, erfahrenen Top-Managern umgesetzt werden muß: Sanierung bei gleichzeitiger Wahrung aller Privatisierungschancen. Da es sich um geprüfte, sanierungsfähige Unternehmen handelt, hat die Treuhandanstalt insoweit eine gewisse Bestandsverantwortung akzeptiert.

Helfen geht nicht zum Null-Tarif

Die Treuhandanstalt hat es sich zum Ziel gesetzt, ihren Auftrag so gut wie irgend möglich zu erfüllen und die Wettbewerbsfähigkeit möglichst vieler ostdeutscher Unternehmen herzustellen und auf Dauer zu sichern. Sie hat nach Kräften versucht, Ostdeutschland als möglichst vielfältigen Produktionsstandort zu erhalten und besonders gefährdete Branchen vor einem weitgehenden Zusammenbruch zu bewahren. Bei den Werften, bei den Betrieben der von Ernst Abbe gegründeten Carl-Zeiss-Stiftung in Jena, im Stahlbereich und in der chemischen Industrie wurden mit dem Einsatz erheblicher Mittel *industrielle Kernbereiche* weitgehend erhalten und in eine Zukunft mit Chancen überführt.

Bis zum Abschluß ihrer operativen Aufgabe rechnet die Treuhandanstalt mit einem Gesamtaufwand von insgesamt rund 275 Mrd. DM, der sich aus Einnahmen von ca.

68 Mrd. DM und Brutto-Ausgaben von insgesamt 343 Mrd. DM als Saldo ergibt. Dieses Ergebnis ist Ausdruck gewaltiger *Einkommenstransfers*, die zur Stabilisierung der Wirtschaft in Ostdeutschland von der Bundesrepublik, insbesondere von den alten Bundesländern, geleistet werden.

Von den gesamten Treuhandausgaben entfallen fast 80 Prozent auf Ausgaben, die der Sanierung und Umstrukturierung einschließlich der Altkreditentschuldung (allein über 100 Mrd. DM) im Rahmen von Privatisierung, Reprivatisierung und Sanierungsbegleitung durch die Treuhandanstalt selbst zugerechnet werden können.

Der Erhalt von Betrieben findet dort seine Grenze, wo in vertretbarer Zeit eine eigenständige Existenz unter marktwirtschaftlichen Bedingungen nicht erwartet werden kann. So hat die Treuhandanstalt rund 3 500 Unternehmen stillegen müssen und in die Abwicklung übergeben. Während des Abwicklungszeitraums von mehreren Jahren wird von erfahrenen Liquidatoren nach Kräften versucht, auf dem Weg einer sanierenden Übertragung lebensfähige Teile der betroffenen Unternehmen zu erhalten und zu privatisieren. Regelmäßig kann auf diese Weise etwa ein Drittel der von der Liquidation betroffenen Arbeitsplätze gesichert werden. Die Treuhandanstalt nutzt bei Liquidationen im Rahmen von deren Verantwortlichkeiten den hier möglichen Einfluß auf die Liquidatoren in diesem Sinne und steuert das Ziel bereits über deren Auswahl an.

Vertragsmanagement – Wachen über die Zukunft

In den fast vier Jahren ab Sommer 1990 bis Anfang 1994 sind neben den fast 14 000 Unternehmens- und Betriebsteilprivatisierungen 11 700 Verträge zur *Klein-Privatisierung* des Handels, mehr als 18 000 Verträge beim Verkauf von Grundstücken und mehr als 4 200 meist einvernehmliche Regelungen bei Reprivatisierungen abgeschlossen worden.

Damit bestehen gegenwärtig über 47 000 Verträge, für die das Vertragsmanagement der Treuhandanstalt die Einhaltung der getroffenen Vereinbarungen und die Vertragserfüllung sicherstellen muß. Es gilt, die vertraglichen Verpflichtungen der Investoren laufend zu überwachen und durchzusetzen und damit zur Budgetsicherung beizutragen. Dazu zählen finanzielle Vereinbarungen ebenso wie die Einhaltung von Arbeitsplatz- und Investitionszusagen. Beim Vertragsmanagement liegt noch eine gewaltige Zukunftsaufgabe der Treuhandanstalt bzw. ihrer Nachfolge-Einrichtungen. Über die dabei zu wählende Organisationsform hat der Gesetzgeber Mitte 1994 entschieden.

Die Erhaltung und Schaffung des überwiegenden Teils der erwähnten, vertraglich zugesagten 1,5 Mill. Arbeitsplätze und der Investitionen in dreistelliger Milliardenhöhe ist mit Pönalen belegt und gerichtlich einklagbar. Hier hat die Treuhandanstalt vertragliche Gestaltungsspielräume geschaffen, die in dieser Form bisher bei Unternehmensverkäufen innerhalb der marktwirtschaftlich orientierten Industrieländer nicht üblich waren.

Sicherlich lassen sich nicht alle aus den Verträgen resultierenden Forderungen in der Praxis auch lückenlos durchsetzen. Wenn Unternehmen mit wirtschaftlichen Problemen unverschuldet konfrontiert werden, also konjunkturelle Gründe die Ursache für Verzögerungen bei der Schaffung von Arbeitsplätzen oder der Durchführung von Investitionen sind, so werden Gespräche geführt werden müssen, welche Konsequenzen sich daraus für die Vertragserfüllung ergeben. Dies gilt auch, falls es an formalen Voraussetzungen, etwa an notwendigen behördlichen Genehmigungen oder an den für die Investitionsfinanzierung notwendigen Grundbucheintragungen des Erwerbers, fehlt.

In einer sehr begrenzten Zahl von Einzelfällen wurden auch durch Fehler bei der Privatisierung, durch unternehmerisches Versagen oder sonstiges Mißgeschick sowie auch durch strafrechtlich relevantes Verhalten der Übernehmer nachträgliche Vertragsanpassungen nötig, gerieten Arbeitsplätze in Gefahr, mußten Unternehmen unter Beachtung besonderer restriktiver Regelungen zur Schadensabwehr und Schadensbegrenzung wieder zurückgefordert bzw. zurückgenommen werden. Die Treuhandanstalt hat hier stets einen restriktiven Kurs eingeschlagen. Es gilt der Grundsatz, daß mit der Übertragung der unternehmerischen Verantwortung auf einen neuen Eigentümer das gesetzliche Privatisierungsmandat der Treuhandanstalt erfüllt ist.

Grundsätzlich schuldet die Treuhandanstalt den privatisierten Unternehmen über die Durchsetzung der zu ihren Gunsten vereinbarten Vertragspflichten hinaus keine Fürsorge. Es gehört nicht zu den Aufgaben der Treuhandanstalt, fehlgeschlagene unternehmerische Erwartungen der Käufer zu korrigieren, Management-Fehler auszugleichen, private Risiken zu sozialisieren oder Wirtschaftsförderung zu betreiben. Insoweit übergibt die Treuhandanstalt mit der Privatisierung ein Unternehmen in die Gesamtwirtschaftsstruktur der neuen Bundesländer und damit auch in deren wirtschaftspolitische Verantwortung. Bei Rückforderungen wegen eines Erwerbs unter strafrechtlich relevanten Umständen handelt es sich um äußerst wenige Einzelfälle, die unter bestimmten Voraussetzungen einer eingehenden Prüfung unterzogen werden. Eine Verallgemeinerung ist nicht zulässig.

Erfreulicherweise ergibt eine *Erfolgskontrolle* der Privatisierungen ein insgesamt sehr positives Bild: Eine Überprüfung der für 1991, 1992 und teilweise bereits 1993 vereinbarten vertraglichen Zusagen hat ergeben, daß insgesamt nicht nur deren Erfüllung zu verzeichnen ist, sondern daß auch die tatsächlich erreichten Werte in der Mehrzahl der Fälle um 10 bis 20 Prozent über den vertraglich vereinbarten Größen liegen. Insbesondere bei den Arbeitsplatzzusagen sind die vereinbarten Vertragswerte erheblich überschritten worden. Der Durchschnitt der überprüften Fälle ergibt eine Zielerreichung von ca. 113 Prozent.

Bemerkenswerter Modernisierungsprozeß hat begonnen

Der Auftrag der Treuhandanstalt hat eine *ökonomisch-rationale* aber auch eine *humane* Dimension. Beidem gerecht zu werden, schuldet die Treuhandanstalt den Menschen in Ostdeutschland. Deren Bekenntnis zur deutschen Einheit war ein eindeutiges Votum für die soziale Marktwirtschaft, aber auch für mehr Demokratie, für Freizügigkeit und für eine Meinungsvielfalt akzeptierende pluralistische Gesellschaft. Die Menschen haben sich für die in den westlichen Industriestaaten vorhandene Lebensqualität entschieden, in der Hoffnung an ihr nach einer Anpassungszeit voll teilhaben zu können. Daraus ergibt sich eine Verpflichtung für alle, die für den *Aufschwung-Ost* Verantwortung tragen. Sensibilität und gerechte Verteilung der aus der Einheit Deutschlands erwachsenden Lasten sind den Menschen in Ostdeutschland ein wichtiger Gradmesser für das Gelingen der von ihnen eingeleiteten friedlichen Revolution. An diesen Erwartungen muß sich auch die Treuhandanstalt messen lassen.

Heute sind für die Wirtschaft in Ostdeutschland noch viele Märkte zu erschließen, für eine Wirtschaft, die zum Zeitpunkt des Mauerfalls, spätestens jedoch seit der Wirtschafts- und Währungsunion deutlich erkennen ließ, wie sehr eine 40jährige Abschottung gegenüber den Grundsätzen des Marktes den Wettbewerb mit Produkten von im freien Wettbewerb bewährten Unternehmen und Konkurrenten belastet.

Je nach dem, wie hoch man die Erwartungen an die Treuhandanstalt ansetzt und was man angesichts der gewaltigen Erblasten einer weitgehend bankrotten Volkswirtschaft für normal hält – Tatsache bleibt folgendes:

- Die Umstrukturierung der planwirtschaftlichen Staatsbetriebe durch ihre Privatisierung und Reprivatisierung ist eine tragende Säule der Fortführung und der Erneuerung der gewerblich-industriellen Traditionen in den neuen Bundesländern. Infolge des Konzepts zügiger Privatisierung haben sich in kurzer Zeit fast flächendeckend neue unternehmerische Kristallisationskerne herausgebildet.
  Nicht alle Ansatzpunkte werden Bestand haben können. Das war und ist auch bei vielen Neugründungen in den alten Bundesländern so. Hinzu kommt der eisige Wind der Rezession 1992 und 1993, der naturgemäß junge Betriebe ohne eingeübte Marktbeziehungen mehr betroffen hat als Unternehmen mit gewachsenem finanziellem, technischem Hintergrund und einem gesicherten Absatzgeflecht. Insgesamt erwiesen sich die privatisierten Unternehmen auch in den schwierigen Konjunkturzeiten als bemerkenswert stabil.

- Privatisierung ist zugleich Hauptelement der notwendigen industriellen Regeneration. Zu den markantesten Folgen der Privatisierung gehört ein spürbarer Investitionsschub: Die Investitionen je Beschäftigten liegen in den neuen Bundesländern deutlich höher als in der alten Bundesrepublik, nicht zuletzt wegen der massiven Investitionsförderung durch die öffentliche Hand im Rahmen der Gemeinschaftsaufgabe *Verbesserung der regionalen Wirtschaftsstruktur*. Da von den Investoren in der Regel die neueste Generation technologischer Ausrüstungen installiert wird, mehren sich die Anzeichen dafür, daß die neuen Bundesländer schon relativ bald zum wichtigsten Standort für den moderneren Teil der deutschen Produktionsstätten werden können.
  Die Arbeitsplatzhaltigkeit der modernen Investitionen ist allerdings moderat zu beurteilen. Die hohe Arbeitslosigkeit in den neuen Bundesländern – für die Menschen in den neuen Bundesländern ein in dieser Höhe unerwartetes und unter allen Anpassungsproblemen wohl das belastendste Faktum – wird daher nur sehr allmählich zurückgehen können.

- Zu den aufgrund von Zusagen gegenüber der Treuhandanstalt durchgeführten Investitionen treten weitere, größtenteils hochproduktive Investitionen im Bereich der Zulie-

ferer und im Bereich produktnaher Dienstleistungen. Diese indirekten Investitionseffekte sind – nicht selten – so hoch oder sogar höher als die durch die Privatisierung direkt ausgelösten Investitionen. Insofern wird die Privatisierung großer Unternehmen zum Impulsgeber für Zulieferer und damit auch zur Entwicklung einer oft mittelständischen Basis.
Dadurch werden die häufig hohen Kosten, die zunächst mit der Privatisierung etwa in den Bereichen Chemie, Schiffbau oder Automobilindustrie verbunden sind, relativiert.

- Ähnlich wie die Bauindustrie in den alten Bundesländern nach der Gründung der Bundesrepublik 1949 für viele Jahre zum Motor der Konjunktur wurde, entwickelt sich die weitgehend privatisierte ostdeutsche Bauindustrie zum Kern eines dynamischen Wirtschaftswachstums und damit zum Kristallisationspunkt einer auf viele Jahre angelegten Aufholjagd der neuen Bundesländer gegenüber der alten Bundesrepublik. In baunahen Branchen verstärken sich Expansionstendenzen.
  Auch ostdeutsche Konsumgüterindustrien erobern sich zunehmend ihre Position auf dem Heimatmarkt zurück. Ihre Produkte finden sich – zwar zögernd – auch in den Regalen der Verbrauchermärkte in Westdeutschland. Die *Einkaufsinitiative Ost* des Bundesverbands der Deutschen Industrie beginnt Früchte zu tragen.
  Die Basis für wirtschaftliches Wachstum wird damit breiter, auch wenn von einem selbsttragenden Aufschwung noch nicht gesprochen werden kann. Dennoch gibt es für den, der sehen will, deutliche Zeichen, daß die neuen Bundesländer zu einem zunehmend attraktiven Standort werden. Der Weg vom Plan zum Markt ist zwar langwieriger und schmerzhafter als anfangs angenommen wurde; dennoch, die tiefhängende planwirtschaftliche Wolkendecke ist deutlich dabei, aufzureißen.
  Mit den öffentlichen Investitionen zur Verbesserung der Infrastruktur und mit den Unternehmensinvestitionen, die inzwischen das Westniveau übertreffen, hat in den neuen Bundesländern ein bemerkenswerter Prozeß der Modernisierung des Gesamtraumes eingesetzt.

Die Entwicklung zur Normalität bedeutet keine ruhige Schönwetterperiode. Der Weg zu dieser Normalität hat Veränderungen zum notwendigen Inhalt, die auch die alten Bundesländern tiefgreifend erfaßt haben, auch wenn das dort möglicherweise noch nicht überall und jedermann klar geworden ist. Dieser Weg bedeutet Dynamik, denn erst durch innovativen Wandel in Ost und West wird die gesamtdeutsche Zukunft zur dauerhaften positiven Chance. In ersten Blickkontakten beginnt sich am Horizont der späten neunziger Jahre ein Teil jener Zukunft abzuzeichnen, für die die Menschen in den stürmischen Herbsttagen des Jahres 1989 auf die Straße gingen.

Die Treuhandanstalt wird ihr *Kerngeschäft* Ende 1994 beenden, mit einer in aller Regel vertretbaren Lösung für jedes einzelne der ihr ursprünglich anvertrauten und der wenigen dann noch in ihrem Bestand befindlichen Unternehmen. Die Verantwortung geht damit in andere Hände über. Auftrag und Ziel der Treuhandanstalt war es, sich selbst so schnell wie möglich entbehrlich zu machen. Das hieß, Entscheidungen zu treffen und zu ihnen zu stehen. Die Treuhandanstalt steht zu dieser Verantwortung gegenüber ihrem Auftraggeber, dem Gesetzgeber, ebenso wie gegenüber den Menschen, in deren Schicksal einzugreifen es der Treuhandanstalt in vielen Fällen auferlegt war.

Stadtmarketing als Management-Konzept

H. Gerd Würzberg

Kommunikationsmix dafür nicht ausreichend

Längst gehören Begriffe wie *Ganzheitlichkeit* oder *Integration* zum Standard-Repertoire des Diskurses über modernes Stadtmarketing. So faßt z. B. Töpfer die Dimensionen Maxime, Methode und Instrument zum Oberbegriff Stadtmarketing zusammen (vgl. Töpfer, A.: Stadtmarketing – State of the Art, in: Stadt-CI und Regional-CI, Hrsg.: Landesbank Berlin: Ein Seminarprojekt der Landesbank Berlin und Internationalen Design Zentrum Berlin e.V., S. 20).

Unbestritten ist inzwischen auch weithin, daß Stadtmarketing mehr ist als die Summe von Werbung, Verkaufsförderung und Öffentlichkeitsarbeit, also mehr als das sogenannte (operative) *Kommunikationsmix.* Freilich scheint die alte, überwunden geglaubte Reduzierung dort wieder aufzuleben, wo – unter dem Druck finanzieller Engpässe – die Einzelmaßnahmen des Kommunikationsmix von einem städtischen Amt zum anderen geschoben werden, je nachdem, wo gerade noch Budgetreste vorhanden sind (Beispielsweise übernimmt das Presseamt, weil das Kulturamt sein Budget verbraucht hat, die Werbung für eine Ausstellung etc.). Das integrierte Gesamtkonzept, falls vorhanden, bleibt dabei naturgemäß auf der Strecke. Ebenso überwunden schien bis vor kurzem der – quasi naturgegebene – Hang von Stadt-Politikern, Stadtmarketing als Akzeptanzwerbung für die jeweils herrschende politische Strömung zu mißbrauchen. Die zunehmende Legitimationskrise der Parteien in der Landes- und der Bundespolitik hat sich indessen längst auf die kommunale Ebene ausgewirkt. So hat das Stadtmarketing wieder häufiger gegen entsprechende Vereinnahmungsversuche zu kämpfen.

Ein Verständnis der Rollenverteilung, wonach der Politik die Funktion des Aufsichtsrates (dem Oberbürgermeister entsprechend die des AR-Vorsitzenden), dem Oberstadtdirektor die Funktion des Vorstandsvorsitzenden und der (wie auch immer benannten) Stadtmarketing-Einheit, die der Marketingabteilung zufallen, ist unter diesen Umständen leider nicht so selbstverständlich, wie es sein sollte.

Daß Stadtmarketing keine Ersatzhandlung für mangelhafte Produktentwicklung sein kann, leuchtet jedem sofort ein, der mit dem Begriff und den Elementen des Marketing-Mix etwas anfangen kann. Gleichwohl gerät Stadtmarketing nicht selten in das klassische Dilemma, der Produktentwicklung vorauseilen zu sollen, um Nachfrage zu stimulieren, die dann durch die Produktqualität enttäuscht wird: Und das Marketing steht im Regen. Das alte Vorurteil gegenüber den falschen Versprechungen der Reklame findet seine Bestätigung. So, wenn z. B. der Verkehrsraum in der City verknappt wird, der Öffentliche Personennahverkehr die Lücke zwischen Käufern und Einzelhandel aber nicht schließen kann, das Park-and-ride-System keine Akzeptanz findet etc.

Neben diesen aktuellen prekären Bedingungen für ein modernes Stadtmarketing erweisen sich – von Stadt zu Stadt in spezifischer, mehr oder weniger brisanter Mischung – die überkommenen Organisationsstrukturen, Verwaltungsabläufe und Denkweisen (fast) immer noch als Blockade für den ganzheitlichen Ansatz, klaffen programmatischer Anspruch und Managementhandeln nach wie vor weit auseinander.

Höhere Anforderungen an die Institution Stadt

Das Selbstverständnis der Stadt als modernes Dienstleistungsunternehmen wächst bekanntlich aus einem zunehmenden Druck sowohl von seiten der Bürger als auch seitens des Staates: Der Konkurrenzkampf der Städte um die Ansiedlung zukunftsorientierter, gewerbesteuer-intensiver Unternehmen sowie qualifizierte Arbeitskräfte, um Besucher, Kongresse und Kultur nimmt ständig zu. Die Komplexität und Differenziertheit kommunaler Aufgaben werden daher zusehends größer und das bei zunehmend prekärer Haushaltslage. Die sogenannte *Lebensqualität* in Form einer bewußteren Einstellung gegenüber Freizeit, Umwelt und Kultur spielt für die Bürger infolge des gesellschaftlichen Wertewandels eine immer entscheidendere Rolle bei der Wohnort- und Arbeitsplatzwahl. Diese neue Situation führt zu immer höheren Anforderungen an die alte *Institution Stadt*, sich als ein modernes Dienstleistungsunternehmen zu verstehen (und auch so zu arbeiten!).

Alt eingefahrene Verhaltensmuster und Management-Strukturen können die neuen Probleme nicht mehr zufriedenstellend lösen. Sie können und müssen deshalb im Rahmen einer Marketingkonzeption aufgebrochen, modifiziert und neu strukturiert werden. Marketing im kommunalen Bereich erhält dadurch einen hohen innovativen Stellenwert und wird zum Motor, der die Serviceleistungen der Stadt neu auf die Bedürfnisse der Bürger, der Wirtschaft, der Touristen etc. ausrichtet: Weg von bürokratiebezogenen Einzelmaßnahmen, hin zur amts- und referatsübergreifenden Zusammenarbeit!

Wenn nicht mehr Verwaltungsprinzipien, sondern die *Kunden* von nun an im Mittelpunkt des Geschehens stehen, wird das Denken in Zielgruppen demzufolge einen wesentlichen Erfolgsfaktor für die Zukunftsbewältigung der Städte darstellen.

Diese notwendige, aber eben grundlegende Modifikation im komplexen Verwaltungsapparat der *Institution Stadt* ist sicherlich nicht von heute auf morgen zu bewerkstelligen. Stadtmarketing erfordert einen langen Planungsprozeß, der alle Phasen der Zielformulierung, der Situationsanalyse, der Strategie- und Maßnahmenplanung, der Durchführung und der Kontrolle umfaßt.

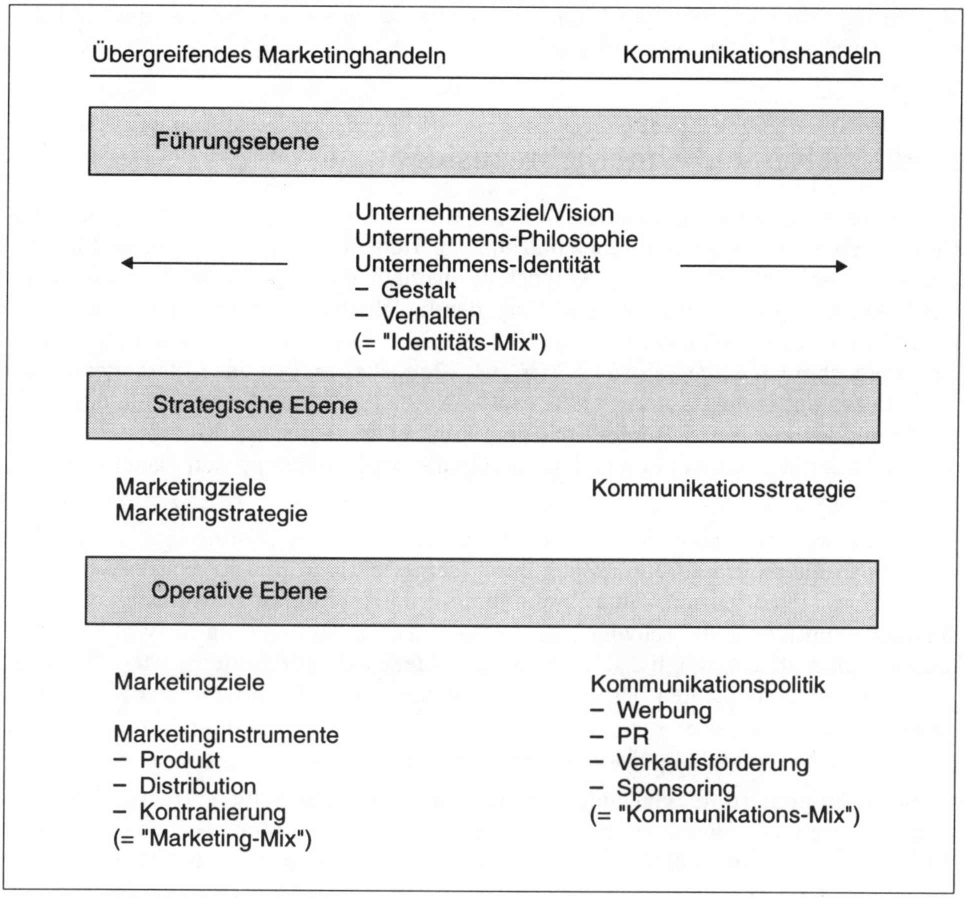

Abbildung 1: Integrierte Unternehmenskommunikation – Marketinghandlungsebenen des Unternehmens

Marketing ist, wie gesagt, mehr als Werbung und Verkaufsförderung. Marketing muß auf *allen* Ebenen eines Unternehmens stattfinden. Aufgabe der Führungsebene ist es dabei, die Arbeitsrichtung des Unternehmens anzugeben. Das heißt, eine *Vision* zu formulieren, die in eine Unternehmensidentität mündet, um darauf aufbauend die Ziele für alle Unternehmensbereiche festzulegen.

Die Vision bildet die Schlüsselposition im städtischen Mangementprozeß. Als Richtschnur für die zukünftige Entwicklung der Stadt stellt sie ein wesentliches Führungsinstrument dar. Sie erfordert eine gewisse Aufgeschlossenheit gegenüber dem Zeitgeist und bringt damit neue Werte in die Unternehmens- bzw. Stadtpolitik. Dabei sollte die Vision so glaubhaft verkörpert und vorgelebt werden, daß sowohl Mitarbeiter der Stadtverwaltung als auch Bürger und Akteure aus Wirtschaft, Politik und Kultur bereit sind, sich dafür motiviert und engagiert einzusetzen. Die Verwirklichung einer Vision braucht deshalb ein Team von Mitarbeitern, die sie verstehen und entsprechend den sich ändernden Umständen modifizieren.

Stadt-Vision und Unternehmensidentität

Die Vision der Stadt konkretisiert sich in der Unternehmensidentität, dem sogenannten *CI-Mix*. Als einheitliche nach innen und außen gerichtete, sicht- und erlebbare Identität bringt sie gleichermaßen einen Kompetenzanspruch und ein Wir-Gefühl zum Ausdruck. Die Logo- oder Sloganentwicklung, die die Wiedererkennung garantiert, gehört in jedem Fall dazu und kann in ihrer Wichtigkeit nicht überschätzt werden. Sie allein macht jedoch noch lange keinen CI-Mix aus. Vielmehr verdient das Mitarbeiterverhalten in bezug auf mehr Bürgernähe die größte Aufmerksamkeit. Denn gerade durch die Erfahrung des konkreten Bürgers mit dem konkreten städtischen Mitarbeiter werden das Image der Stadtverwaltung und der Erfolg des Stadtmarketings auf Dauer entscheidend geprägt.

Den *Wettbewerbsgedanken* in bezug auf das unterschiedliche Leistungsangebot für den Bürger und die externen Zielgruppen durch den effektiven Einsatz von Preis-, Kommunikations-, Distributions- und Produktpolitik in den Köpfen zu verfestigen, ist bei der Zielformulierung die schwierigste Aufgabe. Die Positionierung im Wettbewerbsumfeld verlangt, ein möglichst einzigartiges Merkmal zu definieren, das die Stadt gegenüber anderen Städten besonders auszeichnet, möglichst allein aufzuweisen hat. Diese *Unique Selling-Proposition* dient als Grundlage der Produktpolitik, insbesondere aber bei der Kommunikationsarbeit nach innen und außen.

Allen Beteiligten sollte klar sein, wohin und womit die Stadt aktiv werden will. Zwangsläufig muß sowohl die interne als auch die externe Kommunikation im Rahmen der *Corporate Communications* auf die strategischen Ziele abgestimmt sein.

Markt- bzw. Wettbewerbsorientierung erzwingt Interessenausgleich innerhalb einer Organisation, jedenfalls dann, wenn Stadtmarketing als CI-Konzept ernst genommen wird. Gemeinsam mit den Leitfiguren und Entscheidungsträgern aus Wirtschaft, Politik, Verwaltung sowie vor allem auch aus Wissenschaft und Kultur sollte die Stadtvision erarbeitet werden. Die Sensibilität und Kreativität dieser Arbeitsgruppe spielen dabei die entscheidende Rolle, um Trends, Strömungen und Wertewandel am Markt rechtzeitig zu erkennen und entsprechend in die eigene Zielsetzung zu integrieren. Nur auf der Grundlage einer Vision, die von allen geteilt wird, kann sich eine Stadt dem Wettbewerb stellen und rechtzeitig entsprechende Strategie- und Maßnahmen-Konzepte entwickeln.

Wettbewerbsorientierung der Stadt bedeutet auch: *Outputorientierung*. Der bisher funktional angeordnete Verwaltungsablauf ist jedoch – nicht zuletzt wegen des kameralistischen Haushaltsführungsprinzips – noch weitgehend vom *Inputdenken* dominiert. Denk- und Handlungsmuster der *Verfahrenskultur* stehen deutlich im Vordergrund. Mangel an eigener Verantwortung und Selbständigkeit hat ein Leistungsdenken mit Bezug auf das produktive Ergebnis weitgehend unterdrückt und persönliche Fähigkeiten verkümmern lassen – ganz zu schweigen von der Motivation.

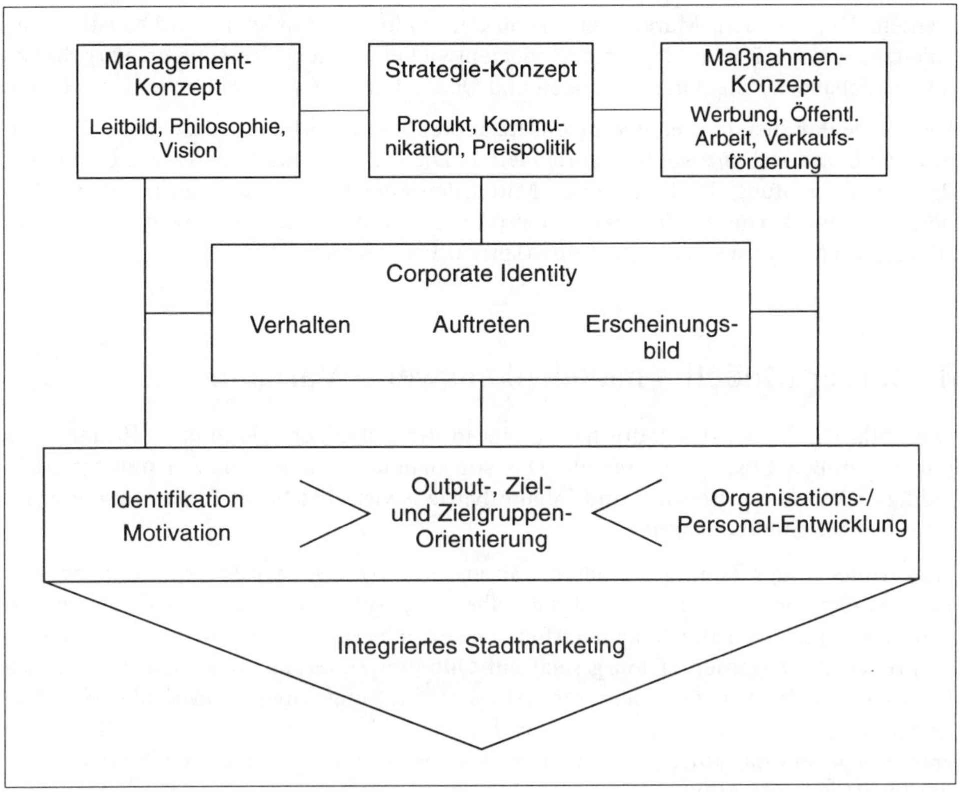

Abbildung 2: Stadtmarketing Osnabrück (Systematik)

Einer der häufigsten Kunstfehler städtischer Marketingprojekte ist die Entkoppelung bzw. unklare Abgrenzung von *internem Marketing* und der Organisationsentwicklung auf der einen und *externem Marketing* auf der anderen Seite. Beispielsweise wird oft vor Begeisterung für eine gefundene Vision (die allerdings gelegentlich mit dem Slogan verwechselt wird) vergessen, daß ohne die Ausrichtung der gesamten Organisation, insbesondere der städtischen Führungskräfte, auf realistische Zielsetzungen der *Unternehmenskultur* das Stadtmarketing in der Luft hängen würde.

Der umgekehrte Irrtum liegt dort vor, wo die interne, endogene Entwicklungsplanung (z. B. *Stadtentwicklungsplan*) losgelöst von der Markt- und Wettbewerbsperspektive als Teil des Stadtmarketings oder als Schritt dahin mißverstanden wird. Häufig werden daher die Begriffe *Leitbild* und *Vision* verwechselt.

Während das Leitbild für die Organisations- und die Personalentwicklung einer Stadtverwaltung relevant ist, verlangt die Ausrichtung auf den Markt die Vision. Entscheidend für den Erfolg des Marketinghandelns der Stadt ist dabei das Timing: die Berücksichtigung des Wettbewerbs. Seine genaue Analyse muß in jedem Fall der Leitbildentwicklung vorausgehen, d. h.: *Vision vor Leitbild*, weil andernfalls Luftschlösser gebaut werden. Nur aus dem Markt-Trend kann der städtische Anbieter von Dienstleistung ableiten, welche Potentiale genutzt oder entwickelt, welche Ressourcen vorgehalten oder abgebaut, welche Orientierungen und Qualifikationen entwickelt werden müssen.

Die momentan diskutierten und in Ansätzen praktizierten Modelle dezentraler Reorganisation lassen sich in zwei Kategorien teilen. Die sogenannte *kleine Lösung* beinhaltet, daß die Verwaltung der finanziellen Mittel den einzelnen Dezernaten/Fachbereichen unterstellt wird. Die *große Lösung* überträgt die Budgetierung den weitgehend selbständig am Markt operierenden *Units* (sprich: Fachämter).

Tilburger Modell – nachdenkenswerte Variante

Die holländische Stadt Tilburg hat bereits in den achtziger Jahren erste Erfahrungen mit der großen Lösung gesammelt. Das sogenannte *Tilburger Modell* transferiert in radikaler Weise die Begriffe und Inhalte betriebswirtschaftlicher Organisationsstrukturen auf die Stadtverwaltung.

Alle Ämter in der Tilburger Stadtverwaltung erhalten eigene Etats, die sie neben der Personalplanung und dem Controlling selbständig verwalten müssen. Einnahmen aus den städtischen Dienstleistungen dürfen von den anbietenden Ämtern eigenverantwortlich reinvestiert werden. Tilburg setzt auf Outputorientierung, aber nicht nur aus betriebswirtschaftlichen Gründen, sondern auch im Sinne einer umfassenden Kundenorientierung, um das Kommunikationsklima zwischen Verwaltung und Bürgern zu entspannen und das Image der Stadt im Wettbewerb der sogenannten *Knotenpunkte* um Investoren zu optimieren.

In Tilburg war übrigens eine veritable Finanzkrise der Anstoß für die Einleitung des ehrgeizigen Strukturwandels. So gesehen, kommt für viele deutsche Kommunen erst noch die große Zeit des Stadtmarketing! Und die Erfahrung aus vielen gescheiterten oder steckengebliebenen Marketingprojekten der letzten, vergleichsweise sehr ergiebigen Jahre, legt in der Tat den Schluß nahe, wirtschaftlicher Leistungsdruck dürfte nicht die schlechteste Antriebskraft für ganzheitliches Stadtmarketing sein.

Die deutschen Städte und Kommunen haben erst Ende der achtziger Jahre begonnen, sich grundlegend umzuorientieren. Ein markantes Beispiel dafür ist das intern (mit einigen Experten) erarbeitete Stadtmarketing-Konzept der Stadt Wuppertal mit dem Titel *Wuppertal 2004*, das als Hauptaufgabe letztlich die Veränderung des *Unternehmens Stadtverwaltung* vorsieht. Die Notwendigkeit einer Umstrukturierung des Verwaltungsapparates und des *Binnen-Marketings* wurde allerdings erst spät erkannt, nachdem zuvor ein konventionelles Stadtmarketing-Konzept entwickelt worden war, das übrigens die lokale Öffentlichkeit nicht so recht akzeptieren wollte. Durch die nachträgliche Einbeziehung der Amtsleiter-Ebene sollte die sich abzeichnende Reaktanz aufgefangen, sollten alle Akteure von der Ernsthaftigkeit der gemeinsamen Absichten und Anstrengungen überzeugt werden.

Schweinfurter Stadtmarketing-Konzept als Handbuch

Einen anderen Weg hat die Stadt *Schweinfurt* beschritten. Im Gegensatz zu Wuppertal hat Schweinfurt sein Stadtmarketing-Konzept von einem externen Wirtschaftsberatungsunternehmen erstellen lassen. Das Konzept ist in Form eines *Handbuches* verfaßt worden, das als regelrechte Handlungsanweisung verstanden werden soll.

Entgegen der Empfehlung des Wirtschaftsberatungsunternehmens *Wibera*, alle Aufgaben des Marketings, der Wirtschaftsförderung, des Fremdenverkehrs und der Öffentlichkeitsarbeit zentral zusammenzufassen, entschied sich die Stadt Schweinfurt in der Vernetzung für eine dezentrale Organisation: Die Öffentlichkeitsarbeit und der Fremdenverkehr blieben Abteilungen des Hauptamtes. Für die Bereiche Marketing und Wirtschaftsförderung wurde eine Stabstelle eingerichtet, die direkt dem Oberbürgermeister untergeordnet ist. Als Stabstelle fehlt dem Stelleninhaber jedoch jegliche Weisungsbefugnis, zugleich ist sie nicht in die Hierarchie des Verwaltungsapparates eingegliedert.

Da sich entscheidungsnotwendige Informationsflüsse im wesentlichen an der hierarchisch angelegten Verwaltungsstruktur orientieren, erfolgt das marketingrelevante Handeln zumeist im zuständigen Ressort. Die Stabstelle wird dabei zwar informiert, die Möglichkeit der Einflußnahme wird ihr dabei jedoch häufig genommen.

Infolgedessen geht der ganzheitliche Ansatz, der von einem integrativen Marketing-Konzept verlangt wird, verloren, und das alt eingefahrene Ressortdenken dominiert weiterhin. In einem von der Wibera selbst verfaßten Revisionsbericht über das Stadtmarketing-Konzept in Schweinfurt sind inzwischen die Kritikpunkte formuliert worden, für die letztendlich die Organisation des Marketing im Verwaltungsapparat verantwortlich gemacht wird.

Naturgemäß gilt für eine Stadt ebenso wie für Wirtschaftsunternehmen: Ein Marketing-Konzept steht und fällt mit den Personen, die an seiner Durchsetzung beteiligt sind. Spezifisch für das kommunale Marketing ist überdies, daß das *Top-down-Prinzip* mit dem Gebot der Politik-Unabhängigkeit in Einklang zu bringen ist – ein in der Praxis allerdings recht schwieriges Unterfangen. Und dies insbesondere im Zusammenhang einer noch immer unzulänglichen marketingorientierten Sensibilisierung und Professionalisierung der Mehrheit interner, aber auch externer Akteure.

Hier ist also der Hebel anzusetzen: Die Kommunen müssen, wenn sie an ihrem Ziel der Ausrichtung an Markt- und Zielgruppenbedürfnissen festhalten wollen, sehr rasch die eigene Marketing-Kompetenz entwickeln. Dies wird umso leichter gelingen, je mehr Mitarbeitern aus der Privatwirtschaft attraktive Arbeitsmöglichkeiten in städtischen Verwaltungseinheiten oder angegliederten Organisationen geboten werden. Hier zu investieren, wäre gerade in Zeiten finanzieller Engpässe ein kluges, weil antizyklisches und zukunftsorientiertes Wirtschaftshandeln.

Teil II

Beiträge zu Einzelthemen der ansiedlungsbezogenen Wirtschaftsförderung

Technologietransfer – ein Beitrag zur Standortsicherung

Jürgen Allesch

Im Blickfeld: auch kleine und mittlere Unternehmen

Die innovatorische und technologische Wettbewerbsfähigkeit von Unternehmen hängt sowohl von der unternehmenseigenen Forschung und Entwicklung als auch zunehmend von den Zugriffsmöglichkeiten auf unternehmensexterne Know-how-Quellen ab. Aus diesem Grund zählen heute Hochschulen, private und öffentliche Forschungseinrichtungen mit zu den wesentlichen wirtschaftsfördernden Standortfaktoren. Um diese FuE-Potentiale auch kleinen und mittleren Unternehmen zugänglich zu machen, entstanden Ende der 70er Jahre in der Bundesrepublik eine Vielzahl von Technologietransfereinrichtungen.

Diese regionalen Transfereinrichtungen gehören zu den innovationsfördernden Rahmenbedingungen und sind zugleich wichtige Faktoren für die Standortwahl von Unternehmen. Somit werden Einrichtungen des Technologietransfers und der Innovationsförderung unverzichtbarer Bestandteil einer zukunftsorientierten regionalen Wirtschaftsförderpolitik. Im folgenden wird am Beispiel Berlins der Technologietransfer charakterisiert.

Technologietransfer ist nach allgemeinem Verständnis die Überführung von an Universitäten und anderen wissenschaftlichen Einrichtungen entstandenen Forschungsergebnissen in die Wirtschaft bzw. in andere gesellschaftliche Bereiche. Der nachfrageorientierte Technologietransfer umfaßt die erforderlichen organisatorischen, personellen, materiellen, informationellen und finanziellen Maßnahmen, die notwendig sind, um spezifische Kenntnisse und Erfahrungen aus dem Forschungsbereich einem Unternehmen zugänglich zu machen. Das Ziel ist die beschleunigte wirtschaftliche Nutzung von Forschungsergebnissen und damit die Umsetzung von Inventionen in Innovationen (vgl. Allesch, J.: Die Rolle von Technologietransfer-Stellen für den Wissenschaftstransfer, in: Handbuch des Wissenschaftstransfers, Springer-Verlag Berlin).

Technologietransfer zwischen Wissenschaft und Wirtschaft ist in allen westlichen Industrieländern seit Mitte der siebziger Jahre qualitativ und quantitativ ausgeweitet worden. Phänomene wie Marktsättigung, Ausdehnung der Entstehungsphasen innerhalb der Produktlebenszyklen, Beschleunigung des technischen Fortschritts und der zunehmende internationale Wettbewerb kennzeichnen die veränderten Rahmenbedingungen, die in allen westlichen Industrieländern eine Ausweitung und Intensivierung des Technologietransfers bewirkt haben.

Technologie- bzw. Wissenschaftstransfer als Austauschprozeß zwischen Hochschule und Gesellschaft hat es schon immer gegeben. Ein qualitativ neues Charakteristikum der Industriegesellschaft ist jedoch *"... die Produktion und Verwertung von wissenschaftlichem Wissen und wissenschaftlicher Technologie"* (s. Kreibich, R.: Die Wissenschaftsgesellschaft, Suhrkamp, Frankfurt a.M. 1986). Dementsprechend definiert *Kreibich* diese Industriegesellschaft als *Wissenschaftsgesellschaft*. Entscheidend daran ist: Der wissenschaftliche Erkenntnisgewinn erreicht eine immer größere Bedeutung und zeichnet sich durch ständig wachsende Komplexität aus. Das Aufgreifen der neuesten Entwicklungen in Wissenschaft und Forschung, ihre Umsetzung in neue Produkte, Verfahren und Dienstleistungen ist in diesem Zusammenhang nicht nur als *entscheidender Wettbewerbs- und Standortfaktor* zu sehen, sondern bedeutet auch eine kontinuierliche Rückwirkung auf neue Aufgabenstellungen für die Wissenschaft.

In diesem Prozeß hat sich eine vielfältige westdeutsche Transferlandschaft entwickelt. Entsprechend der immer stärkeren Spezialisierung in der Wirtschaft und in der Wissenschaft hat sich auch das innovative Umfeld bzw. die Innovationsförderlandschaft sehr breit differenziert. Dies wird aus einer modellhaften Darstellung des Technologietransfers (s. Abbildung 1) deutlich, die einerseits die *Technologie-Produzenten*, d. h. die Hochschulen, die Forschungseinrichtungen, die FuE-orientierten Unternehmen, die Ingenieurbüros enthält und andererseits die *Technologie-Anwender*, d. h. die kleinen, mittleren und großen Unternehmen, sowie den Austausch, der zwischen ihnen stattfindet. Aus diesem Modell des Technologietransfers sind auch die unterschiedlichen konzeptionellen Ansätze bzw. Formen des Technologie- und Wissenstransfers ersichtlich.

Technologietransfer – stets ein Dialog mit der Praxis

Beim grundsätzlichen Herangehen haben sich zwei Formen des Technologie- und Wissenstransfers herausgebildet:

Angebotsorientierter Transfer durch die Hochschule u. ä. Einrichtungen (technology push)

Der Technologie- und Wissenstransfer aus Hochschulen, Großforschungseinrichtungen, Instituten der Fraunhofer-Gesellschaft, der Max-Planck-Gesellschaft und den Forschungsinstituten der Arbeitsgemeinschaft industrieller Forschungsvereinigungen (AiF) ist durch seine unmittelbare Nähe zur Forschung charakterisiert. Diese angebotsorientierte Transferleistung konzentriert sich auf wissenschaftliche Informationen und Ergebnisse von Forschungsarbeiten. Die häufigste Kooperationsform ist die Auftragsforschung. Die dabei erfolgte Inanspruchnahme der Forschungsergebnisse liegt stärker im Bereich marktfernerer Forschungs- und Entwicklungsphasen.

Beispiel Berlin: Mit seiner Dichte an wissenschaftlichen Einrichtungen gehört Berlin mit zu den forschungsintensivsten Regionen Europas. Berlin verfügt über 3 Universitäten, 7 Fachhochschulen, 5 Max-Planck-Institute, 8 Fraunhofer-Institute, die Berlin-

Brandenburgische Akademie der Wissenschaften sowie über eine Vielzahl weiterer Forschungseinrichtungen unterschiedlicher Träger und Fachrichtungen. Zur Unterstützung des Technologietransfers zwischen Hochschulen und Wirtschaft existieren 16 An-Institute. Die Universitäten und zum Teil auch die Fachhochschulen und größeren Forschungseinrichtungen haben ihre eigenen Transferstellen. Außerdem bestehen noch angebotsorientierte Transferinstitutionen, die ein spezielles Fachgebiet betreuen. Eine integrierte Landschaft aus Wissenschaft, Wirtschaft, Gründerzentrum und Technologiepark entsteht zur Zeit in Berlin-Adlershof. In Berlin-Buch im Umfeld des Max-Delbrück-Centrums für Molekulare Medizin wird ein biomedizinischer und medizintechnischer Wissenschaftspark geschaffen. Innovations- und Gründerzentren gibt es darüber hinaus in Berlin-Wedding und in der Wuhlheide.

Nachfrageorientierter Transfer durch wirtschaftsnahe Innovationsagenturen (market pull)

Der Transferansatz von wirtschaftsnahen bzw. wirtschaftseigenen Technologievermittlungsstellen zielt auf die Hilfestellung für kleine und mittlere Unternehmen bei dem Einsatz neuer Technologien und der Bewältigung des Strukturwandels. Damit hat er einen strukturverbessernden und wirtschaftsfördernden Charakter. Die Technologie- und Innovationsberatung für kleine und mittlere Unternehmen ist nachfrageorientiert, d. h., die Beratungsleistung muß sich an spezifischen Bedürfnissen und Problemen des jeweiligen Unternehmens orientieren. Direkte, kontinuierliche und vertrauensvolle Kontakte zu Unternehmen sind die Voraussetzung, um kleine und mittlere Unternehmen für den Einsatz neuer Technologien zu erschließen.

Beispiel Berlin: Hierzu gehören u. a. die Wirtschaftsförderung Berlin (WFB), die IHK mit dem Referat Forschungs- und Technologieförderung, die Handwerkskammer, die Technologieberatungsstellen im DGB sowie natürlich auch die Technologie-Vermittlungs-Agentur Berlin e.V. (TVA).

Unabhängig von der jeweiligen Form des Technologietransfers gilt: Technologie- und Wissenstransfer ist keine Einbahnstraße, er bedeutet immer *Dialog mit der Praxis.*

Auch auf der anderen, mehr den Abnehmern/Anwendern zugewandten Seite der in Abbildung 1 dargestellten Kooperationsbeziehungen hat sich eine Vielzahl von Einrichtungen entwickelt, die für die Wirtschaft innovationsunterstützende Maßnahmen vorbereiten und durchführen. Die *Vielfalt von Innovationsfördereinrichtungen* führt dazu, daß sich die Unternehmen in einem gewissen regionalen Spannungsfeld befinden (s. Abbildung 2).

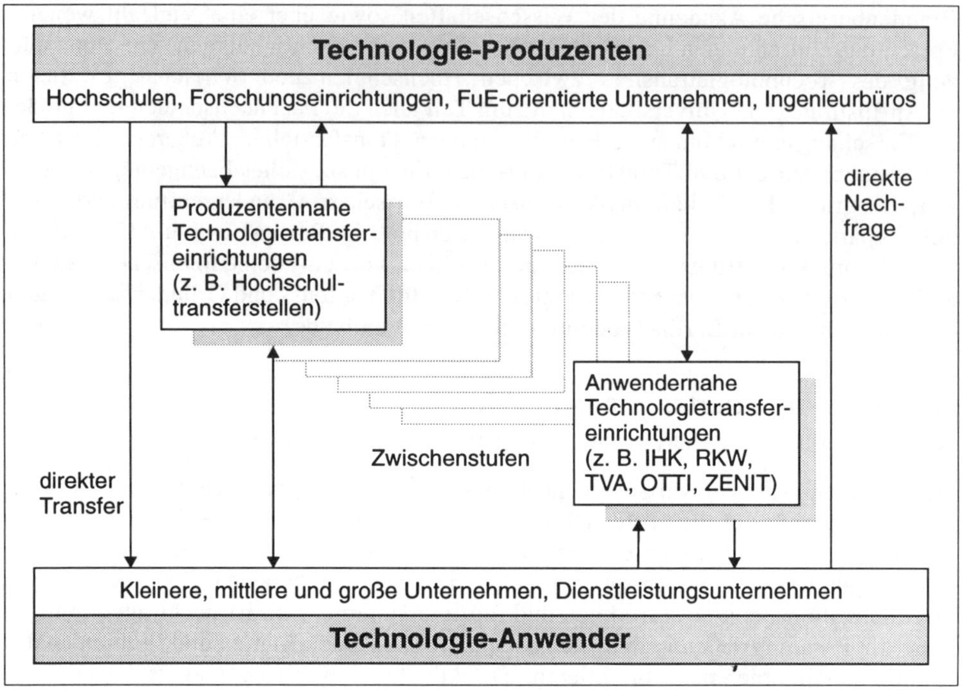

Abbildung 1: Das Modell des Technologietransfers

Quelle: TVA Berlin e.V.

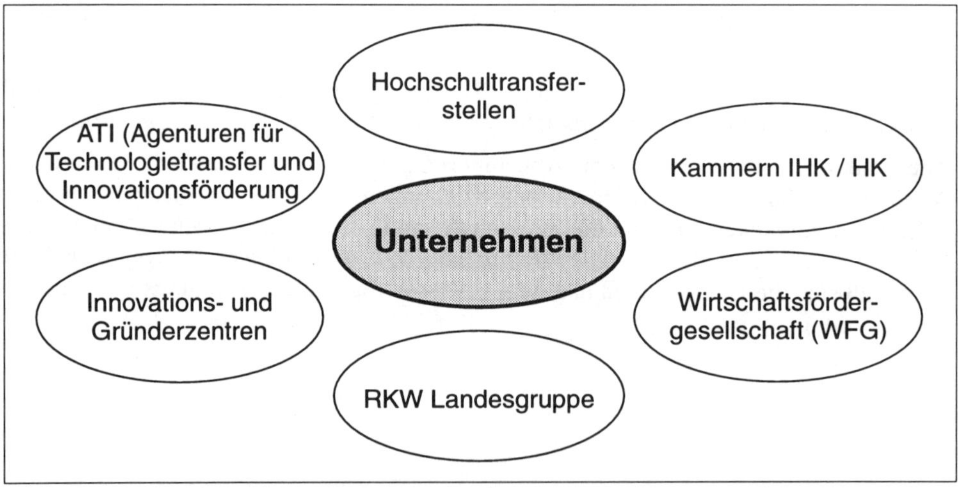

Abbildung 2: Die Unternehmen im Spannungsfeld regionaler Innovationsfördereinrichtungen und -institutionen

Quelle: TVA Berlin e.V.

Die *Kammern*, die Industrie- und Handelskammern, die Handwerkskammern, haben sich ebenfalls dem Innovationsgedanken aufgeschlossen. Je nach Art des Herangehens haben sie eigene Beraterkapazitäten – vor allem Innovations-/Technologieberater – aufgebaut oder eine Einrichtung eingebunden, die in ihrem Auftrag arbeitet bzw. ihnen zuarbeitet. Ebenso haben *Wirtschaftsfördergesellschaften* den Nutzeffekt von Technologie und Wissenschaft für ihre Ansiedlungsbemühungen entdeckt und bewußt in ihre Strategie für den jeweiligen Standort eingebunden. Gleichfalls sind in diesem Zusammenhang das Rationalisierungskuratorium der Wirtschaft (RKW) sowie für die neuen Bundesländer die Kammer der Technik zu nennen. In kaum noch zu überschauender Zahl (derzeit ca. 170 in Deutschland) und Differenzierung haben sich Innovations- und Gründerzentren herausgebildet.

Erwähnt wurden bereits die *Agenturen*, die mehr den wirtschaftsnahen Einrichtungen zuzurechnen sind. Solche Agenturen in den alten Bundesländern sind z. B. das Zentrum für Innovation und Technik (ZENIT GmbH) in Nordrhein-Westfalen, das Ostbayrische Technologie-Transfer-Institut (OTTI) in Regensburg, die Niedersächsische Agentur für Technologietransfer und Innovationsförderung GmbH (NATI) und unter bestimmten Voraussetzungen auch die Steinbeis-Stiftung in Baden-Württemberg. In Schleswig-Holstein ist die Technologiestiftung mit den entsprechenden Technologietransferstellen neu entstanden.

Angelpunkt: Vermittlung neuester Forschungsergebnisse

Wie auch immer die Organisationsform des Technologietransfers gewählt wird, stets ist der Innovationsbezug eindeutig. Es geht immer um die *Vermittlung neuester Forschungsergebnisse*. Zugleich ist zu beachten: So sehr der bewußt organisierte Wissenstransfer Wissenschaft und Wirtschaft zusammenführt, so wenig dürfen dabei die unterschiedlichen Herangehensweisen und Denkschemata der Partner verwischt und übersehen werden. Diese Notwendigkeit zeigt sich stets sehr schnell bei der Bestimmung der Marktakzeptanz von neuen Forschungsergebnissen. Ein Wissenschaftler, der einen neuen Werkstoff oder ein neues Meßverfahren entwickelt hat, wird sehr optimistisch sein hinsichtlich deren Anwendbarkeit. Ein erfahrener Unternehmer wird dagegen sehr schnell die noch bestehenden Risiken bei der Nutzung dieser Entwicklung sehen, auf die ihm der Hochschulwissenschaftler nur unzureichend klare Antworten geben kann.

Auch in dem Dialog um die effektivste Nutzung neuer Erkenntnisse darf die Verantwortung für die einzelnen Aktivitäten nicht verwischt werden. Die erfolgreiche Umsetzung einer technisch neuen Idee in ein marktfähiges Produkt und die Durchsetzung auf dem Markt ist und bleibt die originäre Verantwortung des Unternehmers. Dies schließt aber keinesfalls aus, daß in dem Prozeß des Miteinanders beide Seiten ihre Anforderungen und Möglichkeiten klar formulieren und gemeinsam den erforderlichen und gangbaren Weg herausarbeiten.

Die Hochschulen und anderen Wissenschaftseinrichtungen haben insgesamt eine viel breitere Wirkung bezüglich der Innovationen, als sich dies in einer einzelnen Transferstelle widerspiegelt. Zwischen Wissenschaft und Wirtschaft entwickelt sich ein vielfältiges Geflecht von Beziehungen, die nur schwer umfassend zu steuern sind. Aber die "Türen öffnen", Transferprozesse anregen und zum anderen für eingeleitete Transferprozesse vertragliche Rahmenbedingungen und Sicherheiten schaffen, damit die Kooperationen realisiert werden können, das sind wichtige Aufgaben von Technologietransferstellen – unabhängig davon, ob einer Hochschule oder stärker der Wirtschaft zugeordnet. Damit bringt der Technologietransfer nicht nur Nutzen für den einzelnen Unternehmer, sondern er trägt – gerade in einem exportabhängigen Land wie Deutschland – auch zum Erhalt der Wettbewerbsfähigkeit einer nationalen Volkswirtschaft und zur Standortsicherung bei.

Um dieser Aufgabe gerecht zu werden, müssen die Hochschulen und anderen Wissenschaftseinrichtungen ein unverwechselbares *Kooperationsprofil* entwickeln, das ihrem Leistungsprofil entspricht und mit dem man sich sehr wohl regionalen wie auch nationalen Anforderungen stellen kann – und muß. Dies ist als eine Daueraufgabe zu verstehen.

Die *Orientierung auf die Region* ist ein wesentlicher Erfolgsfaktor für die Arbeit der Hochschultransferstellen. An sich ist Wissenstransfer zumindest national orientiert, wenn nicht sogar international. Doch bei der Beurteilung der Leistungen der Technologietransferstellen gilt es auch in Betracht zu ziehen, welchen Beitrag sie zur regionalen Entwicklung leisten und wie sich die Arbeitsteilung speziell mit anderen regionalen Einrichtungen entwickelt. Hochschulen und ihre Transferstellen können durch ein breites Aktivitätsspektrum auf die regionale Wirtschaft einwirken. Dazu zählen:

- Direkter Technologietransfer
- Weiterbildung
- Personaltransfer durch Praktikanten, Diplomanden, Absolventen und Doktoranden
- Unternehmensberatung
- Unternehmensgründung durch Spin-offs
- Politikberatung

Gerade in der Kooperation mit dem regionalen Umfeld haben die Fachhochschulen, innovative Unternehmen u. a. Einrichtungen besonders gute Voraussetzungen, vor allem in der Zusammenarbeit mit kleinen und mittleren Unternehmen. Eine besondere Rolle spielen hierbei die *An-Institute* mit der speziellen Aufgabe der Förderung des Technologietransfers in ausgewählten Technologiefeldern. Eine ganz wichtige Aufgabe besteht darin, die Hochschule sowie die FuE- und innovativen Einrichtungen auch für kleinere und mittlere Unternehmen transparenter werden zu lassen und so die Aufnahmebereitschaft für deren Ergebnisse zu erhöhen.

Die Arbeit der Technologietransferstellen wird dann nutzbringend sein, wenn sie sich auf ihre spezifischen Stärken besinnen und in ihrer Gesamtheit arbeitsteilig komplementär wirksam werden, z. B. in der gemeinsamen Reaktion auf innovations- und technologiepolitische Problemstellungen aus der Region.

Ganzheitlicher Innovationsberatungsansatz des Berliner Modells

Die technologische Infrastruktur Berlins ist derzeit als sehr differenziert zu bewerten. Mit seiner Dichte an wissenschaftlichen Einrichtungen gehört der Berliner Raum zu den forschungsintensivsten Regionen Europas. Die vorhandene differenzierte FuE-Infrastruktur wird allerdings noch zu wenig wirksam in der Berliner Wirtschaft. Analysen weisen übereinstimmend auf qualitative Defizite in der Struktur Berlins hin sowie auf eine Dominanz von Industriesektoren mit geringem FuE-Anteil und wenig qualifizierten Arbeitsplätzen. Branchen wie die Elektrotechnik, der Fahrzeugbau und die Feinmechanik/Optik liegen hinsichtlich der FuE-Intensität unter dem Bundesdurchschnitt. Im Durchschnitt befindet sich der Maschinenbau, nur die Chemie übertrifft ihn.

Die Berliner Industrie, deren Arbeitsplätze längst nicht insgesamt als wettbewerbsfähig eingestuft werden können, steht unter dem Druck massiver struktureller Anpassungsprozesse und ist zum Teil abwanderungsgefährdet. Die Erfordernisse, die sich daraus ableiten, werden überlagert durch die Anforderungen, die sich aus der Umstrukturierung von Wirtschaft und Wissenschaft im Ostteil Berlins ergeben. Trotz hoher Forschungsintensität und zahlreicher Akteure im Feld der technologieorientierten Entfaltung wirtschaftlicher Initiativen ist eine expansive Entwicklung Berlins zu einer prosperierenden Technologieregion nur in Ansätzen erkennbar. Aber nur ein *zukunftsorientierter Industriestandort* ist auch für wachstumsintensive Dienstleistungen, wie Forschung und Entwicklung, Marketing, Beratung u. ä., auf Dauer als Standort attraktiv (vgl. Seliger, G.: Überlegungen zur Technologieförderung im Berliner Raum, 1993. Meyer-Krahmer, F.: Industrielle Forschung und Entwicklung in Berlin, in: Auf dem Wege zur Wirtschaftsmetropole Berlin, S. 124 ff., SenWiTech Berlin 1994).

In Deutschland und in anderen westlichen Industrieländern gibt es ein breites Einverständnis darüber, den wirtschaftlichen und technologischen Strukturwandel durch Instrumentarien des Technologietransfers und der Innovationsberatung zu beschleunigen, wobei die Hauptadressaten die kleinen und mittleren Unternehmen sind. Diesem Anliegen fühlt sich auch der Senat von Berlin besonders verpflichtet. So ist die Förderung des Technologietransfers ein wesentlicher Bestandteil der technologieorientierten Wirtschafts- und Strukturpolitik des Senats. Bereits in den 70er und 80er Jahren entstanden in Berlin verschiedene Einrichtungen, die in mehr als zehnjähriger Praxis modellhaft die gesellschaftliche Dienstleistung *Technologietransfer* entwickelt haben und durchführen (s. Abbildung 3). Nach 1990 wurde dieses System um die entsprechenden Einrichtungen im Ostteil Berlins, z. B. dem HU Transfer, erweitert.

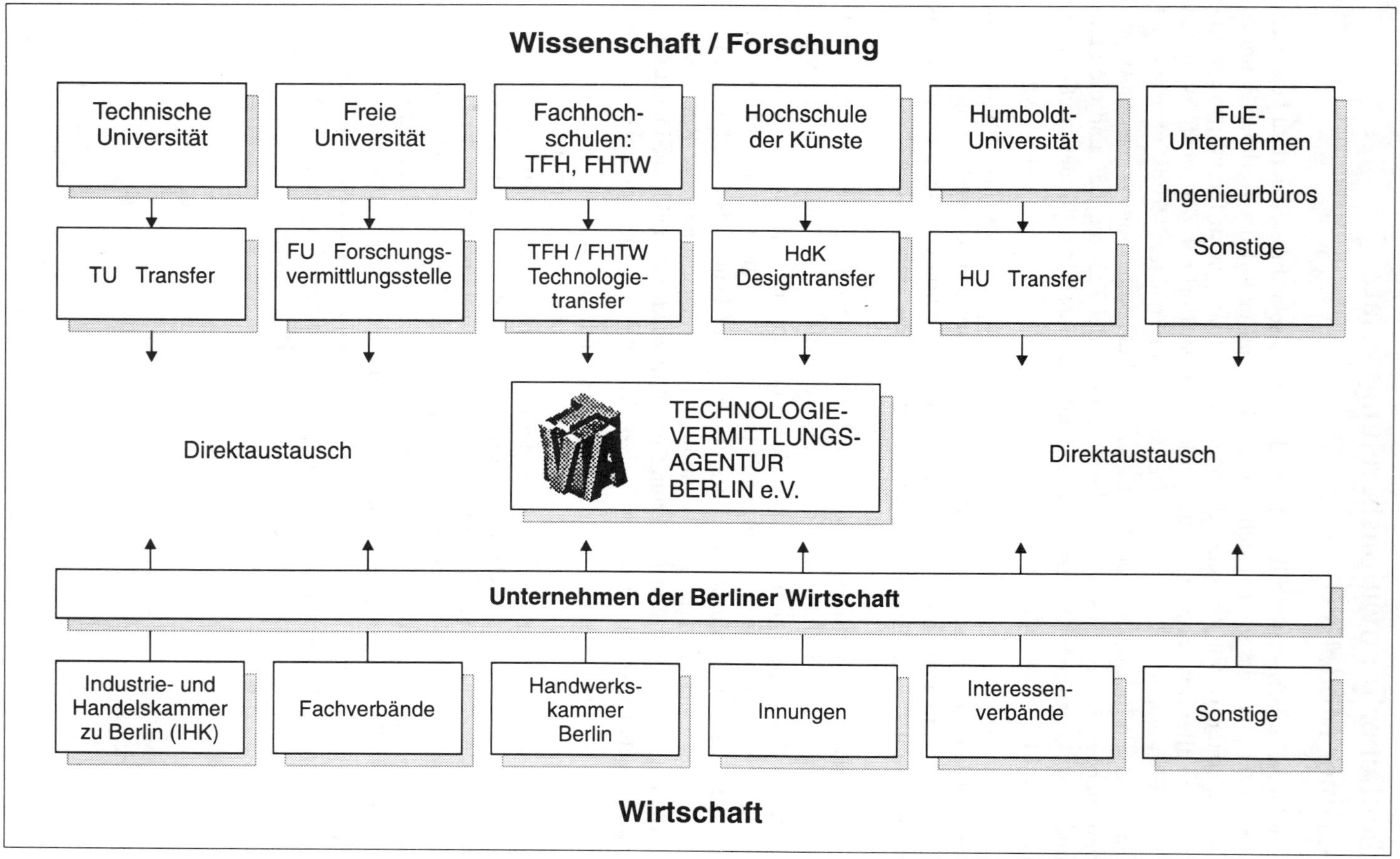

Abbildung 3: Transferbeziehungen in der Berliner Region

Quelle: TVA Berlin e.V.

Dem Berliner Modell und damit der Arbeitskonzeption der Technologie-Vermittlungs-Agentur Berlin e.V. (TVA) liegt ein ganzheitlicher Ansatz für den Technologietransfer und die Innovationsberatung für kleine und mittlere Unternehmen zugrunde. *Ganzheitlicher Ansatz ist in diesem Sinne zu definieren als ein Konzept des Technologietransfers und der Innovationsberatung, das die spezifischen Bedingungen einer regionalen Industriestruktur berücksichtigt und dadurch eine Breitenwirksamkeit erzielt* (vgl. Ewers, H.-J.: Die Bedeutung der lokalen Ebene für Innovationsstrategien im industriellen Sektor, in: Maier, H. E./Wollmann, H. (Hrsg.): Lokale Beschäftigungspolitik, S. 127–147, Birkhäuser, Basel 1986). Zu diesem konzeptionellen Ansatz besteht weitgehend ein Grundkonsens.

TVA erfüllt Koordinierungsfunktion

Das *ganzheitliche Innovationsberatungsmodell* basiert auf einem differenzierten und abgestimmten Netz von Technologietransferstellen (s. Abbildung 3). Zur Verständigung der Transferstellen untereinander wurde der Arbeitskreis der Transfereinrichtungen geschaffen, in dem auch die TVA Mitglied ist. Im Rahmen dieser differenzierten Transferlandschaft einer Region nimmt die *Technologie-Vermittlungs-Agentur Berlin e.V. (TVA)* als wirtschaftsnahe, überwiegend regional orientierte Einrichtung eine koordinierende Funktion ein. Das ganzheitliche Herangehen ist für die Wahrnehmung der Koordinierungsfunktion in einer Region besonders geeignet. Im Unterschied zu den angebotsorientierten Transferstellen auf Seiten der Hochschulen ist die TVA eine nachfrageorientierte regionale Innovationsberatungseinrichtung. In enger Zusammenarbeit mit der Industrie- und Handelskammer zu Berlin sowie der Wirtschaftsförderung Berlin GmbH leistet die TVA seit 1978 Innovations- und Technologieberatung für kleine und mittlere Unternehmen in Berlin. Hinter der TVA als eingetragener Verein stehen über 110 Mitglieder aus Wirtschaft, Wissenschaft und Verwaltung.

Der ganzheitliche Ansatz des Berliner Modells umfaßt ein breites Handlungsinstrumentarium auf fünf Handlungsebenen:

- Informationstransfer
- Technologietransfer
- Personaltransfer
- Unternehmensgründungen
- Weiterbildung

Mit diesen fünf Handlungsebenen ist in etwa auch das Leistungsangebot der TVA umschrieben (s. Abbildung 4). Wesentliche Wechselbeziehungen zwischen den Leistungsbereichen sind der Abbildung 5 zu entnehmen.

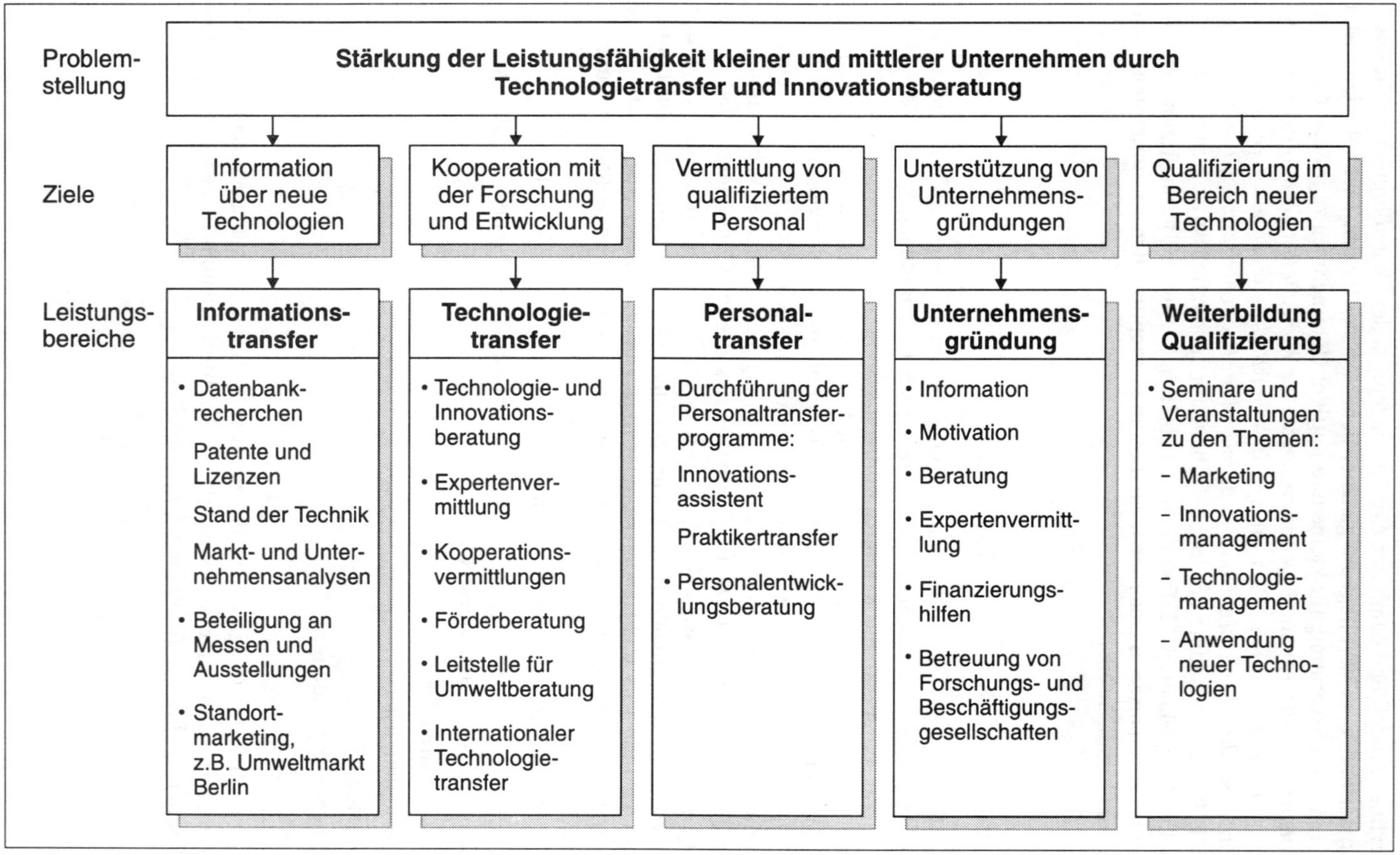

Abbildung 4: Leistungsangebot der Technologie-Vermittlungs-Agentur Berlin e.V.

Quelle: TVA Berlin e.V.

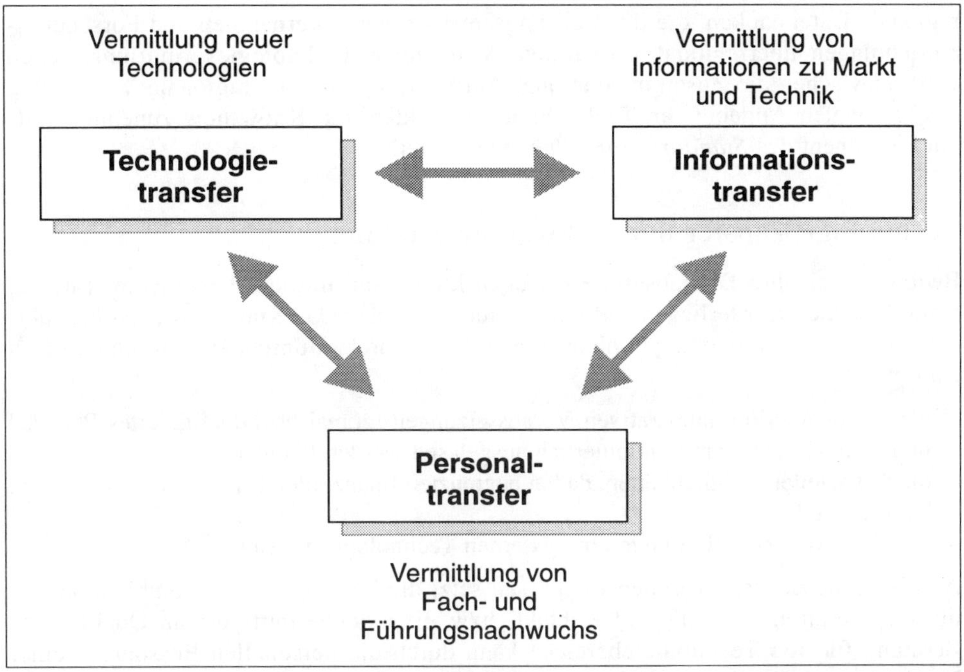

Abbildung 5: Wechselbeziehungen zwischen den Leistungsbereichen der TVA Berlin e.V.

Quelle: TVA Berlin e.V.

Informationstransfer

Voraussetzung jeder Innovation ist die Information. Für Unternehmen jeder Größenordnung – auch für kleine und mittlere Unternehmen (KMU) – gilt, daß vor jeder wichtigen Entscheidung die gezielte Informationsbeschaffung und -verarbeitung stehen muß. Informationsgewinnung, -verarbeitung und -verbreitung gewinnen zunehmende Relevanz für unternehmerische Entscheidungen und für Markterfolge. Dabei korrespondiert die wachsende Vielfalt an Informationen bei gleichzeitiger Komplexität mit den neuen technischen Möglichkeiten des Informationstransfers.

Der *TVA-Informationsdienst* unterstützt das betriebliche Innovationsmanagement durch

- weltweite Datenbankrecherchen über den neuesten Stand der Technik sowie die neuesten Ergebnisse von Forschung und Entwicklung,
- nationale und internationale Patent- und Marktrecherchen.

Die weltweit vorhandenen 3 000 kommerziellen Datenbanken – davon ca. 150 in Deutschland – werden gerade von kleinen und mittleren Unternehmen noch unzureichend genutzt. Besondere Bedeutung im regionalen Wettbewerb erhalten zukünftig regionale Datenbanken, die das Leistungsangebot von Unternehmen und Forschungseinrichtungen überregional vermarkten. Von vielen Technologievermittlungsstellen wird inzwischen die Zusammenfassung, Aufbereitung und überregionale Verbreitung des regionalen Angebots an Technologie, Produkten und Know-how zunehmend als ein Instrument des *Standort-Marketings* eingesetzt.

Technologietransfer und Innovationsberatung

Bedingt durch ihre Betriebsgröße verfügen kleine und mittlere Unternehmen häufig nicht über die erforderlichen FuE-Ressourcen und über das Know-how, um Produkt- und Verfahrensentwicklungen ohne fremde Hilfe durchzuführen. Hierzu fehlen ihnen häufig

- die personellen und apparativen Voraussetzungen (zumal hochqualifiziertes Personal und teure Geräte nicht kontinuierlich ausgelastet werden könnten);
- die finanziellen Möglichkeiten, da bei begrenzten finanziellen Mitteln die FuE-Risiken zu hoch sind;
- die Kontakte und Erfahrungen mit externen Technologieanbietern.

An diesen betriebsspezifischen Engpässen setzt die TVA mit einer Kombination von direkter Beratungsleistung und Kontakt- bzw. Expertenvermittlung an. Qualifizierte Beratung für alle Technologiebereiche kann durch die personellen Ressourcen einer Vermittlungsstelle nicht für alle Spezialfragen gewährleistet werden.

Die *Berater der TVA* verstehen sich als Mittler zwischen dem Unternehmen als Nachfrager nach technologischen Problemlösungen und den Experten aus Wissenschaft und Wirtschaft, die die geeigneten Lösungen anbieten können. Nach einer Problemanalyse im Unternehmen suchen die TVA-Berater den geeigneten Partner, vermitteln die ersten Kontakte, helfen bei der Vertragsgestaltung und betreuen das Kooperationsprojekt bis zum Abschluß. Da Entwicklungen und Innovationen immer mit Kosten und Risiken verbunden sind, prüft die TVA gleichzeitig die Fördermöglichkeiten durch öffentliche Förderprogramme und hilft bei der Antragstellung.

Personaltransfer

Er zielt auf die Verankerung qualifizierter personeller Ressourcen in Unternehmen. Der *Transfer durch die Köpfe*, d. h. die Vermittlung neuesten technologischen und betriebswirtschaftlichen Wissens durch qualifizierte Nachwuchsführungskräfte in kleine und mittlere Unternehmen ist aus betriebsbezogener Sicht eine der effektivsten Formen des Technologietransfers. Durch ihren problem- und aufgabenspezifischen Einsatz wird eine nachhaltige Verbesserung der Innovations- und Leistungsfähigkeit der Unternehmen bewirkt. In Berlin wurde 1982 die Idee für das Programm *Innovationsassistent* geboren. Es hat sich auch in anderen Ländern, darunter in Brandenburg, bewährt. Es diente dazu, mit Hilfe von problem- und aufgabenspezifisch ausgewählten Hochschulabsolventen die Innovationsfähigkeit kleiner und mittlerer Unternehmen zu verbessern. Bisher wurden in Berlin ca. 1 400 Absolventen durch dieses Programm vermittelt.

Unternehmensgründungen

Die Gründung technologieorientierter Unternehmen fördert die Diffusion technischer Neuerungen. Berlin hat diesen Prozeß immer konsequent unterstützt. Technologieorientierte Unternehmensgründungen können nicht isoliert von der in einer Region existierenden Wirtschaftsstruktur gesehen werden. Sie werden vor allem dann wichtige Impulse für bestehende Unternehmen vermitteln, wenn sie produkt- und anwendungsorientiert arbeiten. Die TVA berät technologieorientierte Unternehmensgründer in ihrer schwierigen Startphase, insbesondere hinsichtlich:

- Technologie- und Markteinschätzung der Gründungsidee,
- Vermittlung von Experten für technische und betriebswirtschaftliche Probleme,
- Finanzierungsberatung bezüglich öffentlicher Fördermittel und Venture-Capital-Beteiligungen,
- Unterstützung bei der Einstellung von Personal.

Hierzu wird die Zusammenarbeit mit den bestehenden Innovations- und Gründerzentren gesucht, die bei entsprechenden Rahmenbedingungen eine wichtige Maßnahme zur regionalen Wirtschaftsentwicklung sein kann.

Weiterbildung

Weiterbildungs- und Qualifizierungsmaßnahmen für Mitarbeiter kleiner und mittlerer Unternehmen unterstützen die Anpassung der Betriebe an den technologischen Wandel. Infolge der schnellen technologischen Entwicklung wird die Weiterbildung der Mitarbeiter zur Voraussetzung der zukünftigen Wettbewerbs- und Überlebensfähigkeit jedes Unternehmens. Dies gilt zugleich auch für die Führungs- und Nachwuchsführungskräfte. Versteht man Technologietransfer als ganzheitliches Konzept zur Behebung von Innovationsdefiziten, so ist die Forderung von *Pfeiffer* berechtigt, daß Vermittlungsstellen "*... ihre auf die mittelständische Industrie ausgerichtete Technologieförderung durch ein Programm zur Förderung der Leistungsfähigkeit des Managements und seiner Instrumentarien ergänzen*" müssen (vgl. Pfeiffer, W.: Probleme kleiner und mittelgroßer Unternehmen im technologischen Trendbruch und staatliche Programme der direkten Technologieförderung, in: Fortschrittliche Betriebsführung/ Industrial Engineering, Heft 1/1979). Diese Qualifizierungsinhalte müssen differenziert und situationsbezogen auf die Erfordernisse kleiner und mittlerer Unternehmen abgestimmt werden.

Bisherige Erfahrungen bestätigen nachdrücklich, daß ein ganzheitliches Technologietransfersystem erforderlich ist, um eine nachfrage- und betriebsbezogene Beratung zu gewährleisten. Das idealtypische Tätigkeitsfeld der Innovationsberatung wird in der Behandlung *aller* Phasen und Problembereiche von Innovationsprozessen und Innovationsmanagement gesehen. Das heißt, um die bestehenden Defizite bei technologieintensiven und innovationsorientierten mittelständischen Unternehmen durch ein effizientes Innovationsmanagement zu beseitigen bzw. zu reduzieren, ist ein *ganzheitliches, systematisches Beratungsangebot* erforderlich.

Der ganzheitliche Ansatz beschränkt sich dabei nicht nur auf die beratende Begleitung einzelner Produktinnovationen bzw. einzelner Phasen des Innovationsprozesses, sondern initiiert auch einen systemorientierten Prozeß, der das ganze Innovationspotential der KMU umfassend und nachhaltig steigert und ausbaut. Über erfolgreiche Innovationen und den daraus resultierenden Wettbewerbsvorteilen wird die Unternehmensexistenz langfristig gesichert. Der ganzheitliche Ansatz ist stets mittel- und langfristig angelegt, damit wirklich die jeweiligen innovativen Defizitbereiche im KMU erkannt und beseitigt werden. Er baut auf das im Unternehmen vorhandene Know-how auf und initiiert die Entwicklung einer innovationsorientierten Unternehmensstrategie.

Mit dem Herangehen, wie es im Berliner Modell des Technologietransfers konzipiert ist und entsprechend praktiziert wird, werden zugleich wesentliche Grundlagen gelegt für die Umsetzung eines noch umfassenderen Technologieförderprogramms für Berlin, wie es mit dem *Technologieprogramm FIT Berlin 2001* von der Senatsverwaltung für Wirtschaft und Technologie beschlossen worden ist und das weiter ausgebaut werden wird. Dadurch wird es möglich werden, das in Berlin vorhandene hervorragende FuE-Potential gezielt den Berliner kleinen und mittleren Unternehmen zugänglich zu machen und umgekehrt die Unternehmen anzuregen, neue Produkte und Verfahren zu entwickeln.

Berliner Modell als Grundlage für den Aufbau eines Netzes von Innovationsagenturen

In die Ausgestaltung der Innovationsagenturen in den neuen Bundesländern sind die vielfältigen Erfahrungen, die mit analogen Einrichtungen in Berlin und anderen westdeutschen Bundesländern gesammelt worden sind, eingeflossen. Bisherige Erfahrungen weisen darauf hin, daß es richtig ist, den *klassischen* Technologietransfer einzubetten in eine ganzheitliche Beratung und Betreuung der Unternehmen. Zugleich sind die spezifischen Erfordernisse, die sich vor allem aus der wirtschaftspolitischen Situation in den Regionen ergeben, zu berücksichtigen. Die Umbruch- und Aufbruchsituation in den neuen Bundesländern – sowohl auf Seiten der Hochschulen und FuE-Einrichtungen wie auf Seiten der Wirtschaft – macht neue bzw. weiterentwickelte Formen der Zusammenarbeit zwischen Wissenschaft und Wirtschaft notwendig.

Mit Unterstützung des Bundesministeriums für Wirtschaft und in Zusammenarbeit mit den Landeswirtschaftsministerien ist in den neuen Bundesländern inzwischen – vor allem am Sitz der Industrie- und Handelskammern – ein dichtes Netz von *Agenturen für Technologietransfer und Innovationsförderung (ATI)* aufgebaut worden. Die entsprechenden vorbereitenden Arbeiten sind durch die TVA geleistet worden.

Das Ziel dieses Projektes besteht darin, mit der Einrichtung eines flächendeckenden Netzes von Agenturen für Technologietransfer und Innovationsförderung – derzeit 21 ATI – und der dadurch möglichen Förderung sowie der Unterstützung und Entwicklung des endogenen Potentials (Arbeitsmarkt, Unternehmen, Forschung und Entwicklung) die wirtschaftliche Leistungs- und Wettbewerbsfähigkeit der Regionen zu stärken und den strukturellen Wandel zu beschleunigen. Mit diesem strukturellen Konzept ist dem regionalen Entwicklungsbedürfnis der Länder in starkem Maße Rechnung getragen worden.

Aufgabe der ATI ist es, auf der Basis eines ganzheitlichen Beratungsansatzes die in der Region (Industrie- und Handelskammerbezirk) ansässigen Betriebe zu beraten und zu unterstützen (vgl. Allesch, J.; Martin, H.-J.; Krentler, E.: Aufbau von Agenturen für Technologietransfer und Innovationsförderung in den neuen Bundesländern, Schlußbericht der Planungsphase, 1991). Vorrangig kleine und mittlere Unternehmen sind bei technologie- und innovationsbezogenen Fragen und Problemen zu beraten und unter Hinzuziehung externer Wissensträger (Experten aus Wissenschaft, Wirtschaft und Mittlerebene) zu unterstützen. Der angestrebte Schwerpunkt der Tätigkeit liegt dabei in der Initiierung, Begleitung und Betreuung von Produkt- und Verfahrensinnovationen zur Steigerung der Wettbewerbs- und Leistungsfähigkeit der kleinen und mittleren Unternehmen. Mittelständischen Unternehmen in den neuen Bundesländern kann besonders zweckdienlich geholfen werden, wenn sie in dem kritischen Zeitraum ihrer Restrukturierung oder Neugründung fachkompetente Begleitung und Unterstützung erhalten. Hierzu gehört auch die Umsetzung von europäischen, überregionalen und regionalen Strukturfördermaßnahmen. Ergänzend betreiben die Agenturen ein aktives Standortmarketing zur Unterstützung der regionalen Ansiedlungspolitik.

Die *regionalen Agenturen* sind dabei wesentliche Träger des Realtransfers und damit Teil einer innovationsorientierten regionalen Entwicklungsstrategie. Sie tragen durch ihre Angebote dazu bei, daß sich das einzelne Unternehmen schneller, kostengünstiger und umfassender auf Veränderungen im Markt einstellen kann, bzw. stellen sie den ansiedlungsorientierten Unternehmen die infrastrukturellen Leistungen der Region dar, die bei der Standortbewertung als Standortvorteil in die Entscheidungsfindung eingehen.

Durch die Einbindung der Innovationsagenturen in bereits bestehende bzw. auszubauende Strukturen der Wirtschaftsförderung und -betreuung (Kammern, Verbände, Wirtschaftsreferate der regionalen bzw. kommunalen Verwaltung) wurden die Grundlagen und Möglichkeiten für den Auf- und Ausbau eines effizienten Instrumentes der regionalen Struktur- und Wirtschaftsförderung geschaffen.

Es zeigt sich, daß diese Agenturen für Innovationsförderung und Technologietransfer wesentlich umfangreicher angelegte Aufgaben zu bewältigen haben als vergleichbare Einrichtungen in den alten Bundesländern. Ganzheitliche Aspekte, die die spezifischen regionalen und sektoralen Strukturen/Bedingungen berücksichtigen und auf eine breitenwirksame Diffusion neuer Techniken ausgerichtet sind, haben einen wesentlich höheren Stellenwert (s. Abbildung 6). Derzeit ist ihre Tätigkeit vor allem auf folgende Aufgabenkomplexe ausgerichtet:

- Innovations- und Technologieberatung bei Produkt- und/oder Verfahrensinnovationen
- Beratung in Organisations- und Marketingfragen, Marktforschung
- Beratung und Unterstützung bei Aus- und Neugründungen
- Durchführung von Demonstrations- und Verbundprojekten, externes Projektmanagement von Innovationsvorhaben

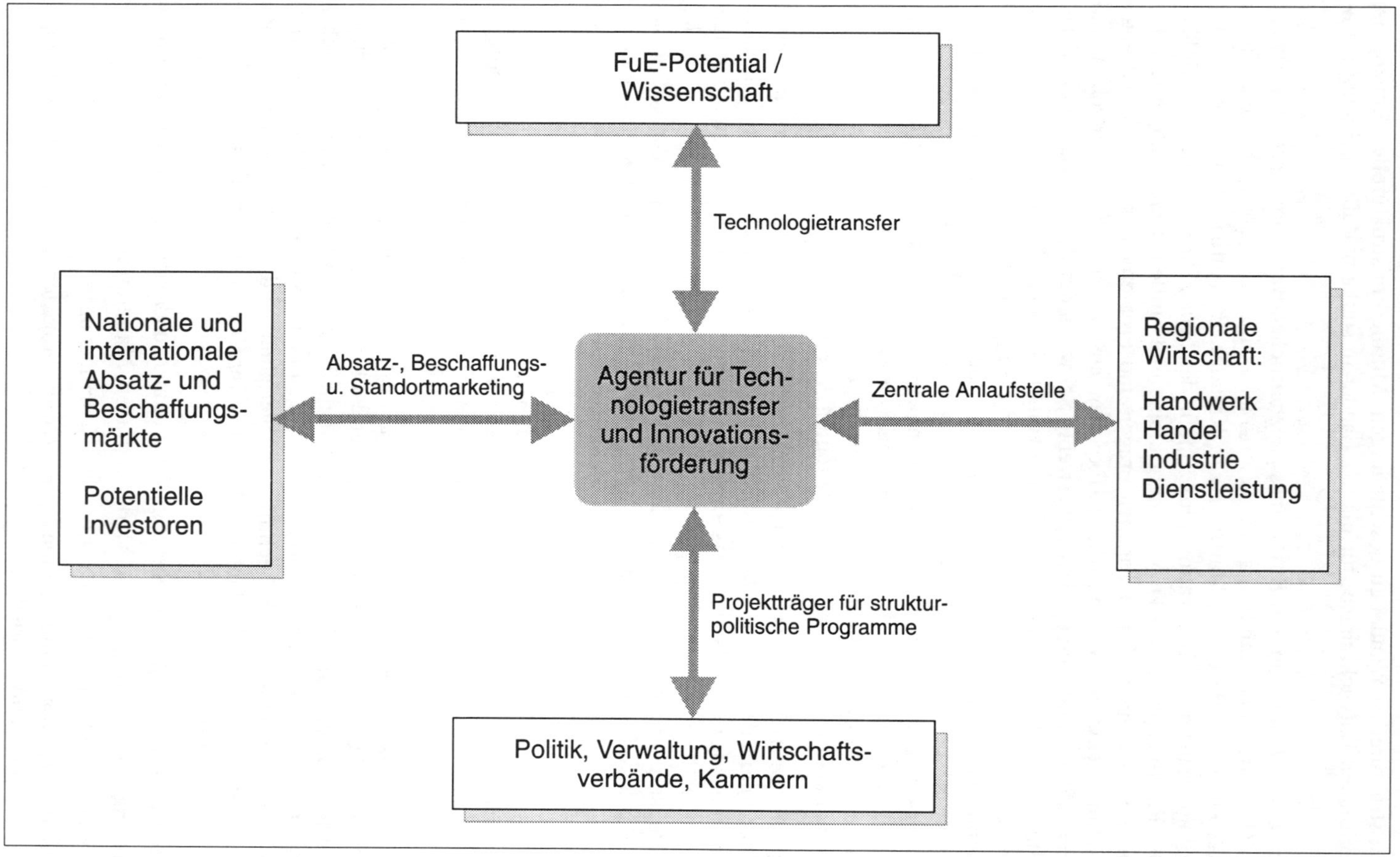

Abbildung 6: Arbeits- und Wirkungsweise der ATI zur Förderung der wirtschaftlichen Leistungskraft der Region

Quelle: TVA Berlin e.V.

- Organisation von Informations- und Schulungsveranstaltungen
- Multiplikator und Projektträger für europäische, nationale und regionale Wirtschaftsfördermaßnahmen
- Unterstützung der in Frage kommenden öffentlichen Stellen (Kommunen, Kreise, Land) beim weiteren Aufbau der technologiebezogenen Infrastruktur

Mit dem Aufbau des Netzwerkes von Agenturen für Technologietransfer und Innovationsförderung (s. Abbildung 7) sowie den ergänzenden technologiespezifischen und branchenorientierten Transferzentren erfolgte ein aktiver Anschub zur Herausbildung einer flächendeckenden Infrastruktur für den Technologietransfer und die Innovationsförderung in den neuen Bundesländern. Mit dieser Initiative des Bundesministeriums für Wirtschaft wurden weitere Potentiale mobilisiert und kurzfristig sichtbare Ergebnisse bei der Stabilisierung der Wirtschaft und der Sicherung der Beschäftigung erreicht. Für die weitere Profilierung der ATI ist eine Verlagerung des Schwergewichts in Richtung Vermittlung von technologischem und betriebswirtschaftlichem Know-how unerläßlich, zumal die jungen Unternehmen in den neuen Bundesländern gerade bei betriebswirtschaftlichen Fragestellungen über einen Nachholbedarf verfügen dürften.

Die ATI fungieren in der Region (überwiegend im Kammerbezirk) als zentrale Anlaufstelle für die Wirtschaft für alle betrieblichen Problemstellungen sowie für die Wirtschaftsverwaltungen, Kammern und Verbände als Multiplikatoren und Umsetzer der regionalen Struktur- und Technologiepolitik. Sie arbeiten nachfrageorientiert und reagieren auf aktuelle Bedürfnisse der Unternehmen. Die ATI haben mit ihrer – derzeit noch kostenlosen – Beratung insbesondere bei kleinen und mittleren Unternehmen in ihren Regionen eine hohe Bereitschaft zur Annahme ihrer Leistungen erfahren und damit im Sinne der Fördermaßnahme zu wirken begonnen.

Bereits die bisherigen Erfahrungen in der Arbeit mit den ATI zeigen: Ihre Tätigkeit widerspiegelt wesentliche Aktivitäten zur Standortsicherung. Hiermit werden Erfahrungen aus den alten Bundesländern bestätigt und erweitert. Die Tätigkeit der ATI ist eine wesentliche Voraussetzung für die Effizienz von Technologietransfer und der Innovationsförderung in den neuen Bundesländern und somit für die Entwicklung eines innovationsfähigen industriellen Mittelstandes in diesen Regionen.

Mit fortschreitender Umstrukturierung sowie der weiteren Ausprägung des Leistungs- und Angebotsprofils der ATI wird der *Technologietransfer im eigentlichen Sinne* mittelfristig immer stärker in das Zentrum ihrer Aktivitäten rücken.

Infolge der starken regionalen Orientierung dieser Innovationsagenturen ist in der kommenden Zeit eine weitere Definierung, Präzisierung und Ausprägung ihres Verhältnisses zu der jeweiligen Landesregierung sowie bei der Ausgestaltung des Wechselspiels mit ihr und ihren nachgeordneten Einrichtungen unerläßlich. Aus einem wirksamen Zusammenspiel von Innovationsagenturen und regionalen Einrichtungen können stärker noch als bisher Impulse für die innovative Regionalentwicklung ausgelöst werden. Somit leisten die Agenturen einen wichtigen Beitrag zur Bewältigung des Strukturwandels in den neuen Bundesländern.

Abbildung 7: ATI in den neuen Bundesländern

Standortfragen einer Regionalbank zur Erschließung neuer Märkte

Jürgen Bostelmann

Markt- und Standortverhalten von Bankkunden

Die Bemühungen der Wirtschaftsunternehmen, ihre Märkte zu festigen, sie durch Erlangung steigender Marktanteile im Verhältnis zu Mitbewerbern auszubauen und neue Märkte hinzuzugewinnen, sind eine der wichtigsten Voraussetzungen für die Existenzsicherung und das Wachstum dieser Unternehmen. Dabei sind nicht nur die Absatzmärkte, sondern – wie die derzeitige Diskussion in der Automobilindustrie deutlich macht – auch die Beschaffungsmärkte zu betrachten.

Dieser Beitrag konzentriert sich auf die Absatzseite und versucht, aus der Sicht eines regional tätigen Kreditinstitutes die entscheidenden Gesichtspunkte zu beleuchten, die seine Kunden aus Industrie, Handel und Handwerk einerseits und als Folge der Wechselwirkung der Kunden/Bank-Beziehung das Kreditinstitut andererseits bei der Erschließung neuer Märkte bzw. Marktsegmente vorrangig zu berücksichtigen haben.

Auf die allgemeine Diskussion über die Qualität des Standortes Bundesrepublik Deutschland soll nicht näher eingegangen werden. Hierbei wird nicht übersehen, daß diese Problematik schon bei produzierenden Unternehmen mittlerer Größe, insbesondere mit Sitz in Randlagen unseres Landes, von größerer Bedeutung sein kann.

Diese Ausführungen beschränken sich auf *regionale Standortentscheidungen* in einem engeren Sinne. Im Hintergrund stehen hierbei die besonderen Gegebenheiten der Region Berlin/Brandenburg.

Die *klassischen Kundensegmente* einer Regionalbank sind neben dem öffentlich-rechtlichen Bereich, der hier ausgeklammert wird, die Unternehmen der gewerblichen Wirtschaft aus Industrie, Handel und Handwerk, die Angehörigen der Freien Berufe sowie die Privatkunden.

Im Sinne des Rahmenthemas "Aktive Wirtschaftsförderung in Deutschland" werden hier die *Unternehmen* in den Mittelpunkt gestellt, wobei sowohl für die Selbständigen als auch für die Privatleute hinsichtlich ihrer Standortwahl grundsätzlich ähnliches Verhalten gilt.

Bereits in der Region ansässige Unternehmen werden sich in der Regel neue Märkte zu erschließen versuchen, indem sie

– bereits vorhandene Standorte ausbauen (Betriebserweiterung) und/oder

- Stützpunkte an neuen Standorten errichten (Betriebserrichtungen) und/oder
- bereits vorhandene Standorte aufgeben und durch neue ersetzen (Betriebsverlagerungen).

Von der Darstellung der zahlreichen Möglichkeiten, durch die Entwicklung neuer Güter- und Dienstleistungen neue Märkte zu erschließen, wird aus Vereinfachungsgründen abgesehen. Die nachstehenden Überlegungen beziehen sich ausschließlich auf regionale Märkte.

Die oben angeführten Alternativen gelten sowohl für produzierende Unternehmen als auch für größere Dienstleistungsunternehmen. Die unternehmerisch wichtige Entscheidung für eine der genannten Alternativen setzt eine eingehende und möglichst treffsichere Kosten-Nutzen-Analyse voraus. Dies bedeutet, daß der neu zu bearbeitende Markt, bei dem es sich um einen zusätzlichen (Regional-)Markt oder um zusätzliche Marktanteile in einem bereits vorhandenen Markt handeln kann, auf sein derzeitiges und zukünftig zu erwartendes Potential hin analysiert wird. Hierbei sind das zu erwartende Nachfragepotential nach den jeweiligen Gütern bzw. Dienstleistungen, die Abnehmerstruktur und insbesondere auch die Konkurrenzsituation von erheblicher Bedeutung.

Ist das Ergebnis positiv, sind die Kosten zur Erschließung des Marktes zu planen. Hierzu zählen neben einmaligen Kosten des Marketings die Kosten der Herstellung bzw. Erstellung der abzusetzenden Güter bzw. Dienstleistungen sowie sämtliche Aspekte der Logistik auf der Absatz- und Beschaffungsseite.

Auswahl nach den wichtigsten Standortfaktoren

Stellt sich die Wahl eines neuen Standortes als die günstigste Variante heraus und stehen mehrere Standorte zur Auswahl zur Verfügung, so wird unter Berücksichtigung der unternehmensspezifischen Besonderheiten nach den wichtigsten Standortfaktoren eine Auswahl zu treffen sein. Die *Hauptgesichtspunkte* sind hierbei:

- die Grundstückssituation,
- die Arbeitsmarktlage (Beschaffbarkeit der benötigten zusätzlichen Arbeitskräfte),
- die verkehrsmäßige und sonstige Infrastruktur (Verkehrsanbindung, Autobahnnähe, Entfernung zum Schienen- und Luftverkehr),
- die "Kultur" der ins Auge gefaßten Stadt/Gemeinde in bezug auf Industrieansiedlungen (sogenanntes Stadtmarketing), in besonderen Fällen Aspekte von Forschung und Entwicklung in der Region (Universitäten, Forschungsinstitute etc.) und
- sonstige Aspekte der Lebensqualität (Wohnmöglichkeiten, kulturelles Angebot, Luftverschmutzung).

Neben den genannten Kriterien gibt es weitere, wie z. B. das Vorhandensein unterschiedlicher Steuer- und/oder Förderpräferenzen (z. B. Gewerbesteuer-Hebesätze, gestaffelte Investitionszuschüsse), Grad der Eigendynamik in einer bestimmten Region, sowie psychologische Aspekte (demoskopische Strukturen).

Die aufgeführten Standortfaktoren sind je nach Branche und sonstigen Unternehmensgegebenheiten verschieden zu gewichten. So wird für ein Speditionsunternehmen die Grundstücksfrage von überragender Bedeutung sein, da große – und damit kostengünstige – Flächen mit Anbindung an Autobahnen und sonstige Verkehrssysteme benötigt werden. Demgegenüber wird bei Errichtung einer kleinindustriellen Fertigung sicherlich die Arbeitsmarktsituation eine größere Rolle spielen.

Die *Region Berlin und Brandenburg* belegt zunächst mit Blick auf die aufgeführten Kriterien als Ergebnis von Unternehmensumfragen einen *mittleren Platz*. Die Arbeitsmarktlage ist zur Zeit noch durch latent steigende Arbeitslosigkeit gekennzeichnet. Die Situation des Straßenverkehrs innerhalb Gesamtberlins ist sicherlich noch problematisch zu nennen.

Positiv für die Gesamtregion, und damit attraktiv auch für Ansiedlungen von außerhalb, dürfte sich die gute Lage aus östlicher Sicht auswirken, da sich hier mittel- und längerfristige Zukunftsmärkte entwickeln werden und in der Region Osterfahrungen vorhanden sind. Großvorhaben einzelner Konzerne (z. B. Daimler-Benz AG), aber auch die mittelfristig bevorstehende Ansiedlung der Bundesregierung dürften die Einschätzung der Region insgesamt positiv beeinflussen.

Per Saldo sollte sich die mittel- und längerfristige Entwicklung des hiesigen Wirtschaftsraumes positiv darstellen, insbesondere vor dem Hintergrund der nicht unproblematischen, historisch bedingten Ausgangssituation.

Zu den lehrbuchhaften Standortfaktoren für die Auswahl eines Unternehmensstandortes zählt die *Bankverbindung* des jeweiligen Unternehmens zwar nicht; dennoch spielt sie in der Praxis gerade für kleinere und mittlere Firmen eine nicht unbedeutende Rolle, insbesondere wenn die Kunde/Bank-Beziehung durch wechselseitiges Vertrauen gekennzeichnet ist.

Standortentscheidungen eines Unternehmens bringen in aller Regel Finanzbedarf mit sich, der mehr oder weniger beträchtlich ist und meistens aus Mitteln des Unternehmens allein nicht dargestellt werden kann. Dies trifft zu auf Erweiterungen an bestehenden Standorten wie auch insbesondere auf Betriebsverlagerungen und Neuerrichtungen. In all diesen Fällen ist ein Unternehmen gut beraten, rechtzeitig die Gespräche mit der Hausbank bzw. dem Kreditinstitut aufzunehmen, welches das jeweilige Projekt finanziell begleiten soll.

In diese Gespräche wird eine regional agierende Geschäftsbank, die das Firmenkundengeschäft pflegt, ihr Know-how hinsichtlich einer zweckmäßigen Fremdfinanzierung der beabsichtigten Investitionen einbringen. So wird sie das vom Kunden vorgestellte Projekt daraufhin prüfen, ob und ggf. welche öffentlichen Finanzierungshilfen zur Mitfinanzierung herangezogen werden können. Ferner wird sie prüfen, ob Darlehensmittel aus subventionierten Zinsprogrammen genutzt werden können, um die Zins- und Tilgungsbelastung aus dem Investment zu optimieren.

Die Bank wird also im Idealfall zu einem Zeitpunkt vor einer definitiven Investitionsentscheidung in diesen Prozeß mit eingebunden, um aus ihrer Sicht Aussagen zur Finanzierbarkeit des jeweiligen Vorhabens zu treffen.

Diese bankseitigen Überlegungen beinhalten auch die Prüfung des vom Unternehmen ins Auge gefaßten Standortes, wobei sie als auf die Region spezialisierte Bank Fragen der Verkehrsanbindung und von sonstiger Infrastruktur ebenso beurteilen kann wie die Angemessenheit von *Grundstückspreisen*. Die Bank wird zwar in den Fällen, in denen ihr ein vernünftiges und durchdachtes Konzept vorgestellt wird, nur selten auf die Standortwahl Einfluß nehmen können und müssen; immerhin aber kann sie die seitens des Investors angestellten Überlegungen vor dem Hintergrund ihrer eigenen lokalen Kenntnisse überprüfen, wodurch das Projekt zusätzlich an Sicherheit und Tragfähigkeit gewinnt.

In der Regel wird sie auch durch ihre Erfahrungen in der Immobilienfinanzierung veranschlagte Grundstücks-, Erschließungs- und Baukosten fachmännisch verifizieren können. In anderen Fällen – und die Praxis zeigt, daß diese insbesondere bei kleineren Unternehmen durchaus häufiger vorkommen – wird sie unter Umständen korrigierend eingreifen müssen, indem sie z. B. auf bessere Standortförderung an anderen gleichwertigen Standorten oder auch auf günstigere als die zunächst geplanten Grundstücksmöglichkeiten aufmerksam macht.

Schließlich beeinflußt die Bank aus ihrer Funktion als Kreditgeber die Investitionspläne insoweit, als sie aus der Kenntnis der wirtschaftlichen Leistungsfähigkeit des investierenden Unternehmens und dessen Bonitätsverhältnisse ein Investment uneingeschränkt kreditmäßig begleitet oder auch eine Reduzierung des Umfangs und dessen zeitliche Streckung anrät oder dies zur Voraussetzung ihrer Kreditgewährung macht. In der Praxis ergeben sich durchaus auch Fälle, in denen Standortpläne von Unternehmen – vernünftigerweise – überhaupt nicht oder nicht in der zunächst geplanten Form realisiert werden, weil die Bank das Vorhaben – aus welchen Gründen auch immer – nicht begleitet.

Allemal kann und muß sich die anspruchsvolle Regionalbank vor, während und nach einer standortbezogenen Investition als qualifizierter und kritischer Gesprächspartner im Interesse des investierenden Unternehmens in dessen Überlegungen einschalten.

Marktchancen der Bank

Die Bank ist zunächst ein in aller Regel bereits bestehendes und in der Region mit einer Zentrale und verschiedenen Filialen oder Zweigstellen bereits operierendes Unternehmen. Ihr Markt ist somit normalerweise regional definiert. Dies gilt – von Phasen der Neuausrichtung einmal abgesehen – auch für die bestehenden Kundensegmente, die als Zielkundengruppen bezeichnet werden sollen. Eine bedeutsame Gruppe werden in jedem Fall der Handel und das produzierende Gewerbe sein. Die Erschließung neuer Märkte durch die Bank wird sich darauf konzentrieren, in vorhandenen Marktsegmenten einen höheren als den erreichten Marktanteil zu erhalten oder in Bereichen, in denen sie praktisch noch nicht vertreten ist, mehr oder weniger völlig neu Fuß zu fassen.

Vor die letztgenannte Situation sahen sich z. B. die im Raum Westberlin langjährig tätigen Banken nach dem Fall der Mauer gestellt. Die erlangte Wiedervereinigung des Ostteils mit dem Westteil der Stadt legte als ersten Schritt nahe, Ostberlin als neuen Regionalmarkt hinzuzunehmen. Dies führte zur Errichtung neuer Bankstützpunkte, was sicherlich – bezogen auf das Geschäft mit Handel, Industrie und Handwerk – zunächst eine Vorleistung mit Blick auf zukünftige Geschäftsmöglichkeiten darstellte.

Dies galt ebenso, sobald man in einem zweiten Schritt auch das Land Brandenburg mit einbezog. Auch hier erschien es für eine Regionalbank, die das gesamte Gebiet Berlin und Brandenburg zu ihrem Zuständigkeitsgebiet erklärte, angezeigt, durch den Aufbau von Niederlassungen, zunächst im "Speckgürtel Berlins" und in einem weiteren Schritt an überregionalen Schwerpunkten Brandenburgs die Voraussetzungen zu schaffen, um bei den zu erwartenden *Neuansiedlungen im Markt* sofort präsent sein zu können. Auch diese Standortentscheidungen sind und waren zunächst Vorleistungen in Erwartung bestimmter Marktentwicklungen.

Die Folgezeit hat nun bewiesen bzw. muß es auch zukünftig noch beweisen, ob sich an den als Vorleistung errichteten Standorten die für die Bank erforderlichen Marktmöglichkeiten entwickeln (werden) oder nicht. Hierzu können Investitionsentscheidungen aus dem bestehenden Kundenkreis der Bank genauso beitragen wie die Anbindung von Nichtkunden, um deren finanzielle Begleitung durch die Bank es sich zu bewerben gilt.

Da auch ein erfolgreiches Kreditinstitut nicht Vorleistungen in beliebigem Umfang erbringen kann, sondern sich wie seine Kunden an den eigenen finanziellen, personellen und sonstigen Voraussetzungen ausrichten muß, hat man sich in den neuen Regionen zunächst auf wenige neue Standorte beschränkt. Soweit sich im Zeitablauf für die Bank die Märkte auffüllen, sei es durch Vorhaben aus der Kundschaft oder durch Aktivitäten von Nichtkunden im Zielsegment, um die man sich erfolgreich bewerben konnte, können weitere Standorte nachfolgen. Im Einzelfall kann es auch zur Aufgabe von Standorten kommen, soweit Teilmärkte den gesetzten Erwartungen nicht entsprechen und dies auch in der Zukunft nicht erwarten lassen.

An dieser Stelle sind auch diejenigen *neuen Standorte* zu nennen, die unabhängig von der regionalen Ausweitung der Aktivitäten im Markt einer Bank besetzt bzw. bearbeitet werden können. Diese Standorte, besser eigentlich: Positionen, können sich ergeben durch neue Zielgruppendefinitionen, die ihre Auswirkungen in den verschiedensten Bereichen der Bank haben können. Hierbei können neue Positionierungen neue Produkte – und im Einzelfall sogar auch neue Regionalstandorte, z. B. Luxemburg – hervorbringen. Umgekehrt können

- neue Organisationsformen und Führungsstrukturen,
- eine zielgerichtete Mitarbeiterausbildung und -förderung,
- wachsende Kreativität und Motivation,
- die Einführung und Weiterentwicklung neuer Techniken,
- Maßnahmen zur Spezialisierung und Arbeitsteilung, beispielsweise durch die Gründung oder Übernahme von Beteiligungsgesellschaften,

neue Teilmärkte oder zusätzliche Marktanteile in bereits bestehenden Märkten erschließen.

Primärziel auch der Bank ist es, langfristig *Ertragssicherung und -steigerung* zu betreiben, und somit ihre standortbezogenen Maßnahmen unter Beachtung von Kosten/Nutzenaspekten zu planen und durchzuführen, von denen allenfalls *kurzfristig* abgewichen werden kann.

Vertrauensgehalt der Geschäftsbeziehung – maßgeblicher Erfolgsfaktor

Aus der Sicht einer regional tätigen Geschäftsbank haben die Erschließung neuer Märkte und die Regelung der damit zusammenhängenden Standortprobleme eine mehrfache Bedeutung. Ausgangspunkt ist das Agieren von Wirtschaftseinheiten außerhalb der Bank, die entweder zu den Bankkunden zählen oder als solche gewonnen werden sollen. Diese – vorrangig die Unternehmen – analysieren ihre Märkte und Marktmöglichkeiten und bauen hierauf Standortkonzepte auf.

Die endgültige Entscheidung zwischen mehreren Alternativen wird in aller Regel – wenn auch mit unterschiedlichem Gewicht – von der Fremdkapital beisteuernden Bank mit beeinflußt.

Finden aus strukturellen Gründen oder – wie am Beispiel Berlin/Brandenburg besonders deutlich wird – aufgrund eines Umbruchs bzw. einer völligen Neuorientierung in einer neu geformten Region schwerpunktmäßig Standortverlagerungen bzw. die Errichtung neuer Unternehmensstandorte statt, hat dies früher oder später Auswirkungen auf die Standortüberlegungen der Bank selbst. Diese sichert sich durch korrespondierende Überlegungen wie Kundennähe, Erreichbarkeit, Personalverfügbarkeit, Standort etc. neue Märkte bzw. festigt sie und baut sie aus. Dabei kann die Bank dauerhaft neue Marktsegmente nur dort und insoweit erschließen, als ihre Kunden ebenfalls auf neue Märkte stoßen.

Hierbei können sich positive Auswirkungen auf verschiedene Sparten des Bankgeschäftes ergeben: Die Erschließung von Industrie- und Gewerbegebieten zieht dauerhaft nicht nur zusätzliches Firmenkundengeschäft nach sich, sondern auch Immobilienfinanzierungen und sonstiges Privatkundengeschäft. Die Intensität dieser Wechselwirkungen ist von der geschäftspolitischen Ausrichtung der Bank abhängig.

Die Bereitschaft und Fähigkeit des Kreditinstitutes, gerade im mittelständischen Bereich standortbezogene Investitionsvorhaben kreditmäßig zu begleiten, hängt dabei wesentlich vom Vertrauensgehalt der Geschäftsbeziehung ab und erfordert regelmäßig Kompromisse und Augenmaß, Geduld aller Beteiligten bezüglich der Entwicklung äußerer Rahmenbedingungen und in gewissem Umfang die Bereitschaft zur Übernahme unternehmerischer Risiken zur Wahrnehmung realer Chancen.

Die Aufgabe einzelner Kreditinstitute sowie der Bankbranche insgesamt in einer Region sollte es dabei sein, in enger Zusammenarbeit mit den die Rahmenbedingungen gestaltenden Institutionen wie Behörden, Politikern, Verbänden, Wirtschaftsförderungsgesellschaften etc. die Entwicklungsmöglichkeiten für Unternehmen und damit für die jeweilige Region schlechthin günstig zu beeinflussen.

Überdurchschnittlicher Produktivitätsanstieg und Vertrauensvorschuß

Zum Abschluß dieser kurzen und naturgemäß nicht vollständigen Betrachtung ein "Trostwort" für den Standort Bundesrepublik insgesamt, in der die hiesige Region Berlin/Brandenburg immerhin einen mittleren Platz einnimmt, vor dem Hintergrund der eher negativ geführten Standortdiskussion.

Die Argumentation, Deutschland liege an der Spitze der Lohnskala, ist zu einem guten Teil vordergründig. Hier muß im Vergleich zu den sogenannten Niedriglohnländern die unterschiedliche Produktivität berücksichtigt werden, die den *Lohnkostennachteil* im Vergleich zu vielen Ländern erheblich relativiert.

Unter den wichtigsten westlichen Industriestaaten ist in den letzten Jahren in Deutschland ein überdurchschnittlicher Produktivitätsanstieg zu verzeichnen gewesen, dies sowohl im Vergleich zu den USA als auch – wenn auch bescheidener – gegenüber unseren westeuropäischen Nachbarn.

Positiv für den Standort Deutschland – das haben jüngste Umfragen namhafter Institute ergeben – wirken ebenso Faktoren wie das im internationalen Vergleich überdurchschnittlich gut abschneidende deutsche Ausbildungssystem und der unserem Land weltweit zugebilligte erhebliche Vertrauensvorschuß in die politischen Verhältnisse und das gesamte gesellschaftliche Umfeld. Dies alles trotz des notorischen Jammerns der Deutschen über Bürokratie, Umweltauflagen, verkrustete Strukturen und Politikverdrossenheit sowie über radikale politische Strömungen.

Dem *Bereich Berlin/Brandenburg* speziell bescheinigte jüngst das Deutsche Institut für Wirtschaftsforschung, mit Abstand die dynamischste Region Ostdeutschlands zu sein. Hier stehen nach öffentlichen Angaben zur Zeit Investitionen von rd. 32 Mrd. DM allein in Brandenburg an, wovon aufgrund der Sogwirkung Berlins immerhin 18 Mrd. DM auf die Randgebiete der Hauptstadt entfallen. Durch diese Investitionen werden voraussichtlich ca. 250 000 neue Arbeitsplätze geschaffen, hiervon knapp 130 000 in den Bereichen Königs Wusterhausen, Schönefeld, Erkner, Oranienburg, Strausberg, Bernau. Hier zeichnet sich eine verstärkt *mittelständisch orientierte Wirtschaftsstruktur* ab mit Investitionsvolumina, die durchschnittlich um die 10 Mill. DM ausmachen.

Zwar braucht die Realisierung all dieser Vorhaben Zeit, aber ein gutes Maß an Optimismus scheint angebracht, insbesondere nachdem sich nunmehr konkretere Termine für den Umzug wesentlicher Teile der Bundesregierung nach Berlin abzeichnen.

Schlüsseldeterminanten bei der Auswahl des Standortes für innovative und entwicklungsorientierte Unternehmen

Ulrich Busch

Verstärkter Wettbewerb erfordert adäquate Reaktion

Die heutige Wirtschaft steckt weltweit in einer seit Jahren andauernden Strukturkrise, die nunmehr auch in Deutschland in vollem Maße wirksam wird. Ausgelöst wurde diese Krise durch eine Vielfalt von Faktoren, die nicht hinreichend analysiert worden sind und auf die es demzufolge heute noch keine Antwort gibt.

Sicher ist, daß der verstärkte Wettbewerb aus den Ländern des südost-asiatischen Raums die Arbeitsplätze in den Hochlohnländern des Westens und insbesondere in Europa verdrängen. Dies gilt schwerpunktmäßig für Standard-Produkte, die aus den hochentwickelten, FuE-intensiven Ländern – wie z. B. die Bundesrepublik Deutschland – übernommen werden. Dieser Trend des Verdrängungswettbewerbs wird in den kommenden Jahren noch zunehmen, so daß das Ende der Krise nicht in Sicht ist und daher keineswegs von einer temporären Phase der Rezession gesprochen werden kann.

Einer der wesentlichen Faktoren für unsere wirtschaftliche Schwächeperiode ist also die *Substitution der Produktionsaufgaben* in den traditionellen Industrienationen durch die Arbeitsmärkte der Billiglohnländer. Dieser Tatbestand wird verstärkt, indem sich die Organisations- und Führungsprinzipien dieser neuen Produktionsländer im Gegensatz zu unseren Organisationen sehr schnell neuen Gegebenheiten des Weltmarktes anpassen und dadurch in der Lage sind, sich mit ihrem Angebot marktkonform zu verhalten.

Während die westlichen Industrienationen durch festgefügte Regeln, Dogmen, Besitzstände und konjunkturfeindliche Sparsamkeit dominiert sind, die zu hohen Blindleistungen, also hohen Wirkungsgradverlusten und zu marktfeindlichem Marketingverhalten führen, üben sich die Länder des pazifischen Raumes in hoher *Produktivitätsdisziplin*, flankiert durch eine führungswillige, kulturkonforme Zielorientierung.

Bei all diesen Nationen existiert eine äußerst hohe Bereitschaft, überall dort externe betriebliche Ressourcen einzusetzen, wo dies die eigene Wertschöpfung zur Erzeugung der konkurrenzfähigen Marktleistung erfordert. Dies gilt insbesondere für die Übernahme bewährter Fertigungstechnologien und Produkte und auch für den weitestgehenden Verzicht, das "Rad stets neu erfinden" zu müssen.

Diese international ausgerichtete marktkonforme Orientierung der Unternehmer dieser Länder hat auf den sich vollziehenden Weltwirtschafts-Phasenübergang des *Service*

Business zum *Knowledge Business* eine Verstärkerwirkung. Knowledge Business bedeutet die weltweite Vernetzung von Wertschöpfungseinheiten und die verstärkte Nutzung des *Outsourcing*, also der externen Ressourcen.

Der hohe Technologie- und Automationsgrad der Informations- und Kommunikationseinrichtungen ist in der Lage, mit ökonomischem Mitteleinsatz alle Entfernungen und Zeitgrenzen zu überbrücken. Dies wird zusätzlich dazu führen, daß durch den hohen Grad der Verbrauchermarktaufklärung andere, neue Wertvorstellungen der Konsumenten entstehen, auf die sich die Anbieter einstellen müssen.

Nicht der Verkäufermarkt, sondern der Käufermarkt wird in der Zukunft dominieren. Die Anbieter müssen demzufolge äußerst reaktionsschnell auf die regional unterschiedlich ausgeprägten Verbrauchereigenschaften antworten. Dies führt letztlich zur Abkehr von traditionellen, schwerfällig, pyramidenmäßig organisierten Großunternehmen und hin zu atmungsfähigen, transparenten Organisationseinheiten, mit der Fähigkeit zur Selbstorganisation mit neuen kybernetischen Führungsmethoden und Aufbauorganisationen.

Im Bereich der Produkt- und Fertigungstechnologieentwicklung bedeutet dies insbesondere den Transfer von Know-how in allen Phasen der Entwicklung nach dem Prinzip des *Simultaneous Engineering*. Sehr frühzeitig, also bereits im Prozeß der Produktideenfindung bis hin zum Musterbau bzw. zur Nullserie in der Produktion, werden alle nur denkbaren Know-how-Ressourcen des eigenen Betriebes und außerhalb des Betriebes in die Wertschöpfungsprozesse eingebunden und systematisch effektiv genutzt.

Um die Phasen der Produktideenfindung, der Produktentwicklung, des Musterbaus und der produktions- und produktreifen Markteinführung zu verkürzen, werden systematisch alle nur denkbaren Aktivitäten zeitgleich, parallel abgewickelt. Der Effekt ist das zeitliche Vorziehen von traditionell später anfallenden Aufgabenschritten, um damit eine drastische Verkürzung der Leadtime bzw. der Entwicklungs- und Markteinführungszeiten zu erreichen.

Somit wird dem Trend der immer kürzer werdenden Produktlebenszyklen eine wirtschaftliche Maßnahme entgegengesetzt, damit der erforderliche hohe Innovationsgrad bzw. die hohe Marktfähigkeit für das betroffene Unternehmen ökonomisch tragfähig bleibt.

Zielsetzung und Schlüsseldeterminanten bei der Standortauswahl für Wirtschaftsunternehmen

Das Schwerpunktziel solcher Unternehmen, die ihren Standort in Hochlohnländern haben, muß zwangsläufig darin bestehen, den *Wertschöpfungskosten-Nachteil* durch hohe Innovationsgrade auszugleichen.

Daraus leitet sich für die Unternehmensleitung die Aufgabe ab, die erforderlichen Ressourcen mit geringstmöglichem Mitteleinsatz und höchsten Qualitätsansprüchen bereitzustellen.

Hohe Innovationskraft bedeutet nicht zwangsläufig, daß das erforderliche Know-how ausschließlich im eigenen Personal gebunden ist. Unter ökonomischen Aspekten können sich die meisten Betriebe heutzutage den Aufbau eigener Entwicklungsressourcen nicht mehr leisten, zumal der *Zeitfaktor als der kritische Erfolgsfaktor* im innovativen Marktumfeld angesehen werden muß.

Der Unternehmenserfolg wird daher entscheidend davon abhängen, ob es dem Management gelingt, die erforderlichen Know-how-Ressourcen extern einzukaufen und ein entsprechendes Vertrags- und Vertrauensverhältnis aufzubauen, welches die Gefahr des Know-how-Transfers zum Wettbewerber in der Produktentwicklungs- und -einführungsphase reduziert.

Erforderlich ist demzufolge eine räumliche Nähe zu den gewünschten Know-how-Trägern, damit sich das Vertrauensverhältnis durch permanente Kontaktnähe entwickeln und die "eingekauften" Ressourcen auch tatsächlich ausgeschöpft werden können.

Die Entwicklung strategischer Allianzen erfordert die Bereitschaft zur uneingeschränkten Kooperation von beiden Seiten der Vertragspartner. Das Ziel des erfolgreichen Unternehmens muß es daher sein, den strategisch wichtigen, innovativen Betriebsteil in einem Umfeld anzusiedeln, der als Nährboden für eine positive Unternehmensentwicklung geeignet ist.

Der ausgewählte Standort sollte im Brennpunkt des wissenschaftlich-wirtschaftlichen Handelns liegen und damit auf das Unternehmen eine von außen wirkende Zwangsläufigkeit zum innovativen Gesamtverhalten einschließlich der Kooperationsbereitschaft ausüben.

Eine Reihe von Unternehmenskulturanalysen haben gezeigt: Das Innovationsverhalten des strategisch wichtigen Schlüsselpersonals von Unternehmen mit kurzen Produktlebenszyklen liegt höher als bei Unternehmen mit traditionellem Produktscope und einer Lebensdauer von z. B. mehreren Jahrzehnte (vgl. spezifische Sparten des Maschinenbaus, der Bauindustrie, der Lebensmittelindustrie und anderen Branchen).

Ebenso zeigt die Realität, daß es in der Regel zu lange dauert, bis die Ergebnisse der Forschung, auf deren rasche Anwendung die deutsche Wirtschaft in besonderem Maße angewiesen ist, für die Wirtschaft als strategische Waffe eingesetzt werden können. Einer der Gründe ist in der mangelnden Bereitschaft zur Kommunikation mit dem möglichen Anwender der Forschungsergebnisse zu sehen.

Die Unternehmer wie auch die Wissenschaftler müssen noch mehr als bisher beherzigen, in enger Nachbarschaft miteinander zu leben sowie umzugehen und sich gegenseitig zu ergänzen und zu nutzen.

Die nachfolgenden Schlüsseldeterminanten haben Gültigkeit für solche Unternehmen, die als langfristige Überlebensstrategie zur Marktfähigkeit ihrer Produkte und Dienstleistungen einen relativ hohen *FuE-Aufwand* erbringen müssen.

Für größere Unternehmen mit mehreren Organisationseinheiten bietet es sich an, jene Betriebsteile der Standortauswahl zu unterziehen, die auf einen hohen Grad des Know-how-Transfers bzw. auf externe Ressourcen angewiesen sind.

Die nachfolgenden Kriterien berücksichtigen daher nicht die Fragestellungen der Material- und Produktlogistik für massenintensive Fertigung und Distribution der Fertigungstypologie Großserien- und Massenfertigung der Stückindustrie.

Auswahlkriterien ohne Gewichtung, die *fallspezifisch* festzulegen ist:

- Standort bzw. europäische Großstadt mit internationaler Ausstrahlung und hoher kultureller Anziehung;
- Nähe zum Regierungssitz und zu den wirtschaftsfördernden Verbänden und Institutionen;
- Standort mit einem hohen dominierenden Anteil an Hochschulen und Forschungseinrichtungen, insbesondere der naturwissenschaftlichen Disziplinen;
- Standort mit großer Entwicklungsdynamik, zentraler europäischer Lage und guter Verkehrserschließung;
- Standort mit hohem Bedarf und hoher Förderungsbereitschaft für Wirtschaftsansiedlungen mit intelligenten Arbeitsplätzen;
- Standort mit einer hohen Kooperationsbereitschaft zwischen hoheitlichen Aufgabenträgern und der freien Wirtschaft;
- Standort mit der Reputation, internationale Verflechtungen herzustellen und zu pflegen, insbesondere als Schaltstelle zwischen Ost und West zu fungieren (vgl. Technologietransfer Ost und West);
- Standort mit dem Angebot herausragender Dienstleistungen bzw. Services;
- Standort mit herausragenden Förderungsmöglichkeiten für Neuansiedlungen und Anschubfinanzierungen, Investitionshilfen und Steuervorteilen;
- Standort mit hohem preiswertem Potential vermarktungsfähiger Boden- und Gebäudeflächen in zentraler attraktiver Stadtlage mit günstigem, erschlossenem Umland für langfristige Erweiterungen;
- Standort mit einem günstigen, qualitativ hoch angesiedelten Arbeitsmarkt inkl. großflächiges, besiedeltes Einzugsgebiet;
- Standort mit attraktiver städtebaulicher Konzeption für den Wohnungsbau mit Grünanlagen und der Möglichkeit der Eigentumsbildung sowie für Sozial- bzw. Gemeinschaftseinrichtungen und mit hohem Freizeitwert.

Chance für Berlin und Berlin-Adlershof

In diesem Spannungsfeld des Erneuerungsprozesses der Weltwirtschaftssysteme bietet sich für Berlin die Chance der Neuorientierung und der Gestaltung der eigenen Wirtschaft. Berlin verfügt über ein hohes Know-how-Potential, welches schwerpunktmäßig durch die außeruniversitären und die universitäre Forschung repräsentiert wird und erfüllt auch die übrigen vorgenannten Auswahlkriterien in einem Höchstmaß. Berlin ist auf dem Weg, zur Drehscheibe einer weltweit anerkannten Technologieentwicklung zu werden.

Die deutsche Wirtschaft hat ihre besondere Weltmarktstellung stets durch eine herausragende Forschung und Entwicklung erreicht. Die Bundesrepublik Deutschland hat als Nation mit hohem Lohnniveau auch in der Zukunft die Chance, im Bereich der Technologie- und Produktentwicklung den Hauptanteil ihrer Wertschöpfung zu erzielen und sich dadurch im Weltmarktwettbewerb zu bewähren.

Der 76 ha große *Forschungs- und Technologiepark Adlershof* (FTA) hat in diesem Berliner Wirtschaftskonzept eine Hauptrolle zu übernehmen. An diesem Ort existieren exakt die Schlüssel-Technologie-Felder, die in der Zukunft sicherlich die Welt-Märkte bestimmen werden.

Adlershof liegt in zentraler Süd-Ostlage der Stadt Berlin, etwa 15 km vom Brandenburger Tor entfernt und in unmittelbarer Nähe des Flughafens Schönefeld. Mit der S-Bahn-Station, dem künftigen Anschluß an die Stadtautobahn und den über das Gelände verlaufenden Teltowkanal verfügt der Standort über eine wahrlich recht günstige Verkehrsanbindung.

Die im FTA z. Zt. (Stand Januar 1994) vorhandenen 18 außeruniversitären Forschungseinrichtungen mit etwa 1 450 wissenschaftlichen Arbeitsplätzen sowie 132 Wirtschaftsunternehmen mit 2 422 Mitarbeitern, von denen sich 72 Firmen mit ca. 1 450 Mitarbeitern aus der ehemaligen Akademie der Wissenschaften der DDR ausgegründet haben, bilden eine Gesamtbeschäftigtenzahl von 3 870 Mitarbeitern.

Zusätzlich wird die *Berliner Humboldt-Universität* ihre naturwissenschaftlichen Fachbereiche nach Adlershof verlagern und noch in diesem Jahr mit dem Umzug aus Berlin-Mitte beginnen. Damit verfügt dieser Standort auch über wichtige Nachwuchspersonalressourcen für *innovative Unternehmen* und ein anspruchsvolles, dynamisches Umfeld für die Entwicklung bzw. die Verstärkung einer zielgerichteten, adäquaten, permanent erneuerungsfähigen Unternehmenskultur.

Die technische Infrastruktur wird z. Zt. von der *EGA Entwicklungsgesellschaft Adlershof* vollständig rekonstruiert. Bei der Schaffung der Gemeinschaftseinrichtungen wie Appartement- und Gästehäuser, des Informations- und Kommunikationszentrums, des Kongreßzentrums, der Gemeinschaftskantinen und der gehobenen Gastronomie, der Dienstleistungseinrichtungen und des Handels sowie der Freizeitangebote wird auf die besonderen Anforderungen einer anspruchsvollen Zielgruppe entsprechend Rücksicht genommen.

Adlershof-Johannisthal steht seit vielen Jahrzehnten in enger Beziehung zur Luftfahrtindustrie und -forschung. Die ehemalige DDR unterhielt in Adlershof mit der inzwischen aufgelösten Akademie der Wissenschaften den größten Forschungsbereich mit insgesamt 5 500 Mitarbeitern.

Der Standort verfügt über eine in Jahrzehnten gewachsene praxisnahe Forschung, die sich stets in enger Kooperation mit der Industrie entwickelte. Aber auch die reine Grundlagenforschung hat seit Jahren ihren angestammten Platz in Adlershof.

So existieren am Standort das Technologieforum, eine organisatorische Zusammenfassung der ansässigen technologieorientierten Unternehmen des FTA, welches in organisierter Form gemeinsam mit dem IGAFA *Initiativgemeinschaft Außeruniversitärer Forschungseinrichtungen des FTA* in regelmäßigen Abständen zu Vorträgen und Technologie-Stammtischgesprächen mit internationaler Prägung einlädt.

Namhafte Institute und Einrichtungen wie

- BESSY II,
- Deutsche Gesellschaft für Luft- und Raumfahrt (DLR),
- Max-Planck-Gesellschaft,
- Bundesanstalt für Materialforschung und -prüfung (BAM),
- Hahn-Meitner-Institut,
- Fraunhofergesellschaft,
- GMD Gesellschaft für Mathematik und Datenverarbeitung,
- Blaue-Liste-Institute,
- Institut für angewandte Chemie

sind im FTA angesiedelt.

Zu den Forschungsschwerpunkten gehören in Adlershof:

- Nano- und Mikromaterialien, neue Werkstoffe
- Optik, Lasertechnik, Fotonik, Mikrosystemtechnik, Mikroelektronik, Informatik
- Umwelt und Analytik

Als Schlüsseldienstleistung plant die Entwicklungsgesellschaft Adlershof mbH einen Technologie-Recherchendienst inkl. Patentrecherche. Kern dieser Dienstleistung soll ein Informations- und Kommunikationssystem sein, welches als weltweit vernetztes Datenbankinformationssystem, kombiniert mit dem Berater-Know-how der Standortwissenschaftler zu einem konkurrenzlosen Technologie-Transfer-Service ganz besonderer Art ausgebaut und angeboten werden soll.

Die Basis für diesen Service, der von innovativen Unternehmen weltweit genutzt werden soll, ist die heutige *Zentralbibliothek* des FTA. Darüber hinaus verfügt der FTA bereits über ein modernes digitales Campusnetz mit moderner Rechnerarchitektur und leistungsfähiger Anwendungssoftware auch im kommerziellen Bereich.

Der Forschungs- und Entwicklungspark Adlershof wird als das z. Zt. wichtigste Wirtschaftsentwicklungsprojekt in Berlin im Rahmen der Berliner Gesamtentwicklung eine dominierende Rolle übernehmen.

Messen als Standortfaktor

Manfred Busche

Dienstleistende Funktion dominiert

Messen sind Marktveranstaltungen. Messen werden vornehmlich von Messegesellschaften für die Wirtschaft organisiert und haben in erster Linie eine *dienstleistende Funktion*.

Messen können für den jeweiligen Wirtschaftszweig eine außerordentliche Bedeutung erringen. In vielen Fällen sind sie zugleich das regelmäßige Zentralereignis der Branche. Ihre Relevanz kann dann über die unmittelbare Marktbedeutung, hauptsächlich die Vermittlung von Geschäftskontakten und Geschäftsabschlüssen, weit hinausreichen und die wichtigsten Vertreter des jeweiligen Wirtschaftszweiges zu Hunderten und Tausenden aus aller Welt zusammenführen.

Je nach der gesellschaftspolitischen und wirtschaftspolitischen Relevanz der Branche kann das dann bei solchen *Weltmessen* auch zu großem Interesse einer breiteren Öffentlichkeit führen, zu großem Medien-Interesse, zur Teilnahme von Politikern aus dem In- und Ausland (vgl. Busche, M.: Staat und Wirtschaft als Träger und Gestalter des Messewesens, in: Strothmann/Busche: Handbuch Messemarketing, S. 67 ff., Wiesbaden 1992).

Aber auch bei nationalen und regionalen Messe-Ereignissen ist das öffentliche Interesse häufig vielfältig und intensiv. Der *Ereignis-Charakter* von Messen und Ausstellungen findet zunächst im kaufmännisch-technischen Bereich seine Wurzeln. Aussteller laden Fachbesucher zum Besuch ihres Messestandes ein, um neue Produkte, neue Verfahren vorzustellen und über Geschäfte zu sprechen und zu verhandeln.

Die Addition solcher Aktivitäten vieler Aussteller und die übergreifenden Handlungen der Messegesellschaft erbringen einen Aufmerksamkeitswert, der bei entsprechender Messekonzeption auch weit über das engere Fachpublikum hinausreicht. Ein signifikantes Beispiel ist die *Internationale Funkausstellung Berlin*, die auch wegen der eigenen Mitwirkung von Programmanbietern des Hörfunks und des Fernsehens, vor allem aber wegen ihrer prinzipiellen und so geplanten Doppelfunktion als Fachmesse und Publikumsausstellung regelmäßig rund eine halbe Million Besucher erzielt und gleichzeitig in vielen Medien einen starken Widerhall findet.

So ist es kaum erstaunlich, daß Messen mit großer, sogar weltweiter Ausstrahlung auch am Messestandort große Aufmerksamkeit und hohes Ansehen genießen.

Keineswegs aber werden an allen Messeplätzen alle Messen in einer positiven Verknüpfung mit ihrem Standort gesehen. Es gibt in Europa genügend Beispiele für permanente Disharmonien verschiedenster Art zwischen Messestadt, Messegesellschaft und sogar einzelnen Messen. Aber auch Teilnahmslosigkeit und Desinteresse der Messestadt und ihrer Verantwortlichen an dem Messegeschehen in ihrer Stadt können schon zu tiefgreifenden, existenzbedrohenden Konflikten führen.

Bekannt ist z. B. das Desinteresse der Bewohner der Stadt *Zürich* an einer Ausweitung des Messegeländes in ihrer Stadt. Abstimmungen in städtischen Gremien und schließlich eine Volksabstimmung haben immer wieder eine notwendige Geländeausweitung der Züricher Messe verhindert. Dabei ist allen Beteiligten klar, daß auch hier Stillstand Rückschritt bedeutet. Expandierende Fachmessen wandern ab oder sinken bestenfalls zur regionalen Bedeutungslosigkeit herab.

Auch in *Mailand* – wie aus Presseberichten hervorgeht – gibt es immer wieder in die Öffentlichkeit getragene Meinungsverschiedenheiten über die prinzipielle Nützlichkeit der Erweiterung des Messegeländes im alten Bereich oder in neuer Lage. Langjährige Verzögerungen und schwerwiegende Wettbewerbsnachteile sind auch hier die Folge.

Ähnliche Konstellationen sind außerdem in *Wien* zu beobachten, wie das ebenfalls aus Presseberichten hervorgeht (vgl. Westrein, E.: Durchhänger, Durststrecke, Defizit und die Folgen, in: Messemarkt, Nr. 6, S. 9 f., Wien 1993).

Eine Ableitung des allgemeinen Nutzens von Messen für die Volkswirtschaft auf die Region und die Kommune könnte bei solchen Diskussionen hilfreich sein, falls die Bereitschaft bestünde, das Unerwünschte mit dem Wünschbaren nüchtern zu vergleichen.

Eine Untersuchung von Uwe Müller (vgl. Müller, U.: Veranstaltung von Messen und Ausstellungen als expansive Dienstleistungen, DIW, Berlin 1984) hat einen sichtbaren Zusammenhang zwischen wirtschaftlichem Wachstum und Messetätigkeit erwiesen.

Eine deutliche Korrelation besteht danach vor allem zwischen Ausstellerzahl und Bruttoinlandsprodukt. Müller geht dabei auch auf das einsetzende antizyklische Verhalten von Ausstellern ein, die erkennbar größere Aktivitäten entfalten, um wirtschaftlichen Schwierigkeiten zu begegnen.

Erkennbar ist auch eine unmittelbare Verknüpfung zwischen Exportleistung, weltwirtschaftlicher Verpflichtung und Messewesen eines Landes (vgl. Ziegler, R. / Neven, P. / Kötter, H.: Die Entwicklung des europäischen Messewesens..., S. 76, Köln 1991). Die Bundesrepublik Deutschland als eine der führenden Exportnationen, als eine der großen Importregionen der Welt, somit als wichtiger Welthandelspartner, hat sicherlich eine ihrer spezifischen Stärken in einem hochleistungsfähigen und weltoffenen *Messewesen.*

Deutschland gilt als Messeland Nr. 1 in der Welt, definiert als das Land mit der größten Anzahl der Weltmessen oder Leitmessen in ihren jeweiligen Branchen. Die Beziehung zum Welthandelsland Deutschland ist wechselseitig: Zweifellos profitiert die deutsche Industrie vom *Heim-Vorteil*, die jeweilige Weltmesse im eigenen Lande und nicht irgendwo in der Welt zu haben.

Zweifellos profitiert aber auch das deutsche Messewesen von der starken Stellung der deutschen Wirtschaft in weltweitem Güter- und Leistungsaustausch, denn mit starken *einheimischen Partnern* läßt sich manches leichter an. Das Angebot und die Nachfrage aus dem eigenen Land bieten prinzipiell eine starke Grundlage für international konzipierte Messen.

Wenn dann im Laufe der durch Wettbewerb stark geprägten Entwicklung der Messen und der Messeinfrastruktur in Deutschland (vgl. Neglein, H.-G.: Das Messewesen in Deutschland, in: Strothmann/Busche, a.a.O., S. 25 f.) eine im Weltmaßstab eindeutige Spitzenposition erreicht ist, hat das wiederum eine vorteilhafte Wirkung auf die im weltwirtschaftlichen Austausch stehenden deutschen Unternehmen.

Leistungsfähige Infrastruktur – eine Grundbedingung

Wichtige Messestädte haben zumeist eine lange Tradition. Große europäische Messestädte wie Leipzig und Frankfurt/Main haben einige Jahrhunderte Messegeschichte geschrieben. Erfahrung und Wissen sind schwer zu übertragen, Bekanntheit oder sogar Ruhm überhaupt nicht. Da aber Messegelände auch einen hohen Kapitaleinsatz und erhebliche Infrastrukturinvestitionen erfordern, sind wirkliche Messe-Neugründungen selten. Das letzte große und gelungene Beispiel ist *Hannover*, das praktisch an keine Tradition anknüpfen konnte, allerdings an Wissen und Erfahrung von Messe-Experten, die aus Leipzig vertrieben worden waren.

Eine Grundbedingung für eine funktionierende Messestadt ist eine prinzipiell messeunabhängige, leistungsfähige Infrastruktur. Das heißt auch, daß eher Fabriken, Forschungseinrichtungen und Hochschulen als Messegelände "auf dem flachen Land" errichtet werden können. Die Abhängigkeit von der Stadt ist für Messen sehr hoch. Es gibt viele Messestädte, aber kein Messedorf.

Je höher der regionale, nationale und internationale Anspruch einer Messe, desto weiter gespannt sollte auch die Basis der Messestadt sein.

In der deutschen Messelandschaft bietet sich zwar eher eine Vielfalt der Größenkategorien an. Sie beginnt bei den Großmessestädten (Berlin, Düsseldorf, Frankfurt/Main, Hannover, Köln, München) und setzt sich über die Messeplätze der mittleren Kategorie (Dortmund, Essen, Hamburg, Nürnberg, Stuttgart etc.) bis zu den kleineren und dennoch zuweilen respektablen Messestädten, wie Friedrichshafen, fort. Aber auch hier bleibt auffällig, daß die ausreichende Größe der Stadt eine Grundbedingung für eine entsprechend große und gut funktionierende Messe ist.

Noch eindeutiger wird diese Korrelation in Italien und in Frankreich sichtbar. *Mailand* ist in Italien ebenso die dominierende Messestadt wie *Paris* in Frankreich (vgl. Ziegler, a.a.O., S. 47 ff., S. 55 ff.).

Zu den prinzipiell messeunabhängigen Infrastrukturelementen gehört eine möglichst vielfältige und leistungsfähige *Verkehrsanbindung* auf der Straße, auf der Schiene und in der Luft.

Je eingeschränkter allein die Verkehrsanbindung und die Verkehrsinfrastruktur den quantitativen und qualitativen Anforderungen der Aussteller, der Standbaufirmen, der Messespediteure und schließlich der Besucher entsprechen, um so eher stoßen Entwicklungs- und Wachstumstendenzen einzelner Messen und des gesamten Messestandortes an Grenzen. Da aber nur in Ausnahmefällen die Verkehrsinfrastruktur einer Stadt sich nach den Spitzenanforderungen von Messen richten kann, werden die Gesamtgröße einer Stadt und die sich daraus ergebende Größe und Leistungsfähigkeit der Verkehrsinfrastruktur zumeist ein begrenzender Faktor für die Entwicklung des Messestandorts sein.

Ähnlich ist es bei der *Hotelkapazität* einer Messestadt. Je größer diese ist und je differenzierter und elastischer sie in Preis- und Leistungskategorien den Anforderungen von Ausstellern und Besuchern aus dem In- und Ausland nachkommen kann, umso geringer ist die Gefahr des Abwanderns von Großmessen und begleitenden Kongressen und Tagungen in Städte mit größerer Hotelkapazität.

Zu den nicht unmittelbar limitierenden messeunabhängigen Infrastrukturelementen gehören die vielen Faktoren, die die allgemeine Attraktivität einer Stadt ausmachen. Hier haben prinzipiell Klein- und Mittelstädte keine schlechteren Chancen als Großstädte. Es gibt viele attraktive Klein- und Mittelstädte und durchaus unattraktive Großstädte. Die umgebende Landschaft, das Klima, Tradition und Geschichte, das Kulturangebot mit Museen, Theatern, Konzerthäusern, Opernhäusern, aber auch Einkaufsmöglichkeiten, schließlich die Individualität, die Atmosphäre der Stadt, spielen eine große Rolle und beeinflussen Standortwahl und Standortbindung von Messen. Das Standortpotential für Messen erhöht sich bei hoher Attraktivität der gastgebenden Stadt erheblich.

Das ist bei einer berühmten Metropole wie Paris offensichtlich, es könnte bei Vorliegen anderer Voraussetzungen auch bei London Wirkung entfalten – London ist keine weltbedeutende Messestadt –, und das wird auch für die künftige Entwicklung der Hauptstadt Berlin angenommen.

Hilfreich, aber wiederum messeunabhängig ist sodann das allgemeine Dienstleistungsangebot einer Stadt. Je mehr Banken, Versicherungen, Unternehmensberatungen, Außenhandelsunternehmen, Speditionen, Rechtsanwälte, Wirtschaftsprüfer, Patentanwälte, Steuerberater ohnehin vor Ort anwesend sind und bei Bedarf ohne Zeitverzug hinzugezogen werden können, um so mehr wird das Wirken von Ausstellern und Messebesuchern in der gastgebenden Stadt erleichtert. Eine *europäische Dienstleistungsmetropole* hat insoweit Standortvorteile gegenüber Messestädten mit regional eingeschränkten Dienstleistungsfunktionen.

Regionalwirtschaftliche Auswirkungen in Berlin

Den vielfältigen Anforderungen von Messegesellschaften und der von ihnen veranstalteten und organisierten Messen an ihre Region und besonders an die sie beheimatende Kommune stehen umfangreiche und vielfältige Vorteile für die Kommune, die Region, die Volkswirtschaft und die Weltwirtschaft gegenüber.

Das Gewicht des weltweiten Messewesens ist in den letzten Jahren erheblich gewachsen. Nach Ebert (vgl. Ebert, D.: Weltweite Entwicklungstendenzen im Messewesen, in: Strothmann/Busche: Handbuch Messemarketing) ist allein in den Jahren von 1981 bis 1991 die Zahl der Messen und Ausstellungen weltweit von gut 1 000 auf über 2 000 gestiegen. Das deutet auf vorteilhafte Wirkungen und eine günstige wirtschaftliche Entwicklung des *Marketinginstrumentes Messe* hin.

Auf die vorteilhaften primären und sekundären Effekte von Messeaktivitäten, auch auf die *Umwegrentabilität* ist kürzlich prägnant auch wieder von Lothar Hübl und Ulrike Schneider (in: Strothmann/Busche, a.a.O.) hingewiesen worden. Leider gibt es über dieses Thema bisher keine zusammenfassenden Untersuchungen für ganze Länder oder gar für weltweite Zusammenhänge.

Nicht nur deshalb, sondern auch weil das Gesamtbild sich mit zusätzlichen Einzeluntersuchungen vervollständigen läßt, lohnt es sich, den bisherigen regionalwirtschaftlichen Untersuchungen zusätzliche und zugleich aktuelle Analysen hinzuzufügen, zumal bei aller Ähnlichkeit von Messestadt zu Messestadt, von Messegesellschaft zu Messegesellschaft erstaunlich große Unterschiede im Messeprogramm und in seinen Auswirkungen auf Kommune und Region festzustellen sind.

Zwei Untersuchungen der *Forschungsstelle für den Handel (FfH) e.V. Berlin* aus den Jahren 1986 und 1993 ergänzen die bisherigen Analysen auf interessante Weise.

Die Untersuchung von 1986 – Forschungsstelle für den Handel (FfH) e.V., Berlin, Hrsg.: Die Auswirkungen von Messen und Ausstellungen auf die Wirtschaftsregion Berlin, Berlin 1986 –, die ihrerseits auf einer (gleichnamigen) Studie über das Jahr 1978, veröffentlicht 1979, fußte, hatte das Ziel, die unmittelbaren und mittelbaren wirtschaftlichen Wirkungen zu erforschen, die von den Messen der Berliner Messegesellschaft auf die Stadt ausgehen. Dabei ist vornehmlich der Kaufkraftzufluß ermittelt worden, der durch die Ausgaben auswärtiger Messeteilnehmer (Aussteller und Besucher) in Berlin bewirkt wird.

Dabei ist auch auf die Bestimmungsgründe des Ausgabeverhaltens eingegangen worden, die einerseits in soziodemographischen Merkmalen (wie Staatsangehörigkeit, Alter, Beruf etc.) erfaßt werden können und sich andererseits im Reise- und Besucherverhalten niederschlagen (Unterkunftsort, Aufenthaltsdauer, Art der Anreise etc.)

Die Untersuchung ermittelte sodann das vom Kaufkraftzufluß abgeleitete Steuermehraufkommen, besonders bei der Umsatzsteuer und den Ertragssteuern, weil sich durch die Messeaktivitäten Steigerungen des Umsatzes, des Einkommens und des Gewinns bei den Unternehmen des Einzelhandels, des Hotel- und Gaststättengewerbes, bei Transportunternehmen und beim Einzelhandel ergeben. Danach wurden auch die Multiplikator-Wirkungen auf Produktion, Einkommen und Beschäftigung in Berlin untersucht.

Befragungen wurden auf sechs ausgewählten überregionalen Messen durchgeführt: Internationale Grüne Woche, Internationale Tourismus-Börse (ITB), Internationale Fachmesse Wasserversorgung (IFW), Internationale Funkausstellung, Übersee-Import-Messe, Internationale Messe für Oberflächentechnik – allesamt im Jahre 1985.

Mit Hilfe eines standardisierten Fragebogens wurden auswärtige Besucher, Aussteller, und bemerkenswerterweise auch Beschäftigte befragt. Die gesonderte Befragung von Beschäftigten ist selten. Bei den standardisierten Befragungen der FKM, auch bei den sogenannten Strukturtests, werden Beschäftigte nicht befragt und erst recht nicht bei den weitergehenden individuellen Untersuchungen, die von deutschen Messegesellschaften in Auftrag gegeben oder in Eigenregie organisiert werden.

Zweifellos ergeben sich bei *Kaufkraft-Zufluß-Untersuchungen* aus der zusätzlichen Befragung von Beschäftigten Erkenntnisse spezifischer Art. Interessant wäre eine Ausweitung der Beschäftigten-Befragung auf die allgemeinen Struktur-Untersuchungen von Messen.

Die *FfH Berlin* hat insgesamt 1 505 Besucher, 371 Aussteller und 516 Beschäftigte befragt. Das sind nur auf den ersten Blick hohe Zahlen. Die Basis mußte ausreichend hoch sein, um eine zuverlässige Hochrechnung auf die jeweilige Gesamtzahl auswärtiger Besucher je Veranstaltung zu ermöglichen. Im Jahre 1985 hatten rund 335 850 auswärtige Messebesucher den Weg nach Berlin gefunden. Die FfH ermittelte Ausgaben im Durchschnitt von 722 DM pro Besucher einschließlich der Begleitpersonen. Daraus ergibt sich ein Kaufkraftzufluß von rund 242,5 Mill. DM.

Die Aufteilung der Gesamtausgaben ergibt:

– Ausgaben für Unterkunft	55,5 Mill. DM
– Ausgaben für Verpflegung in Gaststätten einschließlich der Bewirtung Dritter	79,3 Mill. DM
– Ausgaben für Transport innerhalb Berlins	14,8 Mill. DM
– Ausgaben für Telefon, Telex und Telegramme	5,8 Mill. DM
– Ausgaben für Unterhaltung und Bildung	25,0 Mill. DM
– Ausgaben für Einkauf im Einzelhandel, einschließlich Dienste, wie Friseur, Reinigung	52,6 Mill. DM
– sonstige Ausgaben u. a. Messeeintritt	9,5 Mill. DM

Die Struktur ist aufschlußreich. Gering sind die Ausgaben für den Messeeintritt, erstaunlich hoch die Ausgaben für Verpflegung, Einzelhandel sowie Unterhaltung und Bildung. Die relativ geringen Ausgaben Unterkunft erklären sich durch den hohen Anteil jener auswärtigen Besucher, die unentgeltlich Unterkunft bei Freunden und Verwandten finden, (16,8 Prozent der Fachbesucher und 49 Prozent der Privatbesucher), was bei einer großen Stadt wie Berlin normal sein dürfte. Für die auswärtigen Aussteller hat die FfH für 1985 einen Kaufkraftzufluß von rund 60,5 Mill. DM ermittelt. Die Gesamtausgaben verteilten sich so:

– Standaufbau, Standabbau durch Berliner Unternehmen	12,4 Mill. DM
– Berliner Arbeistkräfte	3,9 Mill. DM
– Berliner Spediteure	1,3 Mill. DM
– Telefon, Telefax, Telegramme in Berlin	2,1 Mill. DM
– Standmiete	30,0 Mill. DM
– Erfrischungen am Ausstellerstand	4,0 Mill. DM
– Bewirtung von Geschäftsfreunden in Berlin	6,8 Mill. DM
	60,5 Mill. DM

Im Jahre 1985 wurden durch die FfH bei Messen in Berlin 25 736 auswärtige Beschäftigte ermittelt. Diese Personen haben im Durchschnitt 1 561 DM ausgegeben. Der Kaufkraftzufluß beträgt demnach rund 40,2 Mill. DM. Nach einer Einbeziehung weiterer 792 auswärtigen Beschäftigten mit durchschnittlich 184 DM Ausgaben ergibt sich durch zusätzliche 0,7 Mill. DM ein Kaufkraftzufluß von 40,9 Mill. DM.

Die Aufteilung ergibt dieses Bild:

– Ausgaben für Unterkunft	19,7 Mill. DM
– Ausgaben für Verpflegung in Gaststätten einschließlich der Bewirtung Dritter	10,6 Mill. DM
– Ausgaben für Transport innerhalb Berlins	2,7 Mill. DM
– Ausgaben für Telefax, Telex und Telegramm	1,2 Mill. DM
– Ausgaben für Unterhaltung und Bildung	2,0 Mill. DM
– Ausgaben für Einkäufe im Einzelhandel, einschließlich Dienste, wie Friseur, Reinigung	4,2 Mill. DM
– sonstige Ausgaben	0,5 Mill. DM
	40,9 Mill. DM

Es ergibt sich ein Kaufkraftzufluß aus diesen drei Bereichen von:

242,5 Mill. DM	durch auswärtige Besucher
60,5 Mill. DM	durch auswärtige Aussteller
40,9 Mill. DM	durch auswärtige Beschäftigte (von Ausstellern)
343,9 Mill. DM	

Es zeigt sich ein zunächst überraschendes *Übergewicht von Kaufkraftzufluß durch Besucher* im Verhältnis 2,4 zu 1,0, wenn man Aussteller und deren Beschäftigte addiert.

Tatsächlich sind die Messeaufwendungen der Aussteller wesentlich höher, sie fallen aber zu einem sehr großen Teil nicht am Messeort an, sondern am Sitz des Unternehmens, was bei Transportkosten und Standaufbaukosten bei Unternehmen mit Sitz außerhalb des Messeortes schnell deutlich wird.

Das Steuermehraufkommen mußte 1985 noch die Besonderheiten des Berlinförderungsgesetzes berücksichtigen, außerdem Steuerbefreiungen, Vorsteuerabzüge und ermäßigte Steuersätze (z. B. 7 Prozent bei der Umsatzsteuer anstelle von 14 Prozent bei bestimmten Umsätzen).

Das Mehraufkommen bei der Umsatzsteuer in Berlin als Folge von Messen und Ausstellungen betrug 1985 nach Kürzung des ursprünglichen Betrages von 43,5 Mill. DM um 67 Prozent 14,5 Mill. DM. Bei den Ertragssteuern ergab sich 1985 aus den gesamten 343,0 Mill. DM Mehrumsätzen unter der Annahme eines Gewinnsatzes von 10 Prozent und eines Ertragssteuersatzes von 35 Prozent ein Mehraufkommen von 12,0 Mill. DM.

Daraus ergibt sich nach den Ermittlungen der FfH ein regionales Steuermehraufkommen von 26,5 Mill. DM, von dem 6,7 Mill. DM dem Berliner Landeshaushalt verblieben und der größere Teil dem Bundeshaushalt zufloß.

Schließlich ergibt sich aus der Untersuchung, daß 1985 mindestens 5 500 Arbeitsplätze in Berlin direkt und indirekt als Folge von Messen und Ausstellungen in Berlin anzusehen sind. Die FfH stützt sich dabei auf Vorarbeiten des *Deutschen Instituts für Wirtschaftsforschung* (DIW) Berlin. Danach weist der *Beschäftigungsmultiplikator* aus, daß eine Erhöhung der exogenen Nachfrage um 1,0 Mill. DM zu einem Aufbau bzw. zu einer Stabilisierung von etwa 20 Arbeitsplätzen führt.

So sehr an dieser Stelle gesamtwirtschaftlicher Betrachtung Einschränkungen der unmittelbaren Geltung durch den Modellcharakter der Rechnung vorliegen, so sehr also *Einkommens- und Beschäftigungsmultiplikatoren* sich der unmittelbaren Umsetzung in gewissermaßen betriebswirtschaftliche Zahlen entziehen, so sehr beeindruckt auch hier die weitreichende Wirkung von Messeaktivitäten, wenn sie die Grenzen regionaler Ausstrahlung überspringen.

Eine anschließende *Untersuchung* der FfH zum Messejahr 1991/92 in Berlin hatte einen weitgehenderen und differenzierteren Ansatz (Forschungsstelle für den Handel, FfH: Kaufkraftzufluß durch Messen und Kongresse und deren Auswirkungen für die Region Berlin, Gutachten erstellt im Auftrag der AMK Berlin, Ausstellungs-Messe-Kongreß GmbH, Berlin April 1993, teilweise veröffentlicht. Auf dieser Untersuchung beruhen die im Folgenden angeführten statistischen Zahlen und Tabellen – der Autor).

Die *Schätzung* der direkten und indirekten Wirkungen des Kaufkraftzuflusses auswärtiger Besucher und Aussteller, also die Auswirkungen auf Produktion, Wertschöpfung und Beschäftigung einzelner Wirtschaftszweige, wurde sodann vom DIW, Deutsches Institut für Wirtschaftsforschung, Berlin, vorgenommen (Gutachten im Auftrag der Forschungsstelle für den Handel Berlin (FfH) e.V.: Auswirkungen von Messen, Ausstellungen und Kongresse auf die Wirtschaftsregion Berlin, bearbeitet von Alexander Eickelpesch und Peter Ring (Regioconsult), Berlin Dezember 1992, auszugsweise veröffentlicht).

Durch den Fall der Mauer in Deutschland und die nachfolgende Wiedervereinigung wurde es nötig und möglich, nunmehr einen getrennten Kaufkraftzufluß für die Teilregionen West-Berlin, Ost-Berlin und Umland zu ermitteln. Insoweit sind Vergleiche mit früheren Untersuchungen nur eingeschränkt möglich.

Die Befragungen der Messebesucher wurden größtenteils durch die *Gelszus Messe-Marktforschung GmbH* durchgeführt, die übrigen Befragungen durch die FfH Berlin. Weitere Grundlagen für die *Hochrechnungen* waren die von der AMK gemeldeten Besucher- und Ausstellerzahlen der Veranstaltungen von August 1991 bis Juli 1992. Diese wiederum unterlagen der Prüfung der FKM, *Gesellschaft zur freiwilligen Kontrolle von Messe- und Ausstellungszahlen Berlin/Köln*, die sich bekanntlich nach einem detaillierten Regelwerk von einem Wirtschaftsprüfer ihre für fast alle deutschen Messen ermittelten Zahlen prüfen und bestätigen läßt. Somit dürfte eine hinreichende Sicherheit des Basismaterials und der folgenden Schätzungen gewährleistet sein.

Ermittelt wurden zunächst die *Kaufkraftzuflüsse* aus folgenden Zuflußquellen:

1. auswärtige Messebesucher
2. Aussteller

3. auswärtige Messebeschäftigte
4. auswärtige Kongreßteilnehmer
5. Kongreßveranstalter

Die nachfolgende Tabelle zeigt die Kaufkraftströme nach Herkunft und Ausgabengebiet in TDM.

direkter Kaufkraftzufluß in TDM durch	nach Ausgabengebiet West-Berlin	Ost-Berlin	Berlin gesamt	Umland Berlins	gesamte Region
auswärtige Messebesucher	221 426	49 437	270 863	48 671	319 534
Aussteller	422 192	14 083	436 276	26 349	462 631
auswärtige Messebeschäftigte	36 560	1 188	37 748	317	38 068
auswärtige Kongreßteilnehmer	125 639	6 600	132 239	736	132 975
Kongreßveranstalter[1)]	48 539	4 308	52 847	4 595	57 442
gesamt	854 356	75 616	929 973	80 668	1 010 650

1) Die regionale Verteilung der Kaufkraftzuflüsse durch die Kongreßveranstalter wurde aus der Verteilung der übrigen Zuflußquellen geschätzt, weil die Ausgaben der Kongreßveranstalter nur als Gesamtsumme ermittelt werden konnten.

Tabelle 1: Kaufkraftströme nach Herkunft und Ausgabengebiet in TDM

Die Ergebnisse zeigen eine sehr starke Steigerung des Kaufkraftzuflusses im Vergleich zur Studie 1986 über Messen und Ausstellungen und einer früheren Untersuchung von 1984 über Kongresse in Berlin (ebenfalls von der FfH erstellt). Gestiegen sind einerseits die Zahlen der auswärtigen Aussteller, Messebesucher und Kongreßteilnehmer, verursacht durch die Öffnung und dann durch den Wegfall der innerdeutschen Grenzen.

Im Untersuchungszeitraum 1991/1992 kamen 55 Prozent der auswärtigen Besucher aus den neuen Bundesländern.

Wegen der noch geringeren Kaufkraft, aber auch wegen geringerer Ausgabennotwendigkeiten (z. B. Übernachtungen von Besuchern aus Brandenburg) ist deren Ausgabenhöhe geringer als bei Besuchern aus den alten Bundesländern und dem Ausland.

Ansonsten stellte die FfH fest, daß die durchschnittliche Ausgabenhöhe der Messebesucher und Kongreßteilnehmer sowie der Aussteller und der Beschäftigten sich etwa entsprechend der allgemeinen Preissteigerung entwickelt hat. Überproportional gestiegen ist jedoch der Kaufkraftzufluß durch Aussteller. Sodann ist bei allen Zuflußquellen ein erhebliches Mengenwachstum zu verzeichnen. Gleichgeblieben ist ansonsten im wesentlichen auch die Ausgabenstruktur gegenüber 1985, also die Ausgabenverteilung auf Übernachtung, Verpflegung, Verkehrsmittel etc.

Gestiegen ist jedoch die Zahl der auswärtigen Messebesucher einschließlich Begleitpersonen (durchschnittlich 1,5) auf 968 013 Personen, was bei einem Teilungsfaktor von 2,5, der die Begleitpersonen berücksichtigt, zu einer Zahl von 387 205 Ausgabenträgern führt. Nach Multiplikation des Ausgabenmittelwertes je Befragten und Aufenthaltstag in der Höhe von 250,07 DM mit der Anzahl der durchschnittlichen Aufenthaltstage, die 3,3 Tage betrug, und der Multiplikation mit den 387 205 Ausgabenträgern ergeben sich 319 533 734,40 DM direkter Kaufkraftzufluß durch auswärtige Messebesucher.

Für 42 513 auswärtige Beschäftigte errechnet sich bei 8,1 Tagen Aufenthaltsdauer und 110,55 DM Ausgaben pro Person und Tag ein direkter Kaufkraftzufluß von 38 065 TDM.

Durchschnittlich gaben die 110 656 auswärtigen Kongreßteilnehmer im Erhebungszeitraum 266,48 DM in der Region Berlin aus. Die Aufenthaltsdauer betrug durchschnittlich 4,4 Tage. Es ergibt sich ein Kaufkraftzufluß (unter Einrechnung von Besonderheiten des Ärztekongresses) von rund 133,0 Mill. DM.

Die 14 056 Aussteller auf den Messen in Berlin gaben durchschnittlich ca. 32 913 DM aus, was zu einem Gesamtkaufkraftzufluß in die Region Berlin von ca. 462,6 Mill. DM führte.

Die Kongreßveranstalter-Ausgaben errechnet die FfH aus den 422 370 Teilnehmertagen und dem hochgerechneten Tagessatz von 136 DM und kommt so zu ca. 57 442 TDM Kaufkraftzufluß für die Region Berlin.

Im *Teilbereich Messen* ergibt sich nach den Ausgabengebieten die in der folgenden Tabelle ausgewiesene Aufteilung.

direkter Kaufkraftzufluß in TDM durch	nach Ausgabengebiet				
	West-Berlin	Ost-Berlin	Berlin gesamt	Umland Berlins[1)]	gesamte Region
auswärtige Messebesucher	221 426	49 437	270 863	48 671	319 534
Aussteller	422 192	14 083	436 276	26 349	462 624
auswärtige Messebeschäftigte	36 560	1 188	37 748	317	38 065
gesamt	680 178	64 708	744 886	75 337	820 223

1) Zufluß inklusive der Ausgaben der Brandenburger in der Umlandregion und ohne Abzug von Ausgaben der Brandenburger in Berlin.

Tabelle 2: Kaufkraftströme nach Herkunft und Ausgabengebiet in TDM

Entwicklungsbedingt sind die Ausgaben noch im hohem Maße auf den alten Bereich West-Berlin konzentriert. Es darf angenommen werden, daß sich diese Konzentration in den kommenden Jahren zügig auflösen wird, auch wenn wegen der Lage des Messegeländes im (ehemaligen) Bereich West-Berlin dort immer eine gewisse Konzentration verbleiben wird. Hinsichtlich der Empfänger des Kaufkraftzuflusses kommt es zu folgender Aufteilung:

Kaufkraftzufluß durch / für	Aussteller TDM	Aussteller %	Beschäftigte TDM	Beschäftigte %	Messebesucher TDM	Messebesucher %	insgesamt TDM	insgesamt %
Übernachtung	76 816,0	16,6	13 209,5	34,7	58 253,8	18,2	148 279,3	18,1
Gastronomie und Imbiß	45 555,5	9,9	12 031,8	31,6	94 708,8	29,6	152 296,1	18,6
Verkehrsmittel und Transport	8 321,2	1,8	2 069,6	5,4	27 945,0	8,8	38 335,7	4,7
Telekommunikation	4 090,3	0,9	1 250,1	3,3	9 864,4	3,1	15 204,7	1,9
Unterhaltung	0	0	2 868,5	7,5	17 633,3	5,5	20 501,8	2,5
Einkäufe	0	0	5 575,1	14,6	66 380,5	20,8	71 955,6	8,8
sonstige Ausgaben	27 029,7	5,8	1 050,3	2,8	44 747,7	14,0	72 827,7	8,9
Standbau	163 738,3	35,4	0	0	0	0	163 738,3	20,0
Personal	5 453,7	1,2	0	0	0	0	5 453,7	0,7
Standmiete	131 634,4	28,5	0	0	0	0	131 634,4	16,1
Summe	462 639,1	100,0	38 054,9	100,0	319 533,5	100,0	820 227,3	100,0

Tabelle 3: Kaufkraftzuflüsse durch Messen der AMK Berlin nach Empfängern

Aus dieser Aufstellung ergibt sich erneut: Die Messegesellschaften können zumeist weniger als ein Drittel, häufig nur ein Fünftel der gesamten Messeausgaben auf sich ziehen. Der größere Teil fließt regelmäßig anderen Wirtschaftsbereichen zu, kann aber unzweifelhaft als messeinduziert gelten. Gewöhnlich und zutreffenderweise werden die Bereiche Übernachtung (Hotel) und Gastronomie als größte unmittelbare Empfänger von Kaufkraftzuflüssen durch Messeaktivitäten angesehen.

Allerdings darf dann der Bereich *Standbau*, im vorliegenden Fall mit 20 Prozent sogar an der Spitze liegend, nicht vernachlässigt werden. Er gehört zweifellos zu den Wirtschaftsbereichen, die durch die Aktivitäten von Messegesellschaften und den Aufschwung des Messewesens in Deutschland besonders profitiert haben, andererseits aber als Mitwirkende im Messegeschehen von der breiteren Öffentlichkeit nur unterproportional wahrgenommen werden.

Der Kaufkraftzufluß durch *Kongresse* ist ein spezifiziertes Feld. Er hat eigene Strukturen. Diese sind an anderer Stelle ausführlicher dargestellt wurden und bedürfen einer weiteren Vertiefung und sollen deshalb hier nicht weiter erörtert werden.

Das *Deutsche Institut für Wirtschaftsforschung* (DIW) hat sodann – aufbauend auf den FfH-Untersuchungen – die direkten und indirekten Wirkungen des Kaufkraftzuflusses auswärtiger Aussteller und Besucher abgeschätzt.

Das DIW stellt zunächst dar, daß sich auf den direkten Effekt der Ausgaben aus dem Produktionswert eines Wirtschaftsbereiches nach Abzug der Vorleistungen die Bruttowertschöpfung ergibt. Aus dem durchschnittlichen Bruttoproduktionswert je Beschäftigten des jeweiligen Wirtschaftsbereiches können die Beschäftigungseffekte abgeleitet werden. Von den direkten Wirkungen geht eine Reihe von indirekten Wirkungen aus, weil eben Waren und Dienstleistungen als Vorleistungen bezogen werden. Abgeschätzt werden muß dann der Anteil der regionalen Vorleistungen mit entsprechender Wirkung auf regionale Produktion, Wertschöpfung und Beschäftigung und erneuter Vorleistungsnachfrage bei anderen Unternehmen.

Zusätzlich werden die gestiegenen Einkommen der Unternehmer und Arbeitnehmer in der Region auch zu erhöhten Investitionen und zu steigendem *Verbrauch* in der Region führen. Alles dieses zeitigt selbstverständlich steigende Steuereinnahmen. Das DIW hat sich sorgfältig mit der angemessenen Höhe des anzuwendenden Multiplikatoreffektes beschäftigt und dabei auch die Studien über Messeaktivitäten in den Regionen München und Hannover herangezogen.

	West-Berlin	Ost-Berlin	Umland	Region Berlin insgesamt
Land- und Forstwirtschaft, Fischerei	0,0	0,0	0,0	0,0
Produzierendes Gewerbe	123,5	4,0	22,2	149,7
Energie- und Wasserversorgung, Bergbau	0,0	0,0	0,0	0,0
Verarbeitendes Gewerbe	4,0	1,2	1,6	6,8
Baugewerbe	119,5	2,8	20,6	142,9
Handel und Verkehr	123,4	16,8	14,6	154,8
Großhandel	0,0	0,0	0,0	0,0
Einzelhandel	72,3	6,9	9,5	88,7
Verkehr, Nachrichtenübermittlung	51,1	9,9	5,1	66,1
Dienstleistungen	545,9	48,8	35,9	630,6
Gastgewerbe	320,6	37,8	17,5	375,9
Bildung, Wissenschaft, Kultur	27,4	4,3	2,5	34,2
sonstige Dienstleistungen	197,9	6,7	15,9	220,5
Übrige Bereiche (private Haushalte, Org. o. E., Staat)	10,3	1,4	3,3	15,0
Alle Wirtschaftsbereiche	803,1	71,0	76,0	950,1

Tabelle 4: Ausgaben auswärtiger Messebesucher, Kongreßteilnehmer, Aussteller und Beschäftigter im Rahmen von Messen und Kongressen in der Region Berlin nach Wirtschaftszweigen und Gebietsteilen im Jahr 1992 (in Mill. DM)

Quellen: FfH, DIW

	Messe-besucher	Kongreß-teilnehmer	Aus-steller	Beschäf-tigte	Insgesamt
Land- und Forstwirtschaft, Fischerei	0,0	0,0	0,0	0,0	0,0
Produzierendes Gewerbe	2,5	0,5	146,5	0,2	149,7
Energie- und Wasserversorgung, Bergbau	0,0	0,0	0,0	0,0	0,0
Verarbeitendes Gewerbe	2,5	0,5	3,6	0,2	6,8
Baugewerbe	0,0	0,0	142,9	0,0	142,9
Handel und Verkehr	90,9	27,3	28,8	7,8	154,8
Großhandel	0,0	0,0	0,0	0,0	0,0
Einzelhandel	53,1	14,7	16,4	4,5	88,7
Verkehr, Nachrichtenübermittlung	37,8	12,6	12,4	3,3	66,1
Dienstleistungen	217,1	101,7	282,0	29,8	630,6
Gastgewerbe	156,4	88,5	105,8	25,2	375,9
Bildung, Wissenschaft, Kultur	20,6	8,0	2,7	2,9	34,2
sonstige Dienstleistungen	40,1	5,2	173,5	1,7	220,5
Übrige Bereiche (private Haushalte, Org. o. E., Staat)	9,0	0,5	5,3	0,2	15,0
Alle Wirtschaftsbereiche	319,5	130,0	462,6	38,0	950,1

Tabelle 5: Ausgaben auswärtiger Messebesucher, Kongreßteilnehmer, Aussteller und Beschäftigter im Rahmen von Messen und Kongressen in der Region Berlin nach Wirtschaftszweigen und Personengruppen im Jahr 1992 (in Mill. DM)

Quellen: FfH, DIW

Das DIW hat sich nach einer Erörterung einer Reihe von methodischen Schwierigkeiten zu einem verhältnismäßig niedrigen *Multiplikatoreffekt von 1,5* des Kaufkraftzuflusses entschlossen, soweit er zur Schätzung der indirekten Produktionseffekte für den ehemaligen Bereich Berlin-West benötigt wird. Für die umgrenzenden Regionen werden niedrigere Multiplikatoreffekte unterstellt. Gleichwohl ergeben sich beträchtliche Auswirkungen auf die Gesamtregion.

Das DIW ermittelt demnach aus dem messebedingten Kaufkraftzufluß des Messejahres 1992 von rund 1 Mrd. DM eine Produktionssteigerung in der Region von 1,380 Mrd. DM.

Der *Wertschöpfungseffekt*, definiert als Beitrag der jeweiligen Branche zum Bruttoinlandsprodukt, läßt sich aus der Höhe der Produktion durch den Abzug der Vorleistungen ableiten. Insgesamt ergibt sich für die Region Berlin hier eine Höhe von 685 Mill. DM. Hierbei ist wegen der entwicklungsbedingt noch höheren Vorleistungsquote der

Anteil des Umlandes und des ehemaligen Bereichs Berlin-Ost relativ niedriger als bei dem Produktionseffekt.

Wegen der entwicklungsbedingt noch niedrigeren Arbeitsproduktivität im Umland und im ehemaligen Bereich Berlin-Ost ist diese Relation bei den Beschäftigungseffekten umgekehrt, nämlich hier deutlich höher als im ehemaligen Bereich Berlin-West. Die Zahl der Beschäftigten, deren Arbeitsplätze durch messe- und kongreßinduzierte Kaufkraftzuflüsse gesichert oder geschaffen wurden, beträgt für das Messejahr 1992 in Berlin annähernd 11 630 Personen.

	Produktionseffekte			Wertschöpfungseffekte			Beschäftigungseffekte		
	in Mill. DM						Zahl der Beschäftigten		
	direkt	indirekt	gesamt	direkt	indirekt	gesamt	direkt	indirekt	gesamt
West-Berlin	803	401	1 204	440	190	630	7 080	3 020	10 100
Ost-Berlin	71	14	85	20	5	25	550	140	690
Umland	76	15	91	25	5	30	700	140	840
Region Berlin insgesamt	950	430	1 380	485	200	685	8 330	3 300	11 630

Tabelle 6: Produktions-, Wertschöpfungs- und Beschäftigungseffekte der Ausgaben auswärtiger Messebesucher, Kongreßteilnehmer, Aussteller und Beschäftigter in der Region Berlin im Jahr 1992

Quelle: Schätzung des DIW

Diese Größenordnung liegt in etwa auf der Höhe der für *München* ermittelten Zahlen. Es bestätigt sich auch hier die nur für Außenstehende erstaunliche Größenordnung von positiven wirtschaftlichen Wirkungen durch Messeaktivitäten auf die Region. Jede *Messemark* führt hier wie dort, in Hannover wie in Berlin, und annähernd ebenso auf jedem deutschen Großmesseplatz, zu einem Umsatz von etwa 1,40 DM bis 1,50 DM, was man *Regionalmark* nennen könnte. Das bedeutet im Falle *Hannover* im Jahr 1990 insgesamt 1,3 Mrd. DM und im Jahr 1992 in *Berlin* 1,380 Mrd. DM Produktionswert.

Die regionalwirtschaftlichen Bedingungen und Auswirkungen des Messewesens sind somit umfangreich und vielfältig. Messen sind für die Region ein wichtiger Faktor. Sie stellen ihre Bedingungen, lohnen aber einen hohen Einsatz, wie nüchterne Untersuchungen sogar in "Mark und Pfennig" erweisen.

Dennoch darf nicht übersehen werden, daß nicht jede Region eine Messestadt haben kann und haben muß. Auch gibt es sicherlich andere regionale und kommunale Aufgaben, die eine alternative Investition darstellen würden. Es muß ja auch nicht immer eine "wirtschaftliche" Investition wie ein Flughafen oder ein Binnenhafen sein, sondern durchaus kann eine Hochschule, eine Universität, ein Krankenhaus oder eine Oper mit der Investition *Messe* konkurrieren, zumal ökonomisch vorteilhafte Effekte – die freilich zu quantifizieren wären – auch von kulturellen und wissenschaftlichen Investitionen ausgehen.

Schließlich muß nach der Darstellung der vorteilhaften Wirkungen von Messen auf die Region noch einmal hervorgehoben werden, daß die unmittelbare Funktion des *Marketing-Instruments Messe* immer mit Vorrang respektiert werden muß. Messen sind Dienstleistungs-Instrumente im wirtschaftlichen Zusammenspiel. Sie müssen der Wirtschaft helfen und Nutzen stiften. Je mehr sie das tun und je mehr sie dabei Assistenz aus der Region erhalten, um so besser. Ein Mißverständnis mit unerfreulichen und sich sogar schnell einstellenden Folgen wäre es, Messen als dienenden Faktor der Region einzuschätzen und zu behandeln. Messen dienen der Region am besten, wenn man sie der Wirtschaft dienen läßt.

Standortentscheidungen mittelständischer Unternehmen

Hans-Jürgen Buschmann

Unternehmensvielfalt bedingt differenzierte Entscheidungsmodelle

Ohne Zweifel ist die Wahl des Standortes für ein Unternehmen ein integrales Wissensgebiet der Betriebswirtschaftslehre. Es ist nicht einmal ein sehr junges Wissensgebiet. Die erste systematische Veröffentlichung zur Standorttheorie erschien bereits 1909 von Alfred Weber unter dem Titel "Über den Standort der Industrien". Nur zum Vergleich: Was heute unter Kostenrechnung verstanden wird, wurde erst um 1930 eingeführt, ist also deutlich jünger.

Die Betriebswirtschaftslehre versucht eine Antwort zu geben, wie das Gewinnmaximum für ein Unternehmen zu erreichen ist, unter der Differenz zwischen standortabhängigen Erträgen und Kosten. Zur Lösung des Problems werden zahlreiche Standortfaktoren definiert, untersucht und in gegenseitige Abhängigkeit gebracht. Frage: Ist dieser betriebswirtschaftliche Ansatz für kleine und mittlere Unternehmen verwendbar? Die Antwort lautet: eingeschränkt und modifizierbar – ja. Die Existenz und Natur von Standortfaktoren sind zwar unabhängig von der Größe eines Betriebes. Und mittelständische Firmen müssen ganz besonders ein Gewinnmaximum unter der Wirkung von Standortfaktoren erzielen.

Trotzdem existiert ein erheblicher Unterschied zwischen den angebotenen *Modellen der Standorttheorie* und dem tatsächlichen Entscheidungsverhalten mittelständischer Unternehmen. Die Ursachen dafür liegen einerseits in den größenspezifischen Eigenarten kleiner und mittlerer Unternehmen, die mit der Mentalität und Entwicklungsgeschichte des jeweiligen Unternehmertyps zu tun haben. Andererseits verhindert die nur noch schwer überschaubare Vielfalt der mittelständischen Unternehmen selbst, daß ein einheitliches Entscheidungsmodell tragfähig wäre. Zwei extrem auseinanderliegende Beispiele sollen das zeigen.

Beispiel: Standortentscheidungen für Apotheken

Ganz sicher gehören *Apotheken* in der Sparte Dienstleistungen zur Gruppe mittelständischer Unternehmen. Die Besonderheiten ihrer Geschäftsbedingungen erklären sich aus dem gesetzlich reglementierten Auftrag innerhalb unseres Gesundheitssystems und aus den Anforderungen der verkauften Artikel, die selbst wiederum besonderen Auflagen und Regelungen unterliegen.

Als Standortfaktoren zur Ansiedlung werden eingesetzt:

- Einzugsgebiet der Bevölkerung generell,
- hoher Anteil älterer Bürger,
- andererseits ausgeprägter Anteil der Bevölkerung mit guter Kaufkraft, für sogenannte Freiverkaufsprodukte, d. h. Konsumartikel außerhalb des Bereiches pharmazeutischer Produkte,
- Nähe zu Arztpraxen,
- Lage für Laufkundschaft.

Auf den ersten Blick erscheint es so, daß die Standortfaktoren weitgehend identisch mit denjenigen sind, die auch für den Einzelhandel gelten. Tatsächlich existieren gravierende Unterschiede.

Ein hoher Anteil älterer Bürger ist für eine Apotheke interessant wegen des großen Bedarfs an Medikamenten in dieser Altersgruppe. Umgekehrt ist ein hoher Anteil älterer Bürger für den Einzelhandel nicht relevant wegen der geringeren Kaufkraft. Der Standortfaktor Absatzmöglichkeit für Freiverkaufsprodukte existiert im Einzelhandel überhaupt nicht. Weitere Unterschiede in der Ermittlung des Einzugsbereiches sind darstellbar.

Beispiel: Standortentscheidung für Software (SW)-Unternehmen

Software-Unternehmen gehören zu einem Typus Firmen, von dem lange Zeit angenommen wurde, daß seine Ansiedlung frei ist von nahezu allen traditionellen Standortfaktoren mit Ausnahme der direkt zurechenbaren Immobilienkosten (Kauf oder Miete).

Die Auffassung einer quasi standortunabhängigen Natur dieser Firmen ging von folgenden Annahmen aus:

- Das Kapital von SW-Firmen sei hoch mobil, denn es stecke in den Köpfen der Mitarbeiter,
- das Anlagevermögen von SW-Firmen sei ebenfalls hoch mobil, denn es bestehe aus Tischen, Stühlen und wenigen, einfach transportierbaren Rechnern,
- notwendige Nähe zu Lieferanten oder Logistikkosten existierten nicht, weil dies bei diesem Typus Firmen nicht vorhanden sei,
- Nähe zu Kunden sei nicht nötig durch Nutzung von Telekommunikation und schnellen Reisemöglichkeiten.

Diese Annahmen haben sich für kleine und mittlere SW-Firmen als falsch herausgestellt. Wichtigster Standortfaktor für diese Größenordnung von Firmen ist mindestens die regionale Nähe von mittleren bis großen Unternehmen oder Verwaltungen, die eigene Entscheidungskompetenzen besitzen. So konnte in einer Untersuchung über den SW-Standort Berlin – noch aus der Zeit vor der Wiedervereinigung – nachgewiesen werden, daß kleine und mittlere SW-Firmen in West-Deutschland etwa die Hälfte ihres Umsatzes in einem Umfeld mit ca. 80 km bis 100 km Radius abwickeln.

Das Fazit dieser beiden Ansiedlungsbeispiele bestätigt deutlich die Ausgangsthese, daß es für mittelständische Unternehmen wegen ihrer Vielfältigkeit nicht möglich ist, ein einheitliches Entscheidungsmodell zum Standort zu finden.

Charakteristische Eigenarten mittelständischer Unternehmen bei der Standortwahl

Die Mittelstandsökonomie und diejenigen, die zu mittelständischen Unternehmern in enger Verbindung stehen, kennen das Problem: Die in der Betriebswirtschaft beschriebenen Unternehmensfunktionen sind in mittelständischen Firmen häufig so verschieden und völlig abweichend realisiert, daß Zweifel auftreten können, ob traditionelle betriebswirtschaftliche Kategorien überhaupt auf diese Firmen zutreffen.

Die Ursache für dieses Verhalten liegt nicht in der anonymen Unternehmensstruktur, sondern an den handelnden Personen in mittelständischen Firmen und dabei besonders an der Person des Unternehmers selbst. Es sollen jetzt nicht alle Eigenarten mittelständischer Unternehmen untersucht werden. Statt dessen soll der Versuch gemacht werden, die bekannten Vor- und Nachteilsbereiche dieser Firmen auf wenige Punkte zu reduzieren, die für Standortentscheidungen relevant sind.

Als größenspezifische Nachteile oder Engpässe mittelständischer Unternehmen sind bekannt:

- Absatz, dabei besonders Wettbewerbsdiskriminierungen,
- Beschaffung,
- Produktion,
- Finanzierung, dabei auch Förderungsnachteile,
- Führung und Organisation.

Demgegenüber stehen größenspezifische *Vorteile*:

- als Innovatoren,
- für regionale Versorgung,
- als Element des Wettbewerbs,
- für Entbürokratisierung,
- als Träger des gesamten Dienstleistungsbereiches.

Viele dieser Faktoren haben etwas mit der *Person des Unternehmers* zu tun. Das betrifft auch die Standortentscheidung, mit der versucht wird, Nachteilsbereiche oder Engpässe zu beseitigen oder Vorteile auszubauen.

Drei Einflußbereiche müssen erkannt und akzeptiert werden, um Entscheidungen mittelständischer Unternehmer und ihrer Unternehmen zu verstehen und um von Seiten der regionalen Ansiedlungspolitik darauf reagieren zu können.

Der *erste Bereich* betrifft die Gründungsidee und die erste Entwicklungsphase desjenigen oder derjenigen, die ein mittelständisches Unternehmen führen. Die Erlebnisse aus dieser Zeit prägen in besonderer Weise die Handlungen der Unternehmer in den Folgejahren, bis hin zu starken Tendenzen, diese Erlebnisse als absolute Wahrheit hinzunehmen. Aus dieser Haltung heraus werden strategisch und betriebswirtschaftlich notwendige oder besonders elegante – weil erfolgversprechende – Alternativen in Verbindung mit anderen Standorten entweder nicht wahrgenommen oder verdrängt. Dieser Bereich erschwert Entscheidungsprozesse zur Standortwahl. Auch noch so gut berechenbare Empfehlungen von Beratern oder Wirtschaftsförderern richten hier nichts aus.

Der *zweite Bereich* betrifft die Visionen und Ziele. In keinem anderen Unternehmensbereich kann eine so vollständige Identität zwischen persönlichen Visionen und Unternehmensvisionen festgestellt werden wie im Mittelstand. Es ist durchaus so, daß hier von "Spielplätzen für Erwachsene" gesprochen werden kann, auf denen die ganz persönliche Lebensaufgabe des Unternehmers verwirklicht werden soll.

Die Energie aus der persönlichen Lebensaufgabe und die Anziehungskraft der daraus geborenen Unternehmensvision sind so stark, daß damit alle Widrigkeiten und Belastungen der Gründungs- und Entwicklungsphase überwunden werden können. Diese Kraftquelle ist dafür verantwortlich, wenn oft haarsträubende betriebswirtschaftliche Abläufe und Unternehmenskonstruktionen gewählt werden und trotzdem erfolgreich funktionieren. Das sind Vorgehensweisen mit Phantasie und Originalität, wie sie in den höfisch-erstarrten Ritualen von Großunternehmen völlig undenkbar sind.

Die Verwirklichung der intensiv erlebten Visionen mittelständischer Unternehmer hat viel mit dem Standort oder der Wahl eines Standortes zu tun. Alle weichen Faktoren für die Existenz und den Erfolg von Unternehmen sind hier zu finden, u. a. landsmannschaftliche Verwurzelung, Erlebnisse der Studienzeit, kulturelle Entwicklung, persönliche Werteskala, Anziehungskraft gleichartiger Personengruppen, ausgeprägte persönliche Hobbys usw. Diese Faktoren sind verknüpft mit ausgeprägten Unternehmensfaktoren.

Am jeweiligen Standort und an dem dort realisierten Unternehmen sind die Visionen vieler mittelständischer Unternehmer abzulesen. Dazu zählen z. B. die Elektronikfirma im norddeutschen Gutshaus oder der Zulieferbetrieb im oberbayrischen Bauernhof, die Produktionsfirma in einer Verbindung von Natur und modernster Architektur sowie die Turnschuhfirma im Gründerzentrum.

Diese visionsorientierten Standortentscheidungen entziehen sich soliden betriebswirtschaftlichen Berechnungsmodellen und entwickeln gerade deswegen ungeahnte Potentialkräfte in den Unternehmen. Das folgende Beispiel soll einen Eindruck vermitteln.

Beispiel:

Ein großes Engineeringunternehmen hat seinen Hauptsitz und seine größte Mitarbeiterkapazität seit fast 30 Jahren in Berlin. Obwohl nahezu kein Markt am Standort Berlin vorhanden war und mit erheblichen Reisekosten entfernte Projekte abgewickelt werden mußten, kam es zu keiner Verlagerung nach West-Deutschland. Die Ursache waren eine hohe Identität zwischen den persönlichen Visionen und Bindungen der Mitarbeiter sowie den Unternehmensvisionen, die zu besonderen Formen der Unternehmensorganisation mit hoher Motivationskraft führten. Diese spezifische Unternehmenskultur verbanden Mitarbeiter und Management der Firma mit dem Standort Berlin als mentale Energiequelle.

Es zeigt sich, daß dieser visionsorientierte Einflußbereich auf die Standortwahl bei vielen mittelständischen Unternehmen stark ausgeprägt ist. Allerdings ist er nicht einfach zu verstehen und zu steuern.

Der *dritte Einflußbereich* bezieht sich auf die fachliche Herkunft der Unternehmer und erschwert wieder begründbare Standortentscheidungen. Bei Unternehmensgründern und kleineren mittelständischen Firmen sind überwiegend Unternehmer mit einer Ausbildung in dem jeweiligen Produkt- und Leistungsfeld zu finden. Das gilt generell, wird aber besonders durch Untersuchungen bei technologieorientierten Unternehmensgründungen untermauert. Im produzierenden Gewerbe ist der typische mittelständische Unternehmer ein Ingenieur oder Techniker.

Dieser Umstand hat weitreichende Folgen. Getreu dem Grundsatz *Gleiches zieht Gleiches an* umgeben sich diese Unternehmer häufig wieder mit Ingenieuren und Technikern, die ihre Art zu denken und zu handeln teilen. Der Zugang zu erfahrenen Betriebswirten fällt diesem Personenkreis schwer. Häufig werden eingestellte Betriebswirte nur an untergeordneter Stelle eingesetzt.

Die Existenz der mittelstandstypischen *Nachteils- und Engpaßbereiche* Finanzierung, Führung und Organisation, aber auch Absatz und Vertrieb werden damit erklärbar. Das betrifft natürlich auch gut begründete Standortentscheidungen. Die Folge sind Entscheidungen, die mehr nach Gefühl, Neigung und persönlichen Visionen gefällt werden, ohne das *Korrektiv* einer strategischen Ausrichtung und alternativen Kostenrechnung.

Natürlich treffen die hier beschriebenen Verhaltensweisen nicht einheitlich auf alle mittelständischen Firmen zu. Dazu ist dieser Unternehmensbereich – wie schon erläutert – zu vielfältig. Speziell größere Mittelstandsfirmen im produzierenden Bereich haben teilweise gut entwickelte strategische Entscheidungsinstrumente, die auch für Standortfragen genutzt werden.

Handlungsempfehlungen für Regionalplaner und Wirtschaftsförderer

Es zeigt sich, daß wie auch immer aufgebaute Entscheidungsmodelle der Betriebswirtschaft auf sehr viele mittelständische Firmen nicht übertragbar sind.

Eine Ursache ist die Vielfalt in Branchen und Nischen, die von kleinen und mittleren Firmen repräsentiert wird. Entscheidungsmodelle sind bei dieser Vielfalt nur möglich, wenn sie sich auf die einzelnen Teilbranchen beziehen. Die Differenzierung nach Teilbranchen muß dabei so fein wie möglich sein. Also nicht ein Entscheidungsmodell

- für den Einzelhandel, sondern unterschiedliche Modelle für jede Sparte Fachgeschäfte, Fachmärkte und Discountmärkte;
- für Dienstleistungsfirmen, sondern Modelle für die einzelnen Dienstleistungssparten, d. h. Unterschiede für häusliche Krankenpflege und Software-Häuser, für Fitneß-Studios und Architekturbüros, für Expreßbotenfirmen und Messebauunternehmen;
- für den industriellen Mittelstand, sondern Entscheidungsmodelle für jede Teilbranche und die industriell arbeitenden Handwerksbetriebe.

Für *Regionalplaner und Wirtschaftsförderer*, die ein besonderes Interesse an der Ansiedlung mittelständischer Unternehmen haben, bedeutet diese Erkenntnis, daß zunächst einmal die geläufigen Entscheidungsmodelle zur Ansiedlung bekannt sein müssen, die auf Teilbranchen und Sparten zutreffen, für die überhaupt eine Ansiedlungsmöglichkeit in der Region besteht. Das wird in den meisten Fällen wegen der Vielfältigkeit bereits eine recht umfangreiche Recherchearbeit erfordern.

Ein weiterer Schritt wäre, eine Region läßt für zu ihr passende Teilbranchen, in denen es bisher keine bekannten Entscheidungsmodelle gibt, solche Modelle entwickeln. Mit solchen Entscheidungsmodellen als regionale Dienstleistung könnte dann gezielt die Akquisition von ausgesuchten Unternehmensgruppen betrieben werden.

Interessant wären Seminare für ansiedlungsbereite Unternehmer, in denen die Realisierung von Unternehmensvisionen in einer Region gezeigt wird. Träger oder Auftraggeber sollten die jeweiligen Wirtschaftsförderungsinstitutionen sein, die solche Seminare von erfahrenen Beratern durchführen lassen könnten. In intensiven Arbeitsgruppen kann dabei eine Region ihre besonderen Faktoren darstellen, die die Umsetzung von Unternehmensvisionen nachhaltig unterstützen. Als Nebeneffekt würde durch solche Seminare die Visionsbildung und das Standortmarketing einer Region selbst eine hochwertige Entwicklung nehmen.

Die nichtökonomischen und psychologischen Einflüsse auf Standortentscheidungen

Gabriele Eick

Prägende Faktoren für den Standort-Wettbewerb in Europa

Die folgenden Ausführungen streifen ganz bewußt die harten und weichen Standortfaktoren nur kurz und wollen den Leser sensibel machen für versteckte Gründe, die trotz des Vorhandenseins aller ökonomischen Standortvoraussetzungen scheinbar unlogisch Standortentscheidungen beeinflussen können.

Der europäische Binnenmarkt, die Wiedervereinigung und generell die Globalisierung der Wirtschaft definieren neue Maßstäbe für die Entwicklungsfähigkeit von Standorten. Gleichzeitig gewinnt der Wettbewerb zwischen den Regionen um Wirtschaftspotentiale immer mehr an Schärfe.

In einer Studie über Standortentscheidungen der Universität Amsterdam heißt es: "Eine der Folgen des Europäischen Binnenmarktes ist, daß die Unterschiede zwischen den Ländern allmählich abgebaut werden. Wenn Unternehmen und Organisationen über einen Standort entscheiden, messen sie den nationalen Auswahlkriterien immer weniger Bedeutung bei. Mehr und mehr konkurrieren die Ballungszentren in Europa direkt miteinander, wenn es um das Halten und Ansiedeln von Unternehmen geht. Wettbewerbsentscheidend ist, was die Ballungszentren potentiellen Investoren zu bieten haben. Die Wettbewerbsstärke wird auch beeinflußt von dem Ausmaß, in dem eine Region den Wünschen, Bedürfnissen und Anforderungen der Unternehmen nachkommen kann."

Langfristig und strategisch entscheiden über die Entwicklung eines Standortes zwei Makrobedingungen: *Erstens*, was trägt er zur schnellen Erreichbarkeit anderer Schlüsselmärkte in Europa und darüber hinaus bei, und *zweitens*, welches Marktvolumen stellt er selbst dar?

Die Standortanforderungen der Wirtschaft im einzelnen ergänzen sich durch folgende Faktoren, ohne Anspruch auf Vollständigkeit und nicht nach Prioritäten geordnet:

- Leistungsfähige Infrastruktur
- Differenziertes Angebot von Flächen/Makrostandorten/Kosten
- Differenziertes Wohnungsangebot/Kosten
- Lebensqualität und Image des Standortes (Sicherheit!)
- Höhe der Steuer- und Abgabenbelastung

- Kosten des Umweltschutzes
- Qualifiziertes Personal/Kosten
- Finanzielle Anreize

Investoren und Unternehmen gehen heute nicht immer den direkten Weg, sondern werden über Mittler aktiv, wie z. B. Rechtsanwälte, Wirtschaftsprüfer, Immobilienmakler, Botschaften, Banken, Kammern und Verbände im weiteren Sinne.

Es ist festzustellen, daß in den meisten Städten und Gemeinden der Bundesrepublik Deutschland z. B. Investitionen über unzählige Anlaufstellen – teilweise völlig unabgestimmt – eingebracht werden und der betreffende Investor mitunter monatelang damit beschäftigt wird, hin- und hergezerrt zwischen den einzelnen Interessenfeldern und politischen Ausrichtungen.

Wenn man nur die vorher aufgeführten Faktoren zur Investition nimmt, spielt die *schnelle Erreichbarkeit der notwendigen Informationen* für die Entscheidung eine immer wesentlichere Rolle. In der heutigen Wettbewerbssituation, bei dem immer stärker werdenden Kostendruck bei Investitionen ist daher der schnelle Zugriff in Kombination mit der Berechenbarkeit und Zuverlässigkeit einer Information sowie der Verbindlichkeit und Durchsetzungsfähigkeit der Vermittlung immer häufiger *ausschlaggebend für die Entscheidung für einen Standort.*

Für Japaner z. B. ist die für sie unübersichtliche Liegenschafts-Eigentümer-Situation in den neuen Bundesländern ein wichtiger Grund für die ausgesprochene Zurückhaltung bei Investitionen. Die Treuhandanstalt erscheint wie ein Dschungel an Vorschriften in Kombination mit langen Entscheidungswegen in Städten und Gemeinden.

Bei einer Verlagerung muß die Anzahl der vorteilhaften Faktoren für ein Unternehmen größer sein als am derzeitigen Standort. Bei einer Neuansiedlung z. B. innerhalb Europas kommt eine Vielzahl von Entscheidungskriterien zu der ohnehin schon langen Vergleichsmatrix hinzu, die nicht zu unterschätzen sind und mit Begriffen wie *Image, Flair, Stimmung*, aber auch mit sozialer und politischer Sicherheit überschrieben werden können. Immer dann, wenn die harten und weichen Standortfaktoren vergleichbar in der Qualität sind – der Föderalismus und die polyzentrische Struktur in Deutschland hat in den alten Bundesländern relativ ähnliche Ausgangspositionen geschaffen – geben *emotionale und psychologische Einflüsse* in der Regel für eine Standortentscheidung den Ausschlag.

Die Liste psychologischer Einflußfaktoren ist lang. Sie reicht von persönlichen Vorlieben und positiven wie negativen Erinnerungen bis zum Einfluß von Familie und Freunden, vom Wirtschaftsklima, der Stimmung einer Stadt bis zum gesellschaftlichen Leben; die Tradition eines Standortes und die Stabilität der Gesellschaft spielen ebenso eine Rolle wie Sicherheitsfragen und Skandale. Von besonderer Bedeutung sind:

- Wirtschaftsfreundliche Einstellung der kommunalen Politik
- Servicefreundliche Einstellung der Mitarbeiter einer Stadtverwaltung (König Bürger, König Unternehmer)
- Positive Einstellung der Bevölkerung zu Industrie und Wachstum

Ein extremes Beispiel für die Kraft psychologischer Faktoren bei Standortentscheidungen ist das Phänomen Westküste USA (San Franzisko, Los Angeles etc.). Die Betrachtung des Erdbeben-Risikos mit immer wieder auftretenden Beben führte bislang *nicht* dazu, daß die Menschen/Unternehmen weniger von dieser Region angezogen wurden. Hier behalten der *Spirit* der Stadt oder Region und die positive Lebenseinstellung gegenüber Katastrophenängsten eindeutig das Übergewicht.

Zu keinem Zeitpunkt hat es soviel aktives Städtemarketing speziell in Deutschland gegeben wie heute. Von der Kleinstadt bis zu Ballungszentren werden die unverwechselbaren Vorteile herausgearbeitet und von Hochglanzbroschüren bis zu Stadtvideos vermarktet. Ist aber eine Broschüre bekannt, die mit nur *einer ganz wesentlichen Aussage* wirbt? Zum Beispiel: "Wenn alle Voraussetzungen gleich sind, entscheidet *der Service einer Stadt*!"

Damit soll das Konzept deutlich gemacht werden, wonach man eine *Stadt* als *Produkt* betrachten kann, wenngleich es ein sehr komplexes Produkt ist. Komplex nicht nur wegen der zahlreichen Facetten, die dieses Produkt Stadt ausmachen, sondern auch wegen der unterschiedlichen Zeitebenen, an denen sich Entscheidungen zu orientieren haben.

Ein Stadtparlament, das sich zum derzeitigen Zeitpunkt darauf einigt, den Service der Stadtverwaltung für Bürger und Unternehmen explizit zu verbessern, kann bei erfolgreicher konsequenter Durchführung damit einen klaren Vorsprung erreichen und Entscheidungen positiv beeinflussen.

Die Stadt Offenbach, bekannt als hoffnungslos verschuldet, erklärt seit Monaten offiziell als primäres Ziel, *trotz massiver Kostenreduzierung* die Dienstleistungen für Bürger und Unternehmen zu verbessern, Umstrukturierungen vorzunehmen und den Dienstleistungsgedanken im Sinne von "Was kann ich für Sie tun" umzusetzen.

In wenigen Monaten hat sich das Image Offenbachs spürbar verbessert, ohne daß Wunder vollbracht wurden. Psychologisch gesehen ist es bereits ein Sieg durch die Idee!

Produktangebot "Stadt" bedarf hoher Akzeptanz

Besonders dieses Thema wird aus folgendem Grund aufgegriffen: Eine Stadtverwaltung im traditionellen Verständnis kann den wachsenden Ansprüchen nicht mehr gerecht werden. Die Transformation zum Dienstleistungsbetrieb als *kundenorientierter Partner* für Bürger und Unternehmen ist die große Aufgabe der nächsten Jahre. Denn die Attraktivität eines Standortes wird nicht mehr nur an Lage, Infrastrukturfaktoren, Wirtschaftsstruktur, Lebensqualität usw. gemessen werden, sondern zunehmend auch an der Qualität einer Stadtverwaltung als Dienstleister. Kundenorientierung und Schnelligkeit von Entscheidungsprozessen sind die Qualitätsmaßstäbe, die im neuen Europa zählen. Hier liegt ein wichtiges Betätigungsfeld einer wettbewerbsorientierten Kommunalpolitik.

Unser Entwicklungspotential in Städten und Regionen ist nur durch extreme Bürgernähe und eine hohe Akzeptanz des Produktangebots *Stadt* durch den Bürger zu verwirklichen. Und wenn hier von Bürgern gesprochen wird, so gilt das über deutsche Grenzen hinaus.

Die Konzentration der Stadt Offenbach auf das Thema *Modernisierung der Stadtverwaltung* hat einige weitere indirekte Konsequenzen, die von potentiellen Interessenten antizipiert werden, ohne daß sie überhaupt ausgesprochen werden. Indirekt vermittelt diese Zielsetzung dem Interessenten auch den Eindruck von Stabilität, Verständnis für wirtschaftliche Notwendigkeiten, Kundenorientierung, professionelles strategisches Vorgehen und insbesondere für *wirtschaftsfreundliche Einstellung* von Bevölkerung und Kommunalverwaltung. Der Autor wagt daher die These, daß dies eine Entscheidungsbasis bilden kann, *eventuelle Defizite* an harten Standortfaktoren zu kompensieren.

Weitere Ansätze der nichtökonomischen und psychologischen Entscheidungseinflußfaktoren sind *Vorurteile* oder *aufgesetztes Image*, die trotz nachweislich positiver Aspekte dieses Image nicht abschütteln. Hierbei spielen die Medien eine extrem große Rolle.

Beispiele:

Die Stadt Duisburg hat jahrelang viel Geld in Imagekampagnen investiert, um dem *Schimanski-City-Image* zu entfliehen.

Ein Gegenbeispiel bilden deutsche Fernseh-Serien wie *Zwei Münchner in Hamburg*. Der Norden wie auch der Süden Deutschlands wird damit mit einer Welle der Sympathie überzogen.

Die Serie *Liebling Kreuzberg* porträtiert frech, milieugetreu, ehrlich aber trotzdem sympathisch das alte und wiedervereinigte Berlin auf dem Weg zur deutsch/europäischen Metropole.

Ein Herz und eine Seele spielt in einer netten hessischen Kleinstadt mit dem Nachteil, daß alles moralisch verwerfliche, das Kriminelle, in der nahen Wirtschaftsmetropole Frankfurt stattfindet. Damit wird für Frankfurt ein Image verstärkt, das Manhattan ähnelt.

Ein Gegenbeispiel ist dafür: *Ein Fall für zwei.*

Aktives Stadtmarketing sollte daher diese Dinge beobachten, wenn möglich präventiv mitgestalten. In einer mediendominierten Welt reicht es nicht mehr aus, oberflächliche Marketingstrategien zu erarbeiten. Die ganzzeitliche, langfristige Betrachtung der Wettbewerbssituation ist notwendig. Speziell in rezessiven Phasen ist die Konzentration auf die psychologischen Einflußfaktoren von größter Bedeutung.

Seit der Wiedervereinigung hat sich Deutschland sowohl auf europäischer als auch auf internationaler Ebene mit den unterschiedlichsten Themen ins Gespräch gebracht. Ohne Frage ist die weltweite Berichterstattung der Medien über die neu entfachte neonazistische Bewegung die schädlichste. Tiefliegende Vorurteile wurden aufgerissen, und es ist völlig unerheblich, daß es ähnliche Bewegungen in anderen europäischen Ländern gibt.

Mit Recht erwartet die Welt, daß dies gerade in Deutschland nicht toleriert werden darf. Und die positiv gemeinte Schlagzeile *Germany fights Nazis with candlelights* war nur am Anfang ausreichend.

Welches Ausmaß diese Berichterstattung hat, zeigt z. B. der Ausgang der Olympia-Bewerbung 1993. Daß Berlin nicht gewonnen hat, ist nicht der Punkt, sondern die verschwindend geringe Anzahl an *Freunden*, die das Ergebnis deutlich widerspiegelte.

Außerhalb seiner Grenzen stößt Deutschland seit der Wiedervereinigung auf die Angst vor *deutscher Dominanz*, seit der Rezession aber plötzlich auf die *Angst vor der deutschen Schwäche*. Mit viel Unverständnis beobachtet man die Verteilungskämpfe und die Unfähigkeit der Deutschen zum *Lean-Social oder Life-Standard*. Die Schlagzeilen zum Thema *Industriestandort Bundesrepublik Deutschland* verbunden mit z. B. der Gentechnik-Diskussion verbessern unsere psychologische Wettbewerbssituation in keinster Weise.

Unter dem Aspekt deutscher Dominanz muß auch die Bewerbung um den Sitz der europäischen Zentralbank nachträglich gesehen werden. Der Entscheidung, das europäische Währungsinstitut und die spätere europäische Zentralbank in Frankfurt anzusiedeln, ging ein jahrelanger harter Kampf voraus – insbesondere gegen das Vorurteil gefürchteter Dominanz, das sich an der Bundesbank festmachte. Tief darunter liegen bei solchen Entscheidungen das Wissen um die Anziehungskraft der *Machtzentren* sowie der Wunsch der Menschen nach *Konzentration von Gleichen*. Früher waren das die Zünfte, heute sind das Banking-Districts, Mode-Zentren, Pelz-Zentren, Asien-Centers, ist das Konzentration von Kommunikationstreibenden etc. Man will "unter sich" sein neben dem sachlichen Willen zum Infrastruktur-Sharing.

Dabei spielt die *Tradition* eine sehr wichtige Rolle, die auch psychologische Besitzstandsrechte zeigt. London kämpfte für seinen traditionellen angestammten Finanzplatz. Man konnte sich fast nicht vorstellen, daß es andere ernsthafte Mitbewerber gab. Tradition hat immer wie ein Magnet gewirkt. Bei der o. a. Festlegung (die erste europäische Institution in Deutschland) handelt es sich daher um eine Entscheidung, deren Ausmaß erst in wenigen Jahren für Deutschland und die Region sichtbar werden wird. Für Standortentscheider, Investoren sowie für die auswärtige Wirtschaft und Bevölkerung ist diese Entscheidung Absicherung und Perspektive zugleich. Damit ist die Vision einer europäischen Dienstleistungs- und Wirtschaftsmetropole deutlich gestärkt worden.

Nun sollen weitere Beispiele *emotionaler und psychologischer Einflüsse* genannt werden, um zu verdeutlichen, wie sensibel Investoren reagieren.

Nach der Wiedervereinigung fanden sich einige deutsche Städte in die Situation versetzt, ihren Standort neu zu positionieren, so z. B. München. Genau zu diesem Zeitpunkt machte der damalige Oberbürgermeister Kronawitter einige Male die wirtschaftspolitische Aussage, ein weiteres Wirtschaftswachstum sei nicht gewollt. Binnen kürzester Zeit ging die Medienpräsenz Münchens zurück.

Die schier endlose Hauptstadtdiskussion Berlin/Bonn war ganz sicherlich kontraproduktiv zu einem Zeitpunkt, wo speziell das Ausland eine klare Entscheidung erwartete. Übrigens, viele zentralistisch organisierten Länder verbanden mit dieser Berlin-Entscheidung auch die Erwartung, langfristig werde die Bundesrepublik Deutschland von ihrer polyzentrischen Struktur – ein wesentlicher Grund für die Leistungsfähigkeit der Volkswirtschaft – in eine zentralistische Organisation (wishful thinking) zurückfallen.

Es darf auch nie unterschätzt werden, daß man in Umbruchszeiten mit dem *Zug der Lemminge* rechnen muß: Welcher Standort scheint Zukunftspotential zu haben? Investitionsverzögerung in einer rezessiven Phase kann nicht gewollt sein. Glücklicherweise vertraute das Ausland darauf, daß die Pläne eingehalten werden.

Beide Beispiele – die Europäische Zentralbank und die Hauptstadt Berlin – unterstützen die These vom Einfluß psychologischer Erwartungshaltung auf Standortentscheidungen.

Hamburg hat nach der Wiedervereinigung durch die Rückgewinnung des Hinterlandes und den Ost-Europa-Zugang neue Perspektiven erhalten und damit ein Wachstum erlebt, das sehr schnell physisch sichtbar wurde, aber eine klare psychologische und emotionale Grundlage hatte, was schlicht mit Aufbruchstimmung beschrieben werden kann. Hamburg ist übrigens ein sehr gutes Beispiel positiver Medienbegleitung sowohl durch Print- als auch elektronische Medien.

Aus den bisherigen Darlegungen läßt sich dieses Fazit ziehen:

- Die *nichtökonomischen und psychologischen Einflußfaktoren* sind eng miteinander verknüpft und beeinflussen die Standortentscheidung erheblich.
  Der unternehmerische *Fühlungsvorteil* hat mit dem psychologischen Einflußfaktor des Einzelnen das Streben nach Sicherheit und Berechenbarkeit der künftigen Standortpotentiale gemeinsam.

- Das Absichern der Standortentscheidung durch die Nähe zum Kunden, Lieferanten, zu Machtzentren und nicht zuletzt zu Unternehmen der eigenen Branche entspricht der emotionalen Bindung des Einzelnen an seine Freunde und seine gewohnte Lebensform und -umgebung.

- Eine Entscheidung für einen neuen Standort hat starke Beharrungskräfte zu überwinden. Gleichzeitig muß ein unterschiedlich großes und schwankendes Vertrauen in die Zukunftspotentiale der Wirtschaft und des Standortes in ein Gefühl der Berechenbarkeit und Stabilität umgesetzt werden.

- Die wirtschaftsfreundliche Einstellung von Bevölkerung und Behörden ist dafür ein entscheidender Maßstab: Gelingt es den bereits im Vorfeld der Standortentscheidung tätigen Behörden durch ihre Betreuung positiv einzuwirken, fühlen sich Unternehmer wie Neubürger schnell als willkommene Neukunden. Die im Idealfall von der *gesamten kommunalen Verwaltung* ausgehende Serviceleistung ist stark genug, eventuelle Nachteile bei den harten Standortfaktoren auszugleichen.

- Das Angebot einer guten sozialen Infrastruktur verstärkt und bestätigt darüber hinaus eine fundierte, langfristig angelegte wirtschaftsfreundliche Einstellung.

- Neben den bereits erwähnten Faktoren gehört dazu vor allen Dingen ein ausreichendes Angebot an bezahlbarem Wohnraum.
- Kriminalitätsraten von Städten werden extrem vermeldet. Das Sicherheitsbedürfnis wird künftig noch stärker steigen und damit die öffentliche Verwaltung zusätzlich zu den Serviceerwartungen zu einer weiteren Leistungssteigerung herausfordern.
  Ein ergänzender altersabhängiger Entscheidungsfaktor ist ein ausreichendes Angebot an Kindergarten- und internationalen Schulplätzen mit international anerkannten Abschlußmöglichkeiten. Hier liegt eine Chance, die gegebene Alters- und Sozialstruktur des Standortes in einer internationalen und die Generationen übergreifenden Weise durchgängig und zur Verbesserung der eigenen Standortqualität zu verändern.
- Die positive Bewältigung der multikulturellen Gemeinschaft im EU-Binnenmarkt wird mehr und mehr ein emotionaler und psychologischer Gesichtspunkt.

Menschen mit Mut sind beste Botschafter

Jeder Standort ist abhängig von der Standort-Diskussion des gesamten Landes. Diese Abhängigkeit muß alle Beteiligten (Bund, Land, Städte, Gemeinden) für die Zukunft sensibler machen. Einzubinden sind die Medien, wohlgemerkt einzubinden und nicht benutzend.

Wenn eine Lokalpresse nur negativ berichtet, wird dies sehr schnell Auswirkungen auf die Stimmung in einer Stadt haben. Umgekehrt kann sie aber auch positive Kräfte mobilisieren. Dieser Punkt berührt sogleich das Thema *Lobbying*, ein Thema, bei dem in Europa die Deutschen selbstkritisch zugeben müssen, daß sie sich hier schwer tun und, historisch gesehen, schwer getan haben.

Vorurteile und Ängste bauen sich am überzeugendsten durch die Botschafter/Bürger eines Landes, einer Stadt etc. ab. Zum jetzigen Zeitpunkt gilt es für *alle Deutschen* in Europa, dieses Primär-Thema zu erklären und vorzuleben: *Ausländer in Deutschland.*

Alle sind aufgerufen, die Schäden an dem Ruf Deutschlands gemeinsam zu reparieren, die durch die Anschläge auf Ausländer entstanden sind, denn Menschen mit Mut und Zivilcourage sind die besten Botschafter ihres Landes.

Das behandelte Thema soll deutlich machen, daß eine ausschließliche Konzentration auf die harten und weichen Standortfaktoren zu kurz greift. Mindestens gleichgewichtet sind emotionale und psychologische Aspekte. Sie werden in Europa oft nicht genügend analysiert und in Strategien einbezogen und gehören in den Bereich des schwer Beeinflußbaren. So steht ein Entscheidungsfaktor in der Bewertungsskala für Standorte immer ganz hinten: der sogenannte persönliche. Aber genau der kann letztlich den Ausschlag für die endgültige Entscheidung geben, wenn z. B. der General-Manager eine bestimmte Stadt aus persönlichen Gründen favorisiert. Dann werden die besten statistischen Aufstellungen und Tatsachen einer *besonderen Bewertung* unterzogen.

Grundzüge der Standortpolitik der deutschen Automobilindustrie

Erika Emmerich

Fabrikationsstätten – Teil weltweiter Fertigungsstruktur

Das Automobil ist ein Kind deutschen Erfindungsgeistes. Noch heute besitzen für die Automobilproduktion diejenigen Standorte eine hervorragende Bedeutung, die wie Baden-Württemberg, Hessen, Sachsen und Thüringen bereits seit den ersten Jahrzehnten ihrer Geschichte mit dem Automobil verbunden sind. Andere Regionen wie Niedersachsen und Bremen sind hinzugekommen. Zusammen mit den Betrieben der Anhänger- und Aufbautenindustrie und der Kfz-Teile- und -Zubehörindustrie bilden die Fabrikationsstätten der deutschen Automobilhersteller heute ein dichtes, die gesamte Bundesrepublik Deutschland überziehendes Netz, das seinerseits Teil einer europäischen, ja weltumspannenden Fertigungsstruktur darstellt.

Die *komplexen Liefer- und Leistungsverflechtungen* machen es immer schwerer, eine nationale Automobilindustrie isoliert darzustellen oder gar eine, nur auf ein Land beschränkte Unternehmenspolitik zu formulieren. Die Unternehmen der Automobilindustrie – und dies gilt für alle Herstellergruppen in gleicher Weise – stehen im internationalen Wettbewerb und operieren weltweit. Standortpolitik ist deshalb stets Teil einer globalen Strategie.

Die deutsche Automobilindustrie beschäftigte 1993 685 000 Arbeitnehmer, davon 390 000 in der Kraftwagenindustrie, 50 000 in der Anhänger- und Aufbautenindustrie und 245 000 in der Kfz-Teile- und Zubehörindustrie. An 28 Standorten werden Automobile hergestellt, davon an 5 in den neuen Bundesländern. Insgesamt liefen 1993 in Deutschland 3,75 Mill. Pkw und 238 000 Nkw vom Band. Der Umsatz der deutschen Automobilindustrie erreichte 1993 189 Mrd. DM. Insgesamt wird etwa ein Fünftel des Sozialprodukts durch Produktion, Vertrieb und Nutzung des Automobils bestimmt.

Die Automobilindustrie prägt die wirtschaftliche Leistungsfähigkeit vieler Regionen. Ihre räumliche Verteilung läßt mehrere Schwerpunkte erkennen. Konzentrationen ergeben sich vor allem im Raum Stuttgart, im Raum Wolfsburg – Braunschweig – Salzgitter, im Raum Rüsselsheim – Mannheim – Frankfurt, im Raum München – Ingolstadt – Dingolfing sowie im Raum Köln – Bochum – Düsseldorf. Von den 3 030 Betrieben des Straßenfahrzeugbaus befanden sich 1992 jeweils rund ein Sechstel in Baden-Württemberg und Nordrhein-Westfalen, ein Siebtel in Bayern und ein Elftel in Hessen.

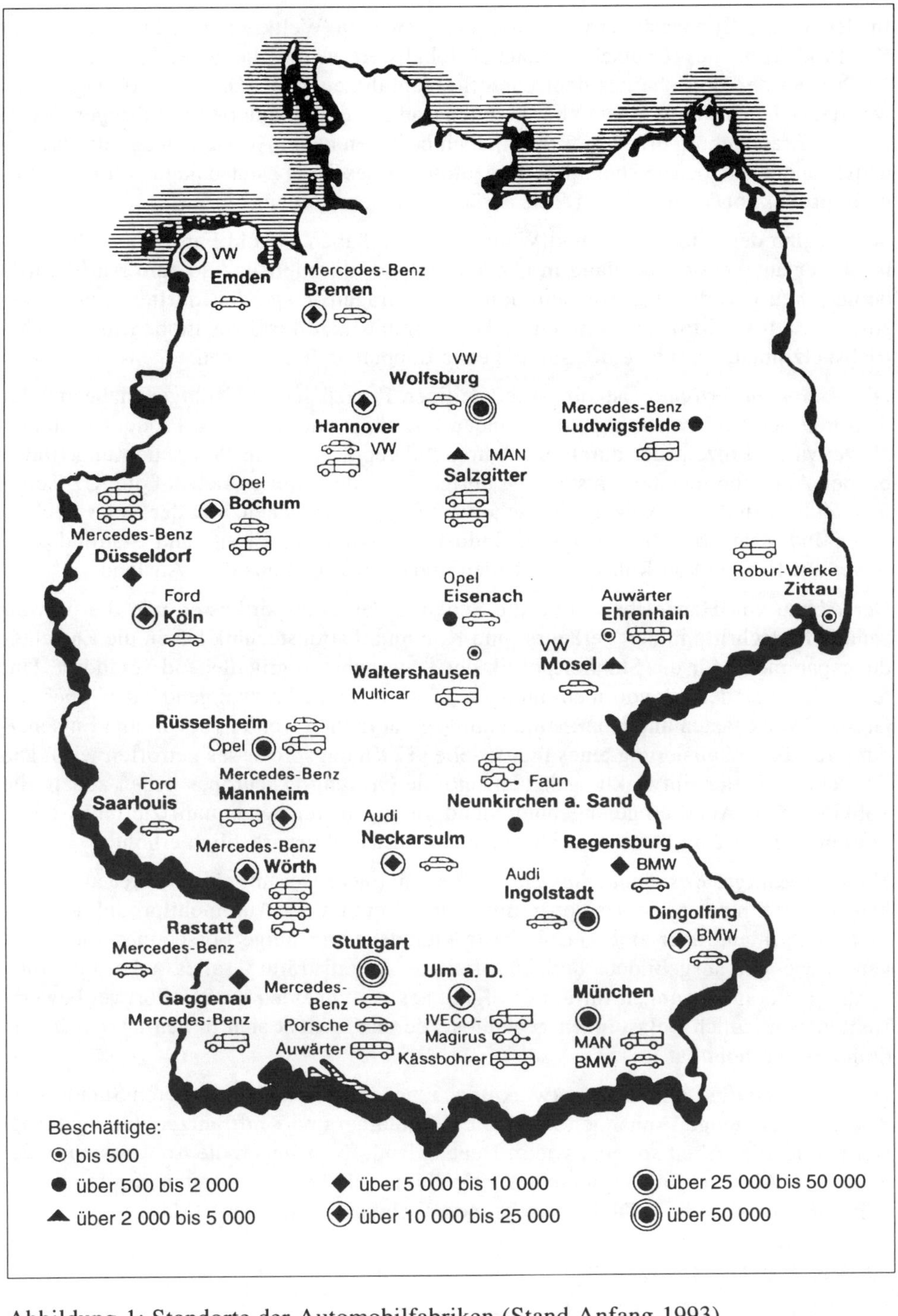

Abbildung 1: Standorte der Automobilfabriken (Stand Anfang 1993)

In den neuen Bundesländern, wo vor dem Zweiten Weltkrieg fast 30 Prozent der Kfz-Produktion des Deutschen Reiches lokalisiert waren, befanden sich 1992 nur 13 Prozent der Betriebe des deutschen Straßenfahrzeugbaus. Dank des Engagements westdeutscher Automobilhersteller konnten traditionelle Standorte in Thüringen, Sachsen und Brandenburg erhalten werden, doch bestehen kaum Aussichten darauf, daß die neuen Bundesländer die ehemalige Bedeutung dieses Teils Deutschlands für die Automobilproduktion in absehbarer Zeit zurückgewinnen werden.

Seit Beginn der Wirtschafts- und Währungsunion haben sowohl Fahrzeug- wie Teilehersteller aus Westdeutschland in Ostdeutschland investiert und so zum Aufbau moderner, wettbewerbsfähiger Produktionen beigetragen. Insgesamt dürften diese Investitionen etwa 5 Mrd. DM erreicht haben. Nimmt man die Investitionen in das Vertriebsnetz hinzu, so dürfte die Summe etwa doppelt so hoch liegen.

Die *Automobilfertigung* ist ein arbeitsteiliger Prozeß, der Leistungen nahezu aller Sektoren der Volkswirtschaft miteinander verknüpft und zu einem Produkt gestaltet. Nur etwa 30 Prozent der durch ein Automobil repräsentierten Wertschöpfung finden bei den Automobilherstellern statt, die übrigen Anteile verteilen sich auf die Kfz-Teile- und -Zubehörindustrie sowie zahlreiche vorgelagerte Branchen, von der elektrotechnischen Industrie über die chemische Industrie bis hin zur Eisen- und Stahlindustrie sowie auf Bezüge von Rohstoffen, Teilen und Aggregaten aus dem Ausland.

Der Abbau von Handelsbarrieren, die Senkung der Transportkosten und die umwälzenden Fortschritte in der Verkehrs- und Kommunikationstechnik haben die Entscheidungsparameter für die Standortpolitik der Unternehmen grundlegend verändert. Unterschiede bei den Standortbedingungen müssen nunmehr zwingend auch über die Grenzen von Staaten und Kontinenten hinweg verglichen werden, bevor eine Entscheidung für die Lokalisierung eines industriellen Fertigungsprozesses getroffen wird. Die Fortschritte vieler Entwicklungsländer und die Öffnung Osteuropas haben zudem die Zahl der in die Auswahl gelangenden Standorte mit ausreichend qualifizierten Arbeitskräften und einer hinlänglichen industriellen Infrastruktur erheblich erhöht.

Standortbedingte Kostenunterschiede wiegen nunmehr wesentlich schwerer als in früheren Jahrzehnten. Als eines der traditionellen Zentren der Automobilproduktion verfügt Deutschland über eine gute Infrastruktur, leistungsfähige Forschungseinrichtungen sowie gut ausgebildete und qualifizierte Arbeitskräfte – alles außerordentlich wichtige Voraussetzungen für ein erfolgreiches Abschneiden im Standortwettbewerb. Dem stehen jedoch Belastungen gegenüber, deren Gewicht sich in den letzten Jahren dramatisch erhöht hat.

Hier ist zuerst die Lohnkostenentwicklung zu nennen. An keinem anderen Standort, an dem Kraftfahrzeuge, Anhänger, Aufbauten, Container und Kraftfahrzeugteile gefertigt werden, ist die Arbeit so teuer wie in Deutschland. Zwar liegen die Lohnkosten in der deutschen Automobilindustrie schon lange höher als bei den meisten Konkurrenten. Seit 1989 hat sich diese Diskrepanz jedoch nochmals wesentlich erhöht.

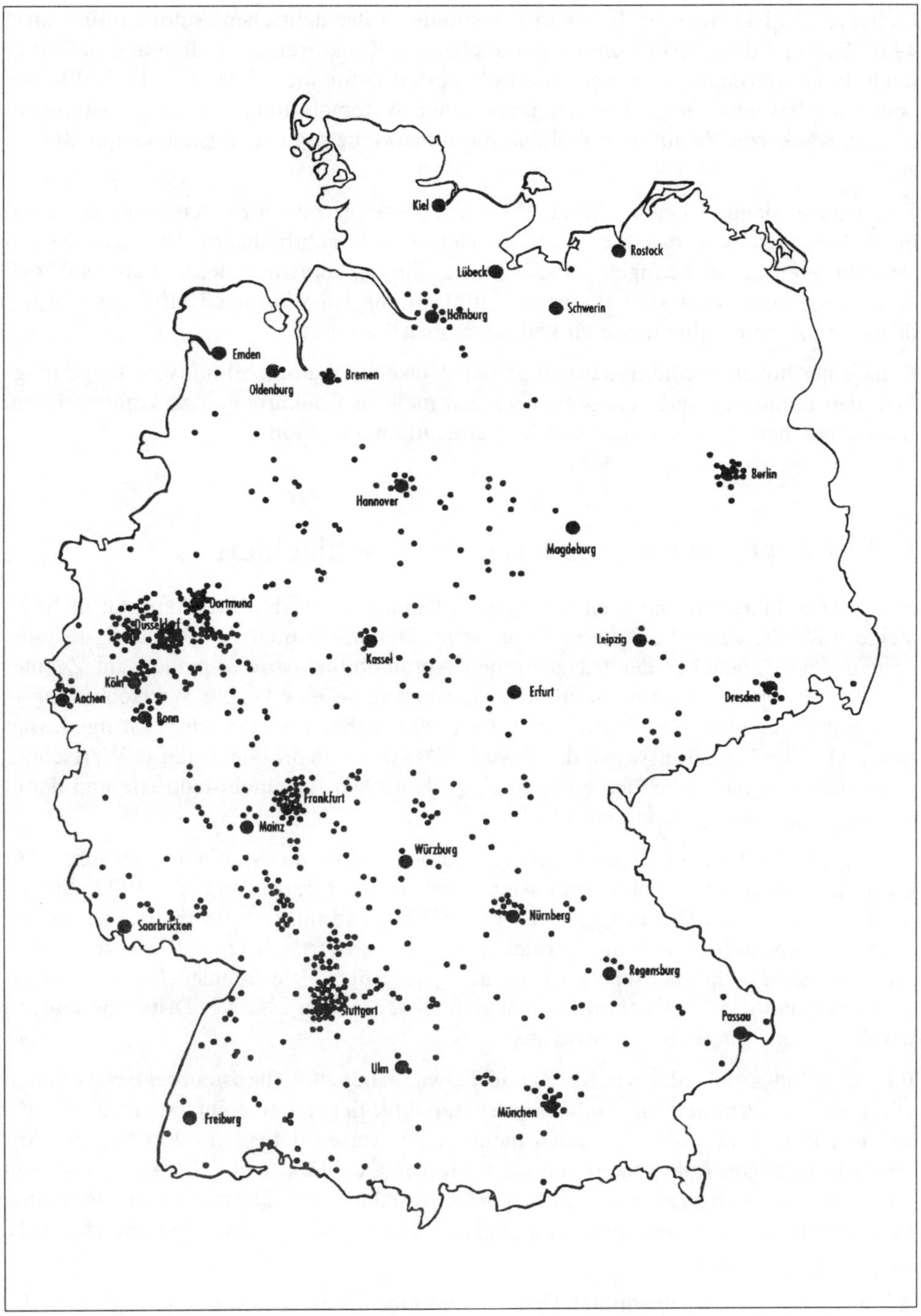

Abbildung 2: Standorte der deutschen Kfz-Zulieferindustrie

Im Jahre 1993 kostete die Beschäftigtenstunde in der deutschen Automobilindustrie 49,62 DM und damit 80 Prozent mehr als bei der Konkurrenz in Italien und in Frankreich. In Großbritannien betragen die Lohnkosten je Stunde nahezu nur die Hälfte des deutschen Niveaus. Gegenüber der japanischen Automobilindustrie, dem leistungsfähigsten Konkurrenten auf dem Weltautomobilmarkt, betrug der Abstand knapp 20 Prozent.

Eine entscheidende Ursache für das Bestehen dieses extremen Kostennachteils stellen die *Lohnzusatzkosten* dar, die in der deutschen Automobilindustrie über 21 DM pro Beschäftigtenstunde betragen, eine Summe, die in keinem anderen Land so hoch ausfällt. In Japan liegt sie bei einem Drittel, in den USA bei der Hälfte des von der deutschen Automobilindustrie zu kalkulierenden Betrages.

Dank einer hohen Produktivität war es der deutschen Automobilindustrie lange möglich, den Lohnkostennachteil gegenüber den meisten Konkurrenten zu kompensieren. Inzwischen haben jedoch viele Länder beträchtlich aufgeholt.

Lohnstückkostenniveau hat sich verschlechtert

In den 80er Jahren vermochten die meisten Konkurrenten ihre Produktivität mehr zu steigern als die deutsche Automobilindustrie. Deshalb beträgt der Produktivitätsvorsprung etwa gegenüber der französischen Automobilindustrie nur noch ein Zehntel (1992). Die japanische Automobilindustrie weist sogar eine höhere Wertschöpfung je Beschäftigtenstunde auf als die deutsche (1992: nahezu 50 Prozent). Infolgedessen haben sich die Verhältnisse bei den *Lohnstückkosten* – den Lohnkosten je Wertschöpfungseinheit – ganz erheblich zu Lasten der deutschen Automobilindustrie und damit des Standorts Deutschland verschlechtert.

In Belgien, Frankreich und den Niederlanden produzierte die Automobilindustrie 1980 etwa mit dem gleichen Lohnstückkostenniveau wie in Deutschland. Bis 1992 hat sich die Relation um ein Drittel zugunsten Frankreichs und um fast ein Fünftel zugunsten Belgiens verschoben; nur im Vergleich mit der niederländischen Konkurrenz verschlechterte sich die deutsche Position nur geringfügig. Die Lohnstückkosten der japanischen und der US-Konkurrenz machten 1992 weniger als zwei Drittel derjenigen der deutschen Automobilindustrie aus.

Für junge Industrieländer wie Korea und Taiwan, aber auch für osteuropäische Staaten wie Polen, Ungarn und die Tschechische Republik liegen keine entsprechenden statistischen Daten vor. Es fehlt jedoch nicht an Hinweisen dafür, daß dort bei außerordentlich niedrigen Lohnkosten bereits ein hohes Qualitäts- und Produktivitätsniveau erreicht wird, das für zahlreiche Erzeugnisse der Automobilindustrie – von kompletten Fahrzeugen bis zu Teilen unterschiedlichster Komplexität – eine wettbewerbsfähige Fertigung ermöglicht.

Auch bei der *Arbeitszeit* nimmt Deutschland eine Extremposition ein. Die Zahl der effektiv geleisteten Arbeitsstunden ist bei den amerikanischen Herstellern um ein Drittel, bei den japanischen sogar um 40 Prozent höher als in der deutschen Automobilindustrie, wo sie 1 518 Stunden beträgt (1992). Eine niedrige individuelle Arbeitszeit erschwert aber insbesondere angesichts der inflexiblen Arbeitszeitregelungen in Deutschland eine hohe zeitliche Auslastung der teuren Fertigungsanlagen und erhöht somit die Stückkosten.

Zu den Faktoren, die dazu beitragen, daß der Standort Deutschland zunehmend an Attraktivität für die Automobilindustrie verliert, gehören auch hohe Steuern, eine hohe staatliche Regelungsdichte und Umweltschutzauflagen, die über die Anforderungen anderer Industrieländer hinausgehen.

Insbesondere die *Unternehmensteuern* liegen in Deutschland über dem international üblichen Ausmaß. Nur hier gibt es eine Gewerbesteuer, die erheblich zu der Gesamtsteuerlast beiträgt und Deutschland zum Land mit der höchsten Unternehmensbesteuerung macht. So wird auch ab dem 1.1.1994 die steuerliche Gesamtbelastung des nicht ausgeschütteten Gewinnes in der Bundesrepublik noch über 62 Prozent ausmachen, gegenüber 59 Prozent in Japan, 52 Prozent in Frankreich, 33 Prozent in Großbritannien und 30 Prozent in Schweden.

Allein im Bereich *Umweltschutz* gibt es in Deutschland rund 4 000 Bestimmungen der verschiedensten Art. Überreguliert ist vor allem auch das Bauwesen. Genehmigungsverfahren für größere Investitionsvorhaben können Jahre dauern, weil die Zuständigkeiten zwischen den zahlreichen einzuschaltenden Behörden oft ungeklärt sind und sich deshalb niemand für eine zügige Bearbeitung der Anträge verantwortlich fühlt. Der schleppende Gang dieser Verfahren stellt einen Wettbewerbsnachteil dar, da die Unternehmen in anderen Ländern Investitionsvorhaben schneller als in Deutschland verwirklichen können.

Der *Umweltschutzaufwand* deutscher Unternehmen übertrifft deutlich den ihrer Konkurrenten. So werden in Deutschland 1,7 Prozent des Bruttosozialprodukts für Umweltschutz ausgegeben, in den USA 1,4 Prozent, in Japan 1,0 Prozent sowie in Großbritannien, Frankreich und Schweden jeweils etwa 0,9 Prozent. Zwar besteht Einigkeit darüber, daß Umweltschutz mit zu den wichtigen Aufgaben der entwickelten Industriegesellschaften gehört, doch führt das Vorpreschen eines Landes zu einem Wettbewerbsnachteil für seine Industrie, der bei der Standortwahl mehr und mehr an Bedeutung gewinnt.

Die Belastungen des Standorts Deutschland haben inzwischen ein solches Ausmaß angenommen, daß die Unternehmen sich gezwungen sehen, weitreichende Konsequenzen zu ziehen. Dies gilt vor allem auch für die im internationalen Wettbewerb stehende deutsche Automobilindustrie.

Ein Weg, die Kosten zu reduzieren, besteht darin, sich die komparativen Kostenvorteile ausländischer Standorte durch die Steigerung des Bezugs von *Vorleistungen aus dem Ausland* zunutze zu machen. War es Anfang der 80er Jahre erst ein Fünftel der in einem Automobil enthaltenen Wertschöpfung, das aus dem Ausland kam, so dürften es inzwischen gut 30 Prozent sein. Dieser Anteil ist dabei, sich weiter zu erhöhen. Insbesondere die Zulieferindustrie wird von diesem Prozeß in ihren inländischen Absatzmöglichkeiten eingeschränkt. Doch auch sie selbst ist dabei, ihr eigenes Kostenniveau durch den Bezug kostengünstiger Vorleistungen aus dem Ausland zu senken.

Einen anderen Weg stellt die *Verlagerung eigener Fertigungen* an Standorte mit einem niedrigeren Kostenniveau oder der Ausbau dort schon bestehender Aktivitäten dar. Die traditionellen Motive für die Aufnahme von Auslandsfertigungen sind Marktnähe, Unterlaufen von Handelsschranken, Einsparung von Transportkosten und Ausgleich von Wechselkursrisiken. Daneben tritt zunehmend die Nutzung komparativer Kostenvorteile, vor allem geringerer Lohnkosten als entscheidende Triebfeder für die Aufnahme einer Produktion im Ausland.

Die Tendenz zur Erosion des Standorts Deutschland wird auch an dem kräftigen Anstieg der Zahl der im Ausland mit deutschen Markenzeichen hergestellten Automobile deutlich: Waren es 1972 erst 740 000 Einheiten, so stieg diese Zahl über 1,3 Mill. im Jahre 1980 auf 2,0 Mill. Einheiten (1993) an. Die deutschen Automobilhersteller verfügen heute in 54 Ländern über Montage- und Fertigungsstätten.

Ein sehr viel deutlicheres Signal stellt der Trend zur zunehmenden Fertigung von Komponenten im Ausland dar. Bereits heute verfügt die deutsche Kfz-Teile- und -Zubehörindustrie in etwa 60 Ländern über Lizenz- und Fertigungsstätten. Auch die Anhänger- und Aufbautenindustrie hat zahlreiche Fertigungsstätten im Ausland. Neue Engagements finden insbesondere in Südeuropa, den Reformstaaten Tschechische Republik, Slowakische Republik, Polen und Ungarn sowie in Ostasien statt.

An der Entwicklung der Direktinvestitionen wird die Schwäche des Standorts Deutschland ebenfalls erkennbar. In den Jahren 1991 und 1992 investierte der deutsche Straßenfahrzeugbau im Ausland 5,5 Mrd. DM. Gleichzeitig flossen aus dem Ausland jedoch lediglich 0,15 Mrd. DM in Unternehmen dieser Industrie nach Deutschland zurück.

Weder aus gesamtwirtschaftlicher noch aus betriebswirtschaftlicher Perspektive wäre es eine richtige Entscheidung, wenn die Automobilindustrie ihre Standorte in Deutschland kampflos aufgeben würde. Die Wiederherstellung der Wettbewerbsfähigkeit der Produktion im Inland setzt jedoch eine wesentliche Reduzierung des Kostenniveaus voraus. Hierzu bedarf es einer Senkung der Lohnkosten, einer höheren Flexibilität der Arbeitszeitregelungen, eines Endes der Arbeitszeitverkürzung mit vollem Lohnausgleich, aber auch einer erheblichen Erhöhung der Produktivität und einer Beschleunigung des Innovationsrhythmus.

Strukturwandel ist voll im Gange

Die Rezession der letzten beiden Jahre verstärkte den Anpassungsdruck auf die deutsche Automobilindustrie und ließ ihr keine andere Wahl als sich auf die *neuen Wettbewerbsbedingungen* schnell und entschlossen einzustellen. Dabei erwiesen sich tiefgreifende Einschnitte als unvermeidbar. Sie verändern nicht nur die Position einzelner Betriebe, sondern führen auch zu einer neuen Form der Verknüpfung der Arbeitsabläufe innerhalb der Unternehmen sowie zwischen den Unternehmen verschiedener Fertigungsstufen. Hierdurch wird auch die räumliche Verteilung der Automobilindustrie verändert.

Der *Strukturwandel* in der deutschen Automobilindustrie ist bereits in vollem Gange. Die Hierarchien werden gestrafft, in den Betrieben werden neue Formen der Arbeitsorganisation verwirklicht, die das Aufgabenspektrum des einzelnen Mitarbeiters anreichern, seinen Verantwortungsbereich ausweiten und so seine Motivation verbessern. Gruppenarbeit wird zunehmend eingeführt. Auch wenn diese neuen Organisationsformen meist erstmals in neuen Fabrikationsanlagen erprobt wurden, vollzieht sich zunehmend ihre Übertragung auf die übrigen Betriebe. Die neu gestalteten Fabriken in Ostdeutschland konnten hierzu Schrittmacherdienste leisten.

Deutlicher als je zeichnet sich die Erkenntnis ab, daß nur die Bereitschaft, die eigene Praxis ständig in Frage zu stellen und einen Prozeß der ständigen Verbesserung in Gang zu halten, den Erfolg im Wettbewerb ermöglicht. Dieses Gebot gilt keineswegs lediglich für die Automobilhersteller und ihre eigenen Werke. Die erforderliche Erneuerung erstreckt sich vielmehr auf die gesamte automobile Wertschöpfungskette. Hinzu kommt, daß die deutschen Automobilhersteller dabei sind, ihre Fertigungstiefe zu verringern, um das Know-how und die Kostenvorteile der Zulieferindustrie besser zu nutzen. Im Zuge dieses Prozesses verändert sich die traditionelle Arbeitsteilung zwischen den Automobilherstellern und der Zulieferindustrie grundlegend.

Die Zulieferer werden früher in den Entwicklungsprozeß neuer Produkte einbezogen und erhalten im Rahmen des simultaneous engineering zusätzliche Aufgaben. Sie übernehmen die Verantwortung für ganze Systeme oder Module und entlasten die Automobilhersteller von Tätigkeiten, die diese bisher zu ihrem ureigenen Arbeitsgebiet gerechnet haben. Demzufolge wachsen die Verantwortung der Zulieferer, ihr Forschungs- und Entwicklungsaufwand und ihr Kapitaleinsatz, aber insgesamt nehmen auch die Kommunikations- und Abstimmungsbedürfnisse zwischen den Unternehmen der verschiedenen Fertigungstiefen sprunghaft zu.

Mit dem Übergang zum *System- und Modullieferanten* verringert sich die Zahl der Zulieferer, mit denen die Automobilindustrie in einer direkten Lieferbeziehung steht. Hierzu trägt auch die schon länger anhaltende Tendenz bei, bestimmte Teile nur bei einem einzigen Lieferanten zu beziehen. Einerseits soll diesem die bessere Ausnutzung der Kostendegression ermöglicht werden, andererseits versprechen sich die Automobilhersteller selbst hiervon eine vereinfachte Abwicklung, logistische Vorteile und damit die Erschließung weiterer Kostensenkungspotentiale.

Kostenreduzierung darf nicht zu einer Minderung der Produktqualität führen. Dennoch muß darüber nachgedacht werden, ob alle bisher gestellten Anforderungen an die Gestaltung von Erzeugnissen, die zu besonderem Aufwand führen, im Sinne des Kunden liegen. Kundenorientiertes Denken kann durchaus zu einer *Entfeinerung* von Produkten führen, durch die Kosten eingespart werden, ohne eine Beeinträchtigung des Nutzens für den Autofahrer zu bewirken.

Angesichts des härter gewordenen internationalen Wettbewerbs stellt sich auch die Frage nach der weitergehenden Ausschöpfung aller Chancen zur Standardisierung von Teilen und Aggregaten mit größerem Nachdruck als zuvor. Dabei kann es sowohl um die Standardisierung von Teilen für verschiedene Modelle eines bestimmten Automobilherstellers wie auch um gemeinsame Anstrengungen verschiedener Automobilhersteller gehen, bestimmte Komponenten in gleicher Ausführung zu verwenden.

Letzteres wird sich vorzugsweise auf solche Komponenten beziehen, die nicht im Blickfeld des Kunden liegen und nicht zur Identifikation bestimmter Markenbilder beitragen. Nicht nur bei der Entfeinerung, sondern auch bei der Standardisierung ist die Mitwirkung der Teilehersteller mit ihrem Know-how über die eigenen Produkte für einen Erfolg unentbehrlich.

Die überwiegend *mittelständisch* strukturierte Kfz-Teile- und -Zubehörindustrie steht im Zentrum der gegenwärtigen strukturellen Veränderungen in der Automobilindustrie. Die Unternehmen müssen ihren Platz in einer sich wandelnden Industrie neu definieren. Nur ein kleiner Teil der Unternehmen wird sich zum Modul- oder Systemlieferanten entwickeln können. Andere werden ihre Chance in nachgelagerten Fertigungsstufen als Spezialisten für einzelne Teile und Komponenten suchen müssen. Da zugleich die Bestrebungen zur Verringerung der Fertigungstiefe und zur Nutzung von komparativen Vorteilen ausländischer Standorte über alle Stufen der Wertschöpfungskette hin verfolgt werden, wird es zu einer grundlegenden Veränderung der Leistungsflüsse kommen.

Als Ergebnis werden die Zulieferstrukturen über die gesamte Wertschöpfungskette hin neu gestaltet. Dies bedeutet, daß nicht nur die Beziehungen zwischen Automobilherstellern und ihren direkten Zulieferanten eine Veränderung erleben, sondern auch diejenigen zwischen den Zulieferanten der ersten Stufe und denen der verschiedenen vorgelagerten Stufen. Da die Fertigungstiefe nicht nur bei den Automobilherstellern selbst sinkt, wird die Zulieferpyramide steiler. Gleichzeitig nimmt der Anteil von Vorleistungsbezügen aus dem Ausland auf allen Stufen zu.

Aufgrund des Rückgangs der Fertigungstiefe wird die Bedeutung der Automobilfabriken zugunsten der Zulieferbetriebe abnehmen, auch wenn sie weiterhin das Zentrum der planerischen und der steuernden Impulse bleiben. Die Größe der Montagewerke der Automobilhersteller wird abnehmen, da die Fertigung von Komponenten und Systemen nicht mehr am gleichen Standort erfolgen wird und die zunehmende Produktvielfalt sowie die darauf abgestimmte Fortentwicklung der Fertigungstechnologie die optimale Stückzahl sinken lassen werden. Dabei spielt der hohe Raumbedarf für die Montage komplexer Module und unterschiedlicher Produktvarianten mit ihren spezifischen Ansprüchen an die Versorgung mit Teilen und Aggregaten bei immer weitergehender Individualisierung der Fahrzeuge eine entscheidende Rolle.

Die Zulieferer ihrerseits werden einen Teil ihrer Aktivitäten, insbesondere die der Montage von Modulen und Systemen näher an die Automobilfabriken heranrücken, um eine Anlieferung auch groß dimensionierter Objekte kostengünstig just-in-time zu ermöglichen. Andererseits verfügen viele Zulieferer über traditionelle Standorte in anderen Industrieregionen, etwa in der Nähe ihrer Materiallieferanten, wo auch ein Teil der zusätzlichen Zulieferaktivitäten angesiedelt werden wird, wenn es nicht zur Produktion im Ausland kommt. Insgesamt wird die Konzentration der Automobilproduktion im Raum somit eher abnehmen. Zulieferungen aus dem Ausland werden künftig vor allem bei technisch einfachen und normierten Teilen die inländische Produktion ersetzen, was insbesondere auch den direkten und den indirekten Bezug von Eisen und Stahl, NE-Metallen sowie Gießereierzeugnissen aus dem Inland zurückgehen lassen wird.

Die *materialflußgerechte Steuerung des Fertigungsprozesses* über die verschiedenen Stufen der Wertschöpfungskette hin stellt hohe Ansprüche an die logistische Kompetenz und die Produktivität der Verkehrsmittel, deren Aufgabe die schnelle, zuverlässige und kostengünstige Verknüpfung der an verschiedenen Standorten stattfindenden produktiven Aktivitäten darstellt. Die Verfügbarkeit einer leistungsfähigen Verkehrsinfrastruktur wird deshalb künftig bei der Standortwohl eine noch entscheidendere Bedeutung besitzen als bisher.

Es liegt somit im Interesse der Regionen, auf eine Verbesserung der Qualität der Verkehrsleistungen hinzuwirken. Dabei bleibt die Eisenbahn ein wichtiges Element, wenn es gelingt, ihr Angebot den Bedürfnissen entsprechend auszubauen. Bisher fehlt oftmals die notwendige Flexibilität zur Realisierung der von der verladenden Industrie benötigten Verbindungen.

Eine wie auch immer motivierte Vernachlässigung der Straßenverkehrsinfrastruktur müßte sich andererseits nachteilig auf die Standortqualität für die Automobilindustrie mit ihrem hohen Transportvolumen und ihren hohen Anforderungen an die Qualität der Verkehrsleistungen auswirken.

Ein Zurückbleiben der Produktivität des Transportsystems in einzelnen Regionen oder in der gesamten Bundesrepublik würde die Fähigkeit zur Behauptung im internationalen Wettbewerb und damit die Wachstumschancen beeinträchtigen. Auch deshalb ist die Sanierung der Verkehrsinfrastruktur in Ostdeutschland eine unverzichtbare Voraussetzung für den Aufbau einer wettbewerbsfähigen Industrie.

In einer Phase des grundlegenden Strukturwandels und der Internationalisierung der Automobilproduktion verändert sich auch die *Standortstruktur* der Automobilindustrie. Innerhalb Europas verlieren die alten Zentren an Bedeutung, periphere Regionen wie Spanien, Portugal oder die Tschechische Republik und Polen gewinnen Beschäftigungsanteile. In Deutschland werden die Einbußen in Westdeutschland nur teilweise durch den Aufbau in den neuen Bundesländern ausgeglichen. Dennoch hat eine gestraffte und neu strukturierte deutsche Automobilindustrie gute Zukunftsaussichten.

Die Bemühungen zur Kostensenkung haben bereits zu einem Abbau der Beschäftigtenzahl in der deutschen Automobilindustrie um 18 Prozent im Vergleich zum Höchststand im Juli 1991 geführt. Diese Entwicklung wird sich auch 1994 fortsetzen. Während sich so manche der alten Zentren der Automobilproduktion derzeit einem beachtlichen Anpassungszwang ausgesetzt sehen, werden andere Regionen, die in der Lage sind, der Automobilindustrie gute Standortbedingungen zu bieten, auch künftig von der automobilen Wertschöpfung profitieren.

Auf nationaler wie internationaler Ebene werden in einer Phase des Strukturwandels Entscheidungen getroffen, deren Konsequenzen weit in die Zukunft reichen. Sozialpartner und Politiker aller Ebenen, von den Kommunen über die Länder bis zum Bund, sind aufgefordert, das Ihre dazu beizutragen, die Chancen für den Standort Deutschland wieder zu verbessern.

Standortveränderung – Chance für neue unternehmerische Konzepte

Jürgen Hahn

Räumliche Nachteile kompensieren und organisatorische Abläufe verbessern

Ein großer Teil unserer Unternehmen bewährt sich seit vielen Jahren erfolgreich am Markt, und ganz besonders in der Zeit nach dem Kriege ist es ihnen gelungen, die in diesen Jahren erforderlichen und zum Teil umwälzenden technischen wie auch technologischen Veränderungen erfolgreich zu bestehen. Dies geschah durch grundlegende strukturelle wie organisatorische Veränderungen sowie der Innovationskraft von Entwicklungs- und Fertigungsingenieuren, so daß in den ersten Jahrzehnten der Nachkriegszeit sowohl der Inlandsbedarf abgedeckt als auch durch spezifisches Know-how die Auslandsmärkte erfolgreich bearbeitet werden konnten.

Durch eine Reihe von Faktoren, zu denen u. a. die Entwicklung und Verwendung der Mikroelektronik oder die Entwicklung der Lohnstückkosten sowie der Sozialleistungen in Deutschland zählen, verschwanden Wettbewerbs- und Kostenvorteile. Schrumpfende Unternehmensgewinne setzten zahlreiche Rationalisierungs- und Personalanpassungsprozesse in Gang, die vorübergehend erfolgreich eingeführt werden konnten. Die sich weiter verschlechternde Kostenentwicklung erfordert neue und andere Denkansätze.

Betrachtet man die Geschehnisse eines Unternehmens im einzelnen und genauer, so erkennt man, daß viele Mitarbeiter, besonders in den Sachbearbeiterbereichen, ihren Tagesgeschäften nachgehen, die ihnen ihre Vorgesetzten übertragen haben oder die sie von ihren Vorgängern übernommen haben. Nun haben EDV-Systeme die Bürotätigkeiten revolutioniert, neue Denkweisen und neuzeitliche Methoden sind entwickelt und gelehrt worden. Sie gehören zum betrieblichen Alltag und sollten als Routine angewendet werden. Dennoch entdeckt man besonders in weitgehend administrativen Bereichen alte und damit vertraut gebliebene Verhaltensweisen, von denen sich die Betreffenden offenbar schwer oder nicht trennen können.

So werden Veränderungen im Grunde als unbequem empfunden. Man kennt dies aus den Erfahrungen des betrieblichen Vorschlagswesens, wo oft gute Verbesserungsgedanken als Kritik verstanden werden und daher bei der Realisierung auf Widerstand stoßen.

Viele Tätigkeiten sind in den Betrieben bei genauer Betrachtungsweise überflüssig. Oft dienen sie der eigenen Sicherheit der Mitarbeiter und zur Kontrolle oder werden getan, *weil man es immer schon so gemacht hat*. Berichte werden für Abteilungen angefertigt, die ihren Aufgabeninhalt in der Zwischenzeit geändert haben. Diese Tätigkeiten könnten ohne Schaden weggelassen werden, sie müssen letztlich nur konsequent erkannt werden. Eine so einfach klingende Voraussetzung ist im betrieblichen Alltag allerdings in bestehenden Organisationen schwerlich zu erfüllen.

Die oft zur Normalität gewordenen Bequemlichkeiten und lieb gewordenen Gewohnheiten machen unsere Produktion teuer, unsere Entwicklungen langsam und in der Qualität oft fragwürdig und lassen unsere Vertriebe nicht mit der Kundennähe am Markt operieren, wie es notwendig sein muß.

Ein weiteres *Hindernis* für Unternehmen, sich den Verschlechterungen ihrer Kostenbeeinflussung zu stellen, entsteht durch die räumlichen oder geographischen Gegebenheiten, denen sie historisch bedingt unterliegen. Entscheidungen zur Lage in einer Region sowie über die Gestaltung von Gebäuden wurden oft vor vielen Jahren aus damals geltenden sozialpolitischen, verkehrstechnischen und städtebaulichen Gründen getroffen und waren sicher zu dieser Zeit richtig.

Am Beispiel des westlichen Teils Berlins und der dortigen Konservierung von Industrielagen der Vorkriegszeit wird deutlich, daß innerstädtische Grundstücke wenig Möglichkeiten der Expansion bieten. Früher waren viele Menschen in Stockwerksbauten von Fabriken bei hohem Lohnanteil ihrer Produkte beschäftigt. Aus verkehrstechnischen Gründen mußten sie in der Nähe wohnen. Industrie und Bevölkerungszentren waren integriert.

Moderne Fabriken, beispielsweise der Elektroindustrie, bewegen große Materialmengen bei vergleichsweise geringer Lohnveredelung. Die Erfordernisse, die sich hieraus an einen derartigen Produktionsbetrieb hinsichtlich Gebäudeform und geographischer Lage ergeben, sind völlig andere, als sie von den oft noch vorhandenen innerstädtischen Bauten erfüllt werden.

Natürlich sind die Probleme aus diesen Gegebenheiten den Unternehmen oft bewußt, und es werden Maßnahmen unternommen, um die Nachteile der räumlichen Situation zu kompensieren und die organisatorischen Abläufe zu verbessern – mit unterschiedlichem und letztlich an Grenzen stoßendem Erfolg. Um Ansatzpunkte für weitergehende Aktivitäten zu erhalten, ist die Betrachtung der denkbaren Rationalisierungspotentiale notwendig. In der Elektroindustrie z. B. sind bei der geringen Lohntiefe der Produkte Rationalisierungen an Fertigungsmethoden zwar weiter erforderlich, aber nicht entscheidend. Mit durchschnittlich etwa 70 – 80 Prozent Materialanteil sind die denkbaren *Rationalisierungspotentiale* eher im Bereich der Materialwirtschaft und in der Minimierung der Gemeinkosten zu suchen. Um diese Potentiale zu erschließen, stehen oft die eingangs geschilderten räumlichen und organisatorischen Gegebenheiten im Wege.

Materialbestände zu reduzieren bedeutet, neben der ebenerdigen Anordnung der Fertigung modernste Lagerhaltungssysteme einzuführen, kurze Durchlaufzeiten in der Fertigung zu erreichen und die räumlichen Voraussetzungen von Gebäuden und Flächen für die Erfordernisse eines optimalen Materialtransportes zu schaffen. Die Minimierung der Gemeinkosten setzt voraus, daß alle Tätigkeiten und Maßnahmen, die nicht unbedingt der Wertschöpfung am Produkt genügen und die nicht unbedingt für die Herstellung des Produktes erforderlich sind, weitestgehend vermieden werden. Analysiert man die tatsächlich heute oft im Produktionsprozeß durchgeführten Tätigkeiten hinsichtlich dieser Forderung, so werden Mißverhältnisse erkennbar, die sich im wesentlichen aus den anfangs beschriebenen organisatorischen Gegebenheiten ableiten. Die wesentlichen Rationalisierungspotentiale bestehen daher in der Verringerung unserer Materialbestände sowie Durchlaufzeiten und in der Minimierung unserer Gemeinkosten durch Konzentration auf Wertschöpfungsprozesse.

Seit einigen Jahren werden Konzepte, Methoden und Verfahren entwickelt, um in diesen Bereichen Verbesserungen zu erzielen. Aber eine *Politik der kleinen Schritte* hat in gegebenen alten Standorten und Gebäuden bei *altem Denken* nur begrenzten Erfolg.

Völlig anders dagegen stellt sich die Situation dar, wenn darüber nachgedacht wird, den Standort zu verändern. Hierdurch besteht die große Chance, alte und überlieferte Rahmenbedingungen zu verlassen und vor dem Hintergrund der erkannten Rationalisierungspotentiale völlig andere Abläufe und Methoden zu verwirklichen.

Besonders am Beispiel Berlins bietet die Wiedervereinigung die große Chance, die eingeengten innerstädtischen Verhältnisse mit freien, expansionsfähigen Flächen am Rande der Stadt in verkehrsgünstiger Lage zu tauschen. In diesen Regionen bestehen hervorragende Nahverkehrssysteme, direkte Autobahnanbindungen und durch die Nähe zu osteuropäischen Ländern die Möglichkeit, gut ausgebildetes Arbeitnehmerpotential im Zulieferbereich zu nutzen.

Die *Kosten* für die Errichtung eines neuen Standortes lassen sich daher in relativ kurzer Zeit kompensieren. Die Erfahrung hat gezeigt, daß in der Belegschaft eine große Bereitschaft besteht, neue Konzepte der Fertigungsorganisation mit dem *Standortwechsel* zu akzeptieren, wenn neben Kostenvorteilen eine Sicherung der Arbeitsplätze sowie eine stärkere verantwortliche Einbeziehung in das Fabrikgeschehen besteht. Werden rechtzeitig Arbeitnehmer und ihre Vertreter sowie Führungskräfte in die Erarbeitung der Konzepte einbezogen und über Ergebnisse schnell informiert und geschult, so läßt sich an vielen Symptomen die Aufbruchstimmung beurteilen, mit der am neuen, zukunftsweisenden Standort die Herausforderung des Wettbewerbs angenommen wird.

Lehrreiche Erfahrungen der Elektroindustrie

Welche neuen unternehmerischen Konzepte sind denkbar und lassen sich an einem Standort *auf der grünen Wiese* besser verwirklichen?

Aus Erfahrungen der Elektroindustrie können die folgenden Hinweise als Anregung dienen: Wichtig für Produktionsbetriebe mit hohem Materialanteil ist das Begreifen der gesamten logistischen Abläufe im Unternehmen als den wesentlichen Motor für eine Veränderung, die eine Voraussetzung für das Ausschöpfen des größten Rationalisierungspotentials ist. Die Durchdringung der gesamten logistischen Kette im Unternehmen erfordert das enge Zusammenspiel besonders von Marketing, Entwicklung und Produktion.

Bereits in einem sehr frühen Stadium der Produktentwicklung müssen Qualitätsstandards, Bauelemente oder Bauteiltypen festgelegt, können Lieferzyklen und Abrufmengen, Verpackungsformen und vieles mehr vereinbart und optimiert werden, die sich später kaum noch ändern lassen und die für die zukünftigen Umschlagshäufigkeiten und Liegezeiten der Materialmengen in den Lägern und in den Fertigungsbereichen von großer Bedeutung sind.

Disposition und *Einkauf* sind dann im logistischen Prozeß genauso wichtig wie Lagerstandorte, Lagergrößen, die Datenverarbeitung und die technischen Verfahren, mit denen Materialmengen in Lägern und in lagernahen Bereichen organisiert werden. Die Materialmengen müssen bei Bedarf ohne Kommissionierung in die Fertigungsbereiche transportiert werden. Das Fertigungspersonal wird entsprechend geschult und erhält die Befugnis, selbst aus den Lägern Teile zu entnehmen. Damit entfallen die kostenaufwendigen und bestandssteigernden Kommissionierschritte.

In der *Fertigung* wird die Reduzierung der Bestandsmengen unterstützt durch kleine Auftragslosgrößen, die neben kurzen Durchlaufzeiten einen schnellen Wechsel in der Fertigung auf andere Produkte ermöglichen oder bei Qualitätsproblemen relativ schnelle Rückschlüsse auf Ursachen zulassen und notwendige Korrekturmaßnahmen in begrenztem Rahmen halten.

Fertigprodukte müssen in Form komplett zusammengestellter Aufträge schnell zum Kunden, wobei Eigenfertigungs- und Kaufteile Berücksichtigung finden. Dies erfordert die unmittelbare Nähe des Distributionsbereiches und des Versandes zur Fertigung.

Ein solches logistisches Konzept ist im Rahmen einer neuen Standortentscheidung leichter planbar, da räumliche Restriktionen zunächst nicht bestehen und die Anforderungen an Datenverarbeitungsprogramme sich aus diesem Konzept ableiten lassen.

Wenn in der Vergangenheit unsere Arbeitsorganisation in den Werkstätten schwerpunktmäßig darauf konzentriert war, mit möglichst geringem Zeitaufwand die Produkte herzustellen, so werden in Zukunft weitere Anforderungen auf die Werktätigen zukommen, wenn die Forderung nach Minimierung der Gemeinkosten gestellt wird.

Die in den letzten Jahrzehnten besonders in der japanischen Autoindustrie entwickelten Arbeitsformen der stärkeren Einbeziehung des Werktätigen in der Beseitigung von Schwachstellen seines Arbeitsumfeldes zeigen den Weg, der richtigerweise gegangen werden muß. Unter welchem Namen in der Fachwelt dieser Weg auch immer bezeichnet wird und welche Ausformung er erhält – es handelt sich um Vorgänge, bei denen die Mitarbeiter zunächst den weiteren Rahmen der Abläufe des fabrikatorischen Geschehens begreifen.

In dem Bemühen, sich mehr und mehr auf den Wertschöpfungsprozeß zu konzentrieren, werden sie in *Arbeitsgruppen* lernen, ihren täglichen Arbeitsprozeß eigenständig mit wachsender Kompetenz zu bewerkstelligen, ihren Arbeitsablauf im täglichen wie auch im Jahreswechsel selbständiger zu organisieren und so den Erfolg ihrer Gruppe wie letztlich dann des Betriebes zu verstärken. Durch die Bereitschaft und Fähigkeit der Arbeitsgruppen, Verantwortung und Kompetenz zu übernehmen, die aus anderen Bereichen verlagert werden, besteht die Chance, Hierarchien zu vermeiden und die Organisationen flacher zu gestalten. Die Einführung entsprechender Entlohnungsformen unterstützt diesen Prozeß.

Die Vorteile, die sich aus einem zur Selbstverständlichkeit entwickelten steten Bemühen um Verbesserungen bei gleichzeitiger Veränderung der Hierarchien ergeben, sind offenkundig. Auch wenn diese veränderten Fertigungsorganisationen nicht zwangsläufig einen Standortwechsel des Unternehmens erfordern, lassen sich die Voraussetzungen leichter erfüllen, wenn in einem völlig neuen Rahmen damit begonnen wird und nicht Rücksicht auf alte Strukturen genommen werden muß.

Mit der Errichtung eines neuen Standortes ist es also bedeutend leichter, beispielsweise für die Produktion moderne Logistiksysteme zu planen und einzuführen, als herkömmliche Abläufe zu reorganisieren. Es lassen sich einfacher und selbstverständlicher neue Konzepte der Fertigungsorganisation umsetzen und Mitarbeiter in neuer Umgebung dafür begeistern. Es entsteht dadurch die Voraussetzung, die hohe Motivation und Identifikation der Mitarbeiter zu einer Veränderung der Firmenkultur zu entwickeln, mit der insgesamt der Markterfolg gestärkt wird.

Standortvorteil: Bedarfsgerechtes Wohnen im Alter

Günter Hartwig

Wirtschaftsförderung – Impulsgeber für Städte und Gemeinden

Wirtschaftsförderung heißt nicht allein, in einer bestimmten Region möglichst zahlreiche Unternehmen anzusiedeln. Im weiteren Sinne muß Wirtschaftsförderung, will sie langfristig positiv wirken, bereits die Rahmenbedingungen eines Standorts beeinflussen, um so wirtschaftliches Handeln vor Ort zu begünstigen. Nicht ausschließlich harte Faktoren wie das kompetente Beraten interessierter Unternehmen oder das Mobilisieren neuer Gewerbeflächen verlangen daher das Augenmerk der Wirtschaftsförderer.

In ihrer anspruchsvollsten Definition muß Wirtschaftsförderung noch vor dem Werben von Unternehmen bestimmte Impulse für Region, Stadt oder Gemeinde setzen. Bestenfalls stellt sie das Bindeglied zwischen kommunaler Verwaltung und Wirtschaft dar, um zu gewährleisten, daß sich sämtliche relevante Bereiche wie Verkehr und Infrastruktur, Wirtschaftsstruktur, Aus- und Weiterbildung, Forschung und Entwicklung sowie nicht zuletzt Flächennutzung und Wohnungsbau ausgewogen entwickeln. Das gilt einmal mehr in Zeiten leerer öffentlicher Kassen, wo allerorten Subventionen und andere Vergünstigungen an Unternehmen gestrichen werden. Und es gilt insbesondere für Berlin, das derzeit seinen schmerzvollen Wandel von der hochsubventionierten Frontmetropole der westlichen Hemisphäre zur bundesdeutschen Hauptstadt vollzieht. Hier scheint es geradezu Aufgabe der Wirtschaftförderer zu sein, sich auch dafür einzusetzen, daß die allgemeinen Standortbedingungen der Stadt an der Spree ansiedlungsinteressierten Unternehmen künftig ein optimales Umfeld bieten.

Zahlreiche *Wirtschaftsförderungsgesellschaften* haben diesen Ansatz in den vergangenen Jahren aufgegriffen. Das Schlagwort Standortmarketing macht seither bundesweit die Runde. Handelt es sich begrifflich gesehen auch um ein Modewort, so sind dessen theoretische Ansätze alles andere als kurzlebige Trenderscheinungen. Zwar kann vieles aus der herkömmlichen Marktlehre nicht ohne weiteres auf ein komplexes Gebilde wie einen Standort übertragen werden. Städte oder Regionen sind keine Massenartikel, sondern *Adressen*, die von ihrem Umfeld abhängen (vgl. Zierold, H.: Wirtschaftsförderung, Vortragsmanuskript, September 1993). Doch auch für das Standort-Image gilt: Die beste Werbung hilft nichts, wenn das Produkt schlecht ist.

Wie weit die Qualität des Standorts anders als die eines Produkts von seinen Rahmenbedingungen, etwa der *Wohnsituation* abhängt, zeigt die jüngste Vergangenheit. Geht es um das Ja des Vorstands zu einem neuen Standort, sehen sich Unternehmen immer öfter gezwungen, Ansiedlungsansinnen zu verwerfen, weil die neue Adresse nicht genügend Wohnraum für die Mitarbeiter aufweist. Mietzulagen, weil das Wohnen am neuen Standort wesentlich teurer ist als am altem, stellen nicht selten viele andere Kosten des Umzugs in den Schatten. Wer heute erfolgreich Betriebe ansiedeln will, handelt daher nur weitsichtig, wenn er im Rahmen der Stadtentwicklungs- und Grundstückspolitik ein ausreichendes Wohnungsangebot aktiv fördert.

Anders als die meisten Segmente des bundesdeutschen Marktes befanden sich Angebot und Nachfrage nach Wohnungen bislang selten im Gleichgewicht. Auch die aktuelle Situation ist zum wiederholten Mal alles andere als ausbalanciert: In der Bundesrepublik herrscht akuter Wohnungsnotstand.

Im Großraum Berlin beispielsweise fehlen nach Schätzungen einschlägiger Forschungsinstitute rund 300 000 Wohnungen. Wandern künftig arbeitsmarktorientiert noch mehr Menschen, vor allem aus Osteuropa, zu, würde das in der ehemaligen Mauerstadt eine zusätzliche Nachfrage von mindestens 200 000 Wohneinheiten bedingen. Zwar ziehen begünstigt durch das Fördergebietsgesetz insbesondere im Speckgürtel und Ostteil Berlins bereits die Kräne auf. Von der Planung bis zur Fertigstellung eines Wohnungsbauvorhabens vergehen jedoch häufig Jahre. Leider dürfte die Berliner Situation exemplarisch für viele Städte der Republik sein. Um der katastrophalen Wohnraumausstattung möglichst schnell abzuhelfen, bleibt im Wettlauf mit der Zeit lediglich ein akkurates Mittel: vorhandenen Wohnraum *effizient* nutzen!

Nicht wenige Bundesbürger leben heute ungewollt in viel zu großen Wohnungen, weil attraktive Angebote an kleineren Wohneinheiten fehlen. In Berlin z. B. zeigt sich, daß die Normalbelegung mit steigender Größe der eigenen vier Wände abnimmt, während die Unterbelegung deutlich ansteigt. Im Jahre 1987 waren gut 90 Prozent der Ein- bis Zwei-Zimmerwohnungen, aber nur ein Drittel der Fünf- und mehr Zimmerwohnungen *normal* belegt. Ihre Mieter oder Eigentümer sind größtenteils alte Menschen. Ende der 80er Jahre lebte rund ein Fünftel der Berliner über 65 Jahre in Wohnungen mit mindestens 80 Quadratmetern, jeder Zehnte hatte mehr als 100 Quadratmeter zur Verfügung (vgl. Senatsverwaltung für Bau- und Wohnungswesen, aus: Bericht an das Abgeordnetenhaus über Wohnungsprobleme in Berlin, Entwurf-Schlußbericht 1989/90).

Für die ältere Generation hat das sogenannte *Weiter-wie-bisher-Modell* mehr als nur den Nachteil, daß familiengerechte Wohnungen mit mindestens drei Zimmern und einer erschwinglichen Miete ungewollt unterbelegt bleiben. Weder die Wohnung selbst noch deren Lage ist altengerecht. Überaltern ganze Siedlungen oder Stadtteile, nimmt zunächst die Bewohnerdichte ab. Damit einher geht die schlechtere Versorgung mit Dienstleistungen. Möglichkeiten zur gegenseitigen Hilfe schwinden. Das Ende dieses traurigen Szenarios lautet für nicht wenige Hochbetagte: Vereinsamung. Findet der Umzug erst statt, wenn der alte Mensch pflegebedürftig geworden ist, so führen die veränderten Wohnverhältnisse in dieser sehr späten Lebensphase meist zum Verlust sämtlicher sozialen Kontakte. Denn die Fähigkeit, sich in hohem Alter ein neues soziales Umfeld zu erschließen, ist nur in Ausnahmefällen vorhanden.

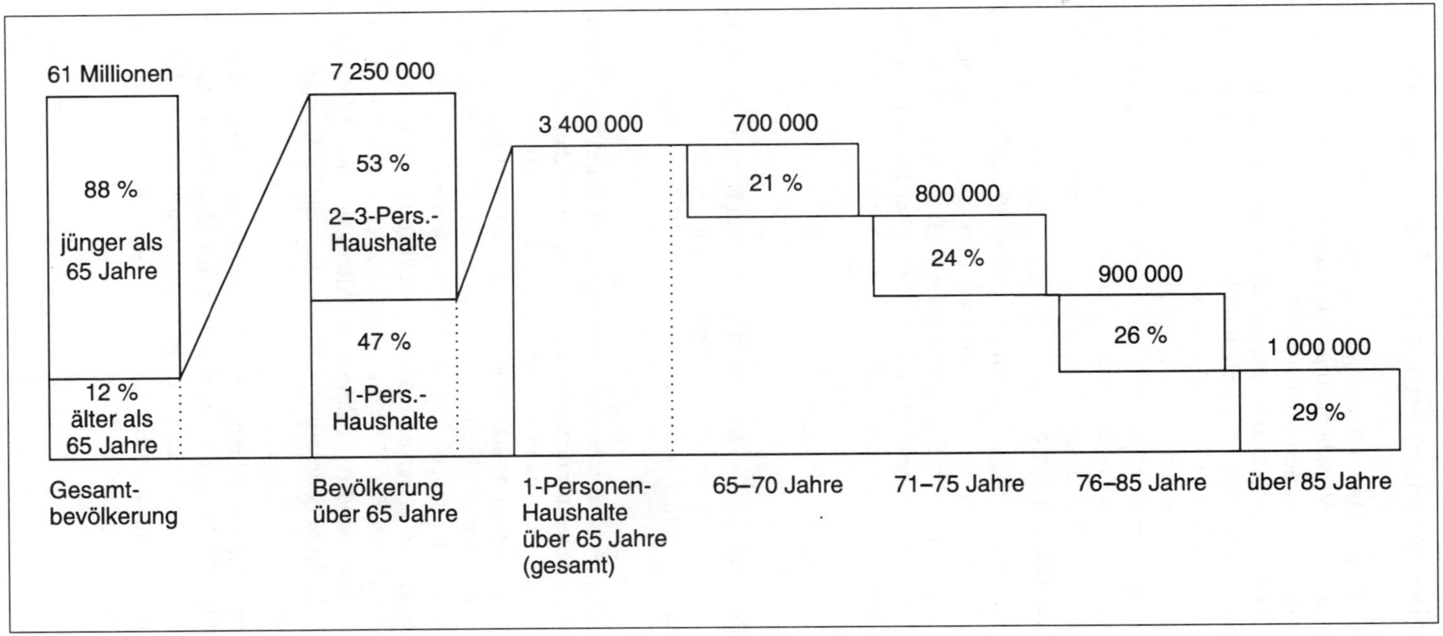

Abbildung 1: Viele ältere Menschen sind durch ihre Wohnsituation zunehmend von ihrer sozialen Umwelt ausgegrenzt (Bevölkerungsstruktur 1987)

Quelle: KDA (Kuratorium Deutsche Altershilfe)

Aufschlußreiche Ergebnisse einer Empirica-Untersuchung

Empirica – Gesellschaft für qualitative Marktforschung und Kommunikationsanalysen mbH, Bonn – untersuchte kürzlich die Wohnbedürfnisse künftiger Ruheständler, der heute 45 bis 60jährigen. Dabei fand die Gesellschaft heraus, daß rund 80 Prozent von ihnen bereits über alternative Wohnformen im Alter nachdachten. Den meisten ist die Vorstellung an ein nochmaliges, rechtzeitiges Umziehen nicht fremd. Im Unterschied zu den heute über 65jährigen zeigen künftige Ruheständler eine hohe Bereitschaft, die Wohnsituation im Alter zu verändern. Aussagen wie "Wir denken, daß wir noch einmal umziehen, weil das Haus für uns zu groß ist" oder "Eine kleinere Wohnung wäre in jedem Fall gut, die ließe sich besser sauberhalten" oder "Wir suchen uns für das Alter eine Wohnung ... vielleicht 70 Quadratmeter groß und zentral gelegen" stehen exemplarisch für einen beträchtlichen Teil von ihnen.

Viele von ihnen sind oder waren mit der Situation ihrer Eltern konfrontiert, die es in der Regel versäumt hatten, rechtzeitig für das eigene Wohnen im Alter vorzusorgen. In plötzlich auftretenden Notsituationen sind Eltern und Kinder oft nicht in der Lage, selbst eine Lösung zu organisieren. Mitunter bleibt unter erheblicher finanzieller Belastung nichts weiter als das Altenheim. Vor diesem Hintergrund lehnen es 90 Prozent der künftigen Senioren rigoros ab, sich im Hinblick auf die Altersplanung allein auf die Kinder zu verlassen (vgl. den schon erwähnten Bericht an das Abgeordnetenhaus über Wohnungsprobleme in Berlin).

Wohnformen, die den Idealwünschen älterer Menschen entsprechen, weil sie ihren Vorstellungen vom aktiven dritten Lebensabschnitt entgegenkommen, sind allerdings rar gesät. Zudem erweisen sich die hohen Mobilitätskosten am Wohnungsmarkt als großes Hindernis.

Wohnungsbau für ältere Menschen erweist sich noch immer als Stiefkind von Politik und Wirtschaft. Dieser Umstand erscheint angesichts der demographischen Entwicklung in Deutschland völlig unverständlich, denn die bundesdeutsche Bevölkerung wird sich in ihrer altersmäßigen Zusammensetzung stark ändern. War 1990 erst jeder sechste über 60, so wird es zur Jahrtausendwende bereits jeder fünfte und 2030 schon jeder vierte sein. Dabei steigt der Anteil der Hochbetagten überproportional. Gleichzeitig sinkt die Geburtenrate und steigt die Erwerbsquote. Das bedeutet: Immer weniger junge, die pflegerisch tätig werden können, stehen immer mehr alten Menschen gegenüber, die auf Versorgung angewiesen sind (vgl. Empirica: Altersgerechtes Wohnen – Antworten auf die demographische Herausforderung, LBS-Studien zur Wohnungs- und Vermögenspolitik, April 1993).

Der *Neubaubedarf* von Einrichtungen der Altenhilfe wurde schon vor einigen Jahren von der *Sozialdata* mit rund 115 000 Plätzen ermittelt. In den neuen Bundesländern dürften heute zahlreiche Plätze hinzukommen. Allein in Brandenburg werden derzeit etwa 10 000 Pflegeplätze dringend benötigt. Daß viele Häuser sowohl in Ost als auch in West überaltet sind, bleibt in diesen Zahlen unberücksichtigt.

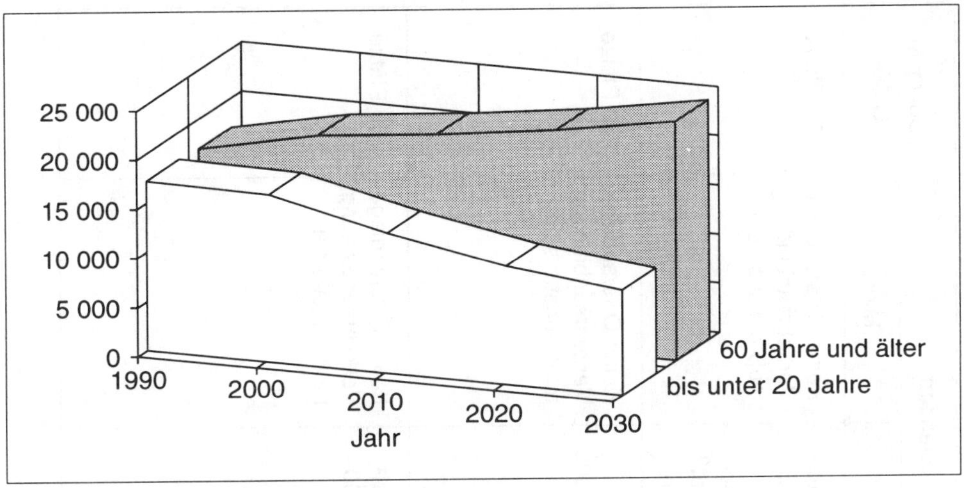

Abbildung 2: Bevölkerungsentwicklung in Deutschland 1990 – 2030

Quelle: Entwicklung der Bevölkerung bis 2030. In: Wirtschaft und Statistik 4/1992, S. 217–222

Anmerkung: Die in Abb. 2 dargestellte Prognose beruht auf Angaben des Statistischen Bundesamtes. Empirica hingegen vermutet, daß die Anzahl der Zuwanderer bei der vorliegenden Prognose unterschätzt wird, so daß die Bevölkerungszahl insgesamt weniger zurückgehen wird, als in dieser Abbildung dargestellt.

Kleinere technische Hilfen oder altersgerechte Umbauten von Wohnungen standen bislang im Mittelpunkt der Diskussion. Der Haltegriff in der Badewanne, die Zimmertür ohne Schwelle und in einer für Rollstühle passierbaren Breite – solche Lösungen wurden in der Vergangenheit immer wieder als Tropfen auf den heißen Stein angeboten (vgl. Berndt, H.: Die Wohnungen sollten den Bewohnern ein selbständiges und individuelles Leben bis ins hohe Alter ermöglichen, Handelsblatt, Sonderbeilage Spezialimmobilien 1993). Ob damit die notwendige *wohnungspolitische Konsequenz* aus den Änderungen der Altersstruktur gezogen wird, bleibt mehr als fraglich.

Um ihren Vorstellungen von einer mobilen Lebensweise auch in der dritten Lebensphase nachgehen zu können, wünschen sich künftige Ruheständler im Alter zentral gelegene, attraktive Wohnstandorte mit kulturellen Einrichtungen sowie Geschäften und Dienstleistern in erreichbarer Nähe. Diejenigen, die gerne im Grünen wohnen, setzen eine gute Anbindung und räumliche Nähe an eine Stadt voraus. Die meisten bevorzugen jedoch Innenstadt-Lagen. Hinzu kommt der Wunsch nach Eigenständigkeit bei jederzeit abrufbaren Serviceleistungen. Dies gilt für alle Arten *altengerechten Wohnens*.

In allen Regionen der Bundesrepublik ist aufgrund der demographischen Entwicklung damit zu rechnen, daß immer mehr *Selbstzahler* ihren Bedarf an alternativen Wohnmodellen im Alter anmelden. Als Selbstzahler gelten betuchte Senioren, die ohne staatliche Hilfe in der Lage sind, aus laufenden Einkommen oder Vermögen auch Heimentgelte zwischen 3 000 und 6 000 DM zu bezahlen. Der Trend wird sich zumindest in Westdeutschland sehr schnell verstärken, da die künftigen Pensionäre über wesentlich mehr Mittel verfügen als die vorherige Generation.

		Standort		Optimale Größe
		Macro	Micro	
Pflegeheim	In dieser Einrichtung leben alte Menschen, die wegen Krankheit, Gebrechlichkeit oder Behinderung pflegebedürftig sind. Sie erhalten Unterkunft, Verpflegung und Betreuung sowie Pflege. Die Gewährung der Pflege ist das entscheidende Kennzeichen dieser Heime.	Wenn Pflegesatzvereinbarungen, keine Standortprobleme. Personal muß beschafft werden können	Keine Ortsrandlage Verkehrsanbindung muß günstig sein	120 Plätze
Wohnstift	Das Altenwohnstift ermöglicht es alten Menschen, in einem baulichen Gesamtkomplex in eigenen Appartements ein weitgehend unabhängiges Leben zu führen. Das Wohnstift gibt die Möglichkeit von der Selbstversorgung bis hin zur Vollverpflegung. Im Bedarfsfall werden notwendige Pflege--leistungen im Wohn- oder Pflegebereich erbracht.	Innenstadtlage Städte ab 250 000 Einwohner	Keine Ortsrandlage Verkehrsanbindung muß günstig sein	260 Plätze
Betreutes Wohnen	Die Altenwohnung ist eine in sich abgeschlossene Wohnung, die in Anlage, Ausstattung und Einrichtung den besonderen Bedürfnissen des alten Menschen Rechnung trägt und ihn in die Lage versetzt, möglichst lange ein selbständiges Leben zu führen. Neben der zweckgerechten Ausstattung und baulichen Ausgestaltung sollen die Bewohner im Bedarfsfall ausreichende Betreuung und Pflege erhalten. Insbesondere soll eine vorübergehende Pflege in der Wohnung gewährleistet sein.	Klein- und Mittelstädte ab 30 000 Einwohner	Keine Ortsrandlage Verkehrsanbindung muß günstig sein	60 Plätze

Abbildung 3: Sozialimmobilie – Produktdefinition

Die neuen Alten wollen ihr Leben genießen, ohne ihren Angehörigen zur Last zu fallen. Sie wollen nicht die gesamten Ersparnisse Kindern und Enkelkindern überlassen, die meist selbst gut dotierte Berufe ausüben. Entsprechend hohe Erwartungen stellen Selbstzahler an den Standard ihrer Wohn- und Pflegeversorgung. Eine der Formen, die diesem Klientel am besten entgegenkommt, ist der *Wohnstift*.

Die *Rentaco-Gruppe* errichtete und betreibt heute knapp 3 000 Plätze in in- und ausländischen Alteneinrichtungen. Nach unseren Erfahrungen wollen und können die meisten älteren Bewohner noch sehr gut ihren eigenen Haushalt führen. Gleichzeitig will kaum einer auf den typischen Wohnstift-Komfort wie das tägliche Mittagessen oder das Sauberhalten der Wohnung verzichten. Café und Restaurant sind ganztägige Treffpunkte für Bewohner und Besucher, denen für einen angenehmen Aufenthalt Gästeappartements zur Verfügung stehen. Viele Laufereien und Verpflichtungen entfallen. Es bleibt mehr Zeit für die persönliche Gestaltung des Lebens.

In einem guten Wohnstift herrscht eine häusliche und familiäre Umgebung. Abgeschlossene, individuell eingerichtete Wohneinheiten kombiniert mit gemeinschaftlichen Einrichtungen, die ihren Bewohnern erlauben, den Grad ihrer Beteiligung an der Gemeinschaft selbst zu bestimmen, haben sich in der langjährigen Erfahrung als intelligente und bedarfsgerechte Lösung herauskristallisiert.

Seniorenwohnanlagen, die in einzelne Häuser unterteilt und mit jeweils einem eigenen Eingang mit Klingel und Gegensprechanlage, Lift und Wohnflächen von 30 bis 80 Quadratmetern ausgestattet sind, erwiesen sich als optimal.

Der Erfolg eines Wohnstifts wird aber nur erreicht, wenn die Einrichtung auch einen Pflegebereich beherbergt. Jeder Stift-Bewohner kann plötzlich eine intensive Betreuung benötigen. In Anlagen, die einen Pflegetrakt beherbergen, muß der ältere Mensch in einem solchen Fall seine gewohnte Umgebung nicht verlassen, sondern kann vielmehr zwischen verschiedenen Pflegevarianten wählen:

- Die pflegerische Versorgung in der eigenen Wohnung.
- Die pflegerische Versorgung in einer Pflegewohnung, die sich unmittelbarer Nähe im Wohnstift befindet.
- Die pflegerische Versorgung in einem Ein- oder Zweibettzimmer im integrierten Pflegeheim des Wohnstifts.

Neue Betreuungs- und Versorgungsmöglichkeit für Senioren

Pflegewohnungen bieten eine neuartige Betreuungs- und Versorgungsmöglichkeit für Senioren, die nicht auf die private häusliche Atmosphäre verzichten wollen, andererseits aber nicht mehr ausreichend an ihrem bisherigen Platz betreut werden können und den Weg in eine herkömmliche Einrichtung scheuen. In der Pflegewohnung wird individuell gewohnt und gleichzeitig betreut, gepflegt und therapiert. Die Pflegeabteilung in einem Wohnstift entspricht den modernen und besonderen Bedürfnissen pflegebedürftiger Menschen, ohne daß sie sich der gefürchteten Krankenhausatmospäre aussetzen müssen.

Die *Kurzzeitpflege* besteht als Angebot einer zeitlich befristeten Versorgung und Betreuung älterer Menschen im Wohnstift und dient darüber hinaus der Öffnung des Stifts als Dienstleistungszentrum für das betreffende Wohnumfeld. Hier wird Tagespflege als teilstationäre Betreuung und Pflege angeboten. Der stationäre Mittagstisch öffnet das Haus für ältere Menschen aus der Nachbarschaft.

Der Erfolg jeglicher Alteneinrichtungen hängt wesentlich davon ab, wie gut ihr bauliches und betriebswirtschaftliches Konzept aufeinander abgestimmt sind. Nur wenn beide Komponenten optimal vorbereitet und einander angepaßt sind, wird die Abhängigkeit der Einrichtung von den Fähigkeiten und dem Verhalten des Betreibers minimiert. Mit einem gut geplanten Objekt, einem erfahrenen Betriebsträger und einem leistungsfähigen Management sind die wichtigsten Voraussetzungen geschaffen, um Senioren-Wohnanlagen dauerhaft erfolgreich zu betreiben.

Angesichts des Pflegenotstands in der Bundesrepublik kommt der Beschäftigung von qualifiziertem Personal immer größere Bedeutung zu. Nicht zuletzt ist es der einzelne Mitarbeiter, der mit seinem Engagement die Einrichtung für den alten Menschen zum Zuhause werden läßt.

Komplett-Lösungen aus professioneller Hand, das heißt von der Planung bis zum Betrieb, haben sich als praktikabelste Lösung erwiesen. Denn nur so ist gewährleistet, daß das betriebsinterne Feed-Back zur ständigen Verbesserung der Leistung genutzt wird.

Jedes gelegentliche Ausweichen von Initiatoren oder Bauträgern auf den Markt der Sozialimmobilie ist langfristig zum Scheitern verurteilt. Erfolglose Wohnstiftobjekte zeichnen sich dadurch aus, daß an den Wohn- und Lebensbedürfnissen der älteren Generation vorbei geplant wurde. Senioreneinrichtungen schlagen fehl, wenn das Bestreben im Vordergrund steht, auf preiswertem Boden eine möglichst große Baumasse zu schaffen. Als spektakulärer Mißerfolg eines Bauunternehmers gelten die Affäre der Wetterstein-Gruppe (Hubmann) in den 70er Jahren und der Zusammenbruch der Roland & Kaffke-Gruppe in den 80ern.

Die genannten Projekte mißlangen, weil

- nicht die Problemlösung, sondern die Verwertung eines Vorratsgrundstücks gewollt war,
- Standortanalysen mangelhaft vorgenommen wurden oder gänzlich fehlten,
- weder Planungs- noch Realisierungs-, geschweige denn Betreiber-Know-how vorhanden war.

Der Markt für Sozialimmobilien verlangt neben der besonderen Sensibilität aller Beteiligten ein umfassendes Spezialwissen in den Feldern Planen, Bauen, Einrichten und Betreiben. Wirtschaftlichkeit sichert dabei das Bestehen sowohl des Bauträgers und Betreibers als auch der Alteneinrichtung selbst.

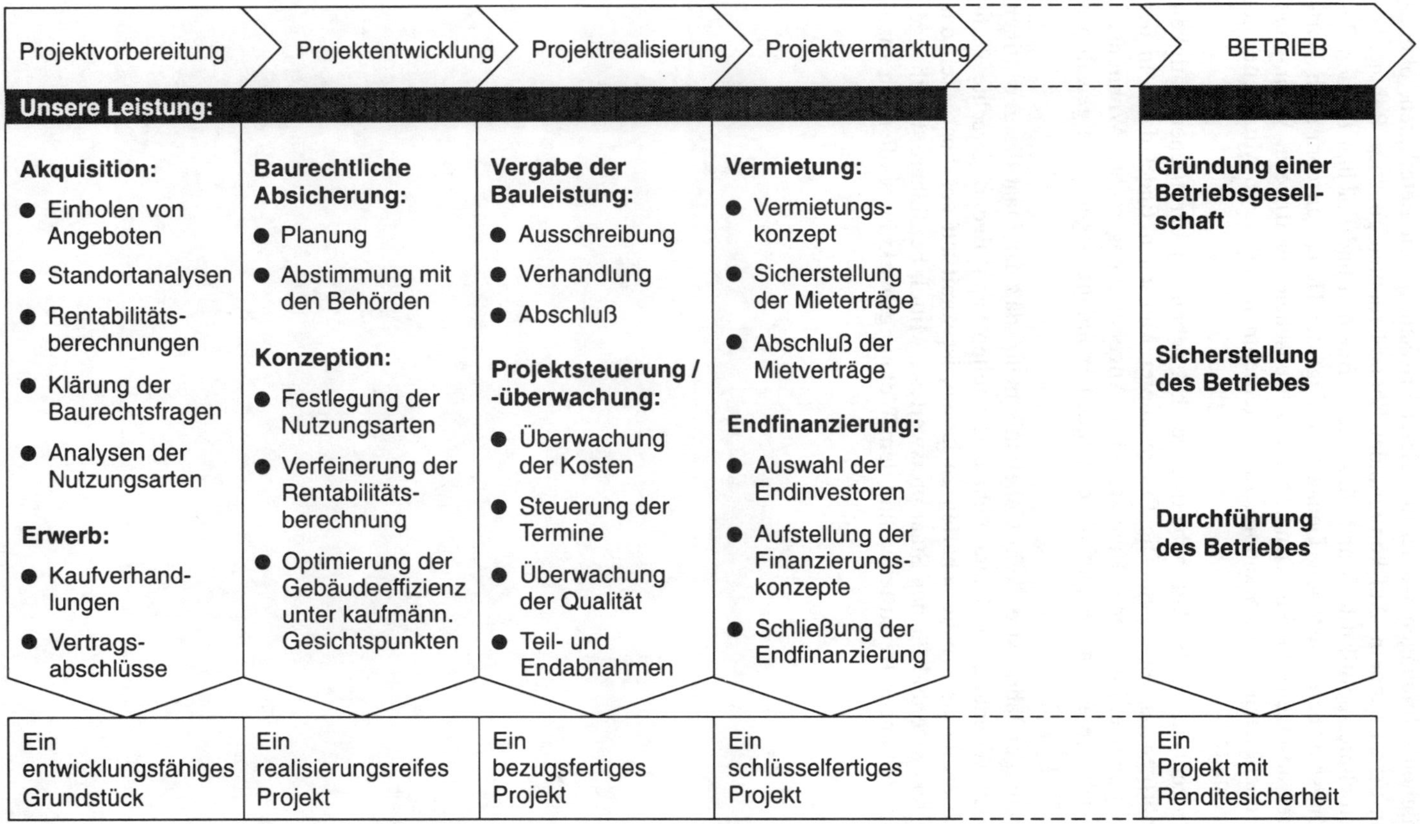

Abbildung 4: Das Rentaco-Modell – komplette Lösungen aus einer Hand

Günstige Rahmenbedingungen wiederum erleichtern sämtlichen Beteiligten, ökonomisch vernünftig zu handeln. Auf kommunaler Ebene bedeuten günstige Rahmenbedingungen, Hochpreispolitik für Grundstücke zu vermeiden und Flächen für den Seniorenwohnungsbau bereitzustellen. Genau hier liegt der Hebel, an dem auch Wirtschaftsförderer ansetzen können. Denn: Älteren Menschen qualifizierte Wohn- und Pflegeplätze anzubieten heißt, Standorte für Unternehmen und deren Mitarbeiter attraktiver zu gestalten.

Ein hoher Prozentsatz weiblicher Arbeitnehmer hat neben der beruflichen Tätigkeit einen Angehörigen zu versorgen. Die Pflege älterer Menschen findet dabei in der eigenen Wohnung oder im eigenen Haus statt. Das Angebot altengerechter Wohnungen dürfte somit neben einem allgemein ausreichenden Wohnungsangebot ein gewaltiges Standortplus sein.

Mitte der neunziger Jahre ist es kein Geheimnis mehr, daß der Staat die gewaltigen Beträge für den Wohnungsbau kaum mehr bereitstellen kann. Bedarfsgerechte Wohnungen durch erfahrene Private schaffen zu lassen, ist somit auf absehbare Zeit das schnellste, effektivste und für den Staat preiswerteste Mittel, bezahlbare, familiengerechte Altbauwohnungen freizustellen und dem Wohnungsmarkt zweckdienlich zuzuführen.

Regionale Wirtschaftsförderung und Finanzierung

Reinhart Hundrieser

Umfangreiche Kredite für innerdeutsche Investitionen

Der Stellenwert, den die regionale Wirtschaftsförderung in der Bundesrepublik Deutschland besitzt, wird angesichts von weit über 100 unterschiedlichen Förderprogrammen von Bund, Ländern, Gemeinden und öffentlich-rechtlichen Banken deutlich. Rund 21 v.H. der Bevölkerung im Westen Deutschlands und ebenso viele Bürger in den neuen Bundesländern leben in sogenannten *Fördergebieten*. Einschließlich noch nicht ausgezahlter Förderverpflichtungen aus den Jahren 1990 bis 1992 beträgt alleine das Fördervolumen aus der Gemeinschaftsaufgabe *Verbesserung der regionalen Wirtschaftsstruktur* (GA) 1993 fast 15 Mrd. DM.

Allerdings finden – aus naheliegenden Gründen – 96 v.H. der Mittel eine Verwendung für den Aufbau der neuen Bundesländer. Hinzu kommen noch die Fördermöglichkeiten über öffentlich-rechtliche Banken (Kreditanstalt für Wiederaufbau und Deutsche Ausgleichsbank) sowie die Europäische Union. Für innerdeutsche Investitionen wurden von diesen Instituten 1992 Kredite in Höhe von rd. 45 Mrd. DM zugesagt; 1993 ist ebenfalls wieder mit Kreditzusagen in dieser Höhe zu rechnen.

Das *Staatsziel* einer solchen massiven Förderung liegt vor allem im Ausgleich der Standortnachteile strukturschwacher Regionen. Regionale Entwicklungsunterschiede sollen abgebaut und der Anschluß der Region an die allgemeine Wirtschaftsentwicklung forciert werden.

Vor der Wiedervereinigung lagen die Schwerpunkte der Förderung daher in den sog. Zonenrandgebieten, dem Ruhrgebiet, dem Saarland, dem Bayerischen Wald und nicht zuletzt im Westen Berlins. Heute gilt der Finanzmitteleinsatz vorwiegend dem Aufbau der neuen Bundesländer. Welche Erfahrungen lassen sich aus der Vergangenheit ableiten, und welche Konsequenzen sollte dies für die *Förderung des Strukturwandels* in Ostdeutschland haben?

Wirtschaftsfreundliche Rahmenbedingungen schaffen

Die Grundvoraussetzung einer sinnvollen regionalen Wirtschaftsförderung liegt in der Schaffung klarer Rahmenbedingungen. Die Standortentscheidung der Unternehmen läßt sich hierbei auf zweierlei Weise beeinflussen. Zum einen besteht die Möglichkeit, daß der Staat entsprechende Mittel einsetzt, um die wirtschaftsnahe Infrastruktur auszubauen bzw. zu verbessern. Um eine Region für die Wirtschaft attraktiv zu machen, ist zunächst die Bereitstellung erschlossenen Industriegeländes erforderlich. Die Energie- und Wasserversorgung sowie die Abwasser- und Abfallentsorgung müssen in einem ausreichenden Maße gewährleistet sein.

Sehr wichtig sind darüber hinaus gute *Verkehrsanbindungen*; dies gilt für den Straßenverkehr gleichermaßen wie für den Schienenverkehr. Alle diese Maßnahmen müssen jedoch genau auf die Belange der Region abgestimmt sein. Die Infrastrukturförderung darf nicht so gestaltet sein, daß sie die regionalen Gebietskörperschaften zur Gigantomanie verleitet.

Der Ausbau eines Regionalflughafens zu einem Verkehrsflughafen in einem schwach besiedelten, ländlich geprägten Gebiet z. B. nutzt niemandem – außer vielleicht befristet der Bauwirtschaft. Selbst die Industrieansiedlung wird nicht ausreichen, die Kapazitäten auszulasten, die ein solches Projekt vorhält. Sinnvoller ist hier die Anbindung der Region an ein leistungsfähiges Schienenverkehrsnetz. Dies ist z. B. in Nord- und Osthessen durch die Streckenführung des ICE über Kassel und Fulda nach Frankfurt beispielhaft gelungen. Die Fahrzeit von Kassel zum Rhein-Main-Flughafen beträgt hierdurch nicht einmal 1,5 Stunden; Hannover ist sogar in weniger als einer Stunde zu erreichen.

Bedeutsam für die Unternehmensansiedlung ist darüber hinaus auch der Stand der *sozio-kulturellen Infrastruktur* (Hochschulen, Forschungsstätten, Aus- und Fortbildungsstätten, Freizeiteinrichtungen und kulturelles Angebot) im näheren Einzugsbereich. Nur dies sichert den Verbleib von qualifizierten Arbeitskräften in der Region und stoppt die Entsiedlung strukturschwacher Randgebiete.

Aktive Wirtschaftsförderung nicht auf Finanzierung beschränken

Eine effiziente staatlich gestützte regionale Wirtschaftsförderung darf sich nicht ausschließlich auf die finanzielle Unterstützung der Unternehmen durch Subventionen, Investitionszuschüsse und Bürgschaften beschränken. Die Hauptanstrengungen müssen auf die Verbesserung der Grundlagen der *Standortqualität*, d. h. auf den Aufbau der genannten Infrastrukturen sowie eine hierauf aufbauende Schaffung von Investitionsanreizen durch zinsbegünstigte Darlehen gerichtet sein.

Leider war in der Vergangenheit vielfach das Gegenteil der Fall. Nur ein Drittel aller mit Haushaltsmitteln aus der Gemeinschaftsaufgabe und der Investitionszulage geförderten Vorhaben diente dem Ausbau der Infrastruktur. Noch deutlicher wird die Diskrepanz, wenn das durch diese Mittel geförderte Investitionsvolumen betrachtet wird. Mit Geldern aus der Gemeinschaftsaufgabe in Höhe von rd. 2 Mrd. DM wurden im Zeitraum von 1987 bis 1991 in Westdeutschland nur Infrastrukturmaßnahmen im Betrag von 3,7 Mrd. DM getätigt.

Werden jedoch Investitionen in die wirtschaftsnahe Infrastruktur unterlassen, kann dies zu gravierenden Fehlentwicklungen führen. Belastend wirkt überdies, wenn die Förderung privatwirtschaftlicher Investitionen in sich nicht konsistent ist bzw. eine unzureichende Kontinuität aufweist. Dies kann u. a. an den Beispielen Berlin und Nordrhein-Westfalen belegt werden.

Berlinförderung

Insbesondere wegen der Berlinförderung haben in den Jahren vor 1991 westdeutsche Unternehmen Produktionsstätten in West-Berlin aufgebaut. Den Ausschlag für diese Standortentscheidung gaben – in der Mehrzahl der Fälle – massive Investitionsanreize. Durch Umsatz-, Einkommens- und Ertragsteuervergünstigungen sowie Investitionszulagen sollten die Produktions- und Wettbewerbsnachteile in Berlin ausgeglichen werden. Diese Nachteile waren durch die Insellage der Stadt bedingt und zeigten sich u. a. an deutlich höheren Kosten für Energie, Transport, Abwasser und Miete, verglichen mit anderen Standorten im Bundesgebiet.

Die Unternehmen – angeworben nicht zuletzt mit dem Argument der Kontinuität dieser Zuwendungen – haben diese Finanzhilfen als festen Bestandteil in ihre strategischen und operativen Planungsprozesse eingebaut und ihre Investitions- und Produktionsentscheidungen danach ausgerichtet. In dem Augenblick, sobald diese Förderung jedoch entfällt, hat dies dramatische Umwälzungen zur Folge. Immerhin schaffte das Volumen der Berlinhilfen den Berliner Unternehmen Vorteile, die einem Umsatzrenditevorsprung von bis zu 10 v.H. entsprachen.

Der schrittweise Abbau der Berlinförderung, der 1991 begann, wird 1994 abgeschlossen sein. Da sich jedoch an der Grundproblematik der Berliner Wirtschaft – den hohen Standortkosten – nichts Wesentliches geändert hat und zudem die Wirtschaft im Umland Berlins durch die Aufbauhilfen für die neuen Bundesländer gefördert wird, hat dies für die Unternehmen drastische *Wettbewerbsnachteile* zur Folge. Rund ein Viertel der Arbeitsplätze im verarbeitenden Gewerbe West-Berlins sind daher bereits abgebaut worden oder werden in den nächsten Jahren noch wegfallen. Dies ist sowohl auf Betriebsschließungen als auch auf Betriebsverlagerungen und Rationalisierungsmaßnahmen zurückzuführen. Daß die Unternehmen nicht schon früher auf die hohen Standortkosten mit Produktivitätsverbesserungen reagiert haben, ist dabei eindeutig eine Ursache der vermeintlichen Sicherheit, in der sie sich aufgrund der Finanzhilfen wähnten.

Nordrhein-Westfalen

Daß *öffentliche Finanzförderung* zu einer Verhinderung des Innovationswettbewerbs – der als der Garant für den Erhalt einer erfolgreichen Marktposition zu sehen ist – und zu einer Verzögerung der strukturellen Anpassung führt, läßt sich auch am Beispiel des Landes Nordrhein-Westfalen verdeutlichen. Trotz hoher Subventionen ist der Steinkohlebergbau – bedingt durch die geologisch ungünstigen Abbaubedingungen in Deutschland – international nicht wettbewerbsfähiger geworden. Die nahezu jährlich neu aufflammende Diskussion um Zechenstillegungen und Schließung von Stahlstandorten – trotz einer Förderung von mittlerweile rd. 70 000 DM pro Arbeitsplatz z. B. im Bergbau – zeigen die Wirkungslosigkeit der staatlichen Strukturlenkungsversuche in Nordrhein-Westfalen. Ein schrittweiser *Abbau der Subventionen* würde hingegen den Strukturwandel fördern.

Die *Subventionspolitik* hemmt jedoch nicht nur den sektoralen Strukturwandel, sondern darüber hinaus auch die Veränderung der regionalen Wirtschaftsstruktur. Die bestehenden Altindustrien behindern die Zuwanderung neuer, fortschrittlicher Wirtschaftszweige, da die alten Anlagen wertvolle Industriefläche blockieren. Die Kohlepolitik hat außerdem bewirkt, die Energiepreise hochzuhalten. Auch wurde durch den so geförderten Erhalt der Kohle-Standorte das Problem der Flächenknappheit weiter verschärft und die Neuansiedlung junger Industrien zusätzlich behindert.

Da sich die *Regionalförderung* nun nicht auf Nordrhein-Westfalen beschränkt, sondern weite Teile der Bundesrepublik als Regionalfördergebiete ausgewiesen sind, hat die GA-Förderung vielfach dazu geführt, daß im Ruhrgebiet ansässige Unternehmen ihre Produktionsstätten in andere Bundesländer verlagert haben.

Ein zweites *Problem*, das eine einseitig auf die Finanzierung der gewerblichen Wirtschaft ausgerichtete Wirtschaftsförderung in sich birgt, ist der Aufbau kapitalintensiver Wirtschaftsstrukturen. Dies zeigt sich derzeit deutlich in den neuen Bundesländern. Mit Fördermitteln aus der GA von über 6 Mrd. DM (60 v.H. mehr als in den alten Bundesländern) wurde ein Investitionsvolumen von 32 Mrd. DM finanziert; dies entspricht nur 36 v.H. des westdeutschen Investitionsvolumens. Investiert wurde dieser Betrag vornehmlich in Kapitalgüter und nicht – wie staatlich intendiert – in arbeitsplatzschaffende bzw. -erhaltende Projekte. Deutlich wird dies, wenn man die Zahl der durch die Wirtschaftsförderung erhaltenen bzw. geschaffenen Arbeitsplätze in den neuen und den alten Bundesländern vergleicht. Trotz der wesentlich höheren Wirtschaftsförderung in Ostdeutschland sind hier mit 200 000 Stellen nicht einmal halb so viel Arbeitsplätze gesichert worden wie durch vergleichbare Maßnahmen in Westdeutschland.

Anforderungen an eine effiziente Regionalpolitik

Wie die vorstehenden Beispiele zeigen, hat eine Wirtschaftsförderung, die die Unternehmer einzig durch Zulagen, Darlehen, Zinszuschüsse oder Bürgschaften dazu veranlaßt, sich in bestimmten Regionen niederzulassen, gravierende strukturelle Fehlentscheidungen zur Folge. Dennoch sind *Finanzierungshilfen* im Rahmen einer effizienten Regionalpolitik unerläßlich. Sie dürfen jedoch nicht als alleiniges Mittel der Wirtschaftsförderung eingesetzt werden. Priorität muß zunächst die Schaffung bzw. der Ausbau einer wirtschaftsnahen Infrastruktur haben. Nur dann ist gewährleistet, daß die Finanzierungshilfen das Ziel, für das sie eingesetzt wurden, nicht konterkarieren.

Darüber hinaus kommt der Strukturierung der Mittel eine besondere Bedeutung zu. So sollte von Zulagen und Steuererleichterungen nach Möglichkeit abgesehen werden.

Solchermaßen *verlorene Zuschüsse* fördern die Subventionsmentalität und tragen damit in besonderer Weise zur oben beschriebenen Problematik der Strukturerhaltung bei.

Wenn solche Hilfen unterstützend zu anderen Maßnahmen dennoch als erforderlich angesehen werden, dann dürfen sie nie so hoch sein, daß sie für die Standortentscheidung bestimmend werden – anderenfalls verleiten sie zu Fehlinvestitionen, die sich rein betriebswirtschaftlich als nicht vertretbar erweisen. Eine zu hoch angesetzte Subventionierung kann zudem unerwünschte *Mitnahmeeffekte* zur Folge haben. Solche Mitnahmeeffekte entstehen immer dann, wenn eine wirtschaftliche Aktivität auch ohne die angebotene Finanzierungssubvention getätigt worden wäre, diese aber trotzdem in Anspruch genommen wird.

Ist die Höhe der Subvention jedoch so ausgerichtet, daß sie nur einen marginalen Vorteil verschafft, dann ist sie auch fiskalisch als Mitnahmeeffekt gerade noch vertretbar. Die Mitnahmeeffekte sind in dieser Form dann als Impulsgeber zu verstehen, die erwünschte strukturverändernde Unternehmerentscheidungen zwar nicht bewirken, wohl aber beschleunigen können. Insbesondere laufende Subventionszahlungen bergen hierbei in sich die Gefahr der Strukturerhaltung. Sie entsprechen den ordnungspolitischen Grundsätzen einer sozialen Marktwirtschaft überhaupt nur dann, wenn sie befristet und degressiv gewährt werden.

Zinsbegünstigte Darlehen als effektivstes Instrument

Als effektivstes Instrument für die regionale Wirtschaftsförderung erweist sich vor diesem Hintergrund das zinsbegünstigte Darlehen. Es wird als einziges Mittel den Anforderungen an Befristung, Degressivität und optimale Allokation der Fördermaßnahmen gerecht. Mit der Darlehenstilgung nimmt im Zeitablauf der Subventionseffekt der Finanzierungshilfe ab, und die Laufzeitbegrenzung bedeutet darüber hinaus in sich eine Befristung der Subvention.

Ein weiterer *Vorteil* der zinsbegünstigten Darlehen ist, daß sie – wenngleich von öffentlich-rechtlichen Kreditinstituten bzw. der Europäischen Union aufgelegt – über privatwirtschaftliche Banken an die Unternehmen durchgeleitet werden. Mithin stehen die Privatbanken gegenüber den öffentlichen Stellen im Obligo. Sie werden daher in jedem Einzelfall genaustens prüfen, ob das Projekt und das Unternehmen die *Bonitätsvoraussetzungen* erfüllen. Hierzu zählen neben den Managementqualitäten des Unternehmers vor allem die Markt- bzw. Wettbewerbsposition des Unternehmens, das Produkt, die spezifische Branchenkonjunktur sowie die Kapital- und die Finanzierungsstrukturen. Durch diese Prüfung vermindert sich das Risiko von Fehlallokationen. Die langfristige Fremdfinanzierung mittels zinsvergünstigter Darlehen hilft somit, den Erfolg von Wirtschaftsförderungsmaßnahmen abzusichern.

Finanzierungsmöglichkeiten über öffentliche Förderprogramme

Die Fördermöglichkeiten bei Bund, Ländern, öffentlich-rechtlichen Banken und der Europäischen Union sind so vielfältig, daß es zu weit führen würde, sie an dieser Stelle im Detail zu nennen; die wichtigsten seien jedoch im folgenden kurz skizziert.

Kreditanstalt für Wiederaufbau (KfW)

Die KfW wurde 1948 mit dem Ziel gegründet, eine Institution zu schaffen, die mit Hilfe zinsgünstiger Darlehen dem Wiederaufbau und der Förderung der deutschen Wirtschaft dient. Das Inlandsgeschäft der KfW konzentriert sich gegenwärtig auf die langfristige Investitionsfinanzierung von Struktur- und Anpassungsmaßnahmen. Die Förderung erfolgt jeweils im Rahmen sogenannter Programme und ist streng zweckgebunden.

Neben umfangreichen Programmen für den Umweltschutz, kommunale Infrastrukturmaßnahmen und die Wohnraumsanierung (1992 insgesamt rd. 15 Mrd. DM) steht die Kreditvergabe an kleine und mittlere Unternehmen im Mittelpunkt der Fördermaßnahmen. Hierfür wurden 1992 mehr als 11 Mrd. DM zur Verfügung gestellt.

Deutsche Ausgleichsbank

Die Deutsche Ausgleichsbank mit Sitz in Bonn ist aus der 1950 gegründeten Lastenausgleichsbank als deren Rechtsnachfolgerin hervorgegangen. Entgegen ihrer früheren Hauptaufgabe – der wirtschaftlichen Wiedereingliederung der vom Krieg mit seinen Folgen betroffenen Personen – ist sie heute der öffentlichen Wirtschaftsförderung verpflichtet und steht unter der Aufsicht der Bundesregierung.

Das Tätigkeitsgebiet der Bank untergliedert sich in vier Bereiche. Der größte Anteil mit rd. 10 Mrd. DM Kreditzusagen im Jahr 1992 entfällt auf die Existenzgründungsprogramme, wobei die Förderung von Unternehmensgründungen in den neuen Bundesländern aus regionalpolitisch naheliegenden Gründen am höchsten ausfällt. An zweiter Stelle – mit einem Fördervolumen von über 2 Mrd. DM – liegen die Programme für Maßnahmen zum Umweltschutz. Für Strukturprogramme (Schaffung von Ausbildungsplätzen, Fördermaßnahmen für die Binnenschiffahrt, das Standortprogramm, Kredite zur Förderung der kommunalen Infrastruktur) sowie sozialorientierte Maßnahmen stellte die Deutsche Ausgleichsbank darüber hinaus noch einmal rd. 1,1 Mrd. DM zur Verfügung. Insgesamt ergibt sich somit eine Gesamtsumme von rd. 13 Mrd. DM an Kreditzusagen für das Jahr 1992.

Europäisches Wiederaufbauprogramm

Das Europäische Wiederaufbauprogramm, bekannter unter der Bezeichnung ERP-Programm (diese Abkürzung steht für European Recovery Program), ist auf die Marshall-Plan-Hilfen der USA nach dem Zweiten Weltkrieg zurückzuführen.

Nach dem Abschluß der Wiederaufbauphase diente das aus diesem Hilfsprogramm resultierende ERP-Sondervermögen vornehmlich der Förderung der deutschen Wirtschaft. Gemäß seiner ursprünglichen Bedeutung – der Hilfe zum Wiederaufbau – kommt den ERP-Mitteln bei der Deckung des Finanzbedarfs in den neuen Bundesländern eine regionalpolitisch herausragende Bedeutung zu. Insgesamt rd. 14 Mrd. DM standen 1992 an ERP-Krediten zur Verfügung; 10 Mrd. DM dienten hierbei dem Aufbau Ostdeutschlands.

Europäische Investitionsbank (EIB)

Die EIB wurde 1958 mit dem Ziel gegründet, durch die Bereitstellung zinsgünstiger Darlehen zu einer ausgewogenen Entwicklung des gemeinsamen Marktes der Europäischen Union (EU) beizutragen. Sie überträgt mithin den Regionalfördergedanken auf eine europäische Ebene. Hiervon begünstigt sind überwiegend die weniger entwickelten Regionen Europas. Die Bank soll durch ihre Fördermaßnahmen darauf hinwirken, daß kein Land, keine Region und kein Unternehmen innerhalb der EU durch die Bildung des gemeinsamen Wirtschaftsraumes Nachteile hinnehmen muß.

Im Jahr 1992 hat die EIB über 17 Mrd. ECU (dies entspricht gut 35 Mrd. DM) für Investitionen zur Regionalentwicklung von Infrastrukturmaßnahmen, für den Umweltschutz, die Wirtschaftsförderung und zur Verfolgung energiepolitischer Zielsetzungen ausgezahlt. Fast 3,5 Mrd. DM dieser Mittel entfielen auf die Bundesrepublik Deutschland, wobei die Hälfte dieses Betrages wiederum dem Aufbau der neuen Bundesländer zur Verfügung gestellt wurde.

Wirtschaftsförderung – nur Initialzündung

Wie dies alles zeigt, stehen für die regionale Wirtschaftsförderung eine große Zahl von Möglichkeiten zur Inanspruchnahme von langfristigen zinsvergünstigten Darlehen zur Verfügung. Eine Aussage über im jeweiligen Einzelfall einzusetzende Mittel und Programme sowie die Konditionen kann jedoch erst in einem Finanzierungs- und Beratungsgespräch des Unternehmers mit seinem ihn in diesen Fragen begleitenden Kreditinstitut erfolgen.

Die Vielfalt der möglichen Fördermaßnahmen legt den Schluß nahe, daß eine effiziente regionale Wirtschaftspolitik ohne dauerhafte Zuwendungen und Subventionen möglich ist. Zusammen mit der Etablierung einer sinnvollen Infrastrukturpolitik lassen langfristige Förderdarlehen den Unternehmen den Anreiz zum Fortschritt und zum Innovationswettbewerb. Nur so ist es möglich, einen marktwirtschaftlich wachsenden Strukturwandel zu begünstigen und einem regionalen Wachstum den Weg zu ebnen. Die eigentliche Kraft zum Aufschwung muß hierbei von den Unternehmen ausgehen. Die Wirtschaftsförderung darf sich daher nur als Initialzündung verstehen.

Standortentscheidungen in virtuellen Unternehmen

Winfried Krieger

Der Übergang von Wertschöpfungsketten zu virtuellen Unternehmen

Lean-Management dominiert heute Denken und Handeln in vielen Industrie- und Handelsunternehmen. Die hierdurch initiierte Verringerung der Fertigungstiefe führt zum Aufbau von unternehmensübergreifenden Wertschöpfungsketten mit den Lieferanten. Diese Wertschöpfungsketten werden sich in den nächsten 10 bis 15 Jahren zu weltumspannenden Wertschöpfungsnetzen und damit zu globalen virtuellen Unternehmen entwickeln.

Eine wichtige Rolle spielt dabei die Informations- und Kommunikationstechnologie, die mit unverändert wachsender Intensität voranschreitet. Die weltweit installierte Computerleistung hat sich von 1988 bis 1992 fast versechsfacht. In den USA überstiegen 1992 die Investitionen in EDV- und Telekommunikations-Systeme erstmals die Investitionen in industrielle Ausrüstungen.

Dieser Technologiesprung verändert die Rahmenbedingungen unternehmerischen Handelns in dramatischer Weise. Die organisatorischen Grundstrukturen der Unternehmen sind neu zu überdenken. Dies gilt auch für die betriebliche Standorttheorie, die in ihrer klassischen Ausprägung in keiner Weise die vielfältigen technologischen Veränderungen berücksichtigt.

Die Standortwahl virtueller Unternehmen, die durch intensive Nutzung von Informations- und Kommunikationstechnologien neue Organisationsformen entwickeln, steht im Mittelpunkt nachfolgender Ausführungen.

Klassische Standortentscheidungstheorie

Die Systematisierung und Erklärung der Standortwahlentscheidungen von Unternehmen sind bekanntlich bereits seit dem vorigen Jahrhundert Gegenstand der Wirtschaftswissenschaften.

Als Standort eines Unternehmens oder eines Unternehmensteils wird der geographische Ort verstanden, an dem die betrieblichen Produktionsfaktoren eingesetzt werden, um betriebliche Leistungen zu erstellen. Der Unternehmensstandort ist also dadurch gekennzeichnet, daß in ihm die Kombination der betrieblichen Produktionsfaktoren stattfindet.

Die eigentliche Ursache der Standortwahlproblematik liegt darin, daß die Unternehmen die eigenverantwortliche Wahl zwischen unterschiedlichen Standorten haben und daß ein gewählter Standort den Erfüllungsgrad unternehmerischer Zielsetzungen spürbar beeinflußt.

Die eigenverantwortliche Wahl ist aus umwelt- und strukturpolitischen Gründen in einigen Branchen eingeschränkt. Damit reduziert sich die Zahl potentieller Standorte für ein Unternehmen.

Das betriebliche Ziel der langfristigen Gewinnmaximierung und die daraus abgeleiteten Erlös- und Aufwandsziele definieren die Anforderungen an einen Standort. Diese Anforderungen werden den Merkmalen eines potentiellen Standortes gegenübergestellt. Ausgewählt wird derjenige Standort, dessen spezifische Merkmale den betrieblichen Standortanforderungen am weitesten gerecht werden.

Die Betriebswirtschaftslehre hat im Laufe ihrer Entwicklung unterschiedliche Systematisierungen der Merkmale eines Standorts entwickelt.

Der Ansatz von Alfred Weber

Nach von Thünen, der sich Anfang des 19ten Jahrhunderts mit Standortüberlegungen in der Landwirtschaft beschäftigte, entwickelt Weber (vgl. Weber, A.: Über den Standort der Industrien, 2. Aufl., Tübingen 1922) die erste systematische Darstellung der Standortfaktoren industrieller Unternehmen. Weber versteht unter einem Standortfaktor *"...einen seiner Art nach scharf abgegrenzten Vorteil ..."* der die Möglichkeit bietet, ein bestimmtes Produkt an einem Standort zu niedrigeren Kosten als an einem anderen Standort herzustellen.

Er grenzt die *Standortfaktoren* untereinander ab

- nach dem Umfang ihrer Geltung in generelle und spezielle Standortfaktoren,
- nach ihrer räumlichen Wirkung in Regional-, Agglomerations- und Deglomerationsfaktoren und
- nach der Art ihrer Beschaffenheit in natürlich-technische und gesellschaftlich-kulturelle Standortfaktoren.

Diese sehr enge Betrachtung reduzierte die Problematik der Standortwahl auf Fertigungsunternehmen und ausschließlich auf solche Faktoren, die die Kosten beeinflußten. Sie berücksichtigte nur Transportkosten, Materialpreise und die Kosten der Arbeitskraft. Durch Herleitung der Materialpreisdifferenzen aus der unterschiedlichen Höhe der Transportkosten verbleiben letztendlich lediglich die Transport- und die Arbeitskosten als Einflußgrößen bestehen.

Die Darstellung Webers ist unter dem Blickwinkel der damaligen historischen Gegebenheiten zu sehen. Zum einen war Anfang dieses Jahrhunderts das Denken sehr stark von der gesamtwirtschaftlich orientierten räumlichen Struktur der Wirtschaft geprägt.

Die Betriebswirtschaftslehre, wie wir sie heute verstehen, befand sich gerade im Aufbau. Zum zweiten standen die Probleme des Gütereinsatzes für die industrielle Produktion im Vordergrund des Interesses. Absatzwirtschaftliche Probleme spielten eine untergeordnete Rolle und bekamen erst nach dem Zweiten Weltkrieg eine größere Bedeutung.

Neben einigen Veröffentlichungen aus den USA in den 40er und 50er Jahren hat insbesondere die Arbeit von Behrens Anfang der 60er Jahre wesentliche Impulse für die Weiterentwicklung der Standorttheorie gegeben.

Der Ansatz von Karl Chr. Behrens

Behrens betrachtet die Standortwahlentscheidung ausschließlich aus einzelwirtschaftlicher Sicht. Es soll ein Standort gefunden werden, der die Erstellung *und* Verwertung eines vorgegebenen Leistungsprogramms in optimaler Weise ermöglicht (vgl. Behrens, K. Chr.: Allgemeine Standortbestimmungslehre, Köln 1961). Somit sind die langfristigen Auswirkungen eines potentiellen Standortes auf die Aufwands- und Ertragspositionen des Unternehmens zu analysieren und bezüglich der Zielerreichung für das Unternehmung zu bewerten. Als Ziel definiert Behrens die *Rentabilität* eines Unternehmens.

Die Standortfaktoren werden nach den drei betrieblichen Funktionsbereichen Beschaffung, Fertigung und Absatz gegliedert.

Die Zusammenfassung der beschaffungsbezogenen Standortfaktoren führt zum Begriff *Beschaffungspotential* für einen bestimmten Standort. Der Umfang des Beschaffungspotentials wird bestimmt durch die Quantität und Qualität der am Ort oder im Einzugsgebiet verfügbaren Beschaffungsgüter und durch die Gesamtkosten der Beschaffungsgüter. Entscheidungsrelevant sind dabei nicht die betriebsindividuellen Ubiquitäten, das heißt die – aus Sicht des Unternehmens – überall vorkommenden Güter (z. B. Energie in den hochentwickelten Volkswirtschaften Mitteleuropas), sondern nur die nichttransportablen oder transportempfindlichen Güter. Die Höhe des Beschaffungspotentials kann bestimmt werden durch die Gesamtkosten der Beschaffung an einem definierten Standort.

Zu den Faktoren, die den Fertigungsprozeß beeinflussen, gehören die nicht transportablen technischen oder natürlichen Gegebenheiten, die den erfolgreichen Vollzug von Produktionsvorgängen ermöglichen oder dessen Kosten in entscheidendem Maße begünstigen. Im einzelnen zählt Behrens die geologischen Bedingungen, die klimatischen Verhältnisse und die technische Agglomeration auf.

Analog zum Beschaffungspotential kann das *Absatzpotential* eines Standortes gebildet werden. Das Absatzpotential wird bestimmt durch die Absatzmengen und Absatzpreise, die an einem bestimmten Standort erzielt werden können. Diese wiederum werden beeinflußt vom Bedarf, von der Kaufkraft, der Absatzkonkurrenz, der Absatzagglomeration, dem Herkunfts-Goodwill und von staatlichen Absatzhilfen. Entscheidende Randbedingung ist dabei die Transportempfindlichkeit der Produkte, da sich mit steigender Transportempfindlichkeit das Absatzpotential verringert.

Die Systematik von Behrens kann nicht die Auswirkungen eines intensiven Einsatzes der Informations- und Kommunikationstechnologie berücksichtigen. Insofern muß die grundsätzliche Systematik in ihrer konkreten Ausgestaltung ergänzt bzw. verändert werden. Auch die Produktion von Dienstleistungen, deren Anteil inzwischen rund 32 Prozent der gesamten inländischen Bruttowertschöpfung ausmacht, bleibt mit ihrer spezifischen Standortgebundenheit unberücksichtigt.

Auch empirische Analysen in den USA, Anfang der 80er Jahre, zeigen noch keinen Einfluß der Informations- und Kommunikationstechnologien auf die Standortwahlentscheidung (vgl. Schmenner, R. W.: Making Business Location Decisions, Englewood Cliffs 1982).

Diese Situation hat sich heute bereits maßgeblich verändert. Die positiven Reaktionen – insbesondere auch von Mittelbetrieben – auf die Initiative der Clinton-Administration zum Aufbau einer *National Information Infrastructure*, um die Standortfaktoren für nordamerikanische Unternehmen zu verbessern, machen das deutlich.

Verfahren zur Ermittlung optimaler Standorte

Zur Ermittlung optimaler Standorte stehen zahlreiche *mathematische Modelle* zur Verfügung (vgl. Brauer, K. M. / Krieger, W.: Betriebswirtschaftliche Logistik, 2. unveränd. Auflage, Berlin 1991; Domschke, W. / Drexl, A.: Logistik-Standorte, München 1984). Die Modelle stoßen jedoch häufig an die Grenzen der Abbildungsgenauigkeit, wenn eine Vielzahl – häufig nur schwer zu quantifizierender – Standortfaktoren in die Entscheidung mit einzubeziehen ist. Insbesondere der langfristige Charakter der Entscheidung läßt sich nur schwer abbilden. Ihre Eignung ist daher beschränkt auf die Vorauswahl von Standortgroßräumen, wo trotz der notwendigen Abstraktion ausreichend exakte Ergebnisse errechnet werden können.

In der betrieblichen Praxis haben sich für die konkrete Bewertung alternativer Standorte spezifische Checklisten, Nutzwertanalysen und Punktbewertungsverfahren weitgehend durchgesetzt.

Virtuelle Wertschöpfungsnetzwerke

Im Bereich der Informatik steht der Begriff *virtuell* (lat. virtuell = scheinbar) für physikalisch nicht vorhandene Hardware, deren gewünschte Eigenschaften mit Hilfe von Programmen nachgebildet werden. Die Übertragung dieser Begrifflichkeit auf betriebswirtschaftliche Fragestellungen begann 1991/92 in den USA.

Ein virtuelles Unternehmen entsteht dadurch, daß verschiedene Unternehmen zu einer einzigen elektronischen Wirtschaftseinheit – unter Beibehaltung ihrer wirtschaftlichen und rechtlichen Selbständigkeit – verschmolzen werden.

Die Ursache dieser Entwicklung sind die Verkürzung der technologischen Innovationszyklen und der Produktlebenszyklen sowie die Spezialisierung der Märkte, die die Nachteile vertikal stark integrierter Großkonzerne offensichtlich werden lassen. Die bisherigen Formen der wirtschaftlichen Zusammenarbeit verändern sich. Die Grenzen der Unternehmen, die in der Vergangenheit durch eine einheitliche hierarchische Führung, durch die rechtliche Verfügungsgewalt und durch die Bindung der Produktionsfaktoren an bestimmte Lokationen gegeben waren, lösen sich auf.

Die großen Industrieunternehmen mit hoher Fertigungstiefe entsprechen dem nicht überlebensfähigen Dinosaurier. Kleine anpassungsfähige Einheiten als Bestandteile überbetrieblicher Kooperationen werden zukünftig die Bedürfnisse der Kunden, Lieferanten und Mitarbeiter abdecken. Gleichzeitig können damit die Produktvielfalt erhöht, der Kundenservice verbessert und die Produktivität gesteigert werden. Die überbetrieblichen Kooperationen entwickeln sich durch langfristige Vertragsbeziehungen zu weltumspannenden Produktions- und Dienstleistungsnetzwerken, die sich über alle betrieblichen Funktionen von der Beschaffung über die Fertigung bis zum Absatz erstrecken.

Die Identität des Unternehmen wird zukünftig bestimmt von seiner Rolle in diesen Netzwerken und seiner Aufgabe, mittels dieser Netzwerke Kundennutzen zu erzeugen.

Der wirtschaftliche Einflußbereich des einzelnen Unternehmens erweitert sich erheblich. Damit wird die Fähigkeit des Unternehmensmanagements, die Außenbeziehungen des Unternehmens zu gestalten und zu steuern zu einem bedeutenden *strategischen Erfolgsfaktor*.

Die Informations- und Güterströme des virtuellen Unternehmens müssen integrativ geplant und gesteuert werden. Jede Schnittstelle zwischen den beteiligten Partnern muß abgestimmt und optimiert werden. Dabei muß gleichzeitig das Ziel einer hohen Kundenorientierung und Produktivität im Auge behalten werden. Im Grundsatz müssen die Kommunikationsbeziehungen so gestaltet werden, als ob die Partner Teil ein und desselben *physischen* Unternehmens wären. Dabei sollten jedoch gleichzeitig Kreativitäts- und Entscheidungsfreiräume für das jeweilige Einzelunternehmen bewahrt werden. Der Umfang der Managementaufgabe wird deutlich, wenn man berücksichtigt, daß bei der Kommunikation jedes Netzwerkteilnehmers mit jedem anderen die Zahl der Kommunikationsbeziehungen – und damit der Abstimmungsbedarf – quadratisch mit der Zahl der Teilnehmer steigt.

Die abnehmende Bedeutung des physischen Standorts eines Unternehmens wird deutlich bei Betrachtung der Informations- und Güterströme des virtuellen Unternehmens.

Informationsströme in virtuellen Unternehmen

Der Aufbau von virtuellen Unternehmen führt zum starken Anwachsen der Informationsströme und damit zu steigenden Koordinationskosten. Durch den Einsatz von EDV- und Kommunikationstechnologie lassen sich die Kosten pro Kommunikationsverbindung reduzieren. Der Einsatz dieser Technologie muß jedoch weit über das heute übliche Maß hinausgehen. Die Nutzung von Fernsprechnetzen für Sprach-, Text- und einfache (modembasierte) Datenkommunikation reicht nicht aus. Die Kommunikation zwischen den Teilnehmern virtueller Wertschöpfungsnetze muß als Rechner-zu-Rechner-Kommunikation aufgebaut werden. Die zwischenbetrieblichen Informationssysteme ermöglichen es, das Gesamtnetzwerk zu gestalten und zu steuern.

Zwar ist ein physischer Standort der Systeme erforderlich, dieser muß jedoch bei Einsatz von entsprechend leistungsfähiger Kommunikationstechnologie nicht mehr an den Orten der physischen Produkt- und Leistungserstellung sein.

Die zwischenbetrieblichen Informationssysteme lassen sich in drei Kategorien unterteilen (vgl. Sheombar, H. S.: EDI-induced Redesign of Co-ordination in Logistics, in: International Journal of Physical Distribution & Logistics Management, Vol. 22, 1992, No. 8):

- *Reine Informations-Systeme*

Informationen werden zentral gespeichert und den Teilnehmern des Netzwerkes zur Verfügung gestellt. Es werden keine den Leistungserstellungsprozeß betreffenden Transaktionen durchgeführt. Jedoch können z. B. Informationen über Marktentwicklungen oder über Forschung und Entwicklung zur Verfügung gestellt werden.

- *Elektronische Märkte*

Hier wird eine technische Infrastruktur aufgebaut, die die Bestell- und Lieferbeziehungen zwischen den Partnern automatisiert. Dazu gehören die eigentliche Bestellung, aber auch die Steuerung der Lieferbeziehungen und die Abwicklung der Zahlungsströme. Der Betrieb des Netzwerkes kann einem dritten Dienstleister übertragen, aber auch im Verbund der beteiligten Partner realisiert werden.

- *Elektronische Organisation*

Die elektronische Organisation stellt die vollständige Abbildung des virtuellen Unternehmens dar. Über die Software und die Informations- und Kommunikationstechnologie gelingt es, das Netzwerk der beteiligten Unternehmen so zu steuern, als ob es sich um ein einheitliches – an einem Standort tätiges – Unternehmen handeln würde. Neben den Planungs- und Kontrollinformationen werden sämtliche Steuerungsfunktionen abgebildet.

Damit wird es aus Sicht der Informationssammlung, -speicherung und -verarbeitung eines Unternehmens völlig gleichgültig, an welchem physischen Standort sich das Unternehmen befindet.

Güterströme in virtuellen Wertschöpfungsnetzen

Prognosen über die zukünftige Entwicklung des Güterverkehrsaufkommens gehen davon aus, daß es bis zur Jahrtausendwende zu einem deutlichen Anstieg der zu transportierenden Mengen kommen wird. Als Hauptursache für das wachsende Güterverkehrsaufkommen wird die steigende Arbeitsteilung zwischen den Volkswirtschaften bzw. zwischen den Unternehmen der vertikal integrierten Wertschöpfungsketten angesehen. Diese Prognosen basieren jedoch weitgehend auf der Hochrechnung von alten Fertigungsstrukturen und -abläufen, nämlich der intensiven Arbeitsteilung zwischen völlig selbständig arbeitenden Unternehmen.

Virtuelle Unternehmen organisieren ihre Güterströme jedoch in anderer Art und Weise. Die Abkehr von den *Push-Systemen*, die die Rohstoffe, Halb- und Fertigprodukte über die verschiedenen Fertigungs- und Handelsstufen bis zum Verbraucher "drücken", und die Hinwendung zu den *Pull-Systemen*, bei denen die Verbraucher jeweils die Güter aus den vorgelagerten Systemen "ziehen", werden die jeweiligen Bestände an Gütern und Waren deutlich reduzieren. Gleichzeitig wird jedoch die Produktvielfalt ansteigen, so daß insgesamt zunehmende Bestände zu erwarten sind.

Eine Verbesserung der Transportsteuerung durch Integration von Informations- und Güterfluß wird es ermöglichen, daß – trotz wachsender Arbeitsteilung und steigender Transportfrequenzen – die Güterströme in virtuellen Unternehmen nur wenig ansteigen werden. Wesentliche Voraussetzung hierfür ist jedoch die Entwicklung und der Aufbau intelligenter, miteinander vernetzter *Verkehrssysteme*.

Neue und veränderte Standortfaktoren

Die Standortwahlentscheidungen der Unternehmen verändern sich in virtuellen Netzwerken erheblich. Standortfaktoren erfahren einen Bedeutungswandel. Die wesentlichen Ursachen liegen darin, daß sich die Unternehmensgrößen verkleinern, die Wertschöpfungsketten verlängern und daß EDV- und Kommunikationstechnologien zur Gestaltung und Steuerung der Innen- und Außenbeziehungen eingesetzt werden.

Die virtuelle Verfügbarkeit von Beschaffungsgütern

Das Beschaffungspotential eines Standortes wird nicht mehr ausschließlich durch die *physische* Verfügbarkeit von Beschaffungsgütern bestimmt. Die *virtuelle* Verfügbarkeit von Einsatzgütern wird zur bestimmenden Determinante.

Für das Beschaffungsgut bzw. den Produktionsfaktor *Information* gilt dies teilweise bereits heute. Die Notwendigkeit, öffentliche Forschungseinrichtungen in der Nähe entsprechender Agglomerationen anzusiedeln, verringert sich, da Forschungsergebnisse weltweit über Datenbanken und Netze innerhalb kürzester Zeit verfügbar gemacht werden können.

In bestimmten Branchen (z. B. der Softwareindustrie) werden bereits heute Mitarbeiter eingesetzt, die fernab vom Standort des Unternehmens ihren Wohn- und Arbeitsplatz haben. Die Softwareteams in den Entwicklungsländern sind häufig genauso gut wie die Softwareteams in der alten und neuen Welt, jedoch arbeiten sie zu deutlich niedrigeren Kosten. Über Datenkommunikationseinrichtungen sind sie mit ihren Auftraggebern in Europa oder USA verbunden. Im Dienstleistungsbereich zeichnen sich Teilbranchen (z. B. der Markt der elektronischen Medien) ab, in denen der Produktionsfaktor *Arbeit* nicht mehr physisch, sondern ausschließlich virtuell am Unternehmensstandort vorhanden sein muß.

Fertigungsdezentralisation und Kontrollzentralisation

Der Einsatz von Informations- und Kommunikationstechnologie zur Steuerung virtueller Unternehmen macht es möglich, Fertigungsprozesse über große Distanzen ohne

Zeitverlust zu überwachen, zu kontrollieren und zu steuern. Das Verschwinden physikalischer Distanzen für Informationen wird dazu führen, daß die Präferenzen des Management-Personals für bestimmte Standorte der Unternehmenszentrale keinen Einfluß mehr auf die Auswahl von Produktionsstandorten haben werden. Die Produktionskapazitäten werden sich weltweit dislozieren, während die Kontrolle und Steuerung sich konzentrieren werden (vgl. Peitchinis, St. G.: Computer Technology and the Location of Economic Activity, in: Futures, Vol. 24, 1992, No. 8).

Damit verliert der Faktor der Agglomeration an Bedeutung für Beschaffung, Produktion und Absatz. Agglomeration bleibt jedoch ein wichtiger Standortfaktor, um in einer Region Offenheit und positive Grundeinstellung gegenüber bestimmten Technologien zu schaffen.

Virtuelle Absatzmärkte entstehen

Ein virtuelles Unternehmen versucht, durch konsequente Anwendung des Pull-Prinzips mit möglichst geringen Lagerbeständen zu wirtschaften. Im Idealfall gibt es überhaupt keine Lagerbestände. Damit ähnelt das virtuelle Unternehmen einem Dienstleistungsunternehmen, welches seine Produkte nicht auf Lager produzieren kann (z. B. die Leistung eines Arztes, Verkehrsleistungen), so daß auch viele Aspekte einer Dienstleistungsproduktion auf virtuelle Unternehmen anwendbar sind.

Die Kunden werden Bestandteil des Netzwerkes. Sie nehmen teil an der Produktion und Produktweiterentwicklung (z. B. im Rahmen von JIT-Konzepten) sowie an der Vermarktung (z. B. indem sie Produktkompetenz aufbauen). Mit Hilfe von Informations- und Kommunikationstechnologien werden Informationen über Kunden gesammelt oder teilweise von diesen Kunden unmittelbar zur Verfügung gestellt. Als Beispiel seien hier die weltumspannenden Diskussionsforen zu bestimmten Hardware- und Software-Produkten in internationalen Datennetzen genannt.

Die Bedeutung des Service als kaufentscheidende Produkteigenschaft ist für virtuelle Unternehmen von größter Wichtigkeit. Auch damit wird die Ähnlichkeit zur Dienstleistungsproduktion deutlich.

Bei der Bewertung von Standorten verändern sich die Beschaffungs- und Absatzpotentiale. Die Nutzung der EDV zur Steuerung der virtuellen Unternehmen und der Einsatz der Kommunikationstechnologie zum Empfang, zum Versand, zur Speicherung und zur Analyse von Informationen werden die Absatzmärkte für handelbare Produkte und Dienstleistungen (z. B. Versandhandel) globalisieren und andere bisher nicht handelbare Produkte und Dienstleistungen handelbar machen (z. B. medizinische Beratung bis hin zu medizinischen Operationen unter Einsatz von Datenhandschuhen).

Für alle Unternehmen, die sich mit der Erstellung und Vermarktung von Informationen befassen (z. B. Datenbankanbieter, Netzwerkanbieter, TV-Anbieter) wird das Absatzpotential standortunabhängig. Damit konzentriert sich die Standortwahlentscheidung ausschließlich auf *beschaffungs- und produktionsorientierte Faktoren.*

Der Standortfaktor der Regionalpolitik

Entscheidend für die zukünftige Wirtschafts- und Regionalpolitik ist auf alle Fälle die Frage nach dem Umfang ihrer Einflußmöglichkeit auf die unternehmerischen Standortentscheidungen.

Der Zwang für die Unternehmen, sich in weltweit operierenden Netzwerken zu organisieren, wird wachsen. Für viele Unternehmen in Deutschland ist das ein sehr schwieriger – da ungewohnter – und langfristiger Prozeß. Neben die klassischen Standortfaktoren treten deshalb Anforderungen an die Infrastruktur zur Verteilung von Daten und Gütern sowie Forderungen an das wirtschaftliche Umfeld zur Unterstützung bei diesen langfristigen Restrukturierungsprozessen. Infrastruktur für Güter, aber insbesondere für Daten ist dabei in erster Linie eine Frage der Vernetzbarkeit und Zuverlässigkeit und erst in zweiter Linie eine Frage der durchsetzbaren Menge.

Der Aufbau der *National Information Infrastructure* wird in den USA als gemeinsames Projekt von Wirtschaftsunternehmen und staatlichen Institutionen durchgeführt. Derartige Initiativen und Projekte wären für die Wettbewerbsfähigkeit von Standorten in Deutschland von sehr großer Bedeutung.

Die Konkurrenz der Regionen verschärft sich

Langfristig werden sich deutliche Umbrüche im Rahmen der betrieblichen Standortplanung und -entscheidung durch die wachsenden Möglichkeiten der Datenkommunikation ergeben. Das Paradigma, wonach Planung, Kontrolle und Steuerung von Produktionsprozessen die persönliche Präsenz von Führungskräften erfordern, wird im Zeitraum der nächsten 10 bis 15 Jahre weitgehend zerbrechen.

Datenkommunikation wird es ermöglichen, Produktionsprozesse und ihre unmittelbare Steuerung zu globalisieren, bei gleichzeitiger Zentralisierung von Planung, Organisation und Kontrolle.

Eine solche Entwicklung bietet für strukturschwache Gebiete, die keine Vorteile der Agglomeration aufweisen können, neue Chancen. Die geographischen Randlagen in Europa (z. B. Norditalien und Nordeuropa) konkurrieren mit den Metropolen Mitteleuropas um die Integratoren bzw. Koordinatoren der weltumspannenden virtuellen Wertschöpfungsnetzwerke.

Für die kleinen und mittleren Unternehmen, die sich als Teil der Netzwerke etablieren müssen, haben die Strukturpolitik und die Wirtschaftsförderung diese schwierigen Anpassungs- und Reorganisationsprozesse als Moderator zu unterstützen. Neugründung und Ansiedlung von Unternehmen werden am ehesten in den Regionen stattfinden, wo folgendes selbstverständlich ist: Forschung und Entwicklung, allgemeine technologische Aktivitäten sowie Offenheit gegenüber neuen technisch-organisatorischen Konzepten bei den vor Ort ansässigen Unternehmen, an den Hochschulen, bei den politischen Institutionen und in öffentlichen Unternehmen.

Die wichtigsten Investitions-förderprogramme in den deutschen Bundesländern

Alfons Martens

EG-Kriterien und -Höchstgrenzen für Problemregionen

Investitionsförderung ist kein Begriff unserer heutigen Zeit. Das Instrument der Förderung läßt sich in der Geschichte sehr weit zurückverfolgen. Man wandte es in allen Ländern der Welt, insbesondere in den Industriestaaten, mehr oder weniger geregelt, mal gezielt und intensiv, mal verdeckt an.

Aus strukturpolitischen Gründen kreierte jedes europäische Land seine eigenen lang-, mittel- und kurzfristigen Programme. *Jedes deutsche Bundesland* ergänzt durch spezielle Programme den breiten Fächer der Förderungsmöglichkeiten. Banken und Konzerne unterhalten eigene Abteilungen zur Erfassung und Pflege der im europäischen Raum kaum noch überschaubaren Facetten. Private Subventionsberatungsfirmen entstehen. Die staatliche Förderung hat in der Tat eine vielschichtige und lange Historie: *Pecunia non olet.*

Um der unglaublichen Phantasie mancher Staaten zu begegnen, hat es sich die EG seit mehreren Jahren für die Mitglieder der europäischen Gemeinschaft vorbehalten, nationale Förderprogramme kritisch zu überprüfen und, wo erforderlich, ihr Veto einzulegen. Unter objektiven Gesichtspunkten ist dieser Schritt verständlich. Bewegten sich doch diese nationalen wirtschaftspolitischen Instrumentarien allzu oft haarscharf – gewollt oder ungewollt – am Rande einer in einer modernen Wirtschaftsordnung verpönten Investitionslenkung, ganz abgesehen von der Gefahr des Mißbrauchs und der damit verbundenen Wettbewerbsverzerrung.

Die EG legte teilweise im zähen Ringen mit den Mitgliedsstaaten die Kriterien und die Höchstgrenzen der Förderung für Problemregionen fest und behält sich, je nach wirtschaftlicher Entwicklung, eine Überprüfung des Zeitrahmens vor. Durch eigene Programme (z. B. den Europäischen Regionalfonds) versucht sie darüber hinaus, teils ergänzend, teils korrigierend einzugreifen. Soweit dies frei von nationalen Interessen unter Wahrung der Objektivität geschieht, sind diese zusätzlichen Initiativen zur wirtschaftlichen Harmonisierung innerhalb der EG zu begrüßen.

Die folgenden Ausführungen werden sich auf die *Darstellung der aktuellen und wichtigsten Investitionsförderprogramme* beziehen. Schon zu Anfang soll hierbei klargestellt werden, daß für ausländische Investoren die gleichen wirtschaftlichen und rechtlichen Voraussetzungen und Konditionen gelten wie für deutsche.

Investitionsförderprogramme stehen grundsätzlich allen Investoren zur Verfügung. Der Grad ihrer Intensität hängt in Deutschland jedoch von den räumlich festgelegten Problemgebieten innerhalb der einzelnen Bundesländer ab. Eine Ausnahme bilden – zunächst bis Ende 1995 zeitlich begrenzt – die östlichen Bundesländer *Brandenburg, Mecklenburg-Vorpommern, Sachsen, Sachsen-Anhalt, Thüringen* sowie *Berlin-Ost*. Für diese Länder gilt flächendeckend die höchste von der EG zugelassene Förderquote. Niemals zuvor gab es in Deutschland solch großzügige Finanzierungshilfen für Investitionen wie heute.

Eine weitere Differenzierung der Förderintensität erfolgt entsprechend den Fördergrundsätzen und -regelungen nach der Art der Investition. Bevorzugt gefördert werden grundsätzlich Investitionen im produktiven Bereich (Herstellung von Gütern, die zum überregionalen Absatz geeignet sind) und hier vor allem kleine und mittelständische Unternehmen.

Die Investitionsförderprogramme lassen sich im wesentlichen in die folgenden vier Gruppen aufteilen:

- *Der Investitionszuschuß*
- *Die Investitionszulage*
- *Die Sonderabschreibungen*
- *Die zinsgünstigen Darlehen*

Zur Gruppe der zinsgünstigen Darlehen gehört ein sehr breiter Fächer. Sie sind z. T. regionsbezogen oder speziellen Investitionen zuzuordnen. Auf die für Investitionen wichtigen Programme wird im Laufe der Darlegungen eingegangen.

Der Investitionszuschuß

Der Investitionszuschuß wird für Investitionen im gewerblichen Bereich (gewerbliche Wirtschaft einschließlich Fremdenverkehrsgewerbe) und für wirtschaftsnahe Infrastrukturvorhaben in der gesamten Bundesrepublik Deutschland gewährt. Aus den ursprünglich vor gut dreißig Jahren beschlossenen Aktionsprogrammen innerhalb der Bundesrepublik in den Regionen mit stark schrumpfenden Wirtschaftszweigen (z. B. Kohle und Stahl, Schuh- und Textilindustrie) entstand vor rund zwei Jahrzehnten die sogenannte *Gemeinschaftsaufgabe* von Bund und Ländern. Jährlich neu verhandelte Rahmenpläne der Gemeinschaftsaufgabe *Verbesserung der regionalen Wirtschaftsstruktur* legten die Förderkriterien fest.

Da der Investitionszuschuß wohl als eines der wichtigsten Förderinstrumente angesehen werden kann, sollen Einzelheiten hierzu detaillierter dargestellt werden.

Wie früher sind auch heute die Förderungsquoten in den westlichen Bundesländern im wesentlichen auf Schwerpunktregionen begrenzt. Sie sind nach übergeordneten und sonstigen Schwerpunktorten, den sogenannten *B- und C-Schwerpunkten*, klassifiziert. Außerhalb von Schwerpunktorten ist eine Förderung durch den Investitionszuschuß nur bei Investitionsvorhaben von besonderer Bedeutung möglich.

Die Gewährung des Investitionszuschusses setzt neben der räumlichen Festlegung zwingend die Schaffung neuer Dauerarbeitsplätze (für die Errichtung oder Erweiterung einer Betriebsstätte) bzw. deren Sicherung (für die Umstellung oder grundlegende Rationalisierung einer Betriebsstätte) und die überregionale Absatzfähigkeit der hergestellten Produkte oder Leistungen voraus.

In die Investitionszuschußförderung können einbezogen werden: die Anschaffung bzw. Herstellung der zum Investitionsvorhaben zählenden neuen Wirtschaftsgüter des Sachanlagevermögens sowie die aktivierungsfähigen Anschaffungskosten immaterieller Wirtschaftsgüter (Patente, Lizenzen oder Investitions- und Anwendungskonzepte für neue Wirtschaftsgüter). Ausgenommen von der Förderung sind die der Ersatzbeschaffung dienenden Investitionen, der Grundstückserwerb, geringwertige Wirtschaftsgüter (unter 800 DM) und Fahrzeuge. Gebrauchte Wirtschaftsgüter können nur gefördert werden, wenn eine stillgelegte oder von Stillegung bedrohte Betriebsstätte erworben wird.

Die Höhe des Investitionszuschusses richtet sich in den westlichen Bundesländern nach der Klassifizierung der sogenannten *Schwerpunktorte* und der Art der Investition. Bei Errichtung einer Betriebsstätte gelten als Höchstsätze 18 Prozent bei B-Schwerpunkten und 15 Prozent bei C-Schwerpunkten und bei Erweiterung einer Betriebsstätte analog 15 Prozent bzw. 12 Prozent. Für Vorhaben von besonderer Bedeutung können außerhalb dieser Schwerpunkte für die Errichtung oder Erweiterung max. 12 Prozent gewährt werden.

In den *östlichen Bundesländern* sind zum Wiederaufbau der durch die Planwirtschaft der Vergangenheit schwer betroffenen Wirtschaft Ausnahmen im Einigungsvertrag vom 31. August 1990 festgelegt. Für eine Übergangszeit von zunächst fünf Jahren gelten als Höchstsätze für die Errichtung 23 Prozent, die Erweiterung 20 Prozent sowie die Umstellung und grundlegende Rationalisierung 15 Prozent. Infolge der wirtschaftlichen Problematik wurde auf die Bildung räumlicher Schwerpunkte für Investitionsvorhaben im produktiven Bereich bislang weitgehend verzichtet.

Für Investitionsvorhaben im Fremdenverkehrsgewerbe gelten für die Neuerrichtung wie die Erweiterung und Umstellung bzw. Rationalisierung in den westlichen Ländern 15 Prozent. Die östlichen Länder können Fördersätze bis zu 23 Prozent gewähren.

Mit den Investitionsvorhaben von gewerblichen Betriebsstätten kann für zusätzliche neue hochwertige Arbeitsplätze, soweit sie der Innovationsfähigkeit des Betriebes dienen, ein besonderer Investitionszuschuß gewährt werden. Er beträgt in den westlichen Ländern je nach Schwerpunktort (B oder C) zwischen 20 000 DM und 15 000 DM, in den östlichen Ländern bis zu 25 000 DM.

Zum Ausbau der Infrastruktur, dazu zählen im wesentlichen die Erschließung oder Wiedernutzbarmachung von Industrie- und Gewerbegebieten einschließlich Verkehrsverbindungen, Be- und Entsorgung u. ä. m., können Gemeinden entsprechende Investitionszuschüsse erhalten.

Sinn und Zweck dieser Unterstützung ist, Gemeinden in Problemgebieten die Möglichkeit zu bieten, ihre Industrie- und Gewerbegebiete potentiellen Investoren günstiger anbieten zu können.

Zur Gewährung des Investitionszuschusses gibt es zwei sehr wesentliche Voraussetzungen, die an dieser Stelle besonders hervorzuheben sind. Dieser Zuschuß ist im Gegensatz zur nachfolgend behandelten Investitionszulage kein Gesetz, d. h., es gibt keinen einklagbaren Anspruch nach einer Ablehnung. Der Investitionszuschuß *kann* gewährt werden, was im übrigen bis auf wenige Ausnahmen auch geschieht. Er kann auch in seiner prozentualen Höhe gekürzt werden, dies insbesondere dann, wenn die Haushaltsmittel des jeweiligen Bundeslandes knapp werden. Von dieser Möglichkeit haben die westlichen Bundesländer in der Vergangenheit teilweise Gebrauch machen müssen.

Zur Beantragung des Investitionszuschusses gibt es eine grundsätzliche Voraussetzung, die von Investoren unbedingt eingehalten werden muß: Der Antrag ist vor Beginn der Investitionsmaßnahme zu stellen, d. h. vor der Bestellung von Wirtschaftsgütern für das vorgesehene Vorhaben.

Zur *steuerlichen Behandlung* des Investitionszuschusses sei abschließend erwähnt, daß er unter ertragssteuerlicher Betrachtung eine außerordentliche Einnahme darstellt, also steuerpflichtig ist. Mildern läßt sich dieser Tatbestand, falls man die volle Versteuerung im Jahr des Zuflusses vermeiden möchte, lediglich dadurch, indem die in der Bilanz vorzunehmende Aktivierung der Anschaffungs- und Herstellkosten um den jeweiligen Zuschußanteil gekürzt wird. Dies hat zur Folge, daß die Abschreibungsbasis niedriger ist und damit die Versteuerung des Zuschusses auf die Jahre der Abschreibung der jeweiligen Wirtschaftsgüter verteilt wird.

Soweit die mit der Genehmigung des Investitionszuschusses verbundenen Voraussetzungen und Auflagen vom Investor eingehalten werden, ist der Zuschuß nicht rückzahlbar. Er hat finanztechnisch jedoch Fremdmittel-Charakter.

Die Investitionszulage

Die Investitionszulage, die früher in unterschiedlicher Höhe und z. T. temporär begrenzt auch in den westlichen Bundesländern gewährt wurde (s. *InvZulG v. 1986*), gilt heute mit unterschiedlichen Sätzen nur noch in den östlichen Bundesländern. Die Höhe der Zulage wird durch das *Investitionszulagengesetz von 1991* geregelt. Antragsberechtigt sind gewerbliche Unternehmen einschließlich Leasinggesellschaften sowie Freiberufler, die in den fünf östlichen Bundesländern zuzüglich Berlin-Ost investieren.

Die Investitionszulage wird für die Anschaffung oder Herstellung neuer, abnutzbarer, beweglicher Wirtschaftsgüter des Anlagevermögens gewährt. Ausgenommen sind geringwertige Wirtschaftsgüter (unter 800 DM).

Die Höhe der Investitionszulage ist an Zeitabläufe der Investitionen gebunden. Für die, die zwischen dem 01.01.1993 und 30.06.1994 begonnen und vor dem 31.12.1996 abgeschlossen werden, gilt ein Satz von 8 Prozent und für die ab 01.07.1994 begonnenen und zum 31.12.1996 abgeschlossenen 5 Prozent.

Für Investoren, die am 09.11.1989 ihren Wohnsitz im Gebiet der östlichen Bundesländer hatten, gilt für Investitionen bis zu 1 Mill. DM/Jahr ein Fördersatz von 20 Prozent, sofern mit den Investitionsmaßnahmen ab 01.01.1993 begonnen wurde. Begünstigt sind Handwerksbetriebe und das verarbeitende Gewerbe. Auch hier müssen die Investitionen am 31.12.1996 abgeschlossen sein.

Gegen diese besondere Zulage hat die EG Bedenken angemeldet. Die Bundesregierung sah sich deshalb gezwungen, eine Modifizierung vorzunehmen. Vorgesehen ist nunmehr, auf die Vorgabe des Wohnsitzes zu verzichten und die Zulage auf 10 Prozent ab 1. Juli 1994 für Investitionen bis zu 5 Mill. DM/Jahr festzulegen. (Eine Zustimmung des Bundesrates hierzu liegt noch nicht vor.)

Die Investitionszulage ist eine besonders attraktive Förderung. Sie zählt nicht zu den Einkommen im Sinne der Ein- und Körperschaftssteuer und ist damit *steuerfrei* und wie der Investitionszuschuß nicht rückzahlbar. Darüber hinaus kann sie im Gegensatz zum Investitionszuschuß finanztechnisch als Eigenmittel eingesetzt werden.

Die Beantragung der Investitionszulage muß beim zuständigen Betriebssitz-Finanzamt erfolgen. Dafür gibt es eine Ausschlußfrist, die unbedingt eingehalten werden muß, nämlich der 30.09. des auf die getätigte Investition folgenden Jahres (also Investitionen 1993 bis spätestens 30.09.1994).

Die Sonderabschreibung

Auch die Sonderabschreibung in Höhe von 50 Prozent ist im Rahmen des wirtschaftlichen Wiederaufbaus für Investitionen in den östlichen Bundesländern festgelegt. Sie ist im Rahmen der Investitionsförderung neben der Investitionszulage eine gesetzlich fundierte Maßnahme (*StÄndG 1991* in Verbindung mit *Fördergebietsgesetz von 1991 und 1993*) und kann von gewerblichen Unternehmen und Angehörigen Freier Berufe neben der Normalabschreibung für alle Investitionen von abnutzbaren Wirtschaftsgütern des Anlagevermögens in Anspruch genommen werden. Von dieser Förderung ausgenommen sind lediglich Grundstücke, immaterielle und geringwertige Wirtschaftsgüter sowie Luftfahrzeuge.

Die 50prozentige Sonderabschreibung kann für Wirtschaftsgüter vorgenommen werden, die nach dem 31.12.1990 und vor dem 01.01.1997 angeschafft oder hergestellt werden. Sie kann wahlweise im ersten Jahr, d. h. im Jahr der Anschaffung/Herstellung, und in den folgenden 4 Jahren vorgenommen werden. Sie kann auch für Anzahlungen auf Anschaffungskosten und für Teilherstellkosten in Anspruch genommen werden. Hier gilt die zeitliche Befristung analog.

Für *Berlin (West)* kommt infolge der bis 03.10.1990 geltenden Abgrenzung eine zeitlich eingeschränkte Regelung (30.06.1991 bis 01.01.1995) in Frage.

Die zinsgünstigen Darlehen

Wie bereits erwähnt, ist der Fächer der zinsgünstigen Darlehen sehr weit gespannt. Eine detailliertere Darlegung würde den Rahmen sprengen. Die anschließenden Ausführungen werden sich daher nur auf die *wichtigsten Darlehensformen* beziehen können, die für Investitionen von Bedeutung sind.

Die zinsgünstigen Darlehensprogramme lassen sich im wesentlichen in folgende Gruppen einteilen:

- *Existenzgründung und -sicherung*
- *Errichtung und Erweiterung neuer bzw. bestehender Betriebsstätten*
- *Umweltschutz und Energieeinsparung*
- *Forschung und Entwicklung*

Die größte Anzahl der unter diese Gruppen fallenden Programme gelten dem *Mittelstand*, d. h. kleineren und mittleren Betrieben. Die *Definition*, welcher Kreis von Privatpersonen oder Unternehmen begünstigt ist, ist nicht einheitlich geregelt. Sie ergibt sich vielmehr aus den Bestimmungen bzw. Richtlinien der einzelnen Programme selbst. Besonderheiten bestehen darüber hinaus für die östlichen Bundesländer *Brandenburg, Mecklenburg-Vorpommern, Sachsen, Sachsen-Anhalt, Thüringen sowie für Berlin (Ost).*

Für alle nachfolgend beschriebenen Investitionsdarlehen gilt – von wenigen Ausnahmen abgesehen – das sogenannte Hausbankprinzip, d. h., Anträge werden über die Hausbank des Antragstellers eingereicht. Ihr sind daher auch die entsprechenden Sicherheiten für die beantragten Mittel zu stellen.

Existenzgründung und -sicherung

Eines der bekanntesten und schon viele Jahre bestehenden zinsgünstigen Darlehen ist das *ERP-Existenzgründungsprogramm.* Antragsberechtigt sind Nachwuchskräfte der gewerblichen Wirtschaft (insbesondere produzierendes Gewerbe, Handel, Handwerk, Kleingewerbe sowie Gaststätten- und Beherbergungsgewerbe). Der Höchstbetrag je Antragsteller und Kalenderjahr beträgt 1,0 Mill. DM, der Zinssatz 6,5 Prozent p.a. bei einer Auszahlung von 100 Prozent und die Laufzeit 10 Jahre (bei Bauvorhaben 15 Jahre) bei max. 3 tilgungsfreien Jahren.

Der Kreis der Begünstigten in den östlichen Bundesländern ist um Angehörige Freier Berufe (außer Heilberufen) erweitert. Der Höchstbetrag ist auf 2 Mill. DM, der Zinssatz mit 6,5 Prozent p.a. und die Laufzeit mit 15 Jahren (bei Bauvorhaben 20 Jahre) bei max. 5 tilgungsfreien Jahren festgelegt.

Mit diesem ERP-Programm können sowohl die Errichtung und der Erwerb von Betrieben sowie hiermit im Zusammenhang stehende Investitionen innerhalb von drei Jahren nach Betriebseröffnung/Geschäftsaufnahme finanziert werden, wie auch die Übernahme einer Beteiligung mit leitender Tätigkeit im Unternehmen (z. B. Mitglied der

Geschäftsführung). Zu den Investitionen zählt dabei auch die Beschaffung eines Lagers an Material, Handelswaren und Ersatzteilen.

Im allgemeinen ist das Darlehen auf 50 Prozent der Finanzierungskosten begrenzt. Es kann in Ausnahmefällen bis zu 2/3 des Investitionsbetrages erreichen.

Ein weiteres der Existenzgründung, insbesondere aber der Existenzsicherung dienendes Darlehen ist das *DtA-Existenzgründungsprogramm*. Es kann als Ergänzung zum zuvor beschriebenen ERP-Darlehen eingesetzt werden, um auf diese Weise bis zu 75 Prozent der förderfähigen Kosten abzudecken. Hierzu zählen Investitionen zur Gründung selbständiger Existenzen (einschließlich Waren-/Materialausstattung) aber auch Investitionen innerhalb von 8 Jahren nach Geschäftseröffnung, sofern diese Vorhaben der Sicherung und Festigung der selbständigen Existenz (ausgenommen Sanierung) dienen.

Die hierfür festgelegten Konditionen lauten: Höchstbetrag 1 Mill. DM, Zinssatz 6,9 Prozent p.a. (in den östlichen Bundesländern 6,65 Prozent) bei 98 Prozent Auszahlung und einer Laufzeit von 10 Jahren, davon max. 2 Jahre tilgungsfrei. Antragsberechtigt sind natürliche und juristische Personen einschließlich Heilberufe.

Eine weitere in diesem Zusammenhang wichtige Darlehensform ist das *Eigenkapitalhilfe-Programm* (EKH). Es soll den Weg für die Aufnahme von Krediten zur Finanzierung von Gründungs- und Festigungsinvestitionen ebnen und ist deshalb mit eigenkapitalähnlichen Konditionen ausgestattet. Hierzu gehören neben der weitgehenden Freistellung von Sicherheiten die Zinsfreistellung in den ersten 3 Jahren. Darüber hinaus stehen die Mittel 10 Jahre lang tilgungsfrei zur Verfügung. Dieses EKH-Programm ist in den westlichen Bundesländern Ende 1991 eingestellt, jedoch ab Mitte 1994 neu aufgelegt worden. Es gilt für die östlichen Länder befristet bis Ende 1995 und für die westlichen bis Ende 1996.

Der Kreis der Antragsberechtigten entspricht annähernd dem der zuvor aufgeführten Darlehen. Bei diesem Programm wird jedoch u. a. vorausgesetzt, daß der Eigenbeitrag (neben flüssigen Finanzmitteln auch unbare Einlagen in Form betriebsnotwendiger Güter und Eigenleistungen) 15 Prozent der Investitionssumme möglichst nicht unterschreitet. Bis zu 40 Prozent der Investitionssumme können dann mit dem EKH-Darlehen aufgestockt werden.

Der Darlehenshöchstbetrag an Eigenkapitalhilfe beläuft sich auf 0,7 Mill. DM und bei (Re-)Privatisierungen auf 2 Mill. DM je Antragsteller. Die Mittel werden bei einer Laufzeit von 20 Jahren zu 100 Prozent ausbezahlt. Die jährlichen Zinssätze entwickeln sich dabei wie folgt: 1.–3. Jahr zinsfrei, 4. Jahr 2 Prozent, 5. Jahr 3 Prozent, 6. Jahr 5 Prozent und ab dem 7. Laufzeitjahr den bei der Förderzusage festgelegten Marktzinssatz (z. Zt. 7,5 Prozent).

Eine zusätzliche Variante des EKH-Programms ab September 1993 ist die *Partnerschaftskapital-Hilfe*. Ihre Zielsetzung ist, Gründungen und Privatisierungen in den ostdeutschen Bundesländern vor allem im Bereich des industriellen Mittelstands zu erleichtern. Es geht dabei also um die Mobilisierung von unternehmerischem Know-how bei gleichzeitiger Kapitalzuführung in neugegründete oder bereits bestehende Unternehmen.

Bemessungsgrundlage für ein Partnerschaftsdarlehen ist die Höhe der Partnerschaftseinlage. Es muß mindestens zu 70 Prozent investiven Zwecken dienen und darf das insgesamt haftende Kapital nach Durchführung der Investitionen in Höhe von 40 Prozent des Betriebsvermögens oder der Bilanzsumme nicht überschreiten.

Partnerschaftsdarlehen werden bis zum 2,5fachen der Partnerschaftseinlage gewährt, dessen Höchstbetrag auf 5 Mill. DM festgelegt ist. Die Mindesteinlage als Beteiligung am Gesellschaftskapital (max. 49 Prozent) muß 100 000 DM betragen und langfristig (wenigstens 5 Jahre) gebunden sein.

Antragsberechtigt sind selbständige Unternehmen der mittelständischen Wirtschaft in den ostdeutschen Bundesländern (bestehende wie noch in Gründung befindliche), wenn sich ein unternehmerisch kompetenter Partner am Gesellschaftskapital beteiligt. Solche Partner können sowohl eine natürliche wie auch juristische Personen oder Personengesellschaften aus dem In- und/oder Ausland sein. Eine Voraussetzung ist jedoch, daß der Partner zur angemessenen Management-Unterstützung befähigt ist und diese auch tatsächlich gewähren kann. Die Konditionen des Partnerschaftsdarlehens entsprechen denen des EKH-Programms.

Die vor wenigen Jahren auch noch in den westdeutschen Bundesländern gewährte *Förderung technologieorientierter Unternehmensgründungen* (TOU) wurde als sogenannter Modellversuch ab Mitte 1991 in den neuen Bundesländern neu aufgenommen. Gefördert werden Innovationsvorhaben, die im Zusammenhang mit der Gründung eines technologieorientierten Unternehmens stehen oder darauf gerichtet sind, die technologische Basis eines neu gegründeten (nicht älter als 2 Jahre) kleinen Unternehmens (nicht mehr als 10 Mitarbeiter) aufzubauen oder zu verstärken. Eine Voraussetzung ist ferner, daß der bzw. die Gründer 51 Prozent der Anteile des Unternehmens halten. Das Vorhaben selbst muß technisch und wirtschaftlich realisierbar erscheinen und einen nachhaltigen Unternehmenserfolg erwarten lassen.

Bei diesem Investitionsförderprogramm handelt es sich um eine Kombination aus Zuschuß und Darlehen. In der Planungsphase (*Phase I*) wird zur Erarbeitung des Unternehmenskonzeptes ein Zuschuß von max. 45 000 DM zur Verfügung gestellt. In der Entwicklungsphase (*Phase II*) kann ein Zuschuß von max. 800 000 DM zur Finanzierung der zur Entwicklung von Produkten, Verfahren oder Dienstleistungen notwendigen Ausgaben gewährt werden. Für die Produktionsaufnahme und den Markteinstieg (*Phase III*) kann ein projektbezogenes persönliches Darlehen von max. 500 000 DM zu Sonderkonditionen bereitgestellt werden.

Ergänzend zu den beschriebenen Existenzgründungs- und -sicherungsprogrammen bestehen in den einzelnen Bundesländern eigenständige Darlehens- und Zuschußprogramme, die insbesondere auf die Förderung der mittelständischen Wirtschaft ausgerichtet sind. Sie dienen teilweise als Ergänzung zu den bestehenden Programmen des Bundes und der EG oder aber auch als Alternative.

Errichtung und Erweiterung neuer bzw. bestehender Betriebsstätten

Zur Förderung kleiner und mittlerer gewerblicher Unternehmen des Handels, Handwerks, Gaststätten- und Beherbergungsgewerbes sowie Kleingewerbes steht in den westdeutschen Bundesländern das *ERP-Regionalprogramm* zur Verfügung. Mit diesem Programm werden Investitionsvorhaben wie Betriebserrichtungen bzw. -erweiterungen, grundlegende Betriebsrationalisierungen und Betriebsumstellungen im Gebiet der Gemeinschaftsaufgabe im Wege eines zinsverbilligten Darlehens gefördert.

Die *Konditionen* des Darlehens sind wie folgt festgelegt: Höchstbetrag pro Jahr und Betriebsstätte 1,0 Mill. DM, Zinssatz 6,5 Prozent p.a. bei 100prozentiger Auszahlung und einer Laufzeit von bis zu 10 Jahren (bei Bauvorhaben bis zu 15 Jahren) bei maximal 2 tilgungsfreien Jahren.

Durch das *KfW-Mittelstandsprogramm* werden in- und ausländische Unternehmen der gewerblichen Wirtschaft (produzierendes Gewerbe, Handwerk, Handel und sonstiges Dienstleistungsgewerbe) sowie freiberuflich Tätigen für Investitionen in Deutschland ein zinsverbilligter Kredit zur Verfügung gestellt. Zu diesen Investitionen zählen neben denen im baulichen und maschinellen Bereich auch der Erwerb von Grundstücken, Gebäuden und immateriellen Wirtschaftsgütern. Darüber hinaus fällt unter diese Begünstigung die Kaufpreisfinanzierung im Rahmen eines Firmenerwerbs oder Management-Buyout/Management-Buyin.

Während bei den meisten Investitionsförderprogrammen der Begünstigungskreis auf gewerbliche Unternehmen mit nicht mehr als 250 Beschäftigten und einen Jahresumsatz zwischen 40–50 Mill. DM beschränkt ist, gilt bei diesem Programm eine weiterreichende Auslegung. Firmen mit weniger als 100 Mill. DM Jahresumsatz (einschließlich dem Umsatz verbundener Unternehmen) können diese zinsverbilligten Mittel bis zu 3/4 des förderfähigen Investitionsbetrages einsetzen. Für Unternehmen über 100 Mill. DM Jahresumsatz gilt als Anteil 2/3.

Die *Konditionen* dieses Programmes lassen sich wie folgt zusammenfassen: Der Höchstbetrag ist auf 10 Mill. DM festgelegt, wobei für Unternehmen unter einem Jahresumsatz von 100 Mill. DM die Möglichkeit besteht, diesen Höchstbetrag zu überschreiten. Der Zinssatz liegt bei einer Auszahlung von 96 Prozent zur Zeit bei 6,5 Prozent p.a. für Investitionen in den westlichen und 6,25 Prozent p.a. in den östlichen Bundesländern. Die Laufzeit beträgt bis zu 10 Jahren bei max. 2 tilgungsfreien Jahren.

In diesem Zusammenhang soll nicht unerwähnt bleiben, daß es im Rahmen des KfW-Mittelstandsprogrammes auch ein *KfW-Mittelstandsprogramm – Ausland* gibt, das zu ähnlichen Konditionen, wie zuvor aufgeführt, verbilligte Kredite für Investitionen deutscher Unternehmen im Ausland zur Verfügung stellt. Hierzu können u. a. auch die Gründung von Niederlassungen oder der Erwerb von Unternehmen oder Unternehmensbeteiligungen in Osteuropa gehören. Speziell für diese Investitionen kann auf Antrag eine *50prozentige Haftungsfreistellung* erreicht werden.

Für Investitionsvorhaben in den ostdeutschen Bundesländern steht – eventuell ergänzend zum KfW-Mittelstandsprogramm – privaten gewerblichen Unternehmen (nicht

Existenzgründern) für Betriebserrichtungen, -übernahmen, -erweiterungen und -umstellungen das *ERP-Aufbauprogramm* zur Verfügung. Der Höchstbetrag ist hier mit 1 Mill. DM festgelegt. Die Konditionen entsprechen weitgehend denen des ERP-Existenzgründungsprogramms.

Im Rahmen der Investitionsförderung bestehen u. a. seitens der EG und der KfW weitere Programme, die bestimmten sektoralen und spezifischen Vorhaben zugeordnet sind. Als Beispiele seien hier aufgeführt das *EGKS-Arbeitsplatzprogramm* für die Schaffung neuer Arbeitsplätze für ehemalige Arbeitnehmer der Kohle- und Stahlindustrie, der *Europäische Fonds für regionale Entwicklung* (EFRE), das *KfW/THA-Industrieprogramm* und das *KfW-Anschubprogramm* für Unternehmen der Treuhandanstalt (THA) bzw. sich noch im Staatseigentum befindliche Unternehmen.

Umweltschutz und Energieeinsparung

Die Investitionsförderung im Bereich des Umweltschutzes setzt sich im wesentlichen aus folgenden Programmen zusammen:

- ERP-Abfallwirtschaftsprogramm,
- ERP-Abwasserreinigungsprogramm,
- ERP-Luftreinhaltungsprogramm,
- KfW-Umweltprogramm und
- DtA-Umweltprogramm.

Für alle Programme gelten vom Grundsatz her die gleichen Voraussetzungen. Es muß sich um volkswirtschaftlich förderungswürdige Vorhaben handeln, wobei die überregionale Ausstrahlung oder Investitionen mit Modellcharakter bevorzugt behandelt werden, d. h., Gesichtspunkte des Umweltschutzes müssen im Vordergrund stehen. Bei umweltrelevanten Vorhaben können damit auch die gesamten auf den Umweltschutz entfallenden Investitionskosten in die Förderung mit einbezogen werden. Deshalb ist es für die Beanspruchung dieser Mittel wichtig, bei Maßnahmen, die den Produktionsprozeß selbst umfeldfreundlich gestalten sollen, eine eindeutige Abgrenzung der Kosten für den Umweltschutz schon im Planungsstadium vorzunehmen.

Mit dem *ERP-Abfallwirtschaftsprogramm* sind die Errichtung und die Erweiterung förderbar, und zwar bei Produktionsanlagen (sofern sie dem integrierten präventiven Umweltschutz dienen), Anlagen zur Abfallverwertung und -beseitigung sowie Maßnahmen bzw. Investitionen zur betrieblichen Altlastensanierung. Als Finanzierungsanteil können max. 50 Prozent der förderfähigen Investitionskosten angerechnet werden. In der Regel liegt der Höchstbetrag bei 1 Mill. DM. Das Darlehen hat eine Laufzeit von 10 bzw. für Bauvorhaben von 15 Jahren und einen Zinssatz von 6,5 Prozent p.a. bei einer Auszahlung von 100 Prozent. Für die ostdeutschen Bundesländer gelten analog 15 bzw. 20 Jahre und 6 Prozent.

Für das *ERP-Abwasserreinigungsprogramm* gelten die entsprechenden Vorschriften. Begünstigt sind hier die Errichtung und Erweiterung von Abwasserreinigungs- und/oder -behandlungsanlagen, neue umweltfreundliche Produktionsanlagen und/oder -verfahren sowie Investitionen zur betrieblichen Altlastensanierung. Begünstigt sind auch

Betriebsverlagerungen, sofern sie aus Umweltschutzgründen erforderlich werden. Die Konditionen entsprechen denen des zuvor beschriebenen Programms.

Investitionsmaßnahmen, die der Luftreinhaltung (z. B. Rauchgasreinigung, Abluftfilter und Katalysatoren), neuer umweltfreundlicher Produktionsanlagen und betrieblicher Altlastensanierung oder auch Betriebsverlagerung dienen, können über das *ERP-Luftreinhaltungsprogramm* zu gleichen Konditionen, wie zuvor genannt, gefördert werden.

Beim *ERP-Energiesparprogramm* gelten gleiche Konditionen für Investitionen, die die rationelle Energieverwendung (Umstellung auf energiesparende Produktionsverfahren, Wärmerückgewinnung u. a. m.) und Energieeinsparung (Modernisierung von Heizanlagen, Energiesparmeß- und -regeltechnik, Wärmedämm-Maßnahmen und ähnliche Vorhaben) betreffen.

Als *Ergänzung* zu diesen ERP-Programmen bietet die Deutsche Ausgleichsbank das *DtA-Umweltprogramm* an. Investitionsvorhaben, die den Höchstbetrag dieser ERP-Mittel übersteigen, aber deren Zielsetzung entsprechen, können aus diesem Programm zusätzlich finanziert werden, zumal der hier geltende Höchstbetrag bei 10 Mill. DM liegt. Darüber hinaus sind auch Investitionen kommunaler Wirtschaftsunternehmen, öffentlich-rechtlicher Körperschaften sowie von Gemeinden und Gemeindeverbänden förderbar, d. h., der Begünstigungskreis ist über den Rahmen der Unternehmen der gewerblichen Wirtschaft ausgedehnt.

Die Mittel des DtA-Umweltprogramms lassen sich bis zu 75 Prozent der Investitionssumme einsetzen, wobei die Laufzeit bis zu 20 Jahre betragen kann. Der Zinssatz ist für die ersten 10 Jahre mit 6,65 Prozent p.a. bei 98 Prozent Auszahlung festgelegt.

Eine weitere Besonderheit dieses Programmes liegt in der Haftungsfreistellung nach dem *Umweltschutz-Bürgschaftsprogramm* für kleine und mittlere Unternehmen der gewerblichen Wirtschaft, sofern es sich um Kosten der Entwicklung und Herstellung innovativer umweltfreundlicher Produkte und Produktionsanlagen handelt. Die Haftungsfreistellung ist auf 80 Prozent des Kreditbetrages und maximal 1 Mill. DM beschränkt.

Als *Alternative* zu den zuvor genannten ERP-Programmen können für Investitionen, die der Verbesserung der Umweltsituation dienen, zinsgünstige Finanzierungsmittel aus dem *KfW-Umweltprogramm* beantragt werden. Der Vorteil dieses Programms liegt darin, daß unterschiedliche dem Umweltschutz geltende Investitionsmaßnahmen, seien es Verbesserungen bei der Abfallbehandlung, Luftreinhaltung, Abwasserreinigung oder Energieeinsparung, mit diesem Kredit abgedeckt werden können. Diese Möglichkeit der Kombinierbarkeit besteht bei den einzelnen ERP-Programmen nicht.

Begünstigt im Rahmen dieses Programms sind in- und ausländische Unternehmen der gewerblichen Wirtschaft (produzierendes Gewerbe, Handwerk, Handel, Land- und Forstwirtschaftsbetriebe, das sonstige Dienstleistungsgewerbe sowie freiberuflich Tätige und Betreibermodelle in der Entsorgungswirtschaft). Der Begünstigungskreis ist also größer als beim DtA-Programm.

Der Höchstbetrag für Investitionen im Umweltschutz liegt bei 10 Mill. DM und der Finanzierungsanteil bei maximal 3/4 des Investitionsbetrages für Unternehmen bis

100 Mill. DM Umsatz bzw. 2/3 für Unternehmen über 100 Mill. DM. Soweit mit diesen Maßnahmen neben dem Umweltschutzeffekt auch andere betriebliche Ziele (z. B. produktionstechnischer Art) verwirklicht werden, gilt in der Regel ein Finanzierungsanteil von 50 Prozent.

Die Laufzeit des Kredites liegt bei max. 10 Jahren. Er wird mit 96 Prozent ausgezahlt. Der Zinssatz beträgt 6,25 Prozent p.a.

Forschung und Entwicklung

Die für Forschung und Entwicklung zur Verfügung stehenden Programme sind in ihrer Vielfalt in wenigen Sätzen nicht darstellbar. FuE-Mittel werden sowohl von der EG wie vom Bund und den einzelnen Bundesländern alternativ oder als Ergänzung nach zum Teil unterschiedlichen Prioritätsgesichtspunkten gewährt. Sie bestehen teilweise aus Darlehen oder Zuschüssen.

Die Programme der EG sind insbesondere auf die transnationale Forschung ausgerichtet. Die bekanntesten sind u. a. *BRITE/EURAM, SPRINT, ESPRIT, RACE, TEDIS, JOULE.* Sie beziehen sich auf industrielle und Werkstofftechnologien, Prüf- und Meßverfahren, strategische Programme für Innovation und Technologietransfer, Beratungsmaßnahmen für Technologieparks, Informations- und Kommunikationstechnologien, Datentransfer für kommerzielle Zwecke, Entwicklung nicht nuklearer Energien u. a. m. Die Kosten werden im allgemeinen mit 50 Prozent bezuschußt. Entsprechende Höchstgrenzen sind teilweise festgelegt, aber auch vom individuellen, eingereichten Vorhaben abhängig. Für die reine Forschungsphase können auch Zuschüsse – je nach Projekt – von bis zu 75 Prozent erreicht werden.

Die von der EG gewährten Mittel sind in der Regel an feste Laufzeiten gebunden und die Teilnahme an diesen Programmen an bestimmte Fristen.

Im Rahmen der FuE-Förderung von Bundesseite war unter den Existenzgründungsprogrammen bereits auf das nur für die ostdeutschen Bundesländer gültige *TOU-Programm* hingewiesen worden. In der gesamten Bundesrepublik gilt für Unternehmen der gewerblichen Wirtschaft und freiberuflich Tätige, deren Sitz in Deutschland ist und deren konsolidierter Jahresumsatz 50 Mill. DM nicht überschreitet, für FuE-Vorhaben das *KfW/BMFT-FuE-Darlehensprogramm zur Anwendung neuer Technologien.*

Finanziert werden im Rahmen dieses Programms die Kosten für FuE-Vorhaben für neuartige Produkte, Verfahren oder Dienstleistungen, und zwar unter Anwendung neuer Technologien, die für den Antragsberechtigten bisher nicht relevant waren. Das Spektrum der berücksichtigten Technikfelder ist sehr breit.

Die förderbaren Kosten beziehen sich auf die direkt zurechenbaren Personalkosten und damit im Zusammenhang stehenden Reise-, Material- und Rechnerkosten, Einzelkosten für FuE-Aufträge, für technische Beratung und vorbereitende Marktuntersuchungen. Darüber hinaus können 60 Prozent der im Sachanlagevermögen bilanzierten Investitionskosten für Laborgeräte, Produktionsanlagen u. a. m. gefördert werden, die im Rahmen des Vorhabens für die Prototypenentwicklung und -fertigung einschließlich

Testphase angeschafft werden. Der Höchstbetrag ist je Antragsberechtigtem – ausnutzbar auch für mehrere Vorhaben – auf 3 Mill. DM festgelegt.

Maximal 80 Prozent der förderfähigen Kosten können berücksichtigt werden. Die Laufzeit beträgt 10 Jahre (max. 2 Jahre tilgungsfrei) und die Auszahlung 100 Prozent bei einem Zinssatz von 6 Prozent p.a.

Wie bereits erwähnt, stellen die einzelnen Bundesländer ergänzend gezielte Programme für FuE-Vorhaben zur Verfügung. Es handelt sich teilweise um Darlehen zu günstigen Konditionen, teilweise auch um Zuschüsse.

Obgleich im Rahmen der Investitionsförderprogramme *Bürgschaften* oder *Haftungsfreistellungen* zur zusätzlichen Absicherung der Darlehens- bzw. Kreditmittel eine große Rolle spielen können, muß auf eine weitergehende Darstellung an dieser Stelle verzichtet werden. Haftungsfreistellungen sind bei verschiedenen Investitionsprogrammen in entsprechend festgelegter Höhe möglich. Bei den bisherigen Ausführungen ist teilweise darauf hingewiesen worden. Bürgschaften dagegen, im wesentlichen von Bürgschaftsgesellschaften oder den einzelnen Bundesländern selbst, sind grundsätzlich auf den Einzelfall zugeschnitten.

Jegliche staatliche bzw. öffentliche Förderung setzt vom Grundsatz her voraus – und dies gilt für alle Programme ausnahmslos –, daß für jedes Investitionsvorhaben entsprechende Eigenmittel und alle zur Verfügung stehenden Sicherheiten des Investors eingesetzt werden müssen. Erst dann kann von der Hausbank bzw. dem finanzierenden Kreditinstitut ein Antrag auf Bürgschaftsübernahme für den nicht absicherbaren Teil der Finanzierung mit Aussicht auf Erfolg gestellt werden.

Abschließend sei in diesem Beitrag noch auf einige Punkte hingewiesen, die für die Investitionsförderprogramme von *grundsätzlicher Bedeutung* sind.

Bei allen Zuschuß- und Darlehensprogrammen ist der Antrag *vor Beginn der Investitionsmaßnahme* zu stellen. Selbst dort, wo es in wenigen Ausnahmefällen expressis verbis nicht verlangt wird, sollte dieser Weg unbedingt eingehalten werden.

Außer bei den gesetzlich verankerten Programmen (Inv.-Zulagengesetz und Sonderabschreibung) besteht *kein Rechtsanspruch* auf Gewährung der Mittel.

Bis auf wenige Ausnahmen müssen sowohl die zinsgünstigen Darlehen als auch die Sonderabschreibung in Orientierung an die jeweils in Deutschland geltenden Höchstförderquoten nach einer Vorschrift der EG mit einem *Subventionswert* bei den gewährten Zuschüssen angerechnet werden.

Geförderte Wirtschaftsgüter müssen *mindestens drei Jahre in der geförderten Betriebsstätte verbleiben.* Bei vorzeitigem Verkauf oder Verlagerung außerhalb dieser Betriebsstätte sind Rückzahlungen fällig.

In den einzelnen deutschen Bundesländern bestehen neben länderspezifischen Programmen, die hier wegen ihrer Vielfalt nicht erläutert werden konnten, in einigen Ausnahmefällen *Sondervereinbarungen* für die Vergabe der beschriebenen zinsgünstigen Darlehensprogramme.

Viele Programme stehen nur *befristet* zur Verfügung, wobei sich die *Konditionen* – insbesondere der *Zinssatz* – an den Entwicklungen auf dem Kapitalmarkt orientieren. Die bisher dargestellten Darlehensprogramme entsprechen dem Stand vom Juni 1994.

Diese zusammenfassende Darstellung der wichtigsten zur Zeit geltenden Investitionsförderprogramme und Konditionen konnte nur eine Übersicht gewähren. Der Umfang der Förderung kann in Ausnahmefällen auch über den aufgezeigten Rahmen hinaus aus z. T. speziellen zur Verfügung stehenden oder jeweils neu aufgelegten Programmen des Bundes oder der Länder erfolgen. Jeder Investition ist das *mögliche Förderpaket* von der Kompatibilität der einzelnen Programme und der Verfügbarkeit der Mittel her zuzuordnen. Die Förderung bleibt also auf das jeweilige Investitionsvorhaben hin bis auf wenige Ausnahmen individuell orientiert.

Der Einfluß von Politik und Verwaltung auf das Standortklima

Norbert Meisner

So viel Markt wie möglich – so viel Staat wie nötig

Es gibt nur wenige Sachverhalte, über die die Meinungen selbst der wissenschaftlichen Experten so weit auseinandergehen, wie bei der Frage nach den Möglichkeiten und Grenzen der Einflußnahme von Politik und Verwaltung auf das wirtschaftliche Engagement in Regionen. Während die einen den Einfluß auf ein Minimum reduziert sehen möchten, würden andere gern möglichst viele gesellschaftliche Bereiche wirtschaftspolitisch gesteuert wissen.

Im Unterschied zu solchen polaren Positionen spricht meines Erachtens vieles für die bekannte Regel, wonach so viel Markt wie möglich und so viel Staat wie nötig die richtige Mischung sein sollte. Denn sie berücksichtigt, daß das konkrete Ausmaß von wirtschaftspolitischer Steuerung und Verwaltungshandeln sowie die konkreten Formen dieser Beeinflussung nicht unabhängig von Zeit und Raum sind. Wirtschaftspolitische Aktivitäten sind aus den konkreten Problemen zu entwickeln, mit denen Regionen konfrontiert sind.

Nach dem Fall der Mauer und durch den Prozeß der deutschen Vereinigung ist Berlin vorrangig mit den folgenden Problemen konfrontiert:

Aufgrund der *spezifischen Nachkriegssituation* sind die Wirtschaftsstrukturen in Berlin nicht mit denen anderer Ballungsräume vergleichbar. Im *Westteil der Stadt* ist der Anteil sogenannter verlängerter Werkbänke, die sich z. B. durch geringe Facharbeiter- und Ingenieurquoten, wertschöpfungsarme Produktion, eine geringe Verflechtung mit regionalen Zulieferern und Abnehmern und fehlende Headquarter-Abteilung auszeichnen, untypisch hoch. Durch diese Industriestruktur konnten sich auch die produktionsorientierten Dienstleistungen nur ungenügend entwickeln. Während im Jahr 1990 in den westlichen Bezirken Berlins 6 Prozent der sozialversicherungspflichtigen Beschäftigten im Bereich höherwertiger Produktionsdienste beschäftigt waren, belief sich dieser Anteil in Hamburg auf 7,5 Prozent, im Rhein-Main-Gebiet auf 8,8 Prozent und in München sogar auf 10,7 Prozent.

Im *Ostteil Berlins* war die Industriestruktur bekanntlich durch die rund 40jährige zentralistische Planungsökonomie charakterisiert: Riesige Industriemoloche, die jede marktwirtschaftliche Wettbewerbsfähigkeit vermissen ließen, stellten mit veralteten

Verfahren Produkte her, für die es unter den Bedingungen des freien Wettbewerbs keine Märkte gibt.

Diese strukturellen Defizite gilt es so schnell wie möglich zu überwinden, um Berlin als *Industriestandort* zu erhalten. Denn ein innovativer industrieller Sektor ist nach wie vor die Voraussetzung für wirtschaftliche Erfolge einer Region. Die Dynamik des produktionsnahen Dienstleistungssektors hängt noch immer entscheidend von der Nachfrage durch die Industrie ab. Und alle industriepolitischen Erfahrungen zeigen, daß der Export von Blaupausen dort seine Grenzen findet, wo er abgekoppelt wird von der Produktion. Denn mit der Abwanderung einer Industrie gehen die Erfahrungen bei der produktionstechnischen Umsetzung von Forschungsergebnissen und die genauen Kenntnisse über die Zukunftsanforderungen dieser Märkte verloren.

Konzentration auf Know-how-intensive Produkte und Prozesse

Aber auch umgekehrt sind industrielle Unternehmen auf die Arbeits- und Forschungsergebnisse vor allem der produktionsorientierten Dienstleistungen wie FuE, Software, Engineering, Finanzierung oder Design angewiesen. Dienstleistungen dieser Art nehmen mittlerweile insbesondere in wertschöpfungsintensiven Bereichen des industriellen Sektors eine *strategische Schlüsselrolle* in der Produkt- und Fertigungsentwicklung sowie im Marketing ein. Denn ohne eine Konzentration auf Know-how-intensive Produkte und Prozesse werden Hochlohnstandorte wie Berlin den Herausforderungen der Schwellenländer nicht gewachsen sein.

Demnach läßt sich weder mit einem deutlichen Übergewicht des sekundären noch mit einem des tertiären Bereichs gut leben. Entscheidend ist die gegenseitige Befruchtung beider Sektoren, sind die Impulse durch Synergien. Durch diese Zusammenballung ergeben sich die sogenannten *Agglomerationsvorteile*. Unternehmungen, die in den Ballungsräumen in die skizzierten arbeitsteiligen Verflechtungsstrukturen eingebunden sind, profitieren von diesen *Fühlungsvorteilen* in vielfältiger Form:

- Auf den nach fachlichen und sozialen Kriterien stark ausdifferenzierten Arbeitsmärkten können Arbeitnehmer mit den benötigten Qualifikationsprofilen angeworben werden.
- Die enge Verflechtung mit den produktionsorientierten Dienstleistern senkt die Kosten für die Informationsbeschaffung.
- Face-to-face-Kontakte erleichtern den Einkauf betriebsoptimaler Dienstleistungen.
- Technologische Verbundsysteme führen zu Kostenvorteilen durch die gemeinsame Produktion an einem Standort (economics of scope).

In der Summe kompensieren diese Agglomerationsvorteile bestimmte *Standortnachteile* wie höhere Lohn- und Gehaltsaufwendungen oder höhere Grundstückspreise in Ballungsräumen. Aus diesem Grunde finden insbesondere jene Industriebetriebe ihren geeigneten Standort in Berlin, die innovative Produkte mit Know-how-intensiven Verfahren herstellen, Forschungsergebnisse auf kürzestem Wege in die betriebliche Praxis übertragen und hochqualifizierte Mitarbeiter beschäftigen. Vor dem Hintergrund, daß in Berlin die standardisierte Massenfertigung noch überwiegt, kommen die Industrieunternehmen der Stadt bestimmt um einen gravierenden Prozeß der *Strukturanpassung* nicht herum.

Den Suchprozeß nach adäquaten Produkten, Verfahren und Marketingstrategien können die politischen und staatlichen Instanzen den Unternehmen nicht abnehmen. Allerdings können sie die Such- und Umsetzungsprozesse unterstützen. Hierzu hat Berlin einen infrastrukturorientierten Ansatz gewählt, dessen Ziel es ist, die ökonomischen Rahmenbedingungen in der Region nachhaltig zu verbessern. Das entspricht im übrigen den Empfehlungen der *Strukturpolitischen Expertenkommission* und den Ergebnissen des anschließenden *wirtschaftspolitischen Dialogs* mit Vertretern aus Wirtschaft, Gewerkschaft und Verbänden.

In diesem Rahmen haben wir zur Sicherung des industriellen Engagements zahlreiche Maßnahmen ergriffen. Im Zentrum unserer industriepolitischen Orientierung steht die *Technologiepolitik.* Die Voraussetzungen für Erfolge auf technologischem Gebiet sind in Berlin denkbar gut: Die Stadt verfügt mit drei Universitäten, 14 weiteren Hochschulen, 250 Forschungseinrichtungen, den mehr als 40 000 FuE-Beschäftigten allein in den westlichen Bezirken und den zahlreichen Fachkräften aus dem Ostteil der Stadt, in dem mehr als 20 Prozent des gesamten Forschungspotentials der ehemaligen DDR angesiedelt war, über ein wissenschaftliches Potential, das seinesgleichen sucht. Mit dem Technologieprogramm *FIT Berlin 2001* wurden die Weichen für den Einsatz innovativer Technologien über das Jahr 2000 hinaus gestellt, indem

- der Ausbau einer wettbewerbsfähigen und praxisorientierten FuE-Infrastruktur unterstützt wird,
- Informations-, Beratungs- und Vermittlungsdienste angeboten sowie
- technologieorientierte Existenzgründungs- und Finanzierungshilfen vor allem für risikoreiche Vorhaben gewährt werden.

Eine der politisch bedeutsamsten FuE-Infrastrukturmaßnahmen ist die Errichtung des *Forschungs- und Technologieparks Adlershof.* Hier wird der ehrgeizige Plan verfolgt, einen der größten zusammenhängenden Technologieparks Europas aufzubauen. Auf diesem Gelände soll ein enges Neben- und Miteinander von Grundlagenforschung, anwendungsorientierter Forschung und vor allem technologieorientierten Unternehmen entstehen, damit Forschungsresultate schnell aufgegriffen und zu marktfähigen Produkten und Prozessen fortentwickelt werden.

Auch im Bereich der Technologiepolitik stehen Politik und Verwaltung vor der Aufgabe, abschätzen zu müssen, in welche Felder knappe Ressourcen fließen sollen. Diese Aufgabe gestaltet sich um so komplizierter, je weiter man sich vom Bereich einer allgemeinen Infrastrukturförderung entfernt und je stärker die Förderung branchen- oder sogar produktorientiert ist. Da es keine gesicherten Erkenntnisse über die Märkte der Zukunft gibt, ist man auf *Plausibilitätserwägungen* angewiesen. Andererseits teile ich nicht die Auffassung, wonach diese Schwierigkeiten a priori eine förderungspolitische Abstinenz des Staates verlangen. So zeichnen sich Schlüsselindustrien gerade dadurch aus, daß sie hohe Synergieeffekte (positive externe Effekte) für andere Bereiche der Volkswirtschaft haben. In solchen Fällen ist staatliches Engagement geradezu geboten.

Strategiekreis definiert regionale Technologie- und Aktionsfelder

Die Gefahren von Fehlentscheidungen lassen sich um so wirksamer minimieren, je besser es gelingt, alle Beteiligten aus Wirtschaft, Wissenschaft und Politik *an einen Tisch zu bringen.* Mit dem sogenannten *Strategiekreis SK FIT Berlin/Brandenburg* haben diese beiden Länder schon sehr frühzeitig eine Form gefunden, die diesen Ansprüchen gerecht wird. Hier arbeiten alle gesellschaftlich relevanten Kräfte eng zusammen, und es werden die zentralen regionalen Technologie- und Aktionsfelder, wie beispielsweise

- Informations- und Kommunikationstechnik,
- Umwelttechnik,
- Fertigungstechnik,
- Medizintechnik,
- Lasertechnik,
- Arbeit und Technik,
- technologische Zusammenarbeit mit den Reformstaaten Mittel- und Osteuropas,

definiert. Auf der Grundlage dieser gemeinsamen Schwerpunktsetzungen sind wichtige Initiativen, wie z. B. die *Länderinitiative Telekommunikation 2001*, auf den Weg gebracht worden.

Die in den Prozeß der Entscheidungsfindung über die zentralen Technologiefelder einbezogenen Experten gehen davon aus, daß hier sehr gute Anknüpfungschancen für Wirtschaft und Wissenschaft der Region bestehen. Unter frühzeitiger und maßgeblicher Mitwirkung der Industrie- und Handelskammer zu Berlin, des Technologiebeauftragten des Landes Berlin sowie der Technologie-Vermittlungs-Agentur sind *Organisationsmodelle* entstanden, die diese Orientierungen zu unterstützen in der Lage sind und somit der Region innovative Impulse geben können.

Im Unterschied zu den Gralshütern einer reinen Lehrbuchökonomie ist es sicherlich auch keine Todsünde, wenn zum wirtschaftspolitischen Repertoire ein gezielter Einsatz von monetären Fördermaßnahmen in einer Übergangszeit zählt. Insbesondere wenn

- Investitionen anderen Unternehmen bzw. Branchen positive externe Effekte *frei Haus* liefern,
- gesellschaftlich wünschenswerte Investitionen z. B. im Bereich des Umweltschutzes mit außergewöhnlich hohem Risiko und hohen Kosten behaftet sind und
- von Unternehmen nicht zu verantwortende regionale Standortnachteile ausgeglichen werden müssen,

erscheinen Subventionen legitim. Daher waren wir in der Vergangenheit der Meinung, daß das *Berlinförderungsgesetz* dem Prinzip nach richtig war, und deshalb sind wir heute der Meinung, daß Investitionen in den neuen Bundesländern, also auch in Berlin, staatlich unterstützt werden müssen. Dies schließt selbstverständlich ein, Förderprogramme zeitlich befristet und degressiv auszugestalten.

In zähen Verhandlungen in Bonn und Brüssel konnte erreicht werden, daß der Ostteil der Stadt sogenanntes *Ziel-1-Fördergebiet der EG* wurde und im vollen Umfang in den Genuß der Förderung nach der Gemeinschaftsaufgabe *Verbesserung der regionalen Wirtschaftsstruktur* gekommen ist. Auch der Westteil Berlins profitiert – wenngleich in geringerem Umfang – von der EG- und der Bund-Länder-Regionalpolitik.

Als ernsthafte Bremse für industrielles Engagement haben sich die Flächenengpässe in Berlin erwiesen. Um Industrieflächen vor dem Zugriff anderer Nutzungsinteressen zu schützen und so der Gefahr von Umwidmungen zu begegnen, wurde ein Konzept zur Sicherung von 21 ausgewiesenen Flächen erarbeitet. Diese Maßnahme hat bereits nach kurzer Zeit den spekulativen Überhitzungen den Boden entzogen und zu deutlichen Preisrückgängen geführt. Dessen ungeachtet sind weitere Engpässe zu beseitigen. Zum einen müssen konkrete Flächen auch tatsächlich verfügbar sein. Um Restriktionen abzubauen, ist eine Arbeitsgruppe "Gewerbeflächenvorsorge" geschaffen worden, die

- die vorhandenen 500 ha Reserveflächen verfügbar und
- die rd. 1 300 ha Fläche der sogenannten inneren Reserve sowie die Streuflächen identifizieren und nutzbar

machen soll. Die Arbeitsgruppe hat bis Mitte 1994 insgesamt 76 Flächen mit einem Gesamtumfang von 435 ha geprüft.

Um zu mehr Transparenz auf dem Gewerbeflächenmarkt zu kommen, wird gegenwärtig ein *digitaler Gewerbeflächenatlas* für alle Gewerbeflächen Berlins erarbeitet. Dadurch werden sich Informationen über die folgenden Parameter ergeben:

- Lage von Grundstücken und Flächengrößen
- Art und Maß der baulichen und sonstigen Nutzung
- Konkrete Formen der Erschließung
- Eigentums- und planungsrechtliche Grundlagen
- Städtebauliche Planungen
- Flächenbilanzen

Damit wird es in absehbarer Zeit möglich sein, potentielle Investoren über Lage und Nutzungsmöglichkeiten von Gewerbeflächen konkret und schnell zu informieren.

Flächen müssen nicht nur verfügbar, sondern die Preise müssen auch bezahlbar sein. Aus diesem Grunde wurden in Berlin preisdämpfende Maßnahmen zugunsten des industriellen Sektors in die Wege geleitet:

- Verkauf von Gewerbe- und Industriegrundstücken unter dem Verkehrswert;
- Ermittlung des Verkehrswertes durch Ausschreibung eines geeigneten bzw. eines wirklich vergleichbaren Grundstücks;
- Senkung der Erbbauzinsen für besonders förderungswürdige Vorhaben.

Im Rahmen des infrastrukturorientierten Ansatzes müssen des weiteren die *Engpässe* im Bereich der Verkehrs- und Telekommunikationssysteme abgebaut werden. Denn infolge der Insellage Berlins und durch die Unfähigkeit der zentralistischen Planungsökonomie der DDR, ein modernes Infrastruktursystem aufzubauen, hat Berlin noch Nachholbedarf. Allerdings geht der Aufbau der Telekommunikationsinfrastruktur zügig voran und Berlin ist im Verkehrswegeplan sowie in den Verkehrsprojekten Deutsche Einheit zentral berücksichtigt. In mittlerer Perspektive wird die Region im Süden Berlins über einen modernen und leistungsfähigen Großflughafen verfügen.

Im Industriedialog mit über 100 Unternehmen

Einen zentralen Stellenwert nimmt in Berlin die sogenannte *Bestandspflegepolitik* ein. Um die konkreten Sorgen und Nöte der Industrieunternehmen zu erfahren, wurden von der Leitung der Senatsverwaltung für Wirtschaft und Technologie weit über 100 Unternehmen angesprochen. Durch diesen Industriedialog sollten die Unternehmer bzw. die Unternehmensleitung selbst zu Wort kommen. Das Ziel der Aktion war es vor allem, aus erster Hand zu erfahren, wie diese Entscheidungsträger die Situation ihrer Betriebe einschätzen, wo sie konkret der Schuh drückt und wie von der Verwaltung aus mitgeholfen werden kann, Probleme zu lösen. Darüber hinaus sollte den Unternehmen der Stadt verdeutlicht werden, daß der Senat die Industrie mit allen Kräften unterstützt.

Die Aktion ist auf große Resonanz bei den Betrieben gestoßen. Wichtig ist es nun, die benannten Probleme aktiv anzugehen, um damit zu verdeutlichen, daß nicht nur geredet, sondern auch gehandelt wird.

Eine – das Standortklima verbessernde – Industriepolitik, wie sie bisher in Umrissen dargestellt worden ist, hat nichts damit zu tun, daß künftig Amtsräte darüber befinden sollen, wo die Zukunftsmärkte und -produkte liegen, oder daß Märkte gar unter ein politisches Diktat gezwungen werden sollen. Sie erschöpft sich auch nicht in Erhaltungssubventionen für überlebte Produktionsformen. Sie stellt heute die Weichen für Märkte von morgen und für die Produkte und Verfahren von übermorgen.

Industriepolitik ist meines Erachtens erstens *infrastrukturorientiert*, indem adäquate Rahmenbedingungen für industrielles Engagement und produktionsnahe Dienstleistungen geschaffen werden. Sie ist zweitens *dialogorientiert*, indem relevante Entscheidungsträger und Experten aus Wirtschaft, Wissenschaft und Politik an einen Tisch gebracht werden, um Entscheidungen zu professionalisieren. Drittens ist sie *wachstumsorientiert*, indem durch den gezielten Einsatz von Fördermaßnahmen Investitionen auf Märkten mit Zukunftschancen unterstützt werden. Viertens ist sie *kompensationsorientiert*, indem Standortnachteile, die die Unternehmen nicht zu verantworten haben, für eine zeitlich befristete Übergangsphase ausgeglichen werden.

Unternehmerische Tätigkeit kann nur dort stattfinden, wo *harte Standortfaktoren* wie ein ausreichendes Flächenangebot, qualifizierte und motivierte Arbeitnehmer oder eine leistungsfähige Infrastruktur auch stimmen. Regionen, die hier erhebliche Mängel aufweisen, scheiden aus dem Standortkalkül von Unternehmen aus. Allerdings existieren im Regelfall mehrere Regionen, die die harten Standortfaktoren in der benötigten Qualität und Quantität anbieten. Daher bilden die sogenannten *weichen Standortfaktoren* häufig das Zünglein an der Waage. Ein attraktives Angebot für Freizeitaktivitäten, eine vielfältige Kulturszene, renommierte Ausbildungsstätten oder eine überzeugende

Stadtarchitektur fallen bei Investitionsentscheidungen zunehmend ins Gewicht. So haben beispielsweise Unternehmensbefragungen ergeben, daß ein attraktiver Wohnungsmarkt für die Unternehmen mittlerweile einen ähnlichen Stellenwert für Standortentscheidungen hat wie die Verkehrsinfrastruktur oder das Flächenangebot. Regionen, die hier an Boden verlieren, drohen als Standorte auszufallen.

Aufgaben dieser Art lassen sich nicht durch bornierten Ressortegoismus, sondern nur durch *verwaltungsübergreifende Kooperation und Arbeitsteilung* lösen. Dadurch wird der Querschnittsbereich der Wirtschaftspolitik in Zukunft noch breiter werden.

Dies gilt auch für die Notwendigkeit, Verwaltungshandeln zu flexibilisieren und effektivieren. Regionen, die Verwaltungen anbieten können, die wirtschaftspolitische Notwendigkeiten nicht durch Gewohnheiten verdrängen, die die tägliche Routine nicht immer gleich für das Wesentliche halten, die schnell und flexibel auf Anforderungen reagieren und sich als Dienstleister und nicht als Blockierer verstehen, besitzen einen kaum zu überschätzenden *Wettbewerbsvorteil.*

Bekanntlich ist die gesellschaftliche Wohlfahrt – einschließlich der Anbieterchancen auf dem Arbeitsmarkt – in hohem Maße von der Bereitschaft privater Investoren abhängig, sich in den jeweiligen Regionen zu betätigen. Dann aber müssen Verwaltungen ihren Beitrag dazu leisten, daß investitionswillige Unternehmen unterstützt und nicht wie Bittsteller behandelt werden. Ein in diesem Sinne wirtschaftsfreundliches Verwaltungshandeln schließt selbstverständlich nicht aus, daß auf die Einhaltung städteplanerischer, sozialer und ökologischer Standards geachtet wird, aber eben schnell, kompetent und mit eindeutiger Zuständigkeit.

Um auf diesem Gebiet voranzukommen, hat Berlin Wege beschritten, die in die gewünschte Richtung weisen. So liegt mittlerweile ein umfangreicher Entwurf zu einer *Verwaltungsreform* für die Stadt vor. Angestrebt

- werden eindeutige Zuständigkeiten, um Reibungsverluste und Doppelarbeiten zu vermeiden,
- wird eine Stärkung der Kompetenz der Bearbeiter vor Ort, um dadurch unnötige Hierarchien abzubauen, Entscheidungsprozesse zu beschleunigen und Arbeitsmotivationen zu erhöhen,
- wird die Stärkung des Denkens und Handels in und nach ökonomischen Kriterien, um auf allen Verwaltungsebenen die Ressourcenausstattung wieder stärker an Leistung und Engagement anzubinden und um Erscheinungen des *Sankt-Florian-Prinzips* entschlossen zurückzudrängen.

Entscheidungskonferenzen zur Beschleunigung großer Investitionsvorhaben

Unabhängig von dieser projektierten Reform müssen bereits hier und heute Veränderungen durchgesetzt werden. So sind, um große Investitionsvorhaben zu beschleunigen, *Entscheidungskonferenzen* eingeführt worden. Alle beteiligten Verwaltungen und Gremien werden an einen Tisch gebracht, um miteinander und nicht nacheinander zu entscheiden. Besonders bewährt hat sich dieses Verfahren bei der Vergabe nichtbetriebsnotwendiger Grundstücke der Treuhandanstalt-Unternehmen.

Sicherlich wird man staatliches Engagement stärker als in der Vergangenheit wieder auf die genuinen Bereiche konzentrieren müssen. Es spricht vieles dafür, daß bestimmte Leistungen von Privaten effizienter erbracht werden können als von staatlichen Institutionen. Diese Erfahrung stimmt allerdings nicht a priori, sie hängt vielmehr z. B. von konkreten Marktformen, vom Ausmaß negativer externer Effekte bei privaten Anbietern oder anderen möglichen Formen des Marktversagens ab.

Des weiteren erweist sich die Einführung privatwirtschaftlicher Rechtsformen hin und wieder als Pseudoprivatisierung. Dies ist immer dann der Fall, wenn z. B. eine staatlicherseits gegründete Gesellschaft mit beschränkter Haftung ihre Einkünfte nicht auf dem Markt erwirtschaften muß, sondern über Zuwendungen der öffentlichen Hand erhält. Eine solche GmbH ist in Wahrheit kein Marktteilnehmer. In Fällen dieser Art besteht grundsätzlich die Gefahr, daß gearbeitet wird wie in einer Behörde und verdient wird wie in einem florierenden Privatbetrieb.

Dessen ungeachtet werden konkrete Einzelfallprüfungen häufig zu dem Ergebnis führen, daß privatrechtlich strukturierte Einrichtungen unter betriebswirtschaftlichen Kalkülen wettbewerbsfähiger arbeiten als staatliche. Immer dann sollte im Interesse einer effizienten Verwendung knapper Ressourcen die privatwirtschaftliche Variante auch gewählt werden.

Ebenso wenig wie sich selbst ein gutes Produkt von allein verkauft, vermarkten sich auch leistungsstarke Wirtschaftsregionen von allein. Auch *Berlin* steht im harten Wettbewerb der Städte und Gemeinden um mobile und finanzstarke Unternehmen und Einwohner. Um auf diesem Feld erfolgreich zu sein, bedarf es einer Strategie zur Positionierung des Ballungsraums als Wirtschaftsstandort, einer attraktiven Gestaltung und effizienten Vermarktung aller Standortfaktoren. Mit Hilfe eines solchen Standortmarketings sollen Informationsdefizite bei potentiellen Investoren abgebaut, die einzelnen Standortfaktoren aufgebessert und bestehende *bottlenecks* beseitigt sowie das Wirtschaftsklima insgesamt verbessert werden. Das Ziel ist es, neue Arbeitsplätze zu schaffen, bestehende zu sichern und zugleich die Steuerkraft zu stärken.

Wenn eine Stadt oder Region *Standortmarketing* nicht nur symbolisch, sondern erfolgsorientiert betreiben will, dann muß sie

- die eigene Leistungsfähigkeit bilanzieren,
- die Märkte und Zielgruppen für ihre Angebote festlegen,
- die Strategien der Wettbewerber analysieren.

Bis zum Zeitpunkt der deutschen Vereinigung war Berlin diesbezüglich in einer recht komfortablen Situation: Die umfangreichen Instrumente des Berlin-Förderungsgesetzes ermöglichten monetäre Transfers in erheblichem Umfang an investitionswillige Unternehmen. Das Standortmarketing bestand während dieser Zeit im wesentlichen in der Bereitstellung und Vermittlung von entsprechenden Informationen über diese Fördermaßnahmen.

Neue Lage bedingt veränderte Strategien

Die neue Lage erfordert jedoch veränderte Strategien. Heute müssen andere, vor allem qualitative Standortparameter nach innen und außen glaubhaft kommuniziert werden. Daher wurde es für Berlin notwendig, eine in sich konsistente Konzeption und konkrete Umsetzungsmaßnahmen für ein solches Vorgehen zu erarbeiten.

Dies wurde um so bedeutsamer, als Unternehmensbefragungen zu den Ergebnissen geführt haben, daß

- viele potentielle Investoren nur sehr unzureichend über positive Standortfaktoren in Berlin informiert sind und
- das Image Berlins für diese Zielgruppe noch zu wenig ansprechend ist.

Aus diesem Grunde haben wir unter Beteiligung der Institutionen der Wirtschaft, anderer Verwaltungen, der Wirtschaftsförderungsgesellschaft Berlin und der Messe Berlin GmbH neben einer Stärken- und Schwächenanalyse sowie einer Konkurrenzanalyse anderer Städte im In- und Ausland eine *Konzeption für ein Standortmarketing* der Stadt einschließlich konkreter Umsetzungsmaßnahmen erarbeitet. Aufbauend auf diesen Ergebnissen wird Berlin in absehbarer Zeit durch eine nationale Imagekampagne, internationale Zielgruppenansprache und eine PR-Kampagne in adäquater Form auf sich aufmerksam machen. Nunmehr kommt es darauf an, diese Aktivitäten eng mit dem Stadt- und dem Tourismusmarketing zu verzahnen.

Die Senatsverwaltung war sich in Berlin darüber im klaren, daß eine Standortmarketing-Strategie nur erfolgreich sein kann, wenn sie auf eine hohe Akzeptanz auch bei der ansässigen Wirtschaft stößt. Eben aus diesem Grunde wurden die Institutionen der Wirtschaft von Anfang an in die Überlegungen einbezogen. Die vorgesehenen Kampagnen werden aus diesem Grunde im Rahmen einer *public-private-partnership* erfolgen. Dies setzt eine personelle, inhaltliche und finanzielle Beteiligung der Privatwirtschaft Berlins voraus.

Ohne Zweifel bleiben die Entwicklungschancen einer Region stark abhängig von den gleichsam ererbten strukturellen Voraussetzungen sowie von makroökonomischen Entwicklungsszenarien. So lassen sich rezessionsbedingte Nachfrageausfälle oder die investiven Konsequenzen einer Hochzinspolitik regional selbstverständlich nicht kompensieren. Aber auch die Beseitigung von Strukturdefiziten innerhalb einer Region verlangt nach einer Politik des langen Atems.

Trotz zahlreicher Probleme, mit denen Berlin zur Zeit noch konfrontiert ist, muß die Stadt vor der Zukunft keine Angst haben. Berlin als

- künftiger Regierungssitz,
- erstklassiger Standort für FuE,
- ideales Sprungbrett zur Erschließung der mittel- und osteuropäischen Märkte,
- Wirtschaftsraum mit perspektivisch erstklassiger Infrastruktur

verfügt über *Standortparameter*, die keinen Vergleich zu scheuen brauchen.

Maßgebende Standortkriterien für Banken

Hubertus Moser

Standortwahl als ein Entscheidungsschwerpunkt

Jedes Unternehmen stellt mit seiner Wahl des Standortes grundlegende Weichen für die Umsetzung seiner geschäftlichen Aktivitäten und damit zugleich auch für den Erfolg oder Mißerfolg. Für den Bereich der *Kreditwirtschaft* besitzt die Standortpolitik jedoch besondere Relevanz. Im Unterschied zu Industriebetrieben ist bei den Banken die Standortteilung deutlich stärker ausgeprägt. Die Kreditinstitute offerieren ihre Produkte in der Regel an mehreren Standorten.

Ein wichtiger Grund für die Standortteilung der Banken ist der direkte, stationäre Vertrieb der Finanzdienstleistungen durch die Mitarbeiter. Aufgrund dieses direkten Kundenkontaktes im Bankgeschäft ist das Einzugsgebiet der potentiellen Kunden ein wesentlicher Standortfaktor. Hinzu kommt, daß die Errichtung neuer Standorte zur Ausweitung der Geschäftstätigkeit der Banken in der Regel geringere Sachanlageinvestitionen erfordert, als dies bei Industrieunternehmen der Fall ist.

Die *räumliche Lage* sowie die *Zahl der Standorte* werden nicht allein von der Größe und der Geschäftsstrategie der Bank, sondern auch von ihrem Charakter als regional oder überregional operierendes Institut bestimmt. So bestehen große Unterschiede zwischen lokal tätigen Kreditinstituten – wie z. B. Sparkassen – (lokale Standortwahl) und solchen Banken, die ihre Geschäftstätigkeit auch auf andere Regionen im Inland (interlokale/interregionale Standortwahl) oder im Ausland (internationale Standortwahl) ausdehnen können. Dazu zählen unter anderen bekanntlich die Geschäftsbanken und die Landesbanken.

Standortentscheidungen sind nicht allein auf die Gründungsphase einer Bank beschränkt. Vielmehr stellt sich auch im Zusammenhang mit einer expansiven Geschäftstätigkeit nahezu permanent die Frage nach notwendigen Kapazitätserweiterungen und zum Zwecke einer stärkeren Marktdurchdringung ebenfalls nach dem Ausbau des Geschäftsstellennetzes. Die konkrete Auswahl eines Standortes erfolgt schließlich aufgrund einer analytischen und konzeptionellen Bewertung der maßgebenden Standortfaktoren aus volkswirtschaftlicher und betriebswirtschaftlicher Sicht.

Insbesondere im Zusammenhang mit dem hohen Finanzbedarf zur Unterstützung der wirtschaftlichen Reformprozesse in Ostdeutschland und in Osteuropa haben diese Fragen für die Banken erheblich an Bedeutung gewonnen. Die Standortpolitik der Banken mußte möglichst schnell auf die neuen Rahmenbedingungen eingestellt werden. So ist allein in den neuen Bundesländern die Zahl der Bankgeschäftsstellen von Mitte 1990 bis Mitte 1993 um 1 524 auf 6 095 erhöht worden.

Nach Einschätzung des *Bundesverbandes Deutscher Banken* war im Jahr 1993 die Bankstellendichte in Ostdeutschland, trotz der raschen Erweiterung des Filialnetzes, mit rund 2 300 Einwohnern je Institut jedoch noch immer deutlich geringer als in Westdeutschland. Hier lag die Relation bei rund 1 500 Einwohnern je Geschäftsstelle.

Kriterien für die Standortwahl

Die nachfolgende Darstellung der wichtigsten Kriterien für die Standortentscheidungen von Banken erfolgt im wesentlichen mit Blickrichtung auf die interlokale und internationale Standortwahl. Zur Demonstration von Trends und Perspektiven werden Entwicklungen anhand wichtiger Finanzplätze in Deutschland (z. B. Frankfurt am Main, Berlin) aufgezeigt.

Die *Motive* für die räumliche Ausdehnung der Geschäftstätigkeit von Banken reichen, um nur einige zu nennen, von der Festigung bestehender Kundenbeziehungen durch eine verstärkte Kundenorientierung, über die Erweiterung der Marktanteile, die Steigerung der Rentabilität bis hin zur Verbesserung des Bankimages bzw. des nationalen und internationalen Standings einer Bank. Die im Vorfeld einer Standortentscheidung analysierten Standortfaktoren werden anhand ihres prognostizierten Beitrags für die Erreichung der spezifischen Unternehmensziele bewertet, gewichtet und zu einem Standortprofil aggregiert. Davon ausgehend wird letztlich eine Entscheidung über den jeweiligen Standort getroffen.

Geschäftsstrukturelle Standortfaktoren

Die geschäftsstrukturellen Standortfaktoren beziehen sich hauptsächlich auf das vorhandene und das prognostizierte Markt- bzw. Absatzpotential von Bankleistungen. Von *zentraler Bedeutung* ist hierbei vor allem die Nachfrage nach Finanzierungsleistungen (Kreditgeschäft) sowie nach Geldanlagemöglichkeiten. Die Analyse des Marktpotentials an einem Standort erfolgt zum Beispiel anhand demographischer Faktoren zur Ermittlung des vorhandenen und zur Prognose des künftig zu erwartenden Privatkundenpotentials. Für das Firmenkundengeschäft dienen solche Indikatoren wie Anzahl und Struktur der ansässigen Unternehmen, Branchenzugehörigkeit, Umsatzentwicklung etc. der Einschätzung des Finanzierungs- bzw. Nachfrageverhaltens. Im Rahmen der interregionalen und internationalen Standortwahl sind außerdem die gesamtwirtschaftliche Situation und die konjunkturelle Entwicklung für einen Standort relevante Kriterien.

Die Höhe des von einer neuen Geschäftsstelle tatsächlich erreichbaren Geschäftsvolumens hängt von dem Marktpotential, aber in entscheidendem Maße auch von der Konkurrenzsituation am Standort und von der Bereitschaft der potentiellen Kunden ab, mit der neu zu errichtenden Bank Geschäftsbeziehungen aufzunehmen. Im Bankgewerbe zeigt sich, daß langjährig gewachsene Kundenbeziehungen zu einem Kreditinstitut bei der Wahl der Bankverbindung einen sehr großen Stellenwert haben. Diese Tatsache wird z. B. anhand der nach wie vor guten Marktstellung der Sparkassen im Ostteil Berlins und in den neuen Bundesländern deutlich.

Der *Finanzplatz Deutschland* hat seit der Vereinigung der beiden deutschen Teilstaaten größeres internationales Gewicht erlangt. Allein durch die damit verbundene Vergrößerung des Gebietes und die um rund 16 Millionen Menschen gewachsene Bevölkerungszahl ist das Marktpotential für Finanzdienstleistungen erheblich gestiegen. Verstärkend auf den Absatz von Bankdienstleistungen wirkte sich bereits unmittelbar nach der Vereinigung der Nachholbedarf der Bevölkerung der neuen Bundesländer an universellen Finanzdienstleistungen aus. So wurde beispielsweise nicht nur die Möglichkeit der Kreditfinanzierung für Konsumgüter rege in Anspruch genommen. Daneben haben die Privatkunden in verstärktem Maße auch die breite Palette von Geldanlageformen genutzt.

Vor dem Hintergrund eines gestiegenen Renditebewußtseins der Kunden in den neuen Bundesländern dürften vor allem beim Handel von Dividendenpapieren und Renten weiterhin bedeutende Wachstumschancen bestehen.

Aber auch der enorme Finanzbedarf der Unternehmen und der öffentlichen Haushalte im Ostteil Deutschlands dürfte für die Kreditinstitute auf lange Sicht entsprechende Marktpotentiale sichern.

Die historischen Entwicklungen am Standort Berlin veranschaulichen in markanter Weise, in welchem Maße die lokalen, regionalen oder nationalen Bedürfnisse nach finanziellen Dienstleistungen über die Standortqualität und die Stellung als Finanzplatz entscheiden. So war der *Finanzplatz Berlin* im Laufe seiner langen Tradition ausgeprägten Wandlungen unterworfen. Zunehmend an Bedeutung gewann Berlin zur Zeit der industriellen Gründerjahre, als sich mit dem Eisenbahnbau und dem Aufbau der dazugehörenden Großindustrie die Zeit der Privatbankiers langsam ihrem Ende neigte und durch den Aufstieg der neugegründeten Aktienbanken abgelöst wurde. Umfangreiche Investitionen in Infrastruktur und Industrie erforderten adäquate Finanzvolumina, die nur von starken Banken bereitgestellt werden konnten.

Am Finanzplatz Berlin wurde damals die große Bedeutung der *Aktie* als Finanzierungsinstrument erkannt. Nachdem die beiden Börsen in Frankfurt am Main und Berlin lange Zeit den gleichen Rang eingenommen hatten, trat mit der Reichsgründung 1871 die Frankfurter Börse endgültig in den Schatten Berlins. Die folgenden Jahre gelten als die wahrhaft goldenen Jahre des Finanzplatzes Berlin, der Deutschlands zentraler Umschlagplatz für Kapital und größter Handelsplatz für Aktien, Renten und Optionen gewesen war.

Rechtliche und politische Situation

Neben den geschäftsstrukturellen Standortfaktoren *Bevölkerung und Gewerbe*, deren Bedeutung wegen der zu prognostizierenden Geschäftsaussichten und Rentabilitätswirkungen einer neuen Geschäftsstelle sehr groß ist, existiert eine Reihe weiterer Standortkriterien, die insbesondere für interregionale und internationale Standortentscheidungen maßgebend sind.

Bei der Standortwahl zählen auch die *rechtlichen und politischen Rahmenbedingungen*, innerhalb derer sich die Geschäftstätigkeit von Banken vollzieht, zu den grundlegenden Entscheidungskriterien. Die gesellschaftspolitische Stabilität oder Instabilität eines Landes beeinflußt generell die Standortwahl von Unternehmen. Für Banken ist dieser Faktor insofern relevant, als daß durch mögliche gewaltsame soziale Umwälzungen erhebliche Risiken entstehen können und es schlimmstenfalls zur Vermögensenteignung kommen kann.

Beurteilungskriterien sind in diesem Zusammenhang sowohl die innenpolitische Stabilität als auch die Ausprägung der außenpolitischen Beziehungen bzw. die internationalen Verflechtungen eines Landes. In der Bundesrepublik sind das bestehende Regierungssystem, die Verfassung und die soziale Stabilität im internationalen Vergleich als günstige Faktoren zu werten.

In den *osteuropäischen Ländern* wiederum haben sich durch die gesellschaftspolitischen Wandlungen und die begonnene Schaffung marktwirtschaftlicher Strukturen auch für die Kreditwirtschaft die Rahmenbedingungen verbessert. Erstmals erhielten die westlichen Banken die Möglichkeit, an wichtigen Standorten Repräsentanzen und Niederlassungen zu errichten. International orientierte Banken haben begonnen, sich in diesen neu etablierenden Märkten zu engagieren und bei der Herausbildung von Finanzmärkten in Osteuropa mitzuwirken.

Die gravierende Veränderung der Marktposition von Banken aufgrund politischer Wandlungen zeigt sich auch anhand des historischen Rückblicks in Deutschland. Nach dem *Zweiten Weltkrieg* verteilte sich im Zuge der entstandenen politischen Konstellationen die Wirtschaftskraft auf neue Standorte, was auch Auswirkungen auf das Bank- und Börsenwesen und speziell auf die interregionale Standortwahl von Banken in Deutschland hatte.

Der Aktienhandel lief zunächst im alten Industriegebiet an Rhein und Ruhr an und brachte der Düsseldorfer Börse eine bestimmte Bedeutung. In Frankfurt/M. restituierte sich ein Zentrum für den Handel mit festverzinslichen Wertpapieren, und München profitierte vom Zuzug vermögender Bevölkerungsschichten nach Bayern. Berlin blieb als Insel ohne Hinterland im geteilten Deutschland als Bankenstandort und Finanzzentrum benachteiligt.

Diese Situation änderte sich mit der Vereinigung der beiden deutschen Staaten grundlegend: *Berlin* und auch sein Finanzplatz stehen seitdem vor neuen Chancen und Herausforderungen.

Ende 1989 waren im Westteil Berlins noch 95 Kreditinstitute tätig. Im Ostteil der Stadt existierten bis dahin wegen der starken Zentralisierung des Finanzwesens lediglich sechs Institute. Bis Ende 1992 erhöhte sich die Zahl der Kreditinstitute schnell auf 147 im gesamten Stadtgebiet. Der Zuwachs entfiel hauptsächlich auf neue Kopffilialen auswärtiger Geldinstitute. Berlin nimmt, gemessen an der Zahl der Kreditinstitute, nach Frankfurt, Hamburg und Düsseldorf heute den vierten Rang ein.

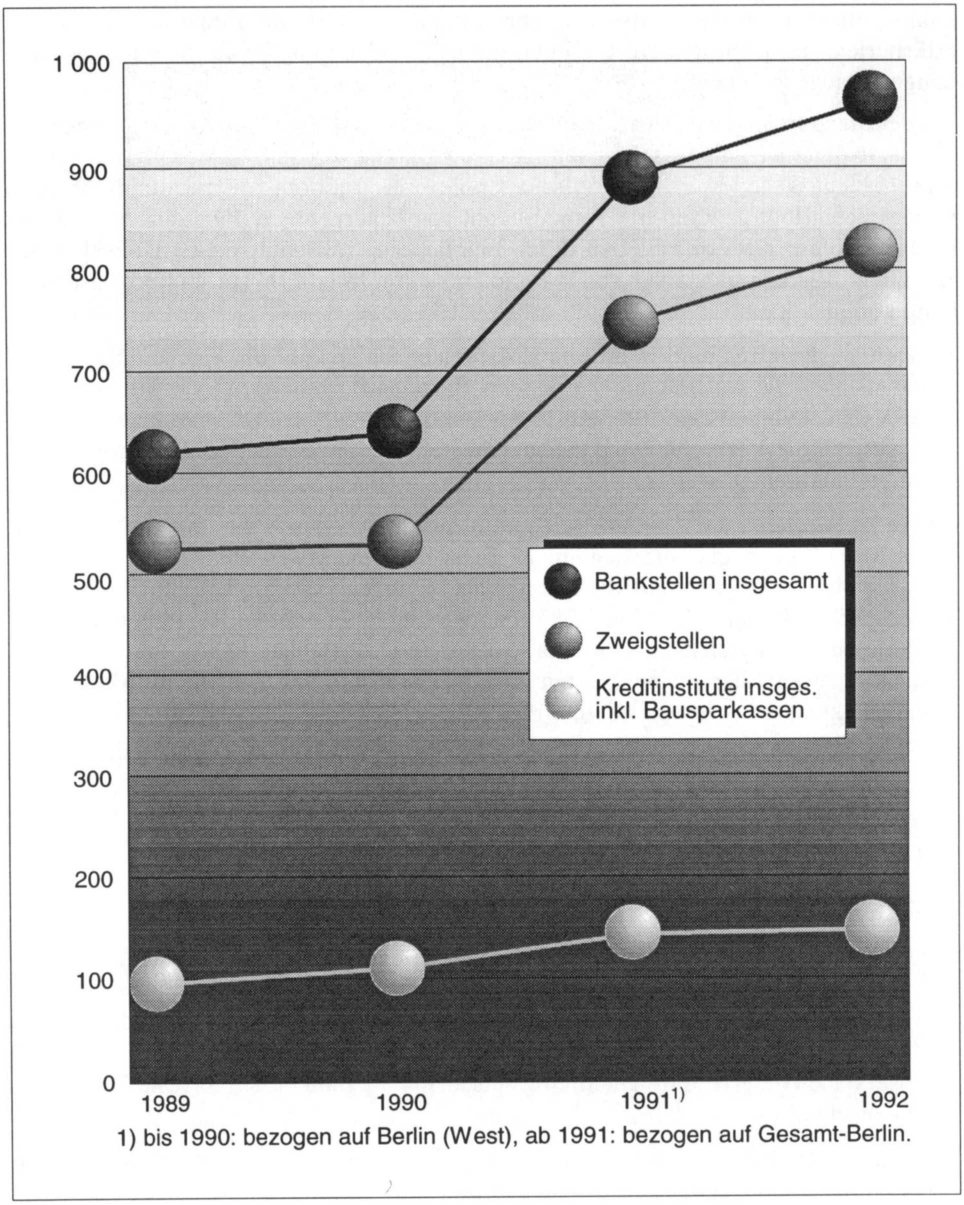

Abbildung: Anzahl der in Berlin tätigen Kreditinstitute und ihrer Zweigstellen

Quelle: Landeszentralbank in Berlin und Brandenburg

Die Zahl der Bankstellen (Kreditinstitute zuzüglich der Zweigstellen) erhöhte sich von 619 im Jahre 1989 auf 965 im Jahre 1992. Neue Zweigstellen wurden insbesondere im Ostteil der Stadt durch auswärtige Kreditinstitute errichtet, die im Westteil schon mit einer Kopfstelle vertreten waren. Während die Großbanken teilweise ein Zweigstellennetz im Wege der Beteiligung an Joint-venture-Banken und einer anschließenden Übernahme dieser Institute und deren Zweigstellen aufbauten, arbeiteten Kreditinstitute mit Sitz im Westteil der Stadt eher mit den im Ostteil ansässigen Banken zusammen, um diese schließlich in die eigene Gesamtorganisation zu integrieren.

Eine Neupositionierung in Berlin strebten insbesondere Privatbanken und Beratungsgesellschaften an. Vor allem wegen des hohen Beratungs- und Finanzierungsbedarfs ostdeutscher Unternehmen erfolgte eine Spezialisierung der Institute auf die Betreuung von Firmenkunden. Die Privatbanken konzentrieren sich darüber hinaus auf das Wertpapiergeschäft mit vermögenden Privatkunden und institutionellen Anlegern.

Mit der Öffnung Berlins zu seinem Umland wurde zugleich die Lücke zwischen lokalen und überregionalen Aktivitäten geschlossen; die Geschäftstätigkeit der Kreditinstitute mit Sitz in Berlin konnte sich insbesondere auf das *Land Brandenburg* ausdehnen. Obwohl die flächendeckende Kundenbetreuung durch Filialen in Brandenburg erfolgt, werden die Leitungsaufgaben auch bei den lediglich mit einer Niederlassung vertretenen Instituten hauptsächlich in Berlin wahrgenommen.

Besonders für *ausländische Institute*, die sich unabhängig vom Aufbau eines flächendeckenden Filialnetzes auf Finanzzentren konzentrieren, stellt Berlin als Drehscheibe zwischen West- und Osteuropa einen wichtigen Standort dar. Die zunehmende Bedeutung des Finanzplatzes Berlin für ausländische Finanzunternehmen spiegelt sich in ihrer verstärkten Positionierung an diesem Standort wider: Waren 1989 erst 16 ausländische Banken mit Repräsentanzen oder Niederlassungen in Berlin vertreten, erhöhte sich diese Zahl bis Ende 1992 auf 42 Repräsentanzen sowie fünf Niederlassungen.

Repräsentanzen sind Vertretungen einer Bank, die keine Bankgeschäfte betreiben, sondern Kontakte zu potentiellen Kunden herstellen, Geschäfte anbahnen und aus der Marktbeobachtung vor Ort zielgerichtet Informationen liefern, z. B. ob die Errichtung einer Geschäftsstelle zweckmäßig ist. Insofern dient diese Präsenzform an einem Standort in großen Maße auch der Standortanalyse im Rahmen der Vorbereitung von Standortentscheidungen. Festzustellen war in Berlin insbesondere der Zustrom von Banken aus den zwölf Mitgliedsländern der Europäischen Union (EU) sowie aus Österreich und der Schweiz, die sich neben der Betreuung des osteuropäischen Marktes vor allem auf die Begleitung heimischer Investoren konzentrieren, die sich an diesem Standort engagieren. Im Rahmen der internationalen Standortwahl besitzen der Aspekt der Betreuung der heimischen Kunden im Ausland und andere Kriterien oft ein ebenso großes oder gar größeres Gewicht als das Marktpotential an einem Standort.

Vor dem Hintergrund der veränderten Konkurrenzsituation am Standort Berlin verlief auch die Entwicklung des *bilanzwirksamen Bankgeschäfts* seit der Vereinigung Deutschlands expansiv. Die Kredite, die von den in Berlin tätigen Kreditinstituten an Nichtbanken vergeben wurden, erhöhten sich von 1991 zu 1992 um 22,5 Mrd. DM auf 170,6 Mrd. DM bzw. um 15,2 Prozent. Die Steigerungsrate war damit mehr als doppelt so hoch wie im Bundesdurchschnitt. Während bei der Nachfrage nach kurzfristigen Krediten ein Rückgang zu verzeichnen war, traten insbesondere im langfristigen sowie auch im mittelfristigen Bereich hohe Zuwächse auf. Insgesamt entfielen drei Viertel des Kreditzuwachses auf die Nachfrage von inländischen Unternehmen und wirtschaftlich selbständigen Privatpersonen; der restliche Anteil wurde von wirtschaftlich unselbständigen Privatpersonen und den öffentlichen Haushalten nachgefragt.

Motor des Kreditgeschäftes in Berlin war 1992 und im Zeitraum Januar bis September 1993 vor allem die erhebliche zusätzliche Mittelaufnahme inländischer öffentlicher Haushalte, u. a. zur Finanzierung des Wohnungsbaus.

Ende September 1993 erreichte das Kreditvolumen der in Berlin tätigen Kreditinstitute eine Höhe von insgesamt 179,2 Mrd. DM. Der noch auf lange Zeit anhaltend hohe Finanzbedarf der Region Berlin/Brandenburg bietet den Banken und Finanzunternehmen auch weiterhin große Wachstumschancen.

Die *Einlagen von Nichtbanken* bei den in Berlin ansässigen Kreditinstituten stiegen 1992 um 2,8 Mrd. DM auf 145,6 Mrd. DM. Die Zuwachsrate lag mit 5 Prozent geringfügig über dem Bundesdurchschnitt. Den größten Anteil an den Einlagen hatten mit rund zwei Dritteln des Volumens die inländischen Privatpersonen. Sie erhöhten 1992 ihre Einlagen um 8 Prozent und damit um rund 2 Prozent mehr als im Bundesdurchschnitt. Ende 1992 entfielen in Deutschland 5 Prozent aller Einlagen von Nichtbanken auf Konten bei Kreditinstituten in Berlin.

Das *Einlagenvolumen inländischer Privatpersonen*, das rund 66 Prozent der Gesamteinlagen repräsentiert, blieb in den ersten neun Monaten 1993 nahezu unverändert. Die sich in diesem Zeitraum ergebende Verringerung der Einlagen um insgesamt 3,4 Prozent ist im wesentlichen auf die abnehmenden Guthaben inländischer öffentlicher Haushalte zurückzuführen.

Im Rahmen der internationalen und interregionalen Standortwahl finden des weiteren *steuerliche Gesichtspunkte* Beachtung. Einerseits werden die steuerlichen Belastungen, resultierend aus der bankbetrieblichen und unternehmerischen Geschäftstätigkeit, zur Standortbeurteilung herangezogen, andererseits tragen beispielsweise die Vorschriften zur Besteuerung von Kapitalerträgen zu einem besseren oder schlechteren Klima an einem Finanzplatz bei.

Die Einführung der Zinsabschlagsteuer auf Kapitalerträge in der Bundesrepublik hat gezeigt, daß es zu einem Kapitaltransfer ins Ausland sowie zu einem verstärkten Druck kam, die internationale Präsenz deutscher Kreditinstitute auszuweiten, wenn Kundenkontakte und Geschäfte nicht ausländischen Banken überlassen werden sollen.

Der *Standort Berlin* profitiert inzwischen von den umfangreichen Maßnahmen zur Wirtschaftsförderung im Ostteil Berlins und in den neuen Bundesländern. Dadurch gelingt es zunehmend, den raschen Abbau der Berlinförderung, der sich aus dem Inselstatus im geteilten Deutschland ergab, zu kompensieren. So wird der Westteil Berlins seit 1994 erstmals in die *Gemeinschaftsaufgabe zur Verbesserung der regionalen Wirtschaftsstruktur* (GA) mit einem jährlichen Volumen von 88 Mill. DM einbezogen. Der Ostteil Berlins und die fünf neuen Bundesländer erhalten schon seit längerem umfangreiche Mittel aus diesem Programm. Im Zeitraum von 1990 bis zum

September 1993 sind allein mit GA-Mitteln in Ostdeutschland Investitionen in der gewerblichen Wirtschaft sowie im Bereich der Infrastruktur von mehr als 105 Mrd. DM gefördert worden. Zudem ist Ostdeutschland, beginnend mit dem Jahr 1994, in die höchste Förderstufe der EU einbezogen, wodurch weitere finanzielle Zuwendungen für Investitionen in Höhe von jährlich insgesamt 4,5 Mrd. DM bereitgestellt werden.

Vor diesem Hintergrund eröffnet die staatliche Wirtschaftsförderung, speziell in der Region Berlin/Brandenburg sowie in den anderen östlichen Bundesländern, den auf diesem Gebiet operierenden Banken erweiterte Marktchancen. Den Banken kommt eine *Schlüsselrolle* bei der Realisierung dieser Maßnahmen zu.

Ordnungspolitische Eingriffe des Staates können ebenfalls positiven oder negativen Einfluß auf die Standortentscheidungen von Banken ausüben. Standortempfehlende Kriterien sind beispielsweise günstige Bedingungen zur Ansiedlung ausländischer Unternehmen und die freie Preisfestsetzung. Die staatliche Bankenaufsicht und die damit in Verbindung stehenden gesetzlichen Regelungen bankbetrieblicher Tätigkeit spielen ebenfalls eine bedeutende Rolle.

Negativ erweisen sich am Standort Deutschland beispielsweise die Mindestreservepflicht und die im internationalen Vergleich eher rigiden Eigenkapitalanforderungen für Banken aufgrund einer engeren Definition des Eigenkapitalbegriffs. Staatliche Regulierungen des Bankensystems können, wie am Beispiel der amerikanischen Zinsverordnung *Regulation Q* in der Vergangenheit belegt, zu einer Verlagerung der Marktaktivitäten auf andere Standorte und damit zu einer Schwächung des nationalen Finanzplatzes führen.

Infrastruktur und institutionelle Faktoren

Ein weiteres Kriterium, das die Qualität eines Bankstandortes beeinflußt, ist die Infrastruktur. *Infrastruktur* bezieht sich in diesem Kontext sowohl auf die verkehrsmäßige Erschließung eines Standortes und seine Anbindung an wichtige Verkehrsknotenpunkte als auch auf die Kommunikationsinfrastruktur.

Insbesondere im Rahmen der interregionalen und internationalen Standortwahl weist ein Standort Vorteile auf, wenn eine günstige Anbindung an den internationalen Luftverkehr besteht. Auch die Verfügbarkeit öffentlicher Verkehrsmittel, z. B. der Ausbau des Schienen- und des Straßennetzes, beeinflußt die Qualität eines Standortes. Bei der lokalen Standortwahl ist eine zentrale, verkehrsgünstige Lage von entscheidender Bedeutung. Vor allem die leichte Erreichbarkeit einer Bankgeschäftsstelle ist im Kundengeschäft relevant.

In großem Umfang entscheiden *räumliche Nähe* und *bequeme Wege zur Bank* über den Gewinn und Erhalt einer Kundenverbindung, insbesondere da sich die Bankdienstleistungen oftmals nur sehr geringfügig von Anbieter zu Anbieter unterscheiden.

Die Kommunikation zwischen einer Bank und ihren Kunden muß aber auch auf anderem Wege möglich sein. Die Anwendung moderner *Informations- und Kommunikationstechnologien*, wie Telefon und Telefax, bis hin zu Datenbankanbindungen, erweist sich heute als Mindestvoraussetzung für eine effiziente innerbetriebliche Ablauforganisation und somit auch für eine erfolgreiche Geschäftstätigkeit.

Längst hat die *Information* neben den drei klassischen Produktionsfaktoren Boden, Arbeit und Kapital die Bedeutung eines vierten Produktionsfaktors erlangt. Der Informationsbedarf einer Bank muß durch geeignete Maßnahmen gedeckt werden, damit die unternehmerischen Zielsetzungen erreicht werden können. Banken haben bei internationaler und interregionaler Standortteilung Informationsvorteile gegenüber lokal tätigen Instituten. Sowohl die wirtschaftliche Lage einer Region bzw. eines Landes als auch die Bonität einzelner Schuldner können vor Ort vielfach besser beurteilt werden als in großer räumlicher Entfernung unter ausschließlichem Rückgriff auf sekundäre Informationsquellen. Insofern kann der konkrete Informationsbedarf einer Bank mitentscheidend für die Wahl eines bestimmten Standortes sein.

Informationsvorteile für eine Bank bestehen vor allem dann an einem Standort, wenn die räumliche Nähe und damit die Kommunikation bzw. der Informationsaustausch mit anderen Finanzinstitutionen und -dienstleistern, Wirtschaftsverbänden und -organisationen, Forschungs- und Förderungseinrichtungen etc. gegeben ist. Der Informationsaustausch ist heute so bedeutend, daß räumliche Agglomerationstendenzen von Finanzunternehmungen an wichtigen Standorten nicht zuletzt darauf zurückzuführen sind.

Bedeutende Standortvorteile weist in dieser Beziehung in Deutschland der Finanzplatz Frankfurt/Main auf. Mit den Konzernzentralen der drei Großbanken, der höchsten Anzahl von Banken in einer deutschen Stadt, mehreren sonstigen finanznahen Gesellschaften und natürlich als bedeutendster Börsenplatz Deutschlands sowie als Sitz der Deutschen Bundesbank hat *Frankfurt* grundlegende Vorteile als Finanzmetropole. Die Entscheidung, das Europäische Währungsinstitut (künftige Europäische Zentralbank) am Finanzplatz Frankfurt anzusiedeln, wird die international bedeutende Stellung der Stadt als Bank- und Börsenplatz noch weiter ausbauen. Frankfurt ist damit das führende Finanzzentrum der Bundesrepublik. Diese strukturellen und institutionellen Gegebenheiten am Finanzplatz Frankfurt sind historisch gewachsen. Sie können daher auch nicht, zumindest auf mittlere Sicht, von anderen Standorten erreicht werden.

Mit der Vereinigung der beiden deutschen Staaten gewann der *Finanzplatz Berlin* die Funktion eines regionalen Finanzzentrums zurück, nachdem er bis 1989 vorrangig den lokalen Bereich durch eigene Aktivitäten abgedeckt hatte. Nach der Ausdehnung in das Umland sind weitere Wachstumsimpulse in Verbindung mit der wirtschaftlichen und infrastrukturellen Transformation der neuen Bundesländer zu erwarten. Der Zugewinn an regionalem Gewicht wird auch künftig die überregionale und internationale Stellung des Finanzplatzes Berlin stärken.

Ein weiteres Aufgabenfeld, für das gerade Berlin wichtige Standortvorteile mitbringt, liegt im weiteren Ausbau der *Finanz- und Wirtschaftsbeziehungen zu Ost- und Mitteleuropa*. Standorte in Osteuropa dienen aus heutiger Sicht vorwiegend noch der Erschließung zukunftsträchtiger Märkte im Ost-West-Geschäft.

Positive Auswirkungen auf den Finanzplatz Berlin dürften sich aber insbesondere aus der *Hauptstadtfunktion* ergeben. Es ist zu erwarten, daß sich durch den Umzug von Parlament und Regierung weitere Kreditinstitute und *near-banks* in Berlin niederlassen und verschiedene Verbände und andere wirtschaftlich bedeutende Institutionen ihren Sitz in die Stadt verlagern werden. Bereits seit 1982 haben die zwei deutschen *Venture-Capital-Verbände* ihren Sitz am Standort Berlin.

Neben diesen dargestellten expansiven Veränderungen im Bankensektor Berlins ist auch eine Zunahme der Zahl der *Versicherungsunternehmen* am Standort Berlin zu beobachten. Jedes dreißigste der über 700 unter Bundesaufsicht stehenden Versicherungsunternehmen wird von Berlin aus geleitet. Berlin nimmt damit in Deutschland die neunte Rangstelle ein. Von den unter Berliner Leitung stehenden Versicherungsunternehmen wurden 1991 über 4 604 Mill. DM an Brutto-Beiträgen verdient, was einem Anteil am bundesdeutschen Geschäft von 2,3 Prozent entspricht.

Die im Jahr 1685 gegründete *Berliner Wertpapierbörse* gehört, gemessen an den getätigten Umsätzen, zu den kleineren Regionalbörsen. Die Chancen für eine Verbesserung der Marktstellung der Berliner Börse sind jedoch als gut einzuschätzen. Neben der traditionell hohen Marktbreite – in Berlin werden mehr inländische Aktien notiert als an jeder anderen deutschen Börse außerhalb Frankfurts – weist die Zunahme der mit dem Recht zur Teilnahme am Handel zugelassenen Kreditinstitute in diese Richtung. So haben sich die Umsätze der Berliner Börse von 72 Mrd. DM in 1992 auf rund 233 Mrd. DM im Jahr 1993 mehr als verdreifachen können. Demgegenüber war bei den deutschen Börsen insgesamt durchschnittlich nur ein Zuwachs von rund 50 Prozent zu verzeichnen. Der Marktanteil der Berliner Wertpapierbörse konnte dadurch etwa verdoppelt werden. Er stieg auf rund 3,4 Prozent. Beim Umsatz der Berliner Wertpapierbörse entfielen 1993 allein 174 Mrd. DM auf festverzinsliche Wertpapiere, während der Aktienumsatz ein Volumen von 59 Mrd. DM aufwies. Auch die Zahl der Mitglieder steigt deutlich an. Der Geschäftsführer der Berliner Wertpapierbörse beziffert die Zahl der Marktteilnehmer auf derzeit 38. So ist es z. B. gelungen, im vergangenen Jahr als erste Sparkasse der neuen Bundesländer die Mittelbrandenburgische Sparkasse Potsdam als Mitglied an der Berliner Börse zu gewinnen.

Die geographische Lage Berlins bietet der Berliner Wertpapierbörse die Möglichkeit, eine *Brückenfunktion zwischen West- und Osteuropa* auszuüben. Vor dem Hintergrund der in den neuen Bundesländern verstärkt zu erwartenden Gründungen von Kapitalgesellschaften ergibt sich insbesondere für die Berliner Börse ein weites Tätigkeitsfeld.

Bereits umgesetzt wurden Unterstützungsmaßnahmen für aufstrebende Börsenplätze im ehemaligen Ostblock, wie zum Beispiel die Ausbildung von Börsenvertretern aus Polen, Ungarn, Tschechien, der Slowakei und Rußland sowie die Vermittlung von Praktika bei Berliner Kreditinstituten für Vertreter aus Moskau, St. Petersburg und Prag. Zwischen der Berliner Börse und der im April 1993 eröffneten Börse in Prag ist ein Vertrag über die Zusammenarbeit abgeschlossen worden. Daneben erfolgte u. a. die Aufnahme von Kontakten zu sich neu etablierenden Bank- und Börsenplätzen, wie der Ukraine oder Slowenien.

Zur Vertiefung und zum Ausbau dieser Beziehungen dürfte auch die bei der Gründung der *Fördergesellschaft für Börsen und Finanzmärkte in Mittel- und Osteuropa* vorgesehene Errichtung einer Außenstelle in Berlin beitragen.

Personelle und technisch-organisatorische Voraussetzungen

Weitere Kriterien für Standortentscheidungen von Banken, die jedoch einen etwas geringeren Einfluß als die bereits erläuterten Kriterien haben dürften, sind die personellen und die technisch-organisatorischen Bedingungen. Dazu zählt insbesondere die Verfügbarkeit von gut ausgebildetem Personal sowie von Gewerbeflächen, Gebäuden bzw. Geschäftsräumen.

Die *bankbetriebliche Leistungserstellung* ist trotz des raschen technologischen Fortschritts nicht zuletzt aufgrund der wachsenden Erklärungsbedürftigkeit von Bankleistungen nach wie vor sehr personalintensiv. Insofern kann das *electronic banking* keine Alternative für eine persönliche bankwirtschaftliche Kundenbetreuung sein. Vielmehr müssen sich beide Vertriebsarten sinnvoll ergänzen. Insbesondere in den Geschäftsbereichen einer Bank, deren Aufgabe die aktive Betreuung der Kunden ist, stellt gut geschultes und motiviertes Personal den wichtigsten Erfolgsfaktor dar. Allein in den neuen Bundesländern ist nach Angaben des *Bundesverbandes Deutscher Banken* die Zahl der Mitarbeiter in den Kreditinstituten von rund 40 000 im Jahr 1990 auf etwa 77 000 im Jahr 1993 (Jahresmitte) erhöht worden. Damit stieg die Zahl der Mitarbeiter je Geschäftsstelle von durchschnittlich 9 (1990) auf 13 (Mitte 1993).

Die *Beschaffung qualifizierter Arbeitskräfte* wird für eine Bank an einem Standort tendenziell um so leichter sein, je mehr Banken und Finanzdienstleister an diesem Standort präsent sind, je mehr Nachwuchskräfte ausgebildet werden und je besser die Möglichkeiten für das Studium wirtschafts- bzw. bankwissenschaftlicher Disziplinen sind. Die Gewinnung einer ausreichenden Zahl von qualifizierten Mitarbeitern für eine neue Geschäftsstelle ist daher meistenteils kein Problem von zentraler Tragweite. Insbesondere bei einer Ausdehnung des ausländischen Geschäftsstellennetzes eröffnet sich für mobile Mitarbeiter die große Chance, völlig neue, die persönliche und berufliche Entwicklung fördernde Erfahrungen zu sammeln und sich dabei zugleich entsprechende Sprachkenntnisse anzueignen.

Die Tendenz zur stärkeren *Internationalisierung der Geschäftstätigkeit* ist vor allem Ausdruck

- der weiteren Globalisierung der Finanzmärkte,
- der Freizügigkeit des Kapitalverkehrs in der EU sowie
- der Herausbildung neuer Märkte in Osteuropa.

Der Standort Berlin verfügte vor der Vereinigung über ein eher geringes Angebot an Fach- und Führungskräften im Finanzdienstleistungsbereich, trotz des relativ guten universitären Angebots an wirtschaftswissenschaftlichen Studiengängen.

Die veränderte politische Situation Berlins hat die Attraktivität der Stadt auch für Bank- und Finanzfachleute deutlich erhöht. Der Zuzug qualifizierter Mitarbeiter aus anderen Regionen ist seitdem in vollem Gang. Gleichzeitig bietet der Standort Berlin auch Nachwuchskräften bessere Perspektiven. Infolge der zentralen Rolle des Ostteils Berlins als Hauptstadt der ehemaligen DDR ist das Angebot an überdurchschnittlich qualifizierten Fachkräften sehr hoch. Insbesondere für Finanzdienstleister und Forschungseinrichtungen erweist sich die Konzentration von Spezialisten für die mittel-

und osteuropäischen Volkswirtschaften als vorteilhaft. Diese Zukunftsmärkte können von Berlin aus gut erschlossen werden.

Eine wichtige technisch-organisatorische Voraussetzung stellt die *Verfügbarkeit von Flächen und Gebäuden* an einem Standort dar. Hierbei spielt auch die Höhe des Kaufpreises bzw. des Mietzinses eine bedeutende Rolle. Da die Kosten für den Kauf bzw. das Anmieten geeigneter Immobilien an alternativen Standorten zum Teil erheblich voneinander abweichen, wird die Entscheidung über einen neuen Standort von der prognostizierten Rentabilität bzw. vom materiellen oder immateriellen Nutzen der neuen Geschäftsstelle abhängig gemacht.

Der Berliner Immobilienmarkt kann mit dem Angebot an ausgewiesenen Büroflächen den Bedarf decken. Es zeigt sich, daß die Mietpreise für Bestandsobjekte aufgrund des größeren Angebots sogar gefallen sind. Im Vergleich mit Frankfurt/Main, Hamburg, München und Düsseldorf liegt Berlin im unteren Bereich. Zusätzlich unterstützt der Berliner Senat den Prozeß der Ansiedlung von Unternehmen in der Stadt durch erhebliche Vergünstigungen. So werden bis zum 30. Juni 1995, verbunden mit einer Bauverpflichtung, landeseigene Grundstücke mit einem um bis zu 75 Prozent reduzierten Kaufpreis im Vergleich zum Verkehrswert angeboten.

Bank- und Börsenplatz Berlin wird immer attraktiver

Die Standortentscheidungen von Banken hängen von der Gewichtung der verschiedenen Kriterien und den jeweils konkreten Geschäftszielsetzungen ab. Einen großen Einfluß auf die Standortentscheidungen haben im allgemeinen die geschäftsstrukturellen Kriterien, die in bedeutendem Maße das voraussichtliche Geschäftsergebnis einer neuen Bankstelle beeinflussen. Daneben sind für konstitutive Standortentscheidungen insbesondere die traditionell gewachsenen und dadurch auch langfristig zu erwartenden Rahmenbedingungen eines Standortes bzw. Finanzplatzes zweifellos von einer großen Entscheidungsrelevanz.

Vor dem Hintergrund der tiefgreifenden Transformationsprozesse in Mittel- und Osteuropa, die mit einem enormen Investitions- und Finanzierungsbedarf verbunden sind, wird der Finanzplatz Deutschland international an Bedeutung gewinnen. Verbunden hiermit ist bereits eine sich deutlich abzeichnende Neupositionierung des Finanzplatzes Berlin, die sich insbesondere in einer Zunahme der Bankgeschäftsstellen und Repräsentanzen in- und ausländischer Kreditinstitute zeigt.

Der Umzug von Parlament und Regierung nach Berlin dürfte darüber hinaus eine Standortverlagerung mehrerer, für die Wirtschaft wichtiger Organisationen und Verbände nach sich ziehen. Die sich aus diesen Entwicklungen ergebenden verstärkten Agglomerationstendenzen werden die *Attraktivität des Standortes Berlin* für Finanzdienstleister und andere Unternehmen künftig noch steigern.

Zu den Herausforderungen, vor denen der Bankplatz Berlin und alle dort operierenden Banken stehen, zählt neben Flexibilität, Innovations- und Wettbewerbsfähigkeit auch eine außerordentlich hohe Finanzierungskraft. Um diesen neuen Anforderungen gewachsen zu sein, kam es neben den geschilderten Zuwanderungen von Finanzdienstleistern zu einer Reihe von Umstrukturierungen innerhalb des Berliner Bankensektors.

Die wohl wichtigste Veränderung ergab sich durch die Zusammenführung der Berliner Bank AG, der Berliner Hypotheken- und Pfandbriefbank AG und der Landesbank Berlin in die Bankgesellschaft Berlin AG. Erstmals in der deutschen Bankengeschichte werden unter dem Dach einer Holding als Aktiengesellschaft privatrechtlich organisierte Banken mit einer Anstalt des öffentlichen Rechts zusammengeführt. Dazu waren entsprechende juristische Voraussetzungen zu schaffen.

Die *Bankgesellschaft Berlin AG* nahm zum 1. Januar 1994 ihre Geschäftstätigkeit auf. Mit einer Bilanzsumme von über 190 Mrd. DM und insgesamt 13 500 Mitarbeitern gehört die Bankgesellschaft zu den zehn größten Bankkonzernen Deutschlands. Damit wird ein deutliches Signal gesetzt, welche Bedeutung dem Finanzplatz Berlin im vereinigten Deutschland und im zusammenwachsenden Europa in der Zukunft beizumessen ist. Der *Bank- und Börsenplatz Berlin* wird – ein hohes Engagement aller Beteiligten vorausgesetzt – zukünftig seine Position in Deutschland weiter verbessern und in eine europäische Dimension hineinwachsen können.

Kultur, Freizeit, Sport: Können weiche Standortfaktoren Weichen stellen?

Axel Nawrocki

Optimale Kombination von harten und weichen Standortfaktoren fällt ins Gewicht

Das Land Schleswig-Holstein wirbt in einer Anzeigenkampagne mit der *Luft, die Zukunft atmet*. Rotterdam macht mit seinen kulturellen Möglichkeiten auf sich aufmerksam, Niedersachsen mit seinen Oasen (gemeint ist die Landschaft), Norwegen wirbt mit den Olympischen Winterspielen in Lillehammer.

Auf den ersten Blick könnte man vermuten, hier ginge es um neue Impulse für die Tourismusindustrie. Weit gefehlt: Absender der Information ist die jeweilige *Wirtschaftsförderungsgesellschaft* der Stadt oder Region; Adressat ist der Investor, geworben wird um Industrieansiedlungen. Sogenannte *weiche* Standortfaktoren wie kulturelles Angebot, Freizeitwert, Klima und Sport werden zunehmend herausgestellt, wenn es darum geht, unternehmerische Standortentscheidungen zu beeinflussen. Über deren Wirkung läßt sich aber oft nur spekulieren.

Ob zum Beispiel der Hafen von Rotterdam besser ausgelastet ist, weil die Stadt ihre kulturellen Möglichkeiten preist, läßt sich ebenso schwer nachweisen, wie die Frage zu beantworten ist, ob das Schleswig-Holstein Musikfestival dazu geführt hat, daß sich Investoren aus dem High-Tech-Bereich zwischen Nord- und Ostsee angesiedelt haben.

Hieß es bisher, finanzielle Anreize, moderne Infrastruktur und Qualifikation der Arbeitskräfte, also die *harten* Standortfaktoren zählten, wenn es darum geht, den Erfolg einer Region bei der Ansiedlung neuer Unternehmen zu erklären, stellt sich jetzt zunehmend die Frage, ob nicht auch die weichen Faktoren letztendlich ausschlaggebend für eine unternehmerische Standortentscheidung gewesen sind. Sehr vieles spricht heute dafür, daß die optimale Kombination von harten und weichen Standortfaktoren die entscheidenden Pluspunkte im Wettbewerb der Regionen um Investoren, Kapital und Know-how liefert. Einige Experten von Forschungsinstituten, aber auch regionale Wirtschaftsförderungsgesellschaften haben dies erkannt.

Lehrreiche Erfahrungen aus Atlanta

Anfang der sechziger Jahre trafen sich im Rathaus der Coca-Cola Stadt Atlanta führende Vertreter aus Wirtschaft, Wissenschaft und Politik. Den Anlaß dazu bildete eine dramatische Situation: Sinkende Steuereinnahmen, Rekordarbeitslosenzahlen und die Abwanderung von kleinen und mittelständischen Betrieben hatten die Stadt damals ins wirtschaftliche Abseits geführt.

Die schwarzen Einwohner der Stadt (rund zwei Drittel) waren besonders hart betroffen und Rassenunruhen in der Stadt Martin Luther Kings an der Tagesordnung. Die Hauptstadt des US-Staates Georgia produzierte landesweit Negativschlagzeilen. Ein kulturelles Langzeitprogramm sowie die gezielte Ansprache ausländischer Investoren bildeten die Eckpfeiler des Standortmarketings von Metropolitan Atlanta, einer Region mit etwa 2,3 Millionen Einwohnern. Das Kulturprogramm erfüllte dabei eine Doppelstrategie. Einerseits sorgte es dafür, daß die Einwohner ein neues Selbstbewußtsein, eine Atlanta-Identität, entwickelten, andererseits wurde die Südstaatenromantik auch gezielt bei der Kommunikation mit Investoren eingesetzt. Viele europäische Unternehmen, insbesondere aus den Niederlanden und Deutschland, entschieden sich daraufhin für eine US-Repräsentanz in der Region Atlanta. In der Folgezeit entdeckten auch US-Firmen wieder die Stadt.

Heute sind dort die meisten großen Konzerne der USA (Lebensmittel-, Textil- und Chemieindustrie, Metallverarbeitung) mit Zweigwerken vertreten. Das 1984 eröffnete *High Museum of Art* hat Atlantas Ruf als kulturelles Zentrum im Süden der USA international gefestigt. Die Bewerbung der Stadt um die Olympischen Spiele im Jahr 1996 war ein weiteres Mittel, um internationale Aufmerksamkeit zu erlangen. Kaum einer in der Stadt hatte damit gerechnet, daß Atlanta den Zuschlag erhält. Als Atlanta dann sensationell über Athen siegte, konnten Millionen Fernsehzuschauer selbstbewußte schwarze und weiße Mitbürger Atlantas gemeinsam jubeln sehen. Vergessen waren die sechziger Jahre mit wirtschaftlichem Niedergang und Rassenunruhen.

Kultur und Sport gezielt als Standortfaktor einzusetzen, erfordert Mut. Insbesondere dann, wenn die öffentlichen Kassen leer sind. Atlanta machte das deutlich.

Beeindruckendes Beispiel des Freistaates Bayern

Der Freistaat Bayern ist vielleicht *die* Aufsteigerregion Europas nach dem Zweiten Weltkrieg. Aus einem traditionellen Agrarland entwickelte sich ein Industrieland mit wachsendem Dienstleistungssektor. Das Wirtschaftswachstum liegt hier regelmäßig über dem Bundesdurchschnitt, die Arbeitslosenquote darunter. Der Anteil Bayerns am Bruttoinlandsprodukt der Bundesrepublik Deutschland hat sich kontinuierlich erhöht und betrug 1989 knapp 18 Prozent. Dies bedeutet Platz zwei knapp hinter Nordrhein-Westfalen. Eine wirtschaftsfreundliche Politik, kluge Strukturpolitik und ideenreiche Standortwerbung gelten unbestritten als die Väter des Erfolges. Genauso bedeutend für die *Standortentscheidung* der Unternehmen – dies haben mehrere Untersuchungen gezeigt – waren *weiche Faktoren* wie Landschaft, Kultur, Freizeit und die Assoziation mit Geborgenheit. Die Botschaft *Bayern sei überall ein bißchen besser* wurde in der kommunikativen Umsetzung ganz gezielt auch mit dem Begriff *Lebensqualität* transportiert.

Verheißungsvolle Aktivitäten in Dresden

Auch in der Hauptstadt des Freistaates Sachsen beginnt man recht erfolgreich, weiche und harte Standortfaktoren zur Gewinnung von Investoren einzusetzen. Die Ansiedlung einer hochmodernen Produktionsstätte für Megachips von Siemens mit Beteiligung von Toshiba ist sicherlich in erster Linie das Ergebnis einer konsequenten materiellen Wirtschaftsförderung. Diese 1,2 Milliarden Mark-Investition wird auch Signalwirkung für andere High-Tech-Unternehmen haben, in Dresden zu investieren, getreu dem Motto erfolgreicher Technologie-Regionen Europas: *Wo schon viel ist, wird schnell noch mehr dazukommen.*

Zunehmend bedeutender für potentielle Investoren dürfte es dabei sein, daß die Stadt sich bemüht, ihre kulturelle und bauliche Identität wiederzugewinnen. Der Wiederaufbau der Frauenkirche, überwiegend aus privaten Mitteln finanziert, wird der Stadt auf Jahre hinaus positive Aufmerksamkeit sichern.

Die wichtigsten Standortfaktoren aus Unternehmersicht

Weitere Beispiele einer erfolgreichen Standortpolitik mit austarierter Darstellung weicher und harter Standortfaktoren ließen sich ohne Probleme aufzählen. Eine *Untersuchung der Hamburger Wirtschaftsbehörde* aus dem Jahre 1991 liefert Daten und Fakten, die mit einer gewissen statistischen Wahrscheinlichkeit ausschlaggebend für unternehmerische Standortentscheidungen sind. Dabei wurden Unternehmen nach den für sie wichtigsten Standortfaktoren befragt. Die Verfügbarkeit von qualifizierten Arbeitskräften, der Straßenverkehr, die Kommunikationseinrichtungen, bezahlbare Wohnungen, die Nähe zu Kunden, eine ausreichende Zahl und Qualität von Bildungseinrichtungen wie Schulen, Fach(hoch)schulen und Universitäten, Anbindung an den internationalen Luftverkehr, aber auch kulturelle und soziale Einrichtungen waren die meistgenannten Kriterien.

Die Bedeutung von Sport und Kultur als Standortfaktor läßt sich ebenfalls aus anderen Untersuchungen ableiten. Von 1983 bis 1993 haben sich die Sponsoring-Ausgaben in der Bundesrepublik Deutschland von 50 Millionen DM auf ca. 1,6 Milliarden DM (Quelle: Gruber, Titze & Partner) gesteigert. Als Gründe für den rasanten Anstieg der Sponsoring-Ausgaben führen die Unternehmen u. a. an:

- Imagepflege (24 Prozent)
- Kundenpflege (10,2 Prozent)
- Mitarbeitermotivation (6,4 Prozent)
- Interesse der Unternehmensleitung (19,1 Prozent)
- gesellschaftliche Verantwortung (31,4 Prozent)

Diese Zahlen lassen den Schluß zu: Standorte, deren Infrastruktur Raum für Kultur und Sport bietet, haben auch Vorteile bei Standortentscheidungen von Unternehmen.

Die Olympiabewerbung Berlins

Berlin hat bekanntlich den Wettbewerb um die Ausrichtung der Olympischen Spiele im Jahre 2000 verloren, und zwar deutlich. Die Gründe dafür können und sollen an dieser Stelle nicht diskutiert werden. Selbst wenn das Abstimmungsergebnis in Monte Carlo für Berlin und Europa eher niederschmetternd war, wird die Stadt langfristig von der Bewerbung profitieren. Zu den Aktivposten gehört ohne Zweifel die *Berlin 2000 Marketing GmbH*. Durch den Abschluß von 179 Lizenzverträgen konnten insgesamt 35 Millionen Mark für die Olympiabewerbung Berlins privat erwirtschaftet werden. 24 große deutsche Unternehmen als Gesellschafter und 179 Lizenznehmer – das ist nicht nur ein Rekord in der Bewerbungsphase, sondern dokumentiert zugleich das starke Interesse der Industrie am Standort Berlin.

Die Berlin 2000 Marketing GmbH unter ihrem Aufsichtsratsvorsitzenden Dr. Peter Weichhardt wird folgerichtig weitergeführt mit der Zielsetzung, das Hauptstadtmarketing zu unterstützen. *Hauptstadtmarketing*, d. h. auch, herausragende sportliche und kulturelle Veranstaltungen nach Berlin zu holen. Um diese Organisation, daran kann es keinen Zweifel geben, werden andere Städte Berlin beneiden. Denn trotz aller notwendigen Aufgaben zur Stabilisierung des Hauptstadtbeschlusses für Berlin werden genug Kapazitäten frei bleiben, um den Standort Berlin kulturell und sportlich weltweit im Gespräch zu halten. Das ist eine Trumpfkarte, die man angesichts des weltweiten Standortpokers nicht unterschätzen sollte.

Kultur und Sport stiften Identität

Die Atmosphäre in einer Stadt oder Region ist genauso bedeutend wie das Image, das sie nach außen trägt. Schlechte Stimmung, Perspektivlosigkeit oder Resignation in der Bevölkerung werden rezipiert und kommuniziert. Ein Journalist der New York Times beurteilte den Standort Deutschland vor kurzem so:

"*Früher flog man nach Deutschland, machte Geschäfte in Frankfurt und Hamburg, besuchte Heidelberg, informierte sich in München und Stuttgart über Neuentwicklungen und ließ sich vor dem Rückflug an der Mauer in Berlin bestätigen, wieviel menschenfreundlicher der Kapitalismus gegenüber dem Kommunismus ist. Wer heute Geschäfte in Deutschland machen muß, fliegt immer noch nach Frankfurt und Hamburg, umgeht das langweilige Heidelberg, wird in München und Stuttgart feststellen, daß die kreativen Zentren nicht mehr viel Neues zu bieten haben und wird in Berlin hören, wie schlecht der Kapitalismus ist.*"

Dieses Bild spricht eindeutig dafür, daß die neue größere Bundesrepublik im Vergleich zur alten kleineren deutlich an Attraktivität verloren hat.

Nun ist nicht zu leugnen, daß sich die harten Standortfaktoren in Deutschland im vergangenen Jahrzehnt verschlechtert haben. In einzelnen Werten, wie bei Energiekosten, Löhnen, Umweltschutzkosten etc., liegen wir bis zu 45 Prozent über dem Durchschnitt der 13 führenden Industrienationen. Die Ergebnisse unserer Forschung sind im internationalen Vergleich schlechter geworden. Und dennoch, wenn wir alle wirtschaftlichen Daten addieren, würden viele westliche Industrienationen sicher immer noch gern mit uns tauschen. Das Bild des Journalisten der New York Times ist deshalb wohl eher ein Ergebnis unserer Identitätskrise und Zerrissenheit. Denn der Hang zu "*Pessimismus und Selbstzweifeln*" (Margaret Thatcher), zum "*Jammern auf hohem Niveau*" (Helmut Kohl) verführt dazu, die riesigen Chancen und Möglichkeiten nicht wahrzunehmen. "*Die Deutschen müssen erst wieder mit sich selbst ins reine kommen,*" kommentierte Marc Hodler, das schweizerische IOC-Mitglied, die Niederlage Berlins in Monte Carlo.

Das Land und seine Hauptstadt Berlin brauchen in der Tat eine neue Identität und ein neues Selbstbewußtsein, um den Anforderungen der Zukunft gerecht zu werden. *Kultur und Sport* bieten dazu eine Plattform; nicht als Ersatz für eine positive wirtschaftliche Entwicklung, sondern als Katalysator für die Einheit und eine neue Identität.

Auch wenn Dopingvorwürfe und Stasiakten noch den Blick trüben: Nirgendwo ist die Vereinigung Deutschlands so weit fortgeschritten wie im Sport. Die Freude über gemeinsame Erfolge ist ebenso ehrlich wie die Trauer über Niederlagen. Meinungsumfragen anläßlich der Olympiabewerbung Berlins verdeutlichen dies. Anfangs lag die Unterstützung für Olympia 2000 im Westteil der Stadt sichtbar unter der im Ostteil; am Ende waren die Prozentzahlen in beiden Stadthälften nahezu identisch. Entweder man wollte Olympische Spiele, oder man lehnte sie ab – unabhängig davon, auf welcher Seite der Mauer man aufgewachsen war. Wiederum abgesehen von der Vergangenheitsbewältigung gilt dies auch für die Kultur.

Die *Kulturszene* in Berlin lebt, streitet und experimentiert gemeinsam; vom Kindertheater über Kleinkunst, Kabarett bis hin zur Avantgardemusik. Lebendige Theater, große Museumszentren ziehen Besucher aus beiden Stadthälften an. Ostkünstler solidarisieren sich mit ihren Kollegen aus dem Westen, wenn ein Theater von der Schließung bedroht ist und umgekehrt. Kultur und Sport bieten eine wirkungsvolle Kommunikationsbasis, den Vereinigungsprozeß zu beschleunigen, Identität und Selbstbewußtsein wachsen zu lassen. Sie beeinflussen die Stimmung in einer Stadt oder Region und prägen damit auch das Bild, das andere von uns haben.

Wertewandel in der öffentlichen Meinung

Angesichts leerer Kassen in öffentlichen Haushalten und wirtschaftlicher Schwierigkeiten, in Anbetracht von Arbeitslosigkeit und Streichungen im Sozialbudget besteht die Gefahr, daß die Ausgaben für Sport und Kultur zu kritisch betrachtet und auf öffentlichen Druck, insbesondere in Wahljahren, überproportional gekürzt werden. Nicht selten ernten Politiker und Medien hierzulande in schwierigen Zeiten Beifall, wenn sie die Aufwendungen für ein Theater mit den Ausgaben für die Forschung oder die Erneuerung eines Sportplatzes mit der eines Verkehrsweges vergleichen. Allein dieser Vergleich zeigt: Harte Standortfaktoren wie Forschung und Infrastruktur scheinen den Populisten wichtiger als Kultur und Sport zu sein. Dabei übersehen sie, daß Unternehmer längst begriffen haben: Die schwierigen Aufgaben der Zukunftsbewältigung können nur durch ganzheitliche Anstrengungen und Bündelung aller kreativen Kräfte gelöst werden.

Der Wertewandel hat seine Spuren hinterlassen, die Vorstellungen von Lebensqualität haben sich tiefgreifend geändert: Neun von zehn Amerikanern und acht von zehn Deutschen über 18 Jahre betrachten Kunst, Kultur und Sport als essentiell für ihr Wohlbefinden und ihre Lebensfreude. *Menschliches Kreativpotential*, auch hier lassen Untersuchungen keinen Zweifel, spielen bei der Beurteilung eines Standortes aus unternehmerischer Sicht eine wesentliche Rolle. Natürlich muß in wirtschaftlich schwierigen Zeiten auch im Sport- und Kulturbudget gespart werden. Ein kultureller Kahlschlag allerdings würde intern und extern als Orientierungslosigkeit ausgelegt. Orientierungslosigkeit aber wird jeden Investor zweifeln bzw. verzweifeln lassen.

Von der Kultur- zur Investitionsmetropole

Die Frage, ob sogenannte weiche Faktoren wie Kultur und Sport wichtig für Standortentscheidungen oder Standortpolitik sind, ist im Falle Berlin gänzlich akademischer Natur. Ja, Kultur kann und muß hier als *harter* Faktor begriffen werden. Die kulturelle Entwicklung und Einheit der beiden Stadthälften sind eine Voraussetzung für eine positive Grundstimmung in der Stadt und damit auch die Basis für wirtschaftliche Attraktivität. Die kulturelle Vielfalt stellt das vielleicht wichtigste Vergleichskriterium gegenüber anderen Städten in der *Standort-Waagschale* dar.

Professor *Hilmar Hoffmann*, einst Kulturbeauftragter in Frankfurt, hat das umfangreiche kulturelle Angebot Berlins genauer unter die Lupe genommen. Sein Fazit: "*Berlin kann neben anderen Weltkulturstädten bestehen und hat ihnen den unvergleichlichen Ort voraus – einstmals Trennlinie, nun Begegnungsstätte zwischen Ost und West.*"

Genauso wie Berlin die Aufgabe übernommen hat, als eine Werkstatt der Einheit Deutschlands zu fungieren, wird es sich der Herausforderung stellen müssen, eine Werkstatt der Vereinigung Europas zu sein. Dabei spielen die Kultur und natürlich auch sportliche Begegnungen als kommunikative Fundamente eine wesentliche Rolle.

Kulturelles und sportliches Engagement in Berlin für ein zusammenwachsendes Europa wird natürlich weder automatisch Investitionen nach sich ziehen, noch den Zuzug von High-Tech-Industrie garantieren. In Verbindung mit der ausgezeichneten Wissenschaftslandschaft läßt sich allerdings eine kulturelle und wissenschaftliche Metropole darstellen, die dank der geographischen Lage als Zukunftswerkstatt Europas wirken kann. Diese Positionierung wird die Stadt für Investoren aus aller Welt attraktiv machen. Der konsequente Ausbau Berlins zur kulturellen und wissenschaftlichen Metropole eines zusammenwachsenden Europas erfordert Mut und langen Atem.

Es wird allerdings immer wieder Kritiker geben, die der klassischen Standortförderung mit finanziellen Anreizen für Unternehmen die Priorität geben. Oder andere, die insgesamt den Standort Deutschland auf dem falschen Weg sehen, wie zum Beispiel der japanische Journalist, der kurz nach der Wiedervereinigung äußerte: "*Ihr werdet nun in Straßen und Brücken investieren, wir in Hochtechnologien – und im Jahr 2000 sehen wir uns wieder!"*

Nun – Berlin ist nicht Tokio und Europa nicht Asien. Hier müssen in der Tat auch Straßen und Brücken gebaut werden – im wörtlichen wie im übertragenen Sinne. Die wirtschaftliche, soziale und mentale Vereinigung Deutschlands und Europas am Ende eines wechselvollen Jahrhunderts ist eine unvergleichliche Herausforderung. Sie wird ohne ein solides kulturelles Fundament nicht zu bestehen sein. Daß sich dies auch wirtschaftlich auszahlt, zeigt der eingangs skizzierte Weg Atlantas von 1960 bis heute. Sport und Kultur zunächst gezielt als Motor der Standortentwicklung einzusetzen und langfristig als attraktiven Bestandteil einer ganzen Region zu etablieren, das hat sich als erfolgreiche Strategie erwiesen.

Effizienzkriterien für Wirtschaftsfördergesellschaften

Leonardo G. Noto

Vielfältige Betätigungsfelder

Obwohl der Begriff *Wirtschaftsförderung* keinen besonderen Schutz genießt und sich am Markt auch eine Vielzahl von *Wirtschaftsfördergesellschaften* unterschiedlichster Ausrichtung und Gesellschafter befindet, soll hier auf eine Wirtschaftsfördergesellschaft in privater Rechtsform (z. B. GmbH, Verein) eingegangen werden, deren Gesellschaftsanteile überwiegend im Besitz der öffentlichen Hand sind (Land, Kreis, Kommune). Die privatrechtliche Form soll – auch im Interesse der öffentlichen Hand – dazu dienen, flexibler auf Erfordernisse des *Investorenmarktes* reagieren zu können. Das bedingt im Regelfall eine Abgrenzung von den Ämtern für Wirtschaftsförderung, deren Aufgabe weitgehend in der Wahrnehmung hoheitsrechtlicher Aufgaben besteht.

In dieser Konstellation werden die Leistungen der Wirtschaftsfördergesellschaften in der Regel *kostenlos* erbracht. Dazu gehören z. B.:

- die Vermittlung von öffentlichen oder privaten Grundstücken zur gewerblichen Ansiedlung,
- die Unterstützung zur schnellen Erteilung von Baugenehmigungen bzw. bei der Durchführung von raumordnerischen Verfahren,
- die Beratung und Unterstützung bei der Erteilung von Betriebsgenehmigungen besonders im Hinblick auf die Einhaltung von Umweltvorschriften,
- die Vermittlung von Ansprechpartnern für Spezialprobleme bei Ämtern, Ministerien, Institutionen usw.,
- die Beratung bei der Erstellung von Förderanträgen für den Erhalt von Beihilfen, Zulagen und Zuschüssen,
- die Anbahnung von Kontakten zu Banken und anderen Finanzinstituten, um die Finanzierung von Projekten zu sichern,
- die Beratung von Existenzgründern,
- die Entwicklung von Industrie- und Gewerbeparks (Konzepterstellung, Planung, Finanzierung, Projektmanagement, Flächenvermarktung),
- die Vermittlung wichtiger Marktdaten, um einem potentiellen Investor Möglichkeiten für eine Ansiedlung aufzuzeigen, bis hin zu Machbarkeitsstudien,
- allgemeine Informationen zum Wirtschaftsraum,

- die Gewinnung von Unternehmen zur Übernahme von Gesellschaftsanteilen bzw. zur Privatisierung öffentlicher Betriebe (z. B. THA-Unternehmen) oder öffentlicher Leistungen (Private Public Partnership),
- die Vermittlung von Kooperations- und Lizenzpartnern,
- die Beratung bestehender Unternehmen in wichtigen Unternehmensfragen zur Bestandssicherung (z. B. Controlling, Marketing, Einkauf),
- die Vermittlung von Kontakten zwischen mittleren und kleinen Zulieferern und großen Abnehmern,
- die Unterstützung bei der Anbahnung wichtiger Handelskontakte mit Unternehmen anderer Regionen.

Im Regelfall erhalten die Wirtschaftsfördergesellschaften die Mittel für ihre kostenlose Tätigkeit von den öffentlichen Trägern, d. h. durch institutionelle oder Projektförderung. Sie unterliegen damit den Regelungen der Kameralistik und den Vorschriften der Haushaltsordnungen. Ihre Klienten dagegen sind hauptsächlich private Unternehmer bzw. Manager von privaten Unternehmen, die nicht im kameralistischen Denken verhaftet, sondern gewinnorientiert tätig sind.

Außerdem befinden sich die Wirtschaftsfördergesellschaften in einem *Wettbewerb* zu privaten Maklern, Unternehmensberatern und Handelsvertretern sowie anderen Institutionen, wie IHK, HWK usw., die in Teilbereichen gleichartige Leistungen gegen Entgelt anbieten. So können als Richtwerte (ohne Extremwerte) für vergleichbare Tätigkeiten folgende *Angebote am Markt* herangezogen werden:

- Für M & A (Merger & Akquisition)-Tätigkeiten werden Provisionssätze von 1,5 – 5 Prozent des Investitionsvolumens vereinbart.
- Für die Vermittlung von Handelsgeschäften werden Provisionssätze von 3 – 10 Prozent berechnet.
- Für die Unterstützung von *Subventionsberatern* werden Sätze von 2 – 10 Prozent der Fördermittel gezahlt.
- Beratungsleistungen werden mit Tagessätzen zwischen 1 200 – 2 000 DM berechnet.
- Für die Vermittlung von Grundstücken und sonstigen Immobilien werden Provisionssätze von 2 – 5 Prozent erhoben.
- Für die Vermittlung von Krediten werden Sätze von 1 – 3 Prozent des Finanzbetrages berechnet.

Fiktives Beispiel abrechenbarer Leistungen

Betrachtet man die abrechnungsfähigen Leistungen einer Wirtschaftsfördergesellschaft am fiktiven (aber nicht unrealistischen) Beispiel, dann ergeben sich folgende interessante Aussagen:

	Mill. DM
Anwerbung von verschiedenen Unternehmen mit insgesamt 7 000 Arbeitsplätzen und 2,0 Mrd. DM geplanter Investitionssumme – 1 Prozent von der Investitionssumme	20,0
Unterstützung bei der Beratung von Fördermitteln, die zur Gewährung von Mitteln in Höhe von 200 Mill. DM führen – 1 Prozent von der Summe Fördermittel	2,0
1 000 Tage Beratungsleistungen für Unternehmen zur Bestandssicherung in Fragen Finanzierung, Einkauf, Controlling, Marketing und Management – 1 000 Tage à 1 000 DM	1,0
Vermittlung von Krediten in Höhe von 200 Mill. DM – 1 Prozent von der Summe Kredite	2,0
Anbahnung von Handelsgeschäften in Höhe von insgesamt 50 Mill. DM – 2 Prozent von der Summe	1,0
Gesamtsumme	26,0

Diesen marktfähigen Erlösen stehen meist jedoch wesentlich geringere Haushaltsaufwendungen gegenüber, die dazu noch häufig in Frage gestellt werden, besonders in Verbindung mit den sich ständig verschärfenden Etatdebatten.

Da die Gewinnung investitionsdurchführender Unternehmen und die Realisierung der Investition in der gewünschten Region das Hauptziel der einzelnen Wirtschaftsfördergesellschaft darstellen, die Erreichung dieses Ziels jedoch eine langfristige Kontaktanbahnung in einem komplexen Prozeß voraussetzt, wäre es im Interesse aller beteiligten Stellen, auch ein langfristig abgesichertes *Finanzierungsfundament* sicherzustellen.

Wirtschaftsfördergesellschaften nehmen zwar keine hoheitlichen Aufgaben der Verwaltung wahr, aber andererseits sind sie bestimmte *Erfüllungsgehilfen* der politisch Verantwortlichen.

Sie haben insoweit die Aufgabe, Investoren nicht in erster Linie dorthin zu bringen, wo diese eventuell auch ohne Beratung einer Wirtschaftsfördergesellschaft hingehen würden. Im Interesse der Politik haben sie gerade den Versuch zu machen, die Entscheidung eines Investors so zu beeinflussen, daß er sich für eine weniger attraktive Region mit Infrastruktur- und Arbeitsmarktproblemen entscheidet.

Auch im Rahmen der Bestandssicherung erwartet die Politik von den Wirtschaftsfördergesellschaften vor allem jene Maßnahmen und zeitintensiven Beratungen, die *freie Berater* wegen der geringen Möglichkeit einer Umsatzrealisierung nicht erbringen würden.

Viele Leistungen einer Wirtschaftsfördergesellschaft würden insoweit bei einer Marktorientierung auf Erlös- und Ertragsoptimierung nicht bzw. nicht mit dem gleichen Ergebnis realisiert. Eine Wirtschaftsfördergesellschaft, die darauf ausgerichtet wäre, *ihr Geld zu verdienen*, könnte nur Schwerpunkte in den Bereichen setzen, die kurzfristig zu Einnahmen führen, d. h., wesentliche Aufgaben im Bereich der Bestandssicherung würden völlig vernachlässigt, und bei der Flächenvermarktung würde das Schwergewicht auf die attraktiven Standorte gelegt werden. Beispiele *privater Wirtschaftsfördergesellschaften* für einzelne Gewerbeflächen belegen diesen Zusammenhang in eindeutiger Weise.

Auch eine langfristige Orientierung dieser Gesellschaften mit dem Risiko, über einen längeren Zeitraum nur Aufbauarbeit leisten zu müssen, ohne Erlöse zu erwirtschaften, ist unter rein marktorientierten Kriterien nicht zu erwarten. (Bei hohen Vorlaufkosten würde sich das Risiko einer lukrativen Verwertung erheblich vergrößern. Sie würde nur dann erfolgen, wenn damit langfristig die Chance einer hohen Rendite mit großer Wahrscheinlichkeit verbunden wäre.)

Daher stellt sich sowohl für die Mitarbeiter und Manager von Wirtschaftsfördergesellschaften wie für Politiker und die zuständigen Verwaltungen der öffentlichen Hand die Frage, wie die Leistungen einer Wirtschaftsfördergesellschaft eigentlich zu bewerten seien.

Außer der theoretischen Orientierung an marktwirtschaftlichen Erträgen in der dargestellten Form und mit den ausgeführten Einschränkungen gibt es dazu kaum praktische Beispiele, wie der Erfolg einer Wirtschaftsfördergesellschaft gemessen werden könnte.

Sicherlich kann man sich einfach an der Anzahl der *angesiedelten Arbeitsplätze* orientieren. Doch das Problem beginnt schon bei der Beantwortung der Frage, was denn Ansiedlung sei und welcher Zeitpunkt damit verbunden werde (z. B. Investitionsentscheidung oder Produktionsaufnahme). Eine einseitige Ausrichtung auf dieses alleinige Kriterium ist mit den gleichen Mängeln behaftet, die auch mit einem ertragsorientierten Modell verbunden ist. Sie vernachlässigt darüber hinaus außerdem die mittelfristige Ausrichtung auf strukturpolitische Ziele.

Objektive Effizienzmessung bedingt komplexes Modell

Deshalb bedingt die Objektivierung der Bemessung der Effizienz einer Wirtschaftsfördergesellschaft ein *komplexes Modell* der Erfüllung der an politische Rahmenbedingungen orientierten Ziele:

- Das Potential einer Branche bzw. einer Region, wo Arbeitsplätze und Investitionen erhalten oder gewonnen werden können, muß realitätsnah bestimmt werden. Dies bedeutet nicht eine vorherige Erstellung umfangreicher, teurer und lange Zeit in Anspruch nehmender Studien, sondern die Beschränkung auf einige wesentliche Eckwerte, bei denen auf die vorliegenden Daten der Sekundärstatistik zurückgegriffen werden kann. Dabei sind – unter Hinzuziehung kompetenter Personen – die technologischen, materiellen und humanen Ressourcen möglichst realistisch einzuschätzen und zu beziffern. Dazu gehört auch eine realistische Einschätzung der Wettbewerbsposition der Region im Verhältnis zu anderen Regionen.
- Aus dem Potential sind von der politisch übergeordneten Stelle im Rahmen der strukturpolitischen Ziele realistische kurz-, mittel- und langfristige Vorgaben für die Wirt-

schaftsfördergesellschaft abzuleiten. Dies muß in möglichst differenzierter Form nach Branchen und Regionen, aber auch nach Akquisitionsgebieten erfolgen. Die Zielsetzung soll sowohl Mengenvorgabe für anzusiedelnde Unternehmen, Arbeitsplätze und Investitionen enthalten als auch Vorgaben für zu erbringende Beratungsleistungen. Sie muß aber einen ausreichenden Entscheidungs- und Handlungsspielraum für die Wirtschaftsfördergesellschaft beinhalten, damit kurzfristig auf Marktveränderungen flexibel reagiert werden kann.

- In einer gemeinsamen Abstimmung zwischen den politischen Gremienvertretern, die für die Etatentscheidungen *Wirtschaftsförderung* zuständig sind, sowie den entsprechenden Verwaltungsmitgliedern und den Verantwortlichen der Wirtschaftsfördergesellschaften sind auf einem mehrjährigen – möglichst auf 5 Jahre bemessenen – Zeitraum die notwendigen Mittel für die Akquisitions- und Beratungstätigkeit der Wirtschaftsfördergesellschaft festzulegen.
- Die Organisation und das Controlling der Wirtschaftsfördergesellschaft ist so zu gestalten, daß die Erreichung der vorgegebenen Ziele schon in Vorphasen (z. B. Anzahl der Kontakte zu Investoren, Erfolgsfortschritte) erkennbar ist und auf Abweichungen frühzeitig reagiert werden kann.

Das Erkennen der Effizienz der Wirtschaftsfördergesellschaften und der wirtschaftsfördernden Maßnahmen verlangt in diesem Fall eine enge, konstruktive und realistische Zusammenarbeit zwischen den politischen Personen, der Verwaltung und den Wirtschaftsförderern. Sie tragen damit am besten zur Erfüllung der politischen Vorgaben bei. Andererseits können sie aber flexibler als eine Behörde agieren und sind insofern eher der potentielle Partner einer marktwirtschaftlichen Unternehmung und deren Manager beim Abwägen einer Investitionsentscheidung und bei Aufgaben der Bestandssicherung.

Innovations- und Gründerzentren: Keimzelle für neue Unternehmen

Dieter Pagel / Gerhard Raetz / Florian Seiff

Erste Bewährungsprobe bereits bestanden

Seit rund 10 Jahren gibt es Innovations-, Technologie- und Gründerzentren in Deutschland. Im Jahre 1983 wurde in Berlin das *Berliner Innovations- und Gründerzentrum* (BIG) ins Leben gerufen, um mit neuen Ideen innovative Firmen zu gründen und Arbeitsplätze nach dem neuesten Stand der Technik zu schaffen. Ähnliche Entwicklungen mit teilweise beachtlichen Erfolgen hat es in den gesamten alten Bundesländern gegeben. Damit entstand neben anderen Fördermaßnahmen ein wichtiges Instrument für die regionale Wirtschaftsförderung. Mittlerweile gibt es rund 100 Zentren in den alten und etwa 50 Zentren in den neuen Bundesländern.

Vor allem in den *neuen Bundesländern* (NBL) wird durch Innovations- und Gründerzentren ein wichtiger Beitrag zur Umstrukturierung der Wirtschaft geleistet, da Forschung und Entwicklung häufig nur noch in kleinen Firmen realisiert werden können. Für den Aufbau einer erfolgreichen Wirtschaft ist die Innovation eine unverzichtbare Basis.

Heute ist in Deutschland ein nahezu flächendeckendes Netz von Innovations- bzw. Technologie- und Gründerzentren entstanden. Dies wird anschaulich in Abbildung 1 dargestellt.

Die regionalen Konzentrationen dieser Zentren (vgl. Tabelle 1) weisen auf eine ihrer wesentlichen Grundfunktionen hin.

Sie sind besonders dort angesiedelt, wo einerseits tiefgreifende Strukturkrisen die Notwendigkeit der Umorientierung einer ganzen Wirtschaftslandschaft erforderlich machen (Nordrhein-Westfalen, Berlin, neue Bundesländer), oder wo andererseits gezielt innovative kleine und mittlere Unternehmen (KMU) als ein unverzichtbares Instrument für die Entwicklung von Wirtschaftsstrukturen anerkannt und genutzt werden (Baden-Württemberg).

Dieses *umfassende Netz* von Innovations-, Technologie- und Gründerzentren stellt somit einen beachtlichen wirtschaftlichen Faktor dar. Heute sind in diesen Zentren 2 695 Unternehmen mit insgesamt 22 300 Mitarbeitern – davon bereits 722 Unternehmen mit insgesamt mehr als 4 000 Mitarbeitern in den NBL – angesiedelt.

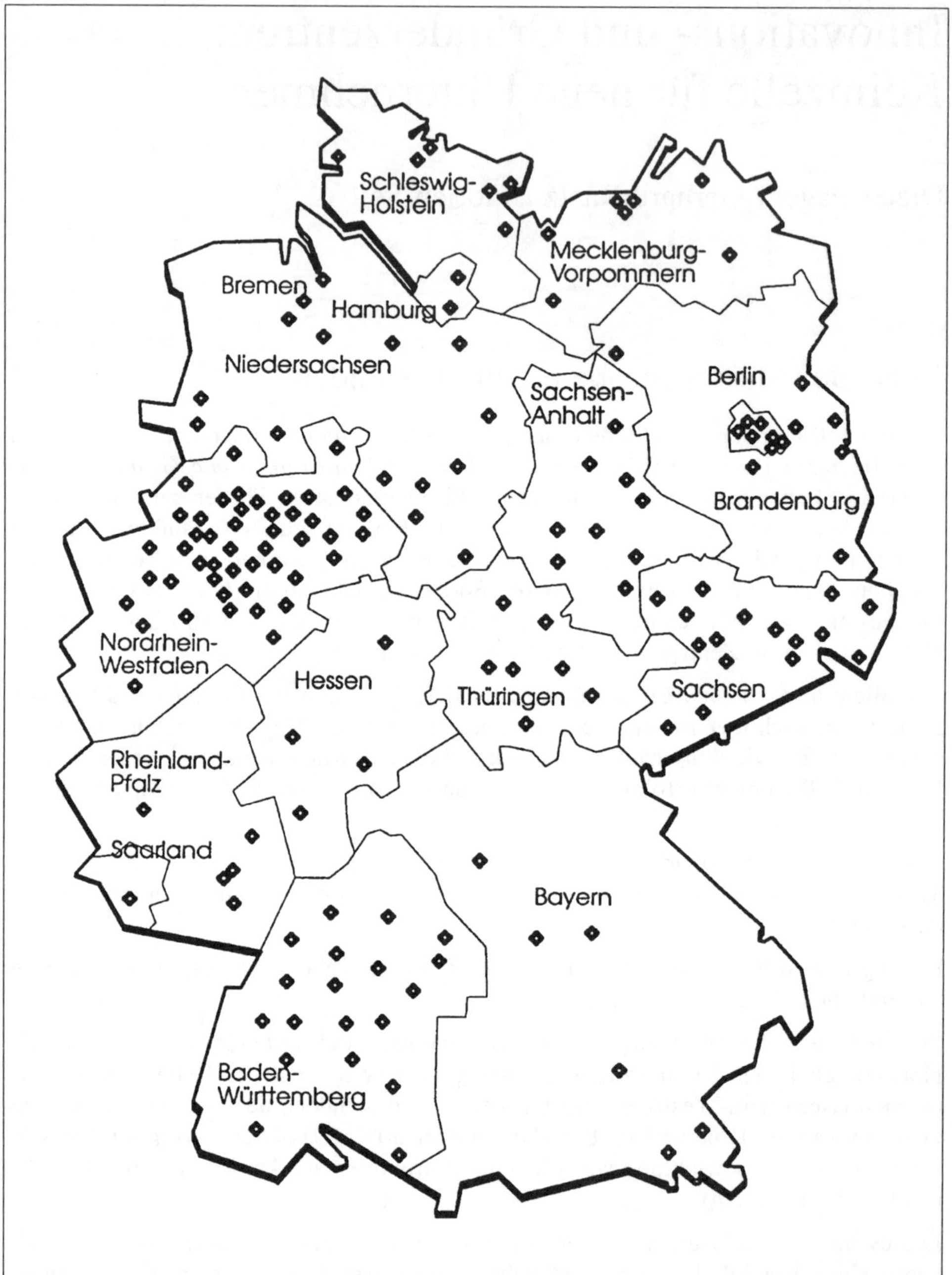

Abbildung 1: Technologiezentren in Deutschland

Quelle: ADT e.V. Statistik 1993

Bundesländer	Anzahl ABL	Anzahl NBL
Baden-Württemberg	19	
Bayern	6	
Berlin	3	4
Brandenburg		7
Bremen	2	
Hamburg	2	
Hessen	4	
Mecklenburg-Vorpommern		7
Niedersachsen	13	
Nordrhein-Westfalen	49	
Rheinland-Pfalz	6	
Saarland	1	
Sachsen		15
Sachsen-Anhalt		11
Schleswig-Holstein	6	
Thüringen		7
Gesamt	111	51

Tabelle 1: Technologiezentren in Deutschland

Quelle: ADT e.V. Statistik 1993

Für innovative, technologieorientierte Unternehmen stehen in diesen Zentren mit ihrem komplexen Dienstleistungsangebot nahezu 770 000 m^2 Fläche zur Verfügung. Die Ausbaupläne der Zentren in den neuen Bundesländern, aber auch die Projekte in den alten Bundesländern lassen eine weitere Dynamik erwarten.

Alle dargestellten Entwicklungen können als Beleg dafür angesehen werden, daß das Konzept *Innovationszentrum* seine erste Bewährungsprobe bestanden hat. Innovationszentren sind unter den bisherigen wirtschaftlichen Rahmenbedingungen ein anerkanntes Instrument für die Unterstützung von Unternehmensgründung und -wachstum sowie für regionale Wirtschaftsentwicklung geworden.

Definition verschiedener Zentrumstypen

Technologie- und Gründerzentren sind eine *besondere Form* von Standortgemeinschaften eigenständiger Unternehmen. Sie verstehen sich in der Regel als *Förderinstitutionen*, deren Betreibergesellschaften neben Flächen, auf denen sich Unternehmen einmieten können, ein komplexes, auf Gründerbedürfnisse abgestimmtes Paket spezieller Dienstleistungen anbieten.

Sie stellen eine spezielle Infrastruktur einschließlich eines Beratungs- und Service-Angebotes sowie kostengünstige Gewerberäume bereit. Zur Zielgruppe gehören vor allem *Gründer* aus innovativen Industrie- und Dienstleistungsbereichen sowie Geschäftsfeldern der Hard- und Software-Technologien. Ihr Aufenthalt im Gründerzentrum ist überwiegend auf die Start- und erste Entwicklungsphase befristet.

Technologiezentren widmen sich besonders der Entwicklung bestimmter Technologiefelder. Sie fördern Technologietransfer und unterstützen technologieorientierte Unternehmen in enger Verbindung zu wissenschaftlichen Forschungseinrichtungen. Zielgruppe sind vor allem *junge Unternehmen* und Gründer mit einem technologieorientierten Unternehmensgegenstand, die Ergebnisse aus Forschung und Entwicklung in marktfähige Produkte und Leistungen überführen und sie auf den Markt bringen.

Bei einem Zentrum handelt es sich meist um ein Gebäude oder einen Gebäudekomplex, der für den jeweiligen Zweck zur Vermietung an mehrere Unternehmen zur Verfügung steht. In der Praxis sind Kombinationen der o. g. Arten die Regel. Sie werden von wirtschaftlichen, wissenschaftlichen, soziogeographischen und politischen Zielen des Standortes bestimmt.

Die *häufigste Kombination* sind Technologie- und Gründerzentren, deren Charakteristika in

- der Unterstützung von Unternehmensentwicklungen,
- dem Angebot technisch-organisatorischer Dienstleistungen,
- der Zurverfügungstellung von Räumlichkeiten für Unternehmen,
- Aktivitäten zur Technologie- und Innovationsförderung,
- der Vermarktung und Vernetzung des Standortes nach innen und außen

bestehen, kurzum *Hilfe zur Selbsthilfe* bieten.

Durch eine Vielzahl weiterer Begriffe zur Beschreibung entsprechender, inhaltlich bestimmter *Standortgemeinschaften* wie Technologiefabrik, Technologiehof, Teleport, Mediaport, Business Support Centre, Dienstleistungszentrum, Telehaus, Medienzentrum wird deutlich, daß die grundlegende Idee darin besteht, durch innovative Unternehmensinhalte und Standortgemeinschaften Wirtschaftsentwicklung zu betreiben und zukunftsträchtige Märkte erschließen zu helfen.

Der Begriff *Innovationszentrum* für solche Standortgemeinschaften stellt einen pragmatischen Sammelbegriff dar, der in seiner jeweiligen Anwendung im betreffenden Fall einer entsprechenden Konkretisierung bedarf. Dabei sind Technologie- und Gründerzentren eine spezifische Art der Innovationszentren, welche in besonderem Maße im Spannungsfeld zwischen Wissenschaft und Wirtschaft entsprechend den regionalen Erfordernissen günstige Bedingungen für die rasche wirtschaftliche Verwertung von Ergebnissen aus Forschung und Entwicklung schaffen.

Zielvorstellungen von Innovationszentren

Die Herausbildung eines möglichst breiten *gewerblichen Mittelstandes* ist eine entscheidende Grundlage für Stabilität und Innovationskraft der marktwirtschaftlichen Ordnung, in deren Rahmen Innovationszentren ihren Beitrag leisten können.

In diesem Kontext haben Innovationszentren zunächst eine Reihe allgemeiner Zielstellungen:

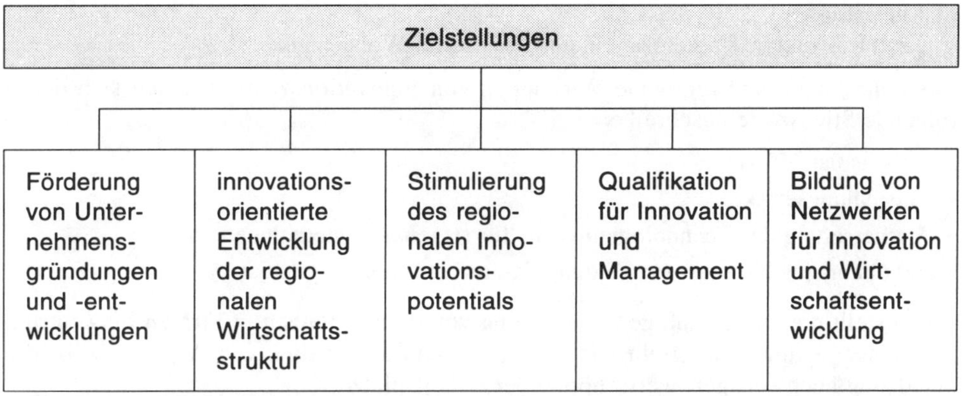

Abbildung 2: Ziele von Innovationszentren

Herausragend hierbei ist die Förderung von Unternehmensgründungen und -entwicklungen durch die Schaffung dafür geeigneter *Rahmenbedingungen*. Insbesondere die Orientierung auf innovative, technologieorientierte Unternehmen stellt dabei einen Schwerpunkt dar. Dies resultiert aus deren großem Risikopotential, welches durch den Anspruch, mit neuen Produkten auf dem Markt als unbekanntes Unternehmen zu treten, charakterisiert wird.

Innovationszentren sollen durch ihre regionale Ausstrahlung die Entwicklung wirtschaftlicher Beziehungen zu Firmen außerhalb der Zentren bewirken und so zum Entstehen eines umfassenden Geflechtes der Kooperation beitragen.

Von ihnen können wichtige Impulse zur Stimulierung des regionalen Innovationspotentials ausgehen. Dies ist mit Erwartungen verbunden, durch pragmatischen Technologietransfer eine schnellere wirtschaftliche Verwertung von Forschungsergebnissen zu erreichen.

Mit technologiebezogenen Informationsveranstaltungen sowie Aus- und Weiterbildungsangeboten für eine wachsende Qualifikation der Unternehmer im Zentrum und Umfeld wird eine Kooperation und Kommunikation der Firmen untereinander angeregt. Synergien sind das Ergebnis, Eliten das Produkt des Wettbewerbs.

Innovationszentren sollen sich für die Unternehmen zu einem wichtigen *Knotenpunkt* in einem Netzwerk für Innovation und Wirtschaftsentwicklung entwickeln. Damit sollen sie eine Anlaufstelle darstellen für Kontakte zu Wissenschaft, Wirtschaft, Verbänden und Verwaltungen.

Innovationszentren sind *Instrumente* regionaler Wirtschaftsentwicklung, insbesondere der Strukturentwicklung. Ihre jeweiligen konkreten Ziele beziehen sie aus den regionalen *Entwicklungskonzepten*. Sie werden im wesentlichen bestimmt von

- den Wirtschafts- und Wissenschaftspotentialen der Region im bisherigen und gegenwärtigen Stand sowie den geplanten Entwicklungen,
- der Bevölkerungsstruktur, besonders der Qualifikation, der Erwerbstätigkeit und der Altersstruktur,
- der Infrastruktur, Verkehrsanbindungen, Kultur, Wohnen etc.

Mögliche lokale und regionale Wirkungen von Innovationszentren lassen sich durch folgende Stichworte beschreiben:

- Arbeitsplatzeffekte
- Ansiedlungseffekte
- Verbesserung des Technologieniveaus für regionale Unternehmen
- Erhöhung des Niveaus von Bildung, Kultur und Sozialverhalten

Dabei stellt die zahlenmäßige Entwicklung von Arbeitsplätzen in Firmen im Zentrum eher einen sekundären Effekt dar, wichtiger sind die qualitativen Aspekte, z. B. die Schaffung hochwertiger, wertschöpfender Arbeitsplätze.

Regional von Bedeutung sind die durch Kooperation und Fertigung der neu entwickelten Produkte entstehenden Arbeitsplätze im Umfeld des Zentrums. Von breiterer, oftmals überregionaler Wirkung sind Arbeitsplatzeffekte durch die Einführung neuer Technologien. Innovationszentren können bei entsprechender Ausstrahlung wirkungsvoll die Ansiedlung weiterer innovativer und/oder technologieorientierter Unternehmen in ihrem unmittelbaren Umfeld bewirken.

Ein attraktives Leistungsangebot eines Zentrums, ein Pool wirtschaftlich stabiler und innovativer Unternehmen besitzen eine Anziehungskraft.

Aus den Aktivitäten zum Aufbau eines Innovationszentrum, aber auch aus seiner Arbeit selbst können sich für die Region *Wirkungen* von nationaler und internationaler Dimension ergeben. Diese resultieren aus

- der Einbindung des Innovationszentrums in nationale und internationale Netzwerke und Organisationen,
- der Akquisition einer EU-Förderung zum Aufbau des Zentrums bzw. zur Realisierung bestimmter Projekte im Zentrum,
- den Aktivitäten des Innovationszentrums auf nationaler oder internationaler Ebene.

Die Erfüllung der dargestellten Erwartungen und Wirkungen ist nur gegeben, wenn alle mit einem Innovationszentrum verbundenen Interessengruppen daraus ihren Nutzen ziehen können. Das Potential eines Innovationszentrums kann lediglich bei möglichst weitgehender Zielerreichung in allen Interessenbereichen voll genutzt werden. Dies wird in folgender Abbildung dargestellt.

Interessen-gruppe	erwarteter Nutzen
Mieter	• vernünftige günstige Mieten • attraktive Dienstleistungen • qualifizierte Wirtschafts- und Finanzberatung • zweckgerechte und attraktive Infrastruktur • Pool kommunikations- und kooperationsbereiter Unternehmen • attraktives Umfeld • gemeinsame Forschungs-, Entwicklungs- und Marketingaktivitäten
Investoren	• bestmögliche Nutzung von Gebäuden • Revitalisierung alter Industriegebäude • gutes Image der Immobilie • höchstmöglicher Ertrag
Politik	• gutes Wirtschaftsklima • Förderung des Technologietransfers • Schaffung von Arbeitsplätzen • Sicherung der Wirtschaftsentwicklung • Steueraufkommen
Wissenschaft	• Technologietransfer • Kooperation mit der Wirtschaft (Auftragsforschung) • Zugang zu praktischen Erfahrungen

Abbildung 3: Interessengruppen und erwarteter Nutzen

Arbeitsweise der Zentren

Innovationszentren sind spezielle Standortgemeinschaften eigenständiger Unternehmen mit gezielten Unterstützungsfunktionen für deren Entwicklung, für Innovation und Technologietransfer. Dadurch sind Innovationszentren in erster Linie nicht Gewerbeimmobilie sondern *Förderinstrument*.

Ein entscheidender Aspekt ist die Philosophie eines solchen Zentrums. Seine Arbeit ist angewiesen auf ein vertrauensvolles Klima der Kommunikation und Kooperation, sowohl zwischen den angesiedelten Unternehmen untereinander als auch zwischen den Firmen und der Betreibergesellschaft des Innovationszentrums.

Mit dem Wissen um den Entwicklungsstand der einzelnen Unternehmen ist es dem *Zentrumsmanagement* erst möglich, zielgerichtet Aktivitäten zur Unterstützung der Entwicklung der Unternehmen anzubieten. Je mehr es über die Firmen weiß, um so mehr kann es für die Firmen tun. Das bezieht sich sowohl auf die Unterstützung bei der Suche nach wirkungsvollen Kontakten als auch auf das rechtzeitige Erkennen von Schwierigkeiten und Krisensituationen in den Unternehmen zur Einleitung entsprechender Gegenmaßnahmen.

Unabdingbare Voraussetzung für eine solche Atmosphäre ist die Gewährleistung des vollen *Vertrauensschutzes* durch das Zentrumsmanagement über alle Interna der einzelnen Unternehmen, die Mitteilungen an Dritte nur im Umfang der Selbstdarstellung der Unternehmen zuläßt.

Zweckdienlich ist es, beim Konzept für ein Innovationszentrum den Tätigkeitsbereich nicht zu eng festzulegen. Aus veränderten Rahmenbedingungen für ein Innovationszentrum müssen auch Veränderungen in seiner Schwerpunktsetzung möglich sein. Gerade in den östlichen Bundesländern wird oftmals ein höherer Innovationsanspruch erst in einem zweiten Schritt realisierbar sein. Andererseits sollte auch die Möglichkeit der Entwicklung von einem ursprünglich hohen Innovationsanspruch in einem Zentrum zu einem mehr auf Gewerbeentwicklung orientierten Zentrum nicht unmöglich sein, obwohl das nicht der Zielstellung für Innovationszentren entspricht. Entscheidend sollte dabei letztendlich sein, ob eine wirtschaftlich tragfähige Basis langfristig gefestigt wird.

Der überwiegende Teil der heute existierenden Innovations- und Gründerzentren kann den hochgesteckten Zielen gerecht werden und damit einen wichtigen wirtschaftspolitischen Beitrag leisten. Insbesondere in den neuen Bundesländern und in Osteuropa tragen sie zur Einführung der Marktwirtschaft auf dem Technologiesektor bei.

Die wirtschaftliche Schubkraft des Sports

Manfred von Richthofen

Sport und Wirtschaft in enger Verknüpfung

Die Berührungspunkte zwischen Sport und Wirtschaft sind vielfältig. Darauf hat keine Region des Landes ein Monopol. Der Sport hat sich zu einem wichtigen Segment der Freizeitwirtschaft gemausert, welche immer noch durch schier exorbitante Zuwachsraten von sich reden macht. Bedauerlicherweise haben die Wirtschaftsexperten unseres Landes der Entwicklung des Sports lange Zeit nur sehr wenig Aufmerksamkeit gewidmet. Brauchbares Zahlenmaterial für diesen Bereich liegt erst wieder seit verhältnismäßig kurzer Zeit vor. Besonders erwähnt sei in diesem Zusammenhang eine Untersuchung, die von der Forschungsgruppe Sportökonomie der Universität und Gesamthochschule Paderborn im Auftrag des Bundesinstituts für Sportwissenschaft und des Kultusministeriums des Landes Nordrhein-Westfalen erarbeitet und zu Beginn des Jahres 1994 vorgelegt wurde: die Studie "Die wirtschaftliche Bedeutung des Sports". Sie hat dazu beigetragen, einem langgehegten Desiderat nachzukommen.

Die wirtschaftliche Bedeutung des Sports beschränkt sich jedoch keineswegs auf den Anteil der privaten Käufe von Sportgütern oder die absolute bzw. relative Höhe der vom Wirtschaftsfaktor Sport abhängigen Beschäftigtenzahlen. Auch der Anteil des Sports am Bruttosozialprodukt und an der Bruttowertschöpfung gibt keineswegs hinreichend Auskunft über den Stellenwert und die Bedeutung des Sporttreibens für eine hochentwickelte Volkswirtschaft, wie wir sie in Deutschland vorfinden.

Ein ganz wesentlicher Faktor des Sporttreibens hat es bisher noch stets verstanden, sich der Quantifizierung erfolgreich zu entziehen. Die *mentalen Wirkungen* des Sporttreibens können daher im allgemeinen nur sehr vage angesprochen werden. Ähnliches gilt auch für den zwar klar erkennbaren, indes doch nur schwer zu beziffernden volkswirtschaftlichen Nutzen, der aus dem vielfältigen Sporttreiben für die Volksgesundheit erwächst.

Die aktuellen Eckdaten

Das von Prof. Wolfgang Weber und seiner Forschungsgruppe vorgelegte aktuelle Zahlenmaterial enthält bemerkenswerte Daten. Demnach entfielen im Erhebungsjahr 1990 etwa 1,8 Prozent aller Käufe der privaten Haushalte in Deutschland auf Sportgüter. Der mit Sportgütern getätigte Umsatz erreicht mithin eine ähnliche Größenordnung wie die Käufe von Körperpflegemitteln oder Tabakwaren.

Was die Zahl der direkt oder indirekt im Sport der Bundesrepublik Deutschland beschäftigten Personen anbetrifft, so wird sie von der Forschungsgruppe Sportökonomie mit gegenwärtig rund 700 000 Personen oder 2 Prozent der Gesamtbeschäftigtenzahl angegeben. Der Anteil des Sports am Bruttosozialprodukt wurde 1990 mit 1,4 Prozent (alte Länder) angegeben, wobei Weber zufolge noch sehr zurückhaltend geschätzt wurde. Es wird darauf verwiesen, daß eine Bruttowertschöpfung in vergleichbarer Größenordnung ansonsten aus den Bereichen Landwirtschaft bzw. mineralölverarbeitende Industrie bekannt sind.

Beinahe jeder dritte Bundesbürger ist Mitglied in einem Sportverein. Damit erschöpft sich das sportliche Potential unseres Landes allerdings noch lange nicht. Befragungen, die Ende der 80er Jahre durchgeführt wurden, lassen den Schluß zu, daß inclusive aller auf eigene Faust Sporttreibenden insgesamt etwa 2/3 der Bevölkerung als Sportler angesprochen werden können. Dabei herrscht im allgemeinen ein sehr weit gefaßtes und wandelbares Sportverständnis in der Bevölkerung. Zum einen gelangen ständig neue Sportsparten in den sportlichen Kanon, zum anderen hat der Sport-Begriff selbst eine zunehmend "weichere" Verwendung erfahren. Freizeitspiele, die noch vor wenigen Jahren bestenfalls als eine Art familiärer Zeitvertreib angesehen wurden, warten heute mit geregeltem Wettkampfbetrieb und deutschen Meisterschaften auf und erlangten so zwischenzeitlich ganz selbstverständlich den "Sport-Titel". Die Grenzen zu Freizeitgestaltung und Gesunderhaltung gelten im heutigen Sport als fließend.

Immer noch allerdings bewegt sich ein nennenswerter Anteil der Sporttreibenden in einem festen, von Dritten gestalteten organisatorischen Rahmen. In diesem Marktsegment wiederum werden 3/4 der Aktivitäten von Sportvereinen angeboten. Eine allgemeine Tendenz zur Individualisierung der Lebensstile jedoch läßt das individuelle Sporttreiben vielfach als zeitgemäßer erscheinen. Auf dem freien Markt des Sports dürften die Vereine weiterhin jedoch als unbestrittenes Element von Beständigkeit und Kalkulierbarkeit gelten.

Die sportbezogenen Ausgaben der privaten Haushalte in der Bundesrepublik Deutschland betrugen 1990 – vorsichtig geschätzt – etwa 32 Milliarden DM. 13,8 Milliarden davon entfielen auf Warenkäufe (Sportbekleidung, Sportgeräte, Literatur), 8,6 Milliarden auf Sportreisen (Urlaub/Wettkampffahrten), 7,7 Milliarden auf die Sportausübung selbst (Beiträge, Versicherungen etc.) sowie 1,8 Milliarden auf Eintrittsgelder für Sportveranstaltungen sowie Sportwetten.

Das Haushaltsvolumen der Sportvereine und -verbände wurde mit rund 7 Milliarden DM angegeben. Fast 1/4 davon waren direkte Zuschüsse der öffentlichen Hand, Infrastrukturleistungen, wie Bau und Bereitstellung von Sportstätten, nicht eingerechnet. Große Bedeutung für die Finanzierung der Sportorganisationen kommt auch den gesetzlich geregelten Zuwendungen aus Überschüssen der verschiedenen Lotteriegesellschaften zu.

Im allgemeinen wird der Stellenwert der den Sportorganisationen zufließenden Sponsorenmittel in der Öffentlichkeit bei weitem zu hoch eingeschätzt. Nur sehr wenige

Sportarten und -organisationen profitieren von Sponsorenleistungen, und in nennenswertem Maße zumeist auch nur die jeweilige nationale Leistungselite. Andererseits kommen dort, wo Sponsorengelder keine große Rolle spielen, die Vereine in den Genuß gewisser Steuerprivilegien (Körperschaftssteuerbefreiung etc.).

Berlin als Beispiel

Im Westen der damals noch geteilten Stadt entstand Mitte der 80er Jahre mit dem Konzept "Sportstadt Berlin" ein Musterbeispiel besonders inniger Interessensparallelität von Sport und Wirtschaft. Das seinerzeit von der Berliner Senatsverwaltung und dem Landessportbund Berlin gemeinsam verabschiedete Konzept, welches übrigens unter veränderten stadtpolitischen Rahmenbedingungen auch fast ein Jahrzehnt später noch Gültigkeit hat, definierte drei Hauptbereiche, in denen sich die Entwicklung Berlins zur Sportstadt vorrangig vollziehen sollte. Bei genauerer Betrachtung des Konzeptes wird deutlich, wie eng sich hier sportliche und wirtschaftliche Interessen verbanden.

Die drei Hauptbereiche waren:

- ein attraktives Veranstaltungsprogramm spitzensportlicher High-lights,
- die Weiterentwicklung des Freizeit- und Gesundheitssports in den Berliner Sportorganisationen,
- die Forcierung des Sportstättenbaues sowohl für sportliche Großereignisse als auch für den regulären Vereins- und Schulsport, – gewissermaßen als Voraussetzung für die beiden vorgenannten Bereiche.

Zweifellos sind in allen genannten Bereichen beachtliche Impulse für die Wirtschaft am Standort zu erwarten.

Sportstättenrekonstruktion und Neubau von Sportanlagen

In einer ersten Bestandsaufnahme des wiedervereinten kommunalen Sports der Spreemetropole wurden 1990 für die 3,5-Millionen-Stadt mehr als 1 100 Turn- und Sporthallen, 750 Sportplätze, 700 Tennisplätze, 250 vereinsbetriebene Bootshäuser und etwa 70 Frei- und Hallenbäder gezählt. Dennoch sah der seinerzeit vom Deutschen Sportbund geforderte "Goldene Plan Ost" gerade für die östlichen Berliner Stadtbezirke noch gewaltigen sportbaulichen Nachholbedarf.

Legt man zugrunde, daß der sportliche Organisationsgrad (Vereinsmitglieder zur Gesamtbevölkerung) in den Berliner Ostbezirken auch noch Mitte der 90er Jahre erst etwa 1/3 der Zahlen für die Westbezirke erreicht hat, und berücksichtigt man ferner, daß hierbei die unzureichende Sportstättensituation den limitierenden Faktor darstellen dürfte, so läßt sich unschwer abschätzen, welche sportlichen Baumaßnahmen der Berliner Wirtschaft in den Folgejahren, wenn nicht Jahrzehnten, noch ins Haus stehen.

Betrachtet man ferner die durchschnittliche wirtschaftliche Lebenserwartung von Sportbauten – die wir hier einmal ohne groß angelegte statistische Erhebung auf durchschnittlich 20 Jahre ansetzen wollen – so ergibt sich nochmals ein weiteres respektables Bau- und Investitionsvolumen, allein schon aus der Sanierung und Instandhaltung sowie dem Ersatzbau bei der heute in Berlin bereits vorhandenen vielfältigen Sportstättenkapazität.

Großveranstaltungen

In gemeinsamen Anstrengungen zwischen dem Berliner Senat und den Verbänden des freien Sports war es in der Vergangenheit gelungen, eine respektable Anzahl von Großveranstaltungen dauerhaft oder einmalig nach Berlin zu holen. Sportereignisse, wie das DFB-Pokalfinale, die Internationalen Tennismeisterschaften der Damen, CHI oder ISTAF, der Berlin-Marathon oder auch die verschiedenen Europa- und Weltmeisterschaften, locken ja nicht nur die Berliner an die Bande, sondern führen auch jeweils eine große Zahl von auswärtigen Sportbegeisterten an die Spree.

Bereits in den 80er Jahren sind Zahlen von weit über 100 000 sportmotivierten Berlin-Besuchen pro anno ausgewiesen worden. Diese Kurzurlauber, die häufig auch über die unmittelbare Sportveranstaltung hinaus noch einige Tage in der Stadt verweilen, stärken gewiß nicht unbeträchtlich die Umsätze des Hotel- und Gaststättengewerbes sowie des Einzelhandels. Gerade in Zeiten allgemein zurückgehender Besucherzahlen sollten sich die Fremdenverkehrsverantwortlichen verstärkt auf den sportmotivierten Tourismus zurückbesinnen.

Nun werden internationale Verbände hochrangige Veranstaltungen ihrer Sportart nur dann einer Stadt zusprechen, wenn sie auch über eine entsprechende sportliche Infrastruktur verfügt. Die Vergabe einer Europameisterschaft an einen Veranstaltungsort, der in der betreffenden Sportart allenfalls ein Schlußlicht der 2. Bundesliga aufzubieten hat, dürfte eher zu den Ausnahmefällen gehören. Und natürlich sind nicht alle Bundesligasportarten auch Publikumsmagnete für Gäste von außerhalb. Eine Konzentration des Sponsoring auf die wirklichen Spitzenmannschaften der jeweiligen Region könnte jedoch den Sporttourismus noch weiter ankurbeln helfen.

Sport als moderne Massen- und Konsumbewegung

Hinter den Sporttreibenden in den Vereinen steht eine gewaltige Kaufkraft. Zwar variiert der jeweilige Bedarf an Sportkleidung, Sportgeräten, Wettkampfreisen oder an sportbezogener Lektüre von Sportart zu Sportart enorm, dennoch ist die oben genannte Zahl von 13,8 Milliarden DM Umsatz eine volkswirtschaftlich durchaus reale Größe. *Der Volkssport findet seine Entsprechung im Massenkonsum sportlicher Güter*.

"Sport für alle" – das Motto moderner Sportorganisation – bedeutet indes auch eine sportliche und gesellige Infrastruktur, die die Lebensqualität einer Stadt spürbar erhöht. Welche gesuchte Fachkraft ließe sich wohl einen Ortswechsel schmackhaft machen, wenn sportives Leben und Freizeit in der neuen Heimat Fremdwörter wären? Der Sport mit seinen vielfältigen Angeboten für alle Altersklassen und Neigungen ist unter Umständen auch ein nennenswerter wirtschaftlicher Standortvorteil.

Vitale Ausstrahlung des Standortes

Die Ausstrahlung einer Metropole wird gewiß durch vielfältige Faktoren bestimmt. Vielen Großstadtbesuchern würde als erstes vermutlich das kulturelle Angebot einfallen, zumal das Nachtleben. Für die kraftvolle, vitale Ausstrahlung einer Stadt ist allerdings ihr sportliches Erscheinungsbild unter Umständen noch viel gewichtiger. Das junge Schwimmtalent, der Weltklasseboxer, die Spitzen-Fußballmannschaft oder ein ganzer Troß lorbeergekränzter Leichtathleten prägen das dynamische Erscheinungsbild eines Standortes möglicherweise sehr viel nachhaltiger als außersportliche Faktoren.

Sport und Leistungsfähigkeit

Daß Menschen, die regelmäßig Sport treiben, im allgemeinen auch im Berufsleben leistungsfähiger sind als die Kollegen ohne sportlichen Hintergrund, ist eine Binsenwahrheit. Wer Sport treibt, ist selbstbewußter, belastbarer, oft auch ausgeglichener und leistungsbereiter als andere. Doch auch der Spitzensport zum Zuschauen nimmt positiven Einfluß auf die Leistungsfähigkeit einer Stadt und einer Gesellschaft.

Neue Höchstleistungen des Sports dürften auch die *allgemeine Leistungsbereitschaft* erheblich anspornen. Sport, zumal der Leistungssport, ist auch ein gesellschaftlicher Ideengeber. Die Idee der Leistung und des Wettstreits ist für unsere Gesellschaft fundamental. An sich selbst zu arbeiten, um Höchstleistungen zu erreichen und die eigenen bisherigen Grenzen weiter vorzuschieben, ist Sport und Wirtschaft, ja allen Bereichen unserer Kultur gemein. Eine Stadt und ein Land, in denen Sport eine Rolle spielt, haben die besten Voraussetzungen, ein unangefochtener Wirtschafts- und Lebensstandort zu sein. Jede Förderung des Sports bedeutet damit zugleich auch eine Förderung des jeweiligen Wirtschaftsstandorts.

Standortanforderungen von Warenhäusern

Lothar Schirmacher

Das Warenhaus als Marketing-Idee

Die Standortanforderungen des Warenhauses sind untrennbar mit dessen entstehungsgeschichtlicher Entwicklung verbunden. Daher erfolgen zunächst ein historischer Rückblick und eine Erläuterung der konstitutiven Merkmale, die diese Betriebsform bis heute geprägt haben und aus denen die Standortanforderungen abgeleitet werden.

Die Anfänge des Warenhauses gehen in das 19. Jahrhundert zurück. Im vergangenen Jahrhundert gab es zunächst noch vorwiegend fliegende Händler und Märkte. Erst im Zuge der Industrialisierung, die unzählige Arbeiter mit ihren Familien in die Städte zog, konnte sich erstmals durch rasant ansteigende Nachfrage und höhere Produktion ein bodenständiger Einzelhandel etablieren, wobei die Standortanforderungen nach den Standortbedingungen ausgerichtet wurden. Doch schon bald wurde der Einzelhandel von der Idee überrollt, alle Branchen, die damals en vogue waren, unter einem Dach zu präsentieren.

Von Paris – der *Urzelle des Warenhauses* – ausgehend, verbreitete sich diese Idee schnell in den Metropolen Europas und Amerikas. Zu den großen Warenhäusern der ersten Stunde zählen freilich nicht nur die Galeries Lafayettes in Paris, das New Yorker Macy's oder Harrods in London. Das KaDeWe in Berlin ebenso wie das im Zweiten Weltkrieg zerstörte Wertheim Leipziger Straße gehören zweifellos in diesen erlauchten Kreis. Schon damals war die *City-Lage* die wesentlichste Standortanforderung.

Welche grundlegenden Neuerungen aber zeichnete das Warenhaus aus? Das Warenhaus ist weder eine Ansammlung von Fachgeschäften noch ein besserer Verbrauchermarkt. Es ist weit mehr. Es ist eine *Marketing-Idee*, die eine bedeutende unternehmerische Pionierleistung in der Handelsgeschichte darstellt. Wie umfassend die Idee *Warenhaus* alle Bereiche des damaligen Einzelhandels revolutionierte, verdeutlicht Abbildung 1, in der die konstitutiven Merkmale und Merkmalsausprägungen synoptisch aufgezeigt werden.

Vieles hiervon ist heute selbstverständlich, denn diese Vielfalt von Neuerungen stellt auch heute nach über 100 Jahren Warenhausgeschichte den *harten Kern* der Marketing-Strategie dar. Die *weiche Schale* allerdings muß den sich wechselnden Standortbedingungen permanent angepaßt werden. Insbesondere die Filialisierung erfordert ein klares Standortanforderungsprofil, das mit der Marketing-Idee und den Rahmendaten vor Ort in Einklang gebracht werden muß. Das ist ein Hauptziel des Standortmarketing und gilt für alle Betriebsformen gleichermaßen.

Die *Betriebsformenvielfalt* im Einzelhandel stellt einen wesentlichen Standortfaktor dar, da sie den Kunden eine Fülle von Auswahlmöglichkeiten bietet und somit Kaufkraft anzieht. Daher erscheint es angebracht, zunächst den *Warenhausbegriff* gegenüber anderen Betriebsformen abzugrenzen. Dies vermittelt zum einen einen Einblick in unterschiedliche Marketing-Konzepte und Standortanforderungen, zum anderen werden die Termini von Handelspraktikern, Einzelhandelsverbänden und Betriebswirtschaftslehre aufgezeigt, die breiten Bevölkerungsschichten in dieser Form nicht geläufig sind. So werden vielfach Warenhäuser und Kleinpreisgeschäfte (z. B. Bilka, Kaufhalle, Woolworth) als Kaufhäuser bezeichnet. Kaufhäuser sind allerdings großflächige Fachgeschäfte mit einer Kernbranche (z. B. Textilkaufhäuser C & A, P & C).

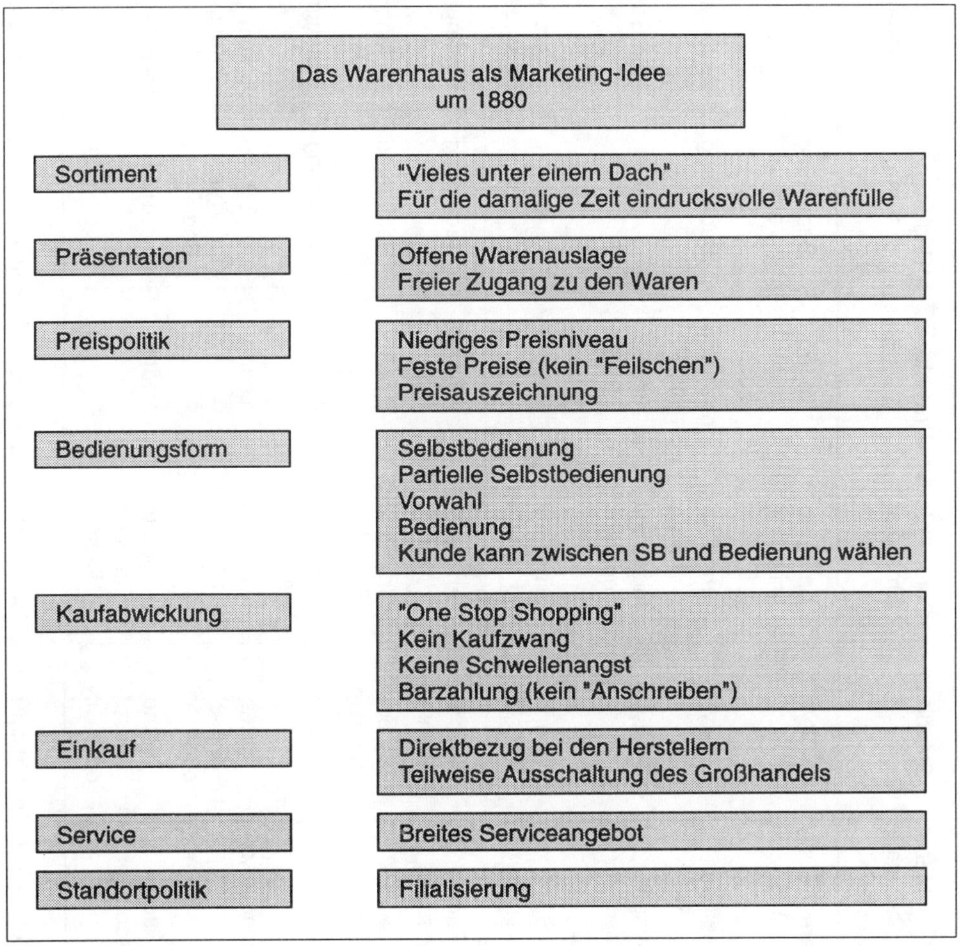

Abbildung 1: Konstitutive Merkmale und Merkmalsausprägungen des Warenhauses

Merkmale / Betriebstyp	Standort	Sortimentsdimension	Preisniveau	Bedienungsform	Serviceumfang	Warenpräsentation	Beispiele
Warenhaus	City	breit und mitteltief	niedrig mittel hoch	Bedienung Vorwahl SB	mittlerer Service	mittel bis aufwendig	HERTIE Karstadt Kaufhof
Kaufhaus	City	eng und tief	hoch und mittel	Bedienung	umfangreich	aufwendig	C & A P & C
Kleinpreisgeschäft	City	mittelbreit und flach	niedrig	SB	kein Service	einfach	Bilka Kaufhalle Woolworth
SB-Warenhaus	"grüne Wiese"	mittelbreit und mitteltief	niedrig	SB	einige Servicearten	einfach	Massa Wertkauf
Fachgeschäft	City oder Nebenlage	eng und tief	hoch und mittel	Bedienung	umfangreich	aufwendig	Douglas Uhren Weiß
Spezialgeschäft	City oder Nebenlage	sehr eng und sehr tief	hoch	Bedienung	umfangreich	aufwendig	Benetton Levi's Jeans
Boutique	City	mittelbreit und flach	sehr hoch	Bedienung	umfangreich	aufwendig	Cartier D. Hechter
Fachmarkt	"grüne Wiese" oder City	mittelbreit und sehr tief	niedrig	SB auf Wunsch Bedienung	kein bis umfangreich	zweckmäßig übersichtlich	Praktiker Adler Schaulandt
Fachdiscounter	"grüne Wiese" oder City	eng und mittelbreit/ flach	niedrig	SB	kein Service	einfach	Aldi Schlecker

Abbildung 2: Merkmalsausprägungen mehrbranchen- und fachhandelsorientierter Betriebstypen

Abbildung 2 (s. vorhergehende Seite) verdeutlicht die unterschiedlichen Merkmalsausprägungen von mehrbranchen- und fachhandelsorientierten Betriebstypen und zeigt gleichzeitig, welche Handelsformen gemeinsam mit dem Warenhaus den Geschäftskern einer Stadt bilden können.

Standortmarketing – permanente Managementaufgabe

Die Harmonisierung von Standortanforderungen und Standortbedingungen ist für potentielle und bestehende Warenhausstandorte im Rahmen des Standortmarketing eine permanente Managementaufgabe, da jeder einzelne Standort eine primäre Erfolgsvoraussetzung verkörpert. Die Einflußnahme kann auf zwei Wegen erfolgen. Zum einen können wir unsere Standortanforderungen anpassen, zum anderen können wir auf die Standortbedingungen Einfluß ausüben. Beide Instrumentarien werden synchron und synergetisch genutzt, wie Abbildung 3 zu entnehmen ist. Durch ihre finanzielle Vorleistung und nachhaltige Wirksamkeit sind Standortentscheidungen mit den höchsten Risiken im Rahmen von Marketing-Maßnahmen behaftet und haben somit *strategisch-strukturellen Charakter*.

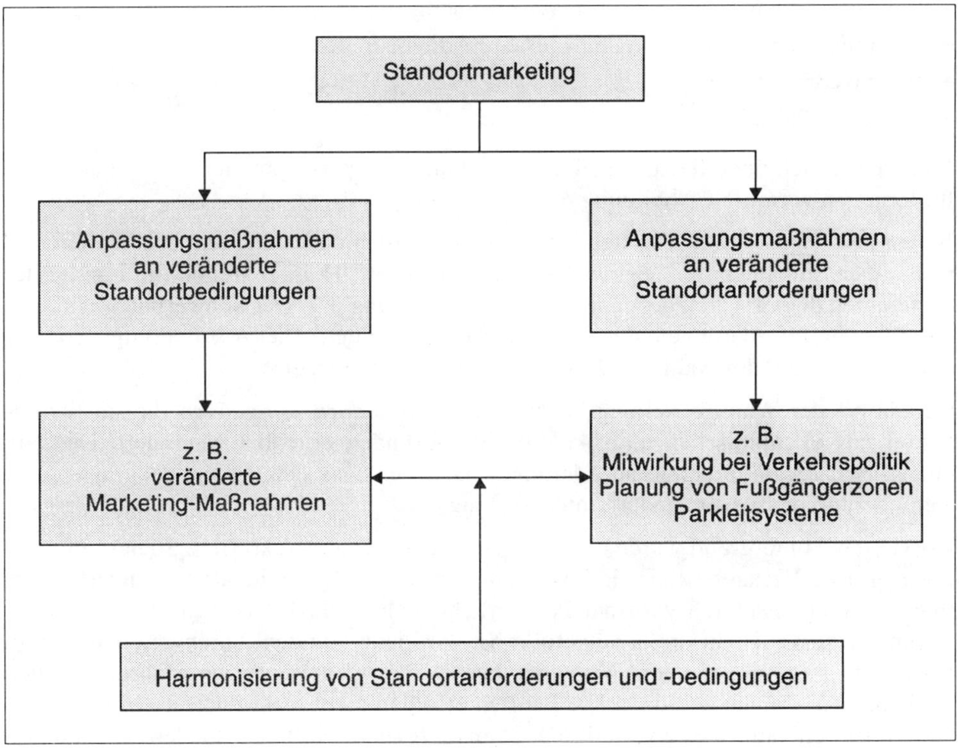

Abbildung 3: Erfordernisse des Standortmarketings

Funktionsorientierte Standortwahl und Standortanforderungen

Mit der Wahl des Standortes wird der Ort der handelsbetrieblichen Leistungserstellung festgelegt. Im Gegensatz zur Industrie, die eine physische Veränderung von Produkten vornimmt, d. h. eine Transformationsleistung vollzieht, nimmt der Handel eine ökonomische Veränderung von Waren vor, d. h., er erbringt eine *Transaktionsleistung*. Insbesondere von einem Warenhaus werden dabei folgende Aufgaben als Vorleistung für die Konsumenten erfüllt:

- Zusammenstellen bedarfsgerechter Sortimente für viele Branchen;
- Aufteilung großer Produktionsmengen in verbrauchsüblichen Stückzahlen;
- Überbrückung großer Entfernungen durch weltweiten Einkauf;
- Ausgleich zeitlicher Diskrepanzen zwischen Produktion und Konsum durch Lagerhaltung.

Dies wird den Verbrauchern in den Verkaufsfilialen vor Augen geführt. Die Erstellung dieser Gesamtleistung erfolgt allerdings arbeitsteilig, und je nach Funktion sind die Standortanforderungen differenziert. Vor diesem Hintergrund können bei filialisierten Warenhausunternehmen *vier Standortarten* unterschieden werden:

- Einkaufsbüros für weltweite Kontaktanbahnung
- Zentralverwaltung für Zentraleinkauf und Administration
- Warenverteilzentren
- Verkaufsfilialen

Einen Überblick über die zu den einzelnen Standorten korrespondierenden Standortanforderungen vermittelt Abbildung 4.

Neben dem Einkauf auf dem deutschen Markt werden ca. 13 Prozent des Warenvolumens über Einkaufsbüros abgewickelt und importiert. Hierbei stellen die Länder der Lieferanten die ausschlaggebende Standortanforderung dar. Der Schwerpunkt wird auf die Standortanforderungen der Verkaufsfilialen gelegt. Die Anforderungsdynamik wird mit der Standortwahl der Warenverteilzentren aufgezeigt.

Gerade bei der Warenverteilung haben sich die *Standortbedingungen* für die Warenhäuser aus ökonomischen und ökologischen Gründen erheblich verändert. Das zog eine *Anpassung* der Standortanforderungen nach sich, was sich in einer geographischen Veränderung der Lagerstandorte niederschlug.

Vor diesem Hintergrund wurde unser *Logistik-Konzept* umstrukturiert. So besteht nicht mehr für jede Verkaufsfiliale ein Lager, sondern es wurden regionale Warenverteilzentren installiert. Dadurch wird der Fernverkehr nicht mehr bis zu den in den Zentren liegenden Verkaufshäusern herangeführt. Er wird jetzt von den Warenverteilzentren in peripherer Lage abgefangen. Von hier aus werden die Versorgungsfahrten zu den Verkaufshäusern neu geordnet. Die Fahrten erfolgen nicht mehr durch mehrere Spediteure über den ganzen Tag verteilt (ca. 25 bis 30) zu den Filialen, sondern gebündelt – mit erhöhter Laderaumnutzung – vor oder nach den Verkehrsspitzenzeiten am Morgen und am Abend.

Einkaufsbüro	Zentrale	Waren-verteilzentren	Filialen
– Frankreich (Paris) – Italien (Mailand) – Griechenland (Athen) – Israel (Tel Aviv) – Hong Kong – Taiwan (Taipei) – Korea (Seoul) – Japan (Tokio) – Pakistan (Karachi) – Indien (New Dehli Bombay) – Thailand (Bangkok) – Indonesion (Jakarta) – Philippinen (Manila) – Mauritius (Les Pailles) – Brasilien (Sao Paulo Blumenau)	– Flughafennähe – ICE-Anschluß – BAB-Anschluß – Außerstädtische Randlage (Bürostadt)	– Periphere Lage – Sehr gute verkehrliche Erreichbarkeit – Gleisanschluß	– City-Lage – Großes Einzugsgebiet – Bedarf für viele Branchen – Hohe Passantendichte und Fußgängerfrequenz – Überdurchschnittlicher Zentralitätsindex und Kaufkraftzufluß – Agglomeration von Handelsbetrieben – Eventuell Fußgängerzone – ÖPNV-Frequenz – Parkhaus – Gute Verkehrsanbindung – Nähe zu öffentlichen Dienstleistungen

Abbildung 4: Aufgabenorientierte Standortanforderungen von Warenhausunternehmen

Damit wurde ein wesentlicher Beitrag zur Entzerrung des innerstädtischen Verkehrs geleistet und die Lärmbelästigung der Bevölkerung erheblich reduziert, da ausschließlich lärmgekapselte und emissionsfreie Fahrzeuge zum Einsatz kommen. Zudem können 70 Prozent unseres Wareneingangs über die Schiene als umweltschonender Verkehrsträger bis an den Standort des Warenverteilzentrums transportiert werden. Insofern ist ein Gleisanschluß eine maßgebliche Standortanforderung. Soviel kurz zu *beschaffungsseitigen Standortanforderungen* von Warenhäusern und ihren Veränderungen im Zeitablauf.

Einen erheblich breiteren Raum nehmen die Standortanforderungen auf der *Absatzseite* ein, wie es auch aus Abbildung 4 hervorgeht. Der Einfluß einzelner Kriterien auf die Standortqualität kann monokausal nicht nachgewiesen werden, so daß immer ihre vielfältigen Verbundbeziehungen zu berücksichtigen sind. Darüber hinaus verhindert die Heterogenität eine einheitliche Dimensionierung.

Für die Warenhäuser stellt die *City-Lage* eine primäre Standortanforderung dar. Die Attraktivität bewirkt eine hohe Passantendichte, da durch die Symbiose von mittelständischen Fach- und Spezialgeschäften, Boutiquen, Filialisten sowie Mehrbranchenbetrieben den Konsumenten vielfältige Einkaufsmöglichkeiten geboten werden. Diese räumliche Zusammenballung mehrerer Handelsbetriebe erhöht das Image des gesamten Zentrums, so daß – trotz erheblicher Konkurrenz – ein hoher Kaufkraftzufluß erreicht wird. Dem trägt ein ausgewogener Branchen-, Betriebsformen- und Betriebsgrößenbesatz einer Stadt als Oberzentrum Rechnung. Das gilt auch für betriebsformengleiche Wettbewerber, da den Kunden alternative Kaufmöglichkeiten geboten werden. Insofern sind in vielen Städten auch zwei oder mehr Warenhausunternehmen vertreten.

Weil viele Handelsunternehmen an dieser Hauptlage partizipieren wollen, sind die *Standortkosten* relativ hoch. Diese Standortbedingung erfordert einen hohen Zentralitätsindex, der durch ein großes Einzugsgebiet realisiert werden kann. Nur die Erfüllung dieser Standortanforderungen sichert das betriebswirtschaftlich notwendige Umsatzpotential, das sich aus dem Bedarf für viele Branchen rekrutiert.

Eine weitere Erhöhung der Passantenfrequenz wird durch die Präsenz zentraler Einrichtungen und öffentlicher Dienstleistungen erreicht, die ebenso zu unseren Standortanforderungen gehören wie eine sehr gute verkehrliche Erreichbarkeit. Daher werden von uns Knotenpunkte oder U-Bahn-Zugänge des ÖPNV-Netzes bevorzugt. Darüber hinaus ist die direkte Anbindung an ein Parkhaus eine Standortanforderung, da viele unserer Kunden mit dem PKW in die Stadt kommen.

Als *Attraktivitätsgewinn* einer Innenstadt haben sich die Fußgängerzonen erwiesen, die sich in vielen Städten durchsetzen konnten. Auch hierbei ist die Multifunktionalität (z. B. Hotels, Gaststätten, administrative und kulturelle Einrichtungen etc.) eine Standortanforderung an die Nutzungsstruktur. Fußgängerzonen sorgen dafür, daß einem ständigen Strom von potentiellen Kunden das Einzelhandelsangebot vor Augen geführt werden kann. In diesem Zusammenhang werden auch permanent unsere Marketing-Konzepte an bestehenden Standorten überarbeitet, um den veränderten Standortbedingungen Rechnung zu tragen, d. h., unsere Standortanforderungen werden den Rahmendaten angepaßt.

Berlin ist ein außerordentliches Beispiel dafür: Nach Krieg, SED-Herrschaft und schließlich nach dem Fall der Mauer wird diese Stadt, die Bundeshauptstadt, zur Weltmetropole auf- und ausgebaut werden. Die schon vor dem Krieg angelegte Infrastruktur verändert sich, und neue Stadtteilzentren werden sich entsprechend einordnen. Das gilt auch für Warenhäuser und Shopping-Center. So wurden im Vorgriff auf eine *erweiterte Ansiedlungspolitik* (die Zeitachse wird durch Restitutions- und Stadtplanungsverfahren bestimmt) bestehende Standorte im Westteil der Stadt den künftigen Herausforderungen angepaßt. Hier sei auf die Flächenerweiterungen und Modernisierung der Warenhäuser Wertheim Steglitz, Schloßstraße und Wertheim Kurfürstendamm hingewiesen und nicht zuletzt auf die völlige Umstrukturierung und Vergrößerung des Kaufhaus des Westens zur ersten und feinsten Einkaufsadresse Europas.

Dies sind Beispiele dafür, wie sich unsere Standortanforderungen nach dem Wettbewerb, den sich wandelnden Verbraucherwünschen und sonstigen Bedingungen richten.

Wie bereits erwähnt, versuchen die Handelsunternehmen auch auf die Standortbedingungen selbst einzuwirken und ortsspezifische Gegebenheiten aktiv zu beeinflussen. Das generelle Ziel ist hierbei, die City als Einkaufsstadt attraktiver zu gestalten.

Unter dem Begriff *City-Management* ist eine Reihe von Konzepten entwickelt worden, die auch durch die Warenhäuser mitgeprägt wurden (z. B. Parkleitsysteme). Dazu gehört insbesondere die Verkehrsverbesserung, wobei Alternativen zur wenig sinnvollen Forderung der Totalsperrung erarbeitet werden. Denn ohnehin ist ein Umsteigen auf den ÖPNV nicht administrierbar. Vor diesem Hintergrund werden gemeinsam mit den Einzelhandelsverbänden, Industrie- und Handelskammern, Wettbewerbern und den Kommunen sowie Interessenvertretern aus breiten Bevölkerungskreisen tragfähige standortspezifische *Gesamtverkehrspläne* erstellt, die folgende Punkte umfassen:

- Entzerrung des Lieferverkehrs (wie bereits ausgeführt)
- Vermeidung von Parksuchverkehr durch die Entwicklung von Parkleitsystemen
- Parkraumkonzepte
- Differenzierte Parkgebührenpolitik
- Öffentlicher Personennahverkehr (ÖPNV)
- Fußgängerzonen
- Ausbau und Modernisierung von Ein- und Ausfallstraßen und City Ringstraßen

All diesen Fragen widmen wir uns zentral, regional und vor Ort, um die Wertigkeit und Ertragsfähigkeit eines Standortes zu sichern.

Mit den bisherigen Erläuterungen sind wesentliche Standortanforderungen und -bedingungen von Warenhäusern sowie ihre Beeinflussung aufgezeigt worden. Die sich daraus ergebenden *Standorttypen* werden im folgenden dargestellt.

Standorttypen für Warenhäuser

Aufgrund der erläuterten Standortanforderungen kommen für das Warenhaus vier Standorttypen in Frage:

- Großstadt City
- Großstadt Subzentrum
- Mittel- und Kleinstadt
- Shopping-Center

Die empirische Relevanz ist in Abbildung 5 veranschaulicht, die sogleich Beispiele der Regionen Berlin, Hamburg und Frankfurt am Main enthält.

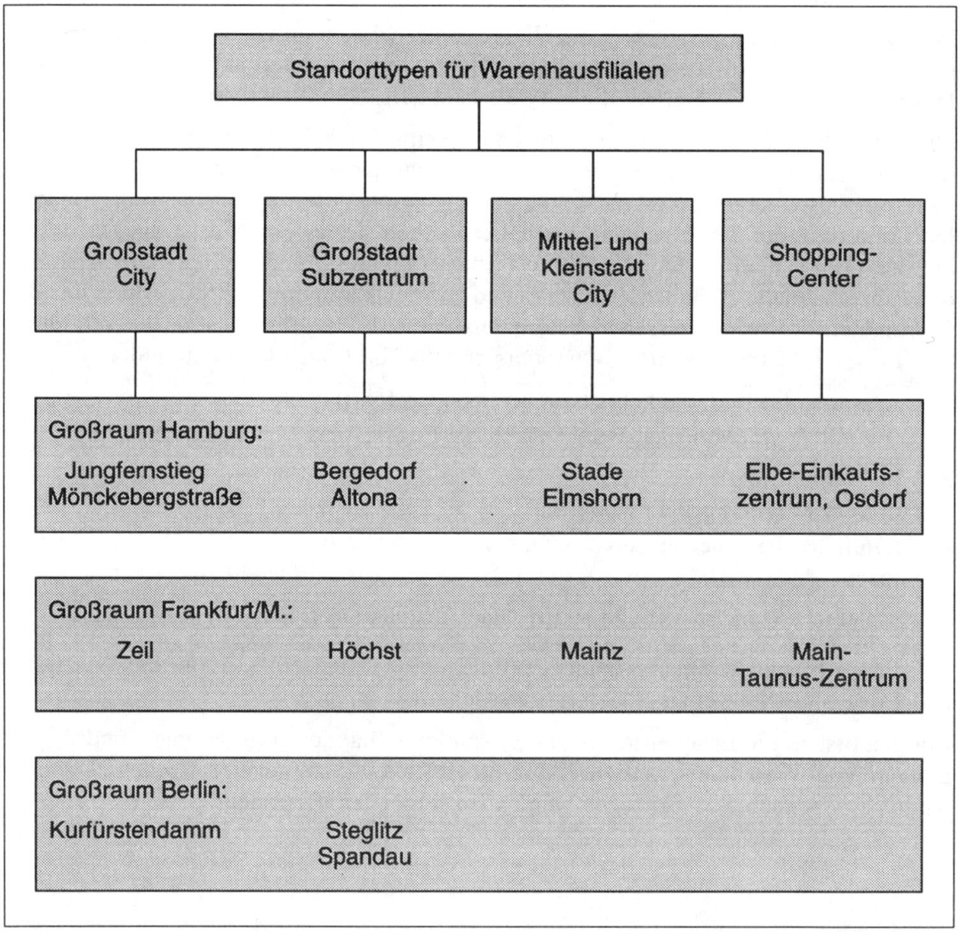

Abbildung 5: Standorttypen für Warenhausfilialen und empirische Beispiele

Die Bedeutung der Absatzförderung für das Image und die Ansiedlungschancen einer Wirtschaftsregion

Jörg Schlegel

Was eine Wirtschaftsregion attraktiv macht

Dem *Absatz* dienen kann nur der, der die Absatzmärkte und deren Konditionen kennt. Die unternehmensinternen Möglichkeiten hängen eng mit der Größe des Unternehmens zusammen. Marketinganalysen und Exportkenntnisse sind dabei unerläßlich. Gerade mittelständische Unternehmen, die ein sehr wichtiges Standbein einer gesunden Wirtschaftsstruktur bilden, sind hier oft überfordert und benötigen einen fundierten und preislich erschwinglichen Beratungsservice.

Hier setzt die *BAO BERLIN* an. Neben der rein *technischen* Beratung über Im- und Exportrichtlinien, Zollrechtsbestimmungen, Ausschreibungsbedingungen, Adressenvermittlung zwecks Kooperationsanbahnungen ist sie in der Lage, die aktuellen wirtschaftlichen Rahmenbedingungen *stimmungsmäßig* einzuschätzen. Diese Fähigkeit resultiert aus intensiven außenwirtschaftlichen Beziehungen zu den wichtigen Wirtschaftsnationen und -regionen sowie der Betreuung ausländischer Delegationen in Berlin und der Organisation von Delegations- und Präsentationsreisen in das Ausland. Auch die Kenntnis über Berliner, nationale und jetzt auch EU-weite Ausschreibungen ermöglicht ein sicheres *Stimmungsbild* über Absatzbedarf und -möglichkeiten.

Wenn national und international die Anstrengungen der kompetenten und zugleich konkurrierenden Wirtschaftsregionen analysiert werden, so fällt auf, daß die traditionellen westlich-industrialisierten Regionen mehr der klassischen Form des Standortmarketing folgen, in dem sie die sogenannten harten und weichen Standortfaktoren in ihrer positivsten Ausprägung hervorheben. Diese werden mit einer vermeintlichen Vision gepaart, während Schwächen diskret verschwiegen bleiben.

Die aufstrebenden Länder, die die konventionellen Industrieländer teilweise längst hinter sich gelassen haben, vor allem in Fernost, ob Südkorea, die kleinen Tiger, China oder andere, werben eher mit Aussagen zu riesigen Potentialen an Raum, Bevölkerung, infrastrukturellem Nachholbedarf und mit immensen Wachstumsraten. Nur zögerlich, eher angehängt, erscheinen argumentativ die uns vertrauteren Indikatoren. Hinzuzufügen ist, daß sich diese Werbung sehr viel ehrlicher, selbstkritischer, realistischer darstellt als die allermeisten westlichen Anstrengungen.

Allerdings sind Ansätze eines *offenen Marketings* vereinzelt auch im westlichen Europa festzustellen. *Offen* im Sinne eines Zugestehens von Entwicklung, Nicht-Endgültigkeit, ja Prozeß oder gar Werkstatt. Für diesen Ansatz ist gegenwärtig Berlin richtungweisend. Wohl keine Wirtschaftsregion hat der Öffentlichkeit und den sie beratenden Agenturen eine so ungeschminkte Bestandsaufnahme und anschließendes Briefing für das Standortmarketing zur Verfügung gestellt.

Ungeschminkte Stärken/Schwächen-Analyse, ungefilterte Konkurrenzanalyse – mit keineswegs schmeichelhaften aktuellen Ergebnissen für die Wirtschaftsregion Berlin – waren der *Ausgangspunkt* für zu ergreifende Maßnahmen, Maßnahmen fast in der Quadratur des Kreises, nämlich in der Notwendigkeit, nahezu zeitgleich eine Image- und Zielgruppenkampagne starten zu müssen, um Berlin in seiner neuen Dimension im harten *internationalen Wettbewerb* neu zu positionieren. Berlin bleibt – nicht zuletzt auch wegen der den Standort natürlich beeinflussenden Diskussion um den Zeitpunkt des Umzugs von Bundesregierung und Bundestag aus Bonn nach Berlin – eigentlich auch gar nichts anderes übrig, als auf die *Werkstatt Berlin* zu verweisen. Es bleibt nichts, als die Einmaligkeit und die damit verbundenen Experimente des Zusammenführens zweier über mehr als vier Jahrzehnte geteilter Stadthälften zu betonen bei gleichzeitigem Aufbau einer Wirtschaftsregion Berlin-Brandenburg.

Nicht jeder hat die Notwendigkeit dieser ungeschönten veröffentlichten Bestandsaufnahme sofort verstanden. Zu viele wollten nach altem Strickmuster sofort erhebliches Geld in die Hand nehmen, um für den neuen Standort Berlin mit traditionellen Instrumenten zu werben. Viel Geld wäre in den märkischen Sand gesetzt worden. Dank der zur realitätsbetonten Analyse Drängenden und sich Durchsetzenden kann Berlin für sich zur Zeit in Anspruch nehmen, eine Art *Vordenker* für Marketing-Strategien in schwierigster Konkurrenzsituation werden zu können. Es bleibt zu hoffen, daß dieser Ansatz nicht kurzfristigen populistischen – auch wahltaktischen – Überlegungen geopfert wird. Die Bereitschaft der Berliner Wirtschaft zu einer *Public Private Partnership* beim Standortmarketing für die Bundeshauptstadt Berlin läßt jedoch das Gegenteil erwarten.

Traditionelle Standortfaktoren hinreichend ...

Jede *Wirtschaftsregion*, die im weltweiten Ansiedlungswettbewerb steht und sich in wenigen wachstumsintensiven Segmenten tummelt, muß selbstverständlich das kleine und große ABC beherrschen. Das heißt, ein Produkt unverwechselbarer Art formulieren, es auf seine Tragfähigkeit und Zukunftsorientierung abklopfen, um es dann mit Profis auf die Reise zu schicken – wobei Mogelpackungen heute im Zeitalter der modernen Kommunikation sofort entlarvt werden. Auch deswegen hat Berlin richtig gehandelt.

Natürlich bleiben für investive Entscheidungen, für die Standortwahl nach wie vor die harten Facts, garniert mit jeweils dazugehörigen weichen, die Entscheidungsgrundlage – subjektives Sentiment der/des Entscheidenden hinzugerechnet. Im hochtechnologischen Segment erwartet jeder Investor eine Vielzahl garantierter, attraktiver *Rahmenbedingungen*: ein adäquates Angebot von Experten, Fachkräften, verkehrliche Anbindung – natürlich international –, wissenschaftliche Institute, Universitäten, aufgeschlossenes Wirtschaftsklima, wirtschaftsfreundliche Verwaltung, entscheidungsfreudiges Politikmanagement. Und selbstverständlich muß auch ein exzeptioneller Freizeitwert sein – ob Kultur, Sport, Umgebung. Entsprechend stellen sich die Regionen dar, buhlen sie weltweit um den Investor. Selten ist dabei der so einprägsame, weil sofort erlebbare Faktor *Absatz* einbezogen. Absatz eben nicht nur im Sinne von Export, vielmehr Absatz und Absatzförderung sowohl nach innen wie nach außen nachhaltig dokumentiert.

... aber nicht ausreichend

Nur die *gebündelte* Selbstdarstellung einer Wirtschaftsregion, in der auch die Bedeutung der Absatzförderung gebührend betont wird, kann im Ansiedlungswettbewerb zum gewünschten Erfolg führen. Auch dies praktiziert Berlin zum gegenwärtigen Zeitpunkt fast beispielhaft. So halten es die für die Wirtschaft sowie für die Finanzen des Landes Berlin zuständigen Senatoren aus Überzeugung für selbstverständlich, aber auch für notwendig, neben ihrer Delegationsleitung einen gleichberechtigten Partner aus der Wirtschaft zu akzeptieren. Berlin tritt also bei derartigen gebündelten Präsentationen gleichgewichtig mit Politik und Wirtschaft auf.

Das heißt im Normalfall: Wirtschafts- bzw. Finanzsenator sowie höchstrangiger Vertreter aus der Wirtschaft als Delegationsleitung sowie die Wirtschaftsförderung Berlin GmbH, die Berlin Tourismus Marketing GmbH, die Messe Berlin GmbH, der Bankenverband, die Hotellerie und vergleichbare Institutionen reisen gemeinsam, begleitet von solchen Unternehmern, die auf das jeweilige Zielland, die jeweilige Zielregion spezialisiert sind. Dabei sind die Unternehmen selten ausschließlich oder überwiegend exportorientiert, sondern mehr an Kooperationen interessiert. Und in der Gemeinschafts-Präsentation hat die Absatz-Seite mit der BAO BERLIN ihren festen Platz. In vielen Fällen ist sie darüber hinaus Gesamtkoordinator von Delegationsreisen und Standortpräsentationen.

Image-Bildung beginnt in der Region

Das unverwechselbare Profil einer Wirtschaftsregion, also der Angebotskorb bzw. das Produkt in allen seinen Facetten wird zuallererst in der Region selbst geformt. Im positiven Fall ist dieses Produkt so überzeugend, daß es von *Erlebern* multipliziert, kommuniziert wird. Stimmt das Produkt nicht, so fehlen wesentliche, im nationalen und internationalen Vergleich zwingend notwendige Teile im Angebotskorb. Ist es sogar *negativ* besetzt, hilft keine PR-Kampagne, hilft keine noch so ausgeklügelte Zielgruppenansprache, um erfolgreich zu sein. Hier muß zunächst am Produkt, am Angebotskorb gearbeitet werden. Denn Metropolen, denen es – frei nach dem amerikanischen Diplomaten John C. Kornblum – egal sein kann, welches Image sie haben, sind selten.

Außerdem: Jede noch so gekonnte Image-Kampagne wird durch negative nationale und internationale Berichterstattung über einen Wirtschaftsstandort zunichte gemacht. Viele Themen, die dazu Anlaß geben, sind meistens überflüssig und hausgemacht. Unbedachte Äußerungen, auch politisch unnötige, ja häufig unsinnige Auseinandersetzungen sind in einer hoch entwickelten Mediengesellschaft kontraproduktiv, ja selbstzerstörerisch. Gerade Berlin zeigt sich hier oft anfällig.

Häufig konzentrieren sich Standortmarketingbemühungen ausschließlich auf *Multiplikatoren*, potentielle Investoren außerhalb der Region. Es wird nicht nur vergessen, das Produkt, den Warenkorb, die Botschaft, die Vision nach innen, in die Region hinein zu kommunizieren. Es wird auch vergessen, daß jedes zufriedene heimische Unternehmen ein glaubwürdiger Multiplikator, vielleicht der glaubwürdigste Botschafter ist. Seiner Darstellung, seiner Wertung – negativer, positiver oder auch desinteressierter Art – wird man außerhalb mehr Glauben schenken als jeder werblichen Äußerung politischer aber auch anderer *offizieller* Stellen.

Die erlebte Schilderung desjenigen, der die gleiche Sprache spricht, der in der gleichen/vergleichbaren Gedankenwelt lebt, der ähnliche Maßstäbe anlegt wie der für einen Standort zu Interessierende, ist überzeugender und wirkt wohl nachhaltiger als jede Anzeigenschaltung. So ist es auch nicht verwunderlich, daß der Begriff *Wirtschaftsklima* als weicher Standortfaktor längst Eingang in das Standortmarketing gefunden hat. Er ist schon fast zum harten Faktor geworden, zumindest in seiner Gewichtung. Einbezogen ist auch der Faktor *Bevölkerung* mit den Komponenten: Aufgeschlossenheit für Entwicklungen, Prozesse, Neuheiten, Bejahung von Fortschritt – auch technischem.

Die Berliner Olympiabewerbung zeigt die Gefahren, die entstehen, wenn die Öffentlichkeit nicht hinter Projekten, Modellen, Notwendigkeiten oder gar Visionen steht. Im Vordergrund aber bleiben die Faktoren *Verhalten* der öffentlichen Verwaltung und *Effizienz* des Politikmanagements. Stimmen diese Voraussetzungen nicht, können Marketingstrategien nicht erfolgreich sein.

Öffentliches Auftragswesen als Imagebildner

Greifen wir einen gesonderten, einen durchaus gratwandigen, geradezu janusköpfigen Punkt öffentlichen Verwaltungshandelns auf: das öffentliche Auftragswesen. Und unterstellen wir eine durchaus im Kern wirtschaftsfreundliche Verwaltung. Diese *im Kern Wirtschaftsfreundlichkeit* wird sich potentiellen Investoren nicht mitteilen, wenn die vergebenden öffentlichen Hände eine Politik der sogenannten Landeskinder-Bevorzugung praktizieren. Kommuniziert wird damit eher eine Abschottungs-, eine Konservierungspolitik, die zugleich Scheu vor Wettbewerb, Offenheit, Transparenz und damit fehlende Dynamik und Kreativität ausdrückt.

Der gleiche Negativeffekt tritt ein, wenn landeseigene Betriebe vergleichbar bei ihren Vergaben handeln. Ganz nebenbei schadet das im Außenverhältnis nicht nur dem Image der Region, sondern es schleust zugleich das Preisniveau herauf, behindert die wettbewerbliche Teilhabe vor allem kleinerer und mittlerer Unternehmen und beinhaltet die Gefahr, daß die Region über öffentliche Aufträge technologisch *veraltet*. Und der Zusatzeffekt außerhalb der Region: Es verführt Unternehmen außerhalb der Region dazu, bei den öffentlichen Vergabestellen ihrer Region auf *Gleichbehandlung*, sprich auch auf Abschottung zu drängen. Fernabsatzorientierte Unternehmen werden damit nachhaltig gestört, im Einzelfall auch ernsthaft gefährdet.

In der Vergangenheit war Berlin sicher nicht das Vorzeigebeispiel der Bundesrepublik Deutschland hinsichtlich Chancengleichheit und Transparenz in der öffentlichen Auftragsvergabe. Die Insellage West-Berlins trug dazu bei, daß eher ein *Aufteilen des Kuchens* stattfand. Mangelnde Konkurrenz in der Stadt selbst, aber auch aus Westdeutschland verschlimmerten die Situation.

Die Wende hat eine nachhaltige Veränderung der Verhaltensweisen öffentlicher Hände in Berlin bewirkt. Die BAO BERLIN hat vor allem mit der Senatsverwaltung für Wirtschaft und Technologie ein *Konzept des Behördenmarketings* angeboten mit dem Effekt sich öffnender öffentlicher Auftragvergabestellen auf Landes- und auch auf Bezirksebene. Die *Vergaben* erfolgen heute sehr viel transparenter als früher, und sie sind keinesfalls in ihrer Öffnung auf Unternehmen der Wirtschaftsregion Berlin beschränkt. Das Interesse nationaler und internationaler Unternehmen an öffentlichen Vergaben in der Wirtschaftsregion Berlin dokumentiert, daß außerhalb von Berlin in bezug auf die öffentlichen Vergaben eine überaus positive Botschaft angekommen ist. Die Botschaft nämlich, Berlin habe auch auf dem Sektor der öffentlichen Vergaben seine Inselposition abgelegt, und bei der zukünftigen Entwicklung der Stadt sei internationaler Wettbewerb gewünscht.

Einkaufen in der Wirtschaftsregion wirkt empfehlend

Das Image einer Region prägt ganz wesentlich auch der Nah-Absatz, der Verkauf in der Region selbst. Das Bild des Einzelhandels, seine Darstellung gegenüber dem Käufer, also dem Touristen, dem Geschäftsmann, dem Wissenschaftler, dem Mitglied der Regierung, des Parlaments oder der Auslandsvertretungen, diese Haltung wird kommuniziert. Der Beiname *Einkaufsparadies* ist zwar ohne zusätzliche Qualifikation noch nicht alles sagend, aber ihn erst einmal errungen zu haben – das ist der halbe Weg, z. B. nach Rom, nach London, Paris, Hongkong, New York. Das bedeutet *Attraktivität* an Vielfalt, an Qualität zu angemessenem Preis; attraktiv sowohl optisch als auch kundenfreundlich personell präsentiert, zu kundengerechten Zeiten in einer Mixtur von klein, mittel, groß, von Fachgeschäft, Filialist oder Warenhaus.

Ein bunter, ein vielfältiger, ein lebendiger, kreativer, dem Käufer zugewandter *Einzelhandel* kann nachhaltig eine Wirtschaftsregion attraktiv machen. Stimmen die anderen Faktoren einigermaßen, kann das Einzelhandelsangebot – nicht zuletzt bei der familiären Mitentscheidung über eine räumliche Veränderung – ein gewichtiges, auch ausschlaggebendes Argument sein. Die Botschaft: ... *da mußt du, da müssen Sie nach z. B. Berlin fahren*, ist für die Entwicklung einer Region von höchster Bedeutung – regional, national, international.

Der Handel in echten Metropolen hat dies klar erkannt – der Beweis: die Präsentation der Waren nicht nur im Schaufenster, im Ladengeschäft selbst, die Freundlichkeit des Personals, die Öffnungszeiten für den *König Kunde*. Hier hinkt Deutschland nicht nur wegen seiner Öffnungszeiten hinterher. Die Bundeshauptstadt Berlin versucht zu erwachen. Auch dies ein Prozeß, auch dies ein Lernvorgang – nicht ohne Schmerzen. Denn neue – grenzenlose, auch innerstädtische – Zentrenbildung wird beeinflußt durch – auch spekulative – Mietenbildung, Umorientierung von Lagen (z. B. Kreuzberg, früher: Nische, schlechte Lage; heute: mauerlos, z. T. 1-A-Lage).

Einzelhandel in Berlin heißt also auch Normalität-Lernen, Nachholen von Konzentration, Neusortierung von Lagen; heißt aber auch Verantwortung der Vermieter, der Eigentümer für die mittel- und langfristige Entwicklung eines attraktiven Einzelhandelsangebots in der Wirtschaftsregion. Offensives, weltstädtisches Nutzen dieser neuen Chancen durch attraktives Angebot des Handels und Unterstützung kundengerechter, weltweit attraktiver Öffnungszeiten muß die Devise in Berlin, der Hauptstadt Deutschlands, sein.

Messen, Kongresse, Hotels: prächtige Imagebildner – beim richtigen Mix

Messen, Ausstellungen und Kongresse erbringen, sofern ein erfahrener und erfolgreicher Betreiber bzw. Organisator dahintersteht, hohen volkswirtschaftlichen Sekundär-Nutzen in Form von vielfältigen Ausgaben der Messe- und Kongreßteilnehmer oder der Messe- und Ausstellungsbesucher für eine Stadt, für eine Region. Zur erfolgreichen Durchführung genügen aber nicht hervorragende bauliche und räumliche Fazilitäten. Es zählen auch die Faktoren *Service*, *Mensch*, *Atmosphäre* dazu. Vom Einkaufen können wurde schon gesprochen, aber auch die Übernachtungsmöglichkeiten dürfen nicht vergessen werden. Wobei für letzteres gilt, nicht nur ein adäquates Angebot zu haben, sondern es auch attraktiv zu verkaufen. Und hierzu wiederum gehört eine komfortable Transparenz, aber auch eine zentrale, kundenfreundliche Buchungsmöglichkeit.

Dieses Beispiel zeigt: Absatz – naher und ferner – bedarf auch der Abstimmung unterschiedlicher Anbieter, um einen positiven Eindruck beim Besucher, Teilnehmer, Kunden zu hinterlassen. Es nutzen die besten Einrichtungen, das beste Tagungs-, Messeklima nichts, sofern das Übernachtungsangebot in Breite, Qualität, Preis nicht korrespondiert. Und Großkongresse oder Messen sind auch nicht einwerbbar, wenn zwar das Hotelangebot stimmt, dafür aber z. B. entweder die Messe-/Kongreß-Fazilitäten oder die Organisation nicht stimmen. *Bad news are good news*, dies gilt speziell für die Konkurrenz. Und heute wird ja durchaus mit Negativtestimonials der internationale Wettbewerb belebt. Noch gefährlicher aber ist die nicht hör- und sichtbare Negativ-Flüsterpropaganda.

Berlin tut gut daran, beiden Bereichen, dem Messe- und Kongreßbereich einerseits und dem Übernachtungssektor andererseits, besondere Aufmerksamkeit zu widmen, um das richtige *Verständigungs-Mix* zwischen beiden Partnern weiter zu verbessern und gleichzeitig zu sichern.

Nebenbei sind erfolgreiche Messen auch exzellente Visitenkarten für den Messeexport. Immer mehr Länder entdecken die wichtige imagefördernde Wirkung derartiger Veranstaltungen. Der zunehmend länger währende weltweite jährliche Messekalender beweist dies nachdrücklich. Hier brauchen die jungen, neuen Veranstalter Unterstützung. Sie benötigen Rat von Experten, sie suchen praxiserfahrene Durchführer. Dies ist der Grund, daß erfolgreiche Messegesellschaften meist zugleich erfolgreiche Messeorganisatoren im Ausland sind. Sie werten dadurch den heimischen Standort nachhaltig auf.

Die Messe Berlin und die Berliner Hotellerie bzw. die Tourismus-Verantwortlichen sind daher nicht ohne Grund fast regelmäßige Mitglieder der Berlin-Delegationen bei Auslandspräsentationen.

Fernabsatzförderung mit Exzellenz – Visitenkarte des Standortes

Absatzfördernde Instrumente wie Förderung von Messebeteiligungen, Präsentationen, Delegationsreisen erfordern heute mehr denn je Ehrlichkeit, Glaubwürdigkeit, aber auch Einfallsreichtum im harten Wettstreit der Regionen. Längst ist der Stellenwert der Absatzförderung im Instrumentenkasten des Marketing erkannt. Immer aufwendigere, dem Partner aber zeit- und kostensparende Informationen müssen produziert werden. Dabei haben sie leicht verständlich, trotzdem umfassend, einfach zugänglich, mit unterschiedlichen Systemen kompatibel und letztlich auch ständig aktuell zu sein. Effektive Erfassung und Organisation von Daten sowie die nutzerfreundliche Zugriffsmöglichkeit sind notwendige Voraussetzungen für eine aktive und effiziente Absatzförderung.

Hinzukommen müssen wichtige, signifikante Details, müssen Marken möglichst unverwechselbarer Art gesetzt werden. Allerdings ist hinzuzufügen, daß auch die klassische Investitionsansiedlung auf derartige Informationen nicht verzichten kann. Egal also, ob für die Absatzförderung oder für die Ansiedlungsförderung, der potentielle Käufer, Kooperationspartner, Mitgesellschafter, Investor wird um so eher bereit sein, das *Werben* wenigstens anzuhören, je besser dieser Service organisiert ist. Zugleich wird dadurch ein schneller, eindrucksvoller, prägnanter Überblick und – wenn nötig und gewünscht – zeitgleich die zielgruppenorientierte Ansprache möglich. Die selektive *Partnervermittlung*, sei es z. B. als Exporteur, Importeur, Käufer, Verkäufer, Handelsvertreter, verschafft erfahrungsgemäß nachhaltige Wettbewerbsvorsprünge vor anderen Regionen.

Einprägsame Marken als Beispiele für Qualität, für Exzellenz, für Zuverlässigkeit, für Pünktlichkeit sind nahezu unverzichtbare Weggefährten für eine erfolgreiche Fernabsatzförderung. Denken wir an das so lange erfolgreiche *made in Germany*; denken wir an Silicon Valley; denken wir an die Markenartikelwerbung, die zugleich Regionenwerbung unterstützt wie: Schwarzwälder Schinken, Halberstädter Würstchen, Nordhäuser Korn. Die Beispiele ließen sich beliebig fortsetzen bis hin zu Produkten, die zugleich das Maß der Dinge für ganze Produktbereiche waren: wie Jena für Glas, Zeiss für Optik.

Schnell und informativ muß auch der Überblick nicht nur über die Wirtschaftsregion selbst sein. Je übersichtlicher, zugänglicher, transparenter auch die Vernetzung mit umliegenden Regionen – sofern sie von Gewicht sind – kommuniziert wird, desto nachdrücklicher kann Interesse geweckt, kann Relevanz verdeutlicht, kann Kompetenz aber auch Freizeitvergnügen vermittelt werden. Häufig wird vor lauter Egozentrik, aus Angst, die Nachbarregion könnte Nutznießer fremder Werbung sein, kurzsichtig auf diesen Vernetzungsaspekt in den Kampagnen sowohl in der Absatz- wie in der Ansiedlungspolitik verzichtet.

Messebeteiligungen mit Gemeinschafts- oder auch Informationsständen haben als Absatzförderungsinstrument einen ganz wesentlichen Einfluß auf Image- und Ansiedlungschancen einer Region. Messebeteiligungen außerhalb bieten nicht nur den beteiligten Firmen eine wertvolle Unterstützung ihrer Absatzbemühungen, sie ermöglichen zugleich die Information über die Wirtschaftsregion, sie machen allein aber bereits durch Standkonzeption, Aufmachung, Darstellung der Unternehmensvertreter *Eindruck* oder auch das Gegenteil. Sie können Interesse wecken, aber auch negative Dauerwirkung auslösen. Protzig darf es nicht sein, zu *poor* aber auch nicht; modern muß es aussehen, und umweltverträglich muß es sein. Auf die Konzipierung ihrer Messebeteiligungen legen daher anspruchsvolle Regionen zu Recht großen Wert.

Vergleichbares gilt für den *Tourismus*, der immer wieder mit *neuen Paketen* attraktiv in die Märkte, zu den Multiplikatoren, zu den Tourismus-Organisatoren, zu den Kongreß-, zu den Sportveranstaltern gebracht werden muß. Positive Zahlen zu verkaufen, erleichtert zugleich das Verkaufen von Übernachtungen in die Zukunft. Wobei Tourismus-Marketing allein nicht reüssieren kann. Gerade hier ist die reibungslose Zusammenarbeit nicht nur in der Branche selbst, sondern auch mit vielen Partnern in der Heimatregion unabdingbar.

Absatzförderung – keinesfalls eine Einbahnstraße

Abschließend eine zunehmend wichtiger werdende Erfahrung. Die Arbeitsteiligkeit in der Welt nimmt ständig zu. Dies bedeutet auch, daß immer mehr Länder, immer mehr Regionen ständig kompetenter in den internationalen Wettbewerb eintreten. Sie beanspruchen ihren Anteil, einen Anteil am Kuchen – sei es des Ansiedlungs- oder Absatzkuchens. *Arbeitsteiligkeit* heißt daher vor allem auch Partnerpflege. Mal ist man selbst Kunde, mal ist man Verkäufer. Die Regionen, die sich auf eine Einbahnstraße einlassen und nur das eigene Wohl im Auge haben, werden mittel- und langfristig keine dauerhaften Erfolge ausweisen und stabilisieren können. Die Regionen werden in einem Netzwerk die besseren Chancen besitzen, die zugleich die Interessen *des anderen* berücksichtigen. Auch dies ist Imagepflege, ist Standortwerbung, erhöht die Ansiedlungschancen.

Wissenschaft und Forschung als Standortfaktor in Berlin und Brandenburg

Günter Spur

Innovationen werden gefordert

Für eine hochindustrialisierte, in den weltweiten Wettbewerb und strukturellen Wandel eingebundene Volkswirtschaft gibt es zur frühzeitigen Beherrschung und industriellen Umsetzung innovativer Technologien keine Alternative. Wissenschaft und technologiebezogene Forschung werden, und hier läßt sich inzwischen ein Konsens unter allen gesellschaftlichen Gruppen feststellen, zu einem wichtigen Antriebsmoment wirtschaftlicher Entwicklung. Wirtschaftsförderung umfaßt damit insbesondere auch die *Förderung von Forschung und Technologie*.

Die Bundesrepublik Deutschland durchläuft zur Zeit eine schwierige wirtschaftliche Phase. Auf der Suche nach neuen wirtschaftlichen Initiativen fehlt es nicht an anregenden Diskussionen über mögliche Strategien zur Überwindung der weltweiten Marktschwäche. Ein wichtiger Ansatzpunkt zur Sicherung unserer zukünftigen wirtschaftlichen Rolle besteht in der Erarbeitung innovationsorientierter Strategien zur Entwicklung und Nutzung höherer Produktivitätspotentiale.

Unsere derzeitige wirtschaftliche Situation ist nicht neu. Schon zu Beginn der 80er Jahre war das wirtschaftliche Umfeld von einer einschneidenden Rezession geprägt. Der Arbeitsmarkt verzeichnete 1982 eine Arbeitslosenzahl von 1,7 Mill. Dies war damals der höchste Wert seit Bestehen der Bundesrepublik. Die Bundesregierung versuchte bei Einschränkung der öffentlichen Ausgaben die Selbstheilungskräfte der Wirtschaft zu aktivieren. Insbesondere setzte sie auf die unternehmerische Innovationskraft.

Auch in Berlin waren seinerzeit wie heute von Wirtschaft und Hochschule *Innovationen* gefordert. Als Strategie einer innovationsorientierten Wirtschaftsförderung sollten insbesondere Gründungen von Institutionen unterstützt werden, die parallel und sich ergänzend grundlagen- und anwendungsorientierte Forschung betreiben.

Das Beispiel amerikanischer Universitäten, die Gründung von Firmen im Umfeld von High-Tech, sollte auch in Deutschland verstärkt Schule machen. In der konsequenten Verfolgung dieser Vorgehensweise kam es beispielsweise zur Gründung der *Innovationsgesellschaft für fortgeschrittene Produktionssysteme mbH* (INPRO). Vor dem Hintergrund der Innovationsleistung durch Kooperation von Technischer Universität und Fraunhofer-Gesellschaft leitete sich die Aufgabe dieser Innovationsgesellschaft aus der Brückenfunktion zwischen Hochschule und industrieller Praxis ab. Nicht unerwähnt bleiben soll auch die Öffnung des *Berliner Innovations- und Gründerzentrums* im Jahr 1984, einer zum damaligen Zeitpunkt einmaligen Einrichtung, die nachfolgend bundesweit als Vorbild für analoge Gründungen diente und heute eine Fortsetzung beispielsweise in den Berliner Technologieparks Adlershof, Oberschöneweide und Wuhlheide findet.

Regionale Wirtschaftsförderung basiert auf der Erfahrung, daß besonders hohe Wachstumsraten von technologisch führenden Industrie- und Dienstleistungszentren ausgehen. Deren Arbeitskräftepotentiale, synergetische Informations- und Kommunikationseffekte, gegenseitige Stimulierungswirkungen sowie kurze Wege zu Auftraggebern und Zulieferern üben eine besondere Attraktivität auf Neuansiedler aus. Wirtschaftliches Wachstum befördert unter günstigen Bedingungen weiteres Wachstum. Erfolgreiche Beispiele derartiger Technologiezentren mit Universitäten und anderen Forschungseinrichtungen als Keimzellen finden sich zunehmend in Süddeutschland, hervorgehoben werden können die Regionen Ulm, Erlangen, Karlsruhe und Stuttgart.

Die wirtschaftliche und kulturelle Entwicklung Berlins und Brandenburgs war stets durch eine enge Vernetzung der Stadt mit ihrem Umland geprägt. Die gewachsenen Strukturen wurden erst durch die Trennung Deutschlands gewaltsam zerstört. Heute können Berlin und Brandenburg wieder von einer sinnvoll gestalteten wirtschaftlichen, wissenschaftlichen, kulturellen, verwaltungstechnischen und politischen Zusammenarbeit profitieren.

Für den wirtschaftlichen Aufschwung in der Region Berlin/Brandenburg ist es notwendig, *Beschäftigungs- und Wettbewerbssicherung* einerseits durch eine Erneuerung bestehender Industriebetriebe und andererseits durch einen verstärkten Aufbau innovativer Industrien zu leisten. Das erfordert verbesserte Möglichkeiten des Zugriffs auf Forschungs- und Entwicklungskapazitäten vor Ort. Es ist dabei Aufgabe der institutionellen Fördereinrichtungen, Hemmnisse zu erkennen und Rahmenbedingungen mit dem Ziel der Innovationsförderung zu gestalten.

Großes Forschungspotential in der Region

Die Ausgangsbasis ist gut: In Berlin und Brandenburg findet sich ein großes Forschungspotential, und zwar sowohl in bezug auf die vorhandenen wissenschaftlichen Institutionen als auch hinsichtlich der Zahl beschäftigter Forscher. Zusammengenommen verfügen beide Länder im nationalen Maßstab über die höchste Anzahl an Beschäftigten im Bereich öffentlich geförderter Forschung und Entwicklung.

Das Spektrum technologieorientierter Grundlagen- und Anwendungsforschung bilden Institute der Max-Planck-Gesellschaft (MPG), Großforschungseinrichtungen des Bundes (GFE), Institute der Fraunhofer-Gesellschaft (FhG), Blaue-Liste-Einrichtungen (BLE) sowie Universitäten (Uni) und Fachhochschulen (FH). Es handelt sich hierbei um hervorragende Potentiale, die es jetzt zur Überwindung der Rezession in effektiver Weise zu nutzen gilt.

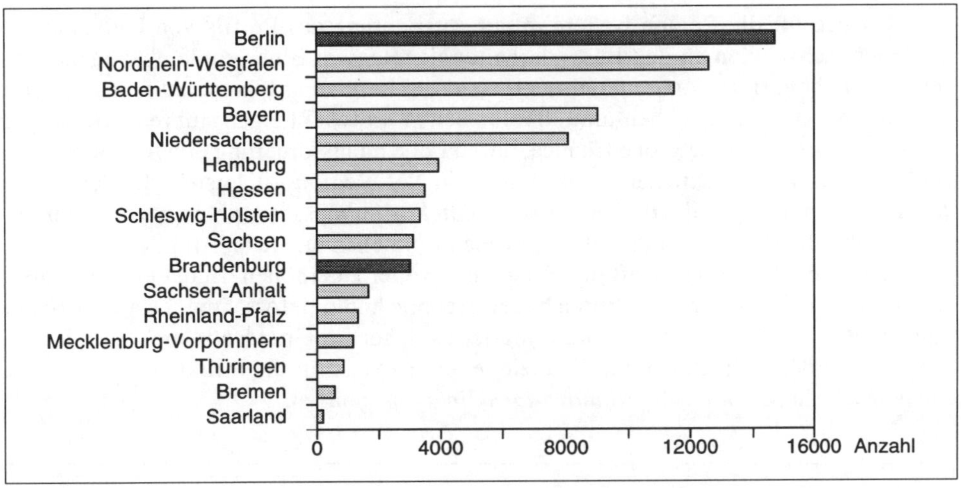

Abbildung 1: Wissenschaftliches Personal öffentlich geförderter Forschungseinrichtungen

Quelle: BMFT, Stand 1993 – MPG, FhG, GFE, BLE, Wissenschaftseinrichtungen des Bundes mit Forschungsaufgaben

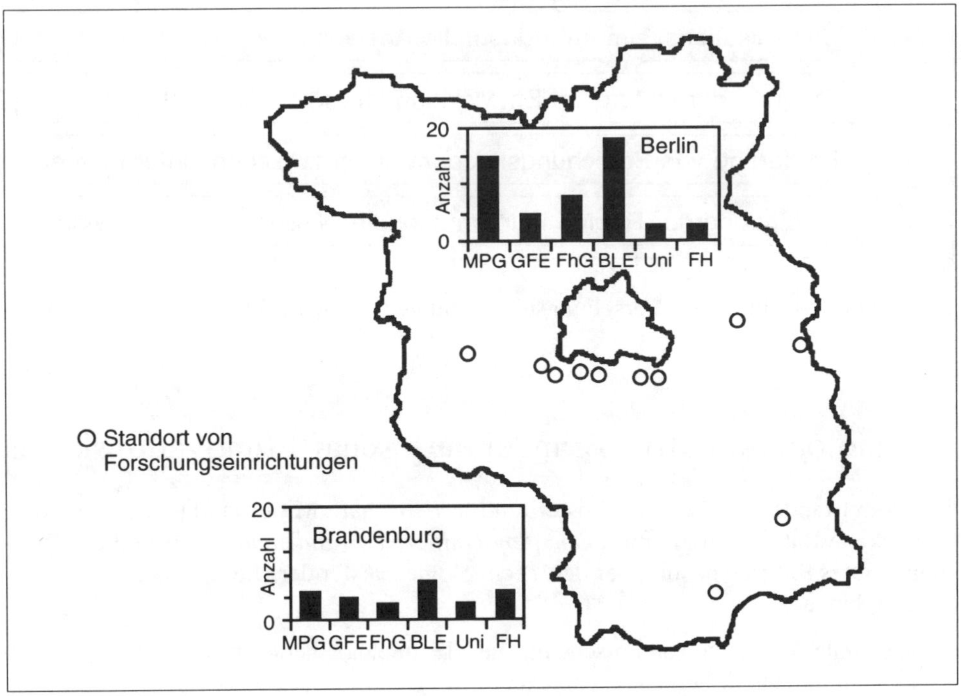

Abbildung 2: Forschungseinrichtungen in Berlin und Brandenburg

Quelle: Bundesbericht Forschung 1993

Eine Chance für die Region besteht in der Ausrichtung des Profils von Universitäten und Fachhochschulen an den Besonderheiten der Region. Eine problembezogene wissenschaftliche Orientierung und eine praxisnahe Umsetzung können zu beispielhaften technischen, wirtschaftlichen und ökologischen Entwicklungen führen. Gerade in Brandenburg besteht die große Chance, durch Forschungsförderung einen wesentlichen Beitrag zum wirtschaftlichen Aufschwung in der Region zu leisten. In den neuen Ländern ist daher der deutlichen Erosion der Forschungsstruktur entgegenzuwirken. Wertvolles kreatives Potential geht – in vielen Bereichen unwiederbringlich – verloren. Statt die innovative Spannkraft der Forschung weiter zu erhöhen, findet ein permanenter Abfall, insbesondere im Bereich der Hochtechnologieforschung, statt. Aufgabe einer umfassenden Wirtschaftsförderung ist es daher im Grundsatz auch, durch flankierende Fördermaßnahmen und finanzielle Anreize das für die Struktur- und Technologieentwicklung notwendige *Innovationsklima* zu schaffen.

- ❑ Technologietransfer
- ❑ Beratung und Umsetzungsunterstützung bei Innovationen
- ❑ Versorgung der Unternehmen mit qualifiziertem Nachwuchs
- ❑ Kristallisationskeim für industrielle Ansiedlungen
- ❑ Prägung der kulturellen Entwicklung im regionalen Umfeld
- ❑ Förderung von Forschungskooperationen zwischen Unternehmen
- ❑ Einbindung der Region in internationale Wissenschaftsnetzwerke

Abbildung 3: Beitrag von Forschungseinrichtungen zur wirtschaftlichen Entwicklung

Technologieinitiative Brandenburg schafft Innovationsklima

Das vom Brandenburgischen Ministerium für Wirtschaft, Mittelstand und Technologie entwickelte Rahmenprogramm *Technologieinitiative Brandenburg* zielt in diese Richtung. Dieses Programm soll über den Technologietransfer der Universitäten und Hochschulen hinaus

- eine breite Aufnahme von Forschungs- und Technologiethemen besonders seitens kleiner und mittlerer Unternehmen anregen,
- den Technologietransfer beschleunigen sowie
- den technologischen Entwicklungsstand in Schlüsselbereichen durch Förderung von Forschungsprojekten erhöhen.

Für die zukünftige Entwicklung der Wirtschaftsregion Berlin/Brandenburg ist somit die Zusammenführung von Wissenschaft und Wirtschaft als wesentliche Voraussetzung der Verbreitung neuer Technologien von besonderer Bedeutung.

Es besteht Einigkeit darüber, Investitionen zu fördern, die zum Aufbau und zur Profilierung der regionalen Infrastruktur beitragen, wie beispielsweise Verkehrssysteme und Telekommunikation. Vor diesem Hintergrund befinden wir uns derzeit in einer Phase intensiver Dialoge zwischen Wissenschaft, Wirtschaft und Politik zur Entwicklung einer technologieorientierten Innovationsstrategie der Wirtschaft, und zwar nicht nur auf Landes- und regionaler Ebene, sondern auch auf der Ebene des Bundes.

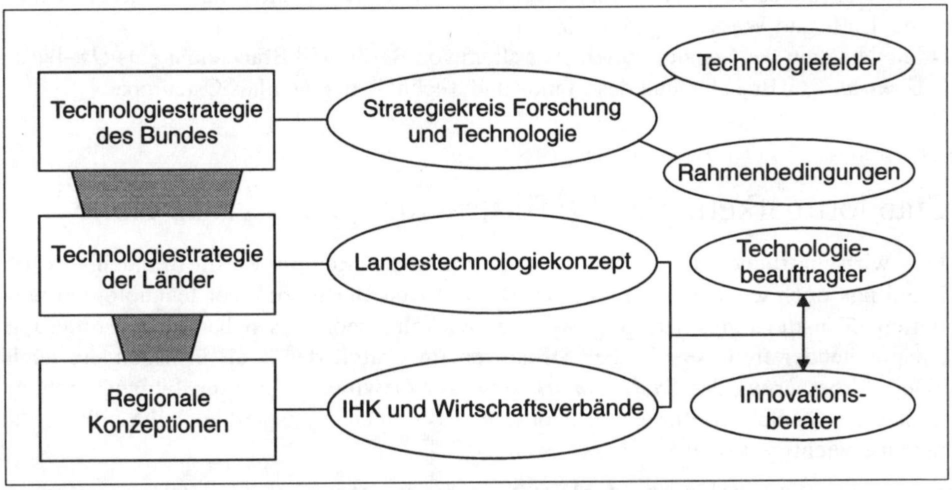

Abbildung 4: Dialogstrategie des Bundes und der Länder

Technologieförderprogramme und die *Technologietransferstellen* dienen der Vermittlung neuer Technologien an kleine und mittlere Unternehmen, um ihre Wettbewerbsfähigkeit zu stärken. Neben den innovativen Unternehmen in spezialisierten Technikbereichen sollte das Augenmerk auch auf die Unternehmen gelenkt werden, die vorrangig Problemlösungen durch Vernetzung unterschiedlicher Technologien anbieten.

Für Brandenburg gilt, daß eine zielgerichtet gestaltende Wirtschaftspolitik auch eine grundlegende quantitative und qualitative Dokumentation der industriellen Wirtschaftseinheiten hinsichtlich ihres Bestandes und der Leistungsfähigkeit ihrer Produktionsfaktoren benötigt, um auf dieser Basis branchenspezifische Problemzusammenhänge und Entwicklungspotentiale zu identifizieren. Die Begleitung des wirtschaftlichen Transformationsprozesses in den neuen Ländern bietet zahlreiche Ansatzpunkte einer Kooperation von Wissenschaft und Wirtschaft. Dies betrifft

- die Bauwirtschaft bei der Herstellung moderner Anlagen für Industrieansiedlungen, beim Aufbau eines leistungsfähigen Verkehrs- und Kommunikationsnetzes sowie bei der Sanierung von Wohn-, Sozial-, Industrie- und Verkehrsbauten;

- die Energiewirtschaft, die sich in einem grundlegenden Innovationsprozeß auch von großer ökologischer Bedeutung befindet;
- den Braunkohlentagebau, seiner effizienten und ökologischen Einordnung einschließlich der von ihm ausgehenden Rekultivierungsaufgaben;
- die chemische Industrie mit ihren Schlüsselfunktionen zur Umgestaltung der gesamten Stoff-Umweltbeziehung;
- die Automatisierungstechnik mit veränderten Arbeitsstrukturen im Produktionsbereich;
- die Qualitätsoptimierung auf dem Gebiet maschinen- und elektrotechnischer Produkte;
- den Umweltschutz bei der Ansiedlung neuer Industrien und der Aufarbeitung ökologischer Altlasten;
- die verkehrstechnische Herausforderung hinsichtlich der Vernetzung von Straße, Schiene, Luft- und Wasserwegen sowie
- die Nutzung des Standortvorteils vor allem von Berlin und Brandenburg als *Ost-West-Zentrum* zur Erschließung des Markt- und Technologiepotentials Osteuropas.

Standortmarketing und Infrastruktur spielen große Rolle

Das wirtschaftliche und technologische Profil der Region Berlin/Brandenburg ist allerdings noch zu undeutlich konturiert. Will sich Berlin zu einer technologieorientierten Dienstleistungsmetropole weiterentwickeln, bedarf es neben einer Förderung entsprechender mittelständischer Strukturen im Ostteil der Stadt insbesondere auch einer Verbesserung des *Standortmarketings* zur Gewinnung leistungsfähiger Großunternehmen für Schlüsselprojekte. In diesem Zusammenhang spielt auch die *Infrastruktur* eine wichtige Rolle.

Die Realisierung der Vision einer Dienstleistungsmetropole erfordert unter dem Aspekt der gewachsenen Wirtschaftsstruktur in Berlin eine langfristige Perspektive. Dabei bleibt unumstritten, daß höherwertige Dienstleistungen nur auf der Basis einer entwickelten Industriestruktur erfolgreich sein können, deren Entwicklung das vorrangige Ziel einer integrierten Wirtschaftsförderung für Berlin und Brandenburg sein muß.

Die schnelle Nutzung von Forschung und Technologie als Standortvorteil bedingen die Erarbeitung eines abgestimmten strategischen Konzepts, das sowohl die Inhalte als auch die institutionellen Zuständigkeiten sowie deren Koordination beinhaltet. Alle langfristig orientierten Rahmenkonzepte, sei es das *Technologieprogramm Forschung, Innovation und Technologie Berlin 2001*, das *Landestechnologiekonzept Brandenburg* oder die geplante *regionale Technologiestiftung* nach dem Vorbild Bayerns, Baden-Württembergs, Schleswig-Holsteins oder Thüringens können ihre Wirkung nur durch eine für die Zielgruppen transparente Ausrichtung und Koordination ihrer Aktivitäten entfalten. Dies zu erreichen wird eine der großen und vordringlichen Aufgaben einer zukunftsweisenden Wirtschaftsförderung sein.

Expertensysteme zur Unterstützung der Standortwahl

Frauke Weichhardt / Martin Weichhardt

Gleiche Prinzipien der rationalen Entscheidungsfindung

Worauf basiert die Entscheidung für oder gegen einen Standort? In der Regel wird eine Standortentscheidung erst nach gründlicher Prüfung der für das Unternehmen relevanten Faktoren getroffen. Welche Faktoren sind dies? Diese Frage wird vermutlich jedes Unternehmen anders beantworten, in Abhängigkeit von Branche, Unternehmensgröße etc. Dennoch werden in jedem Unternehmen prinzipiell die gleichen Einflußgrößen betrachtet werden, wenn auch mit unterschiedlicher Gewichtung. Dies läßt die Unterstützung des Entscheidungsprozesses durch ein Software-System sinnvoll erscheinen, denn offensichtlich läßt sich dieser Prozeß annähernd formalisieren. Die Prinzipien der rationalen Entscheidungsfindung im Rahmen der Standortwahl sind in allen Unternehmen gleich.

In diesem Beitrag soll nun eine mögliche Konzeption eines solchen Systems vorgestellt werden. Dabei wird auf die Technologie der Expertensysteme zurückgegriffen, da diese die Möglichkeit beinhalten, auch qualitative Faktoren zu berücksichtigen, einmal getroffene Entscheidungen zu erläutern und gegebenenfalls wiederzuverwenden.

Der erste Teil der Darlegungen beschäftigt sich kurz mit den theoretischen Grundlagen der oben angesprochenen Problemkreise. Im zweiten Teil wird die Konzeption des Expertensystems beschrieben.

Das Expertensystem

"*Ein Expertensystem ist ein Programm, das in einem eng abgegrenzten Anwendungsbereich die spezifischen Problemlösungsfähigkeiten eines menschlichen Experten zumindest annähernd erreicht oder übertrifft*" (vgl. Kurbel, K.: Entwicklung von Expertensystemen, in: Kurbel, K. / Strunz, H. (Hrsg.): Handbuch Wirtschaftsinformatik, S. 483, Stuttgart 1990). Das Ziel eines Expertensystems ist es also nachzubilden, wie sich ein menschlicher Experte verhalten würde, insbesondere dessen Fähigkeit zur effizienten Problemlösung. Weitere Merkmale, die einen Experten charakterisieren, beschreibt *Davis* als Fähigkeiten:

- zur Problemlösung

- zur Ergebniserklärung
- hinzuzulernen
- zur Reorganisation von Wissen
- zur Übertretung von Regeln
- zur Beurteilung der eigenen Kompetenz für ein bestimmtes Problem
- sich mit Anstand zurückzuziehen (plausibles Verhalten auch beim Überschreiten der Grenzen des Fachwissens)

Bis auf die ersten drei Merkmale können Expertensysteme heute die von Davis genannten Erwartungen kaum oder gar nicht erfüllen (vgl. Kurbel, K., a.a.O., S. 483).

Architektur

Unter der *Architektur* eines Expertensystems wird seine *Außensicht* verstanden, d. h. die verschiedenen Programmodule und ihre Beziehungen zueinander (vgl. Puppe, F.: Einführung in Expertensysteme, 2. Aufl., S. 10, Berlin 1991). Architektur betrifft dabei weniger die durch die verwendeten Sprachen und Werkzeuge realisierte Detailgestaltung als vielmehr die Struktur des Systementwurfs. Der Aufbau eines Expertensystems wird durch einzelne, bestimmte Funktionen realisierende Komponenten beschrieben. Hierbei ist die modulare Struktur von besonderer Bedeutung (vgl. Frank, U.: Expertensysteme: Neue Anwendungspotentiale im Büro- und Verwaltungsbereich, S. 26, Wiesbaden 1988).

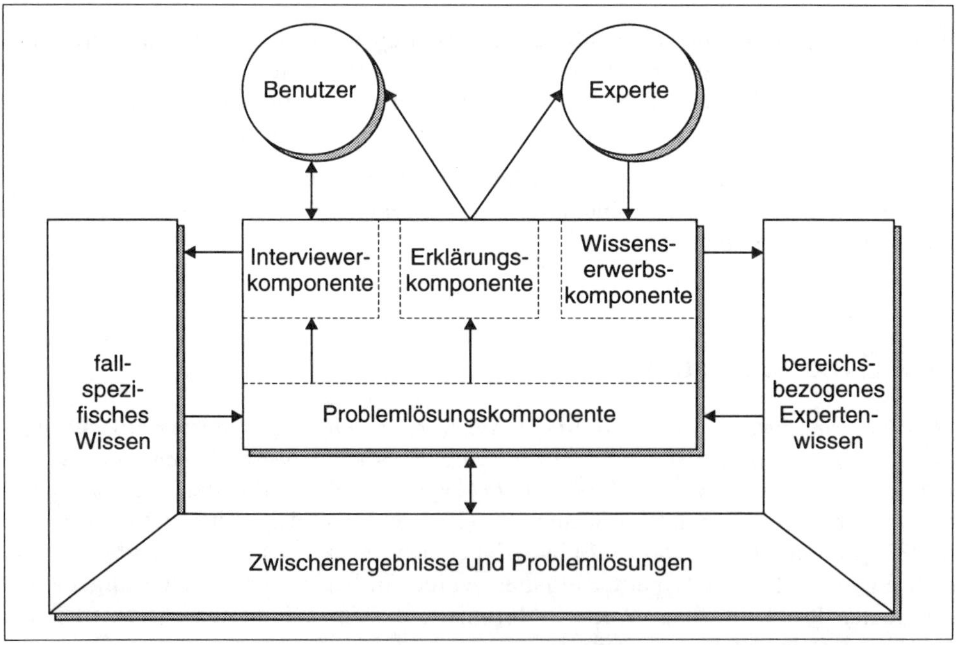

Abbildung: Architektur von Expertensystemen (vgl. Puppe, F., a.a.O., S. 13)

Die funktionale Trennung zwischen Expertenwissen und Problemlösungsstrategien spiegelt sich bei der Architektur eines Expertensystems in den beiden Hauptmodulen Steuersystem und Wissensbasis wieder. Diese beiden *Hauptmodule* bestehen ihrerseits aus mehreren Untermodulen.

Das *Steuersystem* beinhaltet den Programmcode für die Problemlösungstrategien und für die Benutzerschnittstellen und besteht aus nachstehenden Untermodulen:

- der Problemlösungskomponente, die das Expertenwissen zur Lösung des vom Benutzer spezifizierten Problems interpretiert,
- der Interviewerkomponente, die den Dialog mit dem Benutzer führt und/oder automatisch erhobene Meßdaten liest,
- der Erklärungskomponente, die die Vorgehensweise des Expertensystems transparent macht und sowohl durch Begründung oder Rechtfertigung einer vorgeschlagenen Problemlösung den Benutzer unterstützt als auch dem Experten bei der Lokalisierung von Fehlern in der Wissensbasis hilft und
- der Wissenserwerbskomponente, die es dem Experten ermöglicht sein Wissen in das Expertensystem einzugeben und später zu ändern (vgl. Puppe, F., a.a.O., S. 12).

Die *Wissensbasis* bildet die Grundlage des Expertensystems (vgl. Schupp P. / Leibrandt, U.: Expertensysteme, S. 13, Berlin 1986) und läßt sich in die folgenden Untermodule zerlegen:

- bereichsbezogenes Wissen, das dem eigentlichen Expertenwissen entspricht, es enthält also Kenntnisse und Erfahrungen von Experten auf einem bestimmten Anwendungsgebiet,
- fallspezifisches Wissen, welches auch Faktenwissen genannt wird, da es die Konstellation einer konkreten Anwendungssituation beschreibt,
- Zwischenergebnisse und Problemlösungen schließlich als Teil der Wissensbasis, in dem die Zwischen- und Endergebnisse des Schlußfolgerungsprozesses enthalten sind (vgl. Puppe, F., a.a.O., S. 12).

Für die Wissensbasis existieren verschiedene mögliche *Datenmodelle* (Strukturierungsmöglichkeiten), von denen je nach dem bearbeiteten Wissensgebiet das eine oder das andere günstiger sein kann. Es sind in dieser Struktur auch ergänzende Informationen für das Expertensystem und insbesondere für die von ihm einzuschlagende Strategie der Wissensauswertung enthalten.

Einsatzgebiete und Anwendungsmöglichkeiten

Für die Klassifizierung von Expertensystemen scheint die Unterteilung nach *Aufgabentypen* die sinnvollste. Demnach wird folgendermaßen klassifiziert:

- Diagnosesysteme; Klassifikation von Fällen durch Reduktion umfangreichen Datenmaterials
- Expertisesysteme; Formulierung von Situationsberichten (evtl. Beratungselemente enthaltend) unter Diagnosedatenbenutzung

- Beratungssysteme; Handlungsempfehlung im Dialog mit dem Menschen
- Intelligente Checklisten; Gedächtnisstütze und Vollständigkeitssicherung bei Entscheidungsprozessen (evtl. Teile von Beratungs- und Diagnosesystemen)
- Selektionssysteme; Elementauswahl aus großer Zahl von Alternativen (evtl. Teile von Konfigurations- und Planungssystemen)
- Konfigurationssysteme; Erstellung von komplexen Gebilden auf der Basis von Selektionsvorgängen
- Planungssysteme wie Konfigurations- und Selektionssysteme aber auch Berücksichtigung der Reihenfolge
- Zu- und Abgangssysteme; Darstellung von Hüllen für konventionelle Entscheidungs- und Planungshilfen
- Aktive Hilfesysteme (Mensch-Maschine-Dialog); vom Anwender unangeforderte Hilfen zur Fehlerbewahrung und Effizienzsteigerung des Problemlösungsprozesses
- Unterrichtssysteme; computerunterstützter Unterricht mit wissensbasierten Elementen
- Entscheidungssysteme; automatische Entscheidungsübernahme im Rahmen vorgegebener Grenzen

Aufgrund der relativ detaillierten Untergliederung ergibt sich, daß Überschneidungen möglich sind und Zuordnungen nicht immer eindeutig sind (vgl. Mertens, P.: Einsatzpotentiale und Anwendungsklassen für Expertensysteme, in: Kurbel, K. / Strunz, H. (Hrsg.): Handbuch Wirtschaftsinformatik, S. 525 f., Stuttgart 1990).

Wie eine Einteilung der bekannten Expertensysteme in die einzelnen Aufgabenklassen zeigt, gehören ungefähr drei Viertel aller Entwicklungen zu den Aufgabentypen Diagnose, Beratung, Konfiguration und Planung. Dabei beschäftigen sich die Systeme in der Planungskategorie allerdings hauptsächlich mit der Reihenfolgeplanung, da die Unterstützung von Expertensystemen bei Planungsproblemen über die Zeitachse nur sehr gering ist. Bei den in die betriebliche Praxis überführten Prototypen dominieren eindeutig Konfiguratoren vor Diagnosesystemen (vgl. Mertens, P., a.a.O., S. 527).

Anforderungen an ein Expertensystem zur Standortwahl

Im folgenden sollen erst die Begriffe *Standortwahl* und *Standort* definiert werden, daraufhin werden der Ablauf einer Standortwahl dargestellt und die Standortfaktoren näher betrachtet. Auf dieser Grundlage werden dann die Anforderungen an ein Expertensystem zur Standortwahl abgeleitet.

Standortwahl und Standort

"*Die Aufgabe der Standortplanung ist es, aus einer Menge potentieller Standorte einen bzw. mehrere so auszuwählen, daß eine weitestgehende Übereinstimmung zwischen Standortanforderungen und Standortbedingungen mit dem Ziel der Maximierung des wirtschaftlichen Erfolges gewährleistet wird*" (vgl. Domschke, W. / Drexel, A.: Logistik: Standorte, S. 7, München 1984). Die Standortwahl ist eine Entscheidung mit langfristiger Wirkung, die unter Umständen nicht revidierbar ist. Einfluß auf diese Entscheidung haben nicht nur wirtschaftliche, sondern auch persönliche Gesichtspunkte, wie Tradition, persönliche Präferenzen etc. Ebenso kann der Standort für bestimmte Wirtschaftszweige geographisch vorgegeben sein. Es können Konzessionen benötigt werden, oder gesetzliche Vorschriften beeinflussen die Entscheidung. Voraussetzung ist immer, daß erst entschieden wird ob eine nationale oder internationale Standortwahl erfolgen soll (vgl. Wöhe, G.: Einführung in die Allgemeine Betriebswirtschaftslehre, 17. Aufl., S. 469 ff., München 1990).

Es lassen sich, nach dem Anlaß der Standortentscheidung, drei Typen der Standortwahl unterscheiden (vgl. Bea, F. X.: Allgemeine Betriebswirtschaftslehre, Band 1: Grundfragen, 5. Aufl., S. 330, Stuttgart 1990):

- Gründung einer Unternehmung
- Verlagerung einer Unternehmung
- Verlagerung von Teilbereichen einer Unternehmung

Der Standort eines Unternehmens wird definiert als "*der geographische Ort, an dem Produktionsfaktoren eingesetzt werden, um Leistungen zu erstellen*" (vgl. Bea, F. X., a.a.O., S. 330).

Kriterien der Standortwahl

Die Kriterien für eine Standortwahl ergeben sich aus den Faktoren, die einen Standort in ökonomischer Sichtweise beschreiben. Dies sind die sogenannten Standortfaktoren. Alfred Weber definiert einen Standortfaktor als *einen seiner Art nach scharf abgegrenzten Kostenvorteil, der einen bestimmten (Betriebs-)prozeß hierhin oder dorthin zieht* (vgl. Weber, A.: Über den Standort der Industrien, S. 16, Tübingen 1909). Rüschenpöhler definiert Standortfaktoren als *nur die speziellen Bedingungen einer geographischen Lage, die von einem bestimmten Betrieb genutzt werden* (vgl. Rüschenpöhler, H.: Der Standort industrieller Unternehmungen als betriebswirtschaftliches Problem, S. 67, Berlin 1958).

Grundsätzlich kann man primäre und sekundäre Standortfaktoren unterscheiden. Die *primären* Faktoren sind die natürlichen, vorgegebenen oder auch lagetopographischen Faktoren. Die *sekundären* sind jene Faktoren, die erst im Zuge der wirtschaftlichen Erschließung eines Raumes wirksam werden, und deren Intensität von der räumlichen Struktur der Wirtschaft selbst bestimmt wird (vgl. Ihde, G. B.: Transport, Verkehr, Logistik, 2. Aufl., S. 129, München 1991).

Heute haben die sekundären Faktoren eine weitaus größere Bedeutung als die primären, da die ökonomische Landschaftsstruktur offensichtlich immer mehr durch die sekundären Standortfaktoren bestimmt wird (vgl. Ihde, G. B., a.a.O., S. 132).

Unter anderen Gesichtspunkten ist auch eine Unterteilung in generelle und spezielle, Regional-, Agglomerations- und Deglomerationsfaktoren, natürlich-technische und gesellschaftlich-kulturelle, konstante und inkonstante sowie in für den Betrieb bedeutende und unbedeutende möglich.

Es sind hinsichtlich der Standortfaktoren fünf Stufen der *Standorttheorie* entstanden, die auch als Erweiterungen des Grundansatzes gesehen werden können:

- Betrachtung der Transportkostenunterschiede
- Einbeziehung der Arbeitskosten und darüber hinaus der agglomerationsbedingten Kostenvorteile
- Möglichkeit der Substitution von Einsatzfaktoren
- Betrachtung qualitativer Momente
- Berücksichtigung des Absatzes (vgl. Hahn, O.: Allgemeine Betriebswirtschaftslehre, S. 544 ff., München 1990)

Eine Zusammenfassung dieser Überlegungen führt zu einem Katalog von Standortfaktoren der folgendermaßen aussehen könnte (vgl. Bea, F. X., a.a.O., S. 336–337):

Beschaffungsorientierte Standortfaktoren

- Grundstücke (Beschaffenheit, Anschaffungspreis bzw. Miethöhe)
- Roh-, Hilfs- und Betriebsstoffe (Preise, Transportkosten)
- Arbeitskräfte (Arbeitskräftepotential, Lohnniveau, Qualifikation, Arbeitsmoral)
- Energie (Verfügbarkeit, Energiekosten)
- Verkehr (Verkehrsinfrastruktur, Transportkosten)

Fertigungsorientierte Standortfaktoren

- Natürliche Gegebenheiten (Bodenbeschaffenheit, Klima)
- Technische Gegebenheiten (Nähe zu kooperationsbereiten Unternehmen und zu Forschungs- und Entwicklungseinrichtungen)

Absatzorientierte Standortfaktoren

- Absatzpotential (Bevölkerungsstruktur, Kaufkraft, Konkurrenz, Herkunftsgoodwill)
- Verkehr (Verkehrsanbindung, Transportkosten)
- Absatzkontakte (Vorhandensein von Absatzhilfen wie Makler, Messen, Werbeagenturen)

Staatlich festgelegte Standortfaktoren

- Steuern (Hebesätze, Steuerbegünstigungen)
- Grenzüberschreitende Regelungen (Zölle, Außenhandelsgesetze)
- Wirtschaftsordnung (wirtschaftsrechtliche Bestimmungen, Unternehmensordnungsregeln) sowie Risiken einer Änderung aufgrund von politischer Instabilität
- Umweltschutzmaßnahmen (Auflagen zur Reduktion von Umweltbelastungen)
- Staatliche Hilfen (Förderungsprogramme, Existenzgründungshilfen)

Vorgehensweise bei der Standortwahl

Bei der Standortwahl wird ein Katalog von Kriterien aufgestellt, die der optimale Standort erfüllen sollte. Diese Kriterien sind bei jeder Art von Standortwahl gleich, aber ihre Gewichtung ist verschieden, so daß auf die unterschiedlichen Anforderungen an einen Standort in Abhängigkeit von der Branche und der Zielsetzung der Unternehmen Rücksicht genommen werden kann. Außerdem besteht dadurch die Möglichkeit, die subjektiven Präferenzen der Entscheidungsträger einzubeziehen. Das bedeutet, daß die oben erwähnten Kriterien in ihrer Art immer betrachtet werden, aber ihre Ausprägungen von Untersuchung zu Untersuchung verschiedene Auswirkungen haben. Voraussetzung dafür ist eine Ermittlung der Mindestanforderungen, der Substitutionsmöglichkeiten und der Zeitdauer der Wirksamkeit der Anforderungen.

Es wird der Standort ausgewählt, der die größtmögliche Erfüllung aller Anforderungen verspricht. Dies erfolgt mittels mathematischer Modelle, durch Kosten-Nutzen-Analysen oder durch Scoring-Verfahren (vgl. Hahn, O., a.a.O., S. 550).

Ableitung der Anforderungen an ein Expertensystem zur Standortwahl

Ein Expertensystem, das die Standortwahl unterstützen soll, hat grundsätzlich zwei miteinander verbundene Problemkreise zu bearbeiten. Das ist die Stufe der Standortfaktorenanalyse und die Stufe der konkreten Standortentscheidung.

In der Stufe der *Standortfaktorenanalyse* werden die Standortfaktoren gewichtet und darauf aufbauend wird ein möglicher Standort charakterisiert. Voraussetzung für die Gewichtung ist die Eingabe der Unternehmensbeschreibung in der Art eines Frage-Antwort-Dialoges (z. B.: Wie viele Arbeitskräfte beschäftigen Sie? An welcher Stelle der gesamtwirtschaftlichen Wertschöpfung arbeitet Ihr Unternehmen? etc.).

Die Gewichtung erfolgt regelbasiert, d. h., das Wissen ist in Form von Regeln gespeichert (wenn-dann-Beziehungen) und wird durch fallbasiertes Arbeiten ergänzt; es werden also bereits durchgeführte Projekte als Grundlage herangezogen. Jedem Projekt liegt die gleiche Palette von Standortfaktoren zugrunde, wobei nichtrelevante Standortfaktoren durch die Gewichtung als solche gekennzeichnet werden. Im Anschluß daran erfolgt die Charakterisierung eines möglichen Standortes, indem die für dieses Unternehmen notwendigen Ausprägungen der Standortfaktoren eines optimalen Standortes bestimmt werden. Diese Ausprägungen können sowohl eine quantitative (z. B. steuerlicher Hebesatz in Prozent) als auch eine qualitative (z. B. Absatzpotential gut, mittel oder schlecht) Form haben. Weiterhin wird ein Profil des optimalen Standortes erstellt, damit ein graphischer Vergleich zwischen real existierenden, in Frage kommenden Standorten (Ist-Profile) und dem optimalen Standort (Soll-Profil) möglich ist.

Die Stufe der *konkreten Standortentscheidung* beinhaltet die Auswahl eines bestimmten Standortes mit Hilfe einer Standort-Datenbank. Die Standort-Datenbank enthält verschiedene Standorte, die durch die Ausprägung der Standortfaktoren charakterisiert sind. Die Auswahl eines bestimmten Standortes erfolgt dann durch einen im Programm enthaltenen Vergleich der Ist-Profile mit dem Soll-Profil.

Die Aufteilung in zwei Stufen erfolgt deshalb, weil die Probleme, die eine Standort-Datenbank aufwirft, relativ schwer lösbar erscheinen. Um eine derartige Datenbank zu erstellen, bedarf es eines hohen Aufwandes zur Sammlung von Informationen über die einzelnen Standorte und ihrer Auswertung. Darüber hinaus muß eine Standort-Datenbank ständig gewartet werden, um ihre Aktualität aufrechtzuerhalten.

Ein Expertensystem, das beide Stufen enthält, wäre damit in der Lage, nach Eingabe der unternehmensspezifischen Daten den für das Unternehmen optimalen Standort aus allen real existierenden Standorten selbständig auszuwählen.

Fazit

Die Standortentscheidung eines Unternehmens bedarf einer gründlichen Analyse der Unternehmensbedürfnisse. Dieser Prozeß kann im Einzelfall sehr aufwendig werden. Das oben beschriebene System könnte deshalb zu einer Verringerung dieses Aufwands beitragen und Standortentscheidungen wesentlich beschleunigen. Dadurch könnten erhebliche Planungsrisiken eliminiert werden, da die Grundlagen der Entscheidung auch zum Zeitpunkt der Umsetzung noch gegeben sind.

Dieser Beitrag versteht sich als Anregung, die Möglichkeit einer Rechnerunterstützung der Standortauswahl in Betracht zu ziehen. Eine eventuelle Realisierung des oben beschriebenen Konzepts würde sicherlich weitere Gesichtspunkte zu Tage fördern, die im Rahmen dieser Abhandlung noch nicht berücksichtigt werden konnten. Sie kann deshalb nur als erster Schritt in Richtung einer rechnerunterstützten Standortwahl verstanden werden.

Standortentscheidungen der Coca-Cola GmbH in Berlin und in den neuen Bundesländern

Heinz Wiezorek

Start eines einmaligen Projektes

Wer zuerst kommt, den belohnt das Leben! Mit diesem abgewandelten Gorbatschow-Zitat startet die Coca-Cola Organisation ein in ihrer Geschichte einmaliges Projekt: Ein bereits vorhandener Markt öffnet sich von einem Tag auf den anderen. Eine völlig neue Verbrauchergruppe in Millionenstärke soll schnell und lückenlos mit den beliebten westlichen Erfrischungsgetränken versorgt werden. Eine Aufgabe, die sowohl von der westdeutschen Coca-Cola GmbH als auch von der amerikanischen Muttergesellschaft in Atlanta ungewöhnliche Maßnahmen verlangte.

Nicht nur hohe Investitionen waren vonnöten, sondern auch eine besondere Umsicht bei strategischen, personellen und produktionstechnischen Entscheidungen. Der Erfolg der letzten zwei Jahre spricht für sich: Coca-Cola ist zur gesamtdeutschen Marke geworden. Verfügbarkeit in *ganz* Deutschland ist ihr Merkmal.

Nach dem Fall der Mauer im November 1989 nahm die Coca-Cola Organisation sofort Kontakt mit den damaligen DDR-Behörden auf. Gespräche in Ministerien, Behörden und Getränke-Kombinaten waren Ende Dezember 1989 bereits an der Tagesordnung. Zu diesem Zeitpunkt war es noch schwer vorstellbar, daß Deutschland wiedervereinigt wird und daß es eine gemeinsame Währung geben könnte. Die damaligen Ansprechpartner verhandelten über die Lieferung westdeutscher Produkte zu niedrigen Ost-Preisen. Markteinführung und Distribution wollten sie in eigener Regie durchführen. Joint-Ventures sollten nur mit einer 49prozentigen West-Beteiligung und ohne Anteil an Grund und Boden möglich sein. Das war die *Ausgangssituation* Ende des Jahres 1989.

Der Pro-Kopf-Verbrauch an Erfrischungsgetränken war in der damaligen DDR genauso hoch wie in Westdeutschland. Rund 80 Liter Erfrischungsgetränke pro Jahr wurden konsumiert. In der DDR existierte also ein volumenmäßig sehr großer Markt. Standorte, Abfüllfabriken (wenn auch veraltet) und Mitarbeiter mit Branchenkenntnissen waren vorhanden.

Für Normalbürger waren Coca-Cola Produkte nicht erhältlich, obwohl die Marke Coca-Cola für fast alle DDR-Bürger einen feststehenden Begriff darstellte. Viele hatten bereits über Jahrzehnte das westdeutsche Fernsehen verfolgt und damit auch westdeutsche Coca-Cola Werbung gesehen. In den Genuß, Coca-Cola zu konsumieren, kamen aber nur die wenigsten. Produkte aus dem Hause Coca-Cola konnten lediglich Privilegierte in den früheren Intershops gegen harte West-Währung kaufen.

Die ehemalige DDR war in 15 Bezirke eingeteilt, und jeder Bezirk hatte volkseigene Betriebe, die Erfrischungsgetränke produzierten. Dies geschah in aller Regel in Kooperation mit Brauereien. Gebäude, technische Ausrüstung und Transportmöglichkeiten waren zwar vorhanden, aber in den meisten Fällen in schlechtem Zustand. Westdeutsche Fachleute aus der Coca-Cola Organisation analysierten die Situation vor Ort und führten Gespräche mit den jeweiligen Verantwortlichen. So wurde begonnen, die Spreu vom Weizen zu trennen.

Erste Schritte zur Marktdurchdringung

Der *Markt* für Erfrischungsgetränke und zum Teil auch die notwendige *Infrastruktur* waren vorgegeben. Beides galt es jetzt zu entwickeln. Zwei grundsätzliche Voraussetzungen mußten geschaffen werden, um langfristig erfolgreich zu operieren:

- Coca-Cola Produkte müssen so schnell wie möglich auf den Markt kommen und möglichst bald überall verfügbar sein. Damit sollte auch ein Zeichen gesetzt werden, daß die Marktwirtschaft wirklich Einzug hält.
- Die vorhandene Infrastruktur muß möglichst schnell ausgebaut und auf westdeutschen Standard gebracht werden. Damit sollten auch die vielen qualifizierten Mitarbeiter der DDR-Erfrischungsgetränke-Industrie an Coca-Cola gebunden werden.

Drei Monate nach Maueröffnung rollten im Februar 1990 die ersten LKW mit Coca-Cola Dosenware über die Grenze. Vorausgegangen war eine Ad-hoc-Marktstudie in Ost-Berlin ohne repräsentativen Charakter: Wieviel würden die Konsumenten in Ostdeutschland für das Originalgetränk Coca-Cola ausgeben? Die männlichen Befragten hätten zwischen 1,80 und ca. zwei Mark ausgegeben. Die Frauen lagen etwas sparsamer bei ungefähr 1,50 Ost-Mark. Zum Vergleich: Die Club-Cola, eben die Cola aus den volkseigenen Betrieben, kostete damals in der Halb-Literflasche 65 Ost-Pfennige.

Die Coca-Cola Organisation beschloß daher den *Verkauf gegen DDR-Mark.* Dabei sollte im Preis ein Verhältnis von etwa 1:3 angesteuert werden. So lag der Dosenpreis für Coca-Cola zu Beginn bei ca. 2,40 DDR-Mark. Doch schon schnell reagierte der Handel. Einige aggressive Händler begannen schon nach wenigen Wochen, den Verkaufspreis auf zwei Mark zu reduzieren. Die Logik: Zu einem günstigeren Preis kann mehr verkauft werden. Das frühe Fazit: Die freie Marktwirtschaft funktionierte selbst in der damals noch existierenden DDR.

Trotz des hohen finanziellen Risikos bei einer Währungsunion hatte sich also die Coca-Cola Gesellschaft schon zu diesem frühen Zeitpunkt im Jahre 1990 zum Verkauf gegen DDR-Mark entschlossen.

In der Zwischenzeit analysierten westdeutsche Experten aus der Coca-Cola Organisation die 15 nach Bezirken aufgeteilten Getränke-Kombinate.

Ebenfalls im Februar 1990 wurden leitende Mitarbeiter der Kombinate zu einem Wochenendseminar zum Sitz der Coca-Cola GmbH in Essen eingeladen. Auf diesem Treffen sind gemeinsam weitere Schritte für den künftigen Verkauf von Coca-Cola Produkten erarbeitet worden. Außerdem sind wichtige personelle Voraussetzungen geschaffen worden.

In der Diskussion hatte sich die Coca-Cola Organisation sehr schnell ein Bild über die hohe Qualifikation der Mitarbeiter machen können. Etwa die Hälfte der damals Anwesenden wurde übernommen.

Auf diesem Forum in Essen wurden dann wichtige Voraussetzungen zur Organisationsstruktur und zum Verkauf und Vertrieb der Coca-Cola Produkte geschaffen. Folgende *Lösungen* sollten angestrebt werden:

- Der Erfrischungsgetränkebereich wird als eigenständige GmbH aus dem jeweiligen Kombinat ausgegliedert, um die Trennung vom Biergeschäft zu realisieren.
- Die Coca-Cola GmbH stellt ihre Produkte zu einem attraktiven Großhandelspreis zur Verfügung.
- Tatkräftige Unterstützung beim Verkauf und Vertrieb werden zugesichert. Technische Verkaufshilfen wie Zapfgeräte, Kühlautomaten, Fahrzeuge und Gabelstapler werden im Leasingverfahren zur Verfügung gestellt.

Aufbau einer eigenen Produktions- und Vertriebsstruktur

Seit Mitte Februar 1990 waren Coca-Cola Produkte für die Verbraucher in der DDR verfügbar. Zu diesem Zeitpunkt hatte die Coca-Cola Gesellschaft also begonnen, über dort schon vorhandene Getränke-Vertriebsorganisationen zu verkaufen.

Im April 1990 hatte die Coca-Cola GmbH in Essen eine Tochtergesellschaft, die *Coca-Cola Erfrischungsgetränke GmbH* (CCEG) gegründet. Die klare Aufgabenstellung der CCEG lautete, das Geschäft in der DDR zu betreiben.

Bis zum Aufbau eigener Abfüllkapazitäten wurden die Produkte aus anderen europäischen Produktionsanlagen in die DDR gebracht und gegen Ostmark verkauft. Bereits Ende März 1990 konnte der Import der ersten Million Kisten in die DDR verbucht werden. Statistisch gesehen hatte bereits zu diesem Zeitpunkt jeder DDR-Bürger einen 0,33 Liter Drink Coca-Cola getrunken. Die Erfolgsgeschichte nahm endgültig seinen Verlauf. Bereits Ende des Jahres 1990 sind mehr als 262 Millionen Liter Coca-Cola Produkte in Ost-Deutschland verkauft worden.

Erstmals im April 1990 (am Tage der Freigabe von Werbesendungen im DDR-Fernsehen) wurden auch die berühmten *Coca-Cola Werbespots* im Deutschen Fernsehfunk ausgestrahlt. Erste Sponsoring-Aktivitäten waren bereits ein paar Wochen früher angelaufen.

Die Coca-Cola Gesellschaft hatte sich daraufhin im Frühjahr 1990 grundsätzlich entschieden, in den Aufbau von Fabriken und Vertriebsstandorte in dem Gebiet der DDR zu investieren. Das Ziel wurde klar und unmißverständlich formuliert: so schnell wie möglich *vor Ort* zu produzieren. Folgende Gründe führten zu der Zieldefinition:

- Es ist zu teuer, Wasser zu transportieren.
- Es ist generell Politik der Coca-Cola Gesellschaft, dort zu produzieren, wo verkauft werden soll.
- Die Gesamtverantwortung beim Aufbau der freien Marktwirtschaft in den neuen Ländern. Im Westen zu produzieren und gleichzeitig darauf zu hoffen, daß im Osten durch die Unterstützung des Westens genügend Geld vorhanden sein wird, damit die Menschen sich z. B. Coca-Cola Produkte leisten können, ist eine Politik, die die Coca-Cola Gesellschaft nicht teilt.

Als Antwort auf die große Nachfrage in ihrem neueröffneten DDR-Markt hatte die Coca-Cola Muttergesellschaft in Atlanta im April 1990 ein *erstes Investitionsprogramm* über 140 Millionen Dollar verabschiedet. Mit diesem Geld sollte erstens die Abfüllung und zweitens der Vertrieb von Coca-Cola Produkten in der DDR vorangetrieben werden.

Technische Einrichtungen, Lastwagen, Verkaufsautomaten und andere wichtige Ausstattung für die fünf bereits bestehenden Betriebsanlagen sollten so finanziert werden.

Zu Beginn des Jahres 1991 lag eine Studie vor, die zeigte, daß eine optimale Versorgung in den neuen Bundesländern sichergestellt werden kann, wenn zwischen 5 und 7 Fabriken, die gleichzeitig Vertriebsstandort sind und darüber hinaus noch einmal 8 bis 10 Nur-Vertriebsstandorte gebaut würden. Weitere Investitionen waren also dringend notwendig. Nach einer Informationstour durch ostdeutsche Großstädte bewilligte die Muttergesellschaft aus Atlanta die Aufstockung der Investitionssumme auf 450 Millionen Dollar. Noch nie in ihrer Geschichte hatte die Company in so kurzer Zeit derart hohe Summen in den Aufbau eines Landes investiert.

Da streng nach der Philosophie *hier produziert, hier getrunken* vorgegangen wurde, sah man sich nicht nur rechtzeitig nach Standorten, sondern gleich auch nach Mitarbeitern um.

Durch die hohe Qualität des lokalen Personals in den inzwischen von den Brauereien Erfrischungsgetränke-Töchtern konnte den Unternehmen vor Ort weitgehend freie Hand gewährt werden. Sie verkauften Ware auf eigene Rechnung, was ihnen ermöglichte, von der inzwischen gegründeten Treuhandanstalt unabhänig zu sein. Von Anfang an wurden die Partner im Osten wie *eigenständige Unternehmer* geführt. Alle Vertriebsstandorte im Osten sind Profitcenter.

Vor den Verhandlungen mit der Treuhandanstalt zur Übernahme von Ost-Betrieben durch die Coca-Cola Gesellschaft wurden von internationalen Spezialisten *Gutachten* über Grundstücke, Gebäude, Einrichtungen und Maschinen erstellt. Auch Umweltgutachten gehörten mit zu den Vorarbeiten. Um die Übernahme-Verträge kümmerte sich eine internationale Anwaltskanzlei. So entstand für jedes Objekt ein umfangreicher Katalog, der Grundlage der Gespräche mit der Treuhand war. Die eigentlichen Kaufverhandlungen dauerten nicht länger als vier Monate. Insgesamt wurden acht Objekte von der Treuhand gekauft.

Um eine optimale Versorgung in den östlichen Bundesländern sicherzustellen, waren – wie bereits erwähnt – zwischen 5 und 7 Abfüllbetriebe und rund zehn Nur-Vertriebsstandorte geplant. Noch während der Verhandlungen mit der Treuhand und als vorübergehend immer noch Westware verkauft wurde, wurden bereits Abfüllanlagen für die neuen Produktionsstandorte bestellt.

Alles, was für den Verkauf notwendig war, zum Beispiel technische Verkaufshilfen wie Thekenzapfgeräte und Kühlgeräte aber auch PKW, LKW und Gabelstapler, stellte die Coca-Cola Gesellschaft im *Leasingverfahren* zur Verfügung.

Standortentscheidungen von 1991 bis heute

Nach der Unterzeichnung eines *Grundsatzvertrages* mit der Treuhandanstalt über die Übernahme von 7 Abfüllbetrieben in der ehemaligen DDR, startete der Betrieb in der *ersten Abfüllanlage* in den neuen Bundesländern bereits am 18. Februar 1991 in der Stadt Halle. Die offizielle Einweihung erfolgte am 4. April 1991 durch den damaligen Außenminister Hans-Dietrich Genscher. Die Anlage steht in einer früheren Erfrischungsgetränkefabrik, die von Grund auf überholt wurde. Die Produktionsstätte mit einer derzeitigen Jahreskapazität von ca. 1,2 Millionen Hektolitern bietet sichere Arbeitsplätze für 350 Arbeitnehmer in der Region Halle.

Eine zweite Fabrik wurde kurz danach provisorisch in Boltenhagen bei Wismar in Betrieb genommen, und zwar in alten Gebäuden und mit überholten Maschinen. Nach der Übernahme des Boltenhagener Betriebsteils der Wismaria Getränke GmbH, begann noch im April 1991 die Abfüllung in Boltenhagen.

Im Laufe des Jahres 1991 gingen weitere Abfüllanlagen in Betrieb. Am 12. Juni 1991 hatte Bundeskanzler Helmut Kohl in Weimar die Fabrik eingeweiht. Vor den Toren Weimars entstand eine völlig neue Produktionsstätte, deren Planung das damalige Kombinat bereits 1979 begonnen hatte. Sie war demzufolge im Rohbaustadium übernommen worden.

Im Juni folgten in Berlin-Falkenberg, also Ost-Berlin, und im September in Stralsund zwei weitere Fabriken. Nachdem noch im Jahre 1990 das ehemalige Außenlager des VEB Getränkekombinat Berlin zum Verkauf angeboten wurde, war die wichtige Standortentscheidung für Berlin gefallen. Das Getränkekombinat wurde privatisiert (Brau und Brunnen-Erfrischungsgetränke AG Berlin, BEAG).

Im Januar 1991 erfolgte die Trennung der Fabrik in Berlin-Falkenberg von der BEAG. Bis zu deren Übernahme waren es dann nur noch 5 Monate.

In Stralsund verging lediglich gut ein Jahr von der Gründung des Verkaufscenters Stralsund auf dem Gelände einer Essig- und Konservenfabrik über den Erwerb des Grundstücks bis zum Abfüllstart im Jahre 1991. Ebenfalls noch im Jahre 1991 wurden die beiden West-Berliner Konzessionen Berlin-Lichterfelde (im April) und die Konzession Berlin Charlottenburg (im Oktober) in die CCEG integriert.

Nachdem bereits im Januar 1992 die 2. Abfüllanlage in Weimar mit einer Abfüllkapazität von 1 880 Kisten pro Stunde in Betrieb genommen werden konnte, weihte im

September 1992 der Ministerpräsident des Freistaates Sachsen, Prof. Dr. Kurt Biedenkopf, den kompletten Neubau eines Vertriebszentrums in Grüna bei Chemnitz ein. Der erste Spatenstich zu diesem Projekt geht auf November 1991 zurück.

Noch im November 1992 zogen Verwaltung und Verkaufsbereiche der Niederlassung Magdeburg in das neue Niederlassungsgebäude in Hermsdorf bei Magdeburg um.

Als einen weiteren *Höhepunkt* des Coca-Cola Investitionsprogrammes im Osten Deutschlands wertete im September 1993 der Geschäftsführer der Coca-Cola GmbH in Essen, Heinz Wiezorek, die offizielle Eröffnung der neuen Abfüllanlage in Radeberg bei Dresden. Damit hat die deutsche Coca-Cola Organisation das Versprechen eingelöst, in nur dreieinhalb Jahren in allen neuen Bundesländern einen Produktionsbetrieb zu aktivieren.

Gut einen Monat später konnte in Berlin-Hohenschönhausen offiziell der Neubau des Hauptverwaltungsgebäudes der CCEG eröffnet werden. Auf dem Gelände des ehemaligen Getränkekombinates Berlin war schon im Sommer 1991 eine moderne Fabrik eröffnet worden.

Die Coca-Cola Gesellschaft generierte in den neuen Bundesländern von Anfang an starkes Wachstum. Der Pro-Kopf-Verbrauch für Produkte aus dem Hause Coca-Cola wurde von 14 Litern in 1990 auf 36 Liter im Jahr 1993 gesteigert (zum Vergleich: 44 Liter in Westdeutschland im Jahre 1993). Im Jahre 1993 erzielte die CCEG einen Absatz von insgesamt 635 Millionen Litern.

Als Wachstumsträger kristallisierte sich eindeutig die *Packungsstrategie* heraus. In Ostdeutschland wurde mit Beginn der Produktion in die modernste Packung investiert, eben in die 1,5 Liter PET-Mehrwegflasche.

Coca-Cola verfügt *Anfang 1994* in Ostdeutschland über 13 Niederlassungen, 7 davon sind zugleich Produktions- und Vertriebsstandorte. Bis auf Dosen und Tetrapaks werden alle Coca-Cola Produkte vor Ort selbst hergestellt.

Rund 2 500 Mitarbeiter sorgen mittlerweile dafür, daß Coca-Cola Produkte überall im Osten vertreten sind. Die Mitarbeiter im Osten wurden von Anfang an als Partner behandelt. Die CCEG in Berlin-Falkenberg, eine hundertprozentige Tochter der Coca-Cola GmbH, ist eigenständiger Konzessionär.

Insgesamt hatte die Coca-Cola Organisation bis zum 31.12.1993 *850 Millionen Mark* in den Auf- und Ausbau von 13 Niederlassungen investiert. Damit ist der Getränkekonzern einer der größten Investoren in Ostdeutschland überhaupt. Das Schaffen der Infrastruktur bedeutete dabei nicht nur den Aufbau von eigenen Fabriken und Vertriebsstandorten. Vielmehr wird in allen Bereichen auf einheimische Lieferanten zurückgegriffen. Ostdeutsche Hersteller liefern Glasflaschen, Zucker, Kisten, Gläser und Werbematerialien. Das Auftragsvolumen für diese Firmen betrug jährlich ca. 150 Millionen DM.

Die Coca-Cola Erfrischungsgetränke GmbH (CCEG) beabsichtigt für die Zukunft eine weitere Optimierung ihres flächendeckenden Produktions- und Vertriebssystems in den neuen Bundesländern. Mit der Verlegung alter und der Errichtung neuer Standorte stellt die CCEG eine größere Nähe zum Kunden her und kann somit flexibler auf die Bedürfnisse der Verbraucher reagieren.

Mit diesen Maßnahmen reagiert die CCEG auf einen Markt, der sich in den letzten vier Jahren stürmisch entwickelt hat.

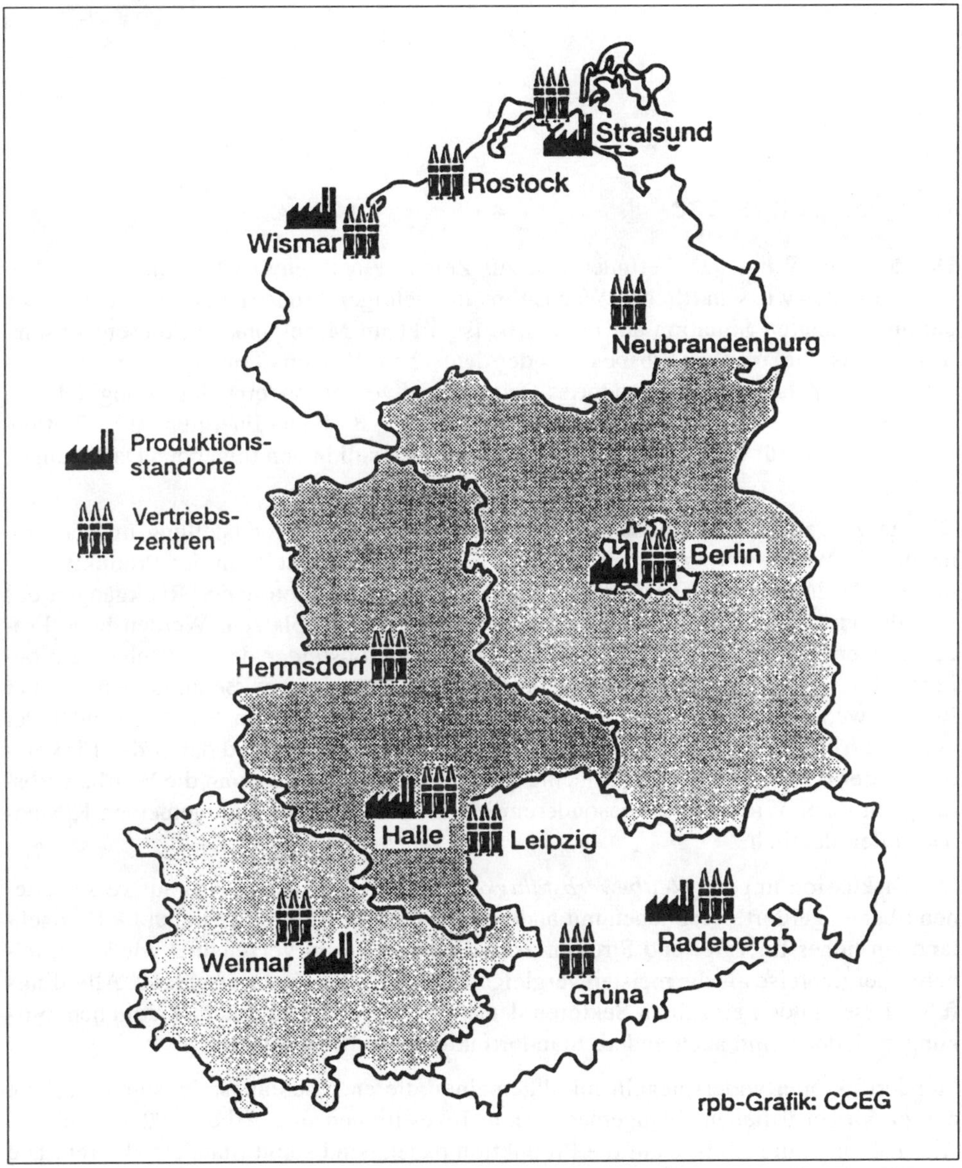

Abbildung: Vertriebs- und Produktionsstandorte in den neuen Bundesländern (Stand 4/94)

Energiepreise und Standortentscheidungen

Dietmar Winje

Die Ausgangslage

Die deutsche Wirtschaft befindet sich zur Zeit in einer schweren Strukturkrise. Der Rückgang des wirtschaftlichen Wachstums in wichtigen Industriesektoren steht neben der angespannten Situation auf dem Arbeitsmarkt im Mittelpunkt. In diesem Zusammenhang ist die Wettbewerbsposition der deutschen Wirtschaft und die damit verbundene Qualität des Industriestandortes Deutschland von besonderer Bedeutung. Ob und gegebenenfalls inwieweit Standortfaktoren, wie z. B. hohe Energiepreise, Wettbewerbsnachteile für die deutsche Industrie darstellen, soll in den folgenden Darlegungen betrachtet werden.

Die steigende Internationalisierung von Handelsströmen, Arbeitsteilung und der zunehmende Wettbewerb zwingen Unternehmen, Standortvorteile in der Produktion zu nutzen. Produktionsverlagerungen in andere Regionen führen neben Rückgängen des Sozialprodukts zunächst einmal zu Verlusten von Arbeitsplätzen. Werden neue Produkte oder Märkte erschlossen und andere Produktionsfelder der Wirtschaft ermöglicht, vollzieht sich ein Strukturwandel. Ist unter sonst gleichen Bedingungen in einer Region weder eine Verbesserung der Kostensituation noch ein Strukturwandel der Wirtschaft möglich, so sinkt zwangsläufig die Wertschöpfung und damit das Einkommen dieser Region. Zu Zeiten schlechter Konjunkturlagen wird somit die Wettbewerbsfähigkeit einer Wirtschaft in besonderem Maße in Branchen mit allgemeinen Kostennachteilen deutlich.

Die Diskussion um die *Wettbewerbsfähigkeit der Energiekosten* wird auf verschiedenen Ebenen geführt. Verglichen mit anderen Ländern hat die Bundesrepublik Deutschland ein hohes Energie- und Strompreisniveau, und Berlin verzeichnet wiederum höhere Energiepreise als die meisten vergleichbaren Regionen in Deutschland. Allerdings führt dieses in den einzelnen Sektoren der Volkswirtschaft zu unterschiedlichen Wirkungen. Jedoch sind auch andere Standortfaktoren zu berücksichtigen.

Standortfaktoren widerspiegeln im allgemeinen die entscheidungsrelevanten Größen, die zu wirtschaftlichen Engagements, d. h. Investitionen und Arbeitsplätzen, führen. Alle Faktoren, die Einfluß auf die Produktion haben, sind somit Standortfaktoren. Die Produktionsfaktoren Rohstoffe, Arbeit, Kapital und Energie bestimmen auf der Kostenseite die Absatzchancen der Produkte. Im weiteren beeinflussen die wirtschaftspolitischen Rahmenbedingungen die Standortentscheidungen der Unternehmen.

Die Zuverlässigkeit der Energieversorgung ist insbesondere im Bereich der Elektrizitätswirtschaft sehr hoch und führt zu zusätzlichen Kosten. Obwohl der Stromkostenanteil an den Energiekosten der Industrie im allgemeinen recht hoch ist, existieren branchenspezifische Unterschiede.

Der Einfluß der Energiepreise auf die Standortwahl

Kosten der Energiebereitstellung

Etwa zwei Drittel der verbrauchten Primärenergie in der Bundesrepublik Deutschland werden importiert. Dies sind insbesondere Mineralöle, Erdgas sowie Kernbrennstoffe. Die Energiekosten richten sich hier nach dem internationalen Preisniveau, der Wechselkursrelation insbesondere zum US-Dollar sowie der zu entrichtenden Steuer für den Verbraucher. Bei den überwiegend im Inland gewonnenen Energieträgern Braun- und Steinkohle richten sich die Kosten hauptsächlich nach geologischen Faktoren sowie den Umweltkosten. Die deutsche Steinkohle ist überwiegend aufgrund geologischer Gegebenheiten nicht und die Braunkohle insbesondere in Ostdeutschland nur eingeschränkt international wettbewerbsfähig. Die Steinkohleförderung wird durch die Stromverbraucher massiv subventioniert.

Die *Stromkosten* werden vor allem von folgenden Faktoren beeinflußt:

- Kraftwerkstypen und Größe der Kraftwerksblöcke
- Kapitalkosten in Abhängigkeit von Abschreibungsdauer und -verfahren
- Übertragungs- und Verteilungsanlagen
- Anteil an der Stromerzeugung und Preise der eingesetzten Primärenergieträger
- Anlagen für Sicherheit und Umweltschutz

In Deutschland sind die Kosten der Stromerzeugung im internationalen Vergleich hoch, bedingt durch den Einsatz der einheimischen Steinkohle, restriktiven Einsatz der Kernenergie sowie die Umweltschutzstandards. Der Einsatz der Energieträger zur Stromerzeugung unterscheidet sich innerhalb der Europäischen Union stark. Insbesondere Frankreich mit einem Anteil von über 70 Prozent und Belgien mit einem Anteil von etwa 60 Prozent an der Stromerzeugung haben verstärkt auf Kernenergie, Dänemark mit einem Anteil von etwa 90 Prozent verstärkt auf Importkohle gesetzt. In der Bundesrepublik Deutschland beträgt der Anteil der Kernenergie an der Stromerzeugung etwa 30 Prozent, der Anteil der Steinkohle etwa 26 Prozent und der Anteil der Braunkohle etwa 29 Prozent. Hinzu kommen politisch verursachte Sonderlasten, die preiserhöhend wirken. Neben der Verpflichtung zur Verstromung deutscher Steinkohle sind hier die langwierigen Genehmigungsverfahren, der teure Bau von Kernkraftwerken, die Konzessionsabgabe und die Stromeinspeisungsregeln zweifelsohne kosten- und damit preiserhöhend.

Die Versorgungssituationen in den beiden Stadthälften von Berlin haben sich historisch bedingt unterschiedlich entwickelt. Während der Ostteil nach Ende des Zweiten Weltkrieges in das ostdeutsche Verbundnetz einbezogen blieb, mußte durch die Isolierung des Westteils die Versorgung seit 1952 im Inselbetrieb erfolgen. Das bedeutet, daß die gesamte Stromnachfrage ausschließlich aus eigenen Kraftwerken befriedigt werden mußte. Die Inselsituation erforderte auch die Vorhaltung ausreichender und schnell aktivierbarer Leistungsreserven sowie eine Vielzahl technischer Maßnahmen an Kraftwerken und Netzen, um Ausfälle oder Störungen ohne Versorgungsunterbrechungen zu beherrschen. Die Reservesituation begrenzte die möglichen Blockgrößen, so daß Kostendegressionseffekte nicht realisiert werden konnten. Auch die Umrüstung, Modernisierung oder gar Stillegung alter, kleiner Anlagen waren wegen der fehlenden Möglichkeit zum Strombezug nicht freizügig möglich. Dies bedingte eine ungünstige Erzeugungsstruktur mit entsprechenden Kostennachteilen, die durch den hohen Steinkohleanteil von etwa 70 Prozent durch den Jahrhundertvertrag zusätzlich verschärft werden. Bei westdeutschen Energieversorgungsunternehmen (EVU) beträgt der Steinkohleanteil im Durchschnitt nur etwa 30 Prozent.

Energiekosten der industriellen Verbraucher

Der *Energieverbrauch* in der Bundesrepublik Deutschland ist sektoral unterschiedlich verteilt. In den meisten Industriezweigen haben die Energiekosten einen relativ geringen Anteil an den Gesamtkosten. So betragen im Durchschnitt der Industrie die Stromkosten etwa 1,2 Prozent der Produktionskosten. In einigen Industriezweigen, wie der eisenschaffenden Industrie mit einem Anteil von 11,1 Prozent, der Zellstoff-, Holzschliff-, papier- und pappeerzeugenden Industrie mit einem Anteil von etwa 9,2 Prozent und der Industrie Steine und Erden mit einem Anteil von 6,8 Prozent, sind die direkten Energiekosten höher als der Durchschnitt des Grundstoff- und Produktionsgütergewerbes. Hier macht der Energiekostenanteil etwa 4,4 Prozent des Bruttoproduktionswertes des Jahres 1991 aus (Statistisches Jahrbuch 1993; Kostenstruktur im Bergbau und Verarbeitenden Gewerbe 1991). Zusätzlich gehen natürlich indirekte Energiekosten über die Vorleistungen anderer Betriebe in die Gesamtkosten ein.

Die Personalkosten sind im Durchschnitt etwa 20mal höher als die Stromkosten. Seit dem Jahr 1985 stiegen die Strompreise für Industriebetriebe nur um 4,5 Prozent, während sich bekanntlich die Brutto-Stundenverdienste in der Industrie um mehr als 40 Prozent erhöhten.

Die überdurchschnittliche Belastung mit *Energiekosten* einschließlich der Stromkosten einiger Branchen läßt nachteilige Wirkungen auf deren Wettbewerbsfähigkeit vermuten. Wettbewerbssensible Produkte sind in erster Linie relativ homogene Erzeugnisse, denen eine weitgehend standardisierte Technologie zugrundeliegt und die darüber hinaus hinsichtlich Qualität und Eigenschaft genormt und typisiert sind. Bei diesen Erzeugnissen entscheidet im Wettbewerb fast ausschließlich der Preis. Diese Erzeugnisse sind bei steigenden Energiepreisen um so gefährdeter, je höher ihr jeweiliger Energiekostenanteil ist. Beispielsweise gilt dies für die Herstellung von Aluminium. Die Produzenten haben aufgrund des bestehenden Stromkostennachteils die Produktion ins Ausland verlagert oder planen es bei Auslaufen bestehender Stromlieferverträge (vgl. Haas, U.: Standortperspektiven stromintensiver Produktionen in der Bundesrepublik Deutschland ..., Vandenhoeck und Ruprecht, Göttingen 1990, S. 145 ff. und s. Abbildung 1).

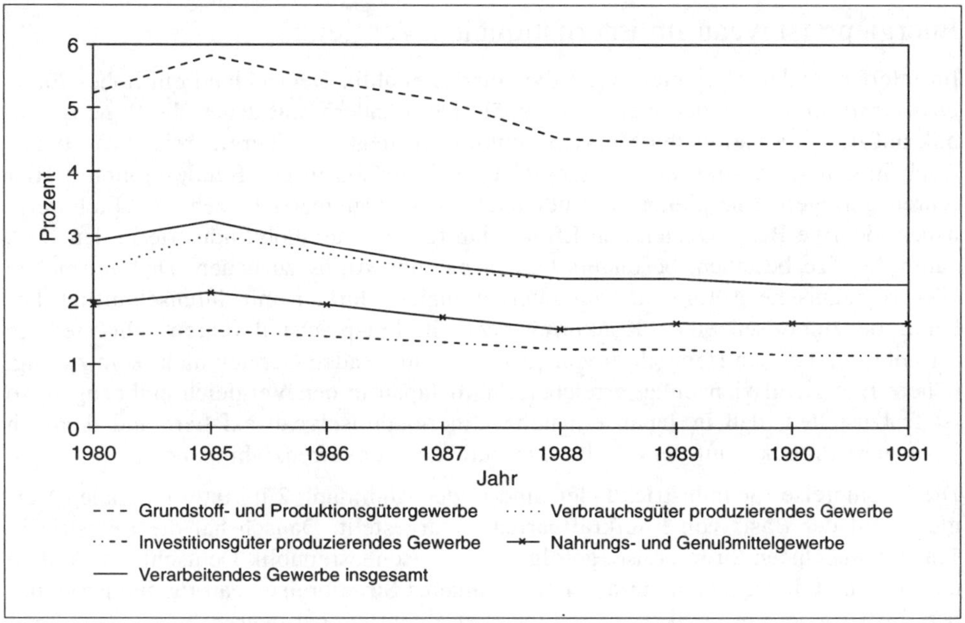

Abbildung 1: Energiekostenanteile der Industrie in der Bundesrepublik Deutschland am Bruttoproduktionswert in den Jahren 1980–1991

Quelle: Statistisches Bundesamt: Kostenstruktur im Bergbau und Verarbeitenden Gewerbe, in: Statistisches Jahrbuch, verschiedene Jahrgänge

Steigende Energiepreise üben andererseits Impulse auf eine Reduzierung des Energieverbrauchs aus, da durch hohe Energiepreise energiesparende Investitionen rentabel werden. Die Verringerung des spezifischen Energieverbrauchs wird auch wesentlich durch den Strukturwandel in der Industrie bestimmt. Die Verringerung des Anteils der Energiekosten an den Gesamtkosten bzw. am Gesamtumsatz kann also einerseits durch eine effizientere Produktion, andererseits durch Verlagerung von Produktionsstätten erreicht werden.

In der Berliner Wirtschaft beträgt der Anteil der Stromkosten an den Gesamtenergiekosten etwa 80 Prozent im Jahr, bei einem Anteil der Stromkosten am Umsatz von unter 1 Prozent, wobei das Grundstoff- und Produktionsgütergewerbe den höchsten Stromkostenanteil mit etwa 1,9 Prozent ausweist. In Berlin sind auch besonders stromintensive Produktionen in der eisenschaffenden Industrie, der Feinkeramik- und Glasherstellung, der Kunststoffverarbeitung, der Papier- und Pappeerzeugung sowie in der Textilindustrie vorhanden. In anderen Branchen ist der Stromkostenanteil geringer, in der Büromaschinen- und Datenverarbeitungsindustrie mit unter 0,3 Prozent am geringsten (vgl. Winje, D. u. a.: Nachfragereaktionen bei elektrischer Energie aufgrund veränderter Energiepreise in Berlin, Berlin 1989).

Energiepreisniveau im internationalen Vergleich

Im internationalen Vergleich weist die Bundesrepublik Deutschland ein hohes *Energiepreisniveau* auf. In den meisten europäischen Ländern, mit denen die Bundesrepublik auf den internationalen Märkten konkurriert, liegt das Energiepreisniveau tiefer. Auch in den USA sind die Energiepreise niedriger als in der Bundesrepublik. Hier führen geringere Energiekosten tendenziell zu Energieineffizienzen. Beispielsweise haben niedrige Benzinkosten den Effekt, daß für die Automobilindustrie in den USA kaum Anreize bestehen, besonders benzinsparende Autos zu bauen. Dadurch haben US-amerikanische Automobile auf internationalen Märkten mit durchschnittlich höheren Benzinpreisen einen Konkurrenznachteil. Entsprechend führen sehr niedrige Stromkosten bei den Herstellern von stromverbrauchenden Geräten nicht zum Zwang, höhere Energieeffizienzen zu erreichen. Wird Japan in den Vergleich einbezogen, so ist festzustellen, daß in Japan ein hohes Energiepreisniveau existiert und dennoch japanische Produkte auf dem Weltmarkt durchaus konkurrenzfähig sind.

Die Strompreise für Industriekunden sind in der Abbildung 2 im internationalen Vergleich auf der Basis von Kaufkraftparitäten dargestellt. Danach hat die Industrie in Japan die höchsten Strompreise, gefolgt von der Bundesrepublik Deutschland. Andere europäische Länder haben ein deutlich geringeres Strompreisniveau für Industriekunden, insbesondere in Frankreich sind die Preise deutlich geringer.

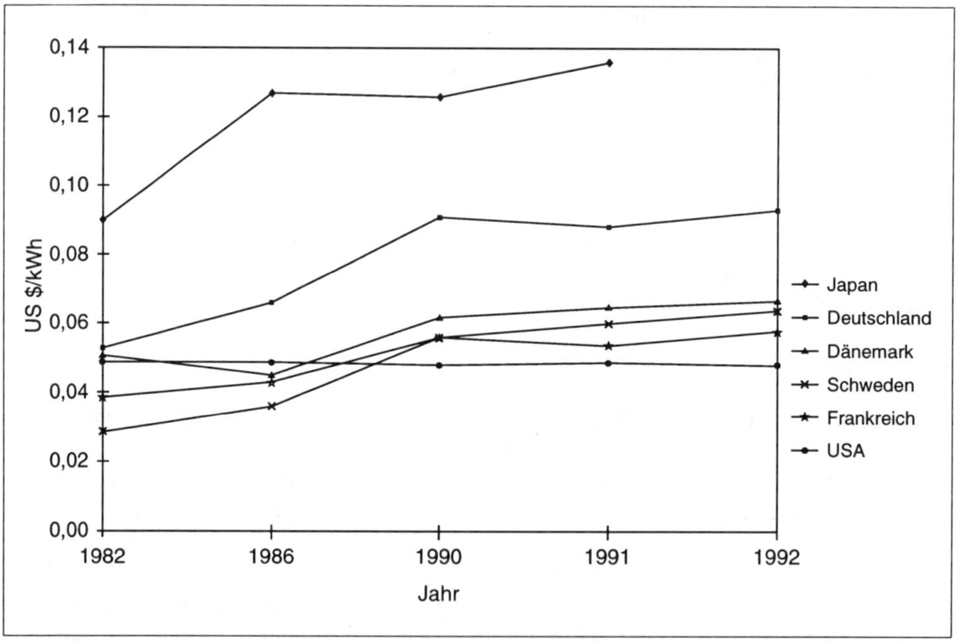

Abbildung 2: Vergleich der Preise für Elektrizität in der Industrie in den Jahren 1982–1992

Quelle: Bundesministerium für Wirtschaft (BMWi): Energie Daten 1992/93

Die *Berliner Strompreise für Industriekunden* sind bundesweit am höchsten und liegen um etwa 27 Prozent über dem Durchschnitt von 50 ausgewählten westdeutschen Versorgungsunternehmen (Quelle: Bundesverband der Energie-Abnehmer e.V. (VEA): Bundestrompreisvergleich 1/1994). Bei dem Vergleich mit anderen Versorgungsunternehmen sollte allerdings berücksichtigt werden, daß städtische Versorger mit ähnlicher Erzeugungsstruktur und ähnlichen Abnahmestrukturen der Kunden miteinander verglichen werden. Werden entsprechende Unternehmen zum Vergleich herangezogen, dann verringert sich der Abstand zum westdeutschen Durchschnitt auf etwa 19 Prozent, zudem sind in Berlin Sonderregelungen vorhanden, die zu Senkungen der Durchschnittspreise führen.

Schätzungen der Preiselastizitäten für Elektrizität für die Industrie in der Bundesrepublik Deutschland stellten eine positive Abhängigkeit der Stromnachfrage von den Preisen anderer Energieträger fest, d. h. ein Preisanstieg von Mineralöl, Gas oder Kohle führt zu einer vermehrten Nachfrage nach Elektrizität (vgl. Suding, P. H. / Wohlgemuth, R. in: Elektrizitätsverwertung, Jahrg. 50, Nr. 2, 1975, S. 33–38). Ebenso ist der Preis für Elektrizität mitentscheidend für die Höhe der Nachfrage, allerdings ist der Mengeneffekt in der Relation zu der Preisänderung relativ gering (vgl. Lehbert, B. in: Zeitschrift für Energiewirtschaft, 4/1983, S. 262–272). Für die Wirtschaft in Berlin wurde ebenso eine positive Abhängigkeit der Stromnachfrage von den Preisen anderer Energieträger festgestellt. Die Abhängigkeit der Stromnachfrage vom Strompreis selber wurde je nach Branche unterschiedlich beurteilt. Insbesondere in der Wirtschaftsgruppe Steine und Erden, eisenschaffende Industrie, NE-Metalle, Maschinenbau, Kunststoffwaren und Textilgewerbe wurden deutliche Reaktionen auf Strompreisveränderungen gemessen (vgl. Winje, D. u. a., a.a.O.). Allerdings ist die Strompreiselastizität relativ klein, d. h. Strompreisänderungen führen zu geringen Verbrauchsänderungen.

Allerdings haben Energiepreissteigerungen der 70er und 80er Jahre zu Veränderungen in der Höhe des Energieverbrauchs sowie in der Energieträgerstruktur geführt. So sank in den Jahren 1960 bis 1991 der spezifische Endenergieverbrauch des verarbeitenden Gewerbes um 65 Prozent insgesamt, in der eisenschaffenden Industrie um etwa 46 Prozent sowie in der Chemieindustrie um etwa 72 Prozent (vgl. Abbildung 3).

Der *spezifische Energieverbrauch* ist von vielen Faktoren der Energietechnik und Fertigungsorganisation, vom technischen Zustand der Produktionsanlagen sowie den technischen Bezugsgrößen der Produktionsvorgänge und -prozesse abhängig. Sein im Trend nach unten gerichteter Verlauf hängt vor allem mit folgenden Faktoren zusammen:

- Auf- und Ausbau eines modernen Produktionsapparates und Einführung neuer technischer Verfahren
- Modernisierung bestehender Produktionsanlagen
- Speziell auf Energieeinsparung gerichtete Investitionen
- Umstellung der Energiebasis
- Inter- und intrasektoraler Strukturwandel

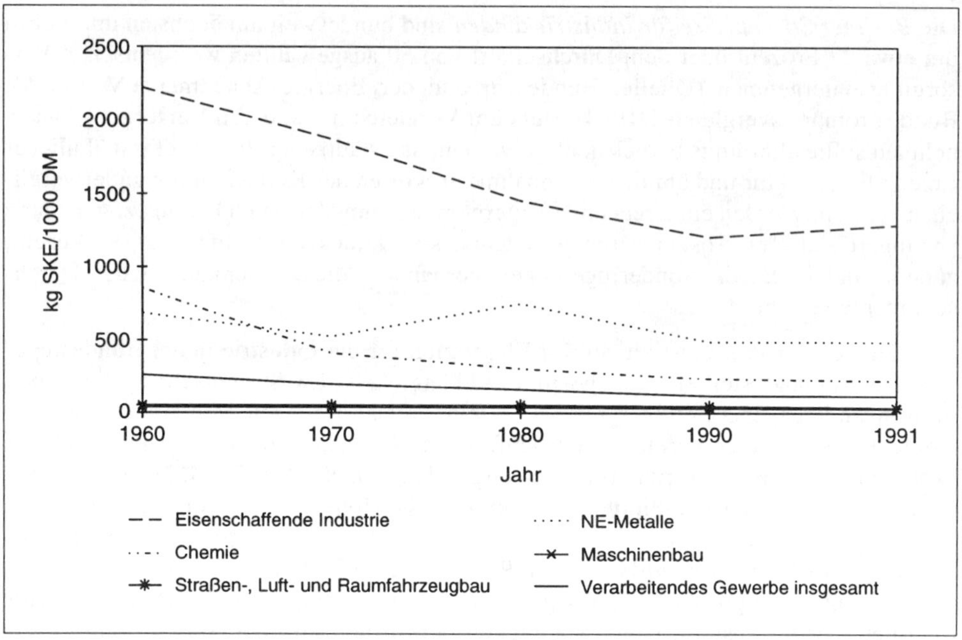

Abbildung 3: Spezifischer End-Energieverbrauch ausgewählter Branchen des verarbeitenden Gewerbes in der Bundesrepublik Deutschland in kg SKE/1000 DM Bruttowertschöpfung

Quelle: Verband der Industriellen Energie- und Kraftwirtschaft e.V. (VIK): Statistik der Energiewirtschaft 1992/93

Die Maßnahmen zur Verringerung des spezifischen Energieverbrauchs waren von unterschiedlicher Wirkung auf die einzelnen Energieträger. Die relative Verbrauchsreduzierung wurde allein bei den Brennstoffen erzielt, während Modernisierungen bzw. Rationalisierungen dazu geführt haben, daß der spezifische Stromverbrauch im Bergbau und verarbeitenden Gewerbe leicht anstieg und in einzelnen Bereichen, wie etwa der NE-Metalle, deutlich zugenommen hat (vgl. Abbildung 4).

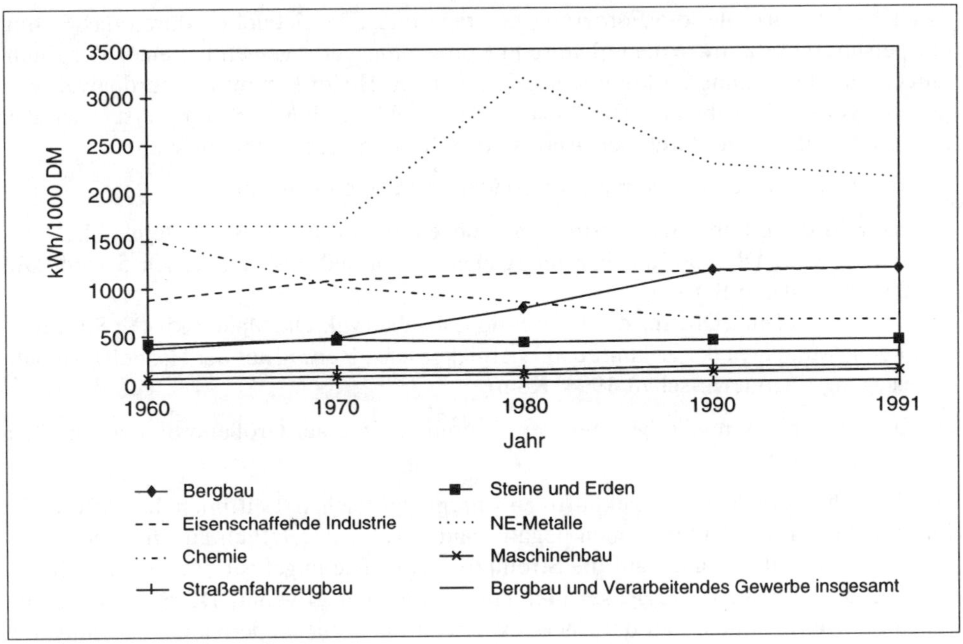

Abbildung 4: Stromverbrauch des Bergbaus und verarbeitenden Gewerbes in der Bundesrepublik Deutschland in kWh/1000 DM Bruttowertschöpfung

Quelle: Verband der Industriellen Energie- und Kraftwirtschaft e.V. (VIK): Statistik der Energiewirtschaft 1992/93

Ansätze zur Senkung der Stromkosten

Politische Rahmenbedingungen

Der berechtigte Wunsch nach wettbewerbsfähigen Strompreisen ist ein wichtiger Grund für die gegenwärtig sowohl im europäischen als auch im nationalen Bereich intensiv geführte Diskussion über die Liberalisierung der Märkte für die leitungsgebundenen Energien Strom und Gas mit dem Ziel eines stärkeren Wettbewerbs. Dabei zeigt ein Blick auf das unterschiedliche Strompreisniveau etwa zwischen Frankreich und Deutschland, daß diese Unterschiede nicht durch fehlenden Wettbewerb allein begründet werden können, sondern andere Ursachen haben. Die niedrigen französischen Strompreise in einem Land mit nur einem Stromversorgungsunternehmen sind sicher nicht Folge von Wettbewerb, sondern Folge energiepolitischer und industriepolitischer Rahmenbedingungen.

Die *Strompreisnachteile in Deutschland* sind überwiegend Folge politisch gewollter Sonderlasten für die Elektrizitätswirtschaft zur Erreichung anderer politischer Ziele. Hierzu gehören die Erhaltung der deutschen Steinkohle, die Absatzsicherung der ostdeutschen Braunkohle, die Förderung regenerativer Energiequellen durch das Stromeinspeisungsgesetz sowie die teilweise in Konzessionsverträgen enthaltenen Verpflichtungen zur Beteiligung an kommunalen Aufgaben. Hinzu kommt die europaweit einmalige Konzessionsabgabe. Die Lösung des Problems hoher Strompreise ist daher zuerst in Deutschland durch den Abbau eben dieser Sonderlasten zu suchen.

Als Beispiele für den Umfang dieser Sonderlasten seien genannt:

- rund 8 Mrd. DM pro Jahr Verstromungssubvention für die deutsche Steinkohle,
- rund 22 Mrd. DM für Rauchgasreinigungsanlagen und etwa zusätzlich 5 Mrd. DM jährlich für deren Betrieb,
- etwa 7 bis 8 Mrd. DM für die Konzessionsabgabe (vgl. Dr. Majewski, O.: Stromversorgungsstrategien der Zukunft und Energiekonsens; Vortrag auf der Handelsblatt-Jahrestagung Energiewirtschaft 1994, Köln).

Allein diese drei Bereiche belasten den Strompreis in einer Größenordnung von etwa 3,0 bis 3,5 Pf/kWh.

Die Unsicherheit über die zukünftigen energiepolitischen Leitlinien beeinflußt die Entscheidungen der Unternehmen negativ und wirkt sich letztlich auf die Energiebereitstellung und damit auch auf die Strompreise aus. Die ungelöste Frage der weiteren Entwicklung der Kernenergie sei hier nur beispielhaft erwähnt. Diese Unsicherheit schadet im übrigen nicht nur der Energiewirtschaft an sich, sondern auch der Industrie, die im Energiebereich tätig ist, deren Wettbewerbsposition durch die Abwanderung qualifizierten Know-hows geschwächt wird.

Die Politik ist hier gefordert, vernünftige und langfristig verläßliche Rahmenbedingungen für die Energieversorgung zu schaffen, so daß sich unternehmerisches Handeln im Wettbewerb entfalten kann. Dazu gehört jedoch, daß die Rahmenbedingungen europaweit harmonisiert werden, damit nicht von vornherein spürbare Wettbewerbsverzerrungen entstehen.

Handlungsfelder der Energieversorgungsunternehmen

Die Frage der *Wettbewerbsfähigkeit* stellt sich zunehmend gerade auch bei den Energieversorgungsunternehmen, was die intensiven Kostensenkungsprogramme in vielen Unternehmen der Branche belegen. Diese Überlegungen kommen nicht von ungefähr. Der Wettbewerb wird auch bei den leitungsgebundenen Energien Strom und Gas zunehmen. Bisher ist die konkrete Gestalt des dann gültigen Ordnungsrahmens noch unklar, an ihrer Existenz ist aber nicht zu zweifeln. Die Unternehmen müssen und werden daher ihre eigenen Potentiale erkennen und sich nach innen wie nach außen wandeln. Die Neuorientierung der Elektrizitätsversorgungsunternehmen ist zum einen durch den sich abzeichnenden verstärkten Wettbewerb geboten, zum anderen aber auch von der Erkenntnis geleitet, daß sich das Stammgeschäft, also die Produktion und der Verkauf elektrischer Energie, stagnierend oder sogar rückläufig entwickelt.

Als reife Unternehmen verfügen EVU üblicherweise über eine gute Finanzposition mit einer hohen Selbstfinanzierungskraft. Es ist ihnen auch möglich, auf dem Arbeitsmarkt gute Löhne und entsprechende Sozialleistungen anzubieten. Darüber hinaus bestehen gute Zugangsmöglichkeiten zu weiteren Ressourcen. Demgegenüber sind sie in der Gefahr, in einen Stagnationsprozeß zu geraten, neue Visionen nicht aufzunehmen und somit an Bedeutung und Einfluß zu verlieren.

Es gilt daher, die bestehenden Erfolgspotentiale zu sichern und zusätzlich neue zu erschließen, indem der Kunde stärker in die Planung einbezogen wird. Durch Angebote für ganzheitlich geplante Energiesystemlösungen beim Kunden – also Investitionen beim Kunden – wird die Marktposition der Energieversorgungsunternehmen gestärkt. Die Weiterentwicklung der EVU zum Systemführer Energie, der Energieversorgungsanlagen auch beim Kunden plant, baut und betreibt und das Gesamtsystem koordiniert, schafft neue Geschäftsfelder und somit neue Umsätze. Ein Elektrizitätsversorgungsunternehmen als Systemführer Energie besitzt danach die Fähigkeit, ein umfassendes Leistungspaket anzubieten, das seine Energieangebotskonfiguration berücksichtigt und damit zur Kostenminimierung beiträgt.

Zur erfolgreichen Umsetzung neuer *Strategien* werden tiefgreifende Veränderungen in den innerbetrieblichen Bereichen Steuerungssysteme, Personal und Organisation erforderlich. Dazu gehört die Stärkung betriebsinterner Wettbewerbsstrukturen, z. B. durch Kosten- und Leistungsbudgets. Damit geht auch ein Wandel im Anforderungsprofil an das Personal einher. Hier wird es um die Wandlung von der Fach- zur mehrdimensionalen Managerausrichtung gehen mit der Einführung klarer Verantwortungen durch Deckung von Zuständigkeit und Kompetenz, z. B. in Profit-Centers. Die genannten Veränderungsprozesse werden sich auch in bedeutenden organisatorischen Veränderungen bei den EVU niederschlagen. Unter dem Aspekt klarer Verantwortlichkeiten, möglichst homogener Erfolgsfaktoren und eindeutiger Prozeßhoheit werden sich innerhalb verschiedener Sparten Profit- und Cost-Center etablieren, die unter dem Dach einer Holding zusammengefaßt werden können. Gleichzeitig kann von einer Konzentration auf die jeweilige Kernwertschöpfung ausgegangen werden. Wertschöpfungsspezialisierung einerseits und Kompetenz zur Gestaltung und Koordination der Schnittstellen durch z. B. die Holding können als wesentliche unternehmerische Entwicklungslinien angesehen werden.

Möglichkeiten für Strompreissenkungen in Berlin

Die BEWAG steht nach der Überwindung der Teilung Berlins nunmehr vor der Aufgabe, eine leistungsfähige und zuverlässige Strom- und Wärmeversorgung für die gesamte Stadt zu realisieren und gleichzeitig die Strompreise zu senken. Dazu ist einerseits ein großes Investitionsvolumen zur Sanierung und Erneuerung der Erzeugungs- und Verteilungsanlagen im Ostteil sowie die Integration der Netze beider Stadthälften erforderlich, andererseits müssen die Kosten der Strombeschaffung gesenkt werden.

Eine wesentliche *Kostenentlastung* ist zu erwarten, wenn die BEWAG Steinkohle zu wettbewerbsfähigen Preisen beziehen kann. Gegenwärtig verbleiben unter Anrechnung der Verstromungszuschüsse pro Jahr rund 250 Mill. DM Mehrkosten für den Ruhrkohleeinsatz, das sind, bezogen auf die erzeugte Kilowattstunde, Mehrkosten von etwa 2,0 bis 2,5 Pf/kWh.

Mit der Integration in das Westeuropäische Verbundsystem lassen sich weitere Kosteneinsparungen realisieren. Zum einen bestehen dann Möglichkeiten zur kostengünstigen Strombeschaffung, zum anderen werden sich Veränderungen in der Betriebsführung, z. B. bei der Reservevorhaltung, kostenmindernd auswirken.

Schließlich werden auch die eigenen Potentiale genutzt. Das Unternehmen stellt sich auf die Herausforderungen der Zukunft ein, um qualifizierte Energiedienstleistungen kostengünstiger und in engerem Kontakt mit unseren Kunden anzubieten.

Fazit

In der gegenwärtig angespannten wirtschaftlichen Situation werden alle Einflußfaktoren genauer untersucht, die für die internationale Wettbewerbsposition der deutschen Industrie und für den Industriestandort Deutschland insgesamt ausschlaggebend sind. Die Energiepreise sind dabei unzweifelhaft ein wichtiger *Standortfaktor*. Das Energie- und insbesondere Strompreisniveau in Deutschland ist im internationalen Vergleich hoch. Das Gewicht, das den Stromkosten beizumessen ist, ist jedoch je nach Industriezweig sehr unterschiedlich. Wenn auch für die deutsche Industrie insgesamt festzustellen ist, daß die Stromkosten ein Standortfaktor unter anderen sind, nicht jedoch der entscheidende, so weist doch der teilweise starke Anstieg des spezifischen Stromverbrauchs auf die Bedeutung des Stroms als Modernisierungs- und Rationalisierungsenergie hin. Dies erklärt auch den berechtigten Wunsch nach niedrigen Strompreisen.

Niedrige Strompreise in Deutschland ergeben sich nicht zuerst als Folge von mehr Wettbewerb in der Energiewirtschaft, sondern als Folge energiepolitischer Entscheidungen zum Abbau von Sonderlasten einerseits und unternehmerischer Initiative andererseits. Politisch gewollte Sonderlasten für die Energiewirtschaft, z. B. in Form der Subventionierung der deutschen Steinkohle oder der Absatzsicherung der ostdeutschen Braunkohle, wirken sich ebenso negativ auf die Strompreise aus wie die Unsicherheit über die zukünftigen energiepolitischen Rahmenbedingungen. Gleichzeitig erkennen die EVU die Notwendigkeit, angesichts sich verengender Stammärkte die eigenen Erfolgsfaktoren zu stärken und die eigene Kostensituation entscheidend zu verbessern.

Autorenverzeichnis

Wulff O. Aengevelt	Dr. rer. soz. oec., Mag. rer. soz. oec., Geschäftsführender Gesellschafter der Aengevelt Immobilien KG; Düsseldorf
Jürgen Allesch	Dipl.-Ingenieur, Geschäftsführer der Technologie-Vermittlungs-Agentur Berlin e.V.
Klaus F. Bauer	Dr. jur., Vorstand der Bayerischen Unternehmensbeteiligungs-Aktiengesellschaft, vormals Leitender Ministerialrat im Bayerischen Staatsministerium für Wirtschaft und Verkehr; München
Helmut Baumgarten	Professor, Dr.-Ing., Technische Universität Berlin
Joachim R. Bechtle	Dr. jur., Geschäftsführer der J. R. Bechtle & Company; San Francisco, USA
Jürgen Bostelmann	Vorstandsvorsitzender der GrundkreditBank eG; Berlin
Ulrich Busch	Geschäftsführer der EGA Entwicklungsgesellschaft Adlershof mbH; Berlin
Manfred Busche	Dr. rer. pol., Dipl.-Volkswirt, Vorsitzender der Geschäftsführung der Messe Berlin GmbH
Hans-Jürgen Buschmann	Dipl.-Ingenieur, Geschäftsführer des Rationalisierungs-Kuratoriums der Deutschen Wirtschaft e.V. (RKW), Landesgruppe Berlin
Eberhard Diepgen	Regierender Bürgermeister von Berlin
Gabriele Eick	Geschäftsführerin der Wirtschaftsförderung Frankfurt GmbH (bis 31.01.1994); Frankfurt am Main
Erika Emmerich	Dr. jur., Präsidentin des Verbandes der Automobilindustrie; Frankfurt am Main
Jürgen Hahn	Dr. jur., Mitglied des Vorstandes der DeTeWe Deutsche Telefonwerke Aktiengesellschaft & Co.; Berlin
Günter Hartwig	Vorstandsvorsitzender und Hauptaktionär der RENTACO Finanz & Boden Management AG; Berlin

Reinhart Hundrieser	Mitglied des Vorstandes der IKB Deutsche Industriebank AG; Düsseldorf
Josef Iglhaut	Dr. rer. oec., Dipl.-Kaufmann, Dipl.-Ingenieur (FH), stv. Geschäftsführer der Wirtschaftsförderung Berlin GmbH
Hanswerner Jehl	Dr. jur., Rechtsanwalt, Steuerberater, Fachanwalt für Steuerrecht; München
Hartmann Kleiner	Dr. jur., Rechtsanwalt, Hauptgeschäftsführer der Vereinigung der Unternehmensverbände in Berlin und Brandenburg e.V.; Berlin
Eberhard v. Koerber	Dr. jur., Präsident ABB Europa; Mannheim
Winfried Krieger	Professor, Dr., Fachhochschule Flensburg
Nikolai Lutzky	Dr.-Ing., Dipl.-Volkswirt, Mitglied der Geschäftsleitung der Prognos AG; Basel/Berlin
Alfons Martens	Dipl.-Kaufmann, Geschäftsführer der Wirtschaftsförderung für das Land Sachsen-Anhalt GmbH; Magdeburg
Norbert Meisner	Dr., Senator für Wirtschaft und Technologie; Berlin
Hubertus Moser	Sprecher des Vorstandes der Bankgesellschaft Berlin AG und Vorsitzender des Vorstandes der Landesbank Berlin
Axel Nawrocki	Dr., Vorsitzender der Geschäftsführung S-Bahn Berlin GmbH, vormals Geschäftsführer der Olympia Berlin 2000 GmbH
Tyll Necker	Dr. h. c., Präsident des Bundesverbandes der Deutschen Industrie e.V.; Köln
Leonardo G. Noto	Dipl.-Kaufmann, Geschäftsführer der Wirtschaftsförderung Brandenburg GmbH; Potsdam
Georg Orlitsch †	Dr. jur., Ministerialrat im Bayerischen Staatsministerium für Wirtschaft und Verkehr, Leiter des Referats "Standortmarketing und Ansiedlungswerbung"; München, verstorben am 19.10.1993

Dieter Pagel	Dipl.-Kaufmann, Geschäftsführer der Innovations-Zentrum Berlin Management GmbH
Manfred Pfeifer	Dr. jur., Leitender Ministerialrat im Bayerischen Staatsministerium für Wirtschaft und Verkehr, Leiter des Referats "Standortmarketing und Ansiedlungswerbung"; München
Gerhard Raetz	Dr. oec., Dipl.-Ingenieur, Prokurist der Innovations-Zentrum Berlin Management GmbH, Innovations- und Gründerzentrum Berlin-Adlershof (IGZ)
Manfred von Richthofen	Vizepräsident des Deutschen Sportbundes und Präsident des Landessportbundes Berlin
Jörg Rommerskirchen	Dipl.-Volkswirt, Staatssekretär a. D., Geschäftsführer der Berliner Landesentwicklungsgesellschaft mbH (BLEG)
Lothar Schirmacher	Mitglied des Vorstandes der Hertie Waren- und Kaufhaus GmbH; Frankfurt am Main
Jörg Schlegel	Dipl.-Volkswirt, Geschäftsführer der BAO BERLIN – Marketing Service GmbH und stellvertretender Hauptgeschäftsführer der Industrie- und Handelskammer zu Berlin
Florian Seiff	Dr. rer. nat., Geschäftsführer der Innovations-Zentrum Berlin Management GmbH, Innovations- und Gründerzentrum Berlin-Adlershof (IGZ)
Hans J. Spiller	Geschäftsführer der J. R. Bechtle & Company; Boston, USA
Günter Spur	Professor, Dr.-Ing., Leiter des Fraunhofer Instituts für Produktionsanlagen und Konstruktionstechnik; Berlin
Klaus J. Stöhlker	Delegierter des Verwaltungsrates der Klaus J. Stöhlker AG, Unternehmensberatung für Öffentlichkeitsarbeit; Zollikon-Zürich, Schweiz
Frank Stronach	Chairman of the Board, Magna International Inc.; Toronto, Kanada
Armin Töpfer	Professor, Dr., Technische Universität Dresden
Frauke Weichhardt	Dipl.-Ingenieur an der Technischen Universität Berlin

Martin Weichhardt	Dipl.-Ingenieur bei OTIS GmbH; Berlin
Peter Westphal	Dr. rer. pol., Geschäftsführer der Berliner Landesentwicklungsgesellschaft mbH (BLEG)
Heinz Wiezorek	Dipl.-Kaufmann, Senior Vice President Coca Cola International und Vorsitzender der Geschäftsführung der Coca-Cola GmbH; Essen
Klaus-Peter Wild	Dr. jur., Mitglied des Vorstandes der Treuhandanstalt; Berlin
Dietmar Winje	Professor, Dr. rer. pol., Dipl.-Ingenieur, Sprecher des Vorstandes der Berliner Kraft und Licht Aktiengesellschaft (BEWAG)
H. Gerd Würzberg	Professor, Dr., Leiter des Amtes für Stadtmarketing und Tourismus; Osnabrück